LE GUIDE

F. Vidal/MICHELIN

Barcelone
et la Catalogne

Direction	David Brabis
Rédaction en chef	Nadia Bosquès
Mise à jour	Matilde Miñon, Carlos Magro, María Luisa Galván, Valentín Roma
Traduction, adaptation	Michael Brammer, Caroline Palvadeau, Blandine Lecomte, Jean-Claude Saturnin
Informations pratiques	Lucía Fernandez, Jesús Martín, Natacha Brumard, Michel Chaput
Cartographie	Alain Baldet, Geneviève Corbic, Thierry Rocher, Sandrine Tourari
Iconographie	Cathérine Guégan
Secrétariat de rédaction	Mathilde Vergnault, Danièle Jazeron
Mise en page	Michel Moulin, Didier Hée
Conception graphique	Christiane Beylier
Maquette de couverture	Agence Carré Noir
Fabrication	Pierre Ballochard, Renaud Leblanc
Marketing	Agathe Mérel
Ventes	Antoine Baron (France), Robert Van Keerberghen (Belgique), Christian Verdon (Suisse), Nadine Naudet (Canada), Pascal Isoard (grand export)
Relations publiques	Gonzague de Jarnac
Pour nous contacter	Le Guide Vert
	Michelin – Éditions des Voyages
	46, avenue de Breteuil
	75324 Paris Cedex 07
	☎ 01 45 66 12 34
	Fax 01 45 66 13 75
	www.ViaMichelin.fr
	LeGuideVert@fr.michelin.com

Parution 2003

À la découverte de Barcelone et de la Catalogne

Communauté autonome moderne, la Catalogne relève le défi du nouveau millénaire, forte de la confiance que lui donnent les qualités de travail traditionnelles de son peuple et le poids d'une culture profondément enracinée.

À la croisée des chemins de traditions culturelles diverses, elle recèle un riche patrimoine artistique. Des monastères de Poblet et de Santes Creus jusqu'aux sommets élevés des Pyrénées, de la Tarragone romaine au delta de l'Èbre ou aux fertiles plaines intérieures, des plages et des criques du littoral méditerranéen jusqu'au parc à thème de Port Aventura, les paysages et les sites catalans possèdent tout l'attrait d'un territoire riche en contrastes.

Barcelone mérite une note à part. Ville bouillonnante qui a vu naître avec l'architecture imaginative de Gaudí l'un des mouvements artistiques les plus expressifs de l'Art nouveau, elle a toujours apporté sa contribution à toutes les formes d'expression artistique, ce qui lui vaut d'y voir côtoyer les anciens palais du Quartier Gothique et les musées et centres culturels les plus novateurs. Cosmopolite et extravertie, dynamique et bohème, elle renferme tout le charme des villes ouvertes sur la mer. Ses nombreux attraits en font une destination touristique privilégiée, quelle que soit la saison.

Merci d'avoir choisi le Guide Vert et bon voyage en Catalogne !

L'équipe du Guide Vert Michelin
Le GuideVert@fr.michelin.com

Sommaire

Informations pratiques

Invitation au voyage

J. Malburet/MICHELIN

*Cheminée en céramique,
terrasse du Palau Güell.*

J. Malburet/MICHELIN

Sierra de Cadí.

Villes et sites

*Chapiteau sculpté de l'église
Santa Maria à Covet.*

J. Balanya/MICHELIN

El Port de la Selva, Costa Brava.

J. Malburet/MICHELIN

Cartes et plans

Les produits complémentaires au guide

● **Plan de Barcelone nº 41 :**
Un plan complet de la ville et de sa périphérie immédiate à 1/12 000, avec indication des sens uniques, des principaux parkings et des bâtiments publics et avec un plan du métro
– un répertoire des rues
● **Carte Michelin nº 574 España (Cataluña – Aragón),** qui couvre la totalité du territoire catalan
– cartographie à 1/400 000 avec le détail du réseau routier et l'indication des sites et monuments isolés décrits dans ce guide
– répertoire des localités
● **Atlas routier Michelin Espagne & Portugal**
– la même cartographie que dans la carte nº 574, étendue à l'ensemble de la péninsule Ibérique

... et pour se rendre en Catalogne
● **Carte Michelin nº 734 (Espagne & Portugal)**
– carte à 1/1 000 000 mettant en évidence le grand réseau routier de la péninsule Ibérique
● **Atlas routier Michelin Europe**
– toute l'Europe à 1/1 000 000 présentée en un seul volume
– les grands axes routiers et 70 plans d'agglomération ou cartes d'environs
– la réglementation routière appliquée dans chaque pays
● **ViaMichelin.fr** – En complément de ces cartes et pour aider le voyageur dans 43 pays d'Europe, le site Internet www.ViaMichelin.fr permet de calculer des itinéraires personnalisés, et offre bien d'autres services : cartes Michelin en ligne, adresses d'hôtels et de restaurants sélectionnés par le Guide Rouge Michelin, et toutes sortes d'informations utiles pour le voyageur.

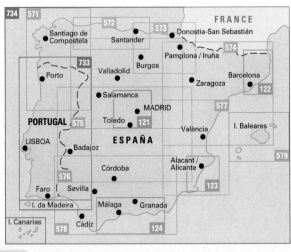

Cartes thématiques

Cartes historiques

Schémas

Plans de villes

Plans de musées et monuments

Légende

Monuments et sites

Itinéraire décrit, départ de la visite

Église

Temple

Synagogue - Mosquée

Bâtiment

Statue, petit bâtiment

Calvaire

Fontaine

Rempart - Tour - Porte

Château

Ruine

Barrage

Usine

Fort

Grotte

Habitat troglodytique

Monument mégalithique

Table d'orientation

Vue

Autre lieu d'intérêt

Sports et loisirs

Hippodrome

Patinoire

Piscine : de plein air, couverte

Cinéma Multiplex

Port de plaisance

Refuge

Téléphérique, télécabine

Funiculaire, voie à crémaillère

Chemin de fer touristique

Base de loisirs

Parc d'attractions

Parc animalier, zoo

Parc floral, arboretum

Parc ornithologique, réserve d'oiseaux

Promenade à pied

Intéressant pour les enfants

Signes particuliers

Gendarmerie (Guardia Civil)

Parador (établissement hôtelier géré par l'état)

Arènes

Station de sports d'hiver (Estación de deportes de invierno)

Station thermale (Estación termal)

Station balnéaire (Localidad de veraneo)

Abréviations

D   Conseil provincial (Diputación)

G   Délégation du gouvernement (Delegación del Gobierno)

H   Hôtel de ville (Ayuntamiento)

J   Palais de justice (Palacio de Justicia)

M   Musée (Museo)

POL.   Police (Policía)

T   Théâtre (Teatro)

U   Université (Universidad)

Vaut le voyage	★★★
Mérite un détour	★★
Intéressant	★

Autres symboles

		Information touristique
═══	═══	Autoroute ou assimilée
❶	❶	Échangeur : complet ou partiel
⊏⊐	═══	Rue piétonne
		Rue impraticable, réglementée
⊓⊓⊓⊓	----	Escalier - Sentier
🚂	🚃	Gare - Gare auto-train
🚌	S.N.C.F.	Gare routière
—•—		Tramway
◖		Métro
Ⓟℝ		Parking-relais
♿		Facilité d'accès pour les handicapés
⊠		Poste restante
☎		Téléphone
⊠		Marché couvert
·⤫·		Caserne
△		Pont mobile
∪		Carrière
✗		Mine
Ⓑ	Ⓕ	Bac passant voitures et passagers
⛴		Transport des voitures et des passagers
⛵		Transport des passagers
③		Sortie de ville identique sur les plans et les cartes Michelin
Bert (R.)...		Rue commerçante
AZ B		Localisation sur le plan
►►		Si vous le pouvez : voyez encore...
⊘		Conditions de visite en fin de volume

Carnet pratique

20 ch. : 118,79/ 180,76€	Nombre de chambres : prix de la chambre pour une personne/ chambre pour deux personnes
« ch. doubles »	Chambres pour deux personnes uniquement
⊐ 5,16€	Prix du petit déjeuner lorsqu'il n'est pas indiqué dans le prix de la chambre
demi-pension ou pension complète 78,45€	Prix par personne, sur la base d'une chambre occupée par deux clients (pension ou demi-pension obligatoire)
100 appart./ ch. sem. 200/300€	Nombre d'appartements ou de chambres, prix mini/maxi par semaine (seulement « agriturismo » ou hébergement loué obligatoirement à la semaine en été)
100 lits 15,49€	Nombre de lits (auberges de jeunesse, refuges ou équivalents) et prix par personne
150 empl. 19,63€	Nombre d'emplacements de camping : prix de l'emplacement pour deux personnes avec voiture
10/26€	Restaurant : prix mini/maxi pour un repas complet (boisson non comprise)
réserv.	Réservation recommandée
⊅	Cartes bancaires non acceptées
Ⓟ	Parking réservé à la clientèle de l'hôtel
⊻	Piscine
▤	Air conditionné
♿	Chambres accessibles aux Handicapés physiques

Les prix sont donnés à titre indicatif, pour la haute saison (TVA non incluse).

Les plus beaux sites

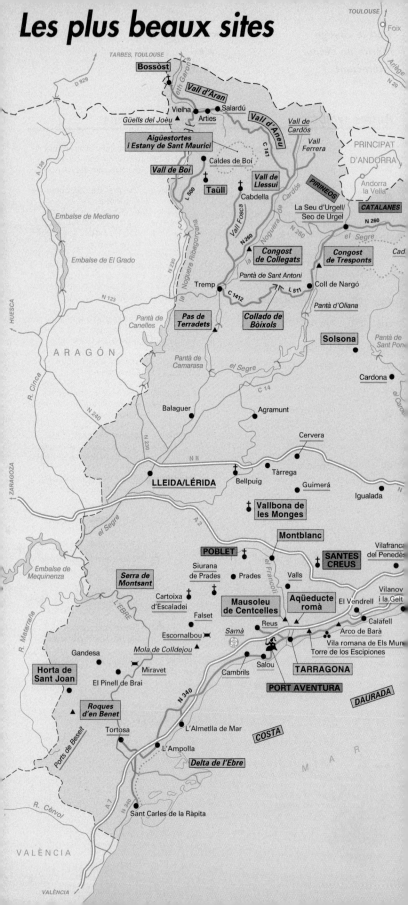

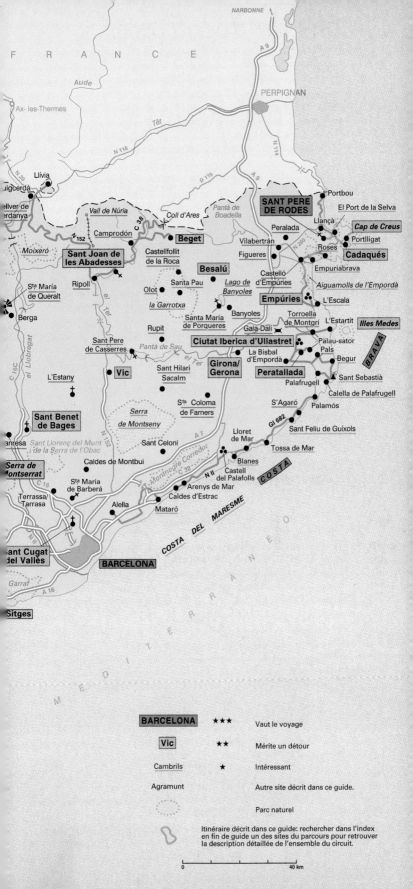

NARBONNE

F R A N C E

Aude

PERPIGNAN

Ax- les-Thermes

Têt

N 116

N 116

D 115

A 9

Llívia

uigcerdà

N 20

ellver de
erdanya

Vall de Núria

Coll d'Ares

Pantà de
Boadella

**SANT PERE
DE RODES**

Portbou

El Port de la Selva

Cap de Creus

C 38

152

Camprodón

Moixeró

**Sant Joan de
les Abadesses**

Beget

Castellfollit
de la Roca

Peralada

Vilabertrán

Llançà

Roses

Portlligat

Cadaqués

el Ter

Ripoll

Besalú

Santa Pau

Figueres

Castelló
d'Empúries

Empuriabrava

N 260

Sta María
de Queralt

Olot

la Garrotxa

*Lago de
Banyoles*

Aiguamolls de l'Empordà

Berga

el Ter

Santa María
de Porqueres

Banyoles

L'Escala

Empúries

C 16C

Rupit

Sant Pere
de Casserres

Gala-Dalí

Torroella
de Montgrí

L'Estartit

Illes Medes

el Llobregat

Pantà de Sau

el Ter

Ciutat Iberica d'Ullastret

Palau-sator

Pals

B
R
A
V
A

L'Estany

Vic

Sant Hilari
Sacalm

**Girona/
Gerona**

La Bisbal
d'Empordà

Begur

C 16

Peratallada

Sant Sebastià

Palafrugell

Calella de Palafrugell

**Sant Benet
de Bages**

*Serra
de Montseny*

Sᵗᵃ Coloma
de Farners

S'Agaró

Palamós

GI 682

Sant Feliu de Guíxols

anresa

*Sant Llorenç del Munt
i de la Serra de l'Obac*

N 152

Sant Celoni

A 7

Lloret
de Mar

Tossa de Mar

*Serra de
ontserrat*

C 16

Caldes de Montbui

Montnegre Corredor

C 32

Blanes

COSTA

Terrassa/
Tarrasa

Sta Maria
de Barberá

Caldes d'Estrac

Castell
del Palafolls

N II

ant Cugat
el Vallès

Alella

Arenys de Mar

Mataró

COSTA DEL MARESME

BARCELONA

Garraf

A 16

Sitges

M E D I T E R R A N E O

M
E
D
I
T
E
R
R
Á
N
E
O

BARCELONA	★★★	Vaut le voyage
Vic	★★	Mérite un détour
Cambrils	★	Intéressant
Agramunt		Autre site décrit dans ce guide.
		Parc naturel

Itinéraire décrit dans ce guide: rechercher dans l'index
en fin de guide un des sites du parcours pour retrouver
la description détaillée de l'ensemble du circuit.

0   40 km

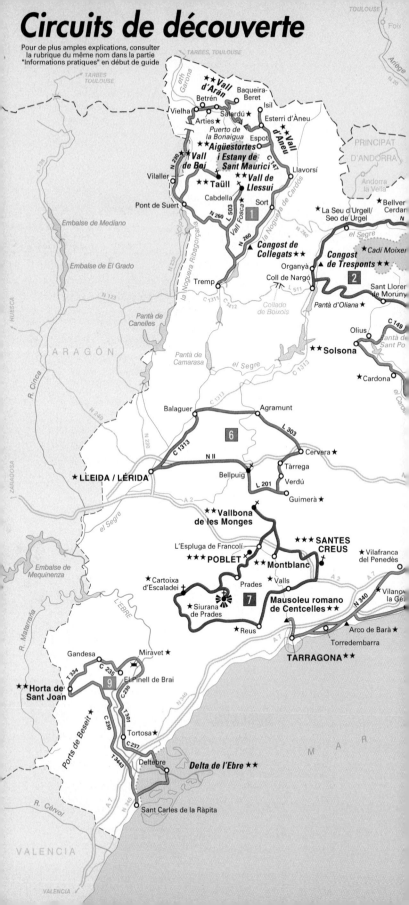

Circuits de découverte

Pour de plus amples explications, consulter la rubrique du même nom dans la partie "Informations pratiques" en début de guide

NARBONNE

F R A N C E
Aude

PERPIGNAN

Ax-les-Thermes

Têt

N 116

Llívia
Puigcerdà

★ Vall de
Núria
★ Queralbs
La Molina
N 152 Ribes
de Freser

Coll d'Ares

Pantà de
Boadella

D 115

A 9

SANT PERE ★★★
DE RODES

★ Camprodón

Vilabertrán ★

Cap de Creus ★★

Rocabruna
Beget ★★

★ Figueres

N 260

★★ San Joan de
les Abadesses

Santa María ★
de Queralt

★ Ripoll

C 149

Berga

C 154

Casteffollit
de la Roca
N 260
Olot
GI 524
★ la Garrotxa

Santa Pau ★

3

Besalú ★★

N 260
Lago de
Banyoles

Santa Maria
de Porqueres

Banyoles

Castelló
d'Empúries ★

Empúries ★★

Torroella de Montgrí ★

Illes Medes

Ciutat Iberica
d'Ullastret ★★

A 7

N 11

N 260

4

C 255

Púbol

La Bisbal
d'Empordà

Pals ★

Peratallada ★★

L'Estany
Vic ★★

★★ Girona /
Gerona

el Ter

Pantà de Sau

el Ter

N 141

Montseny

C 1411

N 1410

Manresa ★

Sant Llorenç del Munt
i de la Serra de l'Obac

5

Serra de Montserrat ★★

A 7

Montnegre Corredor

Terrassa/
Tarrassa

C 16

Sant Cugat del Vallès ★★

Mataró

Sant Sadurní
d'Anoia

8

BARCELONA ★★★

Garraf

A 16

Sitges ★★

M E D I T E R R A N É O

1	Route des Pyrénées romanes : 350 km	**6**	La Catalogne méconnue : 160 km
2	Sierra del Cadí : 300 km	**7**	Entre vignes et monastères cisterciens : 250 km
3	Volcans, lacs et montagnes : 260 km	**8**	La Catalogne du 19e s. : 250 km
4	L'art et la Costa Brava : 200 km	**9**	Circuit de l'Èbre : 200 km
5	Villes et lieux saints des Prépyrénées : 300 km		

Parc naturel

0   40 km

Détail d'une mosaïque en faïence du parc Güell, à Barcelone.

Informations pratiques

Avant le départ

adresses utiles

Pour organiser son voyage, rassembler la documentation nécessaire, vérifier certaines informations, s'adresser en premier lieu à l'**Office du tourisme espagnol** :
– à **Paris** : 43 r. Decamps, 75016, ☎ 01 45 03 82 50, renseignements sur 3615 Espagne, et www.espagne.infotourisme.com
– à **Bruxelles** : r. Royale, 97, 1000, ☎ 32/2 280 19 26, fax 32/2 230 21 47 ; www.tourspain.be
– à **Genève** : 15 r. Ami-Lévrier, 2°, 1201, ☎ 41/22 731 1133, fax 41/22 731 1366, ginebra@tourspain.es
– à **Madrid** : Secretaría General de Turismo, calle José Lázaro Galdiano, 6, 28036, ☎ 913 43 35 00. **Turespaña** (www.tourspain.es) offre un service de renseignements très complet sur les transports, l'hébergement, les loisirs sportifs et autres activités touristiques.

Quelques adresses à Paris :

Ambassade d'Espagne : 22 av. Marceau, 75008 Paris, ☎ 01 44 43 18 00.
Consulat général d'Espagne : 165 bd Malesherbes, 75017 Paris, ☎ 01 44 29 40 00.
Instituto Cervantes (centre culturel) : 7 r. Quentin-Bauchart, 75008 Paris, ☎ 01 40 70 92 92.
Centre d'études catalanes : 9 r. Ste-Croix-de-la-Bretonnerie, 75004 Paris, ☎ 01 42 77 65 69.
Librairie espagnole : 72 r. de Seine, 75006 Paris, ☎ 01 43 54 56 26.
Chambre de commerce franco-espagnole : 17 av. de l'Opéra, 75001 Paris, ☎ 01 42 61 33 10.
Iberia (compagnie aérienne) : 1 r. Scribe, 75009 Paris, ☎ 01 40 47 80 90.
Renfe : Iberrail, 57 r. de la Chaussée-d'Antin, 75009 Paris, ☎ 01 40 82 63 60.
Trasmediterránea (compagnie de navigation) représentée par : Iberrail, 57 r. de la Chaussée-d'Antin, 75009 Paris, ☎ 01 40 82 63 63 et Voyages Victoria, 6 bd Victor-Hugo, 06000 Nice, ☎ 04 93 82 38 38.
Le site Internet de la Renfe permet de consulter tous les horaires et tarifs avant le départ : www.renfe.es

Quelques adresses à Bruxelles :

Chancellerie : r. de la Science 19, 1040, ☎ (02) 230 03 40.
Section consulaire : bd du Régent 52, 1 000, ☎ (02) 509 87 70.
Centre culturel belgo-espagnol : r. des Tanneurs 74, 1 000, ☎ (02) 512 78 32.
Iberia (compagnie aérienne) : av. Louise 54, 1050, ☎ (02) 548 94 91.

... en Espagne

Ambassade de France : Salustiano Olozaga, 9, 28001 Madrid, ☎ 914 35 55 60.
Consulats de France :
– Marqués de la Ensenada, 10, 28004 Madrid, ☎ 913 19 71 88.
– Ronda Universidad, 22-4°, 08007 Barcelona, ☎ 934 87 81 40.
Ambassade de Belgique : Paseo de la Castellana, 18-6°, 28046 Madrid, ☎ 915 77 63 00.
Consulats de Belgique : Diputació 303-1°, 08009 Barcelona, ☎ 933 18 98 99.
Ambassade de Suisse : Gran Via de Carles III, 94-7°, 08028 Barcelona, ☎ 933 30 92 11.

INFORMATIONS TOURISTIQUES

On peut aussi s'adresser aux services relevant de la Generalitat de Catalunya, à **Barcelone** :
Direcció General de Turisme – Passeig de Gràcia 105-4°, 08008 Barcelona, ☎ 93 484 95 00.
Consorci de Promoció Turística de Catalunya (Consortium pour la promotion touristique de la Catalogne) – Passeig de Gràcia 105-3°, 08008 Barcelona, ☎ 93 484 99 00.
Offices de tourisme – Sur les plans de villes de ce guide, les Offices de tourisme sont signalés par le symbole 🄱. Vous trouverez l'adresse et le numéro de téléphone de l'Office de tourisme dans le paragraphe « La situation » de la partie descriptive du guide. Dans les chapitres se référant à des régions étendues comme la Costa Brava ou les Pyrénées catalanes, vous trouverez une ou plusieurs adresses d'information générale dans le paragraphe « La situation » tandis que, dans les carnets pratiques, la rubrique « visiter » fournit des renseignements sur les offices de tourisme des principales localités.
Renseignements touristiques : ☎ 906 301 282 (tlj sf w.-end et j. fériés 9h-20h) ; de l'étranger ☎ 34 93 368 97 30.

LA CATALOGNE SUR LE WEB

Vous trouverez ci-après la liste de quelques sites Internet :
www.gencat.es/probert : page de la Généralité.
www.cataloniaweb.com : site intéressant procurant un grand nombre d'informations.
www.catalunya.net : site fournissant diverses informations sur la Catalogne.
www.bcn.es : page de la municipalité de Barcelone.

www.barcelonaturisme.com : page de l'Office de tourisme de Barcelone.
www.turismedelleida.com : excellent site sur la ville de Lérida.
www.lleidatur.es : site relatif à la province de Lérida.

Librairies de la Generalitat :
Barcelone : Rambla dels Estudis, 118, ☎ 93 302 64 62.
Gérone : Gran Vía de Jaume I, 38, ☎ 972 22 72 67.
Lérida : Rambla d'Aragó, 43, ☎ 973 28 19 30.

les régions montagneuses qui enregistrent des températures plus fraîches ; vous pouvez également profiter des joies de la mer ou vous reposer et vous distraire dans l'une des stations balnéaires animées du littoral.
En **hiver**, les amateurs de sports d'hiver se rendront dans l'une des magnifiques stations des Pyrénées catalanes.

Renseignements météo :
www.inm.es, ☎ 906 33 00 03.

formalités d'entrée

PIÈCES D'IDENTITÉ

La carte nationale d'identité en cours de validité ou le passeport (même périmé depuis moins de 5 ans) sont valables pour les ressortissants des pays de l'Union européenne, d'Andorre, du Liechtenstein, de Monaco et de Suisse. Les mineurs voyageant seuls ont besoin d'un passeport en cours de validité.
S'ils n'ont que leur carte d'identité, il est demandé une autorisation parentale sous forme d'attestation délivrée par la mairie ou le commissariat de police.

VÉHICULES

Pour le conducteur : permis de conduire à trois volets ou permis international. Le conducteur doit être en possession d'une autorisation écrite du propriétaire de la voiture, si celui-ci n'est pas dedans. Outre les papiers du véhicule, il est nécessaire de posséder la carte verte d'assurance.

ASSURANCE SANITAIRE

Afin de profiter de la même assistance médicale que les Espagnols, les Français doivent se procurer, avant le départ, le formulaire E 111 auprès de leur centre de paiement de Sécurité sociale (la demande peut être effectuée par Internet : www.cerfa.gouv.fr). Dès l'arrivée en Espagne, vous devez solliciter auprès de la Dirección provincial del Instituto Nacional de la Seguridad Social un carnet à souches de soins de santé qui vous sera remis en échange de l'imprimé E 111.

ANIMAUX DOMESTIQUES

Pour les chats et les chiens, un certificat de vaccination antirabique de moins d'un an et un certificat de bonne santé sont exigés.

quand partir

LA BONNE PÉRIODE

Le **printemps** et l'**automne** sont généralement les saisons les plus favorables à une visite.
En **été**, lorsque la chaleur est écrasante, c'est le moment de visiter

Tableau des températures

	1	2	3	4	5	6	7	8	9	10	11	12
Barcelone	13	14	16	18	21	25	28	28	25	21	16	13
	6	*7*	*9*	*11*	*14*	*18*	*21*	*21*	*19*	*15*	*11*	*7*
Gérone	13	14	17	19	23	27	30	29	26	21	17	13
	2	*2*	*5*	*8*	*11*	*15*	*17*	*17*	*15*	*11*	*6*	*3*
Lérida	9	13	18	21	25	29	32	32	28	21	15	10
	1	*1*	*5*	*8*	*11*	*15*	*18*	*18*	*15*	*10*	*4*	*2*
Tarragone	13	14	15	17	20	24	26	26	25	21	17	14
	5	*6*	*8*	*10*	*13*	*17*	*20*	*20*	*18*	*14*	*9*	*6*

(maximales en caractères romains, minimales en italique)

J. Malburet/MICHELIN

JOURS FÉRIÉS

Établir une liste exhaustive se révèle difficile, car la communauté autonome et chaque localité ont leurs propres jours fériés. Aussi citerons-nous seulement les jours fériés communs à toute la Catalogne : 1er janvier, 6 janvier (Épiphanie), Vendredi saint, lundi de Pâques, 1er mai, 24 juin (Fête de la Saint-Jean), 15 août, 11 septembre (Fête de la communauté autonome), 12 octobre (Fête de la Hispanidad), 1er novembre, 6 décembre (Fête de la Constitution), 25 décembre et 26 décembre (Fête de la Saint-Étienne).

budget

Afin de vous aider à préparer votre voyage, nous vous proposons des budgets indicatifs calculés en fonction des trois catégories d'établissements que nous avons établies. Chaque prix indiqué (par jour et par personne) comprend la nuit dans une chambre double, le déjeuner et le dîner. Les autres types de frais (transports, visites des monuments) n'ont pas été pris en compte.

PETITS BUDGETS

Environ 46€ : une chambre en hôtel « ☺ », un repas léger (tapas ou menu) et un repas complet dans un restaurant simple.

BUDGETS MOYENS

Environ 81€ : une nuit en hôtel « ☺☺ », un repas léger (tapas ou menu) et un autre dans un restaurant de niveau moyen.

BUDGETS PLUS LARGES

Environ 120€ : une nuit en hôtel « ☺☺☺ » (cher sans être exorbitant), tapas ou restaurant simple et un repas gastronomique dans un restaurant renommé.

Transports
comment arriver

EN VOITURE

Située à l'extrémité Nord-Est de la péninsule Ibérique, la Catalogne est très facilement accessible depuis la France et tous les pays d'Europe. Les cartes Michelin n° 705 Europe, n° 734 Espagne ou n° 721 France à 1/1 000 000 permettent de composer son itinéraire. Depuis la France, le site www.ViaMichelin.fr et les services Minitel 3615 ou 3617 Michelin vous proposent d'étudier vos itinéraires (temps de parcours, distances, routes à suivre).
Plus détaillées, les cartes Michelin n° 571 à 578 à 1/400 000 couvrent toute l'Espagne et la n° 574, plus particulièrement, la Catalogne. Cette dernière rendra service à ceux qui souhaitent éviter l'autoroute E 15 (A 9 en France et A 7 en Espagne) ou la route du littoral.
Passer les Pyrénées en traversant la Principauté d'Andorre, la Cerdagne (Bourg-Madame) ou le Vallespir (col d'Ares) permet d'aborder la Catalogne par l'intérieur, et de découvrir de merveilleux sites.

EN AVION

Plusieurs compagnies assurent des vols directs entre Paris, Bruxelles, Zürich ou de nombreuses autres villes européennes, et Barcelone. Lignes régulières, vols charters, vols à prix réduit, il est préférable de s'adresser à son agence de voyages habituelle afin de connaître les conditions offertes par les compagnies aériennes. En France, Paris, Lyon, Marseille, Nice, Bâle-Mulhouse, Bordeaux et Toulouse ont des liaisons directes et régulières avec Barcelone. L'été, Lille, Montpellier, Nantes, Rennes, Strasbourg assurent des liaisons saisonnières avec cette même ville. En Europe, Berne, Bruxelles, Genève et Luxembourg, pour ne citer que les villes de pays francophones, offrent une liaison avec la Catalogne. L'aéroport de Barcelone-Prat est relié au centre-ville en 40mn par bus (départ toutes les 15mn en semaine) et en 20mn par rail (départ de la gare de Sants toutes les 30mn).

EN TRAIN

Depuis Paris (gare d'Austerlitz), le train Talgo « Joan Mirò » gagne Barcelone en voyage de nuit. Depuis Paris, Bruxelles, Genève par TGV ou

Quelques mots utiles sur la route :		
catalan	**espagnol**	**français**
¡ atenció, perill !	¡ atención, peligro !	Attention, danger !
a la dreta	a la derecha	à droite
a l'esquerra	a la izquierda	à gauche
calçada relliscosa	calzada resbaladiza	chaussée glissante
cediu el pas	ceda el paso	cédez le passage
direcció prohibida	dirección prohibida	sens interdit
direcció ùnica	dirección única	sens unique
enceneu les llums	encender las luces	allumer les lanternes
obres	obras	travaux routiers
peatge	peaje	péage
vianants	peatones	piétons
¡ perill !	¡ peligro !	danger !
estacionament prohibit	prohibido aparcar	stationnement interdit
prohibit d'avançar	prohibido el adelantamiento	défense de doubler

autres trains, on peut rejoindre Barcelone et la Costa Brava via Lyon, Montpellier et Perpignan.
Pour les horaires et les prix, consulter les bureaux SNCF ou les agences de voyages.

EN AUTOCAR

Les principales villes européennes sont reliées à Barcelone par des services d'autocar. Se renseigner auprès des agences de voyages.
À Paris, s'adresser à la Cie Eurolines, gare internationale de Paris-Galliéni, 28 av. du Général-de-Gaulle, 93541 Bagnolet Cedex, ☎ 01 49 72 51 51.

sur place

AU VOLANT

SUR LA ROUTE

La Catalogne dispose d'un bon réseau routier dont les deux principales autoroutes sont : la **A 2-E 90** qui assure la liaison entre Saragosse, Lérida et Barcelone ainsi que l'autoroute de la Méditerranée, la **A 7-E 15**, qui relie la province de Tarragone à la frontière (La Junquera) et qui est très pratique pour gagner les localités côtières ainsi que l'intérieur de la province de Gérone. Pour se rendre dans les Pyrénées, il existe plusieurs possibilités : au départ de Lérida, la **N 230** se dirige vers le val d'Arán et la **C 13** va en direction de l'Andorre ; au départ de Barcelone, la principale voie de communication est la **C 17** qui dessert Vic pour aboutir à Puigcerdà ; enfin, depuis la Costa Brava, la meilleure solution est de prendre la **N 260** qui relie les localités de Llançà, Figueres, Olot et Ripoll.

Panne – En cas de panne et d'arrêt au bord de la route, les feux de détresse ne sont pas suffisants, **deux triangles de signalisation sont obligatoires**. Ils doivent être placés à une distance de 50 m devant et derrière le véhicule.

Vitesse autorisée sur les routes espagnoles :

Autoroutes : 120 km/h pour les voitures de tourisme ; 80 km/h pour les voitures avec remorque ou caravane.

Voies rapides (non autoroutières mais à chaussées séparées) : 100 km/h pour les voitures de tourisme et 80 km/h avec remorque ou caravane.

Autres routes : 80 km/h.

Circulation en agglomération : 50 km/h.

Attention à ne pas confondre autoroutes **(autopistas)** et voies rapides **(autovias)**, risque d'autant

plus grand que la signalisation routière de ces dernières est faite au moyen de panneaux à fond bleu, et ressemble donc à s'y méprendre à celle en usage sur les autoroutes françaises.

CARTES ROUTIÈRES

Pour l'ensemble de la Catalogne, utiliser la **carte Michelin n° 574** au 1/400 000 ou l'**Atlas routier Michelin Espagne & Portugal**.

INFOROUTE

Vous obtiendrez des informations sur l'état des routes : www.dgt.es ou ☎ 902 12 35 05. Pour plus de précisions sur le réseau routier catalan, contacter le ☎ 93 889 16 42 *(en espagnol uniquement)*.

ASSISTANCE AUTOMOBILE

RACE ☎ 900 11 22 22 ; **RACC** ☎ 902 106 106.

ESSENCE

Les prix de l'essence – *normal* (92 octanes), *super* (97 octanes) ou *sin plomo* (sans plomb) – varient (0,66€ à 0,69€ environ) selon les compagnies en fonction du prix maximum déterminé par le gouvernement chaque quinzaine. Il en va de même pour le *gasóleo* (diesel ; environ 0,54€). Il n'y a pas de GPL en Espagne.

LOCATION DE VOITURES

Possibilités de location dans les aéroports, les gares, les grands hôtels et les principales agences de location : **Avis :** ☎ 902 24 88 24 ; www.avis.es **Budget :** ☎ 901 20 12 12 ; www.eurorenting.org/budget/ **Europcar :** ☎ 902 40 50 20 ; www.europcar.es **Hertz :** ☎ 902 22 00 24 ; www.hertz.es Attention : même si en Espagne l'âge minimum légal pour conduire est de 18 ans, la plupart des agences de location refusent de louer aux moins de 21 ans.

EN TRAIN

La **Renfe** dispose d'un vaste réseau couvrant la totalité du territoire catalan. Renseignements 24h/24 et réservations de 5h30 à 23h50 : ☎ 902 24 02 02 ou www.renfe.es **Barcelone** : Gare de Sants, Plaça dels Països Catalans, ☎ 93 490 02 02 *(lignes intérieures)* et ☎ 93 490 11 22 *(lignes internationales)*. **Gérone** : Carrer Barcelona, près de la plaça d'Espanya, ☎ 972 20 70 93. **Lérida** : Plaça de l'Estació, ☎ 973 22 02 02. **Tarragone** : Plaça de la Estació, ☎ 977 24 02 02.

GARES VERTES

Elles se trouvent à proximité de différents sites naturels. Haltes idéales pour les amateurs de randonnée, de

VTT et pour tous ceux qui souhaitent partir à la découverte de la beauté de la Catalogne rurale. Renseignements gares et lignes : www.renfe.es/medio-ambiente

QUELQUES TRAINS TOURISTIQUES

Ferrocarrils de la Generalitat de Catalunya – Cette compagnie ferroviaire propose des lignes reliant Barcelone aux localités de Manresa et de Sallent. Elle exploite aussi la ligne du train à crémaillère entre Ribes de Freser et Vall de Nuria ainsi que différents funiculaires comme celui de Montserrat. Renseignements ☎ 93 205 15 15 (7h-21h) ou sur Internet : www.fgc.catalunya.net

Gare de França, à Barcelone.

TRANSPORTS DE LA GENERALITAT EN LIGNE

La Généralité de Catalogne fournit un service d'information très utile sur tous les moyens de transport : www.mobilitat.org. Vivement conseillé.

EN AUTOCAR

La Catalogne est parfaitement reliée au reste de l'Espagne ainsi qu'aux principales capitales européennes par les lignes de transport en autocar. Quelques lignes locales assurent les liaisons entre les différentes localités de la Costa Brava et des Pyrénées *(pour de plus amples détails, consulter les carnets pratiques correspondants)*.

Barcelone : Estació Vilanova-Nord – Carrer d'Alí, 80, ☎ 93 265 65 08. Située à 1,5 km du centre-ville, dans un élégant bâtiment du 19ᵉ s.
Gérone : Carrer Rafael Masó *(près de la gare ferroviaire)*, ☎ 972 21 23 19.
Lérida : Plaça de Saracíbar, ☎ 973 26 85 00.
Tarragone : Plaça Imperial Tàrraco, ☎ 977 22 91 26.

EN AVION

Aéroports – Outre l'aéroport international de Barcelone, la Catalogne est dotée de deux autres aéroports desservis par des lignes intérieures espagnoles :

Barcelone : l'aéroport de El Prat se trouve à 12 km au Sud de Barcelone. ☎ 93 298 38 38. Renseignements sur les vols : www.aena.es
Gérone : l'aéroport se situe à Vilobí de Oñar, 15 km au Sud de Gérone. ☎ 972 18 66 00.
Reus-Tarragone : 12 km à l'Ouest de Tarragone. ☎ 977 77 25 55.

EN BATEAU

Sur la Costa Brava, on peut effectuer de petites croisières desservant plusieurs localités ou encore des excursions maritimes pour se rendre dans différentes îles ou calanques. Une des plus intéressantes conduit aux îles Medes *(pour des informations plus précises, voir p. 176)*. Des compagnies maritimes sont présentes dans la quasi-totalité des villes côtières *(s'adresser aux Offices de tourisme)*. En ce qui concerne le Sud de la Costa Brava, plusieurs bateaux de la compagnie CRUCETURS *(☎ 972 36 44 99 ou 616 95 00 30 ; entre la Semaine sainte et octobre)* couvrent quotidiennement la ligne Palamós-Calella, avec des arrêts à Sant Feliu, Tossa, Lloret et Blanes, entre autres localités. À L'Escala, la compagnie CREUERS MARE NOSTRUM *(☎ 972 77 37 97)* organise des croisières vers d'autres destinations (Rosas, Cadaqués, Parc naturel du cap Creus, etc.).

Hébergement, restauration

La Catalogne est l'une des principales régions touristiques de l'Europe. Ses capacités d'hébergement sont considérables. Mais pensez à réserver suffisamment à l'avance, surtout pour un séjour en haute saison.

les adresses du guide

Dans la partie descriptive intitulée « Villes et sites », nous vous proposons une sélection d'adresses utiles, d'hôtels, de restaurants, de bars à tapas et autres établissements, qui vous permettra de bien réussir votre séjour et de découvrir chaque site dans les meilleures conditions possibles. Notre souhait était que toutes ces adresses soient à la portée de toutes les bourses. Néanmoins, nous attirons votre attention sur le fait que certaines régions (la Costa Brava notamment) sont plus coûteuses que d'autres et que les tarifs pratiqués dans les grandes villes ou dans les villages diffèrent.
Pour connaître l'explication des abréviations et des symboles utilisés, consulter les p. 8-9.

CATÉGORIES

Notre sélection d'hôtels, d'auberges, de pensions et de restaurants est répartie en trois catégories. Pour l'hébergement, les prix s'entendent hors taxes pour une chambre double en haute saison. Pour les restaurants, les prix indiqués correspondent à un repas économique et à un repas préconisé par la carte. À noter l'éventualité d'un écart de prix important entre les périodes de haute et de basse saison ; c'est pourquoi nous vous recommandons de bien vérifier le prix lors de votre réservation. Tous les établissements ont été choisis pour leur situation, leur confort, leur bon rapport qualité-prix, leur charme, leur ambiance ou leur caractère insolite.

À BON COMPTE : ⊖

Cette catégorie comprend les meilleurs des petits établissements, sobres mais bien tenus, avec un prix n'excédant pas 55€ pour une chambre simple. Pour les chambres les moins chères, le service sera minimum et la salle de bains commune. En général, les hôtels sont modestes mais confortables. Les restaurants entrant dans cette catégorie sont en général simples et sans prétention où, pour un repas, vous ne dépenserez pas plus de 18€

VALEUR SÛRE : ⊖⊖

On trouve dans cette catégorie des chambres simples à des prix compris entre 55 et 120€ . La réservation est fortement recommandée, car ces agréables petits établissements ont souvent une clientèle d'habitués. Les restaurants de cette catégorie sont un peu plus stylés. Il faudra compter pour un repas entre 18 et 36€.

UNE PETITE FOLIE ! : ⊖⊖⊖

Pour cette catégorie (plus de 120€) nous recommandons un nombre réduit d'hôtels haut de gamme au charme particulier, garantissant un séjour mémorable ; comme on peut s'y attendre, les prix reflètent la qualité du confort et du service. Les restaurants de cette catégorie (plus de 36€) sont des établissements d'excellence, aux critères gastronomiques exigeants et à l'ambiance raffinée.

Terrasse à Barcelone.

TAPAS ET BARS

Les prix indiqués dans les carnets pratiques correspondent au prix moyen d'une tapa. Les tapas diffèrent d'un endroit à l'autre mais, en général, elles sont toutes le moyen de manger à un prix raisonnable qui ne devrait pas dépasser les 18€.

Grands lieux de rencontre, on s'y retrouve pour l'apéritif **(chateo)**, tradition bien établie pour y boire entre amis un verre de vin en grignotant des **tapas** ou des **raciones**, hors-d'œuvre variés en petite quantité allant des olives aux calmars et aux pommes de terre à la mayonnaise. La télévision y est souvent omniprésente ainsi que les machines à sous. Ensuite, c'est l'heure du café : café noir se dit **café solo** ou **café**, café au lait **café con leche** ou **café cortado**. Après le travail vient l'heure des **tertulias** où l'on parle entre hommes de l'actualité, de politique et de football – des derniers exploits du F.C. Barcelona, ou de l'Atlético et du Real Madrid –, où l'on raconte ces plaisanteries **(chistes)** qui réjouissent tous les assistants. En fin d'après-midi, on peut aller prendre un chocolat et des **churros**, délicieux beignets tôrsadés, longs de 15 cm et gros comme le doigt. En été, ce sera plutôt une **horchata de chufas**, boisson rafraîchissante extraite du souchet.

Les bars et les clubs sont à nouveau très fréquentés tard dans la nuit. Peut-être n'est-il pas inutile de préciser que les doses d'alcool servies en Espagne sont très sensiblement supérieures à ce qui est ordinairement servi dans d'autres pays !

DISTRACTIONS

Dans certains carnets pratiques, vous trouverez ces nouvelles sections : Une petite pause, Sorties, Achats et Spectacles. Elles proposent une liste d'établissements variés (bars, cafés, boutiques, théâtres, mais aussi discothèques et salles de concerts).

J. Malburet/MICHELIN

... et aussi

LE GUIDE ROUGE MICHELIN ESPAÑA & PORTUGAL

Mis à jour chaque année, il recommande un large choix d'établissements avec indication de leur classe et de leur confort, de leur situation, de leur agrément, de leur équipement (piscine, tennis, golf, jardin, etc.), et de leur prix. Ce choix a été établi après visites et enquêtes sur place. Les établissements qui se distinguent par leur agrément et leur tranquillité (décor original, site, vue exceptionnelle) sont indiqués par des symboles rouges. Les localités qui disposent de tels hôtels sont repérées sur plusieurs cartes dans les pages d'introduction du guide.

Le Guide Rouge Michelin propose également une large sélection de restaurants qui permettront de découvrir et de savourer les meilleures spécialités d'Espagne. Les établissements remarquables pour la qualité de leur cuisine sont signalés par des étoiles de bonne table (une à trois étoiles).

Sur la carte n° 574, les soulignés rouges signalent les hôtels et restaurants sélectionnés dans Le Guide Rouge.

LES HÔTELS

Le Secrétariat général de tourisme de la Généralité de Catalogne édite aussi chaque année un guide des hôtels *(4,80€)*. Ils y sont classés de une à cinq étoiles. Les prix varient selon les saisons mais aussi selon les localités. L'hébergement à Barcelone ou dans une station balnéaire de la Costa Brava peut se révéler plus élevé que dans une ville à quelques kilomètres de la côte. En règle générale, compter entre 25 et 120€ pour une chambre avec salle de bains.

TARIFS RÉDUITS

Certaines chaînes hôtelières et bon nombre d'hôtels proposent des tarifs réduits le week-end. Il est également possible d'obtenir des coupons pour une ou plusieurs nuits à des prix très intéressants. Renseignez-vous à l'avance auprès des agences de voyages.

NH Hoteles : ☎ 902 11 51 16 (24h/24) ; www.nh-hoteles.com. Offres spéciales le week-end, à partir de 72€ la nuit, par personne.

Bancotel : ☎ 915 09 61 09 ; www.bancotel.com. Chéquiers de cinq coupons, vendus exclusivement dans les agences de voyages et par l'intermédiaire de son site Internet. Hôtels de trois, quatre et cinq étoiles. Réductions très intéressantes par rapport aux prix affichés.

Halcón Viajes : ☎ 902 433 000 (renseignements et réservations) ; www.halcon-viajes.es. Coupons individuels à partir de 49,95€ (une nuit pour une ou deux personnes) à prix réduit.

Hoteles Meliá : ☎ 902 14 44-40 ; www.solmelia.com. Carte de fidélité MAS et offres spéciales le week-end.

LES PARADORS

Au chapitre de l'hôtellerie, les paradors de tourisme méritent une mention spéciale : la plupart sont installés dans des monuments historiques restaurés (châteaux, palais, monastères), et tous sont merveilleusement situés et pourvus de tout le confort. Le prix moyen pour une chambre double est de 93 à 137€ (plus la TVA). Ils proposent d'intéressantes formules valables le week-end ou pour un séjour de cinq nuits.

Centrale de réservation des Paradores de Turismo : Requena 3, 28013 Madrid, ☎ (00 34) 915 16 66 66 ; www.parador.es
Centrale de réservation en France : Iberrail France, 51 r. de la Chaussée-d'Antin, 75009 Paris, ☎ 01 40 82 63 64.
Les paradors sont indiqués sur les cartes Michelin par le symbole ⌂.

Parador d'Arties.

LES GÎTES RURAUX

La Direcció General de Turisme édite annuellement un guide complet intitulé *Guía de residències y casas de pagès* (4,81€). Aucune association ne centralise les réservations pour toute la Catalogne. Néanmoins, il existe un certain nombre d'associations locales disposant d'une centrale de réservation : **FACI** (Federación d'Associacions de les Comarques de l'Interior de Catalunya, ☎ 938 22 26 57), **Turisme rural Girona**, ☎ 972 22 60 15 ; www.gironarural.org et **Associació Catalana d'Empresarios de Turisme Agrari** ; www.turisverd.com

TOURISME RURAL SUR INTERNET

L'Internet permet de mener à bien cette forme de recherche. Voici quelques exemples de sites intéressants :
www.turismerural.com : répertoire exhaustif des solutions d'hébergement dans toute la Catalogne.
www.actur.com : guide pratique des hébergements dans les Pyrénées.
www.ruralcat.com : guide complet recensant tous les types d'hébergement possible à Tarragone.

AUBERGES DE JEUNESSE (ALBERGUERIES DE JOVENT)

Les titulaires d'une carte de la Fédération internationale des auberges de jeunesse peuvent séjourner dans les 41 auberges réparties dans toute la Catalogne. Les prix en haute saison sont de 23 € et de 31 € en pension complète *(pour les plus de 25 ans)*, et de 18,50 € et de 24,50 € en pension complète *(pour les moins de 25 ans)*.

Informations : ☎ (00 34 1) 93 483 83 63 ; www.tujuca.com

CAMPING, CARAVANING

La Catalogne possède un vaste réseau de campings. Une carte des terrains est disponible auprès des offices de tourisme *(voir adresses utiles p. 16)*. La carte Michelin n° 574 indique les localités possédant au moins un terrain de camping, et la Direcció General de Turisme *(voir adresses utiles à la même page)* édite chaque année un guide *(2,40€)* recensant les terrains existants.

On peut aussi se renseigner auprès de la Federació Catalana de Càmping i Caravaning, c/ General Mendoza 3, 4°, 17002 Girona, ☎ 972 20 86 67, de l'Associació de Camping de Barcelona, c/ Gran Via de les Corts Catalanes, 608 3ª, 08007 Barcelona, ☎ 93 412 59 55 ou de la Federación Española de Empresarios de Campings, c/ San Bernardo 97-99, Edificio Colomina, 28015 Madrid, ☎ 91 448 12 34, fax 91 448 12 67.

à table

CONSTITUTION D'UN REPAS

Traditionnellement, il se compose d'un **primero** ou hors-d'œuvre *(entremés)* : crudités, charcuterie ; d'un **segundo** comprenant viande *(carne)* ou poisson *(pescado)* ; d'un **postre**, dessert comprenant fruits *(frutas)*, pâtisserie *(repostería)* ou glace *(helado)*.
De petits restaurants sympathiques proposent un menu « de la casa » accompagné du « vino de la casa » de bonne qualité et à des prix raisonnables.
Les campeurs, ou ceux qui préfèrent louer un studio ou un appartement, trouveront dans toutes les villes, et surtout sur le littoral, des traiteurs qui proposent une grande variété de spécialités, salades et légumes.

BOISSONS

L'**eau** *(agua)* naturelle peut se servir en carafe *(jarra)* mais on peut préférer l'eau minérale en bouteille ; dans ce cas, demander *agua mineral sin gas* (eau plate) ou *con gas* (gazeuse).
Le **vin** *(vino)* peut être blanc *(blanco)*, rouge *(tinto)* ou rosé *(rosado)*. Il peut se servir en bouteille *(botella)* mais aussi en pichet *(frasca)*. La Catalogne est la patrie du **cava**, un vin pétillant. On y élabore aussi d'excellents vins légers dans l'Empordà, blancs fruités dans le Penedès, et rouges dans le Priorat.
La **bière** *(cerveza)* peut être servie à la pression *(caña)* ou en bouteille *(botella)* ; les principales marques locales sont : San Miguel, Mahón, Aguila, Damm, etc. Après un repas, on peut demander un **carajillo** café arrosé de cognac ou de rhum.
La **sangría** peut se boire en guise d'apéritif accompagnée de quelques

tapas ; le **Cuba libre** : Coca et gin *(ginebra)* ou Coca et rhum *(ron)* se boit bien frais avec de la glace.

SPÉCIALITÉS CATALANES

En Catalogne, la cuisine est typiquement méditerranéenne. Évoquons le pain à la tomate, les poivrons rouges à l'huile, et surtout les poissons préparés avec des sauces comme l'aïoli, la **samfaina** (tomate, piment et aubergine) ou la **picada** (pignons, amandes, ail, pain grillé, pilés et allongés d'un bouillon).
Parmi les charcuteries se signalent : **botifarra** (la famille des *botifarres* va de la saucisse crue au boudin, voire aux tripes), saucisson et *fuet* de Vic.
La grande originalité de la cuisine catalane consiste le plus souvent à associer deux, trois ou quatre des composants suivants : mouton, porc, volaille, gibier, poisson, crustacés, à l'occasion accompagnés de champignons ou d'escargots, les Catalans professant un véritable culte pour ces deux derniers. Le goût pour une cuisine où sucré et salé contrastent, héritage de la cuisine médiévale, va dans certaines régions jusqu'au mariage viande-fruits, avec les pommes et les pêches farcies, ou à l'union du chocolat avec le lapin ou les calmars. Ces alliances génèrent une cuisine proposant essentiellement des ragoûts ou des plats lentement mijotés.
Les fruits secs entrent dans la composition de nombreux plats ou se servent en fin de repas, mais peuvent également être utilisés dans l'élaboration de certaines pâtisseries : **carquinyolis** (croquignoles), **coques** (si l'on peut, par l'étymologie et l'apparence, rapprocher la *coca* de la *couque* de certaines régions françaises, celle-ci n'a cependant rien de commun avec la *coca de recapte*, sorte de pizza). Mais le dessert le plus répandu est la **crème catalane**, crème renversée recouverte d'une fine pellicule de sucre caramélisé.
Lire aussi le chapitre Gastronomie, dans Invitation au voyage.

POURBOIRES

Même si le service est compris, il est de bon usage, en fonction de la prestation, de laisser un pourboire dans les bars, les restaurants, les hôtels ainsi qu'aux chauffeurs de taxi.

La Catalogne au quotidien

voyager moins cher

VOYAGER JEUNE...

Informations auprès du **Turisme Juvenil de Catalunya (TUJUCA)** : c/ Rocafort, 116-122, 08015 Barcelone, ☎ 934 83 83 81 ou sur son site : www.tujuca.com
La **Carte Jeune EURO < 26**, que délivrent le TUJUCA (Institut du tourisme de la jeunesse de Catalogne) d'autres organismes équivalents dans 27 pays, offre aux jeunes âgés de 14 à 25 ans toute une série de réductions dans les transports, pour les sorties culturelles, l'hébergement, etc.
La **Carte d'étudiant** (à partir de 12 ans) donne droit également à de nombreuses réductions.

... ET MOINS JEUNE

Les plus de 65 ans ont droit à d'importantes réductions dans les transports, les accès aux monuments et aux spectacles. Ils bénéficient d'une réduction de 50 % dans de nombreux musées et peuvent entrer gratuitement dans les monuments du patrimoine national. La Renfe accorde des réductions variant en fonction de la destination et de la période aux plus de 60 ans munis d'une carte vermeil.

tourisme et handicapés

Personnes handicapées – Servi-Cocemfe, la **Confederación Coordinadora Estatal de Minusválidos Físicos de España** *(Eugenio Salazar, 2, 28002 Madrid, ☎ 914 13 70 10 ; www.cocemfe.es)* fournit des renseignements sur les installations adaptées. En Catalogne, elle a pour siège la Federación de Minusválidos Francesc Layret *(Gran Via de les Corts Catalanes, 562-2º, 08011 Barcelona, ☎ 934 51 55 50, fax 934 51 69 04 ; ecom@ecom.es et www.ecom.es).*
Les agences de voyages suivantes organisent des voyages et des séjours pour personnes handicapées : **Valinet** (www.valinet.org) ; **RB Travel** (www.rbtravel.es), ☎ 902 160 850 et Viajes 2000 (c/ Consell de Cent, 305, 08007 Barcelona, ☎ 934 51 60 84).

bon à savoir

NUMÉROS UTILES

Renseignements touristiques : ☎ 901 300 600 (tlj sf w.-end 8h30-19h30, ven. 8h30-14h30).

Service de renseignements : ☎ 1003

Renseignements internationaux :
☎ 1025

Urgences : ☎ 112

Urgences médicales : ☎ 061

Prévisions météorologiques :
☎ 906 36 53 65

Renseignements horaires : ☎ 093

HORAIRES

La matinée (*mañana*) dure jusqu'à 14h, heure à laquelle on prend le déjeuner (*almuerzo* ou *comida*). Ensuite c'est la sieste et l'après-midi (*tarde*) commence vers 17h. Vers 20h, on pense à l'apéritif qui entame la soirée (*noche*). Le dîner (*cena*) est servi à partir de 21h et la soirée peut se poursuivre fort tard.

ARGENT

L'Espagne a adopté l'**euro** depuis le début de l'année 2002. Les ressortissants des pays non membres de la zone euro peuvent changer leurs devises dans les aéroports, les banques, certaines gares, la plupart des hôtels et agences de voyages. Les ressortissants de la zone euro peuvent en théorie utiliser leur chéquier. En pratique, le **chèque** est moins répandu en Espagne qu'en France, et de nombreux commerçants ne l'acceptent pas. Par ailleurs, l'utilisation d'un chèque à l'extérieur de ses propres frontières entraîne le prélèvement d'une commission spécifique (souvent élevée) par votre banque. Renseignez-vous auprès de votre établissement bancaire avant votre départ.

BANQUES

Ouvertes du lundi au samedi de 8h30 à 14h. En été, elles sont fermées le samedi.

CARTES DE CRÉDIT

Les chèques de voyage et les principales cartes de crédit internationales (dont la Carte Bleue Visa) sont acceptés dans presque tous les commerces, hôtels et restaurants. La formule IBERCHEQUE (informations auprès d'Iberrail, ☎ 01 40 82 63 64) permet de disposer de chèques utilisables dans de nombreux hôtels ou permettant la location de voitures. En règle générale, il est préférable dc se munir de chèques de voyage (Travellers chèques) et de n'avoir sur soi, outre sa carte de crédit, qu'une somme en espèces nécessaire à la vie de tous les jours.

Distributeurs de billets :
fonctionnent notamment avec la carte Visa internationale et Eurocard Mastercard.

En cas de perte ou de vol de cartes, téléphonez immédiatement à :
Visa/Mastercard ☎ 933 15 25 12 ;
American Express ☎ 91 572 03 03 ;
Eurocard ☎ 91 519 60 00 ; **Diners Club** ☎ 91 547 40 00.

POSTE

Les bureaux de poste, signalés par le nom *Correos*, sont ouverts : du lundi au vendredi de 8h30 à 14h30 et le samedi de 9h30 à 13h. Pour envoyer du courrier en poste restante, indiquer le nom du destinataire, *Apartado de Correos* et le nom de la ville précédé du code postal.
Les timbres *(sellos)* sont également en vente dans les bureaux de tabac *(estancos)*.

TÉLÉPHONE

Pour appeler l'Espagne depuis la France, la Belgique et la Suisse, composer le 00 suivi du 34, l'indicatif du pays puis le numéro du correspondant à neuf chiffres.
Pour appeler l'étranger depuis l'Espagne, composer le 00 suivi de l'indicatif du pays de destination (33 pour la France, 32 pour la Belgique, 352 pour le Luxembourg, 41 pour la Suisse) et du numéro du correspondant.
Les cabines téléphoniques fonctionnent avec des pièces de 20 centimes à 2€, des cartes de crédit ou des cartes téléphoniques *(tarjetas telefónicas)* qui sont en vente dans les bureaux de poste et dans les *estancos (10€)*.
Les codes postaux et les indicatifs téléphoniques sont donnés dans **Le Guide Rouge Michelin España & Portugal** pour chaque localité citée.

JOURNAUX ET TÉLÉVISION

Principaux quotidiens nationaux : *ABC, Diario 16, El Mundo, El País*. Quotidiens édités en Catalogne : *La Vanguardia, El Periòdico de Catalunya et Avui* (en catalan). Hebdomadaires : *Cambio 16, El Siglo, Época, Tiempo et Tribuna*. Chaînes publiques nationales : TV 1 et TV 2. Chaînes catalanes n'émettant qu'en catalan : TV 3 et Canal 33. Chaînes privées : Antena 3, Tele 5 et Canal + *(payante)*.

Kiosque sur Las Ramblas.

J. Balanya/MICHELIN

SHOPPING

Les magasins sont généralement ouverts de 10h à 14h et de 17h à 20h30. Cependant, de plus en plus de commerces (grands magasins ou hypermarchés) restent ouverts à midi. Ils sont fermés le dimanche, parfois même le samedi après-midi. Dans les localités côtières les plus touristiques, pendant la saison estivale, certains magasins et boutiques ne ferment parfois qu'à minuit.

horaires de visite

Vous trouverez dans le chapitre Villes et sites les horaires de visite et les prix des billets d'entrée aux monuments, musées, églises, etc. Tous les renseignements fournis sont donnés à titre indicatif, en raison de l'évolution incessante du coût de la vie et des variations fréquentes dans les horaires d'ouverture des monuments. Ces renseignements s'adressent à des touristes voyageant isolément et ne bénéficiant pas de réductions. Les groupes peuvent obtenir, sur accord préalable, des conditions spéciales aussi bien pour les horaires que pour les tarifs.
N'hésitez pas à vous renseigner par téléphone avant d'entreprendre un parcours : des travaux de restauration peuvent entraîner la fermeture momentanée de certains monuments.

Les conditions de visite des églises ne sont spécifiées que si l'intérieur présente un intérêt particulier, si les horaires de visite sont déterminés ou si la visite est payante. Généralement, les églises ne se visitent pas pendant les offices. Dans le cas où une église n'est ouverte que pendant les offices, il convient alors d'observer une attitude respectueuse.

ABRÉVIATIONS

Afin d'alléger au maximum les textes des **conditions de visite**, on a opté pour l'utilisation des abréviations suivantes :

JOURS DE LA SEMAINE

lun. : lundi
mar. : mardi
mer. : mercredi
jeu. : jeudi
ven. : vendredi
sam. : samedi
dim. : dimanche

MOIS

janv. : janvier
fév. : février
avr. : avril
juil. : juillet
août : août
sept. : septembre
oct. : octobre
nov. : novembre
déc. : décembre

AUTRES

tlj : tous les jours
j. fériés : jours fériés
sf : sauf

Propositions de séjour

La Catalogne offre un large éventail de destinations touristiques urbaines, maritimes ou montagnardes. Si vous souhaitez profiter des joies de la mer dans une station animée de la côte ou d'un spectaculaire paysage dans un pittoresque et paisible village de montagne, ou encore si vous voulez vous adonner aux sports nautiques, à la randonnée ou aux sports aventuriers, la Catalogne comblera vos attentes pour vous assurer les meilleures vacances possibles *(voir la carte des lieux de séjour)*.

BARCELONE

Séduisante Barcelone ! Élégante, active, la deuxième ville d'Espagne est toujours à la pointe de l'innovation. Place culturelle dont la créativité ne se dément pas, toujours vibrante, Barcelone vaut assurément à elle seule une longue visite. Il faut découvrir un à un les trésors de la ville, se laisser séduire par l'architecture attachante du modernisme et par les mille et une facettes de l'art contemporain qui s'expose généreusement partout en ville.

Il faut prendre le temps de flâner sur les grandes artères commerçantes de part et d'autre du passeig de Gràcia et voir les dernières tendances de la mode dans l'incontournable « El Corte Inglès ».

Ensuite, on appréciera certainement un repos bien mérité au parc Güell ou dans l'environnement moderne du Port Olympique.

Certains, et ils sont nombreux, ne voudront pas quitter Barcelone sans visiter ses parcs d'attractions : le Montjuic, que l'on peut atteindre depuis la Barceloneta en empruntant un curieux téléphérique, et le Tibidabo, que l'on gagne en tramway et funiculaire.

Et puis, le soir et fort tard dans la nuit, Barcelone c'est aussi une incomparable atmosphère de fête à l'image de ce qui se vit sur la célèbre Rambla.

Gérone et **Tarragone**, capitales respectivement de la Costa Brava et de la Costa Daurada, sont deux autres destinations urbaines de premier plan, car elles sont à la fois d'un grand intérêt touristique et représentent un excellent point de départ pour la découverte de ces deux côtes.

LE LITTORAL

La Costa Brava et la Costa Daurada composent deux des atouts majeurs de la Catalogne.
Bon nombre de visiteurs font d'ailleurs le voyage uniquement pour profiter des joies de la mer. Côtes rocheuses et plages de galets ou de sable alternent. Natation, plongée, planche à voile, ski nautique et tous les sports de l'eau peuvent se pratiquer ici sans modération, tant la température de l'eau est idéale et le soleil rarement bouder ! Attention toutefois aux petits enfants : certaines plages peuvent présenter une assez forte déclivité. De même, pour le plus grand plaisir des plaisanciers, petites criques et ports de plaisance se succèdent tout au long de ces côtes. La carte des lieux de séjour et la carte Michelin n° 574 à 1/400 000 localisent les stations balnéaires et les ports de plaisance.

J. Malburet/MICHELIN

LA MONTAGNE

La côte méditerranéenne est immédiatement bordée de plusieurs chaînes de montagnes parallèles qui s'étagent de 400 à près de 800 m d'altitude en bordure de la mer (sierra de Montnegre, sierra de les Gavarres) et de 500 à environ 1 800 m au Nord-Est de l'autoroute A 7 (sierra de Montseny).
Cette proximité de la mer et de la montagne, boisée, rafraîchissante, fait une part du charme de la Catalogne, surtout dans sa partie Nord-Est.

Itinéraires à thème

circuits de découverte

Pour ceux qui désirent réaliser un circuit en voiture de plusieurs jours, nous vous proposons neuf itinéraires, signalés sur la **carte des circuits de découverte**, p. 12.
Vous pouvez aussi consulter la **carte des plus beaux sites**, dont vous trouverez la description dans la partie **Villes et sites.**

① ROUTE DES PYRÉNÉES ROMANES

Circuit de 350 km au départ de Tremp – Cet itinéraire comblera autant les amoureux de la nature que les admirateurs de l'art roman, sans oublier les adeptes des sports d'hiver. Il parcourt les vallées les plus belles et les plus isolées des Pyrénées catalanes, dans lesquelles l'attrait intrinsèque du paysage est rehaussé par de beaux exemples d'architecture romane.
Tremp, situé au point de rencontre de la plaine et de la haute montagne, est notre lieu de départ. Empruntez la route en direction de La Pobla de Segur, puis, après avoir traversé les roches calcaires formant le **défilé de Collegats**, poursuivez jusqu'à **Sort**,

l'endroit parfait pour braver les eaux tumultueuses à bord d'un canoë ou d'un kayak. Vous dépasserez ensuite de ravissantes vallées abruptes comme le **Vall de Llessui**. **Llavorsí** se trouve à la confluence des trois grandes vallées du Haut Noguera Pallaresa : Ferrera, Cardós et **Àneu**. En traversant cette dernière, vous gagnerez **Espot**, pittoresque petit village aux maisons aux toits d'ardoise, et porte d'entrée du **Parc national d'Aigüestortes i Estany de Sant Maurici**. Reprenez la C 13 et, si vous avez du temps, faites un détour par **Esterri d'Àneu** pour voir la ravissante église romane d'**Isil**. Après Esterri d'Àneu, la route traverse un imposant paysage de hauts sommets jusqu'au **col de la Bonaigua** (2 072 m), avant de pénétrer le **val d'Arán**. **Baqueira-Beret**, célèbre station de sports d'hiver, est la première localité du val. **Salardú**, **Arties**, **Escunhau** et **Betrén** possèdent d'intéressantes églises romanes. À **Vielha**, on mentionnera l'église Sant Miqueu de transition romano-gothique, qui recèle le buste du Christ de Mijaran (12ᵉ s.). Puis, la route de Vielha en direction de **Pont de Suert** vous conduira à **Vilaller** et,

Lieux de séjour

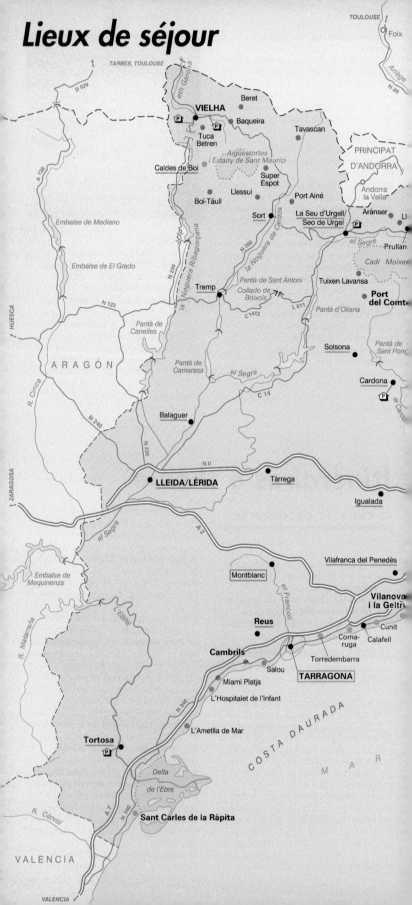

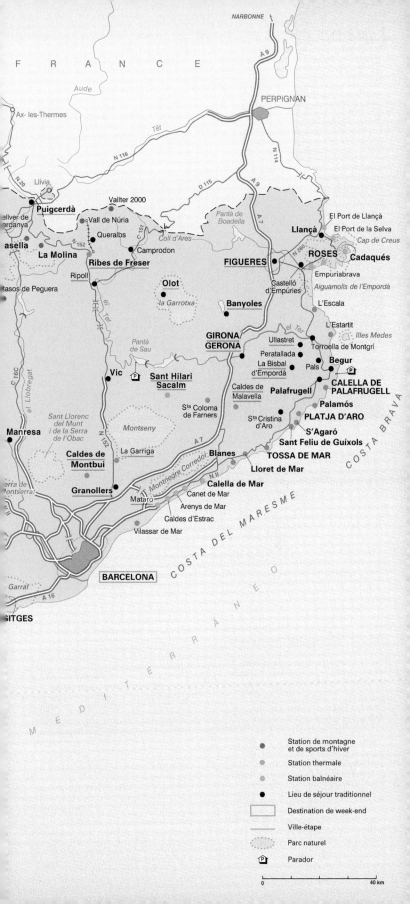

NARBONNE

F R A N C E

Aude

PERPIGNAN

Ax- les-Thermes

Têt

N 116

A 9

Llívia

N 20

D 115

Panta de Boadella

A 7

N 230

El Port de Llançà

Puigcerdà

Vallter 2000

Vall de Núria

Llançà

El Port de la Selva

Cap de Creus

ellver de erdanya

Queralbs

ROSES

Cadaqués

asella

La Molina

C 151

Camprodon

FIGUERES

N 152

Empuriabrava

Ribes de Freser

Ripoll

Olot

Castelló d'Empúries

Aiguamolls de l'Empordà

asos de Peguera

el Ter

la Garrotxa

Banyoles

L'Escala

L'Estartit

Illes Medes

el Ter

GIRONA/GERONA

Ullastret

Torroella de Montgrí

Pantà de Sau

Vic

Peratallada

Pals

Begur

C 16C

Sant Hilari Sacalm

La Bisbal d'Empordà

CALELLA DE PALAFRUGELL

el Llobregat

Caldes de Malavella

Palafrugell

COSTA BRAVA

Sant Llorenc del Munt i de la Serra de l'Obac

Sᵗᵃ Coloma de Farners

Palamós

PLATJA D'ARO

Manresa

Montseny

N 182

Sᵗᵃ Cristina d'Aro

S'Agaró

La Garriga

A 7

Sant Feliu de Guíxols

Caldes de Montbui

Blanes

TOSSA DE MAR

erra de ontserrat

Montnegre Corredor

Lloret de Mar

Granollers

Mataró

Calella de Mar

Canet de Mar

N II

Arenys de Mar

Caldes d'Estrac

COSTA DEL MARESME

Vilassar de Mar

Garraf

BARCELONA

A 16

SITGES

M E D I T E R R Á N E O

Station de montagne et de sports d'hiver

Station thermale

Station balnéaire

Lieu de séjour traditionnel

Destination de week-end

Ville-étape

Parc naturel

Parador

0   40 km

en poursuivant vers le Sud, jusqu'au croisement avec la route du **val de Boí**, célèbre pour son ensemble d'églises romanes lombardes, le plus beau de Catalogne. **Taüll** est le village le plus connu du val. Après la visite des églises Sant Climent et Santa Maria, reprenez la route de Pont de Suert puis, à Pont de Suert, dirigez-vous vers La Pobla de Segur. Avant de revenir sur Tremp, à Senterada, faites un crochet vers le **val Fosca** où vous rencontrerez de charmants petits bourgs qui recèlent, comme **Cabdella**, de belles églises romanes.

Église de Salardú.

② Sierra del Cadí

Circuit de 300 km au départ de La Seu d'Urgell – Ce circuit parcourt la *comarca* pyrénéenne de la Cerdagne, encerclant l'impressionnante sierra del Cadí et le **Parc naturel Cadí Moixeró**. On observe le paysage type des Pyrénées catalanes, à savoir celui d'un vaste plateau élevé entrecoupé de vertes plaines. La cathédrale Santa Maria atteste de l'importance de **La Seu d'Urgell** au Moyen Âge. La route se dirige ensuite vers le Sud et longe le cours du Segre, en passant par l'étroit **Congost de Tresponts**, le petit village d'**Organyà** et l'élégante église romane de **Sant Climent de Nargó**. Puis, vous abandonnerez le cours du fleuve pour vous diriger vers l'Est. Vous attend alors un beau paysage de montagnes escarpées et d'épaisses forêts de chênes et de pins sylvestres avant d'arriver à **Sant Llorenç de Morunys**, pour visiter l'église Sant Llorenç, bel exemple de l'art roman lombard. Avant Berga se dresse le vénéré sanctuaire de **Santa Maria de Queralt**, reconnu comme étant le belvédère de la Catalogne, grâce aux spectaculaires panoramas qu'il dispense. La prochaine étape est **Berga**, théâtre en juin de l'une des fêtes les populaires de la Catalogne, la *Patum de Berga*. Puis vous emprunterez la route qui traverse le lac de Baélls en direction de **Ripoll**, où vous ne manquerez pas d'admirer l'un des portails romans les plus beaux de l'Espagne tout entière. C'est à ce niveau alors que le circuit reprend la direction du Nord. Après avoir dépassé la ville thermale de **Ribes de Freser**, vous grimperez dans un paysage montagneux tapissé de forêts et de pâturages jusqu'à **Queralbs**, où un train à crémaillère inauguré en 1931 permet d'accéder au **val de Núria**. De retour à Ribes de Freser, vous poursuivrez votre chemin par la N 152, très belle route qui passe par la station de sports d'hiver de **La Molina** avant d'atteindre **Puigcerdà**, capitale de la Cerdagne et important centre touristique. À quelque 6 km au Nord, vous découvrirez **Llívia**, enclave espagnole en territoire français qui conserve dans son musée l'une des plus anciennes pharmacies d'Europe. Avant de retourner à La Seu d'Urgell, faites donc une halte à **Bellver de Cerdanya**, porte d'entrée du Parc naturel Cadí-Moixeró.

③ Volcans, lacs et montagnes

Circuit de 260 km au départ de Besalú – Cet itinéraire traverse l'une des plus belles régions de l'arrière-pays de la province de Gérone. Parallèlement à ses circuits touristiques, cette région possède une grande variété de paysages et une grande richesse artistique et gastronomique. Elle offre sans nul doute un parcours qui sert de contrepoint aux stations balnéaires de la côte. Le voyage débute par **Besalú**, l'un des plus beaux petits villages de la Catalogne, protégé à l'entrée par un magnifique pont fortifié du 12ᵉ s. Vous continuerez par la N 260, qui passe à côté de l'impressionnante coulée basaltique de 60 m de haut à laquelle s'accroche le village de **Castellfollit de la Roca**, jusqu'au croisement avec la C 153 qui grimpe vers le val de Camprodón, paysage pyrénéen aux douces montagnes et abondants pâturages. La localité touristique de **Camprodon**, connue pour ses fameux biscuits et son pont médiéval, est un excellent point de départ pour la visite des pittoresques villages de **Rocabruna** et **Beget**. L'église de Beget, pur joyau de l'art roman catalan, recèle un splendide Christ sculpté du 12ᵉ s. En poursuivant votre chemin par la C 26, en aval du Ter, vous atteindrez **Sant Joan de les Abadesses**, où vous serez fasciné par la splendide *Descente de croix* qui préside l'abside de l'église de son monastère roman. Non loin de là, à **Ripoll**, se trouve un autre joyau de l'art roman, le portail sculpté de la magnifique collégiale Santa Maria. En quittant Ripoll, vous prendrez la N 260 qui vous conduira à la ville d'**Olot**, qui doit sa renommée dans l'histoire de la peinture à l'importante école paysagiste d'Olot, née à la fin du 19ᵉ s. et dont les représentants tirèrent leur inspiration des inquiétants paysages volcaniques du **Parc naturel de la Garrotxa**. Une promenade dans la médiévale **Santa**

J. Malburet/MICHELIN

Pau peut être une douce alternative à l'observation de ces paysages déchirés. Avant le retour à Besalú, il conviendra de marquer une pause sur les rives du lac de Banyoles, où se dresse l'église **Santa Maria de Porqueres**, exceptionnel exemple de l'art roman.

Le pont de Besalú.

J. Malburet/MICHELIN

④ L'ART ET LA COSTA BRAVA

Circuit de 200 km au départ de Gérone – L'attrait des *comarcas* de l'Ampurdan ne se limite pas à leurs splendides criques baignées d'eaux cristallines ou à leurs stations balnéaires animées l'été, ni même à leurs magnifiques paysages. La visite de l'arrière-pays sera une invitation à la découverte de la richesse artistique que cette zone aura accumulée au fil des siècles.

Gérone, chef-lieu de la province, est une ville aux multiples attraits : vous pourrez y visiter la cathédrale gothique, le musée d'Art, les bains arabes ainsi que la collégiale Sant Feliu et le monastère Sant Pere de Galligants. À **Figueres**, que vous gagnerez par l'autoroute, vous vous rendrez à l'extravagant musée Dalí. Puis vous vous rapprocherez du petit village de **Vilabertrán**, né autour du magnifique monastère Santa Maria (11e-15e s.), et poursuivrez votre route jusqu'au splendide site recelant les impressionnantes ruines du monastère **Sant Pere de Rodes**, qui s'élèvent sur le flanc d'un escarpement montagneux. **Castelló d'Empúries** sera la prochaine étape où il faudra admirer le splendide portail gothique de l'église Santa Maria. Le circuit se poursuit vers le Sud jusqu'à **Empúries**, site archéologique gréco-romain de premier plan. D'Empúries, prendre la direction de **Torroella de Montgrí**, cité que protège son imposant château ouvrant sur un magnifique panorama. Vous vous dirigerez ensuite vers le pittoresque village d'**Ullastret**, qui conserve à 1 km les vestiges d'une cité ibère. Non loin de là, **Peratallada** est un ravissant village médiéval et **Pals**, la prochaine étape, renferme également un quartier médiéval digne d'intérêt, El Pedró. Sur le chemin du retour en direction de

Gérone, vous passerez par **La Bisbal d'Empordà**, connue pour ses faïences, puis vous bifurquerez vers **Púbol**, où vous pourrez visiter la Casa-Museu Castell Gala Dalí, château du 14e s. dont Dalí fit présent à sa femme Gala.

⑤ VILLES ET LIEUX SAINTS DES PRÉPYRÉNÉES

Circuit de 300 km au départ de Manresa – Ce circuit parcourt la Catalogne la plus traditionnelle, celle des lieux de pèlerinage et des fêtes ancestrales, tout en traversant d'imposants paysages montagneux et de monumentales villes. **Manresa**, capitale de la *comarca* du Bages, est un centre commercial animé que domine la superbe silhouette de la collégiale-basilique Santa Maria de la Seo, l'un des édifices les plus représentatifs du gothique catalan. Puis franchissez le Pont Vell pour prendre la direction de la sierra et du **monastère de Montserrat**, le lieu le plus sacré de la Catalogne, enclavé dans un paysage de toute beauté. Ses courbes et son relief abrupt s'apparentent à l'œuvre monumentale d'un sculpteur audacieux ou d'un amoureux fou. Revenir sur Manresa et prendre la direction de Moià et de **L'Estany**, où une halte s'impose pour la visite du monastère Santa Maria et de son magnifique cloître aux chapiteaux délicats. **Vic**, à une vingtaine de kilomètres plus loin, fut une importante ville au Moyen Âge comme l'attestent sa cathédrale et son magnifique Musée épiscopal. En quittant Vic, prendre la direction de Gironella jusqu'à **Berga**, dont les rues médiévales tortueuses et escarpées sont la scène, en juin, pendant la Fête-Dieu, de l'une des fêtes majeures de la Catalogne, la *Patum de Berga*. Aux abords de Berga se dresse le vénéré sanctuaire **Santa Maria de Queralt**, d'où l'on a de spectaculaires vues. Prendre la route de L'Espunyola. 6 km avant d'atteindre Solsona, vous découvrirez **Olius** et son église romane Sant Esteve, avec, en face, son curieux cimetière moderniste. **Solsona** possède une

Chapiteau du monastère Santa Maria, à L'Estany.

J. Malburet/MICHELIN

cathédrale digne d'intérêt ainsi qu'un musée épiscopal qui conserve une riche collection d'art roman et gothique. De retour à Manresa, la route traverse le village de **Cardona**, dominé par l'imposant ensemble formé par son château et la collégiale Sant Vicenç, joyau du roman lombard. Le château ouvre sur d'exceptionnelles vues de la montagne de Sel de Cardona (170 m de haut). La C 55 est le chemin du retour à Manresa.

6 LA CATALOGNE MÉCONNUE

Circuit de 160 km au départ de Lérida – L'intérieur de la province de Lérida est l'une des régions les moins connues de la Catalogne. Loin des crêtes pyrénéennes escarpées, cette terre de plaines fertiles ne manquera pas de vous surprendre avec ses petits villages médiévaux et sa riche gastronomie à base de fruits et de primeurs récoltés dans ses champs. La ville de **Lérida** domine de son emplacement privilégié les *huertas* plantées de fruits et de légumes qui s'étirent sur les rives du Segre. Après la visite du magnifique ensemble formé par La Seu Vella et la forteresse militaire de Philippe V, remontez le Segre jusqu'à la dynamique localité de **Balaguer**, présidée par l'église Santa Maria, et où chaque année en juin se tient la Festa del Transsegre, curieuse descente de la rivière sur des embarcations confectionnées par chacun. Puis, vous vous dirigerez vers l'Est en empruntant la route de Montgai, qui longe le cours du Sió, jusqu'à **Agramunt**. Dans cette localité qui tire sa célébrité de ses confiseries de longue tradition (les tablettes de chocolat et le *turrón* d'Agramunt), vous admirerez le portail Ouest de l'église Santa Maria. **Cervera**, siège d'une importante université depuis le 18e s., et **Tàrrega**, connue pour sa Feria du théâtre de rue, qui a lieu annuellement en septembre, sont les étapes suivantes. Au Sud, quelques kilomètres plus loin, se trouvent les belles localités médiévales de **Verdú**, connue pour ses céramiques noires, et **Guimerá**, avec son ravissant quartier médiéval ponctué d'étroites ruelles et de maisons en pierre. De retour sur la N II, avant de rentrer à Lérida, une halte s'impose dans le village de **Bellpuig** pour visiter l'église Sant Nicolau, qui recèle un magnifique tombeau Renaissance, ainsi que le couvent Sant Bertomeu, également Renaissance, qui se trouve à l'extérieur de l'agglomération.

7 ENTRE VIGNES ET MONASTÈRES CISTERCIENS

Circuit de 250 km au départ de Reus – Vins et moines sont le binôme indissociable sur ce circuit qui vous offrira l'occasion de déguster quelques-uns des meilleurs crus de Catalogne, tout en découvrant l'un des ensembles de monastères

cisterciens les plus beaux et les plus importants de toute l'Espagne. **Reus**, qui fut au 19e s. l'un des symboles de la prospérité et de la modernité catalanes, conserve un intéressant ensemble d'édifices modernistes, et doit également sa célébrité à ses fruits secs et à ses confiseries. À partir de Reus, la A 420 traverse un paysage fascinant avant de pénétrer les terres rougeâtres du Priorat, où naquirent quelques-uns des vins rouges les plus réputés de Catalogne. À environ 25 km de Falset, en pleine sierra del Montsant, se dressent les ruines de la plus ancienne chartreuse de la péninsule, **Escaladei**. La route, agréable, se poursuit vers le Nord jusqu'au pittoresque petit village de **Siurana de Prades**. La montagne est désormais derrière vous, et on atteint la vallée du rio Francolí qui recèle le plus grand des trois monastères cisterciens du circuit : **Poblet**, fondé en 1151, est à lui seul un véritable musée d'histoire architecturale qui renferme dans le cloître et l'église ses meilleurs exemples. Depuis Poblet, et après la visite de **L'Espluga de Francolí**, vous vous rendrez au couvent de **Vallbona de les Monges**, et à sa belle église à nef unique. À nouveau en direction du Sud, vous rencontrerez la cité médiévale de **Montblanc**, encerclée par ses intemporelles murailles, et arriverez à **Santes Creus**, l'autre grand monastère cistercien de Catalogne. Son cloître arbore une telle richesse décorative qu'il est considéré comme l'un des chefs-d'œuvre gothiques de la péninsule Ibérique. À Valls ensuite, vous arpenterez les ruelles du vieux quartier, et si vous y venez de décembre à mars, ne manquez pas de goûter à une typique *calçotada* avant d'amorcer votre retour sur Reus.

Montblanc.

8 LA CATALOGNE DU 19e S.

Circuit de 250 km au départ de Barcelone – Ce circuit a tous les ingrédients attrayants d'un voyage en Catalogne : des monuments romains, des villes chargées d'histoire, des monastères romans,

J. Malburet/MICHELIN

des édifices modernistes, de belles plages, sans oublier les bons vins et les bons *cavas*. Après la visite de **Barcelone**, conjuguant modernité et histoire, en route pour **Sant Cugat del Vallès**. Cette localité située à 16 km au Nord-Ouest recèle le monastère bénédictin du même nom, magnifique exemple de transition du roman au gothique. Poursuivez jusqu'à **Terrassa**, importante localité de l'arrière-pays connue pour son ensemble d'églises préromanes et pour ses édifices modernistes. L'étape suivante est **Sant Sadurní d'Anoia**, la ville du *cava*, boisson que vous ne manquerez pas de déguster dans les célèbres caves Codorniu et Freixenet. Cette visite peut être complétée par celle du musée du Vin à **Vilafranca del Penedès**. Sur le chemin de Tarragone, arrêtez-vous pour admirer l'**arc de Barà**, élevé par les Romains. **Tarragone**, chef-lieu de la province du même nom, conserve un des ensembles archéologiques romains les plus importants de la péninsule. Vous ne quitterez pas la ville sans vous être promené dans ses rues médiévales et sans avoir visité sa magnifique cathédrale. 5 km au Nord, le **mausolée romain de Centcelles** vous attend. De retour à Barcelone, la route côtière traverse d'importantes agglomérations touristiques telles que **Torredembarra** et **Vilanova i la Geltrú** avant d'atteindre la moderniste **Sitges**, joyeuse station touristique dont le Museu del Cau Ferrat, résidence du peintre Santiago Rusiñol, mérite une visite. De là, une belle route côtière vous reconduira à Barcelone.

⑨ LE CIRCUIT DE L'ÈBRE

Circuit de 200 km au départ de Sant Carles de la Ràpita – Ce circuit conjugue la douceur qui caractérise un delta avec les paysages abrupts et indomptés de la montagne. Reliant le Parc naturel de l'Èbre à la Réserve nationale des Ports de Beseit (*port* signifiant col ici), ce parcours vous transportera dans une région de toute beauté qui parvient encore à s'affranchir du tourisme de masse. Le voyage débute à **Sant Carles de la Ràpita**, important village de pêcheurs qui fait entrer le *llagostí* (crevette) dans son abondante offre gastronomique. Sant Carles est la porte d'entrée du **Parc naturel du delta de l'Èbre** (7 736 ha), qui représente l'une des plus vastes zones humides d'Europe, coupée en deux par l'Èbre. Dans le secteur Nord, la principale localité est **Deltebre**, servant de point de départ pour la visite de l'île de Buda et de la pointe del Fangar. En remontant le fleuve par la rive droite, vous arrivez à la ville historique de **Tortosa**, qui conserve un patrimoine artistique digne d'intérêt (la cathédrale, le palais épiscopal, les collèges royaux, etc.). Puis vous poursuivrez par la T 301 et franchirez le fleuve en bac avant d'arriver au château de **Miravet**, l'ancienne forteresse des templiers. Au fur et à mesure de votre progression, vous pénétrez la région des vins. À **El Pinell del Brai** et à **Gandesa**, vous découvrirez de belles caves modernistes conçues par l'architecte César Martinelli. Puis de Gandesa, vous vous dirigerez vers **Horta de Sant Joan**, village de montagne situé au pied des derniers contreforts des **Ports de Beseit**, paysage d'un grand romantisme qui inspira des artistes comme Pablo Picasso ou Manuel Pallarés. Sur le chemin du retour, vous prendrez la T 330. Après avoir franchi le petit village de Prat de Comte, vous bifurquerez à droite en direction de Tortosa et de Sant Carles de la Ràpita.

Sports et loisirs

alpinisme

L'**alpinisme**, qui, dans les Pyrénées, présente aux yeux de qui recherche l'exploit sportif moins d'attrait que dans le massif alpin, est pratiqué dans le Ripollès et dans le Pallars, notamment sur les parois des Encantats dans la zone du Parc naturel d'Aigüestortes (renseignements auprès de la Federació Catalana d'Esports de Montanya, Rambla 41-1°, 08002 Barcelone, ☎ 93 412 07 77).

sports d'hiver

La pratique du ski en Catalogne est récente. Le début du 20ᵉ s. ne connaissait que deux stations : La Molina et Núria, accessible uniquement par chemin de fer à crémaillère. L'amélioration et le développement du réseau routier ainsi que la généralisation du ski ont généré la création de nouvelles stations, aujourd'hui au nombre de 18, disposant, en raison de leur jeunesse, d'installations de qualité.

O. Torres/MARCO POLO

29 83, fournit toutes informations sur les stations, et plus spécialement sur l'état de la neige.

golf

Une trentaine de terrains sont répartis sur l'ensemble du territoire catalan mais se situent pour la plupart le long de la côte, avec une plus forte densité autour de Barcelone. De création souvent récente, ils offrent une grande diversité de services, depuis la location de clubs jusqu'aux practices d'entraînement. Certains constituent même à eux seuls de véritables bases de loisirs, voire des clubs de vacances, où piscines, courts de tennis et équitation diversifient l'éventail d'activités, tandis qu'hôtels et appartements accueillent la clientèle pour des séjours d'une plus ou moins longue durée.

Au nombre de ces terrains, il convient de signaler aux amateurs la présence de trois golfs rustiques.

Tous renseignements peuvent être obtenus auprès de la Federació Catalana de Golf, c/ Aribau 282 2ⁿ, 2ᵃ, 08006 Barcelona, ☎ 93 414 52 62.
www.catgolf.org

La plus réputée d'entre elles est **Baqueira Beret**, dans le Vall d'Arán, où la famille royale d'Espagne séjourne chaque année. Bien que le relief pyrénéen se prête peu à la pratique du ski de fond, la Catalogne s'efforce de répondre à tous les désirs des skieurs en aménageant des stations plus spécialement destinées à cette forme de ski ; mais elles ne disposent pas, le plus souvent, de possibilités d'hébergement sur place.

La Associaciò Catalana d'Estacions d'Esqui i Activitats de Muntanya (ACEM), ☎ 93 416 01 94, fax 93 415

Le tableau ci-dessous ne retient que les stations offrant des ressources hôtelières.

Station (localité)	Province	Altitude	Nombre de pistes de ski		Offices de tourisme
			alpin	de fond	
Rasos de Peguera (Berga)	Barcelona	1.850/2.050	9	2 (8 km)	Pg de la Industria, 96 ☎ 93 821 05 84. www.ajberga.es
Vall de Núria (Queralbs)	Girona	1.964/2.252	10		Vall de Núria ☎ 972 73 20 20 www.valldenuria.com
La Molina (La Molina)	Girona	1.590/2.537	31	1 (5 km)	Av. Supermolina ☎ 972 89 20 31 www.lamolina.com
Masella (Masella)	Girona	1.600/2.535	34		☎ 972 14 40 00 www.masella.com
Vallter 2000 (Setcases)	Girona	1.910/2.535	12		☎ 972 13 60 57
Port del Comte (Olius)	Lleida	1.700/2.400	34	1	Restaurant Pi de Sant Just, 1 ☎ 973 48 09 50 www.potdelcompte.com
Super Espot (Espot)	Lleida	1.480/2.430	28	1 (8km)	Ctra. Barradé, s/n ☎ 973 62 40 58 www.espoesqui.com
Baqueira Beret (Salardú)	Lleida	1.500/2.505	47	1 (7 km)	Balmes, 2 ☎ 973 64 50 62 www.baqueira.es
Tuca Betren (Vielha)	Lleida	1.050/2.259	16		Sarriulera, 6 ☎ 973 64 01 10

canoë-kayak

La **descente de ravins** consiste à suivre le cours d'un torrent et combine natation et escalade dans le franchissement des obstacles naturels. Cela nécessite une bonne forme physique ainsi que la volonté de se dépasser dans l'effort, tout en permettant de découvrir des paysages tout à fait étonnants.

Les torrents pyrénéens sont de parfaits terrains de jeux pour les amateurs de **rafting** et de ses variantes que sont l'hydrobob et l'hydrospeed, ou de **canoë-kayak**. C'est encore dans les *comarcas* du Pallars, du val d'Arán, de l'Urgel et de la Cerdagne que l'on trouve les torrents les plus propices, surtout au printemps, à la pratique de ces sports. Le Noguera Pallaresa, dans le val d'Arán, est l'une des meilleures rivières d'eaux vives en Europe, et le Rallye touristique international de Sort, chaque année à la mi-juillet, consacre cette réputation.

sports nautiques

La Catalogne dispose de quelques plans d'eau intérieurs où l'on peut pratiquer **voile**, motonautisme ou rame. Si l'on pense en premier lieu au lac de Banyoles, aménagé pour certaines compétitions des Jeux olympiques de Barcelone, il ne faut pas omettre le superbe réservoir de Boadella, au Nord-Ouest de Figueres, ni ceux de Sau, au Nord-Est de Vic, de Oliana, au Sud de La Seu d'Urgell, de Riba-roja et de Fix, sur l'Èbre. Délaissant les exercices purement sportifs, on peut se laisser tenter par les activités ludiques et les spectaculaires toboggans aquatiques des six **bases de loisirs nautiques** réparties le long des côtes de Catalogne : Aqua Brava à Roses,

Water World, à Lloret de Mar.

J. Pareto/GC (DICT)

J. Malburet/MICHELIN

Port de plaisance de Mataró.

Aquadiver à Platja d'Aro, Water World à Lloret de Mar, Isla Fantasía à Vilassar de Dalt, Aquàtic Paradís à Sitges et Acquapark à Salou.

pêche en eau douce

Les amateurs de pêche seront peut-être tentés par une partie dans les torrents pyrénéens où abonde la truite commune, à l'exclusion cependant des petits fleuves de la partie orientale de la province de Gérone. En revanche, ces mêmes fleuves (río Muga, río Fluvià et río Ter) sont connus pour offrir des espèces plus variées : black-bass, carpe, brochet, entre autres. L'Èbre pour sa part est plutôt le domaine des cyprinidés : barbeau et chevaine surtout, que l'on trouve aussi dans la partie basse du Segre ou du Llobregat. La période de pêche dure du 1er samedi de mars au 31 août, mais le pêche n'est pas autorisée partout ni tous les jours de la semaine ; il convient donc de s'informer auprès des mairies sur les sections de rivières d'accès libre ainsi que sur les jours autorisés, ceux-ci différant souvent d'une commune à l'autre. En outre, le permis ne peut être obtenu par avance depuis le territoire français et doit être pris sur place. D'un coût approximatif de 6€, il peut être obtenu en 24h sur présentation de la carte d'identité nationale en se rendant directement à l'administration compétente, la Conselleria d'Agricultura, Ramaderia i Pesca de la Generalitat de Catalunya *(adresse ci-dessous dans la rubrique « plongée », au paragraphe consacré à la pêche sous-marine).* Celle-ci possède un service territorial (Servei Territorial) dans chacune des trois autres provinces catalanes : à Gérone, av. de Sant Francesc, 29 (☎ 972 41 76 50), à Lérida, Camp de Mart, 35 (☎ 973 24 66 50), et à Tarragone, av. de Catalunya, 50 (☎ 977 25 08 45).

plaisance

Du Nord au Sud, de la province de Gérone à celle de Tarragone, la Catalogne dispose d'une quarantaine de ports (embarcadères, marinas, bassins réservés, ports de plaisance) susceptibles d'accueillir les plaisanciers. La Direcció General de Ports i Transports (Ports Esportius), av. Josep Tarradellas 2, 08029 Barcelona, ☎ 93 495 80 00, fax 93 495 84 70, fournit toutes informations à leur sujet.
Le tableau ci-dessous signale les ports assurant un approvisionnement en essence et gazole. Le chiffre indique le nombre total de postes d'amarrage.

Province de Gérone

Llançà	497
Roses	220
L'Escala	600
Aiguablava	62
Marina Palamós	869
Port d'Aro	842
Blanes	392
Colera	133
Cala Canyelles	134
El Port de la Selva	479
Empuriabrava	2 500
L'Estartit	742
Llafranc	142
Palamós	869
Sant Feliu de Guíxols	352
Portbou	361
Canals de Sta. Margarita	500

Province de Barcelone

Arenys de Mar	609
Mataró	1 071
El Masnou	1 081
Barcelona Port Vell	409
Barcelona Port Olímpic	755
Garraf	618
Vilanova i la Geltrú	1 124
El Balís	753
Premià de Mar	750
La Ginesta	1 064
Aiguadolç	742

Province de Tarragone

Port Segur	223
Salou	230
L'Hospitalet de l'Infant	575
L'Ampolla	432
Les Cases d'Alcanar	157
Torredembarra	820
Coma-ruga	265
Cambrils	368
Calafat	404
Sant Carles de la Ràpita	438
L'Ametlla de Mar	256
Tarragona	442

plongée

Les paysages sous-marins – Il n'existe pas de spectacle plus fascinant que celui du monde de la mer dont le silence est constamment zébré d'éclairs de lutte et de fuite. En Méditerranée, à une profondeur variant de 5 à 15 m selon l'exposition, les roches bien illuminées sont couvertes d'algues aux frondes rouges, vertes et ocre oscillant au gré des courants, ou en forme d'éventails ou de parasols. Dans cette épaisse couche végétale vivent les éponges rouges ou jaunes, les huîtres, les moules, les oursins, les mulets, les poulpes, des dizaines d'espèces qui consomment les algues et sont elles-mêmes consommées par d'autres espèces. Plus bas, quand le paysage sous-marin est plongé dans la pénombre, se trouvent d'autres algues rouges abritant des colonies de faux coraux, d'ascidies, d'anémones de mer ; dans les cavités rocheuses s'abritent la langouste, la galathée noire, la rascasse ou le mérou. À l'abri des coups de mer se développe la prairie de posidonies, où se cachent une multitude de petits poissons argentés. En dessous de 20 m, les algues calcaires et les coraux s'imbriquent, environnés sur le passage des courants par les gorgones. Dans cet enchevêtrement étrange vivent d'autres variétés d'éponges, de mollusques, de crustacés, et l'on y voit remonter roussettes et baudroies, raies et torpilles, qui évoluent en général sur les fonds détritiques.

Pratiques sous-marines – Sur les côtes catalanes, la Réserve marine des îles Medes est le site idéal pour pratiquer la **plongée** sous-marine. Mais quel que soit le site choisi, il faut être en possession d'un permis délivré par la Direction générale de la marine marchande espagnole (pour la Catalogne, se renseigner auprès de la Comissió de Ports de la Generalitat, c/ del Doctor Roux, 63, 08017 Barcelona, ☎ 93 204 16 00, fax 93 205 66 65) ou d'un titre étranger équivalent certifié par l'un des clubs adhérant à la Federación Española de Actividades Subacuáticas (représentation à Barcelone : c/ de Santaló, 15-17, ☎ 93 200 67 69) ou à la Federació Catalana d'Activitats Subaquàtiques, av de Madrid, 118, ☎ 93 330 44 72. De plus, une autorisation spéciale à caractère temporaire doit être délivrée par l'autorité locale de la Marine. Le permis de **pêche** sous-marine est délivré par la Direcció General de Pesca Marítima relevant de la Conselleria d'Agricultura, Ramaderia i

Pesca de la Generalitat de Catalunya,(Gran Via de les Corts Catalanes 612-614, 08007 Barcelona, ☎ 93 304 67 00), sur présentation de la carte d'identité nationale et d'un certificat médical, ainsi que de la licence de la Fédération d'activités subaquatiques *(voir adresses ci-dessus)*.

randonnée et tourisme équestre

Les Pyrénées catalanes peuvent également donner l'occasion de pratiquer d'autres activités sportives, que l'on aime les sensations fortes ou qu'au contraire on recherche le calme et la sérénité des grands espaces loin du monde.
Moins spectaculaires et présentant moins de risques, mais exigeant endurance et entraînement, **trekking** et randonnée à cheval se pratiquent aussi dans plusieurs *comarcas* de Catalogne. La randonnée en montagne voit ses nombreux adeptes converger en été vers le Parc national d'Aigüestortes, dont les nombreux parcours permettent une grande variété d'excursions, la présence de refuges autorisant les itinéraires sur plusieurs jours. Si l'on veut observer gypaètes, aigles royaux, isards et loutres, il ne faut pas manquer de consacrer une ou deux journées à ce parc.
Pour sa part, le **tourisme équestre** connaît une diffusion plus large sur l'ensemble de la Catalogne et peut être pratiqué dans les cordillères littorales. Plusieurs clubs proposent des excursions d'une journée ou des randonnées de plusieurs jours, tant dans les Pyrénées que dans les parcs naturels de la Garrotxa ou de les Gavarres, ou encore sur les plages de la Costa Brava.
Les Pyrénées, comme les cordillères littorales, sont sillonnées de sentiers de **grande randonnée**, dont le balisage est harmonisé avec celui des autres pays d'Europe. Le réseau catalan, constitué d'une dizaine de sentiers présentant des variantes, dépasse les 3 000 km et permet une découverte différente de la nature et de petits villages méconnus. Chaque itinéraire est minutieusement décrit dans des topoguides que l'on peut se procurer dans les librairies spécialisées ou en s'adressant à la Federació d'Entitats Excursionistes de Catalunya, Rambla, 41-1°, 08002 Barcelona, ☎ 93 412 07 77.
D'utiles informations peuvent être communiquées quant à la pratique de ces activités (noms et adresses de clubs, modalités pratiques, conditions d'hébergement) par les Offices de tourisme des *comarcas*. La liste ci-dessous récapitule les offices des *comarcas* regroupant le plus grand nombre d'activités.

Comarca : Adresse de l'Office de tourisme
Alt Urguell : Valls d'Andorra, 33, 25700 La Seu d'Urgell, ☎ 973 35 15 11 ; www.laseu.org
Alt Ribagorça : Pl. Marcadal, 7, 25520 El Pont de Suert, ☎ 973 69 06 40.
Alt Ribagorça : Carret Caldes de Boí, 25527 Barruera, ☎ 973 69 40 00 ; www.vallboi.com
Cerdanya : Area del Cadí, 25720 Bellver de Cerdanya, ☎ 973 51 02 33.
Garrotxa : c/ Bispe Lorenzana, 15, 17800 Olot, ☎ 972 26 01 41.
Pallars Jussá : Pl. de la Creu, 1, 25620 Tremp, ☎ 973 65 00 05.
Pallars Jussá : C/ Verdaguer, 35, 25500 La Pobla de Segur, ☎ 973 68 02 57 ; www.pobladesegur.org
Pallars Sobirá : Av. Comtes de Pallars, 21, 25560 Sort, ☎ 973 62 10 02.
Ripollés : Pl. Ajuntament, 3, 17534 Ribes de Freser, ☎ 972 72 77 10 ; www.vallderibes.com
Val d'Aran : Sarriulera, 6, 25530 Vielha, ☎ 973 64 01 10.
Val d'Aran : Eduard Aunós s/n, 25550 Bossòst, ☎ 973 64 72 79/5.

vol libre et parapente

Vol libre et parapente se pratiquent aisément dans l'Urgel, le Pallars, le val d'Arán et la Cerdagne surtout. Si les premiers vols demandent le concours d'un instructeur, on apprend rapidement à reconnaître la force et la direction du vent et à déterminer l'instant le plus favorable pour s'élancer et réaliser le rêve éternel d'Icare... Renseignements auprès des offices de tourisme.

Forme et santé

Le plus souvent admirablement situées au pied d'escarpements boisés, les villes thermales offrent un cadre reposant et le charme parfois nostalgique de leur environnement soigné et fleuri. Aujourd'hui, les cures de remise en forme voisinent avec les traditionnelles cures thermales. Les services offerts et les installations sportives font de ces stations des lieux de vacances originaux. Chacune est en outre un point de départ idéal pour des excursions en Catalogne.

Quelques stations thermales :

Station thermale et de montagne de Caldes de Boí – 1 500 m d'altitude. Proche du Parc national d'Aigüestortes.

Caldes d'Estrac – À 45 km de Barcelone, sur le littoral du Maresme. La mer, la sierra de Montnegre, le golf de Llavaneras sont quelques-unes des atouts de cette station fort connue.

Caldes de Montbui – Au Nord de Sabadell, à 28 km seulement de Barcelone. Station proche du Parc naturel de Sant Llorenç del Munt.

La Garriga – Au Nord de Granollers, au pied de la sierra de Montseny. Entre mer et montagne, La Garriga, comme Caldes de Montbui, jouit d'un microclimat particulier.

Caldes de Malavella et **Santa Coloma de Farners** – Proches de Gérone et facilement accessibles par l'autoroute A 7, ces deux stations sont au cœur d'un environnement boisé (chênes-lièges).

Souvenirs

Si vous êtes de ces voyageurs qui aiment rapporter des souvenirs de la région qu'ils visitent, vous trouverez en Catalogne maints produits typiques à la fois originaux et créatifs. Votre choix pourra se porter sur des objets de tradition artisanale ou encore sur des produits plus actuels représentant le design catalan.

La communauté autonome a connu très tôt un important processus d'industrialisation, ce qui explique la disparition de nombre d'activités artisanales. Paradoxalement, certaines d'entre elles ont connu un large renouvellement avec la création d'écoles spécialisées qui leur ont insufflé un nouvel élan et des lignes plus novatrices.

POTERIE

La poterie en Catalogne jouit d'une longue tradition. L'influence des confréries et des corporations contribua à l'essor du métier. À **Breda**, on travaille la terre cuite depuis le 13ᵉ s. et l'aspect utilitaire d'origine a été préservé jusqu'à nos jours. À Quart, l'évolution a été encore plus importante, puisqu'on alternait entre la confection de poteries à l'usage de la cuisine et celle des pots de fleurs ou de la poterie purement décorative d'une grande originalité. **Miravet** est un autre îlot de potiers de vieille tradition, célèbre pour ses mélanges de boues prélevées sur les rives de l'Èbre et d'argiles réfractaires des massifs montagneux voisins.

CÉRAMIQUE

La qualité et la beauté de la céramique catalane lui valent son immense prestige. C'est à **La Bisbal d'Empordà** que le métier eut le plus fort impact après la création de l'école de céramique de La Bisbal ; on remarquera plus particulièrement la beauté de sa céramique « fumée » et de sa cruche qui est l'un de ses produits les plus typiques. **Verdú** a également compté dans l'histoire de la céramique puisqu'il est reconnu internationalement pour la texture et le chromatisme de ses « faïences noires ».

Les écoles modernes, comme l'école Massana, ont réussi à attacher à la céramique créative un authentique label de qualité. Leur travail a été d'adapter les méthodes traditionnelles à de nouveaux concepts.

LE BOIS

L'industrie du bois s'est révélée d'une importance cruciale dans les localités et les régions plantées de forêts. Ce fut le cas de La Cellera de Ter, La Vall del Ges (Torelló, Sant Vicenç de Torelló et Sant Pere de Torelló) et La Garriga, qui ont vu se développer toute une industrie consacrée à la fabrication artisanale de meubles. **Sant Hilari Sacalm** est l'un des endroits où le bois est travaillé de la façon la plus originale : sa première spécialité est le brûlage partiel du bois une fois tourné, procurant un résultat d'une grande beauté.

LE DESIGN CATALAN

C'est la marque d'identité par excellence, reconnue et admirée dans le monde entier. L'un des grands apports du design catalan a été de l'introduire dans la rue sous la forme de mobilier urbain ; ainsi tout le monde pouvait en profiter au quotidien. Mais il ne faut pas non plus oublier le vaste choix de produits utilitaires et ornementaux qui remportent le plus grand succès auprès des touristes en quête de souvenirs ou de cadeaux originaux.

LE TRAVAIL DU CUIR

En Catalogne, le travail du cuir jouit d'une grande tradition. Aujourd'hui, la fabrication artisanale a cédé majoritairement le pas à l'industrie. La maroquinerie catalane a obtenu un renom largement mérité qu'elle doit à sa conception et à sa qualité.

LA MODE

L'industrie textile catalane est sans nul doute l'une des plus importantes de l'État espagnol. La combinaison création-industrie est à l'origine du développement et du prestige de la mode catalane, qui compte dans ses rangs certains des créateurs et des marques les plus prisés actuellement (Toni Miró, Josep Font, Armand Basi, TCN, Custo, etc.).

AUTRES

On mentionnera d'autres centres importants dans le domaine des arts traditionnels comme **Olot**, célèbre pour ses belles figures religieuses et pour l'organisation d'un grand marché d'artisanat, et **Sarral**, dont l'exploitation de l'albâtre remonte à l'époque romaine. À Barcelone, le quartier de Gràcia est l'endroit parfait pour découvrir l'immense offre de produits artisanaux catalans et pour faire ses achats : vous y donnent rendez-vous 42 ateliers artisanaux conservant la tradition de 23 métiers.

Kiosque

art et histoire

Catalogne romane, en 2 volumes (*Zodiaque, coll. Nuit des Temps*).
Guide Gaudí « L'exaltation de Barcelone », par Xavier Güell (*Guides visuels, Hazan*).
Gaudí Bâtisseur visionnaire, par Philippe Thiébault (*Découvertes Gallimard*).
Barcelone, Art nouveau, photographies de Melba Levick, textes de Lluís Permanyer (*Albin Michel*).
L'Art nouveau en Catalogne, par Loyer (*éd. Evergreen*).
Barcelone des avant-gardes, par Brigitte Léal, Elisée Trenc (éd. F. Hazan).
77 promenades dans Barcelone, par Xavier de Coster et Martine Lécluse (*Casterman, coll. Découvrir l'architecture des villes*).
Dalí, par Ignacio Gómez de Liaño (*Albin Michel, coll. Les Grands maîtres de l'art contemporain*).
Joan Miró, par Jacques Dupin (*Galerie Lelong, 2000*).
Les promenades de Picasso, par Jacques Perry et Jean-Marie del Moral (*Chêne*).
Tapiès, par Victoria Combalia Dexeus (*Albin Michel, coll. Les Grands maîtres de l'art contemporain*).
La Catalogne, par Fransesc Granell (*PUF, coll. Que sais-je ?*).
Histoire de la Catalogne, par Michel Zimmermann (*PUF*).
L'ABCdaire de Barcelone, par Camilla Panhard (*Flammarion, 2001*).

romans et essais

Ramón Llull : **Principes et questions de théologie** (*Cerf*), **Le Livre des bêtes** (*éd. Ad'hoc*), **Livre de l'ami et de l'aimé** (*La Différence, coll. Orphée*).
Miguel Llor : **Laura** (*Jacqueline Chambon*).
Baltazar Porcel : **Galop vers les ténèbres** (*Actes Sud*).
Joan Vinyoli : **Promenades d'anniversaire** (*La Différence*).
Jesús Moncada : **Les Bateliers de l'Èbre** (*Le Seuil*).
Salvador Espriu : **La Peau de taureau, Les Rochers et la Mer, le Bleu** (*éd. Ombre*).
Joan Sales : **Gloire incertaine** (*Gallimard*).
Joan Perucho : **Le Hibou, histoires-presque-naturelles** (*Julliard*).
Manuel Vázquez Montalbán : **Le Labyrinthe grec** (*10/11, Grands Détectives*), **Sabotage olympique** (*Christian Bourgois*), **La Joyeuse Bande d'Atzavara** (*Seuil*), **Galindez** (*Seuil*), **Happy end** (*éd. Complexe*), **Barcelones** (*Seuil*).
Mercè Rodoreda : **La Place du diamant** (*Gallimard/ l'Étrangère*), **Tant et tant de guerres** (*Aralia éditions*), **Comme de la soie** (*Actes Sud*).
Eduardo Mendoza : **Le Mystère de la crypte ensorcelée** (*Le Seuil*), **Le Labyrinthe aux olives** (*Le Seuil*), **La Ville des prodiges** (*Le Seuil*), **L'artiste des dames** (*Le Seuil*).
George Orwell : **Hommage à la Catalogne** (*10/18*).

Calendrier festif

Dans cette section, nous ne prétendons pas donner une liste exhaustive de toutes les manifestations en Catalogne.

Nous ne citons que les principales. Certaines dates pouvant légèrement varier, nous vous recommandons de les vérifier auprès des offices de tourisme qui vous fourniront des calendriers des fêtes. Pendant les mois d'été, la plupart des villages célèbrent la fête de leur saint patron.

Voir Invitation au voyage : Un pays de fêtes et de traditions profondes, qui fournit des explications complémentaires sur la nature de certaines fêtes.

Dimanche précédant le 17 janvier

Igualada

Festes de Sant Antoni Abad (Fêtes de saint Antoine abbé) – Bénédiction des animaux domestiques.

17 janvier

Barcelona, Caldes de Montbuí

Festa de Els Tres Tombs – Défilés équestres.

20 janvier

Tossa de Mar

Pelegrí de Tosa – Un pèlerinage parcourt le chemin séparant Tossa de Mar de Santa Coloma de Farnès pour commémorer un vœu du peuple catalan, prononcé au 14e s.

Dimanche de février précédant le Carnaval

Balsareny

Festa dels Traginers (Fête des muletiers) – Un défilé de géants et grosses têtes précède une chevauchée de mulets et d'ânes.

15-21 février

Solsona
Vilanova i la Geltrú
Sitges

Carnaval.
Carnaval.
Carnaval.

Certains dimanches de mars et avril, éventuellement en mai

Représentation de certains passages de la Passion, soit à l'intérieur d'une église, soit sur une scène de théâtre, soit encore dans les rues sous forme de représentation ambulante :

Cervera
Esparreguera
Olesa
Ulldecona

Misterio de la Passió.
La Passió.
La Passió
Drama Sacre de la Passió.

1er dimanche de mars

Sitges

Rallye Internacional de coches de época Barcelona-Sitges – Rallye international de voitures anciennes Barcelone-Sitges.

Samedi précédant le dimanche des Rameaux

Vic

Mercat del Ram – Marché aux fleurs, vente d'animaux, etc.

Jeudi saint

Verges

Procesió de Jueves Santo – Une impressionnante procession où figurent tous les acteurs de la Passion est suivie jusque dans l'église par cinq squelettes qui interprètent la *Dança de la Mort*.

23 avril (fête de saint Georges)

Barcelone

Dia del Llibre i de la Rosa.

27 avril (fête de la Vierge de Montserrat, patronne de la Catalogne)

Montserrat

Fête religieuse.

Dimanche suivant le 11 mai

Ripoll

Festa de la Lana i Casament de pagès (Fête de la laine et mariage paysan) – Fête célébrée en l'honneur des artisans, au cours de laquelle on tond les moutons. Le mariage paysan se déroule à la manière des mariages campagnards du 19ᵉ s., avec bal et participation de géants.

Pentecôte

Festa major de la Vila – C'est l'une des plus intéressantes fêtes patronales de Catalogne. Elle se déroule du vendredi précédant la Pentecôte au mardi suivant.

Sant Feliu de Pallerols

Fête-Dieu

La Patum (Voir encadré à Berga).
À la coutume de couvrir d'herbes odorantes le chemin emprunté par la procession du Corpus Christi s'est substituée celle de créer, en Catalogne notamment, des tapis de fleurs sur l'ensemble du parcours. *Le concours de tapis de fleurs* de Sitges est le plus célèbre d'Espagne.

Berga
Sitges

Autres fêtes associées à la Fête-Dieu

L'ou com balla (Comment danse l'œuf) – Sur le jet d'eau du cloître de la cathédrale (ainsi que dans d'autres édifices du Quartier gothique), un œuf « danse » toute la journée sans jamais toucher le sol.

Barcelone

Enramades – Des guirlandes de feuillages décorent la ville pour commémorer une légende selon laquelle ses habitants la camouflèrent sous des branchages pour éviter un siège.

Sallent

23 juin (nuit de la Saint-Jean)

Festa de Sant Joan – Feux de Saint-Jean et kermesses.

Localités diverses

29 juin (fête de saint Pierre)

Ball del Ventall i Ram (danse de l'éventail et du bouquet) – L'une des plus anciennes danses du folklore catalan.

Sant Cugat del Vallès

Mi-juillet

Rallye Turistic Internacional del río Noguera Pallaresa – Tandis que se déroulent des compétitions sur l'eau, une « Costellada Pallaresa » permet de déguster l'agneau rôti et le *pa amb tomàquet*.

Sort

24 juillet

Festes de Santa Cristina – La fête patronale est l'occasion de pratiquer la danse traditionnelle de la Morratxa.

Lloret de Mar

Els fanalets de Sant Jaume – Défilés d'enfants portant des lanternes pour rappeler la légende selon laquelle saint Jacques arrivant en Espagne ôta une épine de son pied à la lueur d'une lanterne portée par un ange.

Lleida

16 août

Festa major – C'est la seule fête au cours de laquelle est dansée la *Sardana del Battle*, sardane ouverte à laquelle se mêlent des géants.

Amer

Fin août-début septembre

Festa major de Sant Feliu – L'une des plus représentatives fêtes patronales de Catalogne, avec ses *colles de castellers*, ses diables, ses géants, ses nains et la sardane.

Vilafranca del Penedès

J. Balanya/MICHELIN

Géants lors de la Feste de la Mare de Déu del Tura, à Olot.

8 septembre

Olot

Festa de la Mare de Déu del Tura – Un bal réunissant géants, nains et grosses têtes voit la participation du *Lligamosques*.

Deuxième dimanche de septembre et les 2 jours suivants

Cardona

Festa major i « Corre de Bou » – L'un des rares spectacles taurins de Catalogne, où les concurrents affrontent les taureaux en se mettant à l'abri dans des jarres en osier.

24 septembre

Barcelone

Festes de la Mare de Déu de la Mercè – Quand tous les géants et grosses têtes de Catalogne se retrouvent avec les corre-focs (dragons crachant le feu) pour défiler dans les rues.

Décembre

Sant Guim de la Plana

De nombreuses localités catalanes mettent sur pied des crèches vivantes, dites *pessebres* lorsqu'elles sont interprétées par les adultes ou *pastorets* lorsqu'elles le sont par des enfants. On peut voir les plus remarquables à :

24 décembre

Corbera de Llobregat

Missa del Gall (Messe du coq) – Vieille et fervente tradition catalane toujours pratiquée dans l'ensemble du territoire.

30 décembre

Centelles

Sitges

Festa del Pi (Fête du pin) – Les *galejadors* tirent du tromblon durant toute la fête au cours de laquelle les villageois vont chercher un pin dans la montagne, le hissent sur la place puis le transportent à l'église où il est décoré de branches de pommier et de pains de cire.

Festival Internacional de Cinema de Catalunya

Affiche du Festival international du cinéma de Catalunya 2002.

festivals

Juin
Festival international de théâtre

Fin juin-juillet   **Barcelone**
Festival du Grec (musique, théâtre et danse)

1er samedi de juillet   **Calella de**
Festival de Habaneras   **Palafrugell**

Juillet   **Figueres**
Festival international de musique

Juillet-août   **Perelada**
Festival international de musique Castell de Perelada

Septembre   **Vilabertrán**
Festival de musique

2e week-end de septembre   **Tàrrega**
Fira del Teatre al Carrer (Feria du théâtre de rue)

Octobre   **Sitges**
Festival international du cinéma de Catalunya

Lexique

mots usuels

Pour les termes liés à l'hôtellerie, voir Le Guide Rouge España & Portugal.

Termes de politesse

oui, non	**sí, no**
bonjour (le matin)	**buenos días**
bonjour (l'après-midi)	**buenas tardes**
au revoir	**hasta luego, adiós**
s'il vous plaît	**por favor**
Comment allez-vous ?	**¿ qué tal ?**
merci (beaucoup)	**(muchas) gracias**
pardon	**perdón**
je ne comprends pas	**no entiendo**
monsieur, vous...	**señor, Usted...**
madame	**señora**
mademoiselle	**señorita**

Le temps

quand ?	**¿ cuándo ?**
à quelle heure ?	**¿ a qué hora ?**
aujourd'hui	**hoy**
hier	**ayer**
demain matin	**mañana por la mañana**
demain après-midi	**mañana por la tarde**

Les achats

combien (coûte)	**¿ cuánto (vale) ?**
(trop) cher	**(demasiado) caro**
beaucoup, peu	**mucho, poco**
plus, moins	**más, menos**
grand, petit	**grande, pequeño**
carte de crédit	**tarjeta de crédito**

Le courrier

boîte aux lettres	**buzón**
poste	**correos**
téléphone	**telégrafos, teléfonos**
lettre	**carta**
carte postale	**(tarjeta) postal**
poste restante	**apartado (de Correos)**
timbre	**sello**
appel téléphonique	**conferencia, llamada**
bureau de tabac	**estanco**

Sur la route et en ville

voiture	**coche**
essence	**gasolina**
à droite	**a la derecha**
à gauche	**a la izquierda**
travaux	**obras**
dangereux	**peligroso**
attention	**cuidado**
faire le tour de...	**dar la vuelta a...**
après, au-delà de...	**después de...**
tourner	**girar**

Sites et curiosités

Voir également Quelques termes d'art, dans la section Invitation au voyage.

où se touve ?	**¿ dónde está ?**	**desfiladero**	défilé
peut-on visiter ?	**¿ se puede visitar ?**	**embalse**	barrage, retenue
clé	**llave**	**ermita**	ermitage
lumière	**luz**	**excavaciones**	fouilles
sacristain	**sacristán**	**fuente**	fontaine
guide	**guía**	**gargantas**	gorges
gardien, concierge	**guarda, conserje**	**lago**	lac

ouvert, fermé	**abierto, cerrado**	**mezquita**	mosquée
interdit	**prohibido**	**monasterio**	monastère
entrée, sortie	**entrada, salida**	**nacimiento**	source, crèche
s'adresser à...	**dirigirse a**	**palacio (real)**	palais (royal)
attendre	**esperar**	**pantano**	lac artificiel
étage, escalier	**piso, escalera**	**paseo**	promenade
forteresse arabe	**alcazaba**		
palais arabe	**alcázar**	**plaza**	place
hôtel de ville	**ayuntamiento**	**plaza mayor**	grand-place
		plaza de toros	arènes
établissement	**balneario**	**portada**	portail
thermal		**pórtico**	portail, porche
ravin	**barranco**	**presa**	barrage
quartier	**barrio**	**pueblo**	village, bourg
cave, chais	**bodega**	**puente**	pont
rue	**calle**	**puerta**	porte
clocher	**campanario**	**puerto**	port, col
chapelle	**capilla**	**romano, románico**	Romain, roman
route	**carretera**	**talla**	bois sculpté
hôtel de ville	**casa**	**tapices**	tapisseries
	consistorial		
château fort	**castillo**	**techo**	plafond
village celtique	**castro**	**tesoro**	trésor
ville, cité	**ciudad**	**torre**	tour, clocher
petit col	**collado, alto**	**torre del**	donjon
		homenaje	
croix, calvaire	**cruz**	**valle**	vallée
tableau	**cuadro**	**vidriera**	vitrail
grotte	**cueva, gruta**	**yacimiento**	gisement (archéologique)

La Costa Brava.

Invitation au voyage

Une mosaïque de paysages

R. Manent/MICHELIN

Constituée d'une incroyable mosaïque de paysages, la Catalogne s'étire du Nord au Sud depuis les sommets pyrénéens jusqu'aux bancs de sable du delta de l'Èbre : cimes enneigées tout au long de l'année, chaînes de montagne boisées s'échelonnant le long du littoral, garrigues arides et rocailleuses, ou encore une côte très diversifiée alternant entre criques et plages de sable fin.

Une terre méditerranéenne

Le climat et la végétation qui caractérisent la Catalogne tiennent à la diversité des paysages.

Climat

La diversité morphologique conditionne bien sûr les variations climatiques en fonction de l'altitude, de la proximité de la mer et de la pluviosité. On peut estimer qu'en général le climat de la Catalogne est de type méditerranéen, caractérisé par ses contrastes saisonniers, notamment des étés secs et chauds et des hivers modérément froids, relativement pluvieux.

On peut diviser le territoire en quatre grands groupes :
– la côte, avec des variations de température minimes, de faibles précipitations et une humidité normalement élevée ;
– la moyenne montagne du système méditerranéen catalan et de l'extrémité orientale des Pyrénées, d'influence également maritime mais avec des températures plus basses et des précipitations plus élevées dues à l'altitude ;
– les terres intérieures, en marge de l'influence méditerranéenne grâce aux chaînes littorales, avec un climat plus sec et des variations thermiques plus importantes ;
– et enfin, à partir de 2 000 m, un climat de haute montagne avec des hivers longs et froids.

Le val d'Arán est un lieu singulier au climat atlantique ; une forte humidité et des pluies régulières pendant toute l'année le caractérisent.

Les précipitations moyennes annuelles varient, selon les zones, entre moins de 500 mm dans la dépression centrale et la frange maritime méridionale, et plus de 1 000 mm dans les hautes vallées pyrénéennes. De la même manière, les températures moyennes annuelles varient entre + 15 °C sur la bordure côtière et quelques régions prélittorales et -5 °C sur les hauts sommets pyrénéens.

La Catalogne forme un triangle de 31 930 km². Elle se situe au Nord-Est de l'Espagne, limitée à l'Ouest par l'Aragon, au Sud par la Communauté valencienne, à l'Est par 580 km de côtes sur la mer Méditerranée et au Nord par la chaîne des Pyrénées et la frontière française.

Végétation

Elle présente une grande variété directement liée à la diversité du climat et du paysage. Les bois et les taillis de type méditerranéen qui occupent une grande

GÉOLOGIE

La configuration physique de la Catalogne doit avant tout son origine à deux grandes étapes géologiques. Au cours de la première, à la fin de l'ère primaire, le territoire faisait partie d'un géosynclinal (fosse océanique de l'écorce terrestre) qui, lors du plissement hercynien, émergea dans les zones du massif de l'Èbre et du massif catalan-baléare selon une orientation Nord-Ouest/ Sud-Est. La seconde étape correspond au plissement alpin de l'ère tertiaire, lequel fut à l'origine des Pyrénées et du système méditerranéen (cordillères littorale et prélittorale); un phénomène d'effondrement se produisit ensuite dans ces massifs, entraînant la formation des fosses tectoniques de la Cerdagne dans les Pyrénées et de la dépression prélittorale du système méditerranéen.

La dépression prélittorale doit ses origines à l'assèchement d'une mer intérieure qui accumulait des matières alluviales en provenance des montagnes pyrénéennes et méditerranéennes. Des phénomènes localisés tels que le volcanisme dans la région d'Olot, et l'action érosive de la glaciation pyrénéenne finirent de modeler les formes actuelles du relief.

partie du territoire ont leur contrepoint dans les prés et les bois des hautes Pyrénées et dans les steppes de la région de Lérida.

La végétation de **haute montagne** – entre 3 000 et 1 200 m – se rencontre dans les Pyrénées ainsi que sur les sommets les plus hauts du Montseny. À l'étage alpin – 2 300 à 3 000 m – apparaissent des espèces boréo-alpines et des prés de **fétuques**, tandis que les bois de conifères (pins noirs et sapins) et les prés naturels se partagent le niveau subalpin – 1 000 à 2 300 m. La végétation de moyenne montagne – 700 à 1 200 m – qui se trouve dans les zones les plus basses des Pyrénées, le Montseny, Les Guilleries, les montagnes de Prades et des Ports compte essentiellement des bois de chênes rouvres, mélangés ou non à diverses variétés de pins. Les zones les plus humides sont boisées de hêtres et de chênes rouvres. Mais la plus grande partie du territoire appartenant au **domaine méditerranéen**, le chêne vert, le petit chêne vert, le pin vert et le pin parasol abondent. Dans les régions les plus arides, une végétation caractéristique de la steppe se développe, avec des maquis de chênes kermès et d'épines noires (à l'intérieur des terres) ou de lentisques sans oublier les palmiers nains (sur le littoral).

Entre mer et montagne

La Catalogne se caractérise par la grande variété et l'extrême beauté de ses paysages. Un relief montagneux occupe une grande partie de son territoire et comprend les plus hauts sommets des Pyrénées (altitudes parfois supérieures à 3 000 m). Les ports de Tortosa, dont les escarpements dominent le delta de l'Èbre, et bien d'autres éléments aussi singuliers que les massifs de Montserrat, de Montseny et de Garraf, complètent ce panorama. La vaste frange maritime de 580 km fait alterner des zones de côte très découpée, aux falaises plongeant brusquement dans la mer et dessinant de belles criques, avec d'autres, plus planes, où se déploient de longues plages de sable fin.

Les Pyrénées

La Catalogne occupe les versants méridionaux du secteur oriental de la grande chaîne alpine qui sépare la péninsule Ibérique du reste du continent européen. Cet ensemble constitue une vaste frange de 230 km, qui s'étend depuis les hauts pics du val d'Arán jusqu'aux monts Albères et plonge vers la mer dans la zone escarpée du cap Creus. On y trouve surtout des roches paléozoïques (gneiss, ardoises, schistes, marbres), des matériaux d'intrusion et des roches siliceuses.

Son paysage, très beau, offre une grande diversité. Le modelage glaciaire est en grande partie à l'origine de son aspect actuel, scandé de larges vallées, de vallées affluentes suspendues sur une vallée collectrice, et de nombreux cirques lacustres reliés entre eux et comportant de beaux étangs.

La population est concentrée au fond des vallées et des dépressions longitudinales, qui délimitent différentes régions naturelles et historiques, à forte personnalité.
Parallèlement aux Pyrénées s'étend un ensemble de chaînes subsidiaires, les **Prépyrénées**. Elles forment la zone de transition avec les terres basses de la dépression centrale et perdent progressivement de l'altitude et de l'amplitude en se rapprochant de la mer. Constitués de matériaux essentiellement calcaires de la période mésozoïque, les ensembles prépyrénéens les plus importants sont le massif de Montsec, les sierras de Boumort, de Port del Comte, del Cadí, de Moixeró et de Pedraforca.
Aujourd'hui, les Pyrénées catalanes constituent une zone touristique importante.

Les cordillères littorales

Le système méditerranéen comprend trois ensembles parallèles à la côte : la chaîne, ou cordillère, littorale et la chaîne prélittorale séparées par la dépression prélittorale.
La **cordillère littorale** (Cordillera Litoral), dite aussi cordillère catalane, de faible altitude, comprend du Nord au Sud, depuis l'embouchure du Ter jusqu'à Sitges, le massif de Begur, la sierra de Les Gavarres, le Puig de les Cadiretes, la sierra de Montnegre – point culminant à 759 m –, le Corredor, les massifs de Sant Mateu, de Collserola, de l'Ordal et de Garraf, succession d'espaces naturels boisés contrastant avec la concentration urbaine et démographique de la côte.

On observe des matériaux paléozoïques et granitiques au Nord du fleuve Llobregat ainsi que des calcaires mésozoïques dans le Garraf. C'est ce système qui est responsable de l'alternance de sites côtiers découpés ou au profil plus doux. Les premiers se retrouvent dans la zone méridionale de la Costa Brava et de la Costa de Garraf, les seconds dans les zones littorales sableuses de la Côte du Maresme et les plages situées au Sud de l'embouchure du Llobregat.
La **cordillère prélittorale** (Cordillera Prelitoral), beaucoup plus imposante, s'étend au Sud du fleuve Ter, dans les massifs de Les Guilleries, du Montseny – culminant au Turó de l'Home (1 706 m) –, de Sant Llorenç de Munt, de Montserrat, les montagnes de Prades, du Montsant, de Cardó et des Ports de Beseit-Tortosa, où elle rejoint le Système ibérique. Ces massifs, relativement isolés, possèdent une grande diversité morphologique. Nombre d'entre eux constituent des parcs naturels.
Dans la **dépression prélittorale** (Depresión Prelitoral), entre les deux chaînes, on trouve les régions les plus peuplées de Catalogne : le Gironès, la Selva, le Vallès, le Penedès et la plaine (el Camp) de Tarragone. Certaines agglomérations possèdent un riche patrimoine architectural (Gérone, Tarragone, Terrassa, Vilafranca del Penedès).
La façade littorale de la province de Tarragone,

HYDROGRAPHIE

Le fleuve le plus abondant de toute la Catalogne est l'Èbre, de régime pluvieux océanique ; il naît dans la cordillère Cantabrique, passe par les terres méridionales de Catalogne, se faufile à travers les précipices des montagnes du système méditerranéen et, après son passage à Tortosa, débouche sur un immense delta. C'est dans sa vaste cuvette que les eaux des grandes rivières des Pyrénées occidentales – le Segre et ses affluents, le Noguera Ribagorçana et le Noguera Pallaresa – sont recueillies.

connue par les voyageurs sous le nom de **Costa Daurada**, présente de longues plages de sable fin. Plus au Sud encore se trouve le **delta de l'Èbre**, l'une des zones humides les plus importantes de la Méditerranée occidentale.

La plaine intérieure

Les terres intérieures correspondent, d'un point de vue morphologique, au secteur le plus oriental de la grande dépression de l'Èbre. Elles forment une série de plates-formes tertiaires plus ou moins travaillées par l'érosion, dont l'altitude varie de 750 m depuis la faille prépyrénéenne à 200 m au pied de la cordillère prélittorale. On y compte plusieurs bassins d'érosion comme la plaine de Vic, celle du Bages, la Conca d'Òdena ou celle de Barberà. Ces bassins sont séparés par de hauts plateaux tels la Segarra, le Moianès et le Lluçanès, ainsi que, dans la zone occidentale, par des plaines comme celles constituées par les terrasses et les dépôts d'alluvions du Segre aux environs de Lérida.

D'un point de vue touristique, cette plaine rassemble des localités attachées à leurs traditions et au remarquable patrimoine artistique; il s'agit parfois de sièges épis-copaux (Lérida et Vic), parfois de villages aux monastères cisterciens fort appréciés comme ceux de Poblet, Santes Creus et Vallbona de les Monges.

La Catalogne actuelle

Les Catalans tirent une grande fierté de leur histoire millénaire mais ils sont résolument tournés vers l'avenir. La Catalogne, terre de pionniers, se révèle dans bien des aspects à la pointe de l'avant-garde espagnole.

J. Balanya/MICHELIN

La « senyera »

Le drapeau catalan, à quatre bandes (« barres ») verticales rouges sur fond jaune, remonte à la tradition comtale de Barcelone. Il est décrit à partir du 13e s., bien que les armes catalanes aient déjà été trouvées dans le tombeau de Raymond Bérenger II, décédé en l'an 1082. Avec Alphonse Ier le Chaste, il devient l'emblème de la confédération catalano-aragonaise, puis également, ultérieurement, celui des pays rattachés au royaume d'Aragon.

COMARCAS

0   40km

Organisation politique et administrative

La Catalogne est l'une des 17 communautés autonomes de l'État espagnol. Les communautés autonomes sont totalement compétentes en matière notamment d'urbanisme, d'aménagement du territoire, de tourisme et d'assistance sociale, alors que le pouvoir décisionnaire en ce qui concerne la défense, la politique extérieure, la surveillance des frontières et la monnaie demeure entre les mains du seul État central.

L'institution d'auto-gouvernement est la **Generalitat**, formée par le Parlement de Catalogne, le président de la Generalitat et le gouvernement catalan. Le Parlement, élu au suffrage universel tous les quatre ans, représente le peuple catalan, élit le président parmi ses membres, élabore, discute et approuve les lois propres à la Catalogne. Le mode de représentation est celui d'une démocratie parlementaire dans laquelle le Parlement donne la responsabilité de former un gouvernement au candidat en mesure de réunir une majorité parlementaire suffisante.

Le président de la Generalitat, qui détient le plus haut degré de représentation de cette institution, propose, une fois élu, un gouvernement, ou conseil exécutif, dont il dirige et coordonne les actions. Le gouvernement catalan est formé de douze ministères, ou Conselleries.

Le Síndic de Greuges, sorte de médiateur chargé de contrôler le fonctionnement de l'administration publique catalane afin de garantir le respect des droits et libertés du citoyen, et la Sindicatura de Comptes, organe chargé, lui, de contrôler la gestion économique, financière et comptable du secteur public catalan, dépendent du Parlement. L'organisation judiciaire propre culmine avec le Tribunal Superior de Justícia de Catalunya.

En ce qui concerne l'organisation territoriale, se superposent actuellement deux divisions administratives : celle de l'État, qui divise le territoire catalan en quatre provinces – Barcelone, Tarragone, Lérida et Gérone –, dotées de diputaciones (conseils généraux administrant les affaires locales), et celle de

LES « QUATRE BARRES »

Selon la légende, Charles le Chauve, roi des Francs, demanda de l'aide au comte de Barcelone, Jofré le Vieux, plus connu sous le nom de Wilfred le Poilu, lorsqu'il se fit attaquer par les Normands. Celui-ci répondit immédiatement à son appel. Le courage et la hardiesse de Wilfred et de ses chevaliers furent tels qu'ils réussirent à faire basculer la victoire du côté franc.

En signe de reconnaissance, le roi voulut accorder une faveur au comte catalan, dont les blessures reçues durant la bataille saignaient encore. Wilfred lui demanda des armoiries pour son bouclier, et le roi, mouillant quatre doigts de sa main droite avec le sang du blessé, dessina sur le bouclier du comte les quatre barres catalanes.

LA GENERALITAT

Ses antécédents remontent à la Generalitat médiévale (14ᵉ s.), ou Diputació del General, qui était une commission permanente des Chambres (Corts). L'institution moderne a été créée en avril 1931, suite à la proclamation de la République. Son premier président fut Francesc Macià, populairement connu sous le nom sympathique de L'avi (le grand-père). En février 1939, les institutions de la Generalitat, présidée par Lluís Companys, s'exilèrent. Les présidents en exil assurèrent la continuité de la Generalitat jusqu'au retour de Josep Tarradellas, en 1977, lequel rendit cette phrase célèbre « Ja sóc aquí ! » (Me voici !).

la Generalitat, divisée en 41 comarcas représentées par les *Consells Comarcals*. Les conseils généraux comme les Consells Comarcals se constituent en fonction des résultats obtenus aux élections municipales.

Les « comarcas »

La division actuelle de la Catalogne en *comarcas* est fondée sur un décret de 1936 approuvé par la Generalitat de l'époque républicaine ; elle répond à une série de propositions et d'études antérieures, réalisées en vue d'une décentralisation en réaction au système, trop rigide en Espagne, de division par province.

Les limites des *comarcas* sont déterminées selon des critères géographiques, historiques (juridictions anciennes) et fonctionnels (marchés et services). Leurs dimensions sont variables mais, en général, les communes qui les composent ne sont pas éloignées de plus de 30 km du chef-lieu, qui d'une part concentre les établissements d'enseignement moyen, les établissements hospitaliers, les gares routières ou ferroviaires, etc. et où d'autre part, chaque semaine, se déroulent les marchés. Ainsi, des régions possédant leurs propres limites naturelles, tels l'Ampurdan, le Camp de Tarragona ou le Pallars, sont subdivisées en deux ou trois *comarcas* (Alt Empordà et Baix Empordà ; Alt Camp, Baix Camp et Tarragonès ; Pallars Jussà et Pallars Sobirà). Les villes et les localités les plus importantes d'un point de vue économique et démographique exercent, dans le secteur des services, une influence « supracomarcale » facilitée par les moyens de communication actuels.

Administrativement parlant, la *comarca* est un organisme local dirigé par un conseil élu au suffrage indirect par les conseillers municipaux des communes qui la composent, siégeant au chef-lieu de ladite *comarca*. Actuellement, la Catalogne comprend 41 *comarcas*, de caractère et d'importance démographique très différents.

Économie

Le proverbe selon lequel « les Catalans transforment les pierres en pains » comporte, comme la plupart des proverbes, une part de vérité. Ainsi ont-ils réussi à atteindre une qualité de vie élevée.

Un haut niveau de vie

L'important développement de la Catalogne est autant citadin (on recense 80 localités de plus de 10 000 habitants) que rural. En réalité, le niveau de vie est clairement supérieur à la moyenne nationale, en particulier dans la province de Barcelone. Ses six millions d'habitants, soit 15 % de la population nationale, génèrent près de 20 % du PIB espagnol.

Malgré une forte densité de population (191 hab./km² contre 77,8 hab./km² pour la totalité du pays), le taux de chômage est inférieur au taux national moyen et son parc de véhicules de particuliers représente le cinquième du parc national. Un autre indicateur majeur de l'essor de l'économie catalane concerne le volume de ses exportations qui est égal à 25 % du volume global des exportations nationales.

Industrie

Elle constitue l'une des bases économiques les plus solides de la Catalogne, même si son importance rend l'économie catalane particulièrement vulnérable en période de crise et très dynamique en période de prospérité.

L'industrie s'est surtout tournée vers les procédés de transformation manufacturière. Avec la révolution industrielle, la Catalogne s'est transformée en usine de l'Espagne, en particulier pour la fabrication de tissus de laine et de coton ainsi que, plus tard, celle de fibres synthétiques, ou pour les industries à haute technologie : chimie, pharmacie, mécanique de précision, et, plus récemment, constructions automobiles, composants automoteurs, matériel ferroviaire, pétrochimie, électronique, etc.

La Catalogne a pu compenser son déficit permanent en ressources énergétiques par l'utilisation des cours d'eau, d'abord comme force mécanique puis, à partir de la fin du 19ᵉ s., comme énergie électrique. Durant ces dernières années, l'implantation d'un réseau de distribution en gaz naturel n'a cessé de se développer. Pour les années à venir, il faut espérer un développement croissant des énergies alternatives.

Commerce

C'est le secteur le plus important de l'économie catalane dont il est aussi, historiquement, l'une des sources, et ce depuis les débuts du Moyen Âge avec les consulats méditerranéens de la mer *(voir encadré p. 132)*. L'économie commerciale de la Catalogne est d'un grand dynamisme, point essentiel si l'on veut comprendre les principales caractéristiques socio-économiques du pays.

LA MASÍA

La *masía*, ou mas, est l'exploitation agricole traditionnelle de la Catalogne. Son origine remonte au haut Moyen Âge ; son caractère autarcique était alors d'une grande complexité. Presque toujours située dans les moyennes montagnes, à des altitudes inférieures à 1 500 m, et exceptionnellement dans des régions planes, sa production provenait des bois, des prés, des champs et des jardins qu'elle possédait.

Le centre du mas est la maison, dont l'étage principal sert de logis tandis que l'étage supérieur sert de grenier. L'étage inférieur peut avoir diverses fonctions : écurie, cave, moulin à huile, garde-manger, four, etc. Selon son importance, on trouve aussi des constructions secondaires : basses-cours, poulaillers, granges, volières, etc.

Les révoltes des campagnes du 15ᵉ s., la piraterie, le banditisme des 17ᵉ et 18ᵉ s. amenèrent la fortification des *masías* les plus importantes.

Actuellement, beaucoup de *masías* sont transformées en exploitations agricoles modernes à grand rendement. Elles se consacrent à des productions plus spécialisées, tandis que celles situées dans des zones moins fertiles ou plus montagneuses sont transformées en installations se consacrant à l'agrotourisme, en colonies de vacances ou en résidences secondaires individuelles.

Construction

Tout comme le reste de la péninsule, il s'agit d'un des secteurs les plus dépendants de la conjoncture. Il s'est développé avec les grands flux migratoires des années 1950-1960 et avec l'explosion touristique des années 1960-1970.

Agriculture

C'est un secteur peu important. **L'agriculture** s'est surtout orientée vers les cultures et les productions à grande valeur ajoutée : la floriculture et l'horticulture intensives dans le Maresme ; les vins et les vins champagnisés *(voir Invitation au voyage : Gastronomie)* ; l'olive « arbequina » dont on extrait une huile d'olive de grande qualité ; les fruits sucrés dans la plaine fertile de la région de Lérida ; le riz, les fruits acides et les vergers dans la région de Tortosa et dans le delta de l'Èbre ; les fruits secs dans la plaine de Tarragone et dans les régions voisines ; les céréales, les fourrages, les aliments pour bétail dans les régions de l'intérieur et de l'Ampurdan, etc.

Élevage

À l'exception de la zone pyrénéenne et prépyrénéenne, où une place relativement importante est donnée aux bovins et ovins, et où se maintient difficilement l'élevage traditionnel de chevaux, de mules et d'ânes (le guara, ou âne catalan, était célèbre), l'**élevage** a toujours été considéré comme une activité secondaire. Néanmoins, on a assisté ces dernières années à un essor important des exploitations agricoles se consacrant à l'élevage de vaches laitières, de moutons, de poulets et de lapins.

Pêche

Cette activité de longue tradition se trouve limitée par la précarité écologique générale du bassin méditerranéen, ce qui a entraîné des fermetures partielles ou totales, comme dans le cas des alevins. Les 60 000 t annuelles extraites de la mer sont de toute évidence insuffisantes pour la consommation interne. Récemment, l'ostréiculture a fait son apparition dans le delta de l'Èbre où des élevages piscicoles ont été installés, tout comme sur le cours supérieur des rivières pyrénéennes.

Zone industrielle, à Martorell.

J. Balanya/MICHELIN

L'histoire

Des temps romains jusqu'à nos jours, l'histoire catalane est une longue suite d'événements dominée par une indéniable vocation méditerranéenne, un esprit des plus entreprenants, sans compter une identité politique et culturelle profondément ancrée dès le 9ᵉ s.

L'Antiquité
● **7ᵉ s. avant J.-C.** – Les Grecs établissent un comptoir à Roses (Rhode).
● **6ᵉ s. avant J.-C.** – Fondation d'Empúries.
● **218 avant J.-C.** – Les **Romains** conquièrent Empúries et soumettent la région à une importante romanisation, en particulier à partir du 1ᵉʳ s. avant J.-C. Tarraco (Tarragone) est alors capitale de la province romaine dite Tarraconaise.
Il est possible que le **christianisme** ait été introduit dans la péninsule par Tarraco, où, selon la légende, prêcha saint Paul. Les Romains léguèrent à la Catalogne d'une part le droit romain, sur lequel se base le droit catalan, d'autre part le latin, mère de la langue catalane.

Les Wisigoths et les Arabes
● **4ᵉ s.** – Les **Barbares** envahissent la Catalogne.
● **5ᵉ s.** – Les **Wisigoths** s'emparent de l'Espagne et y fondent le royaume wisigothique de Tolède qui parvient à préserver sa relative indépendance.
● **711** – **Invasion musulmane.** La présence des Maures fut de courte durée en Catalogne sauf dans la zone située au Sud du Llobregat.
● **732** – **Bataille de Poitiers** : les Francs, après la défaite des musulmans, entreprennent la reconquête de la Cerdagne et du comté d'Urgel.
● **785** – Reconquête de Gérone.
● **805** – Reconquête de Barcelone.

Le Moyen Âge et le comté de Barcelone
● **9ᵉ s.** – C'est l'époque de la **formation politique de la Catalogne** et de son développement extérieur.
L'établissement des Francs amène le développement des structures féodales.
La **Marche d'Espagne**, créée en 801 pour servir de zone tampon entre l'Empire carolingien et les Maures, comprenait, outre le Toulousain et le Nîmois, plusieurs comtés catalans (Roussillon, Cerdagne, Urgel, Barcelone, Pallars, Ripagorce, Gérone, Vic, Ausona), qui se reconnaissaient vassaux des Francs. Le comté de Barcelone était le plus important de ces comtés qui, peu à peu, gagneront leur indépendance.
● **9ᵉ s.** – **Wilfred le Poilu** (874-897), comte de Barcelone, obtient de l'empereur Charles le Chauve l'indépendance et le droit de laisser son comté à ses descendants. Il réunit les comtés de Barcelone, Urgel, Cerdagne, Gérone et Ausona (qui furent ensuite partagés entre ses héritiers) et repeuple son territoire.
● **897** – **Almanzor** détruit Barcelone.
● **1010** – Les comtes catalans pillent Cordoue.
● **1035** – Démembrement du califat de Cordoue : **règne des** *taifas* (petites dynasties locales) à **Lérida** et à **Tortosa**.
● **11ᵉ s.** – Réunion des comtés catalans sous l'hégémonie du comte de Barcelone, **Raymond Bérenger Iᵉʳ**.
● **12ᵉ s.** – Conquête des royaumes des taifas de Lérida et de Tortosa avec occupation définitive de Tarragone.
– Les comtes de Barcelone poursuivent leur expansion territoriale en pratiquant également une politique matrimoniale. Acquisition de la Provence et du Gévaudan par le mariage de Raymond Bérenger III avec l'héritière des deux comtés en 1112.
● **1150** – **Raymond Bérenger IV** épouse Pétronille, fille de Ramire II d'Aragon ; leur fils, **Alphonse**, deviendra **roi d'Aragon** et **comte de Barcelone**. Les deux États restent séparés mais ont un seul et même souverain.

*Conquête de Majorque par
Jacques Ier, MNAC (Barcelone).*

● **1153** – Conquête de Siurana, dernier bastion musulman.

Les « **Corts Catalanes** » (13e-18e s.) étaient une assemblée politique convoquée et présidée par le roi. En 1283, on les institutionnalisa et on les réglementa. Elles comprenaient les représentants des trois classes sociales : la noblesse, le clergé et la bourgeoisie. Leurs fonctions étaient législatives (lois décidées entre le roi et ses sujets), économiques (subventions accordées au souverain) et judiciaires. Entre 1218 et 1706, on les convoqua 72 fois. Philippe V les supprima en 1709.

● **13e s.** – Époque de développement économique des bourgs et des campagnes. La Catalogne et l'Aragon poursuivent leur expansion territoriale, inaugurée au début du siècle par le mariage de **Pierre II** avec l'héritière du comté de Montpellier.

● **1229** – Conquête de **Majorque** par **Jacques Ier** (1208-1276) et, peu après, d'Ibiza (1235).

LES COMTÉS CATALANS AUX 9E ET 10E S.

Possessions de Wilfred le Poilu	
Zone repeuplée par Wilfred le Poilu (879-890)	
Attaque musulmane sur Barcelone	
Date de séparation des maisons comtales	920

Territoires administrés par les fils de Wilfred le Poilu :

Miron II le Jeune

Sunifred II

Wilfred Borrel

Limite actuelle de la Catalogne

- **1232-1245** – Conquête du Pays valencien.
- **1258** – **Traité de Corbeil** : Jacques Ier cède le Gévaudan à Saint Louis, qui renonce à ses droits sur Barcelone et le Roussillon.
- **1266** – Jacques Ier soumet Murcie, qu'il remet à son gendre, le roi de Castille Alphonse X.
- **1272** – *Ars Magna* de Ramon Llull.

L'expansion territoriale du royaume catalano-aragonais était en permanence compromise par le jeu de partages entre héritiers. Déjà la Provence était retournée à une semi-indépendance à la mort d'Alphonse II. Jacques Ier avait lui-même cédé à son second fils le royaume de Majorque, constitué des Baléares, du Roussillon, de Montpellier et de la Cerdagne. La Castille formant un obstacle au Sud et à l'Ouest, les Catalans se tournèrent vers la Méditerranée. Au cours des 13e et 14e s., la Catalogne devint, comme Gênes et Venise, l'une des plus grandes puissances de l'époque dont l'extension dans le bassin méditerranéen fut assurée par sa force de choc, les **Almogávares**.

- **1282** – Conquête de la **Sicile** par Pierre III.
- **1302** – **Traité de Caltabellota** : Jacques II le Juste assure la dynastie aragonaise en Sicile et cède à la Castille une partie du royaume de Murcia.
- **1323** – Conquête instable de la **Sardaigne** par l'Aragon.
- **1343** – **Pierre IV** annexe le royaume de **Majorque**.
- **1348** – La peste noire provoque une grave crise.
- **1349** – Pierre IV vend Montpellier au roi de France Philippe VI.

La Generalitat : les *Corts Catalanes* créèrent sous ce nom en 1359 un pouvoir délégué assumant la représentation de la totalité des compatriotes. Ayant un rôle politique et judiciaire, c'est sous son contrôle que les territoires catalans étaient gouvernés.

Les Transtamare

- **1410** – Mort sans héritier direct de Martin Ier l'Humain, qui avait réuni les trois couronnes d'Aragon, de Majorque et de Sicile.
- **1412** – **Compromis de Caspe** : les représentants de Valence, de Catalogne et d'Aragon élisent le second fils du roi Jean Ier de Castille, Ferdinand d'Antequera, intronisant ainsi la dynastie de Transtamare.
- **1413** – *Usatges, constitucions i altres drets de Catalunya*, premier code du droit commun catalan.
- **1442** – Conquête de Naples par Alphonse V le Magnifique qui y installe sa cour. Il laisse son épouse, Marie de Castille, assurer la régence en Catalogne.

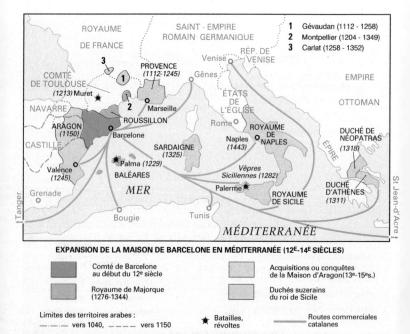

EXPANSION DE LA MAISON DE BARCELONE EN MÉDITERRANÉE (12^E-14^E SIÈCLES)

● **1462-1472** – **Soulèvement** de l'aristocratie catalane contre Jean II d'Aragon et révolte des « payeses de remensa » (paysans affectés à des terres).

● **1469** – Mariage de l'infant Ferdinand d'Aragon avec Isabelle de Castille.

● **1479** – **Ferdinand II** (1452-1516) succède à son père Jean II d'Aragon.

● **1484-1485** – Second soulèvement de « remensa » en Catalogne.

● **1492** – **Fin de la Reconquête** : les Rois Catholiques prennent Grenade.

Découverte de l'Amérique.

Les Habsbourg

● **1516** – Charles Ier d'Autriche, petit-fils de Ferdinand et d'Isabelle, futur empereur **Charles Quint**, réunit les couronnes de Castille et d'Aragon, mais les « cortes » castillane et aragonaise décident indépendamment l'une de l'autre d'accorder au roi les subsides ou les services qu'il demande.

● **16e et 17e s.** – La couronne d'Aragon et toute la Catalogne sont confrontées à des **problèmes économiques**.

Les épidémies, la rupture de l'équilibre démographique et de la relation ville-campagne, les révoltes paysannes, les pestes sont à l'origine du recul économique catalan. Au cours des 16e et 17e s., la Catalogne est confrontée à de graves problèmes de banditisme ainsi qu'aux incursions des Turcs, ce qui indiquait sa fragilité aux frontières et nuisait au commerce maritime avec le reste de la Méditerranée.

● **1640-1652** – **Soulèvement** de la Catalogne contre Philippe IV. La Catalogne est occupée par la France.

Les dépenses permanentes dues aux guerres hispaniques, la pression fiscale et les conflits entre les institutions et le pouvoir feront germer le conflit qui débouchera sur le sanglant **Corpus de Sang** (1640) et sur la guerre des Moissonneurs *(Guerra de los Segadores).* En 1652, Don Juan José d'Autriche entre à Barcelone, mettant fin ainsi à la rébellion.

● **1659** – **Traité des Pyrénées** : la Catalogne est amputée du Roussillon et d'une partie de la Cerdagne au profit de la France.

Les Bourbons

● **1702-1714** – **Guerre de Succession** : le vainqueur, Philippe d'Anjou, inaugure la dynastie des Bourbons.

Les Catalans appuyèrent la candidature de l'archiduc Charles d'Autriche face à Philippe d'Anjou, successeur désigné par Charles II.

Ce fut le représentant de la maison des Bourbons qui gagna, régnant sous le nom de Philippe V. Barcelone fut prise en 1714 et on supprima les recueils de lois locales de la couronne d'Aragon. Après sa défaite, la Catalogne se retrouva soumise et la Generalitat fut abolie. Barcelone perdit alors ses privilèges et son université. Cependant, le décret de Nueva Planta n'abolit pas le droit civil catalan (el hereu).

● **18e s.** – **Rattrapage économique.**

● **1758** – Création de la *Junta de Comercio* (Conseil du Commerce).

Pendant la seconde moitié du 18e s., une grande transformation économique et sociale débute en Catalogne : croissance de l'agriculture et de la pêche, apparition de l'industrie des indiennes (tissus en coton imprimé), développement du commerce avec l'Amérique à partir de 1778, amélioration des moyens de communication, etc. La bourgeoisie catalane se développe et pénètre le marché national. C'était le tout début de la Catalogne industrielle d'aujourd'hui. On crée la Junta de Comercio pour favoriser le développement commercial, industriel et agricole de la Catalogne.

● **1792** – Publication du **Diario de Barcelona**, l'un des plus anciens journaux d'Europe.

● **1808-1814** – **Guerre d'indépendance**. Napoléon tente de s'appuyer sur le particularisme catalan, mais la Catalogne, comme les autres provinces, s'oppose à la domination française.

● **1820-1823** – **Période constitutionnelle.** Le roi Ferdinand VII, sous la pression populaire, est amené à accorder une constitution libérale ; mais il fait appel à la France, dont l'intervention permet le rétablissement de l'absolutisme.

Gravure illustrant la première voie ferrée qui reliait Barcelone à Mataró.

- **1823** – Revue El Europeo, à Barcelone.
- **1833** – Oda a la Patria de Aribau, début de la **Renaixença** : période du rattrapage culturel catalan.

Première machine à vapeur à Barcelone : élan définitif vers l'industrialisation de la Catalogne. Apparition du prolétariat manufacturier.

Les troubles du 19e s.

Le catalanisme ressurgit ; on défend la langue ainsi que la tradition culturelle catalanes. Mythification du passé médiéval. Le désir d'autogouvernement se généralise.

- **1840** – Première association ouvrière en Catalogne.
- **1842** – **Soulèvement** des classes populaires et moyennes contre la politique de libre-échangisme du gouvernement.

Espartero bombarde Barcelone.

- **1846-1848** – Guerre dels Matiners.
- **1848** – Premier chemin de fer espagnol : ligne Barcelone-Mataró.
- **1855** – **Première grève générale** à Barcelone et en Catalogne : on tente d'obtenir la reconnaissance légale des associations ouvrières et la limitation de la journée de travail.
- **1868** – Révolution de Septembre : la Catalogne en fut le foyer le plus dynamique.
- **1873** – Proclamation de la **Première République**.
- **1874** – **Restauration** des Bourbons : Alphonse XII.
- **1888** – Exposition universelle à Barcelone.

Fondation de l'UGT.

- **1901** – Fondation de la « Lliga Regionalista » autour de Prat de la Riba.

La chute de la monarchie

- **1909** – **Semaine tragique** (Barcelone).

La reprise de la guerre du Maroc et le système de recrutement provoquent une grève générale qui se transforme en une insurrection populaire inscrite dans l'Histoire sous le nom de Semaine tragique. La répression, sous les ordres de l'armée soutenue par la bourgeoisie, est terrible.

- **1911** – Fondation de la **Confédération nationale du travail**, **CNT**. Le syndicat anarchiste sera hégémonique à l'intérieur du mouvement ouvrier catalan jusqu'à la guerre civile.
- **1914** – **Mancomunitat catalana** : association des diputaciones (conseils généraux), constituant un embryon de gouvernement autonome.
- **1916** – Alliance de la CNT et de l'UGT.
- **1919** – Grève générale de Barcelone.
- **1923-1930** – **Dictature de Primo de Rivera**.

L'avènement de la dictature de Primo de Rivera, avec l'accord de la bourgeoisie catalane, suppposa non seulement la prohibition et la persécution des organisations ouvrières, sauf l'UGT, mais aussi la dissolution de l'Association catalane (1929) ainsi qu'une dure attaque contre le catalanisme culturel et politique.

- **14 avril 1931** – L'ERC, parti dirigé par **Francesc Macià**, quelques heures avant l'instauration de la République espagnole, proclame la **Première République catalane**, qui se transforme trois jours plus tard, après des négociations menées avec Madrid, en **Generalitat** de Catalogne.

- **1931** – **Seconde République espagnole.**
- **1932** – **Statut d'autonomie.**
- **1934** – Companys succède à Macià à la présidence de la Generalitat.
Révolution d'Octobre en Catalogne et aux Asturies.
- **1936** – Triomphe électoral du Front populaire. Soulèvement militaire.
- **1936-1939** – **Guerre civile.**
- **1938** – Bataille de l'Èbre : l'armée nationale commence l'attaque de la Catalogne.
- **1939** – Conquête de Barcelone et de Madrid. Fin de la guerre.
- **1939-1975** – **Gouvernement du général Franco.**
La fin de la guerre suppose l'exil de nombreuses personnes tout comme l'interdiction de toute manifestation de l'identité catalane (suppression de la Generalitat – le président Lluis Companys est fusillé en 1940 –, proscription de l'usage public du catalan, etc.).
Les années 1950, avec leur plan de développement, amènent une faible ouverture politique qui permet les premières expressions publiques de la culture catalane.

L'autonomie
- **1975** – **Juan Carlos Ier**, roi d'Espagne.
- **1977** – **Premières élections démocratiques.**
Octobre – **Retour de Josep Tarradellas**, président de la Generalitat en exil.
- **1979** – **Statut d'autonomie.**
- **1980** – Premières élections autonomes : victoire du CiU (Convergencia i Unió), Jordi Pujol, président de la Generalitat.
- **1992** – **Jeux olympiques** à Barcelone.

De nos jours
- **2002** – Barcelone : célébration du 150e anniversaire de la naissance du génial artiste moderniste Antoni Gaudí.

Détail du parc Güell.

ABC d'architecture

Les termes espagnols, sans équivalent en français, sont indiqués en *bleu* dans les pages qui suivent et utilisés sous leur formes espagnole dans le guide.

Plan de la cathédrale de BARCELONE (13ᵉ-15ᵉ s.)

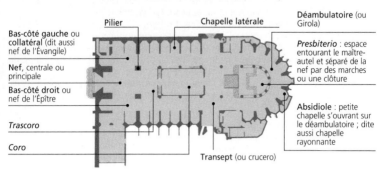

Bas-côté gauche ou collatéral (dit aussi nef de l'Évangile)

Nef, centrale ou principale

Bas-côté droit ou nef de l'Épître

Trascoro

Coro

Pilier

Chapelle latérale

Déambulatoire (ou Girola)

Presbiterio : espace entourant le maître-autel et séparé de la nef par des marches ou une clôture

Absidiole : petite chapelle s'ouvrant sur le déambulatoire ; dite aussi chapelle rayonnante

Transept (ou crucero)

Coupe d'une église

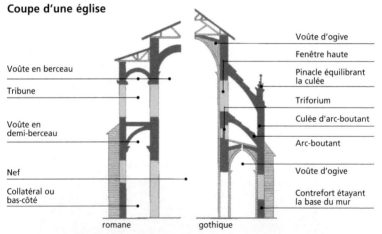

Voûte en berceau

Tribune

Voûte en demi-berceau

Nef

Collatéral ou bas-côté

Voûte d'ogive

Fenêtre haute

Pinacle équilibrant la culée

Triforium

Culée d'arc-boutant

Arc-boutant

Voûte d'ogive

Contrefort étayant la base du mur

romane

gothique

Retables

Les églises espagnoles sont fréquemment décorées d'un retable monumental, dit *retablo mayor* (grand retable), qui s'élève souvent jusqu'aux voûtes. Il est placé derrière le maître-autel, lui-même situé dans *capilla mayor*.

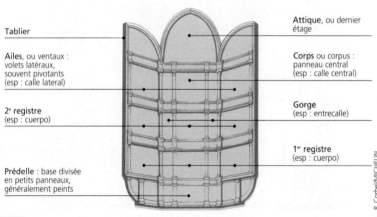

Tablier

Ailes, ou ventaux : volets latéraux, souvent pivotants (esp : calle lateral)

2ᵉ registre (esp : cuerpo)

Prédelle : base divisée en petits panneaux, généralement peints

Attique, ou dernier étage

Corps ou corpus : panneau central (esp : calle central)

Gorge (esp : entrecalle)

1ᵉʳ registre (esp : cuerpo)

R. Corbel/MICHELIN

Arcs

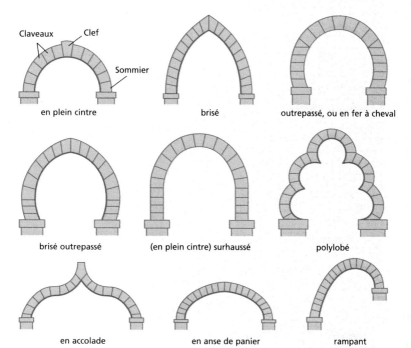

Claveaux Clef

Sommier

en plein cintre

brisé

outrepassé, ou en fer à cheval

brisé outrepassé

(en plein cintre) surhaussé

polylobé

en accolade

en anse de panier

rampant

Voûtes

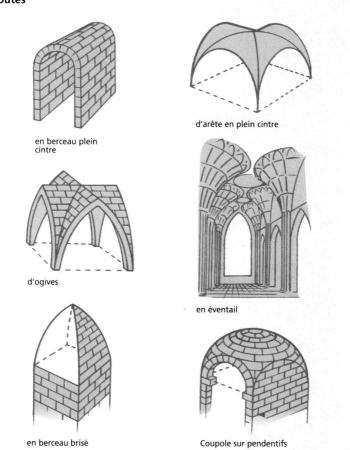

en berceau plein cintre

d'arête en plein cintre

d'ogives

en éventail

en berceau brisé

Coupole sur pendentifs

ESCUNHAU – portail de l'église Sant Pere (11e-12e s.)

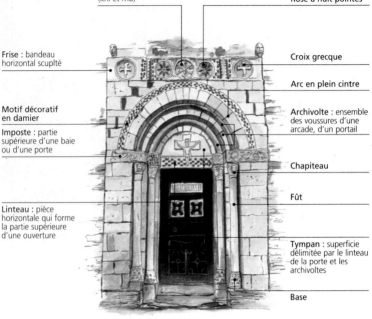

Chrisme : monogramme du Christ composé des deux premières lettres grecques de son nom (khi et rhô)

Rose à huit pointes

Frise : bandeau horizontal sculpté

Croix grecque

Arc en plein cintre

Motif décoratif en damier

Archivolte : ensemble des voussures d'une arcade, d'un portail

Imposte : partie supérieure d'une baie ou d'une porte

Chapiteau

Fût

Linteau : pièce horizontale qui forme la partie supérieure d'une ouverture

Tympan : superficie délimitée par le linteau de la porte et les archivoltes

Base

TAÜLL – église Sant Climent (12e s.)

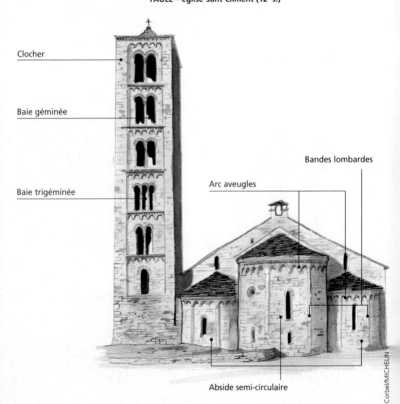

Clocher

Baie géminée

Bandes lombardes

Arc aveugles

Baie trigéminée

Abside semi-circulaire

R. Corbel/MICHELIN

POBLET – intérieur de l'église du monastère Santa Maria (12ᵉ-14ᵉ s.)

Doubleau : renfort composé de deux arcs superposés de diamètre différent

Moulure

Colonne centrale

Voûte d'ogive

Arc doubleau : arc bandé transversalement à l'axe du vaisseau

Arc formeret : arc placé dans l'axe de la nef

Retable

Console : moulure saillante qui sert de support

Abaque : Tablette constituant la partie supérieure du chapiteau d'une colonne

Colonne adossée

Pilier

Retable

TARRAGONA – Cathédrale (12ᵉ-14ᵉ s.)

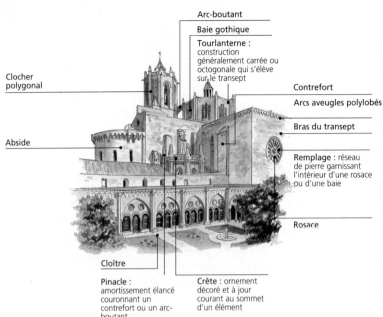

Arc-boutant

Baie gothique

Tourlanterne : construction généralement carrée ou octogonale qui s'élève sur le transept

Clocher polygonal

Contrefort

Arcs aveugles polylobés

Bras du transept

Abside

Remplage : réseau de pierre garnissant l'intérieur d'une rosace ou d'une baie

Rosace

Cloître

Pinacle : amortissement élancé couronnant un contrefort ou un arc-boutant

Crête : ornement décoré et à jour courant au sommet d'un élément

TORTOSA – Patio du collège Sant Lluís (16ᵉ s.)

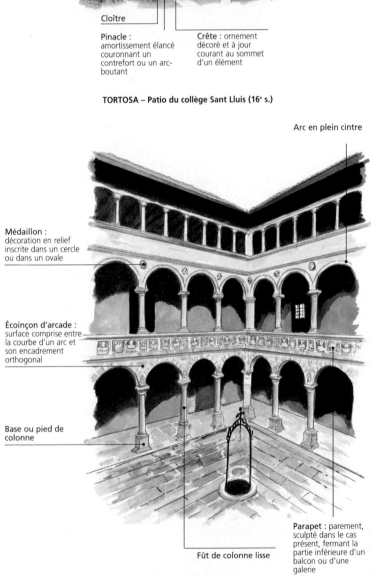

Arc en plein cintre

Médaillon : décoration en relief inscrite dans un cercle ou dans un ovale

Écoinçon d'arcade : surface comprise entre la courbe d'un arc et son encadrement orthogonal

Base ou pied de colonne

Parapet : parement, sculpté dans le cas présent, fermant la partie inférieure d'un balcon ou d'une galerie

Fût de colonne lisse

GIRONA – portail de la cathédrale (18ᵉ s.)

Volute

Piédestal

Console

Fleuron

Venera : motif
décoratif en forme de
coquille Saint-Jacques

Chapiteau composé

Fronton divisé

Pilastre : pilier adossé
à un mur, dans lequel
il est engagé

Soubassement

Niche servant
généralement à
accueillir une statue

Entablement :
structure horizontale
composée de moulures
surmontant
colonnades, pilastres
et piliers

Statue

R. Corbel/MICHELIN

Quelques termes d'art

Abaque : pièce en forme de tablette qui couronne le chapiteau.

Abside : extrémité du chœur d'une église. Elle peut être semi-circulaire ou polygonale.

Absidioles : petites chapelles radiales s'ouvrant sur le déambulatoire dans une église romane ou gothique.

Ajimez : baie géminée en arc.

Alfiz : moulure rectangulaire qui encadre les arcs dans l'architecture arabe.

Almohadillado : se dit d'un bossage constitué de pierres de taille saillantes aux arêtes biseautées ou arrondies.

Arcade : ensemble constitué d'un arc et de ses supports dits jambages (ou piédroits).

Archivolte : ensemble de moulures concentriques, en retrait les unes par rapport aux autres, décorant la face externe d'un arc.

Atlante : statue masculine faisant fonction de colonne ou de pilier.

Bandes lombardes : bandes verticales de faible saillie, unies à leur sommet par de petites arcades soutenues par des corbeaux ou des modillons.

Beatus : moine asturien, auteur des *Commentaires de l'Apocalypse* à Liébana en 784. Par la suite, ce terme devient générique et désigne les copies manuscrites de l'œuvre.

Caisson : compartiment creux compris entre les solives d'un plafond, parfois décoré.

Camarín : petite chapelle en arrière de l'autel, située au premier étage, où l'on vénère généralement une statue de la Vierge précieusement vêtue.

Cariatide : statue féminine faisant fonction de colonne ou de pilier.

Chevet : partie extérieure du chœur d'une église.

Chœur : espace autour du grand autel, séparé de la nef par des marches ou une clôture.

Chrisme : monogramme du Christ formé par les deux premières lettres de Christos en grec (X et P) auxquelles on peut ajouter les lettres alpha et oméga, qui représentent le début et la fin de toutes choses.

Clef de voûte : claveau central d'un arc cintré ou pièce, souvent décorée, située à l'intersection d'une croisée d'arcs.

Console : organe en saillie supportant une corniche, un balcon, par exemple.

Contrefort : renfort de maçonnerie appliqué sur les murs extérieurs pour diminuer les effets de la poussée.

Cor : partie de l'église réservée au clergé, généralement située, dans les cathédrales espagnoles, dans la partie centrale de la nef principale ; précédant l'autel, le coro peut être de plain-pied ou surélevé.

Déambulatoire : *voir Girola.*

Écoinçon : partie de mur triangulaire, comprise entre deux arcs successifs.

Estipite : pilastre en forme de pyramide tronquée dont la base est plus petite que la partie supérieure.

Gâble : fronton triangulaire aigu, typique du gothique. Il peut comporter une décoration massive ou ajourée.

Géminé : se dit de tout élément groupé par paire.

Girola : déambulatoire, galerie prolongeant les deux nefs latérales d'une église et faisant le tour du chœur.

Grotesque : décoration typique de la Renaissance qui associe des éléments végétaux, des êtres fantastiques et des animaux enlacés formant un tout.

Jambages : montants verticaux, souvent décorés, qui soutiennent un linteau ou un arc d'une porte ou d'une fenêtre.

Lanterne : construction circulaire couronnant une coupole et percée de baies pour laisser entrer la lumière.

Linteau : pièce horizontale placée au-dessus d'une baie et reliant deux jambages, piliers ou colonnes.

Mâchicoulis : parapet d'un château, en saillie, soutenu par des consoles et percé verticalement d'ouvertures.

Meneau : montant ou traverse divisant une ouverture en deux ou plusieurs compartiments.

Miséricorde : petite console visible quand les sièges des stalles sont levés, et servant aux moines à s'appuyer en donnant l'impression qu'ils sont debout.

Modillon : ornement en forme de console placé sous la saillie d'une corniche.

Narthex : vestibule précédant une basilique.

Oculus : petite fenêtre circulaire ou elliptique, dite aussi œil-de-bœuf.

Pantocrator : représentation du Christ triomphant, très fréquente au Moyen Âge, avec les Évangiles dans la main gauche et la main droite en attitude de bénédiction.

Parteluz : meneau vertical (pilier ou colonne) qui divise en deux l'ouverture ou la lumière d'un porche ou d'une fenêtre.

Pendentif : construction en triangle concave ménagée entre les arcs supportant une coupole. Cette adjonction permet de passer d'un plan carré à un plan circulaire.

Péristyle : jardin entouré de colonnes, typique des maisons grecques. On l'utilise aussi pour désigner la galerie de colonnes qui entoure un bâtiment.

Pilastre : pilier adossé contre un mur.

Pinacle : couronnement en pointe – typique du gothique – d'un contrefort, d'un arc-boutant ou de la flèche d'une tour ; il est généralement décoré, ajouré.

Plementería : ensemble de pierres qui ferment, dans les voûtes gothiques, les espaces restant entre les arcs.

Prédelle : partie inférieure d'un retable (on l'appelle aussi banc).

Stuc : mélange de plâtre ou de chaux et de prèle (il peut aussi contenir de la poudre de marbre).

Tambour : élément architectonique cylindrique ou polygonal sur lequel s'élève une coupole semi-sphérique. Chacune des pièces cylindriques qui forment le fût d'une colonne (quand il ne s'agit pas de monolithe).

Tour lanterne : tour portée sur quatre grands arcs et percée de baies éclairant l'église. Elle s'élève sur la croisée du transept.

Travée : espace compris entre deux points d'appui.

Triforium : galerie circulant au-dessus des collatéraux et s'ouvrant sur la nef centrale.

Trompe : arc diagonal bandé placé dans les angles d'une construction carrée, permettant le passage d'un plan carré à un plan polygonal. On donne aussi ce nom aux petites voûtes tronquées supportant des constructions d'angle en encorbellement.

Tympan : surface intérieure d'un fronton. Espace généralement décoré, délimité par les archivoltes et le linteau dans les porches des églises.

Venera : ornement en forme de coquille Saint-Jacques, symbole des pèlerinages de Saint-Jacques-de-Compostelle.

Voûte d'arêtes : formée par la pénétration de deux voûtes en berceau de même diamètre se coupant à angle droit.

Voûte en berceau : succession d'arcs en plein cintre le long d'un axe longitudinal.

Voûte sur croisée d'ogives : voûte soutenue par deux arcs diagonaux dits ogives se croisant perpendiculairement à la clef de voûte et dont les arêtes renforcées de nervures saillantes délimitent quatre voûtins triangulaires.

Yesería : ouvrage de plâtre. Décor habituellement sculpté ou gravé et peint.

L'art roman

Le style roman catalan est l'un des plus beaux d'Europe. Cet art solide et équilibré est introduit en Catalogne au 11ᵉ s. par les grands maîtres lombards et y demeure jusqu'au milieu du 13ᵉ s. Il inspirera la construction de magnifiques monuments ainsi que la réalisation de nombre de peintures, sculptures et objets de culte.

Art précédant l'art roman

La Catalogne vit la convergence de plusieurs cultures préhistoriques européennes qui laissèrent derrière elles divers exemples de peintures rupestres (scènes de chasse d'Ulldecona, El Abric de Cabrafeixet, El Cogull). L'âge des métaux vit l'édification de nombreux monuments mégalithiques (Romanyà de la Selva, chaîne des Albères). Quant au trésor de Tivissa, il incarne l'une des œuvres majeures de la civilisation ibérique.

La **colonisation grecque** fut éphémère et se réduisit aux comptoirs de Roses et Empúries. Il en subsiste pourtant des vestiges et des pièces d'intérêt comme la statue de Asclepio. Les vestiges de la ville **romaine** de Empúries, érigée sur un camp militaire, sont bien plus nombreux. On y trouve des villas décorées avec de belles mosaïques. Mais c'est sans nul doute à Tarragone, l'ancienne Tarraco, que l'héritage romain est le plus représentatif. L'ancienne capitale de l'Hispanie citérieure conserve des témoignages encore imposants de son passé : murailles, forums, amphithéâtre, cirque, etc., ainsi qu'un important patrimoine de sculptures et de mosaïques dans ses musées. La profonde empreinte de la civilisation romaine s'observe surtout dans les villes de sa fondation : Barcelone, Badalona, Gérone, Vic, Lérida, Tortosa, Mataró, sans oublier les villas et les fameux thermes (appelés « caldes ») répartis sur tout le territoire et moins encore le magnifique mausolée de Centcelles, près de Tarragone, avec ses belles mosaïques.

La Catalogne conserve un petit nombre d'églises d'influence **wisigothique** à Barcelone, Tarragone et Terrassa (fonts baptismaux dans le magnifique ensemble d'églises wisigothiques et romanes de l'ancien évêché d'Egara). Ces monuments révèlent la présence des deux éléments caractéristiques de l'art wisigothique : l'arc en fer à cheval et les bas-reliefs gravés de motifs géométriques et de compositions mêlant cercles et étoiles.

De l'occupation musulmane, il ne reste que de rares témoignages. Les **mozarabes** installés dans la région laissèrent quelques traces de leur passage sur les chapiteaux de type califal du monastère de Ripoll et dans la crypte de la cathédrale de Vic. Dès le 10ᵉ s., ils édifièrent de petites églises aux arcs en fer à cheval (église Sant Julià de Boada) et aidèrent à la construction des monastères Sant Miguel de Cuixà et Sant Pere de Rodes.

Art roman catalan : antécédents, influences et développement

Le style **roman**, par lequel l'art catalan s'apparente à l'art européen de l'époque – qui fut rappelons-le celle de la formation politique du pays –, fut aussi le premier à avoir son identité propre. La Catalogne en compte plus de 2 000 exemples, depuis les petites églises rurales jusqu'aux grandes cathédrales et collégiales. Ce style est surtout concentré en « Catalunya Vella », au Nord du chemin traditionnel vers l'Aragon,

Le Pantocrator de l'église Sant Climent de Taüll.

par opposition à la « Catalunya Nova » – régions léridane et tarragonaise –, qui ne fut reconquise sur les musulmans qu'au milieu du 12ᵉ s.

Art préroman et premier art roman

L'art **préroman** ou mozarabe (9ᵉ et 10ᵉ s.), dont la caractéristique est l'arc en fer à cheval (dit outrepassé), présente quelques exemples importants : petites églises (Sant Quirze de Pedret, Olèrdola), premiers monastères bénédictins (première phase de Sant Pere de Rodes, Porta Ferrada de Sant Feliu de Guíxols).

Le 11ᵉ s. est marqué par l'apparition de **l'influence lombarde**, avec des constructions austères décorées d'arcatures aveugles, de bandes verticales accolées aux murs (appelées bandes lombardes), d'absides au typique arc en plein cintre, de nefs individualisées par des rangées de piliers massifs supportant une lourde voûte en berceau. Les humbles clochers-murs alternent avec de belles et élégantes tours de clochers. Parmi les exemples intéressants de ce « **premier art roman** », il convient de citer la magnifique série d'églises de la vallée de Boí, en pleine région pyrénéenne, les églises de Sant Jaume de Frontanyà, Bossòst, Olius, les anciens monastères de Cardona, Sant Serni de Tavèrnoles, Sant Llorenç del Munt, Breda, ainsi que les clochers des cathédrales de Vic et de Gérone.

Second art roman

Au 12ᵉ s. apparaît le « **second art roman** », avec une architecture plus complexe – nefs, transept, diverses absides, tours-lanternes, déambulatoire, etc. –, qui développe un **décor sculpté** de premier ordre, d'influences roussillonnaise, provençale et toulousaine dans les porches, sur les tympans des portails, dans les cloîtres. Citons comme exemples la magnifique cathédrale de La Seu d'Urgell, italianisante, le cloître de la cathédrale de Gérone, le porche et le cloître de la cathédrale de Tarragone, les anciens monastères de Sant Benet de Bages, Sant Pau del Camp (Barcelone), Ripoll aux cloître et porche exceptionnels, Sant Pere de Besalú, Sant Cugat del Vallès, Sant Pere de Galligants (Gérone), Vilabertran, Santa Maria de l'Estany, les églises de Covet, Sant Martí Sarroca, Terrassa, Talló et bien d'autres.

Figure dans l'abside de l'église Sant Quirze de Pedret.

Église Sant Climent, à Taüll.

J. Balanya/MICHELIN

L'ART ROMAN PYRÉNÉEN

Les régions pyrénéennes conservent peu
d'exemples d'architecture romane mais à partir
du 11ᵉ s., la zone connaît une grande fièvre
constructrice donnant le jour au style roman
pyrénéen, à la forte personnalité, différent
du style roman catalan en général et affichant
une extraordinaire diversité grâce à l'existence
de plusieurs écoles architecturales.

Dans les *comarcas* de la Ribagorza et du Pallars,
ainsi qu'en Andorre, le premier style roman
ou architecture lombarde du 11ᵉ s. se prolonge
tout au long du 12ᵉ s. avec de faibles variations.
Les églises conservant une grande unité de style
présentent une architecture simple agrémentée
d'importants éléments décoratifs muraux et
de clochers aériens avec frises d'arcatures
aveugles et plusieurs étages de baies géminées.
Pour leur part, les églises du val de Boí (Santa
María à Taüll, Sant Joan à Boí), et leurs clochers
moins élevés, présentent des caractéristiques
propres : un plan basilical à trois vaisseaux, trois
absides et un toit unique sur charpente de bois.
Les églises du val d'Arán, très semblables
aux précédentes, mais surmontées d'une voûte
en berceau, sont de construction plus tardive
(12ᵉ-13ᵉ s.). Alors que nombre d'entre elles furent
reconstruites postérieurement, elles conservent
pour la plupart des éléments médiévaux
parfois incorporés dans des clochers gothiques
ou Renaissance (Vielha, Betrén).
Enfin, il faut mentionner l'importance
de la peinture murale des Pyrénées,
probablement la plus intéressante de tout
l'art roman hispanique. À Taüll, on sera frappé
par le réalisme des décors très stylisés des églises
Santa Maria et Sant Climent ainsi que par leurs
splendides coloris.

J. Balanya/MICHELIN

En « Catalunya Nova », il faut distinguer au 13ᵉ s. **l'école de Lérida**, qui laisse apparaître dans ses décorations de sculptures d'intéressants motifs d'inspiration arabe, en particulier dans les porches : cathédrale de Lérida, Agramunt, Gandesa, etc. Dans cette même région furent édifiés de grands monastères cisterciens : Santes Creus, Poblet, Vallbona de les Monges. Bien qu'entrepris sur le modèle roman, c'est le style gothique qui domine dans leur aspect définitif. C'est là aussi que se trouvent les principales forteresses de templiers et des ordres hospitaliers, tels les magnifiques châteaux de Miravet et d'Ulldecona.

Peinture, sculpture et arts décoratifs

À cet important patrimoine architectural, il convient d'ajouter en premier lieu les magnifiques **peintures murales** des absides de Sant Climent et de Santa Maria de Taüll, Boí, Pedret, Sorpe, Àneu, Sant Pere del Burgal, La Seu d'Urgell, etc., toutes conservées au musée national d'Art de Catalogne (Barcelone), où se trouve l'une des collections de peinture romane les plus importantes du monde. On peut admirer bien d'autres exemples artistiques de cette époque dans les divers musées diocésains (Vic, Gérone, La Seu d'Urgell et Solsona). Il ne faut pas oublier non plus les superbes parements d'autels ni les sculptures en bois – sculptures mariales, Christs en majesté, descentes de croix –, certaines in situ et d'autres dans les musées cités. Parmi les manuscrits illustrés, on remarquera surtout le Beatus de La Seu d'Urgell et celui de Gérone. Au musée capitulaire de la cathédrale de Gérone est conservée la célèbre Tapisserie de la Création, magnifique broderie datant de l'époque romane.

LE ROMAN DANS LES MUSÉES

Les adeptes de l'art roman ne manqueront pas leur rendez-vous au Museu d'Art de Catalunya (Barcelone) et au Musée épiscopal de Vic. Ces deux institutions comptant parmi les meilleurs musées catalans recèlent des collections d'art roman d'une valeur et d'une beauté inestimables. La présentation soignée de ces sections dont l'on retiendra principalement les peintures murales, les parements d'autels et les sculptures seront pour tous vos sens un pur régal. Parmi les autres musées moins importants mais d'un intérêt indéniable, on citera : le Musée capitulaire de la cathédrale, le musée d'Art, de Gérone, ainsi que les musées diocésains de La Seu d'Urgell et de Solsona.

*Parement d'autel,
église Sant Martí d'Ix.*

R. Manent/MICHELIN

L'art gothique

L'art gothique catalan, qui se prolonge encore au 16ᵉ s., présente des caractéristiques propres dans un contexte européen, et subit des influences plus méditerranéennes que septentrionales. D'extérieur, les édifices se doublent d'élégance et de simplicité tandis que les grandes salles rythment souvent les intérieurs spacieux.

Missel, monastère Sant Cugat.

Un art urbain

En Catalogne, l'art gothique a coïncidé avec une période d'extrême splendeur. Après la conquête des Baléares et du royaume de Valence, la confédération catalano-aragonaise est devenue l'une des grandes puissances économiques de la Méditerranée. C'est à cette époque qu'apparut une classe sociale spécifiquement urbaine, la bourgeoisie. La fièvre de la construction s'empara des villes ; on rénova églises et cathédrales et on érigea de nouvelles et importantes constructions : palais royaux, maisons seigneuriales, hôpitaux, murailles, sièges d'institutions politiques et de corporations citadines, Bourses de commerce, couvents des nouveaux ordres mendiants.

Architecture

L'art gothique catalan possède une personnalité qui lui est propre si on le compare à toutes les manifestations du même art à travers l'Europe. Plus proche des modèles du monde méditerranéen – Occitanie et Italie – que de ceux du Nord, il est caractérisé par sa forme épurée, son sens des proportions, avec une certaine préférence pour l'amplitude spatiale – et non pour l'élévation – et pour l'intégration des éléments structuraux. L'arc brisé et la voûte d'ogives sont les éléments caractéristiques communs aux monuments gothiques. Ajoutons à cela les salles ou les nefs à arcs diaphragmes supportant la couverture de l'édifice. La chronologie s'étend du milieu du 13ᵉ s. jusqu'au 15ᵉ s., le goût pour ce style se prolongeant jusqu'au début du 16ᵉ s.

Barcelone, l'un des grands ports de la Méditerranée, résidence habituelle des souverains de la confédération, avec une riche oligarchie de citadins et de marchands, possède un éblouissant patrimoine gothique qui substitua ou masqua les constructions romaines et romanes. C'est pourquoi on a appelé son centre politique le « Barri Gòtic ». Il ne faut surtout pas manquer de voir la magnifique cathédrale, le palais de la Generalitat – l'un des meilleurs exemples du gothique civil catalan –, une bonne partie de la mairie avec son emblématique salle des Cent, le Grand Salon du Tinell et la chapelle Sainte-Agathe du Palais royal, les anciennes Drassanes, qui constituent les chantiers navals médiévaux les mieux conservés du monde, la Lonja de Contratació (Bourse aux échanges), témoignage de l'importance du commerce maritime de la ville, l'hôpital de la Santa Creu, les très belles églises Santa Maria del Mar et Santa Maria del Pi, les maisons seigneuriales de la rue de Montcada, avec leurs jardins intérieurs caractéristiques, et le magnifique monastère de Pedralbes.

*Piliers et voûtes de l'église
Santa Maria del Mar, à Barcelone.*

Mais les monuments gothiques enrichissent aussi l'ensemble du pays (cathédrales, églises, monastères, châteaux, ponts, etc.). Dans la zone touristique de la Costa Brava, c'est surtout le magnifique ensemble de la ville de Gérone qui retient l'attention : la cathédrale avec sa nef la plus large de tout l'art gothique européen, le palais épiscopal, l'église Sant Feliu, les murailles, les anciens couvents et les palais. Présentent également un très grand intérêt : Castelló d'Empúries, Peralada, Torroella de Montgrí, Tossa de Mar, Blanes, Hostalric et le monastère de Vilabertran.

En Catalogne centrale, on remarquera surtout le monastère de Sant Cugat del Vallès, près de Barcelone, la collégiale Ste-Marie de Manresa, connue sous le nom de « la Seu », le cloître de la cathédrale de Vic, et les peintures gothiques de Santa Maria de Terrassa. Dans la zone des Pyrénées, le cloître et les dépendances du monastère de Sant Joan de les Abadesses, l'église Ste-Marie et le pont de Camprodon, l'église de Vielha. Sur les terres de Lérida, la magnifique cathédrale, ou Seu Vella, qui domine la ville, est le monument le plus spectaculaire, sans oublier la Paeria, ou l'hôpital Ste-Marie. Ne manqueront pas non plus d'attirer l'attention : la cathédrale de Solsona, les églises de Balaguer – Ste-Marie et le couvent St-Dominique –, Cervera, Guimerà, et le monastère cistercien de Vallbona de les Monges.

En Catalogne méridionale, sur les terres de la Costa Daurada, sont érigés nombre de monuments de premier ordre : les cathédrales de Tarragone et de Tortosa, l'ensemble ceint de murailles de Montblanc, l'église Santa Coloma de Queralt, celles de L'Espluga de Francolí et d'Ulldecona, les grands monastères cisterciens de Santes Creus et Poblet.

Peinture et sculpture

Les arts plastiques, étroitement liés à l'architecture dans un premier temps, acquièrent leur individualité et s'expriment sous la forme de retables, de sépultures, de stalles et d'objets d'orfèvrerie.

La **peinture** gothique est fortement marquée par les influences européennes : après une brève période linéaire ou franco-gothique, c'est l'essor du courant italianisant (14e s.), représenté par Ferrer Bassa, très influencé par l'école de Sienne et les frères Serra, auteurs des ravissantes Madones aux manteaux recouverts de fleurs, qui utilisent des bleus ciel, des verts et rouges d'une grande transparence sur fond d'or. Puis le courant international (15e s.), influencé par les gothiques flamand, allemand, et italien, se caractérise par son graphisme nerveux, quasi calligraphique et par l'emploi de teintes planes et vibrantes. Il est représenté, entre autres, par Lluís Borrassà, qui avait un important atelier à Barcelone, le Valencien, Lluís Dalmau, fervent admirateur des frères Van Eyck, Jaume Ferrer (père et fils), Bernat Martorell, auteur de la scène des Noces de Cana de la cathédrale de Barcelone, et Jaume Huguet.

Dans le domaine de la **sculpture**, on remarquera la précision du décor, le petit répertoire d'éléments décoratifs végétaux ainsi que les hauts-reliefs ou petites têtes ornant les fenêtres, et les sculptures de miséricordes dans les cors. Les noms de ses représentants sont : Aloi de Montbrai et Jaume Cascalls – tombes royales de Poblet –, Pere Joan – grand retable de la cathédrale de Tarragone – et Pere Sanglada. Leurs œuvres, comme celles des meilleurs orfèvres de l'époque, ont été conservées soit in situ, soit dans les musées d'art et diocésains du pays.

Renaissance et baroque

Les styles Renaissance et baroque se sont développés entre la splendeur de l'art gothique et l'éclat du modernisme. Longtemps sous-estimés, ils laissèrent néanmoins derrière eux de somptueux exemples situés essentiellement dans les grandes villes.

L'âge moderne en Catalogne

En Catalogne, Renaissance et baroque sont moins importants que l'art gothique ou le modernisme. Certains attribuent cet état de fait à la décadence politique dont souffrait la région du 16e au 18e s., tandis que d'autres affirment que cette période connut un discrédit provoqué par un certain nombre d'intellectuels liés au mouvement de la Renaixença (mouvement culturel et politique de revendication d'une identité propre dans la seconde moitié du 19e s.). En tous les cas à l'époque, il est clair que la Catalogne perd son hégémonie maritime après la découverte de l'Amérique, et que l'on assiste au transfert du pouvoir politique au centre de la péninsule avec l'avènement des Rois Catholiques. En outre, bien des monuments religieux de l'âge moderne ont été fortement endommagés ou tout bonnement détruits pendant le désamortissement ou la guerre civile. Malgré tout, le patrimoine a suffisamment de valeur et d'importance pour que l'on s'y penche réellement, et les monuments de cette période se trouvent surtout dans les zones urbanisées.

Architecture et art au 16e s.

Dans certains endroits de Catalogne, la Renaissance fit un passage discret. En réalité, au 16e s., les corporations locales demeurèrent fidèles au gothique, comme on peut le voir dans des parties importantes du palais de la Generalitat à Barcelone. Malgré tout, demeurent encore debout certains exemples architecturaux d'intérêt tels que le palais del Lloctinent, illustrant la transition du gothique à la Renaissance, et en particulier, la façade du palais de la Generalitat, ouvrage de Pere Blay. À l'extérieur de Barcelone, on s'attardera sur la façade du château de Perelada et sur deux ouvrages commandés par Charles Quint : les splendides Collèges royaux de Tortosa et la citadelle de Roses, qui fut édifiée pour prévenir la menace d'une attaque turque. À Tarragone, l'archevêque Antoni Agustí (fin du 16e s.) favorisa l'essor du style Renaissance dans le diocèse. On peut d'ailleurs en admirer certains exemples magnifiques dans la cathédrale.

Au nombre des sculpteurs, il nous faut citer le Valencien Damián Forment, qui exécuta le grand retable en marbre de l'église du monastère de Poblet, Bartolomé Ordóñez, originaire de Burgos, qui sculpta une grande partie du trascor de la cathédrale ainsi que le Catalan Antoni Carbonell, artisan des sculp-

Patio du collège Sant Lluis, à Tortosa.

tures dorées du cœur de la même cathédrale. Le tombeau de Ramon Folc de Cardona de l'église de Bellpuig, réalisé par l'Italien Giovanni Merliano, mérite également d'être cité.

La peinture, quant à elle, ne va pas totalement assimiler la nouvelle influence italienne et va plutôt se renfermer sur elle-même. À Gérone, on mentionnera Joan Mates et le maître de San Félix, tandis que Barcelone sera dominée par le Portugais Pere Nunyes, sans oublier le célèbre Joan de Borgonya (retable de sainte Ursule).

Les arts appliqués connaissent un essor sans précédent et produisent des œuvres prodigieuses telles que des pièces d'orfèvrerie, de grandes grilles et de richissimes broderies.

Le baroque catalan

Le baroque qui passa par Murcie et Valence avant de gagner la Catalogne, produisit des églises aux splendides façades ainsi que de remarquables édifices civils. Au nombre des œuvres religieuses les plus notables, on retiendra : les façades des cathédrales de Gérone, Tortosa et Solsona, celles de l'église du monastère de Poblet et des églises de Betlem et de la Mercè à Barcelone, ainsi que celle de l'église Ste-Marie de Montblanc, les édifices dédiés à saint Ignace de Loyola à Manresa, la basilique Ste-Marie de Mataró, les chapelles Notre-Dame-du-Ruban de la cathédrale de Tortosa et de Els Colls de l'église Sant Llorenç de Morunys. Les bâtiments civils les plus importants sont le palais de la Vice-reine de Barcelone, l'université et l'hôtel de ville de Cervera ainsi que le palais épiscopal de Solsona.

La sculpture religieuse s'éloigne des schémas antérieurs et acquiert un pathétisme et une force inconnus jusqu'alors. Les retables méritent une mention particulière pour leur qualité et leur nombre. Au génial Pau Costa, nous devons les splendides retables des églises Ste-Marie de Cadaqués et d'Arenys de Mar, témoignant d'un travail d'une grande minutie.

R. Manent/MICHELIN

Urne, église Sant Ermengol.

Du modernisme à nos jours

Dès la seconde moitié du 19ᵉ s., la Catalogne connaît un grand essor artistique. Le modernisme qui côtoie d'autres courants similaires, tout en conservant sa personnalité propre, produit de magnifiques créations pleines d'imagination. Les premières décennies du 20ᵉ s. voient l'apparition des premiers mouvements avant-gardistes qui traversent la frontière française.

Le modernisme

Le banc ondulant du parc Güell, à Barcelone.

Au 19ᵉ s., deux phénomènes particulièrement importants dans la vie catalane se produisirent : l'affermissement de la révolution industrielle, qui donna un élan économique décisif au pays, et la **Renaixença**, mouvement culturel et politique de revendication d'une identité propre, parallèlement aux nationalismes européens influencés par le romantisme.

Dans ce contexte coexistent l'architecture néoclassique et l'architecture néo-médiévale débouchant sur l'éclectisme. Dans le domaine de la peinture, c'est le paysagisme et la peinture historique qui s'imposèrent. Se détachent surtout les figures du réaliste R. Marti Alsina (1826-1894), très influencé par le naturalisme, et de Mariano Fortuny (1838-1874), dont les coloris lumineux et la technique épurée ont acquis une célébrité internationale.

Les dernières décennies du siècle voient l'éclosion d'un brillant mouvement artistique, le modernisme, que ses propres caractéristiques n'éloignent pas cependant d'autres courants européens : Art nouveau (France et Belgique), Modern Style (Angleterre et États-Unis), Sécession (Autriche et Bohême) et Jugendstil (Allemagne). Il donna un nouveau sens esthétique et accorda une importance spéciale aux arts décoratifs et appliqués (verre, céramique, fer, métal, meubles, orfèvrerie, affiches et arts graphiques). Ce mouvement développe l'utilisation de nouveaux matériaux industriels tout en se présentant comme un art national associé au catalanisme politique.

Barcelone, libérée de la ceinture de murailles qui l'opprimait et disposant d'une magnifique zone d'expansion, le quadrillage de l'Ensanche, conçu par le grand urbaniste Ildefons Cerdà, devient la capitale du Modernisme dès l'Exposition universelle de 1888. Les trois plus grands architectes furent **Antoni Gaudí** (1852-1926), dont l'œuvre dépasse les limites du mouvement (Sagrada Familia, palais Güell, parc Güell, Casa Milà – « La Pedrera » –, Casa Batlló, etc.), **Domènech i Montaner** (1850-1923), moderniste canonique (palais de la Musique catalane, Editorial Montaner et Simon – siège de la Fondation Tàpies –, Hôpital Sant Pau, château des Trois Dragons, Casa Lleó Morera, etc.) et **Puig i Cadafalch** (1867-1957) (Casa Amatller, Casa de les Punxes, Casa Quadras, etc.). Tous trois travaillèrent avec une pléiade de professionnels – architectes, ébénistes, vitriers – et firent de la ville un ensemble moderniste unique en Europe (*voir Barcelona*).

Maison Batlló, à Barcelone.

L'art moderniste s'étendit à travers toute la Catalogne. Il se développa surtout dans les localités économiquement et démographiquement importantes, principalement sur la frange côtière, dans les zones industrialisées, les lieux de villégiature et les régions agricoles méridionales. Les constructions modernistes de Gérone (Rafael Masó), Reus (Domènech i Montaner), Terrassa (Lluis Muncunill), Manresa (Ignasi Oms), Lérida (F. Morea i Gatell), Mataró (Puig i Cadafalch), Canet de Mar (Domènech i Montaner), Sant Joan Despí (J.M. Jujol), les caves coopératives de César Martinell (Gandesa, Nulles, El Pinell de Braì, Rocafort de Queralt, etc.) et certains monuments singuliers comme la magnifique crypte de la **Colonia Güell**, œuvre de Gaudí à Santa Coloma de Cervelló près de Barcelone, comptent parmi les plus intéressants.

Le modernisme incluait des personnalités très brillantes dans le domaine des arts plastiques. En **peinture**, **Ramon Casas** (1866-1932) et **Santiago Rusiñol** (1861-1931), dont les travaux étaient très proches de l'impressionnisme français, furent les plus connus. Ils ont été suivis d'une deuxième génération avec des artistes comme Nonell, Mir, le jeune Picasso et Anglada Camarasa. On peut noter aussi en **sculpture** Josep Llimona, Miquel Blai et Eusebi Arnau, cn **arts décoratifs**, les ébénistes Homar et Busquets, les céramistes A. Serra et L. Escaler, les orfèvres Masriera. Les musées d'Art moderne de Barcelone, Cau Ferrat de Sitges et de Montserrat, parmi tant d'autres, conservent de belles œuvres de ces artistes.

Maison Batlló, à Barcelone.

La Barcelone de 1992

Avant d'accueillir les Jeux olympiques de 1992, Barcelone entreprit une large campagne de réhabilitation urbanistique et architecturale. Les meilleurs architectes locaux tels Bohigas, Martorell, Bofill et bien d'autres encore se joignirent à des professionnels étrangers de l'envergure de Meyer et Isozaki pour remodeler des quartiers entiers, recouvrir la façade maritime, créer de nouveaux centres culturels et récréatifs, et projeter la construction d'immeubles de bureaux et de logement. Les nouveaux espaces paysagers furent agrémentés par les œuvres des sculpteurs les plus en vue, comme Chillida, Oteiza, Krier ou Lichtenstein. La Barcelone de 1992 est sans conteste l'un des fleurons les plus complets du monde artistique actuel.

R. Manent/MICHELIN

La tour de télécommunications de Montjüic, à Barcelone

Noucentisme et avant-gardisme

Pendant les premières décennies du 20e s., les exemples les plus tardifs du modernisme coexistèrent avec le **noucentisme** (ou Novecentismo) et l'apparition des premières manifestations avant-gardistes. **Eugeni d'Ors** fut l'idéologue du mouvement noucentiste (1911). Cette pensée se posait en réaction au modernisme et proposait un projet culturel et politique soutenant un retour aux sources classiques et méditerranéennes. Pour les arts plastiques, ce sont les peintres Torres-García, Joaquim Sunyer, le grand dessinateur Xavier Nogués, le fresquiste Josep Obiols qui marquèrent cette époque. En sculpture, ce furent Josep Clarà, Enric Casanovas et Esteve Monegal, influencés par Aristide Maillol.

L'**art d'avant-garde** arriva en Catalogne dans les premières années du siècle, grâce aux étroites relations entretenues entre les artistes catalans les plus novateurs et Paris. Ces relations avaient déjà commencé avec quelques modernistes et s'étaient développées grâce à la présence en France (1904) de Picasso, demeuré cependant fidèle à l'environnement de sa jeunesse. Implantés en Catalogne française, les noyaux du fauvisme (Matisse) à Collioure à partir de 1905 et du cubisme (Picasso, Braque, Gris) à Céret (1910) eurent une influence sur les artistes catalans, surtout à travers le personnage singulier de Manolo Hugué. Barcelone accueillit en 1917 Picabia, qui y édita la célèbre revue dadaïste **391**, sous la protection du marchand **Josep Dalmau**, personnage clef de la première vague avant-gardiste. C'est à Barcelone que Dalmau organisa les premières expositions des œuvres de **Joan Miró** en 1918 et de **Salvador Dalí** en 1925, dont les noms allaient devenir mondialement célèbres et dont des fondations ornent aujourd'hui Barcelone et Figueres. Dans le domaine de la sculpture, les deux personnages les plus importants, également très liés à Paris, furent **Julio González** et **Pau Gargallo**.

L'architecture novecentiste, d'origine populaire et influencée par les modèles italiens et nordiques, céda la place, vers 1920, au rationalisme européen. Barcelone devint le siège du **GATCAP**, groupe d'architectes qui a promu cette tendance. On doit surtout citer J.L. Sert, Torres Clavé, Churruca, Rodríguez Arias et Yllescas. La guerre civile fut une rude épreuve pour l'art avant-gardiste, car la politique culturelle réactionnaire contraignit de nombreux artistes à l'exil.

Les travaux du groupe de peintres constitué autour de la revue *Dau al Set* (1948-1954), d'origine surréaliste, ouvrirent la « **deuxième vague avant-gardiste** » en Catalogne. Parmi ses plus grands représentants, on compte Cuixart, **Tàpies** (le plus connu sur le plan international ; une fondation à Barcelone porte son nom), Joan Ponç, Tharrats et Brossa. Le non-formalisme de Tàpies (à partir de 1955) exerça une grande influence sur la peinture de cette époque. Divers courants se sont ensuite succédé parallèlement à ceux du reste du monde occidental.

Théâtre national de Catalogne, à Barcelone

J. Balanya/MICHELIN

L'art actuel

L'art catalan connaît au cours des années 1970 l'essor et le développement de diverses tendances picturales souhaitant dépasser l'informel qui caractérisait la décennie précédente. Les deux peintres majeurs de la période sont A. Ràfols Casamada et J. Hernández Pijuan, dont l'œuvre est en étroit lien avec le *Support-Surfaces* français. Sont également dignes d'intérêt A. Guinovart, Arranz Bravo et R. Bartolozzi, dont la peinture revêt des teintes sociales, ainsi qu'A. Llena, qui développe une lecture particulière de l'art *povera*.

Parallèlement à ce nouvel élan pictural surgit le **conceptualisme catalan**, qui revendique l'emploi de nouveaux supports artistiques tels que la vidéo, l'installation et la *performance*. Les représentants les plus illustres de ce mouvement sont, entre autres, A. Muntadas, F. Torres, R. Llimós, A. Miralda, C. Pujol et F. Abad.

Au cours des années 1980, surgit toute une série de jeunes peintres (F. Amat, F. García Sevilla, Zush, X. Grau et Miquel Barceló) qui créent une peinture de style expressionniste en rapport avec les courants internationaux du moment. Les sculpteurs importants ne sont pas non plus en reste avec notamment Susana Solano et S. Aguilar.

Les années 1990 voient s'élargir le répertoire artistique avec l'émergence de photographes tels que J. Fontcuberta ou d'artistes pratiquant l'art vidéo comme E. Bonet, J. Colomer, E. Valldosera et A. Abad.

L'**architecture** des années 1960 et l'urbanisme de la fin des années 1970, représentés par des artistes et architectes tels que J.A. Coderch, Bohigas-Martorell-Mackay, R. Bofill, H. Piñón et A. Viaplana, ont connu une période d'essor particulièrement brillante. Cette époque de création et d'aménagement urbains a atteint son apogée avec le profond remaniement de la ville de Barcelone pour l'accueil des Jeux olympiques en 1992. À cette occasion, divers personnages internationalement connus sont intervenus dans la cité barcelonaise. Le musée d'Art contemporain de Barcelone, œuvre de Richard Meier, symbolise la volonté de l'art catalan de poursuivre la voie de la modernité.

Le design constitue sans nul doute l'une des caractéristiques de la Catalogne actuelle. Ses couleurs, ses matières, ses textures, son utilité, sa créativité et son originalité valent à cette forme d'expression artistique une reconnaissance internationale largement méritée.

Les arts décoratifs catalans ont des racines historiques profondément ancrées. Au 18e s., fut fondée à Barcelone l'Escola de Nobles Arts destinée à stimuler la fabrication de nouveaux produits. Le développement définitif de la révolution industrielle s'est accompagné de l'émergence de nouvelles idées très créatives. Ainsi aux 19e et 20e s., le design n'eut de cesse d'évoluer malgré les intransigeances culturelles et le respect des techniques traditionnelles auxquels il dut se plier bien souvent. Néanmoins, avec la fondation de centres spécifiques comme l'ADI-FAD (Agrupació de Disseny Industrial, section du Foment de les Arts Decoratives) puis, plus tard, le BCD (Barcelona Centre de Disseny), le concept de design se révéla l'emblème le plus représentatif pour définir les designers catalans aussi importants qu'André Ricard, Miquel Milà, Óscar Tusquets et Javier Mariscal, entre autres.

Langue et littérature

Au 12ᵉ s., l'apparition des premières formes d'expression littéraire catalanes marque le début d'une longue histoire où se succéderont périodes de splendeur et de décadence parallèlement aux événements historiques. Ces dernières années, l'usage du catalan s'est normalisé, et le répertoire littéraire devient prometteur.

La langue propre à la Catalogne, officiellement admise au même titre que le castillan, est le catalan, langue romane qui, à partir du territoire de l'ancienne Marche d'Espagne, s'est étendue, au cours du Moyen Âge, à travers les territoires de la Catalogne contemporaine, le Roussillon, les îles Baléares, la frange située à la frontière de l'Aragon et la plus grande partie de l'actuelle Communauté valencienne.

Origines

Les modèles les plus anciens de littérature catalane datent du 12ᵉ s. (une traduction du *Forum Iudicum* et des homélies ont été retrouvées dans la paroisse d'Organyà). L'étroite relation existant entre la Catalogne et la Provence pendant le haut Moyen Âge suppose l'adoption du provençal en tant que langue poétique. Parmi les troubadours catalans de cette époque, on compte Guillem de Berguedà, Guillem de Cabestany, Ramon Vidal de Besalú et Cerverí de Gérone.

Le créateur de la prose littéraire catalane est **Ramon Llull** (1233-1315), Majorquin de parents catalans; il est polyglotte, philosophe et mystique. Parmi les apports importants, on compte aussi **quatre grandes chroniques** : *El libre dels feyts*, dicté par Jacques Iᵉʳ le Conquérant, la narration des faits liés au règne de Pierre III le Grand par Bernat Desclot, le récit de l'expansion catalane en Méditerranée par Ramon Muntaner (à partir de 1325) et la chronique du règne de Pierre IV le Cérémonieux, ou le Cruel, rédigée par le roi lui-même avec l'aide de Bernat Descoll et d'autres collaborateurs.

Le siècle d'or

Le 15ᵉ s. est le siècle d'or du style lyrique catalan, très influencé par l'humanisme italien. Ses figures les plus brillantes sont valenciennes : **Jordi de Sant Jordi** et **Ausiàs Marc**. La grande école de prosateurs est la chancellerie royale, influencée par l'humanisme, dont on remarquera en particulier **Bernat Metge**, auteur de *Lo Somni* (Le Rêve, 1399). Vers la même époque naît le roman chevaleresque en catalan, avec *Curial e Güelfa* (œuvre anonyme) et *Tirant lo Blanc*, œuvre du Valencien Joanot Martorell qui inspira le célèbre « El Quijote ». *L'Espill* (Le Miroir), de Jaume Roig, autre Valencien, peut être considéré comme précurseur du roman picaresque espagnol du 16ᵉ s.

La décadence

La perte de l'hégémonie politique ainsi que la disparition de la cour et de la chancellerie entraînèrent pour la littérature catalane une longue période de **décadence** (16ᵉ-18ᵉ s.). Celle-ci va s'aggraver avec l'avènement des Bourbons et le décret de Nueva Planta, par lequel on cherche à imposer une uniformisation à la française aux territoires de la couronne d'Aragon, en interdisant l'usage du catalan dans la langue administrative.

La Renaixença

La montée de la bourgeoisie commerçante et industrielle catalane et le romantisme (19ᵉ s.) sont à l'origine d'un mouvement de renouveau culturel, la **Renaixença**, engagé par **Bonaventura Carles Aribau** dans son *Oda a la Pàtria* (1833). Les grands poètes du siècle sont le prêtre **Jacint Verdaguer** (1845-1902), dont les poèmes

Els Joglars.

épiques (*L'Atlàntida*, *El Canigó*) donnèrent une nouvelle vigueur au catalan savant à partir de son usage populaire, et **Joan Maragall** (1860-1911), dont l'œuvre éveilla une forte résonance civique. Ángel Guimerà *(Terra Baixa)*, dramaturge de renommée mondiale, connaît une popularité considérable.

Le catalanisme et les dures années d'après-guerre

Au 20ᵉ s., la mise en place du catalanisme politique et son accès aux institutions publiques (la Mancomunitat présidée par Prat de la Riba) permettent, pour la première fois en deux siècles, la consolidation d'une « culture officielle ». Celle-ci sera décisive pour la modernité européenne et connue sous le nom de **noucentisme**. Le principal mentor idéologique est **Eugeni d'Ors** (1882-1954), grand essayiste et habile polémiste. Quant à **Pompeu Fabra**, il pose les bases grammaticales et lexicales du catalan moderne. Jusqu'à la guerre civile, la littérature catalane vit une période de splendeur qu'on ne peut comparer qu'aux brillants 14ᵉ et 15ᵉ s. Il convient de mettre en évidence les poètes de la catégorie de Josep Carner, Jaume Bofill i Matas (Guerau de Liost), Josep López Picó et Josep Sagarra, célèbre dramaturge également. Nous devons aussi un hommage à **Carles Riba**, poète lyrique, et à Joan Estelrich, tous deux créateurs de la Fondation Bernat Metge, qui se consacre à la traduction des œuvres classiques. Les courants avant-gardistes ont trouvé un écho auprès d'écrivains tels que l'anarchisant Joan Salvat-Papasseit ou Josep Vicenç Foix, qui associe la grande tradition d'un Ausias Marc avec les tendances littéraires les plus avancées. Joan Oliver, poète et dramaturge, introduit le sens de la critique mordante et socialement engagée. En ce qui concerne l'art de la prose, citons Caterina Albert, qui, sous le pseudonyme de **Victor Català**, écrivit le premier grand roman moderne catalan (*Solitud*, 1906), et **Josep Pla** (1897-1981), indispensable à la connaissance de la Catalogne du 20ᵉ s.

La prohibition sévère de l'usage public de la langue catalane après la guerre civile se traduisit par un effondrement de la littérature, surtout du style narratif. La littérature catalane du premier après-guerre est celle d'auteurs exilés, Pere Calders, **Mercè Rodoreda** (*La Place du diamant*, 1960), Xavier Benguerel, Ferran de Pol et Vicenç Riera Llorca, ou pratiquement clandestins, avec les poètes **Salvador Espriu** (1913-1985) et le Valencien Vicent Andrés Estellés. À partir des années 1960, les attitudes de défense linguistique se multiplient et s'accompagnent d'un logique conservatisme. Parmi les nouveaux poètes, on compte surtout Josep Palau i Fabre et Joan Vinyoli, et, parmi les narrateurs, **Joan Sales** (*Gloire incertaine*, 1956, le grand roman sur la guerre civile), Maria Aurèlia Capmany, plus avant-gardiste, Joan Perucho et Jordi Sarsanedes, influencés par le réalisme fantastique. Manuel de Pedrolo est un romancier préoccupé par la nécessité d'introduire des genres modernes face à une narration trop limitée; Joan Fuster (*Nosaltres, els valencians*) est un brillant essayiste clairement pan-catalaniste; **Eduardo Mendoza** (1943), après avoir opté pour un genre parodique plein de verve et atteint la notoriété internationale avec *Le Labyrinthe aux olives* (1982), a fait représenter en 1991 une pièce de théâtre en catalan, Restauració.

Les nouvelles générations

Parmi les générations les plus récentes, nous citerons des poètes comme Miquel Martí i Pol, à l'œuvre intimiste et réfléchie, Gabriel Ferrater *(Les dones i els dies)* et Maria Mercè Marçal. Jesús Moncada *(Camí de sirga)* est l'un des romanciers les plus intéressants de cette fin de siècle. Mentionnons enfin des écrivains plus populaires comme Josep M. Espinàs, Quim Monzó, Ferran Torrent et Maria Mercè Roca.

LE THÉÂTRE CATALAN
De vieille tradition théâtrale, la Catalogne est le siège de nombreuses compagnies de réputation internationale, parmi lesquelles il faut citer Dagoll Dagom, qui propose des mises en scène spectaculaires, La Cubana, dont les pièces amusantes et originales sont la spécialité, Els Joglars, qui pratique la fusion de l'humour et de la satire politique et La Fura dels Baus, compagnie d'avant-garde qui a assuré la création de la cérémonie d'inauguration des JO de 1992.

J. Balanyà/MICHELIN

Un pays de fêtes et de traditions profondes

Le folklore catalan, aux racines méditerranéennes profondément ancrées, surprend par sa variété et son originalité. Tout en partageant les mêmes traditions aussi célèbres que la sardane, les castells ou les bûchers de la Saint-Jean, chaque région possède ses propres célébrations parfois millénaires qui reflètent la culture et la nature de ses habitants.

Feux, géants, castells et... danses

Les fêtes populaires de la Catalogne, profondément méditerranéennes, reposent sur les fêtes du calendrier liturgique chrétien bien qu'elles conservent des racines païennes. Leur variété et leur éclat résultent de l'héritage d'une culture ancienne et de l'expression du caractère d'un peuple.

Le feu en est l'un des éléments les plus caractéristiques. Il est présent dans les bûchers ancestraux de la nuit de la Saint-Jean comme dans les *falles* (troncs de sapins en flammes que les jeunes gens portent en descendant la montagne en procession) pyrénéennes, présent lors des grandes solennités aux spectaculaires feux d'artifice ou lorsque les assourdissants pétards éclatent en série, présent avec les bandes de démons et d'animaux fantastiques comme le dragon ou la *mula-guita* (monstre à cou de girafe dont la gueule vomit du feu). Les célèbres fêtes de la **Patum**, par lesquelles la ville de Berga *(voir ce nom)* célèbre la Fête-Dieu, constituent une apothéose du feu.

Les **géants** qui, accompagnés des pittoresques **cabezudos** (grosses têtes), défilent et dansent à travers les villages au son des chalumeaux et du tambour font aussi partie des rites habituels des plus grandes fêtes. Une autre manifestation – partagée avec plusieurs pays européens – est celle des **balls de bastons**, quadrilles de jeunes qui dansent en faisant claquer leurs bâtons au rythme de la musique.

LA DANSE DE LA MORT

La Danse de la Mort, qui rappelle les terribles épidémies médiévales de peste, se tient le Jeudi saint à Verges, dans la province de Gérone. Une représentation populaire de la Passion précède une procession de cinq personnages (deux hommes et trois enfants) déguisés en squelettes et qui défilent en sautillant au son du tambour. L'un d'eux brandit une faux, un autre secoue un drapeau noir, deux autres transportent des assiettes pleines de cendres et le dernier une horloge.

Les **castells** méritent d'être décrits plus en détail. Ils sont propres à la région du Camp de Tarragona (Reus, Tarragone, Valls qui en est le berceau) et du Penedès (El Vendrell, Vilafranca del Penedès, Vilanova i la Geltrú, Sitges). Leur vitalité est impressionnante, comme en témoigne la création récente d'équipes dans d'autres villes. Ces formations de châteaux humains, qui peuvent aller jusqu'à s'élever sur neuf étages, sont couronnées par le salut d'un enfant, l'anxaneta. Supportés par une solide pinya (groupe), ces échafaudages vivants rivalisent d'agilité pour réaliser les exercices les plus difficiles, toujours au son des chalumeaux. Ils sont de toutes les fêtes populaires, à

Grosses têtes, à Olot.

l'occasion desquelles sont organisés des concours très appréciés.

La **sardane** est la danse traditionnelle catalane par excellence, pratiquée par tous et non pas exécutée par les seuls groupes folkloriques. Elle se danse en formant de vastes cercles où les danseurs se tiennent par la main (dans de très rares occasions, ils se tiennent simplement côte à côte, et la sardane est alors dite ouverte), et réunit des couples, constitués par la danseuse qui se trouve à la droite d'un danseur, qu'il convient de ne pas séparer. La sardane est composée de figures de durée longue ou courte combinant des pas sautés qu'il faut toujours compter, la position des mains, basses ou à hauteur des épaules, marquant les trottés courts ou longs.

La musique est interprétée par des instruments à vent aux sons particulièrement plaisants : *flabiol* (sorte de chalumeau), *tamborí* (tambourin servant à scander la mesure), *tibles* (petits hautbois au timbre champêtre), *tenores* (grands hautbois graves), qui n'existent qu'en Catalogne, auxquels s'ajoutent trompettes, *fiscornes* (puissants barytons), trombone et contrebasse, l'ensemble constituant une **cobla**, groupe de douze instruments. On danse généralement certains jours bien déterminés de la semaine, surtout le dimanche, sur de nombreuses places publiques.

D'autres danses, moins répandues et exécutées en costume typique lors de fêtes locales, s'inspirent soit des danses seigneuriales, comme la **Dansa o Gala de Castellterçol** et de Campdevànol, soit des danses populaires, comme les **balls de gitanes** du Vallès et du Penedès, qui s'accompagnent de castagnettes et de *panderetas* (tambours basques). N'oublions pas les jotas des régions de l'Èbre qui existent toujours grâce aux *esbarts dansaires*, groupes folkloriques parmi lesquels il convient de citer celui de Rubí.

Les « Festes majores »

Toute l'année se succèdent de nombreuses fêtes combinant les manifestations catalanes traditionnelles et les événements locaux. La fête du saint patron ou de la sainte patronne de chaque village ou quartier urbain constitue la **Festa major**, grande fête locale qui dure généralement trois ou quatre jours. Les rues se parent, on monte des abris en toile pour le bal, on célèbre de solennels offices religieux avec processions, on organise des défilés (pasacarrers) avec des géants et des grosses têtes. Mais, aussi, on joue de la musique, on installe

J. Balanya/MICHELIN

Castell à El Vendrell.

des manèges et des attractions foraines, on organise des compétitions sportives, des sardanes ou des danses folkloriques locales, le point d'orgue étant le feu d'artifice final. L'été – notamment le jour de l'Ascension et celui de la Nativité de la Vierge – est, par essence, la période des fêtes locales. Les plus célèbres, pour la diversité de leurs spectacles, sont celles de Vilafranca del Penedès, Lérida, Sitges, Solsona, Cardona, Valls, Olot, Barcelone et son quartier de Gràcia, pour ne citer que quelques noms.

Calendrier des festivités

Les principales fêtes attachées au calendrier liturgique sont le jour de **Todos los Santos** (Toussaint), avec l'apparition des marchands de marrons et des panellets (où sont présentés bonbons aux pignons, amandes et massepain), et la visite au cimetière. Le jour de la **Saint-Martin** (11 novembre), on tue le cochon et on goûte le vin nouveau dans les zones rurales.

La période de **Noël** (Navitat) est particulièrement riche. Il existe une grande tradition de réalisation de crèches dans chaque foyer, avec des figurines sculptées qui représentent la naissance de Jésus. Ces petits personnages se vendent en même temps que la mousse et le liège à la foire de Sainte-Lucie (celle de Barcelone, devant la cathédrale, est très populaire). Les enfants donnent des représentations théâtrales dites Pastorets, reconstitutions de l'adoration des bergers. Plus modernes, les Pessebres vivents sont des crèches vivantes auxquelles participent les gens du lieu. Durant la Nochebuena (nuit de Noël), marquée par la Misa del Gallo (la messe de minuit est dite messe du coq, car c'est l'heure à laquelle le coq chante pour la première fois), le tió, une vieille souche placée dans les foyers pour garantir l'abondance, procure bonbons et cadeaux aux enfants. Le grand repas de Noël (escudella i carn d'olla, chapon ou dinde farcie, turrones et cava) fait partie des traditions ainsi que celui de la Saint-Étienne (26 décembre), au cours duquel on mange les célèbres canelones (cannelloni à base de bœuf émincé et de poulet). Comme dans le reste de l'Espagne, le jour des saints Innocents permet de faire beaucoup de farces et de commettre nombre de plaisanteries. La Noche Vieja – nuit de la Saint-Sylvestre – se fête de façon traditionnelle en mangeant, lorsque sonnent les douze coups de minuit, les douze grains de raisin destinés à donner du bonheur pendant les douze mois de l'année. Durant la nuit des Rois, au cours de cavalcades dans les rues des villes, les Mages installés en haut de somptueux carrosses jettent sur leur passage bonbons et confettis.

Le jour de **saint Antoine abbé** (17 janvier) correspond à la traditionnelle bénédiction des animaux à sabots, notamment des animaux de selle. La Cavalcade dels Tres Tombs, avec ses chevaux couverts de fleurs et de grelots, parcourt les rues de nombreux villages.

Les fêtes de **Carnaval** ont retrouvé aujourd'hui leur ancien éclat. Bals masqués, déguisements, mascarades, batailles de bonbons, enterrement de Sa Majesté Carnaval se succèdent tandis que l'on consomme une nourriture grasse et abondante. Les carnavals de Vilanova i la Geltrú, de Solsona, de Sitges, de Reus, de Barcelone, de Platja d'Aro entre autres sont particulièrement brillants.

Au cours de la **Semaine sainte** se perpétuent des traditions qui commencent le dimanche des Rameaux (*Domingo de Ramos*) par la bénédiction des palmes et des palmones – que les parrains offrent à leurs filleuls – de laurier et d'olivier. Issue du drame liturgique médiéval, la représentation de la Passion par les habitants des villes se maintient à Olesa, Esparreguera, Cervera et Ulldecona. Les processions rassemblant corporations et confréries religieuses, avec leurs encapuchados (participants dont la tête est couverte d'une cagoule), leurs *pasos* (chars sculpturaux figurant des scènes de la Passion), leurs soldats romains et leurs fanfares sont encore nombreuses dans beaucoup de villes comme Gérone, Tarragone, Vic, Esterri d'Àneu, Mataró, Badalona ou Banyoles. La ville de Verges intègre dans sa représentation de la Passion et dans sa procession une impressionnante *Dança de la Mort* d'origine médiévale.

C'est lors de la **Pascua Florida** (Pâques fleuries), dite aussi *Pascua de Resurrecció*, que se manifeste l'une des plus anciennes traditions. Accompagnés à travers les rues et les logis de curieux instruments traditionnels, des hommes interprètent en chœur les *caramelles*, chants annonçant la fête de la Résurrection, et reçoivent en échange nourriture et argent pour le repas traditionnel du lundi. C'est encore à Pâques que les offrent à leurs filleuls les **mones**, pâtisseries en forme de couronne dont la décoration faite à l'origine avec des œufs s'est peu à peu transformée en créations de chocolat plus ou moins sophistiquées représentant les visages populaires de l'actualité. Le lundi de Pâques ont lieu les « roméries », pèlerinages vers l'une des nombreuses chapelles isolées ou un sanctuaire marial.

La fête de saint Georges, Journée du livre.

TRADITIONS RURALES

Balsareny, dans la province de Barcelone, accueille la *Festa dels Traginers* ou Fête des muletiers. Elle débute par un petit-déjeuner populaire, suivi du défilé de chars et se termine par des courses de chevaux, de mules et d'ânes. Le 23 juin, veille de la Saint-Jean, ce sont les falles de Isil (province de Lérida) : les jeunes du village vont dans la montagne y enflamment des branches de pin coupées un mois avant, puis les redescendent jusqu'à la place en formant un chemin de feu. Après la combustion d'un des gros troncs, la population entière se rend au cimetière. La Fête de la laine de Ripoll (Gérone) organise des démonstrations de filature et de tonte, un festival folklorique et une noce campagnarde qui s'achève par un banquet sur la place du monastère.

Le 23 avril, la **fête de saint Georges** – saint légendaire, patron de la Catalogne – nous offre une beauté particulière et de superbes coloris : on célèbre alors le *Dia del Llibre i de la Rosa* (journée du livre et de la rose), dit aussi *Dia de Sant Jordi i Dia de Cervantes*, car Cervantes mourut ce jour-là. Les hommes offrent une rose aux femmes qui, en retour, leur offrent un livre. Barcelone s'emplit de parades de roses rouges, cadeau galant ou d'amitié, et de livres (on y trouve de nombreuses nouveautés éditoriales et les auteurs y signent leurs ouvrages). La fête de saint Georges s'est étendue à d'autres villes. À Montblanc, on organise à cette occasion une Semaine médiévale à laquelle participent les habitants avec leurs anciens outils; on y vend des produits médiévaux et on y représente des épisodes de la légende du saint.

Au printemps, ce sont les réminiscences de l'arbre de mai *(árbol de mayo)*, mais le jour le plus animé est celui de la **Fête-Dieu** (Corpus), avec la spectaculaire *Patum* de Berga *(voir plus haut)*, les tapis de fleurs de Sitges, les Enramades de Sallent et d'Arbúcies, sans oublier le populaire *Ou com balla* du cloître de la cathédrale de Barcelone.

Le solstice d'été se fête la **nuit de la Saint-Jean** (nuit du 23 au 24 juin) avec des fêtes populaires en plein air dont le feu est l'élément dominant : feux de joie, pétards, feux d'artifice. Dans le Pallars et le Val d'Arán, les hommes descendent de la montagne jusqu'à la place du village avec de gros troncs enflammés *(falles)*.

Les processions maritimes pour la *Virgen del Carmen* (Vierge du Carmel le 16 juillet), le chant des *habaneras* sur la Costa Brava, les Fêtes de la moisson et des vendanges, les Fêtes du bétail, les concours de chercheurs de champignons, entre autres, achèvent le cycle.

La **Diada** (11 septembre) est la fête nationale de la Catalogne. On y commémore la résistance héroïque et la chute de Barcelone face aux forces des Bourbons en 1714. On procède à un dépôt de fleurs sur le monument de **Rafael de Casanova**, ainsi qu'à des cérémonies politiques au *Fossar de les Moreres*.

Poissons et fruits de mer grillés.

Gastronomie

La Catalogne est une région privilégiée pour les fins gastronomes car sa cuisine peut être qualifiée à la fois de variée et d'excellente. Elle est parsemée de petits établissements traditionnels ou d'avant-garde qui font de la préparation de plats exquis, à base de produits de première qualité et arrosés des vins les plus adaptés, tout un art.

J. Balanya/MICHELIN

Charcuterie.

Sur la table

La cuisine catalane, typiquement méditerranéenne, a pour élément de base l'huile d'olive et utilise des matières premières de qualité. La diversité du territoire catalan offre une grande variété de produits qui vont des excellents poissons des côtes, des escargots, des champignons, des fruits, des légumes de ses plaines agricoles au gibier ou aux fromages des zones de montagne.

Pain avec tomates et charcuterie

Simple mais indissociable du peuple catalan, le *pa amb tomàquets* (tranche de pain de pays, couverte de tomate et assaisonnée d'huile d'olive et de sel) se consomme accompagné de jambon ou de toute autre charcuterie, voire d'une omelette.

Les **charcuteries** catalanes sont célèbres pour leur qualité et leur variété. On les trouve conservées dans le sel (jambon, lard, échine), destinées à être cuisinées (saucisses et certaines variétés de *botifarres*, boudins catalans typiques), à déguster sèches *(longaniza* – saucisson de la région de Vic –, *fuet* – saucisson sec –) ou encore cuites *(botifarres* blanches – sans sang –, ou noires). Cette charcuterie, mélangée à des légumes verts, entre dans la composition de la salade catalane.

Un plat consistant : la escudella i carn d'olla

Tout à fait approprié pour les journées froides, ce plat, l'un des plus typiques de la Catalogne, est un pot-au-feu mêlant des légumes en abondance, du porc, du veau et de la poule, dont le bouillon constitue la *escudella* proprement dite et que l'on sert après le *caldo de galets*, pâte épaisse en forme d'escargot souvent utilisée dans les potages.

Ch. Sarramon

La paella aux escargots

Laisser jeûner les escargots pendant trois jours afin qu'ils rendent toute leur bave. Les mettre dans une passoire et les laver abondamment à l'eau courante en les remuant fortement à la main pour éliminer toute trace de bave. Les saupoudrer de sel fin et les mettre dans un récipient contenant de l'eau froide pendant deux ou trois heures, puis les laver à nouveau sous le robinet. Les mettre dans une grande casserole d'eau tiède (plongés net dans l'eau bouillante, ils se recroquevillent au fond de leur coquille et sont difficiles à en extraire). Ajouter une bonne quantité de fenouil, un peu de thym et une cuiller de sel. Porter lentement à ébullition et laisser frémir durant une heure et demie afin d'attendrir les chairs. Égoutter soigneusement et servir soit en hors-d'œuvre avec une sauce telle que l'aïoli, ou ajouter dans une paella. Recette pour 4 à 6 personnes : *1 tasse à café d'huile d'olive, 1/2 petit poulet, 250 g de porc maigre, 250 g de lotte ou de tout autre poisson blanc, 250 g de calmar ou de jeune poulpe nettoyé et taillé en morceaux, 1/2 oignon, une gousse d'ail, un poivron rouge, 2 tomates, 150 g de petits pois, 150 g de pois chiches, une cuiller à soupe de persil haché, une pincée de noix de muscade râpée, une pincée de thym, une feuille de laurier, safran, sel et poivre, 450 g de riz, 18 escargots, 12 crevettes (bouquets) cuites et 12 moules ou palourdes.*
Verser l'huile dans une *paellera* ou une grande poêle et frire poulet, porc et poisson découpés en gros dés. Lorsqu'ils sont bien colorés sur toutes les faces, ajouter l'oignon et l'ail très finement hachés et le poivron coupé en lamelles. Cuire doucement quelques minutes puis ajouter les tomates, pelées et en morceaux, les pois ainsi que toutes les herbes et la noix de muscade râpée. Verser environ 1/2 l d'eau, ajouter le sel et le poivre, et laisser frémir jusqu'à évaporation du liquide. Ajouter ensuite tout en mélangeant, le riz, le safran et les escargots. Verser doucement 1 l d'eau, porter à ébullition et laisser frémir durant quinze à vingt minutes sans remuer, afin que le riz cuise et absorbe la majeure partie du liquide. Disposer bouquets et moules sur le mélange, et soit couvrir le récipient et le laisser au feu à faible flamme, soit le mettre au four pendant cinq minutes, jusqu'à ce que les bouquets soient bien chauds et que les moules soient ouvertes. Servir dans le plat de cuisson.

Légumes, escargots et champignons

Frits, l'oignon *(cebolla)*, l'ail *(ajo)* et la tomate sont les composants de base d'un grand nombre de plats catalans. Le poivron ou piment doux *(pimiento)* et l'aubergine *(berenjena)* au four donnent la *escalivada* et, frits avec la courgette *(calabacín)*, la *samfaina*. N'oublions pas les fèves *(habas)* à la catalane et le *xató*, salade d'anchois et de thon, typique de la Costa de Garraf. Les escargots *(caracoles)* et les champignons *(setas)* sont très appréciés et on les consomme seuls, en accompagnement ou en sauce : *caracoles dulces* ou *picantes, caracoles a la llauna* (escargots à la casserole), *conejo con caracoles* (lapin aux escargots), *sopa de fredolics* (potage aux petits-gris).

Poissons et fruits de mer

On les prépare aussi bien grillés ou frits qu'au court-bouillon servis avec une sauce relevée *(zarzuelas)* ou en bouillabaisse à la tomate *(suquets)*. Préparés au sel, au four ou à la marinière, la dorade, le bar, le mérou sont délicieux. Le *romesco* est une savoureuse sauce au vin avec de l'huile d'olive, des amandes pilées et des épices qui accompagne les poissons. L'anguille ne se trouve que dans le delta de l'Èbre. Les langoustines de Sant Carles de la Rapità et les anchois de l'Escala et de Cadaqués sont réputés ainsi que les espardenyes de la Costa Brava. Le riz cuisiné avec le poisson occupe une grande place : *arroz a la cazuela, rossejat, arroz negro*, etc. La **morue** *(bacalao)* se consomme de différentes manières : la esqueixada (salade à base de morue crue dessalée et émiettée), brandade, *bacalao a la llauna*, etc.

Viandes, volailles, gibiers

Les viandes de mouton, de bœuf et de veau préparées à la braise se servent avec l'aïoli, mais peuvent aussi être cuites à l'étouffée ou en fricandeau. Le lapin *(conejo)*, souvent cuit à la braise et accompagné d'aïoli, peut être cuisiné de manière plus surprenante : *con chocolate* (au chocolat) ou *con langosta* (à la langouste). La recette du *pollo con langosta* ou *con cigalas* (poulet à la langouste, ou aux langous-

R. Manent/MICHELIN

J. Balanya/MICHELIN

tines) est également typique. Le canard (*pato*) donne de bons foies gras frais *(frescos)* dans la zone pyrénéenne et sur la Costa Brava, tandis que les magrets sont caracté-ristiques comme les recettes de *pato con peras* (canard aux poires), *con ciruelas* (canard aux prunes) ou *con nabos* (canard aux navets). On trouve aussi de délicieux civets ou étouffades de sanglier *(jabalí)* et de lièvre *(liebre)*.

Deux spécialités méridionales

Les **calçots**, typiques de Valls, sont une variété d'oignons doux, cuits à la braise et servis en « tuiles », qui se trempent dans la *salvitxada* (variété de *romesco*). La *calçotada*, repas où les *calçots* constituent le plat d'honneur, est accompagnée d'un second plat de *chuletas* (côtelettes) d'agneau et de *botifarres* à la braise.

La **coca de recapte** est une tranche de pain très fine, cuite au four avec des oignons, des poivrons et d'autres légumes verts, garnie d'une saucisse ou de sardines.

Desserts et douceurs

Le roi des desserts est la **crème catalane** *(crema catalana)*, crème renversée nappée d'un léger voile de sucre caramélisé, sans oublier le *mel i mató*, fromage blanc au miel, les *postres de music* (avec des amandes, des noisettes et des raisins secs) et les *melocotones con vino* (pêches au vin). En pâtisserie, on trouve aussi une grande variété de *cocas dulces* (à l'huile et au sucre notamment), le *pa de pessic* (biscuit), les *panellets*, les *carquinyolis* et les *pastissets*.

Vins

Depuis l'Antiquité, la Catalogne est une zone marquée par une importante tradition viticole, grâce à la fertilité des terres et aux conditions climatiques favorables. Ses vins sont protégés sous neuf appellations d'origine contrôlée (D.O. : *denominación de origen*). Son vignoble de plus de 70 000 ha produit chaque année environ 3 000 000 hl de vin. Les vins blancs, les rosés, les vins rouges et bien sûr les cavas offrent une gamme étendue qui vous assure du bon choix quand vous voudrez accompagner la savoureuse gastronomie catalane.

D.O. Empordà – Costa Brava – Les plus connus sont les vins rosés de grande personnalité à l'arôme délicat; ils sont frais et faiblement alcoolisés. Il existe aussi d'excellents vins rouges fruités et légers à consommer jeunes, ainsi que de généreux vins doux.

D.O. Alella – Produit essentiellement des vins blancs, secs ou doux, fruités et aromatisés. Bons vins rouges.

D.O. Penedès – C'est la région vinicole la plus importante de Catalogne avec une production supérieure à 1 500 000 hl de vin, qui comprend des vins blancs et rosés, frais et fruités faiblement alcoolisés, des vins rouges légers, doux et veloutés, et de généreux vins doux et secs.

D.O. Conca de Barberà – Produit des vins blancs faiblement alcoolisés et à la bonne acidité, des rosés légers et des vins rouges nouveaux.

Caves Codorniu, à Sant Sadurní d'Anoia.

D.O. Tarragona – On y élabore des vins blancs doux et légers, des vins rouges robustes, des rosés fins et élégants et des vins liquoreux.

D.O. Priorat – On remarquera en particulier les vins rouges de couleur grenat, robustes et aromatisés, et les généreux vins blancs secs ou doux.

D.O. Terra Alta – Produit des vins blancs, forts et aromatisés, des vins rouges avec du corps et des vins vieux de plus de 15°.

D.O. Costers del Segre – Vins blancs et rosés jeunes, légers et fruités, et vins rouges avec du corps, équilibrés et aromatisés.

D.O. Pla de Bages – Produit des vins blancs faibles en alcool, des rosés légers et des vins rouges à consommer jeunes.

La terre du cava

Le **cava** est un vin mousseux de qualité, élaboré selon la méthode champenoise traditionnelle.

Sa production remonte au 19e s., alors que plusieurs familles de Sant Sadurni d'Anoia s'intéressèrent à la nouvelle technique d'élaboration champenoise et à l'emploi de variétés locales de raisin blanc. En 1872, Josep Raventós, de la maison Codorniu, prépara les 3 000 premières bouteilles de *cava*.

Aujourd'hui, le *cava* est élaboré dans 160 communes à l'intérieur de sept communautés autonomes. Environ 95 % de la production espagnole de *cava*, soit 200 millions de bouteilles par an, sont d'origine catalane et proviennent plus précisément de la zone du Penedès, 40 km au Sud de Barcelone.

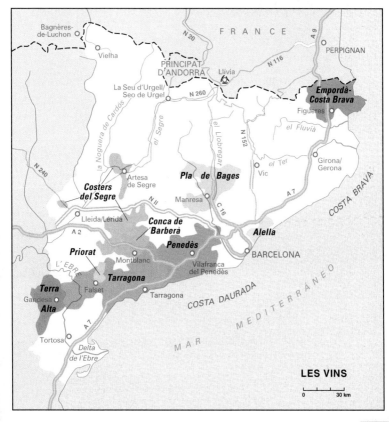

LES VINS

0   30 km

Monastère de Sant Benet de Bages.

Villes et sites

Parc national d'Aigüestortes i Estany de Sant Maurici ★★

La beauté du paysage est impressionnante. Les pics se découpent sur un horizon blanc et dégagé. Ce parc de haute montagne doit son nom aux nombreux torrents, marécages et chutes d'eau qui s'y trouvent, « aigües tortes » signifiant « eaux tortueuses » en catalan. On l'aura compris, l'eau est le personnage central du parc : plus de 50 lacs, ou « estanys », d'origine glaciaire, avec les rivières qui divaguent dans les prés moussus, constituent l'un des plus beaux sites des Pyrénées.

La situation

Carte Michelin n° 574 E 32-33 ou Atlas p. 17 – Schéma : PYRÉNÉES CATALANES – Pallars Sobirà et Alta Ribagorça (Lérida). Aigüestortes, dans la haute zone pyrénéenne de la province de Lérida, est le seul parc national de Catalogne. La partie orientale, qui comprend l'étang de Sant Maurici, la sierra d'Els Encantats et les hautes vallées de l'Escrita et du Peguera, est accessible depuis la vallée d'Espot. On accède à la partie occidentale – zone d'Aigüestortes et haut bassin du río de Sant Nicolau, en aval du lac de Llebreta – par la vallée de Boí.

🔲 *www.parcsdecatalunya.net/aiguestortes.htm*

À voir dans les environs : les PYRÉNÉES CATALANES.

comprendre

Les 14 119 ha du parc s'échelonnent entre 1 500 et 3 000 m d'altitude sur la cordillère axiale pyrénéenne. L'impressionnant relief d'ardoise et de granit s'est formé à l'ère primaire (il y a quelque deux cents millions d'années), émergeant du fond de la mer qui couvrait ces terres. Les convulsions telluriques combinées à l'action des glaciers ont modelé ces montagnes, dessinant des profils escarpés et des vallées profondes. La végétation – de vastes étendues de pins rouge et noir, sapins, hêtres, bouleaux – se pare, au début de l'été, mais surtout en automne, d'une magnifique symphonie de

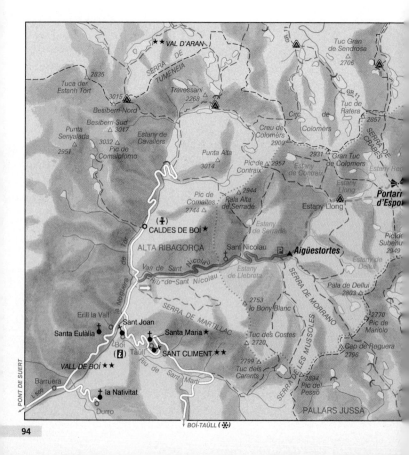

couleurs. Pendant que les vaches foulent les prairies, dans les hautes montagnes, les chamois peuplent les tertres les moins accessibles et les coqs de bruyère, les perdrix se tapissent au fond des bois.

excursions

Le choix d'excursions parfaitement balisées est vaste aussi bien au départ d'Espot qu'au départ de Boi.

À partir d'Espot

Estany de Sant Maurici
À l'Ouest d'Espot par une route goudronnée. Le circuit parcourt la vallée du río Escrita. Entourées de forêts, les eaux de ce miroir impressionnant – 450 m de long, 150 m de large – reflètent les pics de la sierra dels Encantats.

Portarró d'Espot
🚶 *Depuis le lac de Sant Maurici, 3h de marche AR par un sentier forestier.* Le chemin s'enfonce dans la vallée de Sant Nicolau où abondent les vastes prés naturels. À la hauteur du lac Redó, à la limite du pays de Pallars Sobirà, on découvre de magnifiques **panoramas★★** du secteur d'Aigüestortes.

Estany Gran
🚶 *Depuis le lac de Sant Maurici, 3h de marche AR par un sentier.* À côté de ce lac, situé dans la vallée de Ratera, les torrents forment de spectaculaires cascades. Les sommets enneigés du Bassiero (2 903 m) et du Tuc de Saboredo (2 824 m) dominent cette exceptionnelle zone de haute montagne.

Estany Negre
🚶 *Depuis Espot, compter 5h AR de marche. Par le chemin forestier qui part du lac de Sant Maurici, compter 4h AR de marche.* La vallée du Peguera et le cirque retenant les lacs de Trescuro *(très belles vues)*, de La Cabana et de Tort constituent un autre

PARQUE NACIONAL DE AIGÜESTORTES Y LAGO DE SANT MAURICI

0   4 km

····· Limites du Parc

--- Limites de Comarcas

▬▬ Itinéraire décrit

— — Autre sentier

▲ Refuge

🛈 Centre d'information du Parc

🅿 Parking

•━•━•━• Téléphérique

✳ Station de ski

♨ Station thermale

L 503, ESPUI, LA POBLA DE SEGUR

site d'une singulière beauté. La rivière se fond dans l'Estany Negre (étang Noir), qui doit son nom à ses eaux ténébreuses et qu'entourent les imposants sommets du Muntanyó et du pic d'Ereixe.

À partir de Boí

Aigüestortes

Sur la route entre Caldes de Boí et Barruera, emprunter la piste (5 km). Marécages, ruisseaux et torrents forment en été un véritable labyrinthe au beau milieu des prairies. Aigüestortes est entouré d'imposants sommets, tels le Pala Alta de Serrader et le Gran Tuc de Colomers. Le chemin longe le cours du río Sant Nicolau. Un sentier conduit à l'Estany Llong où se trouve un refuge gardé.

Balaguer

La silhouette gothique de l'église Ste-Marie préside cette ville historique, chef-lieu de la comarca de Noguera mais aussi ancienne capitale de l'ancien comté d'Urgel *(voir La Seu d'Urgell)*. De son riche passé, cette dynamique et entreprenante ville conserve quelques sections de sa muraille arabe et son dédale de rues médiévales (carrer del Pont – dont les arcades font face au Segre – carrer Major et carrer del Castillo).

La situation

13 086 habitants. Carte Michelin n° 574 G 32 ou Atlas p. 31 – Noguera (Lérida). Sise sur les deux rives du Segre, Balaguer se trouve dans une très riche zone agricole, à 2 km de la C 13 reliant Lérida et La Seu d'Urgell.
🛈 *Pl. Mercadal, 1, 25600 Balaguer,* ☎ *973 44 66 06. www.balaguer.net*
À voir dans les environs : Lérida (LLEIDA, 27 km au SO), TÀRREGA (33,5 km au SE) et TREMP (58 km au N).

GASPAR DE PORTOLÀ

Militaire et explorateur, Gaspar de Portolà (1717-1786) naquit à Balaguer dont il est l'enfant le plus illustre avec l'écrivain Teresa Pamiès. Il dirigea la première expédition qui atteignit la baie de San Francisco par voie terrestre. Premier gouverneur de la Californie, il se rendit célèbre par son esprit de tolérance en matière religieuse. À l'occasion de son bicentenaire, l'état de Californie a tenu à offrir à Balaguer un monument où Portolà est immortalisé dans une attitude de défi.

visiter

Santa Maria★

Tlj sf w.-end toute l'année sur demande ; de mi-juin à mi-sept. : w.-end et j. fériés 10h-13h, 17h-19h (le reste de l'année 11h-14h). ☎ *973 44 52 00 (Office de tourisme).*
Sur une butte surplombant la rivière et la ville s'érige cette ancienne collégiale (14e s.) à vaisseau unique, dont les chapelles s'encastrent entre les contreforts, selon le modèle caractéristique de l'architecture gothique catalane.
Sa construction débuta en 1351 à l'initiative de **Pierre IV le Cérémonieux**, né à Balaguer, mais ne s'acheva qu'au 16e s. À l'intérieur est conservé un beau retable gothique (14e s.) en pierre polychrome.
À remarquer aussi le solide clocher de base polygonale qui flanque la façade.

carnet pratique

RESTAURATION

🍽️🍽️ **Cal Morell** – *Passeig Estació, 18 -* ☎ *973 44 80 09 - calmorell@s.v.t.es - fermé de mi-oct. à fin oct., lun. (sf j. fériés et veilles de fêtes) -* 🏠 *- 30,09/37,07€.*
À un jet de pierre de la gare ferroviaire, ce restaurant familial prestigieux possède un petit bar à l'entrée et une salle à manger d'allure régionale où est servie une cuisine soignée à base de produits du terroir.

HÉBERGEMENT

🍽️ **Hotel Balaguer** – *La Banqueta, 7 -* ☎ *973 44 57 50 - 30 ch. : 37/53€ -* 🛏️ *6€ - rest. 9€.* Petit hôtel convivial. Simplicité des chambres peu à peu rénovées. Celles du premier étage sont particulièrement confortables (air conditionné, salles de bains modernes).

FÊTES

Au mois de juin se célèbre la **Festa del Transsegre** (Fête à travers le Segre), curieuse compétition sportive qui consiste à descendre la rivière sur des embarcations bricolées par chacun.

Plaça del Mercadal

En plein cœur du vieux quartier, c'est l'une des plus grandes places à arcades de toute la Catalogne. Une fois par semaine s'y tient un important marché où l'on peut apprécier la richesse agricole du pays : les beaux fruits et légumes utilisés dans la confection d'exquises recettes.

Couvent Sant Domènec

9h-21h (sonner à la porte du cloître). ☎ 973 44 50 50.
Situé sur la rive droite du Segre, dans la ville nouvelle, cet ancien couvent dominicain est désormais un établissement franciscain. Construit en 1323 selon les dernières volontés du comte d'Urgel, Armengol X, l'édifice recèle un **cloître**★ gothique (fin du 14e s.), parmi les plus sveltes de la Catalogne ; ce dernier se distingue par la finesse des galeries et les détails décoratifs des arcs.

Monastère Santa Maria de les Franqueses

Au Sud de la ville, il ne subsiste de cet ancien monastère cistercien pour femmes que l'église romane (12e et 13e s.), d'une grande sévérité architecturale.

circuit

Au Nord

83 km. Prendre la C 12 en direction de Les Avellanes. Cet itinéraire vous proposera la visite de quelques exemples intéressants d'architecture romane.

Monastère Santa Maria de Bellpuig, à Les Avellanes

Sur le territoire communal de Os de Balaguer. De cette ancienne abbaye (11e et 13e s.), convertie actuellement en séminaire mariste, il ne reste que le cloître roman à double colonnade et aux sobres chapiteaux.
Poursuivre par la C 12.

Àger

Ce pittoresque village se trouve dans une vallée au pied du Montsec. Sur une colline s'élève l'ancienne **collégiale Sant Pere**★, bel exemple roman (fin du 9e s.) à trois vaisseaux, dont l'abside est ornée de colonnes, et cloître gothique (14e et 15e s.).
La route L 904 se rapproche du Nord du Pantà de Camarasa où l'on pratique divers sports nautiques. En rejoignant la C 13, se diriger vers le Sud jusqu'à Sant Oïsme.

La Baronia de Sant Oïsme

La route monte en lacet par l'impressionnant **défilé d'Els Terradets**★, offrant des **vues**★★ magnifiques. Le village, au bord du marécage de Camarasa et pratiquement désert, possède une petite église romane (11e s.) à vaisseau unique et trois absides. Perchée sur un rocher, la tour circulaire de l'ancien château est conservée.

La Baronia de Sant Oïsme.

J. Malburet/MICHELIN

Barcelona★★★

Barcelone

Située en front de mer entre les montagnes de Montjuïc et du Tibidabo, Barcelone, capitale économique et politique de la Catalogne, est sans nul doute l'une des villes les plus attrayantes et les plus cosmopolites de l'État espagnol. Les modernes et élégantes avenues de l'Eixample et de la Vila Olímpica rivalisent de beauté avec les charmantes ruelles des quartiers plus anciens. Rares sont les villes pouvant offrir une symbiose aussi parfaite entre tradition et modernité, art et histoire, ou culture et vie.

Tous les sens sont en émoi à la visite de Barcelone. En arpentant la ville, vous vibrerez à la vue de surprenants édifices modernistes, de magnifiques musées et fondations d'art contemporain, de majestueuses églises gothiques, d'endroits très design, de ravissantes perspectives ou de recoins captivants...

La situation

1 681 132 habitants. Carte Michelin n° 574 H 36 – Plan de la ville et des environs : carte Michelin n° 574 – Plan Michelin Barcelone 1/12 000 n° 41 – Barcelonès – Barcelone. Située entre les fleuves Besòs et Llobregat, et protégée à l'arrière par la sierra de Collserola, cette ravissante ville maritime est toujours à l'échelle humaine et jouit d'un climat doux aux hivers agréables et aux étés chauds. Barcelone compte l'un des ports les plus actifs de la Méditerranée et est en outre une importante plate-forme de communications.

🄱 *Passeig de Gràcia, 107 Palau Robert, 08008 Barcelona,* ☎ *93 238 40 00. Plaça Catalunya, 17, 08002 Barcelona,* ☎ *906 30 12 82. teltur@barcelonaturisme.com, www.barcelonaturisme.com. Estació Sants, 08015 Barcelona,* ☎ *93 491 44 31.*

À voir dans les environs : La COSTA DEL MARESME (au NE), SITGES (45 km au SO), VILANOVA I LA GELTRÚ (50 km au SO), le massif de MONTSERRAT (50 km au NO) et MANRESA (59 km au NO).

comprendre

Hier et aujourd'hui

Origines

Bien que l'origine mythologique de la ville soit attribuée à Hercule, Barcelone fut une colonie romaine fondée sous l'empereur Auguste (1ᵉʳ s. avant J.-C.) sous le nom de **Barcino**, forme latine du nom ibère Barkeno. C'était alors un modeste village situé sur une petite butte, connue plus tard sous le nom de « Mons Taber » et aujourd'hui située au centre de la ville. Avant l'installation des Romains, la région était occupée par des Ibères, qui habitaient des bourgs parsemant la plaine située entre le Besòs et le Llobregat. Sinon que ces bourgs ont été fondés plusieurs siècles avant notre ère, on ne sait à peu près rien à leur sujet.

Attirés par la proximité de la mer et par la douceur du climat, nombre d'anciens soldats romains se retirèrent dans la colonie et firent la prospérité de la bourgade. Les remparts édifiés au 4ᵉ s. sont le principal vestige romain.

L'époque des comtes

Après une brève domination musulmane, la ville, libérée par l'empereur Louis le Pieux, fit partie de l'Empire carolingien, se situant en limite de la Marche d'Espagne, zone frontière censée éviter une possible progression des musulmans vers le Nord *(voir Invitation au voyage : L'histoire)*. La domination carolingienne se prolongea jusqu'au milieu du 10ᵉ s., moment où naquit la Catalogne historique avec l'implantation définitive de la dynastie comtale à Barcelone sous le règne de Borrel II, descendant du mythique Wilfred le Poilu, premier souverain indépendant.

Après s'être imposée aux autres comtés, une période de grande splendeur commença pour la ville : les comtes bâtirent la cathédrale, le palais épiscopal, la Pia Almoina *(voir p. 121)*, toujours dans un style roman très simple mais auquel les influences mozarabes et françaises combinées donnent un aspect très personnel.

Avec **Raymond Bérenger IV**, la maison comtale de Barcelone devint maison royale, apportant

Park Güell

à la couronne la prépondérance économique et politique. Avec le 13ᵉ s. débuta une période de grande prospérité, Barcelone développant alors un important réseau commercial. Les navires transportant ses produits dominaient le trafic maritime du bassin occidental méditerranéen. Ses marchands faisaient aussi du commerce avec des contrées lointaines et les bénéfices spectaculaires qu'ils dégageaient en firent très vite les habitants les plus prospères de la ville *(voir Carrer de Montcada, p. 134)*.

La puissance de la ville, devenue dans le même temps le centre politique de la couronne d'Aragon, se refléta rapidement dans son splendide développement architectural. On commença à construire, sur les monuments romains, des édifices gothiques austères échappant pratiquement à toute influence mudéjar. Pendant ces siècles, la ville forgea sa personnalité, se dotant d'organes d'autogouvernement (Consell de Cent, Generalitat). C'est dans le Barri Gotic que se concentrèrent tous les organes dirigeants, civils, royaux et religieux, faisant de ce quartier le symbole de la prospérité de la ville.

Avec le règne des Rois Catholiques, la Cour quitta Barcelone et la ville entra dans une période de décadence qu'accentua la découverte du Nouveau Monde, la plupart des activités commerciales étant transférées de la Méditerranée à la façade atlantique.

La guerre de Succession

Le 11 septembre 1714, après une résistance désespérée, Barcelone dut se rendre aux troupes du nouveau roi Bourbon d'Espagne, Philippe V. La prise de la ville mit fin à la guerre de Succession au cours de laquelle la Catalogne avait pris le parti de l'archiduc Charles d'Autriche contre celui de Philippe d'Anjou, candidat français au trône espagnol. L'assaut de Barcelone marqua la déroute politique la plus importante de l'histoire de la ville et sa reddition eut pour conséquence non seulement l'abolition de ses instances dirigeantes, comme la Generalitat et le Consell de Cent, mais aussi la perte de son autonomie politique. D'autres réformes politiques suivirent, comme la suppression du système légal et constitutionnel et l'interdiction d'employer la langue catalane dans les écoles et les tribunaux. C'est à cette époque qu'est créé le quartier de la Barceloneta et, pour parer à d'éventuelles rébellions, que Montjuïc est fortifié en la citadelle élevée. On interdit aux Barcelonais de construire dans un rayon de 2 km en dehors des murs, ce qui correspondait à la portée des canons. Cependant, ce siècle fut une période de croissance démographique et économique sans précédent et, vers la fin du 18ᵉ s., le nombre d'habitants de Barcelone avait triplé. Surgit alors une dynamique industrielle fondée sur la production et l'exportation d'articles en coton. Pendant cette époque, Barcelone consolida sa position de premier centre industriel de la péninsule Ibérique.

De la Barcelone industrielle à la ville actuelle

Barcelone fut profondément modifiée par la révolution industrielle des 18ᵉ et 19ᵉ s. C'est alors que quelques-uns des secteurs emblématiques de la ville (les Ramblas ou la Barceloneta) ont acquis leur aspect actuel. Une période de forte croissance économique et démographique rendit nécessaire la démolition des remparts (1854) et permit d'initier, avec le Plan Cerdà *(voir L'Eixample et l'architecture moderniste, p. 113)*, un processus d'urbanisation qui transforma la ville en un important centre métropolitain. Barcelone augmenta alors sa superficie en englobant les anciennes municipalités périphériques (actuels quartiers de Gràcia, Sants, Horta, Sarrià, Les Corts, Sant Andreu de Palomar, Sant Martí de Provençals).

L'Exposition universelle de 1888 permit la consolidation du modernisme, mouvement artistique impulsé par la bourgeoisie barcelonaise et largement soutenu par la ville. Avec le changement de siècle et les tentatives de l'anarchisme pour imposer son hégémonie (création de la CNT en 1911), Barcelone connut d'impitoyables luttes politiques. Après l'Exposition universelle de 1929, la ville prit un nouveau visage, tronqué par l'explosion de la guerre civile (1936-1939). Barcelone fut l'une des villes où la répression de l'après-guerre fut extrêmement marquée. Néanmoins, le rattrapage économique des années 1950 lui fut favorable et le contexte politique et culturel structuré lui permit d'affronter la transition démocratique. En recouvrant ses institutions et son autonomie, Barcelone a également retrouvé sa condition de capitale administrative et culturelle. La célébration des Jeux olympiques de 1992 a favorisé un important développement de grands projets d'urbanisme (remodelage de la façade maritime, refonte de la vieille ville et de Montjuïc, construction de boulevards périphériques, etc.) et d'initiatives culturelles (Centre de culture contemporaine, réhabilitation du musée d'Art de Catalogne, musée d'Art contemporain de Barcelone, installations universitaires et bien d'autres encore).

Le modernisme : imagination et révolution technique

Le modernisme, qui se développa entre 1890 et 1920, est la version catalane personnalisée de mouvements similaires : l'Art nouveau en France, le Modern Style en Angleterre, le Jugendstil en Allemagne. L'architecture moderniste, fruit d'une recherche liée aux possibilités des nouveaux matériaux industriels et aux techniques modernes de construction, se distingue par l'adoption de lignes sinueuses, de différents éléments décoratifs comme les vitraux et l'usage combiné du métal et de la céramique.

Les principaux édifices modernistes se trouvent dans l'Eixample (voir l'Eixample et l'architecture moderniste dans « découvrir »).

Les grands architectes

Antoni Gaudí i Cornet (1852-1926) – Né à Reus au sein d'une humble famille de chaudronniers, il fit ses études d'architecture à Barcelone tout en travaillant dans différents cabinets d'architectes et d'entrepreneurs.

Sa production personnelle, réalisée pour l'essentiel à Barcelone, peut se diviser en quatre étapes. La première étape, qui va de 1878, année de l'obtention de son diplôme, jusqu'à 1882, est marquée par la communion de l'architecte avec l'idéologie coopérativiste : toutes ses œuvres ont alors un caractère urbain et social et il construit notamment l'usine de la coopérative « La Obrera Mataronense ».

L'étape suivante va de 1883, où il commence à travailler sur le projet de la Sagrada Familia, à 1900. Cette période est caractérisée par une volonté marquée de dépasser l'historicisme en faveur d'une plastique et de structures architecturales propres, deux aspects clés pour comprendre le style Gaudí. Ce sont des années d'intense activité, où il fait la connaissance d'Eusebi Güell et construit notamment le palais Güell (1886-1891), les pavillons Güell (1884-1887), la maison Vicens (1883-1885) et la Casa de los Botines, à León (1891-1894). Cette période le voit faire un usage emphatique, très libre et personnel, de l'art musulman et des styles gothique et baroque. C'est aussi la période où Gaudí invente un nombre considérable de systèmes et de mécanismes, montrant par là ses idées révolutionnaires en matière d'architecture, surtout en ce qui concerne la finition d'intérieurs.

De 1900 à 1917 a lieu l'étape la plus novatrice, celle où il développe un style propre et original : le parc Güell (1900-1914), la maison Milà – dite La Pedrera – (1906-1910) et la rénovation de la maison Batllò (1904-1906).

De 1918 à sa mort tragique – il périt écrasé sous un tramway –, il est obsédé par la Sagrada Familia, cherchant à harmoniser les aspects symboliques de l'église et sa future fonctionnalité.

Homme intensément religieux, son attitude face à l'architecture témoigne d'une volonté de perfection absolue et apparaît comme la justification transcendantale de son travail et de son œuvre, le tout mêlé à un sentiment nationaliste très fort. Figure de proue du complexe mouvement moderniste, il a été, sans aucun doute, le meilleur architecte catalan et l'un des artistes les plus remarquables du 19e s. Son style mêle la dextérité manuelle et une recherche architecturale s'inspirant toujours des formes de la nature.

Lluís Domènech i Montaner (1850-1923) – Cet architecte, historien et politicien barcelonais étudia à Barcelone et à Madrid, où il obtint son diplôme en 1873. C'est en 1888, à l'occasion de l'Exposition universelle, qu'il réalisa ses premières œuvres originales : l'Hôtel International et le restaurant du parc de la Ciutadella. Ses œuvres les plus importantes, au style très personnel, utilisant la brique et le fer forgé et décorées de céramique vernie polychrome et d'abondants thèmes floraux, sont le palais de la Musique catalane (1905-1908) *(voir le quartier de La Ribera dans « visiter »)*, la maison Lleò i Morera (1905) et l'hôpital Sant Pau (1902-1912).

Ses recherches eurent surtout pour but de déterminer les caractéristiques d'un art national catalan. L'ensemble de son œuvre architecturale et sa personnalité en ont fait l'une des figures principales du modernisme.

Il adhéra successivement à différents partis politiques, fonda aussi le journal El Poble Català, et sut faire la part tant à l'engagement politique qu'à l'écriture, en publiant des ouvrages sur l'architecture et l'histoire de la Catalogne.

Les plus beaux quartiers et monuments de Barcelone

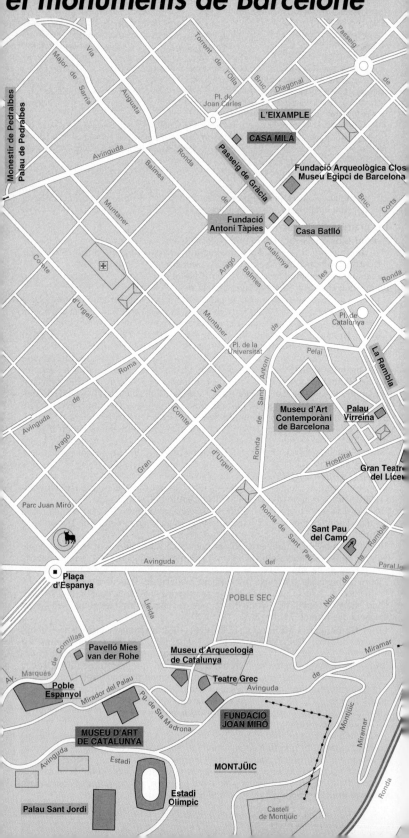

Park Güell

L'EIXAMPLE

CASA MILÀ

Monestir de Pedralbes
Palau de Pedralbes

Major de Sarrià

Via

Augusta

Avinguda

Balmes

Muntaner

Comte

d'Urgell

Torrent de l'Olla

Bruc

Diagonal

Passeig

Pl. de Joan Carles

Passeig de Gràcia

Ronda

Fundació Arqueològica Clos
Museu Egipci de Barcelona

Fundació
Antoni Tàpies

Casa Batlló

Aragó

Balmes

Catalunya

les

Corts

Bruc

Ronda

Muntaner

de

Pl. de
Catalunya

Roma

de

Via

Comte

d'Urgell

Gran

Sant Antoni

de

Ronda

Pl. de la
Universitat

Pelai

La Rambla

Museu d'Art
Contemporàni
de Barcelona

Palau
Virreina

Avinguda

Aragó

Parc Juan Miró

Ronda de Sant Pau

Hospital

Gran Teatre
del Liceu

Sant Pau
del Camp

de la Rambla

Paral.le

Plaça
d'Espanya

Avinguda

del

POBLE SEC

Nou

de

Miramar

Av. Marqués

de Comillas

Lleida

Pavelló Mies
van der Rohe

Museu d'Arqueologia
de Catalunya

Teatre Grec

Avinguda

de

Montjuïc

Poble
Espanyol

Mirador del Palau

Pg. de Sta Madrona

FUNDACIÓ
JOAN MIRÓ

Miramar

Ronda

MUSEU D'ART
DE CATALUNYA

Avinguda

Estadi

MONTJÜIC

Palau Sant Jordi

Estadi
Olimpic

Castell
de Montjüic

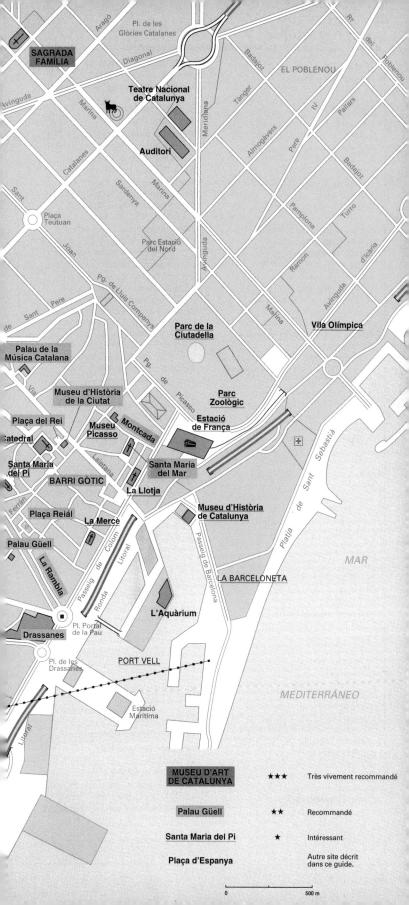

carnet pratique

TRANSPORTS

Les aménagements urbains entrepris lors des Jeux olympiques de 1992 ont fait de Barcelone une ville aux communications aisées. Le quadrillage de l'Eixample s'est vu complété par la construction des « Rondas », boulevard périphérique de 40 km qui décongestionne le centre-ville.

Aéroport – Il se trouve à 18 km au Sud du centre-ville. On y accède par les :

– **trains de banlieue**, qui assurent la liaison entre l'aéroport et la plaça de Catalunya *(départ toutes les 15mn, de 6h à 22h environ)* ;

– **navettes** qui relient, toutes les 15mn environ, la plaça de Catalunya et la plaça d'Espanya à l'aéroport. Durée du trajet : 30mn environ (3,16€) ;

– en **taxi** : le trajet jusqu'au centre-ville revient environ à 24€.

Taxis – Rapides mais onéreux, ils sont facilement reconnaissables à leurs couleurs jaune et noir. Ils attendent aux stations réparties un peu partout, mais pratiquent aussi la maraude.

Transports publics – Grâce à leurs horaires et à leur prix, ils sont un moyen privilégié pour parcourir la ville.

Le métro, les Chemins de fer de la Generalitat de Catalunya, le « Tramvia Blau » (tramway dans la partie haute de la Diagonal), et les lignes d'autobus métropolitains permettent de rallier n'importe quel point de Barcelone. Accueil des personnes handicapées dans nombre de stations : informations ☎ 93 412 44 44.

Métro – *Les stations de métro sont repérées sur les plans de ce guide. Renseignements* ☎ *93 318 70 74 ; www.tmb.net.* Le réseau compte cinq lignes : L1 (Feixa Llarga/ Fondo), L2 (Paral.lel/ Pep Ventura), L3 (Zona Universitària/ Canyelles), L4 (Trinitat Nova/ La Pau), L5 (Cornellà/ Horta). Horaires des rames : lun.-jeu. 5h-23h ; ven.-sam. et veilles de j. fériés 5h-2h ; dim. 6h-0h ; j. fériés en semaine 6h-2h. Fréquence de 5 à 9mn selon les lignes.

Tickets et cartes de métro – Ils sont également valables pour les trains de la Generalitat de Catalunya, les autobus et le « Tramvia Blau » (tramway dans la partie haute de la Diagonal). Les tickets sont vendus à l'unité, mais pour un séjour de plusieurs jours il existe des **cartes** : T-1 *(valable pour dix voyages)*, la T-DIA *(nombre illimité de déplacements en une journée)*, la carte valable pendant trois à cinq jours, la T50-30 *(50 déplacements en 30 jours)* et la T-MES *(nombre illimité de voyages pendant un mois).*

Autobus métropolitains – Les lignes relient différents points de la ville. Certaines fonctionnent même jusqu'à 5h du matin. Les tickets de métro sont utilisables.

Quelques lignes utiles :

– 25 relie l'hôpital de la Santa Creu et la Sagrada Familia au parc Güell.

– 24 assure la liaison entre le parc Güell et le passeig de Gracia (La Pedrera).

Funiculaires – Funicular de Montjuïc : Paral.lel/ Parc de Montjuïc ; **Funicular du Tibidabo** : Plaça del Funicular/ Tibidabo ; **Funiculaire de Vallvidriera** : Peu del Funicular/ Vallvidriera Superior.

Transports touristiques :

Téléphérique – Teleférico de Montjuïc : Castell de Montjuïc/ Parc de Montjuïc.

« Bus Turístic » (Autobus touristique) – Ce singulier autobus dessert de nombreuses curiosités dans Barcelone. Départ tous les jours de la plaça de Catalunya, à partir de 9h.

Titibús – Cet autobus relie la plaça de Cataluña et le parc d'attractions du Tibidabo. En service toutes les heures à partir de 11h.

Promenades en bateau – La société Golondrinas propose des promenades en bateau dans le port de Barcelone depuis l'Exposition universelle de 1888. Deux possibilités sont offertes, au départ de El Portal de la Pau, en face du monument dédié à Colomb : visite du port à bord d'un brise-lames *(35mn)* ou croisière dans une embarcation de type catamaran *(2h).*

Renseignements ☎ 93 442 31 06 ; www.lasgolondrinas.com

Location de voitures

AVIS – ☎ 90 213 55 31 ; www.avis.es

BUDGET – ☎ 90 120 12 12 ; www.euroronting.org/budget/

EUROPCAR – ☎ 93 298 33 00

HERTZ – ☎ 90 240 24 02 ; www.hertz.es

ATESA – ☎ 93 298 34 33

Chemins de fer – Les lignes de banlieue de la Renfe sont une autre alternative pour la visite des environs de Barcelone, comme par exemple les communes du Maresme (Mataró, Canet, Calella, etc.), de la Costa Daurada (Sitges) ou de l'intérieur (Vic). Renseignements www.renfe.es

VISITE

PUBLICATIONS

Publication hebdomadaire, la *Guía del Ocio* donne le programme des événements culturel à Barcelone et en Catalogne (disponible chez tous les marchands de journaux). L'Institut culturel édite chaque semestre la *Guía de los Museos de Barcelona*, mine d'informations sur les expositions, les horaires d'ouverture, les tarifs, etc. On peut trouver à l'aéroport et dans les bureaux de tourisme toute la gamme des publications éditées par le service d'Indústria, Comerç i Turisme de la Généralité de Catalogne.

HORAIRES D'OUVERTURE ET DE FERMETURE DES MUSÉES ET DES MONUMENTS

Ils sont en général ouverts tous les jours sauf le lundi ; les jours fériés, l'horaire d'ouverture est restreint à la demi-journée.

BILLETS COMBINÉS ET RÉDUCTIONS

Trois cartes donnent droit à différentes réductions.

– **Barcelona Card** (1-5 jours) permet d'avoir accès aux transports gratuits, donne droit à des remises de 30 à 50 % dans 30 musées ainsi qu'à des réductions dans certaines salles de spectacles, boutiques et dans divers restaurants. La délivrent les Offices de tourisme de Barcelone sur la plaça de Catalunya et la plaça de Sant Jaume. Renseignements ☎ 90 630 12 82 ; www.barcelonaturisme.com

– **Articket** (trois mois de validité ; 15€) permet de visiter six des curiosités suivantes : le MNAC, la Fundació Joan Miro, la Fundació Antoni Tàpies, le CCCB, le Centre culturel de la Caixa, le MACBA et l'Espace Gaudí. ☎ 90 210 12 12, www.telentrada.com

– **Multiticket de la Ruta del Modernismo** offre l'accès à neuf endroits emblématiques du modernisme (palais Güell, palais de la Musique, La Pedrera, La Sagrada Familia, etc.), moyennant une remise de 50 % sur les billets d'entrée. Renseignements auprès de la Casa Amatller, ☎ 93 488 01 39.

BARCELONE SUR INTERNET

www.bcn.es : site de la municipalité, en catalan, espagnol et anglais.

www.barcelonaturisme.com : site de l'Office de tourisme, en catalan, espagnol, anglais et français.

www.gencat.es : site de la Généralité proposant des informations en catalan, espagnol, anglais et français.

http://barcelona.lanetro.com/ ; tout type de renseignement sur Barcelone.

www.barcelona-on-line.es : abondante source d'information et liens avec d'autres pages, en catalan, espagnol et anglais.

www.timeout.com/barcelona/index.html : tout type d'information, mais en anglais seulement.

www.guiadelociobcn.es : programme hebdomadaire très complet des cinémas, spectacles, expositions, etc. En espagnol.

CHANGE

Il est possible de changer des devises dans les banques, ouvertes du lundi au vendredi de 8h45 à 14h45, dans quelques hôtels et dans les bureaux de change. De nombreux distributeurs automatiques de billets permettent d'obtenir de la monnaie locale avec les cartes bancaires les plus répandues.

NUMÉROS UTILES

Renseignements (depuis Barcelone) – 010 (hors de Barcelone) – 906 42 70 17

Urgences – 061

Pharmacies de garde – 010

Police nationale – 091

Police municipale – 062

Trains – Renfe (lignes internationales) : 93 490 11 22 ; Renfe (lignes intérieures) : 93 490 02 02. Estació de Sants : 93 490 38 51 ; Estació de França : 93 496 34 64 ; Estació de Passeig de Gràcia : 93 488 02 36.

Taxis – Radio Taxi Barcelone : 93 300 11 00 ; Radio-Taxi : 93 303 30 33.

PTT – 93 318 38 31

Aéroport – 93 298 38 38 ou 93 298 40 00

Gare routière Barcelone Nord – 93 265 65 08

Gare maritime – 93 443 13 00/ 93 443 02 62

LES QUARTIERS

Le passé de Barcelone se retrouve dans ses quartiers. Anciens villages indépendants durant des siècles pour la plupart, ils ont été absorbés par l'expansion urbaine, réglementée par le Plan Cerdà. Certains conservent toute la vigueur de leur personnalité.

Barri Gòtic – Pendant les années 1920, après une vaste entreprise de restauration, l'ensemble des édifices monumentaux de la vieille ville a pris le nom de Quartier gothique.

S. Ollivier/MICHELIN

Ciutat Vella – La vieille ville comprend des quartiers aussi différents que Santa Anna, La Mercè, Sant Pere et Raval. Ce dernier, précédemment appelé Barri Chino (Quartier chinois) et exemple remarquable de rénovation urbaine, accueille les centres culturels les plus importants de la ville.

Eixample – Aménagé après la destruction des anciens remparts médiévaux, l'Eixample (l'Expansion) personnifie la Barcelone bourgeoise et raffinée de la fin du 19e s. On y trouve des boutiques de prestige, des avenues élégantes et les meilleurs échantillons de l'architecture moderniste (« La Pedrera » et « La Manzana de la Discordia »).

Gràcia – Situé à l'extrémité du passeig de Gràcia, c'est le quartier qui possède la personnalité la plus marquée de Barcelone. Village agricole à l'origine, Gràcia doit sa croissance aux commerçants, artisans et ouvriers. Tout au long du 19e s., le quartier a affirmé son esprit républicain. De nombreuses associations prirent part aux soulèvements ouvriers les plus importants, telle la révolte de 1870 contre « las quintas », au cours de laquelle la cloche de Gràcia, sur la tour de la place Rius y Taulet, sonna sans arrêt, devenant ainsi le symbole même de la rébellion. Le quartier est le cadre de nombreuses fêtes populaires. Le 15 août, les rues de Gràcia pavoisent pour commémorer **La Mare de Déu d'Agost**, une des fêtes les plus populaires de Barcelone. **Sant Medir,** attendu avec la même impatience, voit des cavaliers descendre la rue **Gran de Gràcia** – la grande artère commerciale – et arroser la foule d'une véritable pluie de bonbons.

La Ribera – Ce vieux quartier de pêcheurs préserve, grâce à ses ruelles étroites et ses bâtiments gothiques, un charme tout particulier. La rue de Montcada, le marché du Born et, en particulier, l'église Santa Maria del Mar sont ses principaux attraits.

Sants – Quartier ouvrier par définition. Son périmètre compte une bigarrure d'échantillons d'architecture industrielle, de modestes maisons, quelques commerces de la fin du 19e s. et la gare centrale.

Les Corts – Situé dans le secteur haut de la Diagonal, on y retrouve la **cité universitaire** et le **Camp Nou,** stade du Fútbol Club Barcelona dont la capacité dépasse les 120 000 spectateurs. Ses vastes installations abritent le **musée du Barça,** qui renferme les trophées obtenus par ce fameux club catalan tout au long de son histoire. *10h-18h30, dim. et j. fériés 10h-14h. Fermé 1er et 6 janv., 24 sept., 25 et 31 déc. 4,80€. ☎ 93 496 36 08.*

Sarrià – Construit au pied de la chaîne montagneuse de Collserola, l'ancien village a gardé son caractère paisible et traditionnel. Dans ses environs, **Pedralbes** et **Sant Gervasi de Cassoles,** au pied du Tibidabo, sont devenus les quartiers privilégiés de la haute bourgeoisie.

Horta-Guinardó – Peuplé tout d'abord par des paysans puis par certains groupuscules ouvriers, ce quartier se situe au pied du Collserola. Il abrite le **Laberint de Horta** *au Nord),* ancienne propriété du 18e s. marquée par une belle maison bâtie pour le marquis d'Alfarràs selon les préférences éclectiques de l'époque. Son parc, orné de sculptures de personnages mythologiques, de niches et d'éléments d'origine arabe, présente un bucolique labyrinthe de cyprès taillés. *Mai-août : 10h-21h ; mars et oct. : 10h-19h ; avr. et sept. : 10h-20h ; nov.-fév. : 10h-18h (dernière entrée 1h av. fermeture). 1,65€ ; gratuit mer. et dim. ☎ 93 413 24 00.* Le **vélodrome,** cadre de compétitions sportives et d'importants événements musicaux, se trouve à proximité. Les bars du vélodrome sont des lieux très fréquentés en été.

Vila Olímpica – Construit entre 1989 et 1992 et dénommé Nova Icària, le Village olympique a accueilli les athlètes des JO de Barcelone. Aujourd'hui, il est prolongé par un quartier moderne coupé de larges avenues et parsemé d'espaces verts, qui offre un accès direct aux plages réhabilitées du littoral barcelonais.

Poble Sec – Situé sur un des versants de la montagne de Montjuïc, c'est un des quartiers ouvriers les plus anciens de la ville. Il est longé partiellement par le Paralelo, rue autrefois connue pour ses cabarets et son atmosphère désinvolte.

Barceloneta – Connu pour ses buvettes, ses restaurants et son charme aux évocations navales, il a accueilli à partir de 1714 les habitants du quartier de La Ribera qui fuyaient ses ruines.

Autres quartiers – Le Nord de Barcelone renferme des quartiers très plaisants, tels que **Vallvidriera,** ayant une vue imprenable sur la ville et les maisons bourgeoises, ainsi que le **Tibidabo,** où se trouve le parc d'attractions. Importants également, quoique d'un moindre intérêt touristique, **Sant Andreu,** qui conserve des vestiges de son passé industriel, et **Poblenou,** autrefois appelé le Manchester catalan, qui abrite de nombreux bars et salles de concerts.

RESTAURATION

🍴 **La Provença** – *Provença, 242 (Eixample) - ⓜ Provença - ☎ 93 323 23 67 - restofi@terra.es - ☐ - 19,70/25€.* Situé non loin du passeig de Gràcia. Établissement agréable à la décoration soignée et gaie. Belle carte proposant des plats régionaux. Excellent rapport qualité/prix.

🍴 **Ca l'Estevet** – *Valldonzella, 46 (Ciutat Vella) - ⓜ Universitat - pl. Universidad - ☎ 93 302 41 86 - fermé dim., j. fériés - ☐ - 20/30€.* Situé près du Centre de culture contemporaine de Barcelone. Petit restaurant où l'on retrouve un service de type familial, Ca l'Estevet est décoré de jolis *azulejos* et de photographies de personnages en vue. Cuisine catalane de qualité.

🍴 **Casa Bach** – *Pl. de la Revolució de Setembre de 1868, 15 (Gràcia) - ☎ 93 213 30 44 - fermé lun., août - ✉ - 20,50/26€.* Établissement familial dont le succès repose sur la cuisine qui favorise les recettes simples et les prix raisonnables. Salle à manger, divisée en deux espaces, modeste mais très bien tenue.

🍴 **Agut** – *Gignàs, 16 (Ciutat Vella) - ⓜ Jaume I - ☎ 93 315 17 09 - fermé dim. soir, lun., août - réservation conseillée - 21/27€.* Situé près du Moll de la Fusta, dans un secteur de ruelles étroites, il nous sert depuis plus de 75 ans les meilleures recettes catalanes dans une vaste salle au charme désuet : panneaux en bois sur le corps inférieur des murs, nappes blanches...

🍴 **7 Portes** – *Passeig d'Isabel II, 14 (Ciutat Vella) - ⓜ Jaume I - ☎ 93 319 30 33 - reservas@7portes.com - ☐ - 21,50/28,80€.* Fondé dans le premier tiers du 19e s., ce restaurant emblématique propose des plats s'inscrivant dans la plus pure tradition catalane. Il ferme tard le soir.

🍴 **Comerç 24** – *Comerç, 24 (Ribera) - ☎ 93 319 21 02 - COMERC24@telefonica.net - fermé août, Noël - 22/28€.* Innovation et avant-gardisme règnent dans cet établissement mi-bar mi-restaurant. Les tables sont des comptoirs et les sièges des tabourets. Cuisine informelle et créative. Menu de dégustation.

🍴 **El Asador de Aranda** – *Av. del Tibidabo, 31 (Sarrià) - ☎ 93 417 01 15 - fermé dim. soir - ☐ - environ 24€.* Installé dans l'ancien hôtel particulier moderniste de Frare Blanc, sur le flanc du Tibidabo. Ses salons conservent tout le charme d'antan et s'enorgueillissent d'une cuisine où triomphe l'agneau de lait. Repas servis en terrasse l'été.

Agua – *Passeig Marítim de la Barceloneta, 30 (Vila Olímpica)* - Barceloneta - ☎ 93 225 12 72 - *rteagua@rteagua.infonegocio.com* - *fermé 24 et 25 déc.* - *20/37€*. Vastes locaux décorés de meubles design et de sculptures africaines. Sa terrasse, très courue en été, est l'endroit idéal pour un dîner tranquille face à la mer. Cuisine méditerranéenne et bonnes paellas.

Los Caracoles – *Escudellers, 14 (Ciutat Vella)* - Liceu - ☎ 93 302 31 85 - *caracoles@versin.com* - *27,60/41€*. Situé à l'angle des rues Escudellers et Nou de Sant Francesc, ce restaurant emblématique fut fondé en 1835. Les *azulejos*, les tonneaux de vin, les peintures et les photos qui ornent les murs lui donnent un cachet particulier. Cuisine régionale et traditionnelle.

Talaia Mar – *Marina, 16 (Vila Olímpica)* - ☎ 93 221 90 90 - *talaia@talaia-mar.es* - *32/42€*. Établissement ultramoderne dans le Port olympique, et bénéficiant d'une vue exceptionnelle sur la mer. Cuisine régionale très créative. Très bonne cave.

Casa Leopoldo – *Sant Rafael, 24 (Ciutat Vella)* - Liceu - ☎ 93 441 30 14 - *fermé lun., j. fériés (soir), Sem. sainte, août* - *37/61€*. Le célèbre détective Pepe Carvalho, création de Manuel Vázquez Montalbán, est un des habitués de ce classique barcelonais. Sa décoration est faite de sujets sur le thème de la corrida, de photos dédicacées de personnalités et d'une singulière collection de bouteilles.

Casa Calvet – *Casp, 48 (Eixample)* - Urquinaona - ☎ 93 412 40 12 - *fermé dim., j. fériés, Sem. sainte, 3 sem. août* - *39,42/53€*. Installé dans les anciens bureaux d'une société textile, dans un très bel exemple de bâtiment moderniste conçu par Gaudí. À l'intérieur, les poutres de fer et les planchers de bois créent un cadre idéal. Cuisine méditerranéenne traditionnelle, avec une pointe de créativité.

Roig Robí – *Sèneca, 20 (Gràcia)* - ☎ 93 218 92 22 - *roigrobi@inicia.es* - *fermé sam. midi, dim., 3 sem. août* - *41,90/58,40€*. Élégant établissement moderne et central décoré d'un mobilier en osier et de planchers de bois. Sa magnifique terrasse paysagère invite à y déguster sa cuisine régionale par de chaudes nuits d'été.

Via Veneto – *Ganduxer, 10 (Sants)* - ☎ 93 200 072 44 - *pmonje@adam.es* - *fermé sam. midi, dim., août* - *44,11/58,18€*. Un véritable classique . plus de trente ans d'expérience cautionnent la cuisine catalane de ce restaurant très connu. Décoration dans le style Belle Époque. Cave choisie et variée.

Neichel – *Beltran i Rózpide, 1 (Pedralbes)* - ☎ 93 203 84 08 - *neichel@relaischateaux.com* - *fermé dim., lun., août* - *46,50/59€*. L'une des tables catalanes traditionnelles les plus raffinées de la ville, à proximité du palais de Pedralbes. Ses plats sont un régal pour tous les sens. Les détails modernes et le mobilier traditionnel font l'essentiel de la décoration à la fois élégante et moderne.

TAPAS

La tradition du *tapeo* n'est pas le propre de la Catalogne, à l'inverse de ce que l'on retrouve dans d'autres régions espagnoles, mais Barcelone compte néanmoins certains endroits intéressants.

Euskal Etxea – *Placeta Montcada, 1-3 (Ribera)* - Liceu - ☎ 93 310 21 85 - *jatetxeabcn@euskaletxeak.org* - *fermé dim. soir, de déb. août à mi-août* - *1,20/4€*. Bar tout proche de l'église Santa Maria del Mar. Comptoir à l'entrée et tables au fond pour goûter tranquillement le *txacolí* et les excellentes tapas basques.

Cervecería Catalana – *Mallorca, 236 (Eixample)* - ☎ 93 216 03 68 - *jahumada@62online.com* - *2/5€*. Bar-pub à l'ambiance informelle. Décoration classique à dominante de bois. Grand choix de tapas très bien présentées pour le plus grand plaisir de la clientèle.

Estrella de Plata – *Pl. del Palau, 13 (Barceloneta)* - ☎ 93 268 06 35 - *tapas@estrella-de-plata.es* - *fermé dim., lun. midi, de mi-août à fin août* - *5/8€*. Tout proche de la Llotja, c'est sans nul doute le premier bar à tapas barcelonais. Tapas très cuisinées et créatives. Personnel jeune et clientèle sélect.

HÉBERGEMENT

La recherche d'un hôtel à Barcelone peut se révéler une tâche ardue. En raison du grand nombre de touristes et des prix accrus, il convient de réserver sa chambre dans un délai suffisant et d'en vérifier le coût au moment de la réservation. En effet, dans la plupart des établissements, les prix augmentent en haute saison (entre le printemps et l'automne).

Nous donnons ici un certain nombre d'adresses choisies pour leur situation, leur caractère ou leur rapport qualité-prix.

Cette sélection a été répartie en trois catégories répondant à tous les budgets. Pour chacune, les hôtels sont classés dans l'ordre ascendant des prix. Sauf mention contraire, les prix indiqués correspondent au tarif hors taxes d'une chambre double en haute saison, petit-déjeuner non compris *(voir Informations pratiques : Hébergement, pour l'équivalence des catégories et des prix).*

L'hôtel Arts et la tour Mapfre.

J. Malburet/MICHELIN

⊖⊜ **Hotel España** – *Sant Pau, 9-11 (Ciutat Vella) -* ⓜ *Liceu -* ☎ *93 318 17 58 - hotelespanya@hotelespanya.com -* 🖵
&. *– 75 ch. : 44/83€ (TVA incluse)* 🖵 *- rest. 18/27€.* Inauguré à la fin du 19ᵉ s., l'hôtel España est l'un des plus anciens de la ville. Installé dans un bel édifice moderniste, il compte deux salles à manger conçues par Domènech i Montaner. Bien qu'il ait perdu sa splendeur d'antan, il demeure une bonne adresse centrale pour les petits budgets. Quatre chambres sont équipées pour accueillir les personnes à mobilité réduite.

⊖⊜ **Hotel Condal** – *Boqueria, 23 (Barrio Gótico) -* ☎ *93 318 18 82 - hotelcondal@ yahoo.es - 52 ch. : 48,15/70,60€* 🖵. À deux pas de La Rambla, la petite rue commerçante où se trouve le Condal est un bon point de départ pour visiter la Ciutat Vella. Accueil agréable et chambres modestes avec salle de bains.

⊖⊜ **Hotel Urquinaona** – *Ronda de Sant Pere, 24 (Ciutat Vella) -* ⓜ *Urquinaona -* ☎ *93 268 13 36 - urquinaona@ barcelonahotel.com -* 🖵 *- 18 ch. : 65,50/83,54€* 🖵 *4,15€ - rest. 8/15€.* Petit hôtel central attirant une clientèle jeune. Chambres fonctionnelles et très bien tenues aux murs en stuc. Sanitaires modernes, salle Internet et modeste salon où le petit-déjeuner est servi.

⊖⊜ **Hotel Continental** – *Rambles, 138-2° (Ciutat Vella) -* ☎ *93 301 25 70 - ramblas@hotelcontinental.com - 35 ch. : 66/90€ -* 🖵 *4€.* Dans la partie haute de La Rambla, non loin de la célèbre fontaine de Canaletes. Les chambres ont un style bien différencié. Le goût anglais domine avec la profusion des tissus et des rideaux. Certaines sont équipées d'un micro-ondes.

⊖⊜ **Hotel Granvía** – *Gran Via de les Corts Catalanes, 642 (Eixample) -* ⓜ *Catalunya - Gran Via de Barcelona -* ☎ *93 318 19 00 - hgranvia@nnhotels.es -* 🖵 *- 55 ch. : 70/110€ -* 🖵 *7,50€.* Cette ancienne résidence de banquier *datant du 19ᵉ s. fut transformée en hôtel en 1936. Un charme incontestable et des prix relativement modérés.*

⊖⊜ **Hotel Ibis Barcelona Meridiana** – *Av. Río de Janeiro, 42 (au N de l'av. Meridiana) - entrée par le passeig Andreu Nin, 9 -* ☎ *93 276 83 10 - H3310@accor-hotels.com -* ⏚ *- 143 ch. : 74€ -* 🖵 *5€.* Situé dans la zone nouvelle, cet hôtel d'allure classique possède des chambres fonctionnelles et lumineuses, décorées simplement. Salles de bains au goût du jour.

⊖⊜ **Hotel Gaudí** – *Nou de la Rambla, 12 (Ciutat Vella) -* ⓜ *Liceu -* ☎ *93 317 90 32 - gaudí@hotelgaudí.es -* 🖵 *- 73 ch. : 96/122€ -* 🖵 *9€.* Situé en face du palais Güell. Hall dans le goût moderniste. Les chambres sont spacieuses ; à noter celles des étages supérieurs dotées de terrasses d'où l'on a une vue surprenante sur la ville et les toits du palais Güell.

⊖⊜⊜ **Hotel Hesperia Metropol** – *Ample, 31 (Ribera) -* ⓜ *Jaume I -* ☎ *93 310 51 00 - hotel@hesperia-metropol.com -* 🖵 *- 68 ch. : 123,51/136,13€ -* 🖵 *8,41€.*

Ce plaisant hôtel est proche du front de mer, dans une petite rue du vieux quartier, entre la Poste et la basilique de La Mercè. Ravissant vestibule dans un patio fermé. Chambres spacieuses et fonctionnelles.

⊖⊜⊜ **Hotel Rey Juan Carlos I** – *Av. Diagonal, 661 (Les Corts) -* ☎ *93 364 40 40 - hotel@hrjuancarlos.com -* 🄿 ⏃ 🖵
&. *- 375 ch. : 315/420€ -* 🖵 *19€ - rest. 36/42,20€.* Hôtel moderne ceint de magnifiques jardins avec piscine, terrasses et circuit de jogging. L'impressionnant hall d'entrée dessert des chambres très confortables. Centre de fitness haut de gamme.

⊖⊜⊜ **Hotel Arts** – *Marina, 19 (Vila Olimpica) -* ⓜ *Ciutadella -* ☎ *93 221 10 00 - info@harts.es -* ⏃ 🖵 &. *- 397 ch. : 400€ -* 🖵 *25,50€ - rest. environ 64€.* Le plus récent et le plus luxueux des hôtels de Barcelone est situé au milieu du Village olympique. Ses 44 étages ouvrent des vues saisissantes sur la ville. L'hôtel Arts comblera ceux qui aspirent au luxe dans une atmosphère avant-gardiste et design.

UNE PETITE PAUSE

Café de l'Opéra – *Rbla. dels Caputxins, 74 (Ciutat Vella) -* ⓜ *Drassanes -* ☎ *93 302 41 80 - 9h-22h.* Ce café de vieille tradition situé en pleine Rambla est l'un des endroits les plus réputés de Barcelone. Sa façade moderniste, son histoire et son ambiance 19ᵉ s. en font un lieu de visite obligé.

Ch. Sarramon/MARCO POLO

Café del Sol – *Pl. del Sol -* ☎ *93 415 56 63 - 13h-2h.* Café ancien et calme animé d'une terrasse très agréable les soirs d'été.

El Paraigua – *Ptge de l'Ensenyança, 2 (Horta) -* ☎ *93 302 11 31 - 8h-2h ; bar tlj sf dim. à partir de 18h.* Ce singulier café situé dans un ancien magasin de parapluies possède une belle décoration de miroirs et de meubles modernistes. Le bar installé dans une cave voûtée (1650) sert ses cocktails sur fond de musique classique.

Escribà – *Rbla de les Flors, 83 (Ciutat Vella) -* ⓜ *Liceu -* ☎ *93 301 60 27 - 10h-21h.* Célèbre établissement de style moderniste (1820) installé dans un vieil entrepôt de produits alimentaires. L'ancienne maison Figueras fut héritée de père en fils jusqu'en 1920. Aujourd'hui, on y sert dans la salle du fond ou en terrasse, de délicieux gâteaux et des plats salés accompagnés d'une boisson. Bonne adresse pour une halte en pleine Rambla.

Glaciar – *Pl. Reial, 3 (Ciutat Vella) -* ☎ *93 302 11 63 - à partir de 10h.* Ce classique barcelonais situé sur la très fréquentée plaça Reial était autrefois le lieu de rencontre des écrivains, des artistes et autres habitués. Son agréable terrasse est un lieu de passage obligé pour ceux qui veulent prendre un verre en plein air.

Mirablau – *Pl. del Doctor Andreu (Sant Gervasi de Cassoles) -* ☎ *934 18 58 79 - 11h-5h.* Sur le flanc du Tibidabo, à proximité du point de départ du funiculaire. Bar bien tenu et agréable terrasse ouvrant sur de magnifiques vues de Barcelone, illuminée les nuits d'été.

Pastís – *Santa Mònica, 4 (Ciutat Vella) -* Drassanes - ☎ *93 318 79 80 - 19h30-2h30, ven.-sam. 19h30-3h30.* Bar vieux de 40 ans et plus, où se déguste le pastis en écoutant Jacques Brel, Georges Moustaki ou Édith Piaf. Les soirées du mardi sont animées par des tangos passionnés tandis que le dimanche soir est réservé aux chansons françaises.

Quatre Gats – *Montsió, 3 bis (Ciutat Vella) -* ☎ *93 317 40 33 - tlj sf dim. 17h-2h.* Symbole de la Barcelone moderniste et bohème, ce café classique, réalisé par Puig i Cadafalch, fut le rendez-vous des artistes tels que Picasso, Casas et Utrillo. Formule du midi intéressante.

Xiringuito Escribà – *Platja del Bogatell (Vila Olímpica-Poble Nou) -* Ciutadella-Vila Olímpica - ☎ *93 221 07 29 - tlj sf lun. 11h-17h, ven.-dim. 9h-23h.* Situé face à la mer dans un cadre privilégié, cette « buvette » existe depuis 1906 et est devenue un haut lieu barcelonais, attirant les foules en été. Les délicieux fruits de mer sont servis sur fond musical.

SORTIES

La nuit barcelonaise peut se prolonger jusqu'au petit matin, en particulier le week-end. Les propositions sont variées, elles vont du café classique *(voir Une petite pause)* pour une conversation tranquille aux discothèques les plus modernes, en passant par les bars où il fait bon prendre un verre.

Luz de Gas – *Moll del Diposit (Port-Vell) -* ☎ *93 484 23 26 - www.luzdegas.com - avr.-sept. : 12h-3h.* L'un des bars les plus courus pendant les mois d'été « mouille » au port. Sa terrasse se déroule sur le quai tandis que les touristes recherchent plutôt une place à l'intérieur du séduisant bateau en bois. Musique et piste de danse.

Luz de Gas – *Muntaner, 246 (Eixample) -* ☎ *93 209 77 11 - www.luzdegas.com - tlj sf dim. à partir de 23h.* Un ancien théâtre Belle Époque héberge ce bar fréquenté par les plus « branchés ». Un jour par semaine, spectacles musicaux divers (country, jazz, soul et salsa).

La Fira – *Provença, 171 (Eixample) -* ☎ *933 23 72 71 - tlj sf ven. 22h30-3h, w.-end 22h30-4h30.* Endroit pittoresque décoré d'automates et d'attractions foraines.

Bikini – *Déu i Mata, 105 -* ☎ *93 322 72 54 - tlj sf lun. à partir de 23h.* Située dans l'Illa Diagonal, cette discothèque animée donne également des concerts.

Margarita Blue – *Josep Anselm Clavé, 6 (Ciutat Vella) -* Drassanes - ☎ *93 317 71 76 - 18h-2h.* Son décor bigarré (miroirs de toutes tailles et formes, objets insolites, lampes hors d'âge) en a fait un des endroits les plus courus de Barcelone. Diverses représentations ont lieu toutes les semaines. Cuisine tex-mex. Verres à petits prix servis sur fond musical.

London Bar – *Nou de la Rambla, 34 (Ciutat Vella) -* Liceu - ☎ *93 318 52 61 - tlj sf lun. 19h-4h, ven.-sam. 19h-5h.* Ouvert depuis 1909, il était prisé des gens du cirque. Son ambiance particulière a également attiré Hemingway, Miró et bien d'autres encore.

Jamboree – *Pl. Reial, 17 (Ciutat Vella) -* Liceu - ☎ *93 301 75 64 - 22h30-5h30.* Rendez-vous des musiciens et des amateurs de jazz à Barcelone.

La Paloma – *Tigre, 27 (Sant Antoni) -* Universitat - ☎ *93 301 68 97 - jeu.-sam. 6h-9h30, 11h30-5h, dim. 6h-9h30.* Une des salles les plus populaires et les plus réputées de Barcelone. Depuis 1904, date de son ouverture, elle n'a cessé d'être la référence des nostalgiques qui dansent au rythme de son orchestre. Bonne alternative aux nombreuses discothèques actuelles.

Mojito Bar – *Moll d'Espanya-Maremàgnum, Local 059 - à partir de 17h.* L'une des adresses les plus courues du Maremàgnum, où le choix de musique caribéenne est particulièrement soigné.

Otto Zutz – *Lincoln, 15 (Gràcia) -* ☎ *93 238 07 22 - tlj sf lun. 23h-5h.* Joue en alternance les rôles de discothèque et de salle de spectacles.

Torres de Ávila – *Av. del Marquès de Comillas, 25 (Sants-Montjuïc) -* Espanya - ☎ *93 424 93 09 - ven.-sam. 23h-5h.* Dans les murs du Poble Espanyol et décorée par les designers Mariscal et Arribas, c'est en été la discothèque des noctambules en quête de distraction.

Marina Port Olympic – *Pg Maritime Port Olympic.* La marina est très vite devenue l'une des principales zones animées de Barcelone. Forte concentration d'établissements pour tous les goûts (restaurants, pubs, établissements de restauration rapide, cafés, glaciers, et bars attrayants comme le Gran Casino). Discothèques variées : à noter l'immense Luna Mora qui ne désemplit pas.

SPECTACLES

Barcelone compte nombre de salles de cinéma et de théâtres. Les séances commencent en général vers 16h et s'achèvent après minuit, une séance supplémentaire *(extra)* ayant lieu le vendredi et le samedi passé minuit. Quelques salles proposent des réductions certains jours de la semaine, généralement le lundi ou le mercredi (jour du cinéphile). Les salles de cinéma **Verdi**, **Casablanca** et **Renoir** sont bien connues, et projettent en général des exclusivités ; la **Filmoteca de Catalunya** propose des cycles de films non commerciaux et des cycles consacrés à des metteurs en scène de prestige.

En ce qui concerne le théâtre, Barcelone compte de nombreuses salles réputées. Le moderne **Teatre Nacional de Catalunya**, le **Lliure**, le **Poliorama** et le **Mercat de les Flors** sont quelques-unes des salles les plus prestigieuses.

Servicaixa – Les distributeurs de billets de La Caixa permettent de consulter la liste des spectacles à l'affiche et, pour la plupart, d'acheter des billets.

MUSIQUE

Les grands concerts pop qui se donnent à Barcelone ont en général pour cadre le **Palau Sant Jordi** *(voir p. 145)*, le **vélodrome de Horta** *(voir p. 46,106)*, la **plaça de Toros Monumental** et le **Sot del Migdia**, situé au centre même de la montagne de Montjuïc.

Le **Festival del Grec** commence fin juin et se prolonge jusqu'à la première semaine d'août, sur plusieurs scènes, parmi lesquelles le **Teatre Grec de Montjuïc**. Le **Festival de Tardor**, similaire au précédent mais moins connu, se déroule en automne.

Le **Palau de la Música Catalana** *(voir p. 141)*, le **Gran Teatre del Liceu** *(voir p. 128)* et le tout nouveau **Auditori** *(voir p. 148)* sont les salles de concerts les plus importantes de Barcelone. Le Centre municipal d'information culturelle se trouve dans le palais de la Virreina, sur la Rambla (☎ *93 301 77 75)*.

ACHATS

Barcelone est une ville éminemment commerçante, où se côtoient aussi bien les boutiques datant du 19e s. que les boutiques ultramodernes. Les grandes surfaces situées en centre-ville ne ferment pas à midi.

J. Malburet/MICHELIN

GRANDS MAGASINS, RUES ET CENTRES COMMERCIAUX

L'Illa Diagonal – *Diagonal, 545 (Les Corts)*. Centre commercial dû au crayon des architectes Rafael Moneo et Ignasi de Solà-Morales : comprend un hôtel, des écoles, des palais des congrès et d'innombrables librairies, boutiques de vêtements, cadeaux, accessoires, etc.

Maremàgnum – *Moll d'Espanya (Ciutat Vella)* - ☎ *93 405 22 22*. Ce vaste espace diversifie les activités commerciales et de loisirs ; ses boutiques recèlent les objets les plus insolites comme les vêtements griffés.

Art Escudellers – *Escudellers, 23-25* - ☎ *93 412 68 01 - 11h-23h*. Immense magasin de la vieille ville, distribué sur deux étages. Ses vitrines exhibent une multitude de faïences et autres produits artisanaux classés par région. Le choix de produits catalans est bien sûr le plus grand. Vous y trouverez aussi bien des articles d'art de la table ou de décoration de salle de bains que des accessoires pour le jardin. Au sous-sol, un coin est réservé à la vente du vin et du fameux *cava*.

Carrer del Pi – *(Ciutat Vella)*. Grand nombre de petits magasins spécialisés : bijouterie, articles de cadeau, layette, cartes de vœux insolites et autres.

Carrer Pelai – *(Ciutat Vella)*. Rue très fréquentée où s'alignent nombre de boutiques de vêtements. On y trouve une succursale des magasins anglais C&A, une boutique de la chaîne Zara et de nombreux chausseurs.

Carrer Petritxol – *(Ciutat Vella)*. Concentration d'établissements divers où l'on peut acheter tout genre d'article en rapport avec les beaux-arts, de la papeterie spécialisée, des animaux en peluche de toutes les tailles, sans oublier les maquettes des bâtiments les plus remarquables de Barcelone.

Carrer Portaferrisa – *(Ciutat Vella)*. Consacrée dans sa quasi-totalité à la mode « jeune » : jeans, articles psychédéliques, accessoires.

Pla del Palau – *(Ribera)*. De nombreux bazars proposent autour des Porxos d'en Xifré des articles électroménagers et des appareils électroniques à des prix intéressants.

Avenida del Portal de l'Àngel – *(Ciutat Vella)*. L'offre y est variée, et c'est là que l'on rencontre les spécialistes des travaux d'aiguilles et de la passementerie.

Plaça Reial – *(Ciutat Vella) - dim. 9h-12h*. Ravissante place où se tient le marché de la philatélie et de la numismatique le dimanche matin. Point de rencontre également des collectionneurs de cartes postales anciennes, de pin's, de cartes téléphoniques. Les plus jeunes y trouveront aussi leurs images de prédilection.

ARTISANAT

Cerería Subirà – *Baixada de la Llibreteria (Ciutat Vella) - lun.-ven. 9h-13h30, 16h-19h30, sam. 9h-13h30*. Fondé en 1761 par Paulí Subirà, ce magasin de cierges et bougies, à la décoration 19e s., est le plus ancien de la ville. Grand choix de modèles et de coloris.

La Manual Alpargatera – *Avinyó, 7 - Barcelona* - ☎ *93 301 01 72 - tlj sf dim. 9h30-13h30, 16h30-20h*. Cet atelier et magasin d'espadrilles artisanales, fondé dans les années 1940, chausse nombre de personnalités. Combine tradition et modes avant-gardistes. Décoration à base d'objets typiques qui crée l'ambiance chaleureuse. Accepte les commandes de l'étranger.

GALERIES

Les galeries les plus réputées de la ville se regroupent dans le secteur délimité par la rue Consell de Cent – **Carles Tatché**, **René Metras**, **Sala Gaudí** –, puis sur La Rambla de Catalunya – **Joan Prats** –, autour du marché du Born et autour du MACBA. La **galerie Maeght** et la **sala Montcada** se trouvent carrer Montcada.

ANTIQUITÉS/BROCANTE

Plaça de la Catedral – *(Ciutat Vella)*. Un marché proposant les objets anciens les plus insolites se tient ici le jeudi.

Plaça de Sant Josep Oriol – *(Ciutat Vella)*. Deux fois par semaine, le samedi et le dimanche, vente de miroirs, meubles, tableaux et ustensiles anciens.

Carrer de la Palla et **carrer Banys Nous** – *(Ciutat Vella)*. Remarquables pour leurs commerces d'objets anciens de grande réputation.

Bulevard Antiquaris – *Passeig de Gràcia, 55 (Eixample)*. Sur ce vaste espace l'on retrouve plus de 70 boutiques consacrées à la peinture et à l'ancien.

BOUTIQUES DES MUSÉES

Museu d'Art Contemporani de Barcelona – *Plaça dels Àngels, 1 (Ciutat Vella)*. Des créations des designers barcelonais d'avant-garde.

Fondació Joan Miró – *Plaça Neptú (Sants-Montjuïc)*. Une large gamme d'objets rattachés à l'univers du génial artiste catalan.

Museu d'Història de la Ciutat – *Baixada Llibreteria (Ciutat Vella)*. À ne pas manquer pour un souvenir de Barcelone.

Museu Tèxtil i de la Indumentària – *Montcada, 12-14 (Ribera)*. Livres, affiches et accessoires d'habillement.

MARCHÉS

Les marchés de Barcelone sont ouverts tous les jours de 9h à 20h sauf le dimanche et les jours fériés.

La Boqueria – *Ramblas 91 (Ciutat Vella)*. Marché central installé dans un bâtiment en verre et fer de la fin du 19ᵉ s. On y trouvera les denrées de meilleure qualité, les plus variées de Barcelone.

La Boqueria.

R. Mattes/MICHELIN

Mercat de la Concepció – *Aragó, 313 (Eixample)*. Ce marché moderne est situé dans un bâtiment dernièrement réaménagé. Innombrables étals de primeurs.

Els Encants Vells – *Plaça de les Glòries (Eixample) - lun., mer., ven., sam.* Marché aux puces dans la tradition du Rastro de Madrid. Il convient de bien examiner les objets et de savoir marchander.

Mercat de Sant Antoni – *Comte d'Urgell, 1 (Ciutat Vella)*. Installé à l'extérieur du marché municipal du même nom, il n'ouvre que le dimanche matin. Indispensable pour les amateurs de vieux magazines, journaux d'époque, bandes dessinées, timbres-poste et toutes sortes de livres hors catalogue, à des prix très attractifs.

PARCS ET JARDINS

La présence de parcs publics à Barcelone est une vieille tradition : le plus ancien est celui de **la Ciutadella** (*voir p. 133*), créé en 1869. Il n'y a donc rien de surprenant à ce que les espaces verts aient été multipliés lors des récentes transformations urbaines.

Parc Joan Miró – Généralement connu sous le nom de « L'Escorxador » (l'abattoir), il se trouve à côté des arènes. C'est l'un des parcs les plus populaires auprès des touristes, attirés par l'énorme sculpture phallique de Joan Miró intitulée *Dona i ocell (Femme et oiseau)*, qui s'élève 22 m au-dessus du petit bassin qui l'entoure.

Parc de la Estació Nord – *Almogàvers, 75 (Eixample)*. Il comprend toute la vaste esplanade qui entoure l'ancienne gare du Nord, reconvertie en gare routière. Une sculpture singulière en faïence bleu et blanc, de Beverly Pepper, anime cet espace et sert en même temps de toboggan « magique » pour les plus petits.

Parc de l'Espanya Industrial – *Rector Triadó (Sants-Montjuïc)*. Situé à l'Ouest de la gare de Sants, c'est un espace urbain très moderne. Réalisé entre 1982 et 1985, il occupe les terrains d'une ancienne usine. La partie basse possède un étang où des barques sont proposées en location pour faire quelques coups de rame. L'esplanade supérieure est dominée par dix tours surmontées de projecteurs et de miradors pour rappeler les camps de concentration de la Seconde Guerre mondiale.

Parc de la Creueta del Coll – *Mare de Déu del Coll, 89 (Gràcia)*. Une carrière abandonnée est devenue un parc agrémenté d'un lac artificiel où la natation est autorisée l'été. Suspendue au-dessus de l'eau, on aperçoit la monumentale sculpture en pierre *Elogio del Agua (Éloge de l'eau)* d'Eduardo Chillida.

Turó Park – *Pau Casals (Sarrià-Sant Gervasi)*. Vicente Aranda a tourné dans ces jardins mélancoliques le film *La Fée Morgane*.

Jardins de Pedralbes – *Diagonal, 686 (Les Corts)*. Conçus par l'ingénieur Rubió i Tudurí, ils étalent une large variété de bougainvillées, de cyprès, de pins et de cèdres provenant de diverses latitudes.

Costa i Llobera – *Route de Miramar, 1 (Sants-Montjuïc).* Il s'agit du jardin exotique le plus vaste de Barcelone, avec toutes sortes d'espèces.

Jardin Cervantes – *Diagonal, 706 (Les Corts).* Neuf hectares de pentes douces servent de cadre à une importante roseraie. Endroit idéal pour pratiquer le *footing*.

Parc forestal de Collserola – *Route de Vallvidriera à Sant Cugat.* Vaste espace à l'extérieur de la ville où l'on peut effectuer des excursions et se tracer des itinéraires à vélo.

Jardin Botánico – *Avenida Montanyans, 25 (Sant-Montjuïc).* Situé à côté du Palacio Nacional, il possède une remarquable collection de plantes.

PARC D'ATTRACTIONS

Parc d'attractions du Tibidabo – *Consulter les horaires. Accès au parc donnant droit à toutes les attractions 14,42€ ; enf. 3,60€.* ☎ 93 221 79 42.

Situé à 532 m d'altitude dans la chaîne de Collserola, il a vu s'édifier à son côté la gigantesque tour de télécommunications dessinée par Norman Foster, que l'on aperçoit de nombreux endroits de la ville. Il renferme également le singulier **musée des Automates**. *W.-end et j. fériés 12h-20h. Fermé de mi-oct. à la Sem. sainte. 7,21€ (billet incluant la visite du parc et du musée).* ☎ 93 211 79 42.

Du parc même comme du temple du Sacré-Cœur, témoin d'innombrables mariages barcelonais, on bénéficie d'une **vue panoramique**★★ extraordinaire sur la ville, la mer et les environs.

FÊTES

Le 8 décembre, la **Fira de Santa Llúcia** (Foire de sainte Lucie, *voir p. 121*) permet d'acheter tous les articles de décoration et objets spécifiques à Noël. Une foire analogue se déroule devant la Sagrada Familia.

Dans l'après-midi du **5 janvier,** les Rois mages arrivent à Barcelone par bateau. Après cet étrange débarquement, en début de soirée, évolue un long défilé sur les principales artères. Au cours de cette manifestation sont distribués des bonbons.

Le **Carnaval** barcelonais dure une semaine et prend fin avec « l'enterrement de la sardine », le mercredi des Cendres.

Le 23 avril, on célèbre la Sant Jordi, patron de la Catalogne. Le même jour, date anniversaire de la mort de Cervantès, a lieu le **Jour du livre et de la rose** (Dia del Llibre i de la Rosa), qui voit traditionnellement les amoureux échanger un livre et une rose.

Le 11 mai, dans la rue de l'Hospital, de nombreux vendeurs proposent herbes aromatiques et médicinales, miel, confitures, etc. Cette vente marque le début de la **Fira de Sant Ponç**.

La veille du 24 juin, fête de **Sant Joan**, a lieu la *verbena*. Au cours de cette kermesse, Barcelone devient un « enfer » où éclatent les pétards et crépitent les feux d'artifice. Les « diables » participent au *contrefoc*, spectacle pyrotechnique très animé. Les gens envahissent les rues et la fête se prolonge jusqu'au petit matin. Par tradition, on mange la *coca* – tarte décorée de pignons, de fruits ou de crème fraîche – et on boit le *cava* (voir *Invitation au voyage : Gastronomie*).

La fête nationale de la Catalogne, le **11 septembre**, commémore l'entrée dans Barcelone des troupes de Philippe V.

La **Festa major** est célébrée en l'honneur de la Virgen de la Mercé, patronne de la ville. Pendant une semaine, spectacles, bals et concerts en pleine rue sont nombreux.

Josep Puig i Cadafalch (1867-1956) – Architecte, historien d'art et homme politique né à Mataró, il dirigea en 1895 la construction de la maison Martí, où plus tard s'installa le populaire café Els Quatre Gats. Déjà s'y manifestent les caractéristiques de son style : appropriation des formes du gothique septentrional et prédominance des arts appliqués, que l'on retrouve à Barcelone dans la maison Amatller (1900), la maison Macaya (1901) et la maison Quadras (1905), dite Casa de les Punxes. De plus, il mena à bien plusieurs chantiers de restauration d'églises et donna un nouvel élan aux recherches archéologiques d'Empúries à travers l'Institut d'Estudis Catalans, dont il fut cofondateur et longtemps président. Il adhéra à la Lliga de Catalunya et collabora aux hebdomadaires *La Veu de Catalunya* et *La Renaixença*, où ses articles étaient particulièrement percutants. Conseiller municipal, député provincial, il s'exila pendant la guerre civile espagnole à Paris où il poursuivit ses études sur l'art roman en Catalogne.

EL « BARÇA » ? AIXÓ ÉS MÉS QUE UN CLUB

Le 22 octobre 1899, un comptable d'origine suisse, Joan Camper, fit publier dans un quotidien une annonce afin de prendre contact avec les amateurs de football, sport presque inconnu encore en Espagne. Trente jours plus tard, dans un gymnase barcelonais, douze jeunes gens fondaient le Fútbol Club Barcelona. Les membres du club, le plus important de la ville avec le RCD Espanyol, portent des maillots à bandes bleues et grenat et ses supporters sont appelés « cules », car dans le premier stade du FCB on pouvait contempler les postérieurs de 6 000 personnes assises, fait des plus inhabituels à l'époque.

Depuis sa création, le « Barça », diminutif utilisé par tous les Catalans, a compté dans ses rangs les meilleurs entraîneurs et joueurs du monde, rivalisant ainsi avec son ennemi juré : le Real Madrid. Il doit son palmarès impressionnant – il a obtenu plusieurs titres de la Ligue espagnole, la Coupe de l'UEFA et la Coupe d'Europe en 1992 – non seulement à son équipe de football mais aussi à ses autres sections (basket, hand-ball, hockey sur glace), dont le renom sur le plan international est aussi grand.

Le prestige du club est tel que l'on dit souvent à son propos : « Aixó és més que un club » (C'est plus qu'un club) pour mettre en évidence le fait que sa popularité l'érige en phénomène de société.

L'Eixample★★ et l'architecture moderniste

Une journée avec les visites – Plan p. 28. Voir aussi Modernisme : imagination et révolution technique dans « comprendre ».

L'Eixample fut la principale vitrine de la bourgeoisie barcelonaise du 19e s. et du début du 20e s., le véritable miroir de son essor économique et culturel. Les années 1950 assistent à l'émergence de la Renaixença, mouvement littéraire directement lié à ce segment de population, qui précéda et inspira le modernisme.

L'Eixample : la modernisation de la ville

La croissance économique du début du 19e s. avait engendré chez les Barcelonais le désir de se libérer du cercle de murailles médiévales qui empêchait le développement de leur ville. En diverses occasions, et profitant de moments de désordre, les gens avaient déjà essayé de détruire les remparts, mais on les avait aussitôt reconstruits. Finalement, en 1851, la municipalité de Barcelone demanda officiellement que la ville cesse d'être une place forte. Trois ans plus tard, les murailles étaient abattues.

En 1859 est lancé un appel d'offres pour distribuer l'espace dans lequel la ville de Barcelone devait s'étendre. La municipalité choisit l'architecte local Antoni Rovira pour mener à bien le projet, mais le gouvernement central imposa celui de l'ingénieur **Ildefons Cerdà** (1815-1875). Alors que le plan de Rovira prévoyait des axes radiaux qui auraient fait de la vieille ville le noyau central de Barcelone, Cerdà, qui avait une réelle vision du futur et le souci d'une meilleure répartition sociale, conçut un réseau de rues de 20 m de large, parallèles à la mer, dont les carrefours avec de grandes avenues perpendiculaires s'effectueraient en chanfrein. Cet urbanisme rationnel prévoyait la construction de pâtés de maisons pourvues de jardins ouverts sur l'intérieur. Bien que les projets de Cerdà concernant les jardins n'aient pas été suivis, 50 ans après, Barcelone avait quintuplé sa superficie.

La construction de l'Eixample coïncida avec l'une des périodes les plus brillantes de la société barcelonaise. Le développement économique et industriel avait provoqué l'éclosion d'une bourgeoisie vigoureuse, dont le souci majeur était de faire de Barcelone une grande ville. Cette croissance sociale se concrétisa dans le domaine artistique par le **modernisme**, symbole visuel de l'Eixample. Flâner par ces rues savamment ordonnées, c'est découvrir la grande richesse de l'architecture moderniste avec ses nombreux bâtiments extraordinairement décorés – les nouveaux matériaux, fer, verre, céramique, apportant une touche originale aux façades monumentales – et ses petites boutiques, pharmacies, boulangeries et autres.

> ### LA PROMENADE DU MODERNISME
> La **« promenade du Modernisme »** (Ruta del Modernismo) présente le plus grand intérêt. Cet itinéraire, qui part du palais Güell et aboutit au parc Güell, permet, grâce à ses panneaux d'information et à la signalisation au sol, de repérer les bâtiments modernistes les plus caractéristiques de la ville. Le *Guia de la Ruta del Modernismo* contient des informations plus détaillées.

Plaça de Catalunya

Ce large espace laissé par la démolition des remparts est le trait d'union de la vieille ville avec l'Eixample. Aménagée en 1927 par F. de P. Nebot, elle présente d'intéressantes sculptures de Llimona et de Gargallo, et une copie de la *Deesa* de Josep Clarà, chef-d'œuvre du noucentisme (*voir Invitation au voyage : Du modernisme à nos jours*). À noter la présence du Café Zurich à un coin de la place.

Rambla de Catalunya★

Cette promenade qui s'étend à travers tout le secteur de l'Eixample relie la **Gran Vía de les Corts Catalanes**, avenue traversant la ville, avec l'avinguda Diagonal.

Les bâtiments démodés de cette partie très animée de la ville alternent avec les structures de fer et de verre et avec des maisons aux lignes plus modernes, composant une authentique mosaïque très variée et toujours surprenante.

Fondació Antoni Tàpies★★

Accès par la rue Aragó. Tlj sf lun. 10h-20h. Fermé 1er et 6 janv., 25 et 26 déc. 4,20€. ☎ 93 487 03 15.

Créée par l'artiste lui-même en 1984, cette fondation est installée dans le bâtiment moderniste de l'ancien **Editorial Montaner Simón★**, œuvre de Domènech i Montaner. Ce bâtiment est l'un des meilleurs exemples de la rénovation architecturale et urbaine de Barcelone à la fin du 19e s. Cette importante construction de brique rouge porte en haut de sa façade la grande sculpture de tubes d'aluminium réalisée par Antoni Tàpies, *Núvol i cadira (Nuage et chaise)*, emblème de la fondation représentant l'univers symbolique de l'artiste.

L'intérieur, formé de deux niveaux principaux et d'un sous-sol, est un espace imposant aux couleurs ténues éclairé d'une lumière zénithale traversant la coupole et la pyramide du toit. Les fonds du musée, essentiellement des œuvres léguées par

RÉPERTOIRE DES RUES ET DES SITES DE BARCELONE

B

Tàpies, constituent la collection la plus complète de l'artiste catalan et comprennent un échantillonnage de son prolifique parcours depuis 1948. Sont exposés, par roulement, plus de 300 tableaux, gravures et sculptures et, en même temps, sont organisés expositions temporaires d'art contemporain, symposiums et conférences. Parmi les diverses œuvres, il faut remarquer celles, réalisées dans les années 1950 et 1960, qui font partie de la fameuse « serie matérica », où Tàpies s'est interrogé sur le papier mural, considéré comme miroir ou métaphore du temps. L'expressivité de cette surface rugueuse et informe semble mise en relief par les symboles que l'artiste y a introduits (un bout de papier et différentes lettres). Les diverses nuances de couleur s'ajoutent aux crevasses et aux plis du matériau pour créer une atmosphère dramatique.

Enfin, la bibliothèque, qui a conservé les étagères de bois éditoriales, possède un fonds exhaustif de documents sur l'art et les artistes du 20e s., outre les archives sur l'œuvre de Tàpies et une importante section consacrée aux arts et à la culture orientaux qui ont tant influencé l'œuvre du peintre.

Revenir à la plaça de Catalunya et monter par le passeig de Gràcia.

Passeig de Gràcia★★

À l'origine, il reliait la vieille ville au village de Gràcia, mais avec l'Eixample il est devenu la zone résidentielle de la haute bourgeoisie. De riches industriels, femmes luxueusement vêtues et politiciens reconnus se promenaient le long de cette large avenue.

Les **lampadaires★** de cette artère sont l'un des symboles de son identité. Dessinés par Pere Faqués en 1900, ils démontrent la tendance moderniste pour des matériaux tels que le fer et la céramique.

> **LE PASSEIG DE GRÀCIA VU PAR JOSEP PLA**
> « Un de ses charmes les plus évidents lui vient de son plan incliné, doux mais marqué. Les rues légèrement en pente, juste ce qu'il faut, rendent élégant le pas de ces dames, donnant à leurs mouvements une certaine grâce élancée. Dans ce sens, le passeig de Gràcia a beaucoup fait pour la ville. »

Il regroupe les plus beaux bâtiments de l'architecture caractéristique de ce changement de siècle, spécialement ceux de Gaudí, Domènech i Montaner et Puig i Cadafalch.

« La Manzana de la Discordia »★★

Passeig de Gràcia entre les rues Consell de Cent et Aragó. Ce pâté de maisons doit son curieux nom, allusion au jugement mythologique de Pâris chargé d'accorder la pomme d'or à la plus belle des déesses, à un jeu de mots sur le mot « manzana » qui signifie à la fois pomme et pâté de maisons, les bâtiments qui le composent permettant aussi une comparaison – passionnée également – entre les trois architectes les plus importants du modernisme.

Casa Lleó i Morera★ – *À l'angle du passeig de Gràcia et de la rue Consell de Cent.* Ce grand édifice en pierre (1905) fut bâti par Domènech i Montaner. La décoration d'inspiration végétale se concentre sur les balustrades et autour des baies. Les éléments les plus intéressants sont la crête décorative et la niche qui couronnent l'immeuble.

À côté de ces trois bâtiments emblématiques coexistent, dans la « Manzana de la Discordia », d'autres non moins significatifs tels la **Casa Ramón Mulleras** (1911), œuvre d'Enric Sagnier, ou la **Casa Bonet** de Jaume Brossà.

BARCELONA

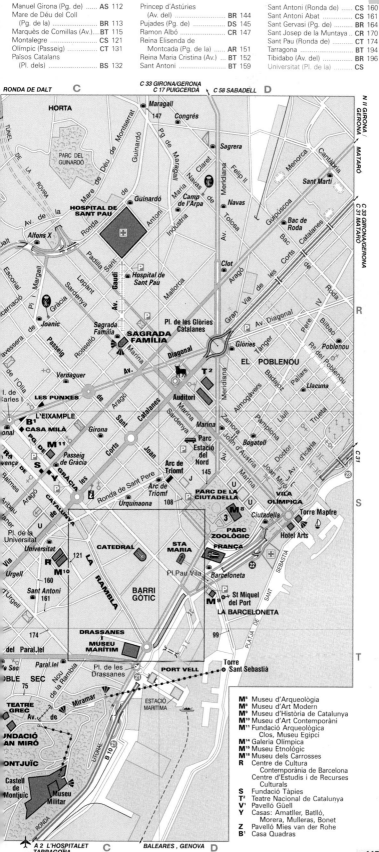

Casa Amatller★ (1900) – Ce bâtiment de Puig i Cadafalch possède une belle façade avec des fresques aux motifs floraux, bordée par un pignon qui s'échelonne sur différents niveaux. Ce n'est plus le délire gaudien, mais les grandes baies vitrées gothiques – très au goût de l'architecte – et les grilles de balcons et de portails sont d'une finesse exquise.

Elle héberge l'**Institut Amatller** et le **Centre du modernisme**, bureau d'information qui organise des expositions temporaires et des visites guidées des principaux édifices modernistes de Barcelone *(pour plus de détails, voir « carnet pratique »). 10h-13h30, mar.-jeu. 15h30-19h. ☎ 93 216 01 75.*

Casa Batlló★★ – Œuvre magistrale de Gaudí, dans sa pleine maturité, la maison (1904-1906) présente une **façade** recouverte de disques de céramique et de verre colorés ainsi qu'un étonnant toit revêtu d'écailles. À l'époque, les singulières baies de son étage principal lui valurent le surnom de « maison des Os ou des Bâillements ». Si l'extérieur éblouit par le dynamisme et la profusion d'images et de couleurs, l'intérieur n'est pas en reste. Gaudí détruisit la rectitude pour créer une œuvre d'une cohérence esthétique et d'une beauté sans pareil. Les escaliers, la toiture, les patios, les encadrements des portes et des fenêtres, l'emploi de la lumière, tout est pensé jusqu'au moindre détail, telle la pièce d'un puzzle, pour cadrer dans cet univers prodigieux qui s'inspire directement de la nature.

> ### LES RUES DE L'EIXAMPLE
> En 1863, **Víctor Balaguer**, écrivain connu, historien et homme politique, était chargé officiellement de choisir les noms des nouvelles rues. Interprétant parfaitement le sentiment patriotique du mouvement littéraire Renaixença, dont il était l'un des animateurs, il revendiqua noms et faits célèbres de l'histoire de la Catalogne. Ainsi, les premières rues reçurent le nom des institutions gouvernementales catalanes du Moyen Âge : Corts, Diputació, et Consell de Cent. Les suivantes furent baptisées aux noms des principales composantes du royaume d'Aragon : Aragó, Valencia, Mallorca, Provença, Rosselló, Sardenya, etc. et l'on ne manqua pas d'honorer les grandes figures de l'histoire : Balmes, Aribau, Muntaner, Casanova et bien d'autres.

Casa Milà (La Pedrera)★★★

10h-20h (dernière entrée 30mn av. fermeture). Fermé 1er, 6 et 2e semaine janv., 25 et 26 déc. 6 €. ☎ 902 40 09 73.

C'est l'une des plus célèbres réalisations de Gaudí. Appelé communément La Pedrera, ce bâtiment a été construit grâce au mécénat de la noble famille des Milà. Le projet initial prévoyait d'achever les façades ondulantes par un hommage à la Vierge Marie, mais Pere Milà rejeta l'idée à cause de l'atmosphère politique très tendue du début du 20e s. Gaudí quitta alors le chantier, laissant quelques cheminées inachevées.

Le bâtiment est une authentique explosion de fantaisie. Sa présence sur le passeig de Gràcia est imposante et dépasse en beauté tous les bâtiments qui l'entourent. La **façade★★** faisant montre d'une architecture pleine de subtilités rappelle le mouvement de la mer. Admirer les **grilles** des fenêtres.

Sont ouverts à la visite la terrasse et El Piso.

Cheminées sur la terrasse de la Casa Milà.

Terrasse★ – Les arcs paraboliques des combles ont planté un singulier espace, qui accueille l'**Espai Gaudí**, où études, maquettes, photos et films retracent la vie et l'œuvre de l'architecte. Ne manquez pas de sortir sur la surprenante terrasse pour une promenade dans une forêt magique de formes capricieuses et de volumes courbes. De là s'offrent de spectaculaires **vues★** de Barcelone ainsi qu'une image globale de l'ampleur et de l'originalité de l'édifice.

El Piso★ – À l'étage, El Piso se compose de deux sections : une exposition sur la Barcelone de l'époque et la fidèle reconstitution de l'intérieur d'une demeure bourgeoise du début du 20e s. qui présente avec force détails le mobilier, les appareils électroménagers et les ustensiles de la vie quotidienne d'une famille aisée en ce temps là.

L'entresol accueille également une salle consacrée à des expositions temporaires.

J. Malbure/MICHELIN

Avinguda Diagonal

Cette longue avenue traverse la ville, traçant une diagonale d'Est en Ouest. Sur le haut de la Diagonal se trouvent la **cité universitaire** et le **Camp Nou**, stade du F.C. Barcelone. On trouve aussi dans ce secteur les **Torres Trade★**, situées sur l'avenue Carles III, ensemble de tours cylindriques à base ondulée, beau symbole de la nouvelle architecture barcelonaise, réalisées en 1968 par **Josep A. Coderch**.

Sur la plaça de Joan Carles I, prendre la Diagonal à droite.

On passe devant la **Casa Quadras** (n° 373), un beau bâtiment moderniste de Puig i Cadafalch (1904), aux influences gothiques.

Casa Terrades★

Cet édifice (1905) est plus connu sous le nom de **Casa de les Punxes** en raison de sa toiture en forme d'aiguilles, autre témoignage d'ingéniosité dans l'architecture de Puig i Cadafalch. C'est dans cette œuvre que l'influence du style néogothique est le plus sensible.

Place Mossèn Jacint Verdaguer, bifurquer à gauche dans la rue de Mallorca.

La Sagrada Familia★★★

9h-18h (avr.-sept. 20h). Visite : 1ᵉʳ et 6 janv., 25 et 26 déc. 8€. ☏ 93 208 04 14.

C'est l'œuvre la plus connue d'Antoni Gaudí. Consacrée à la Sainte Famille et à saint Joseph, patron des ouvriers, son créateur prétendait qu'elle était une expiation du matérialisme du monde moderne et une expression de la fraternité et de la solidarité entre les peuples.

La Sagrada Familia.

S'inspirant de l'église du Sacré-Cœur de Paris, Josep M. Bocabella, fondateur d'une confrérie à la dévotion de saint Joseph, avait conçu l'idée de faire construire une église néogothique pour accueillir son association. Le chantier débuta en 1882, mais les travaux furent arrêtés à cause de différents conflits internes. En 1883, Gaudí participa au projet et, après avoir terminé la crypte, remplaça le plan initial par un autre beaucoup plus ambitieux. Durant les quarante années qu'il consacra à cette œuvre, Gaudí rendit chaque jour plus complexe le caractère symbolique d'une église jusqu'à la rendre hermétique.

Ce révolutionnaire projet gaudien prévoyait un plan en forme de croix latine avec cinq vaisseaux et un transept à trois vaisseaux. Il devait y avoir trois façades : celle de la Nativité, située à l'Est dans le bras droit du transept, celle consacrée à la Passion et à la Mort, dans le bras opposé, et, pour terminer, la façade de la Gloire, au Sud.

Les quatre tours de chaque façade symbolisaient les douze apôtres, tandis que la grande tour sur l'abside était le symbole de la Vierge. Quatre grandes tours consacrées aux évangélistes entouraient la flèche sur la croisée, symbole imposant du Christ. La nef centrale devait ressembler à une forêt de colonnes.

À la mort de Gaudí, seules avaient été réalisées la crypte, l'abside et la façade de la Nativité. Malgré de vives polémiques, les travaux pour mener à bien ce vaste projet ont repris. Josep Maria Subirachs (1927) a réalisé les sculptures très controversées de la façade de la Passion, entrée actuelle du sanctuaire.

Bien que l'intérieur en travaux présente un état assez précaire, il est possible d'accéder aux tours du bâtiment qui offrent une **vue panoramique★★** exceptionnelle. Mais c'est la nuit, quand sa silhouette est illuminée, que la Sagrada Familia présente son aspect mystérieux et inquiétant.

La façade de la Nativité★★ – Quatre tours de 115 m de haut surmontent les trois portails de cette pompeuse façade. À gauche se trouve le portail de l'Espérance, parachevé par le symbole de Marie et des scènes de la Sainte Famille. Au centre, le portail de la Charité est décoré d'une profusion de motifs floraux ; en haut du seuil apparaît l'arbre généalogique de Jésus et son monogramme. Le portail de la Foi, avec le symbole de saint Joseph et des sculptures sur l'enfance de Jésus et la Visitation, se trouve à droite.

Crypte – On y descend par un escalier situé dans l'abside. Elle renferme le tombeau de Gaudí bien que les besoins de l'actualité aient nécessité son aménagement en musée où sont présentés des plans, des maquettes, des dessins des différentes étapes de construction et des projets non réalisés encore.

L'**avinguda de Gaudí** associe les deux architectes les plus importants du modernisme : Lluís Domènech i Montaner et Antoni Gaudí. En effet, cette large allée piétonne prend naissance au pied de la façade de la Nativité et s'étend jusqu'à l'entrée de l'hôpital Saint-Paul, œuvre de Domènech i Montaner.

Hospital de Sant Pau★

Le bâtiment de brique rouge construit entre 1902 et 1912 occupe une superficie de plus de 10 000 m². Dans la réalisation de cette œuvre monumentale, l'architecte avait comme collaborateurs, entre autres, les prestigieux sculpteurs **Pablo Gargallo** et **Eusebio Arnau**. Les différents pavillons sont décorés de mosaïques dont les thèmes se rapportent à la mythologie et à l'histoire de la Catalogne. Cette décoration à base de céramique vernissée est en parfaite harmonie avec les jardins où se promènent les convalescents.

Park Güell★★

Mai-août : 10h-21h ; avr. et sept. : 10h-20h ; mars et oct.. : 10h-19h ; nov.-fév. : 10h-18h. 1,20€. ☎ 93 413 24 00.

La plus connue des commandes faites par Güell à Gaudí devait être une cité-jardin qui n'a en fait jamais été réalisée comme telle.

Le parc s'ouvre sur deux singuliers bâtiments en forme de champignon, propres aux contes de fées. Un escalier présidé par un dragon composé d'ingénieuses mosaïques mène jusqu'à la **salle des Cent Colonnes**. La vue de cet ample espace, prévu pour servir de marché et qui, en réalité, n'a que 86 colonnes doriques très penchées, est superbe. Dans la mosaïque du toit, tout en ondulations, sont encastrés les objets les plus divers : morceaux de verre et d'assiettes, poupées de porcelaine, etc. Au-dessus de cette salle se trouve la grande place circulaire, extraordinaire **mirador** sur la ville, entourée par le célèbre et interminable **banc ondulant★★**, où la fantaisie chromatique de Gaudí semble sans limites.

La visite de cet endroit magique, où fantaisie et réalité se confondent, doit se compléter avec celle de la **Casa-Museu Gaudí★**. La maison, où vécut l'architecte de 1906 à 1926, permet d'apprécier une belle collection de meubles conçus par Gaudí. *Mai-sept. : 10h-20h ; mars-avr. et oct. : 10h-20h ; nov.-fév. : 10h-18h. Fermé 1er et 6 janv. (ap.-midi), 25 et 26 déc. (ap.-midi). 3€. ☎ 93 219 38 11.*

se promener

Dans cette ville de vifs contrastes, les éléments hérités du passé se mêlent à ceux laissés par une rageuse modernité.

Pour preuve de cette pluralité, ont été tracés les itinéraires permettant de découvrir la ville : le **Barri Gòtic**, avec ses élégants bâtiments au cœur même de la ville, est l'échantillon de la grande Barcelone médiévale ; la **Rambla**, artère vibrante et haute en couleur, est devenue l'image emblématique de cette ville outrageusement méditerranéenne ; la rénovation de la **façade maritime** a réconcilié la ville avec son passé portuaire et la modernité ; enfin, le quartier de **La Ribera** qui était au Moyen Âge le quartier des marchands et des artisans.

Barri Gòtic★★ (Quartier gothique)

Visite de la cathédrale : 2h.

Ainsi appelé en raison de ses bâtiments gothiques des 13e, 14e et 15e s., il est, en fait, beaucoup plus ancien puisqu'on y a trouvé des vestiges romains. De cette période subsistent des parties de la muraille barcelonaise (4e s.), visibles en certains endroits. Au cours du 19e s., les monuments les plus durement endommagés ont été soumis à une soigneuse restauration, qui a donné au quartier son élégante physionomie.

L'avenue piétonnière Portal de l'Àngel, qui quitte la plaça de Catalunya pour pénétrer le quartier, et la rue Portaferrissa et ses voisines, qui le relient à la Rambla, sont parmi les rues les plus commerçantes et les plus fréquentées du coin.

Plaça Nova

Au tout début, cette place était un des replats formés par les portes de la ville. Ici commençait l'extrême Ouest du « Cardo » romain, auquel on accédait par une porte flanquée de deux tours cylindriques qui existent encore. En 1355, avec l'extension de la ville, ce replat devint une place. Le 16 août, on y célèbre la fête de saint Roch, pendant laquelle on danse les populaires sardanes.

Sur le côté, la place est fermée par la façade baroque du **Palau del Bisbe** (palais épiscopal). En face, on remarque aussi le **Collegi d'Arquitectes**, avec une frise en béton décorée de sgraffites de Picasso.

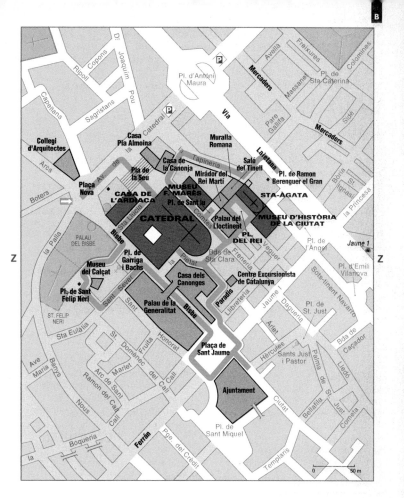

Pla de la Seu

L'avenue de la Cathédrale, qui relie la plaça Nova à la via Laietana, est une large promenade – paradis des patineurs – conduisant jusqu'à l'imposant escalier de la cathédrale où s'étale la pla de la Seu. Cette place, construite en 1421, doit sa célébrité à la fête qui y a lieu chaque 8 décembre, la « Fira de Santa Llucia », foire très fréquentée où l'on peut acheter toutes sortes d'accessoires pour les crèches de Noël. La place est encadrée par les maisons de la Pia Almoina, de la Canonja et de l'Ardiaca.

Casa de la Canonja

L'ancienne résidence des chanoines (1546) conserve de curieux détails sculptés sur la façade et à l'intérieur. À sa droite se trouve le bâtiment de la **Pia Almoina**, institution de bienfaisance créée en l'an 1009 pour venir en aide aux pauvres de la ville. Les deux bâtiments ont été totalement réhabilités et abritent aujourd'hui le **musée du Diocèse de Barcelone**, où sont exposés tableaux, sculptures, pièces d'orfèvrerie et vêtements à caractère religieux. Des expositions temporaires s'y déroulent également *(accès par l'avenue de la Catedral). Tlj sf lun. 10h-14h, 17h-20h, dim. 11h-14h. 1,80€. ☎ 93 315 22 13.*

Catedral★

Tlj sf sam. ap.-midi et dim. 9h-13h30, 16h-19h. S'abstenir de visiter pendant les offices. Fermé j. fériés. 1,80€ terrasse et cor. ☎ 93 315 15 54 ou 93 315 22 13.

Les restes les plus anciens de la cathédrale, ou « Seu », consacrée à sainte Eulalie, patronne de la ville, furent trouvés dans le sous-sol de la rue dels Comtes. Cette première cathédrale, à demi détruite pendant l'invasion d'Almanzor (985), fut remplacée par une autre de style roman entre les années 1046 et 1058.

L'édifice actuel, érigé sur le terrain jouxtant l'ancienne cathédrale romane, fut entrepris à la fin du 13ᵉ s., sous le règne de Jacques II, et achevé en 1450.

La **façade principale** et la flèche sont récentes (19ᵉ s.), mais construites selon le beau dessin gothique réalisé en 1408 par le maître Carli, ce qui explique sa décoration très française de crochets, gables et pinacles.

Intérieur* – Les trois vaisseaux ont été réalisés selon le plus pur style gothique catalan. La légèreté et la sveltesse des piliers donnent une remarquable sensation d'élévation, intensifiée par la lumière ténue et indirecte de la lanterne, érigée non pas à la croisée comme il est habituel, mais à l'entrée du sanctuaire.

À droite de l'entrée principale se trouve la **chapelle du Saint-Sacrement** *(capella del Santíssim)*, ancienne salle capitulaire couverte par une voûte octogonale étoilée. Commencée en 1400, elle fut reconstruite au 17ᵉ s. pour recevoir le tombeau de saint Olégarius. C'est là que se trouve le Christ de Lépante (15ᵉ s.), crucifix qui, selon la tradition, ornait la proue de la galère commandée par Don Juan d'Autriche au moment de la bataille de Lépante (1571).

Dans la chapelle suivante **(1)**, consacrée aux saints Côme et Damien, on peut admirer un **retable gothique** réalisé par Bernat Martorell.

La cinquième chapelle **(2)** contient le **tombeau de Raimundo de Peñafort** (14ᵉ s.), membre de l'ordre des Dominicains et l'un des saints locaux les plus vénérés.

Chevet – Sous le maître-autel et la croisée se trouve la **crypte de sainte Eulalie***, couverte par une voûte nervurée très basse. On pourra admirer les très intéressants détails sculptés du perron, qui conduit jusqu'à la chapelle où se trouve le sarcophage de la sainte, pièce d'albâtre réalisée par des artistes toscans au 14ᵉ s. À droite du *presbyterium* (espace devant l'autel), contre un mur, se trouvent les **tombeaux (3)** des fondateurs de la cathédrale romane : Raymond Bérenger le Vieux et son épouse Almodis.

Les chapelles du déambulatoire abritent des retables gothiques et baroques, dont un chef-d'œuvre, la *Transfiguration**, de Bernat Martorell, œuvre classique entre toutes de la peinture catalane ancienne.

Dans la branche orientale du transept, au-dessus de la porte Sant Iu (saint Yves), se trouve l'orgue monumental.

Visite du toit de la cathédrale – *Montée en ascenseur (1,80€) dans une chapelle du déambulatoire* **(4)**. Des passerelles métalliques, dominées par les imposantes silhouettes des tours et de la tour-lanterne de la cathédrale dispensent une promenade singulière ouvrant sur de splendides **vues**** de Barcelone, balayant les ruelles étroites de la vieille ville, les rues réticulaires de l'Eixample et de la mon-

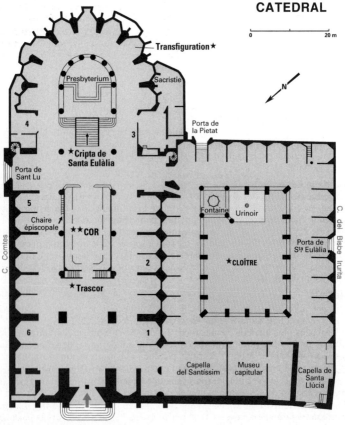

CATEDRAL

0   20 m

Transfiguration ★

Presbyterium

Sacristie

N

Porta de la Pietat

4

3

★ Cripta de Santa Eulàlia

Porta de Sant Lu

5

Chaire épiscopale

Fontaine

Urinoir

★★ COR

Porta de Sta Eulàlia

2

★ CLOÎTRE

★ Trascor

C. Comtes

C. del Bisbe Irurita

6

1

Capella del Santíssim

Museu capitular

Capella de Santa Llúcia

Pla de la Seu

C. de Santa Llúcia

tagne de Montjuïc, jusqu'à la façade maritime d'un côté et la sierra de Collserola de l'autre. De ce magma urbain dépassent la tour octogonale de l'église Santa Maria del Pi, ainsi que les tours de la Sagrada Familia et du Village olympique.

Cor★★ – La perspective du vaisseau principal est tronquée, comme dans nombre de cathédrales espagnoles, par cette enceinte fermée de murs gothiques finement sculptés. Elle présente deux rangées de stalles polychromes : celle du haut, dont les riches dossiers sont ornés d'aiguilles minutieusement travaillées, fut réalisée vers la fin du 14e s., celle du bas vers le milieu du 15e s.

En l'an 1519, à l'occasion d'une réunion de l'ordre de la Toison d'or, les dossiers furent décorés des armoiries de chaque chevalier. Chargé de cette tâche, Jean de Bourgogne réalisa l'un des ensembles héraldiques les plus extraordinaires de toute l'Europe. Il ne

Stalles du cor de la cathédrale.

R. Manent/MICHELIN

faut pas manquer d'admirer aussi la finesse et l'humour des scènes ornant les miséricordes des stalles.

On monte à la **chaire épiscopale** *(trona)* contiguë par un escalier en pierre rehaussé de deux ouvrages en fer forgé : une balustrade aux fleurs de lis et une porte. La chaire octogonale en bois est décorée de nombreuses figurines.

Le **trascor★** (façade postérieure du cor) du 16e s., en marbre blanc, est l'œuvre de Bartolomé Ordóñez – qui vraisemblablement intervint dans la réalisation des stalles –, achevée après sa mort par Pierre Villar. Il présente des bas-reliefs retraçant le martyre de sainte Eulalie, vierge dont le culte s'est développé au 4e s.

Dans le bas-côté gauche, on passe devant la **chapelle de la Vierge de Montserrat (5)**, patronne de la Catalogne, connue sous le nom de « la Moreneta », dont le culte se développa autour de la montagne du même nom, où l'on créa un monastère au début du 4e s. *(voir Sierra de Montserrat)*. Plus loin se trouve le superbe **retable de saint Marc (6)**, patron des cordonniers.

Cloître★ – C'est l'un des endroits les plus sereins de la ville. Quatre galeries aux voûtes en croisée d'ogives servent d'écrin à un patio où palmiers, magnolias, néfliers et orangers enserrent une fontaine dédiée à saint Georges, patron de la Catalogne et de l'Aragon. L'**urinoir** du 15e s., à côté de la fontaine, apporte une touche pittoresque à cette oasis. Les chapelles des galeries ont été enrichies de grilles en fer forgé (admirer les détails floraux du 14e s.) et quelques chapelles conservent de curieux retables. Dans le mur Nord est inhumé Mossén Borrá, bouffon du roi Alphonse V.

Museu capitular – Deux somptueuses salles accueillent le musée de la Cathédrale. On y conserve quelques peintures du 15e s., telle la *Pietá* de Bartolomé Bermejo, qui reprend ici le même thème que la sculpture en bois de la porte de la Pietat. Il faut s'attarder devant la tombe de style médiéval tardif de l'archidiacre Luis Desplà et le missel de sainte Eulalie, décoré de fines miniatures.

Chapelle Santa Llúcia – Elle mérite une attention particulière, car c'est l'unique vestige de la cathédrale romane. Elle fut construite en 1268 et consacrée à sainte Lucie, patronne de la vue et de l'intelligence, sainte très estimée des Barcelonais.

Sortir de la cathédrale par la porte Santa Llucía, située en face de la maison de l'Archidiacre.

Casa de l'Ardiaca★

Bâtie au 12e s. sur la muraille romaine, la **maison de l'Archidiacre** fut reconstruite vers la fin du 15e s. par l'archidiacre Luis Desplà pour donner plus de dignité à sa charge.

Elle possède trois façades : la principale fait face à la chapelle Santa Llúcia, la deuxième regarde vers la rue del Bisbe Irurita et, la troisième, vers la place de la Seu. Ce bâtiment mêle des éléments décoratifs gothiques et Renaissance. Admirer le **petit patio intérieur**★ de forme rectangulaire, authentique havre de paix orné d'une frise en carreaux de faïence émaillée qui, quoique très postérieure (1920), s'harmonise bien avec l'ensemble. Au premier étage on trouve l'**Arxiu Històric de la Ciutat** (Archives municipales d'histoire).

Plaça de Sant Felip Neri

Cet espace tranquille est entouré de maisons Renaissance déplacées ici lors de l'ouverture de la via Laietana. Là s'élèvent l'église néoclassique du même nom, bâtie en 1752, et le curieux **musée de la Chaussure** *(Museu del Calçat)*, qui conserve, parmi d'autres curiosités, la chaussure de Colomb, de même dimension que celle que porte la fameuse statue à l'extrémité des Ramblas. *Tlj sf lun. 11h-14h. 2€.* ☎ *93 301 45 33.*

Prendre la rue Sant Felip Neri et revenir à la rue del Bisbe Irurita par la rue Sant Sever.

Carrer del Bisbe Irurita

Après le palais épiscopal se trouve la petite **plaça Garriga i Bachs**. En face, on voit la porte Santa Eulàlia qui ouvre sur le cloître de la cathédrale. Le monument qui orne l'un de ses côtés, dédié aux Barcelonais morts pendant l'occupation napoléonienne, est l'œuvre du sculpteur **Josep Llimona** (1864-1934). Sur le côté droit de la rue, depuis la petite place jusqu'à la place Sant Jaume, se dresse la longue façade du Palau de la Generalitat, relié par une galerie néogothique (1929) sur voûte en étoile aux anciennes **Cases dels Canonges** (maisons des Chanoines), remarquable exemple de construction du 14e s.

Plaça Sant Jaume

Sur cette place se croisaient jadis les deux rues principales de la ville romaine : le *cardo* et le *decumano*. C'était, à l'époque, l'emplacement de l'agora. Elle conserve encore une partie de cet usage, car on y trouve les deux bâtiments qui symbolisent la grande Barcelone du 14e s. : l'hôtel de ville et le palais de la Généralité.

Palau de la Generalitat – *2e et 4e w.-end du mois 10h30-13h30. Possibilité de visite les autres w.-ends sur demande.* ☎ *93 402 46 16.*

La Generalitat *(voir Invitation au voyage : La Catalogne actuelle)* apparut au 14e s. sous la forme d'une commission du Parlement catalan constituée de deux représentants de chaque classe (clergé, noblesse et bourgeoisie urbaine), dont la mission principale consistait à percevoir les impôts.

Le palais est un grand édifice à trois étages, construit au début du 14e s. dans le style gothique mais modifié ultérieurement. La **façade** sur la place Sant Jaume, érigée vers 1600 par Pere Blay, principal architecte catalan de cette période, est un bel exemple de l'architecture Renaissance.

Ajuntament – *W.-end 10h-14h.* ☎ *93 402 73 00.*

L'hôtel de ville se dresse face au palais de la Généralité. Il fut construit dans le dernier tiers du 14e s. mais sa façade principale, d'un style néoclassique puriste, est postérieure (19e s.). La **façade latérale gothique** (vers 1400) sur la rue de la Ciutat est plus ancienne et plus intéressante. On peut voir à la porte une représentation en pierre de l'archange saint Raphaël ainsi que les armoiries de la ville et du roi.

L'aménagement d'origine a presque totalement disparu, car plusieurs transformations ont détruit les pièces des 16e et 17e s. On peut cependant admirer le **Saló de Cent**★, salle de réunion du Conseil des Cent, ou assemblée générale, noyau du futur conseil municipal. Si elle a subi de nombreuses modifications, elle n'en conserve pas moins une remarquable richesse ornementale.

La galerie néogothique de la rue del Bisbe Irurita.

Carrer Paradís

Cette rue doit son nom au jardin qui s'y trouvait jadis. Au n° 10, un édifice gothique accueille le **Centre Excursionista de Catalunya**, célèbre club d'alpinisme fondé en 1876. À ce même endroit, édifié en l'honneur d'Auguste, s'élevait le temple le plus grand de la ville, dont les vestiges sont accessibles par un patio. Quatre **colonnes corinthiennes★**, témoignage spectaculaire du passé romain de la ville, sont intégralement conservées.

La rue Paradís débouche dans la rue de la Pietat, qui encercle une partie du chevet de la cathédrale et qui est bordée à gauche par les façades gothiques des maisons des Chanoines. En face, s'ouvre la porte du cloître de la cathédrale, dite porte de la Pietat.

Rejoindre la Baixada de Santa Clara.

Plaça del Rei★★

Cette place, cadre de nombreuses activités culturelles (concerts, pièces de théâtre, etc.), est le poumon du quartier gothique. On peut y contempler d'un même regard quelques-uns des plus importants bâtiments médiévaux de la ville : au fond, le Grand Palais royal, à droite la chapelle Sainte-Agathe et à gauche le palais du Lieutenant (Lloctinent). Obturant quasiment la place, la maison Clariana-Padellàs (15ᵉ s.), bel exemple d'architecture civile gothique, abrite le **musée d'Histoire de la ville** *(voir Le Quartier gothique dans « visiter » ; la visite du musée comprend aussi celle de l'intérieur du Grand Palais royal, de la chapelle Ste-Agathe et du salon Tinell).*

La plaça del Rei.

J. Malburet/MICHELIN

Palau Reial Major – Le palais fut la demeure des comtes de Barcelone et, ultérieurement, des rois d'Aragon. L'édifice, dont la construction débuta aux 11ᵉ et 12ᵉ s. au milieu de la muraille romaine, ne cessa de s'agrandir pour atteindre vers la fin du 14ᵉ s. sa taille actuelle. Au 16ᵉ s., une aile fut occupée par le Tribunal de l'Inquisition. La façade possède une structure monumentale avec de grands arcs adossés et surbaissés, résultant de la réunion des contreforts. Au fond de ces arcs se trouve l'ancienne façade romane à triplets et rosaces gothiques. L'ensemble est dominé par le **mirador del Rei Martí**, tour de cinq étages.

LE « CALL » DE BARCELONE

C'était le quartier de l'une des communautés juives les plus prospères de la Méditerranée, dont il subsiste, derrière le Palau de la Generalitat, un ensemble de ruelles aux noms évocateurs de leur passé lointain (carrer del Call, de Sant Domènech del Call, baixada de Santa Eulàlia, carrer dels Banys Nous). La présence juive à Barcelone est l'une des mieux connues d'Espagne. On sait par exemple qu'une partie importante de la population de ce ghetto était composée d'artisans, courtiers, cambistes et libraires. Nombre de ces juifs étaient de riches propriétaires d'immeubles, pas seulement dans le quartier mais aussi dans le voisinage du cimetière communautaire, situé sur la montagne de Montjuïc.

Capella de Santa Águeda★★ – La chapelle palatine fut bâtie par Jaime II au 14ᵉ s. avant d'être consacrée à sainte Agathe au 17ᵉ s. *(voir Le Quartier gothique dans « visiter »).*

Palau del Lloctinent

Ce palais fut construit de 1549 à 1557 pour servir de résidence aux « lieutenants » du roi, c'est-à-dire aux vice-rois de Catalogne, après qu'eut été réalisée l'unité espagnole. Ses trois façades, la première sur la plaça del Rei, la seconde sur la baixada de Santa Clara et la troisième sur la rue dels Comtes sont sévères et très dépouillées. Le style gothique tardif prédomine avec des éléments Renaissance, exemple typique de l'architecture du 16ᵉ s.

Par l'entrée principale, rue dels Comtes, on accède à un ravissant **patio** italianisant, avec de grands arcs au rez-de-chaussée. À l'étage, vous découvrirez une galerie toscane et un élégant escalier.

Plaça de Sant Iu

Cette toute petite place est l'un des endroits les plus fréquentés du Barri Gòtic, car il s'y passe toujours quelque chose, avec des mimes ou des musiciens qui rendent plus agréable la promenade dans les ruelles. Elle dessert la cathédrale et le **musée Frederic Marès** (voir Le quartier gothique dans « visiter »), installé depuis 1948 dans des dépendances du Palais royal.

Poursuivre la rue dels Comtes puis s'engager dans la rue de la Tapineria.

Plaça de Ramon Berenguer el Gran

C'est une des images symboliques de l'ancienne Barcelone. Derrière la statue équestre en bronze de Raymond Bérenger III, œuvre du sculpteur Josep Llimona, s'étend un espace paysager. Au fond du jardin, on voit une importante partie de la **muraille romaine** qui se prolonge vers les rues de la Tapineria et des Murallas Velles. Hautes de 18 m avec deux étages aux fenêtres en arcs semi-circulaires, trois des sept tours d'origine sont entièrement conservées.

Au 13e s. les trois tours furent reliées par des voûtes afin de construire au-dessus la chapelle du Palais royal.

Au pied de ces vieux murs s'alignent quelques *cupas* romains, blocs de pierre ou de marbre portant des inscriptions.

La Rambla★★ *1h*

Plus connue sous le nom de « Las Ramblas » car sectionnée en plusieurs tronçons portant des noms différents, elle s'étend de la plaça de Catalunya au monument de Christophe Colomb sur la plaça Portal de la Pau. Cette artère colorée et animée était, à l'origine, un torrent qui marquait la limite occidentale de la ville. Aménagée entre les 15e et 17e s., elle est devenue au 19e s. la célèbre promenade que l'on connaît aujourd'hui.

La partie haute, la plus proche de la plaça de Catalunya, s'appelle **Rambla de Canaletes** du fait de la présence d'une fontaine portant le même nom. La tradition veut que le visiteur qui boit son eau est assuré de revenir à Barcelone. Il n'est pas inhabituel de rencontrer dans cette partie piétonne des Ramblas de petits groupes discutant de thèmes les plus inattendus, les discussions les plus fougueuses se rapportant au football ou à la politique.

La partie suivante, la **Rambla dels Estudis**, doit son nom à la première université de Barcelone – El Estudio General – qui s'y élevait jadis. On la nomme aussi Rambla dels Ocells (oiseaux) car de nombreux moineaux nichent dans les arbres et on y trouve des marchands d'animaux exotiques.

Tourner à gauche dans la rue commerçante de Portaferrissa.

Palau Moja

Cet édifice de style baroque de la fin du 18e s., où vécut le grand poète **Jacint Verdaguer** (1845-1902), a subi les influences françaises (retour à un certain classicisme et sobriété dans les lignes). Depuis sa restauration en 1982, il est devenu le siège du bureau du Patrimoine culturel de la Généralité et des expositions temporaires s'y tiennent.

Revenir sur la Rambla et la traverser.

Église de Betlem

Les premières crèches publiques furent organisées dans cette église de style baroque (17e et 18e s.), qui faisait partie du couvent des jésuites. Seule la monumentale façade baroque sur la rue Carme a été sauvegardée après qu'un incendie eut détruit l'intérieur en 1936. On en remarquera les grandes colonnes torses.

Reprendre la rue Carme.

Hospital de la Santa Creu

Ce complexe hospitalier représente l'une des plus importantes initiatives du règne de Martin Ier. Avant sa fondation (1401), les hôpitaux, dispersés dans la ville, étaient à la charge des Églises et des ordres religieux. Avec la construction de l'hôpital de la Sainte-Croix, on a non seulement regroupé les services sanitaires de Barcelone mais aussi doté la ville d'un ensemble architectural civil.

C'est par la rue Carme que l'on pénètre dans l'étroit patio accédant aux édifices monumentaux de l'ancien hôpital. Sur la droite se trouve la façade en pierres taillées de la **maison de Convalescence**, dont le dépouillement cache un vestibule aux exubérantes plinthes de mosaïque polychrome et un calme patio à deux étages de colonnes toscanes. Actuellement, c'est le siège de l'Institut d'Études Catalanes. Sur la gauche, on peut voir la façade du **collège de Chirurgie**, actuelle faculté de médecine.

Au fond, on accède au patio central correspondant actuellement aux jardins Rubio y Lluch.

Patio central★ – L'amplitude de ce patio gothique rectangulaire et paysager produit un effet impressionnant. Deux escaliers centraux conduisent aux immenses salles des étages supérieurs où étaient soignés les malades et abritant aujourd'hui la **bibliothèque de Catalogne** (à l'usage exclusif des membres), créée en 1914.

J. Malburet/MICHELIN

La Rambla.

À côté se trouve l'**école Massana**, école des Beaux-Arts.

Rejoindre la Rambla au niveau de l'église de Betlem.

Si la partie haute des Ramblas semble vouée aux sonorités, la **Rambla de les Flors**, ou Rambla de Sant Josep, explose de couleurs.

Quintessence de la ville, cette étroite allée flanquée de platanes ramenés du parc de la Devesa de Gérone *(voir Girona)* à la fin du 19e s. se faufile entre les étals des fleuristes et la foule des passants. Le très réputé peintre catalan **Ramón Casas** (1866-1932), initiateur de l'impressionnisme en Catalogne, l'immortalisa dans de nombreux tableaux et épousa même une belle fleuriste.

Palau de la Virreina★

À la fin du 18e s., Manuel Amat, noble barcelonais qui avait été vice-roi du Pérou, revint à Barcelone avec une grande fortune. Pour montrer sa richesse, il fit construire ce somptueux palais, mélange de styles baroque et rococo. Les dépendances et le patio servent de cadre à d'importantes expositions temporaires.

Tout proche, le **Mercat de Sant Josep** – ou de la Boqueria – est un marché traditionnel recouvert d'une structure de fer. C'est le marché le mieux achalandé de la ville où l'on trouve un mélange bigarré de senteurs et de couleurs qu'il ne faut surtout pas manquer.

Jadis, de nombreux édifices religieux s'élevaient le long de ce tronçon, mais révolutions et incendies ont transformé l'allée en une longue suite de terrasses de cafés, d'hôtels et de boutiques de souvenirs, très animés pendant la période estivale.

Au début de la **Rambla del Centre** ou **dels Caputxins**, on peut observer le pavement dessiné par Joan Miró pour la **pla de la Boqueria**, petite esplanade juste avant la façade du Liceu.

Prendre à gauche la rue Cardenal Casañas.

Santa Maria del Pi★

9h-13h, 16h30-20h30, w.-end et j. fériés 9h-14h, 17h-21h. S'abstenir de visiter pendant les offices. ☎ *93 318 47 43.*

Cette grande basilique gothique du 14e s. abritait un nombre important de chapelles et beaucoup de cérémonies privées et collectives y étaient célébrées. En effet, tout le secteur était occupé par diverses corporations dont les confréries avaient élu siège à l'église Santa Maria del Pi. Elle se dresse sur la plaisante petite **plaça del Pi**, où s'élève toujours *(nº 1)*, à côté de maisons ornées de sgraffites, le bâtiment de l'archiconfrérie du Très Pur Sang, dont les membres devaient, en pénitence, accompagner les condamnés à mort jusqu'à l'échafaud.

La façade principale de l'église donne sur cette place et son ornement le plus significatif est une **rosace** de grande taille, flanquée de deux tours inachevées.

L'**intérieur★** présente la structure typique des églises gothiques catalanes (une seule nef et des chapelles latérales). L'absence de décoration met en valeur les éléments purement architecturaux, et le volume de la nef apporte du caractère à l'ensemble.

Plaça de Sant Josep Oriol★

Devant l'imposante façade latérale de Santa Maria del Pi, cette place, très fréquentée, accueille le monument érigé à la mémoire du dramaturge **Àngel Guimerà** (1845-1924). C'est l'un des endroits les plus prisés des touristes et de la bohème, car ses terrasses sont fréquentées par des peintres, des musiciens et des poètes qui donnent une touche pittoresque à ce coin de Barcelone.

Retourner à la Rambla.

BARCELONA

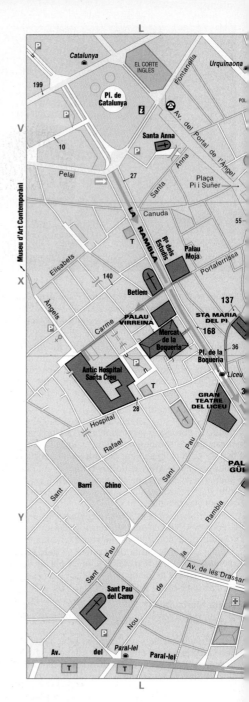

Gran Teatre del Liceu★

Le théâtre a été totalement reconstruit à la suite du tragique incendie de 1994. Visite guidée (45mn) à 9h45 sur demande. 5€. Fermé 1ᵉʳ et 6 janv., août, 24-26 déc. ☎ 93 485 99 14.

Il fut créé au milieu du 19ᵉ s. par la société culturelle Liceu Filhàrmonico-Dramàtic Barcelonès, avec la participation financière de la bourgeoisie barcelonaise. Le premier bâtiment, œuvre de J. O. Mestres et M. Garriga i Roca, construit sur les terrains de l'ancien couvent des Trinitaires, fut inauguré en 1847. En 1861 un incendie le dévastait, mais en un an on le reconstruisit.

Lieu de rencontre de la bourgeoisie industrielle et financière naissante, le Liceu devint de ce fait la cible des groupes anarchistes, qui y commirent un grave attentat en 1893. Depuis le début du 20ᵉ s., le théâtre a vu se donner la première de plusieurs œuvres

PALAU DE LA MÚSICA CATALANA

PARC DE LA CIUTADELLA

Hivernacle

Umbracle

LA RIBERA

Baix

St Pere Més Alt

St Pere Més Baix

Laietana

St Pere

Mercaders

Carders

Assaonadòrs

Princesa

Comerç

Picasso

de

Mercat del Born

Pl. Antoni Maura

MUSEU PICASSO

Casa Cervelló-Giudice

Palau Dalmases

Miralles

Argenteria

STA MARIA DEL MAR

ESTACIÓ DE FRANÇA

Av. Marqués de l'Argentera

Pl. de l'Àngel

Jaume 1

CATEDRAL

C. Excursionista de Catalunya

BARRI GÒTIC

Palau de la Generalitat

Pl. de St Jaume

Via Laietana

Pl. del Palau

LA LLOTJA

Porxos d'en Xifré

Pl. Antonio López

Moll del Dipòsit

PALAU DE MAR

MARINA

Avinyó

Colom

Ample

Serra

PLAÇA REIAL

RAMBLA

Estudellers

Pl. del Teatre

LA MERCÉ

Ample

de

Clavé

Josep A.

Passeig

RONDA DEL LITORAL

Moll de Bosch i Alsina

Pl. del Duc de Medinaceli

Moll de la Fusta

Pl. del Ictíneo

Imax

REAL CLUB NAUTICO

PORT VELL

L'Aquàrium

Sta Mònica

Pl. Portal de la Pau

Pl. de la Odisea

Moll d'Espanya

DRASSANES i MUSEU MARÍTIM

Monument a Colom

REAL CLUB MARÍTIMA

Rambla de Mar

MAREMAGNUM

DUANES

0   100 m

La plaça Reial.

des plus grands compositeurs contemporains. Les meilleures voix de tous les temps y sont passées, et les saisons de ballet ont atteint un grand prestige.
Prendre à droite la rue Nou de La Rambla.

Palau Güell★★

Ce singulier édifice, résidence du couple Güell et de ses dix enfants, fut construit de 1886 à 1890.

Sur la **façade★**, en pierre blanche, se mêlent des symboles catalans comme le dragon et les « quatre barres » *(voir p. 53)*, ornés de motifs imaginaires et des initiales d'**Eusebi Güell**. Elle présente deux grands arcs paraboliques à l'entrée, et de magnifiques grilles en fer forgé, encadrées par deux serpents. *Voir Au Sud de la Rambla dans « visiter ».*
Revenir à la Rambla et la traverser.

Plaça Reial★★

Cette grande place piétonnière fut créée entre 1840 et 1850 sur le terrain de l'ancien couvent de capucins, selon les plans de Francesc D. Molina, qui s'inspira à la fois des boulevards français et des places castillanes.

Cet harmonieux ensemble architectural est constitué de bâtiments uniformes, ponctués d'arcades. Les premiers sont ornés en haut de médaillons à l'effigie de certains grands navigateurs et explorateurs. Sur la place subsistent deux réverbères – dessinés par le jeune Gaudí – et une touffe de palmiers.

Il est devenu l'un des coins incontournables de la nuit barcelonaise. Sous les arcades fleurissent les *cervecerías* (bars à bière) et le dimanche se tient un marché aux timbres et monnaies. Ne pas oublier de visiter le **passeig Bacardí**, galerie de fer et de verre très parisienne d'aspect.

La place est reliée par un passage à la **carrer de Ferran**, longue avenue commerçante qui va vers la place de Sant Jaume, et de l'autre côté à la **carrer dels Escudellers**, gagnée par l'ambiance du Barri Chino. C'est entre ces deux rues, en remontant vers la place de Sant Jaume, que se trouve la **carrer d'Avinyó**, dont les anciens bordels inspirèrent Picasso pour peindre son tableau *Les demoiselles d'Avignon* (1907).
Revenir à la Rambla.

La **pla del Teatre** est une esplanade où se dressent l'ancien théâtre Principal et le monument à la mémoire du dramaturge satirique Frederic Soler, mieux connu sous le nom de « **Pitarra** ». Caricaturistes, peintres et maîtres du tarot se sont approprié le secteur et l'ont transformé en un lieu à la fois animé et bizarre.

La **Rambla de Santa Mònica** marque la jonction de la Rambla avec la mer. Dans cette large promenade se trouvent le **Palau Marc**, bel édifice néoclassique dont le patio intérieur couvert est le siège du département de Culture de la Généralité, et l'ancien **couvent de Santa Mònica**, désormais **centre d'Art contemporain** accueillant des expositions temporaires. *11h-13h45, 17h-19h45, w.-end et j. fériés 11h-15h. Fermé 1er et 6 janv., Ven. saint, 25 déc. Gratuit.* ☎ *93 316 28 10/27 27.*

Derrière le palais Marc se trouve le **musée de la Cire** *(voir Au Nord de la Rambla dans « visiter »).*

Monument Colomb

De déb. juil. à mi-sept. : 9h-20h30 ; avr.-mai : 10h-14h, 15h30-19h30 (w.-end et j. fériés 10h-19h30) ; le reste de l'année 10h-13h30, 15h30-18h30 (w.-end et j. fériés 10h-18h30). Fermé 1er janv., 12 oct., 25 et 26 déc. 1,80€. ☎ *93 302 52 24.*

Sur la place Portal de la Pau, juste devant les Drassanes *(voir la rubrique consacrée à la façade maritime)*, surgit le monument érigé à la mémoire de Christophe Colomb. Construit en 1886 par Gaietà Buïgas, il commémore la réception que les Rois Catholiques donnèrent en l'honneur du navigateur génois après son premier voyage en Amérique. Une grande colonne en fonte sur une base de pierre porte la statue du découvreur.

À l'époque de sa construction, cette statue représentait tout un symbole de progrès en raison du matériau utilisé, le fer. Aujourd'hui, elle est l'une des marques de l'identité de Barcelone, plus par le prestige que lui ont attribué les Barcelonais que par sa beauté. Du haut de l'étroite tour *(l'ascension est déconseillée aux personnes souffrant de vertiges ou de claustrophobie)*, 52 m plus haut, s'ouvre un beau **panorama★** de la ville.

Les Drassanes★★

Ces anciens chantiers navals, ou arsenal royal, situés à l'extrémité de la Rambla, près du monument Colomb, sont les plus importants et les plus complets de type médiéval au monde. En outre, ils constituent l'un des meilleurs exemples d'architecture civile gothique catalane.

Pendant le règne de Pierre III le Grand (v. 1240-1285), on dressa un bâtiment composé d'un patio fortifié entouré de porches et de tours de défense aux angles. Pierre IV le Cérémonieux (1319-1387) élargit les porches Est et Ouest et les transforma en salles voûtées composées de huit nefs parallèles où l'on pouvait travailler sur trente galères à la fois. Vers la fin du 16e s., les chantiers devinrent propriété de la Généralité qui y ajouta huit nefs de plus de 100 m. La découverte du Nouveau Monde marqua la prédominance de l'Atlantique sur la Méditerranée et, par voie de conséquence, la décadence des galères. Démantelées, les Drassanes furent transformées en quartier d'artillerie. Cédées par les autorités militaires à la ville, en 1936, la partie la plus ancienne abrite le **musée de la Marine** *(voir Au Sud de la Rambla dans « visiter »)*.

La façade maritime★ *1/2 journée*

La ligne d'autobus n° 14 parcourt la façade maritime jusqu'au Village olympique.

Cet espace qui s'étend depuis le bas de Montjuïc jusqu'à l'embouchure du Besòs, en passant par la Barceloneta et les plages d'El Poble Nou, symbolise le caractère méditerranéen de Barcelone. Si la ville retrouve peu à peu son identité, c'est grâce, en partie, à la réhabilitation de sa façade maritime.

La réhabilitation du secteur portuaire barcelonais a débuté avec le projet urbain du **Moll de Bosch i Alsina** ou **Moll de la Fusta** (quai du Bois), promenade bordée de palmiers qui dispose d'une large terrasse surélevée.

Utilisé jusqu'au milieu du 20e s. pour stocker le bois avant l'embarquement, ce quai est devenu l'un des secteurs les plus dynamiques de la ville ; on y respire un air chargé de modernité – voir les sculptures d'artistes contemporains tels Robert Krier et Roy Lichtenstein –, qui contraste avec la paisible vision des bateaux amarrés au port et des flottilles de plaisance du Club Nautique et du Club Maritime.

Port Vell★

Le **vieux port** est devenu un important secteur de loisirs très fréquenté. Par une moderne passerelle de bois, la **Rambla de Mar**, on gagne le Moll d'Espanya, qui réunit l'**Aquàrium** *(voir La façade maritime dans « visiter »)*, le complexe **Maremagnum**, grand centre commercial avec restaurants, terrasses animées, cinéma multisalles, bars à musique, et discothèques, et l'**IMAX**, dont le spectaculaire

Le Port Vell.

S. Oliver/MICHELIN

écran à 180° offre en trois dimensions des images de documentaires ou de concerts. *Consulter les horaires et les prix.* ☎ *93 225 11 11.*

Prendre la promenade de Colón, puis à gauche la rue Serra.

La Mercè★

10h-13h, 18h-20h (sam. 20h30), dim. et j. fériés 10h-14h, 19h-20h30. ☎ *93 310 51 51.*

La basilique actuelle, consacrée à la patronne de Barcelone, date de 1760. En dépit des dommages subis pendant la guerre civile, les deux façades sont parfaitement conservées. La façade principale, sur la place de la Mercè, est le seul exemple barcelonais de façade baroque légèrement courbe. Dans la rue Ample, la seconde, de style Renaissance, fut transportée jusqu'ici depuis une église voisine en 1870.

La coupole, de facture éclectique de la fin du 19e s., est surmontée par une statue monumentale de la Mare de Déu de la Mercè, visible depuis plusieurs points dans la ville.

L'intérieur, à vaisseau unique avec des chapelles latérales et un court transept, présente une riche décoration à base de revêtements de marbre et de grandes fenêtres aux jalousies très travaillées. La belle **statue★** gothique représentant la **Mare de Déu de la Mercè**, réalisée par Pere Moragues (1361), est particulièrement intéressante.

Remonter le passeig de Colom jusqu'à la vía Laietana.

Vía Laietana

Cette grande artère rectiligne, qui traverse la vieille ville en direction du port, fut ouverte dans la première décennie du 20e s., entraînant le déplacement ou la démolition de nombreux bâtiments importants.

Traverser la vía Laietana et poursuivre par le passeig d'Isabel II.

La Llotja★

Visite guidée (30mn) sur demande. ☎ *90 844 84 48.*

À l'origine, la **Bourse de commerce** se trouvait sous un porche à l'air libre où se négociaient les marchandises parvenues au port. Les relations commerciales de Barcelone s'intensifiant, il fallut agrandir ces installations et, à la fin du 14e s., les marchands entreprirent la construction d'un vaste bâtiment, qui devint le siège du consulat de la Mer.

L'imposant édifice actuel a été reconstruit à la fin du 18e s. dans le style néoclassique.

La façade principale sur la rue del Consolat de Mar, tout comme les façades latérales, ont été réalisées selon les tendances françaises à la grande monumentalité. Actuellement, le bâtiment est le siège de la chambre de commerce et d'industrie.

De l'édifice médiéval ne subsiste que la grande **Salle gothique★★**, dont les énormes proportions n'ont d'égale que la « loggia » de Florence. Ses trois nefs, séparées par de triples arcades en plein cintre, sont une réponse strictement méditerranéenne au gothique élancé des pays septentrionaux.

LE « CONSOLAT DE MAR »

Les marchands furent les véritables moteurs de l'économie catalane dès le 12e s. Ils nouèrent des relations avec les pays d'Afrique et du Levant, y créant des *alfondics*, dépôts dont l'implantation facilita l'expansion catalane en Méditerranée (*voir Invitation au voyage : L'histoire*). Mais vendre suppose une réglementation. Les commerçants d'outre-mer en vinrent bientôt à créer le consulat de la Mer, sorte d'assemblée corporative ayant pouvoir de juger n'importe quel litige du commerce maritime. Les conflits étaient résolus selon des règles élaborées par les commerçants eux-mêmes. Ce règlement, qui envisageait tous les cas de figure, y compris les règles concernant l'abordage des navires et les pertes en mer, fut rédigé dès 1258 et édité pour la première fois en 1484. Le *Llibre del Consolat de Mar* eut une influence notable sur toute la Méditerranée car il constituait le **premier traité de droit maritime** au monde.

L'institution de la Llotja se généralisa dans l'ensemble du monde méditerranéen et l'on comptait 56 consuls autour de la Méditerranée au 14e s. Valence, Palma de Majorque et Perpignan avaient des centres du même type, mais celui de Barcelone, symbole du pouvoir et de la richesse du commerce catalan, était le plus puissant et influent.

Porxos d'en Xifré

Après la découverte de l'Amérique, de nombreux Catalans partirent y faire fortune. Beaucoup d'entre eux, après leur réussite comme agents commerciaux ou à la tête de petites affaires, revinrent à Barcelone. Ces *indianos*, comme on les a appelés, devenus des figures influentes grâce à leur richesse ostentatoire, prirent l'habitude de se faire construire de magnifiques demeures privées à Barcelone ou dans leur village d'origine. Ce fut le cas de **Josep Xifré i Cases** (1777-1856), marchand de son état, qui après avoir amassé une grosse fortune à Cuba, devint l'homme le plus riche de Barcelone. L'ensemble de bâtiments néoclassiques à arcades qu'il fit construire abrite actuellement un labyrinthe de magasins très fréquentés.

Continuer par l'avenue Marquès de l'Argentera.

Duana Nova

Le bâtiment détruit par un incendie en 1777 fut reconstruit dans un goût néoclassique aux tendances rococo. Depuis 1902, il est le siège de la préfecture.

Estació de França★

Bâtie en 1929, cette énorme **structure de fer**, couverte d'un toit de verre, est toujours le point de départ de lignes ferroviaires. Elle est aussi la scène de grandes manifestations culturelles, tel le Salon annuel de la bande dessinée (Saló del Comic).

Parc de la Ciutadella★

Après la longue période de résistance opposée par Barcelone au siège de Philippe V (1714), celui-ci décida de construire une citadelle d'où il pourrait dominer la ville. En 1715 débuta la construction d'un ensemble de bâtiments et de remparts, selon les innovations françaises en matière de fortifications, qui nécessita la démolition de plus de mille maisons du quartier de la Ribera : ainsi ce district marin, densément peuplé et d'une grande activité économique, fut rasé quasi complètement. La Citadelle devint, comme le château de Montjuïc, le symbole de la répression aux yeux de la population, et l'une des principales revendications du nationalisme catalan au 19e s. était sa démolition. Celle-ci intervint après la révolution libérale de 1868 et, sur l'emplacement, fut créé un parc public où, plus tard, se tint l'Exposition universelle (1888).

L'accès monumental au parc, le **passeig de Sant Joan**, fut conçu comme une longue avenue descendant du centre-ville et pénétrant à l'intérieur de l'enceinte. Cette ligne droite s'ouvre face à l'entrée du parc avec l'**Arc del Triomf**, construit pour servir de symbolique porte d'accès à l'Exposition et récemment restauré.

Dans l'enceinte du parc ont élu domicile plusieurs **musées** (de Zoologie, d'Art moderne et de Géologie) ainsi que le **zoo** (*voir Le parc de la Ciutadella dans « visiter »*).

Castell dels Tres Dragons★★ – Ce monumental bâtiment en fer et brique rouge de style néogothique, réalisé par Domènech i Montaner en 1887 pour servir de restaurant à l'Exposition universelle, se dresse sur l'avenue dels Tells, longue promenade bordée d'arbres et de parterres fleuris. À l'extérieur, on peut remarquer les grandes fenêtres d'inspiration gothique, les créneaux de style roman et les panneaux en céramique sur lesquels sont peintes des figures allégoriques et des images fantastiques. Il héberge le **Musée zoologique**.

Hivernacle i Umbracle – Les deux bâtiments se font face. La **serre** est un exemple d'architecture en verre et en fer typique des débuts du 20e s. Plus significative encore est la construction de brique et son toit en bois, où poussent les espèces les plus variées de plantes tropicales. Au fond, entre les deux, se tient le **musée de Géologie**.

Cascade★ – Construite avec la participation de Gaudí, encore étudiant en architecture, cette cascade géante est précédée par une large place circulaire. Juste à côté se trouve un petit étang où il est possible de louer des barques.

Plaça de Armes – Cet espace rectangulaire paysager au centre du parc conserve les seuls vestiges de l'ancienne forteresse : **l'arsenal**, bel édifice baroque où siège actuellement le Parlement de Catalogne et où se trouve le musée d'Art moderne, le palais du Gouverneur (transformé en école) et la chapelle.

La cascade, parc de la Citadelle.

Sur la place s'étale un étang ovale au centre duquel se trouve la sculpture, très connue, *Desconsol (Chagrin)*, œuvre de Josep Llimona.

Revenir par l'avenue Marquès de l'Argentera jusqu'à la pla del Palau et prendre à gauche le passeig Joan de Borbó.

La Barceloneta★

Après la démolition d'une partie du quartier de la Ribera, l'ingénieur militaire J. Martín de Cermeño projeta la construction d'un nouveau quartier qui prit avec le temps le nom de La Barceloneta.

Au début du passeig Joan de Borbó se dresse le **Palau del Mar**, ensemble d'édifices du début du 20ᵉ s. qui hébergeait les anciens entrepôts généraux du port de Barcelone et qui accueille aujourd'hui, entre autres institutions, le **Museu d'Historia de Catalunya** *(voir La façade maritime dans « visiter »)*.

Ce secteur, formé par quinze rues longues coupées par quinze rues courtes, est habité aujourd'hui par des pêcheurs, des dockers et d'autres travailleurs du port.

L'église **Sant Miquel del Port★**, élégant édifice élevé en 1753, préside la plaça de la Barceloneta, et est le noyau de ce quartier qui s'étend du parc de la Citadelle à la mer. *7h (sam. 8h)-13h30, dim. et j. fériés 8h-14h.* ☎ *93 221 65 50.* Appelé le « Naples barcelonais », il est très agréable de musarder au milieu de ces ruelles pittoresques inondées de soleil et des couleurs du linge flottant aux balcons, ou de s'arrêter pour goûter l'une des exquises recettes marinières que proposent restaurants et gargotes.

De la **torre de Sant Sebastià** un **téléphérique** et une **télécabine** gagnent *(voir p. 146)* le flanc de Montjuïc. De ces deux moyens de transport, on a une **perspective★★** privilégiée de la Barceloneta et ses quais.

Vila Olímpica★

Si la Barceloneta est un quartier qui conserve une grande partie de son charme traditionnel, la Vila Olímpica est un des secteurs les plus modernes et les mieux aménagés de la Barcelone actuelle. Construite sur la zone côtière de El Poblenou pour loger les 15 000 sportifs qui participaient aux JO de 1992, elle a apporté un grand dynamisme à toute la façade maritime.

Le projet d'aménagement est l'œuvre des architectes **Martorell**, **Bohigas** et **Mackay**, et les différents blocs d'appartements ont été confiés à des architectes locaux récompensés des prix FAD (Foment de les Arts Decoratives : Société d'encouragement aux Arts Décoratifs) d'architecture.

En outre, la Vila Olímpica possède de beaux jardins, ornés de sculptures contemporaines, de larges avenues et un singulier échantillonnage commercial et ludique.

Le nouveau **port de plaisance★★**, œuvre de l'ingénieur J.R. de Clascà, est devenu l'une des plus importantes zones de loisirs de la ville. Aux plages réhabilitées d'El Poblenou **(Bogatell, Somorrostro, Nova Icària)** s'ajoutent de nombreux cafés-terrasses, bars et restaurants pour former un ensemble bigarré où règne une grande animation, souvent jusqu'au petit matin. Parmi les nombreux édifices de cette zone, les **deux tours**, de 153 m de hauteur, sont les plus remarquables. Ces deux gratte-ciel constituent le symbole de la volonté de progrès et de modernité de Barcelone.

La première tour abrite l'**Hotel Arts Barcelona** qui fait partie de la chaîne internationale Ritz-Carlton. Œuvre collective de plusieurs architectes américains, sa structure de fer donne une sensation de solidité doublée d'une gracilité certaine.

La **Torre Mapfre**, œuvre d'Íñigo Ortiz et Enrique León, possède également 44 étages mais ses façades en verre la différencient totalement.

Du haut de ces tours, la **vue★★★** est un véritable émerveillement ; par beau temps, il est possible de voir se profiler à l'horizon l'île de Majorque.

Le quartier de la Ribera★

Cet itinéraire se déroule dans l'ancien quartier de la Ribera, un des secteurs les plus prospères de Barcelone depuis le 13ᵉ s. jusque vers la fin du 18ᵉ s. Cette promenade confronte deux des mondes essentiels de l'histoire barcelonaise : les marchands, dont les grandes demeures se concentraient sur le secteur de la Ribera le plus proche de la mer, et les artisans, dont les corporations respectives avaient leurs sièges dans la partie haute du même quartier.

Carrer de Montcada★★

Le commerce maritime a joué un rôle fondamental dans l'histoire de la ville quand, aux 13ᵉ et 14ᵉ s., la marine barcelonaise dominait le trafic maritime du bassin occidental de la Méditerranée, notamment vers les Baléares, la Sardaigne, la Sicile et l'Italie méridionale.

Les familles de marchands ayant acquis un grand prestige social formèrent une solide oligarchie qui régna sur la ville jusqu'à une période récente, et la rue de Montcada fut la meilleure « vitrine » pour les parades de cette nouvelle classe sociale. En effet, symbole de la grande expansion maritime des Catalans en Méditerranée, cette rue, qui doit son nom à la puissante et noble famille **Montcada**, réunit en un ensemble unique hôtels particuliers et demeures aristocratiques datant pour la plupart de la fin du Moyen Âge. Son tracé rectiligne reliait le centre-ville avec le secteur du port, jadis appelé Vilanova del Mar.

Palau Berenguer d'Aguilar★ – Après avoir traversé la rue de la Princesa, première rue de la ville à avoir été pavée, ce palais, situé au n° 15, est le premier de ces hôtels particuliers. Cette magnifique résidence, modifiée aux 15ᵉ et 18ᵉ s., conserve un grand nombre d'éléments de l'architecture typique des demeures nobles de la Barcelone médiévale, inspirées des palais des marchands italiens.

La façade, très solennelle et peu ornée, concentre sa décoration autour des fenêtres de l'étage inférieur, et présente des balcons en fer forgé ajoutés ultérieurement. Le **patio central★** qui comporte un escalier conduisant au niveau supérieur, ou étage noble, complète son sobre aspect avec des arcades ouvertes, des moulures décoratives et différents ustensiles (jarres à huile, vin et eau) qui rappellent le passé marchand des propriétaires.

Ce palais, la **maison du baron Castellet** (n° 17) et le **Palau Meca**, édifice baroque (n° 19), hébergent le **musée Picasso** *(voir Le quartier de la Ribera dans « visiter »).*

Palau del Marquès de Llió (n° 12)

Comme le palais précédent, il s'inscrit dans la typologie du gothique catalan : patio central, escalier conduisant à l'étage noble et rez-de-chaussée destiné aux dépendances. Les éléments de style qui le distinguent furent réalisés au cours d'une transformation effectuée au 18ᵉ s.

Le corps supérieur de la façade présente une galerie ouverte qui servait apparemment à étendre les pièces de laine. Les fins triplets de la façade sont très typiques.

Dans le **patio**, une agréable terrasse fait office de bar-restaurant.

Actuellement, ce bâtiment est le siège du **musée du Textile et de l'Habillement** *(voir Le quartier de la Ribera dans « visiter »).*

Tout proche, l'élégant **palais Nadal**, édifice du 12ᵉ s. restauré au 18ᵉ s., accueille le **musée Barbier-Mueller d'art précolombien** *(voir Le quartier de la Ribera dans « visiter »).*

Rue Montcada.

Casa Cervelló-Giudice (n° 25) – Cette maison, qui répond aux critères des palais gothiques catalans du 15ᵉ s. (patio et escalier desservant l'étage noble), fut habitée par la noble famille des Cervelló et, plus tard, par les Giudice, banquiers génois.

L'intérieur abrite la **galerie Maeght**.

Palau Dalmases (n° 20) – C'est la demeure qui conserve la plus grande richesse décorative. De construction ancienne, comme en témoigne la voûte de sa chapelle de style médiéval tardif, elle a été reconstruite à la fin du 17ᵉ s., après que la famille Dalmases l'eut achetée.

La transformation du bâtiment fut étroitement suivie par les Dalmases mêmes, fabricants de tissus qui s'étaient enrichis dans le commerce du textile. Ce sont eux qui dessinèrent les **frises**★ d'une grande splendeur décorant la rampe de l'escalier couvert du patio – orné de colonnes torsadées à cannelures (colonnes salomoniques) et de treilles entrelacées – et représentant des sujets mythologiques, tels l'Enlèvement d'Europe et le Char de Neptune.

Actuellement, une partie de ce bâtiment est réservée aux expositions de la **salle Montcada**.

Au bout de la rue Montcada, vous verrez sur la droite le chevet de l'église Santa Maria del Mar et sur la gauche le passeig del Born.

Santa Maria del Mar★★

« ¡ Santa Maria ! » était l'un des cris de guerre de l'armée et des marins catalans. Jacques Iᵉʳ jura, après la conquête de Majorque, de consacrer une cathédrale à la Vierge. Cent ans plus tard, lorsque les flottes catalanes dominaient la Méditerranée, l'église Santa Maria del Mar était construite.

Si la cathédrale était le centre de l'ancienne ville comtale, Santa Maria présidait le quartier où habitaient marins et marchands, les nouveaux héros de la ville.

Construite au 14ᵉ s. avec une rapidité inhabituelle pour un édifice d'aussi grandes proportions, elle devint en peu de temps le centre spirituel du quartier. Elle est souvent appelée familièrement « la cathédrale de la Ribera », car les marins qui demeuraient dans ce quartier – la Ribera – aidèrent, malgré leurs modestes moyens, à la construction de l'église, voulant rivaliser avec les bourgeois qui finançaient alors la cathédrale.

Le résultat de cette initiative populaire fut cette merveilleuse église, dont l'harmonie et l'élégance ont fait l'objet des éloges d'architectes mondialement réputés.

Extérieur★★ – C'est une des seules églises gothiques catalanes dont l'extérieur soit entièrement achevé. Ses trois façades – la principale donnant sur la place de Santa Maria, la seconde sur la rue de Santa Maria et la dernière sur l'allée du Born – sont représentatives du gothique catalan : prédominance de l'horizontalité, contreforts massifs, grand nombre de surfaces nues et piliers octogonaux.

La façade principale est un exemple de savoir-faire architectural. Décorée de part et d'autre des statues de saint Pierre et de saint Paul, elle présente sur son tympan un important groupe sculpté. La **rosace**★ (15ᵉ s.), de style gothique flamand, flanquée de deux tours-clochers à base octogonale, est d'une qualité suprême.

L'édifice s'étend le long de la rue de Santa Maria, où s'ouvre une autre entrée. De ce côté de l'église, on peut apprécier les gargouilles des contreforts, le revers des vitraux et, avant tout, la régularité de la monumentale architecture.

La porte de l'abside (entrée habituelle), située sur l'allée du Born, bien que de style gothique, a été construite en 1542.

Intérieur★★★ – On est d'emblée frappé par la beauté de ce prodige architectural. Santa Maria del Mar réunit les deux réussites les plus importantes de l'architecture gothique catalane : épuration des formes et amplitude de l'espace.

Au lieu d'adopter la structure habituelle de corridors placés côte à côte, l'architecte conçut trois vaisseaux de grande hauteur, séparés par de sveltes piliers octogonaux. Avec cette disposition, on obtient un effet d'une grande légèreté puisque les supports intérieurs sont réduits à leur plus simple expression.

Le maître-autel est entouré par une curieuse forêt de colonnes, qui se rejoignent en formant une voûte nervée.

Ses dimensions procurent une indicible sensation de paix et de légèreté. Le regard se perd dans cette perspective aérienne et l'espace silencieux et troublant enveloppe le spectateur de sa solennelle immobilité. L'effet produit est supérieur la nuit.

Bien qu'après les désordres anticléricaux de 1936 la décoration intérieure ait complètement disparu, il reste encore dans la nef des pierres portant des inscriptions associées au monde de la mer (dockers, fabricants de voiles, ou portefaix). Il n'est pas étonnant de voir le maître-autel surmonté de la sculpture votive d'une embarcation du 15ᵉ s., au pied de la Vierge à l'Enfant.

LES MATHÉMATIQUES AU SERVICE DE L'HARMONIE

L'harmonie de Santa Maria del Mar est fondée sur des calculs précis : la nef centrale mesure 13 m et les collatéraux 6,5 m. La largeur totale de l'ensemble est égale à la hauteur des bas-côtés et la différence entre ces derniers et la nef centrale est identique à la largeur des collatéraux. Entre les contreforts de ces derniers se trouvent les chapelles disposées par groupes de trois.

Mercat del Born

Du 13e au 18e s., le centre de la ville se situait autour du passeig del Born avant de se déplacer sur la Rambla. Les nobles de la rue de Montcada suivaient les tournois – le mot « born » veut dire tournoi – qui se déroulaient dans le quartier et le peuple fréquentait cette promenade où se tenaient de nombreuses fêtes populaires.

Au bout de l'allée, où habituellement s'installent des étals de bazar et d'articles de cuir, est édifié le marché, œuvre de Josep Fontseré (1874). Sa structure métallique est l'un des premiers exemples d'architecture industrielle réalisés en Espagne. Durant les travaux de réhabilitation qui se terminent, ont été mis au jour d'importants vestiges romains.

Tout le secteur qui l'entoure a été relancé grâce aux nombreuses galeries marchandes qui s'y sont installées.

visiter

DANS L'EIXAMPLE

Fundació Arqueològic Clos ; Museu Egipci de Barcelona

10h-20h, dim. et j. fériés 14h. Visite nocturne ven.-sam. (non fériés) 21h30-23h sur demande. Fermé 1er janv., 25 et 26 déc. 5,50€ ; nocturne : 12€. ☎ 93 488 01 88.
Récemment installé dans ce nouveau bâtiment, cet intéressant musée privé possède environ 600 pièces représentatives des diverses périodes de la civilisation égyptienne, en sus de quelques pièces de la période romaine. La collection exposée selon les critères didactiques se divise par thème. Du fonds exposé, on retiendra en particulier les sarcophages, les momies et les masques funéraires qui témoignent de l'importance de la religion et de la vie d'outre-tombe dans l'esprit des Égyptiens, ainsi qu'une luxueuse collection de bijoux, et d'objets d'intérieur. Une statue de Ramsès II et deux statues de grande qualité (Ancien Empire) méritent également qu'on s'y attarde.

DANS LE QUARTIER GOTHIQUE

Museu d'Història de la Ciutat★★

Entrée par la rue del Veguer. Tlj sf lun. 10h-19h (mer. 20h), dim. et j. fériés 10h-14h30. Fermé 1er et 6 janv., 24 et 25 déc. 3€ ; gratuit 23 avr., 18 mai, 11 et 24 sept. ☎ 93 225 47 00.
La maison Clariana-Padellàs (15e s.), qui accueille le musée, porte le nom d'une noble famille barcelonaise. Elle a été transférée, pierre par pierre, depuis son site d'origine – rue dels Mercaders – jusqu'à la plaça del Rei où elle se trouve actuellement.

Visite – La visite débute dans des salles qui nous familiarisent avec la fondation de la ville romaine, pour se poursuivre par une promenade au milieu des vestiges de l'ancienne ville romaine, découverts dans le sous-sol de la place. Ce tronçon du parcours traverse toute la place avant d'aboutir au Grand Palais royal, dont le salon du Tinell et la chapelle Sainte-Agathe peuvent être visités.

La ville romaine★★★ – Dans le sous-sol de la maison Clariana-Padellàs et de la plaça del Rei, on a découvert la ville romaine et wisigothique qui fut l'embryon de Barcelone (4e-7e s.). Peu de villes au monde permettent cette bizarre promenade souterraine à travers des pans de murailles, des ruelles, des maisons et des ateliers romains. Au nombre des vestiges encore visibles, signalons une fabrique de salaison, une laverie, une fabrique de vin où l'on peut voir de nombreuses amphores, ainsi qu'un intéressant ensemble épiscopal de la Barcelone wisigothique.

Du souterrain de la ville romaine on passe aux deux salles aux voûtes romanes en berceau qui faisaient partie de l'ancien palais des Comtes. On y trouve quelques sculptures, épigraphes, et bustes du 1er au 4e s. Plus loin, la salle Jaime Ier présente de grandes peintures murales gothiques (13e s.), découvertes en 1998.

Palau Reial Major – La visite se poursuit dans ce palais (11e-14e s.), ancienne résidence des comtes de Barcelone puis de la couronne d'Aragon.

Capella de Santa Águeda★★ – À vaisseau unique, cette chapelle (14e s.) est couverte d'un maillage minutieux de bois polychrome. Elle renferme le merveilleux **retable du Connétable★★** (1465) de Jaume Huguet, ainsi nommé pour avoir été commandé par le connétable Pierre de Portugal, et représentant des scènes de la vie de la Vierge et de Jésus. On remarquera sur la planche centrale l'Adoration des Rois mages, l'une des pièces dominantes de la peinture catalane, et sur la partie haute, un calvaire.

C'est par un perron latéral que l'on accède au **mirador del Rei Martí**, tour aérienne qui permet d'avoir une **vue★★** privilégiée de tout le périmètre ancien de la ville, avec la coupole de la basilique de La Mercè, au fond.

Saló del Tinell – Construit entre 1359 et 1362, c'est une grande pièce de 17 m de haut, avec une couverture à deux versants soutenue par six monumentaux arcs en plein cintre. Son nom provient du vieux mot catalan désignant la crédence où l'on gardait la vaisselle précieuse, nom qui fut élargi à la salle où se déroulaient les grands banquets. Selon la tradition, c'est là que les Rois Catholiques reçurent (1493) Christophe Colomb à son premier retour d'Amérique.

Museu Frederic Marès★

Accès par la plaça de Sant Iu. Tlj sf lun. 10h-19h, dim. et j. fériés 10h-15h. Fermé 1er janv., Ven. saint, 1er mai, 24 juin, 25 et 26 déc. 3€ ; gratuit mer. ap.-midi, 1er dim. du mois. ☎ 93 310 58 00.

L'incroyable collection du sculpteur Frederic Marès (1893-1991) est divisée entre le musée Frederic Marès à Montblanc *(voir ce nom)*, le musée Marès de la Punta à Arenys de Mar *(voir ce nom)*, le Musée militaire de Montjuïc et ce musée, installé dans des dépendances du Palau Reial Major.

La collection du musée se répartit en deux sections :

Section sculpture – Occupant deux étages et la crypte du palais, elle est composée d'œuvres majeures de la sculpture espagnole, classées chronologiquement de l'époque ibérique jusqu'au 19e s.

Il faut remarquer l'impressionnante **collection★** de crucifix et calvaires en bois polychrome (12e au 14e s.) ainsi que celle de **Vierges à l'Enfant★** romanes et gothiques, une *Mise au tombeau★* du 16e s., composée de six personnages indépendants, et *La Vocation de saint Pierre★*, marbre du 12e s. réalisé par le maître Cabestany. On admirera la singulière expression des visages dont les yeux ovales semblent sortir des orbites.

Gabinete del coleccionista – Il expose le fruit de l'infatigable fièvre collectionneuse de son créateur qui ne manquera pas de vous laisser bouche bée. Des milliers d'objets de la vie quotidienne au 19e s. surtout, occupent les vastes salles : éventails, bijoux, peignes, gants, pipes, bagues a tabac, jeux de cartes, effets de commerce, cannes, montres, boucles, rosaires, faïences., etc.

On visite également l'**atelier** de l'artiste où sont exposées certaines de ses sculptures figuratives.

AUX ENVIRONS DE LA RAMBLA

Au Sud

Palau Güell★★

Tlj sf dim. 10h-13h, 16h-19h. Fermé j. fériés. 2,40€. ☎ 93 317 39 74.

Cette spectaculaire demeure fut construite par Gaudí de 1886 à 1890. Elle a beau être une œuvre de jeunesse, la résidence familiale des Güell reflète un langage personnel par lequel Gaudí désire dépasser le style historiciste tellement en vogue à cette époque. *Voir La Rambla dans « se promener ».*

L'édifice reflète très clairement son idée personnelle de l'architecture et sa conception de l'espace. L'emploi innovant de matériaux (remarquez dans le hall la décoration du plancher imitant un dallage de briques), l'importance du traitement de la lumière, utilisée comme un élément d'intégration des différents espaces, l'emploi du bois pour les portes et pour les plafonds à caissons des salons principaux (à noter la beauté et la complexité surprenantes de certains) sont certaines des clefs que nous dévoile la visite de cette magnifique demeure exclusivement conçue par le génial artiste.

Le Grand **Salon central** (occupant trois étages) est sans nul doute la salle la plus remarquable avec sa superbe coupole parabolique percée de petits œils laissant filtrer la lumière et qui évoque la voûte céleste.

Comme dans ses autres constructions, Gaudí laisse libre cours à son imagination pour la confection de la terrasse : les sols ondulent et les oniriques cheminées sont tapissées de mosaïques autour de la lanterne du grand salon.

Museu d'Art Contemporàni de Barcelona★★ (MACBA)

De fin juin à fin sept. : tlj sf mar. 11-20h ; le reste de l'année : tlj sf mar. 11h-19h30. Sam. toute l'année 10h-20h, dim. et j. fériés 10h-15h. Fermé 1er janv., 25 déc. 6€. ☎ 93 412 08 10.

Barcelone a transformé son ancien **Barri Chino**, ou Raval, source d'inspiration de nombreux écrivains (voir l'œuvre de *Juan Marsé* et surtout *Izas, rabizas y colipoterras* de Camilo José Cela), en une zone regroupant les équipements culturels les plus modernes. La physionomie populaire et canaille de ce quartier portuaire a été altérée par l'apparition d'une série de constructions spectaculaires, symboles du dynamisme de la ville, dont l'exemple le plus frappant est le musée d'Art contemporain de Barcelone, réalisé par l'architecte américain Richard Meyer.

Cet **édifice★★** monumental se rattache à la tradition rationaliste méditerranéenne, qui apporte sa touche personnelle à l'architecture contemporaine. À l'extérieur apparaissent des œuvres représentatives, telles *La Ola*, de Jorge Oteiza, placée devant la façade vitrée, et la peinture murale de Eduardo Chilida, *Barcelona*, visible au fond de la place que domine le musée.

Ses vastes salles blanches, dans lesquelles la lumière naturelle se glisse en préservant toutes ses nuances, sont un cadre parfait pour la **collection permanente★**, composée de quelque 1 500 œuvres de la seconde moitié du 20e s., où une place particulière est accordée aux apports catalans et aux tendances étrangères ayant particulièrement marqué l'art contemporain en Catalogne.

On y trouve des œuvres représentatives du constructivisme et de l'abstraction (*Beschwingte Bindungen*, de Paul Klee, deux extraordinaires mobiles d'Alexander Calder, le *Concetto Spaziale* de Lucio Fontana, la *Femme dans la Nuit* de Joan Miró, *Planos de color con dos maderas superpuestas*, de Joaquín Torres-García et les magnifiques variations autour de la *Desocupación no cúbica del espacio*, de Jorge Oteiza) ;

des travaux d'une nature plus expérimentale (*Réserve des Suisses morts*, de Christian Boltanski, *Das Glab in den Lüften*, d'Anselme Kiefer et *Portrait*, de Muntadas), ainsi que des pièces représentatives des années 1980 (*Tríptic de Granada*, de Joan Hernández Pijuan, *Dues creus negres*, d'Antoni Tàpies, *Pintura 2* – hommage à Joan Miró – d'Alberto Refols Casamada, *Black Flower*, de José María Sicilia). Il faut également faire mention de *Saison des pluies 2* (1990), œuvre de Miquel Barceló, qui est son interprétation personnelle de la pluie en tant que symbole de la fécondité et métaphore de la régénération, et *Asociació Balnearia 2* (1987), sculpture monumentale de Susana Solano, où la robustesse du fer forgé trouve son complément dans les troncs d'arbre empilés le long du mur, créant ainsi un contraste saisissant entre la diversité de la nature et la froideur de la construction humaine.

S'y déroulent aussi de nombreuses expositions temporaires, cycles de conférences, concerts et autres activités de diffusion de l'art contemporain. La bibliothèque spécialisée est remarquable.

Centre de Cultura Contemporània de Barcelona (CCCB)

De fin juin à mi-sept. : tlj sf lun. 11h-20h ; le reste de l'année : tlj sf lun. 11h-14h, 16h-20h (mer., sam. 11h-20h, dim. et j. fériés 11h-19h). Fermé 1ᵉʳ janv., 25 déc. 4€ (2 expositions : 5,50€). ☎ 93 306 41 00.

Une partie du MACBA, le CCCB et le Centre d'Études et de Ressources culturelles occupent l'ancienne Casa de la Caritat (maison de la Charité).

Le **Centre de culture contemporaine de Barcelone**, édifice remodelé par les architectes Piñón et Viaplana, associe dans son singulier **patio**★ la décoration originale – réalisée à partir de sgraffites et de mosaïques reproduisant des motifs floraux – et les tendances modernes. L'élément le plus regardé est la gigantesque paroi de verre qui s'élève sur un côté et reflète les toitures de l'édifice.

Les activités de ce dynamique centre culturel sont des plus diverses : conférences, cours d'art contemporain, expositions temporaires et toute sorte de manifestations ayant un rapport avec la culture contemporaine, ainsi que des études et analyses sur les grandes métropoles urbaines.

Centre d'Estudis i de Recurses Culturals

Tlj sf w.-end 8h-21h. Fermé j. fériés. ☎ 93 402 25 65.

Appelé aussi Patio Manning, il offre des services similaires et parfois complémentaires au CCCB Le patio intérieur, comprenant deux étages de colonnes et de décors de mosaïques, constitue un cadre de choix pour ce secteur consacré à la recherche et à la culture.

Museu Marítim★

⌖ *10h-19h. Fermé 1ᵉʳ et 6 janv., 25 et 26 déc. 5,40€.* ☎ 93 342 99 20.

Les magnifiques chantiers navals, ou **arsenal royal**★★, médiévaux *(voir La Rambla dans « se promener »)* sont le splendide cadre du musée. Ce dernier permet d'effectuer une fructueuse promenade à travers l'histoire de la marine catalane en proposant une visite interactive parmi des pièces de grande valeur.

Outre les collections de bateaux et de figures de proue, dans l'espace consacré à la cartographie, on remarquera le *Portulan de Gabriel de Vallseca* (1439), carte nautique de la Méditerranée qui appartint à Amerigo Vespucci.

Galère royale de Don Juan d'Autriche, Museu Marítim.

La grande nef centrale abrite la pièce la plus spectaculaire du musée : la reproduction, grandeur nature, de la **galère royale de Don Juan d'Autriche★★**, vaisseau qui commanda les troupes chrétiennes à Lépante (1571), construite à cet endroit, dont on admirera l'ornementation sculptée et les peintures allégoriques.

Le billet d'entrée comprend également la visite du *pailebote Santa Eulàlia*. Ce trois-mâts (1918) mouille au Moll de Bosch i Alsina, à gauche de la Rambla de Mar.

Sant Pau del Camp

Accès par la rue de Sant Pau. Cette église (fin du 10ᵉ s.), qui faisait partie de l'ancien monastère bénédictin, fut pillée par Almanzor et les Almoravides et, bien plus tard, en 1908, incendiée pendant les événements de la Semaine tragique. De style roman lombard, elle est bâtie selon un plan cruciforme. La façade est décorée d'arcatures aveugles soutenues par des supports sculptés. Quelques éléments wisigoths y sont encore visibles : deux chapiteaux de marbre portant deux impostes à entrelacs sur lesquelles reposent l'archivolte et de beaux reliefs des Tétramorphes et de la Main du Très-Haut. La lanterne octogonale, de style baroque, est surmontée d'un clocher ajouré.

L'intérieur, à nef unique et voûté en berceau, présente de sobres proportions. La chapelle du Saint-Sacrement, ancienne salle capitulaire, est accessible par le bras droit du transept. Le petit **cloître★** (11ᵉ-12ᵉ s.), avec sa galerie d'arcs trilobés et ses colonnes géminées, est l'un des endroits les plus agréables de l'ensemble.

Au Nord

Santa Anna

Près de la plaça de Catalunya. Encaissée entre les maisons environnantes, cette église romane sobre et élégante appartenait autrefois à un ancien monastère dont subsiste un petit cloître aux arcs en ogive et aux fines colonnettes.

Museu de Cera

Accès depuis la Rambla par le passage de la Banca. ⏰ *Juil.-sept. : 10h-22h ; oct.-juin : 10h-13h30, 16h-19h30 (w.-end et j. fériés 11h-14h, 16h30-20h30). 6,65€.* ☎ *93 317 26 49.* Installé depuis 1973 dans un hôtel particulier du 19ᵉ s. Sur sa façade, quelques sculptures anciennes côtoient *Superman* et *C-3 P-2*, le fameux androïde de la *Guerre des Étoiles*. Plus de 360 figures reproduisent des personnages célèbres – tirés de la réalité ou de la fiction – d'époques et de domaines divers. La cafétéria Bosc de las Fades vaut le coup d'œil : il s'agit d'une grotte ténébreuse qui représente une forêt enchantée.

LA FAÇADE MARITIME

Aquàrium★

⏰ *Juil.-août : 9h30-23h ; juin et sept. : 9h30-21h30 ; oct.-mai : 9h30-21h (dernière entrée 1h av. fermeture). 12€ ; enf. 4-14 ans : 7,70€.* ☎ *93 221 74 74.*

C'est l'un des plus grands zoos marins d'Europe. Une vingtaine de bassins permettent de voir évoluer toutes les espèces méditerranéennes et des spécimens tropicaux. Au cours de la visite, on emprunte, sous le regard circonspect des requins et autres espèces méditerranéennes, l'**oceanario**, un tunnel de méthacrylate transparent long de 80 m. Un espace ludique et pédagogique à la fois, Explora, permet aux plus jeunes de participer à des activités interactives.

Parc de la Ciutadella★ *(voir La façade maritime dans « se promener »)*

Museu de Zoologia★ – *Tlj sf lun. 10h-14h, jeu. 10h-18h30. Fermé 1ᵉʳ janv., 25 déc. 3€ (3,50€ billet incluant la visite du musée de Géologie et du jardin botanique) ; gratuit 1ᵉʳ dim. du mois.* ☎ *93 319 69 12.*

Il présente une large collection d'espèces de tous les groupes zoologiques. Le rez-de-chaussée, où préside un magnifique squelette de baleine, est consacré aux expositions temporaires. Au premier étage, on trouve l'exposition permanente « Sistemática del Reino Animal », avec, entre autres, des mammifères, des oiseaux, des reptiles, des coléoptères, des lépidoptères et des mollusques. Ne pas manquer la salle des enregistrements sonores d'animaux.

Museu de Geologia – *Tlj sf lun. 10h-14h, jeu. 10h-18h30. 3€ (3,50€ billet incluant la visite du musée de Zoologie et du jardin botanique) ; gratuit 1ᵉʳ dim. du mois.* ☎ *93 319 68 95.*

Museu d'Art Modern – *Tlj sf lun. 10h-19h, dim. et j. fériés 10h-14h30 (dernière entrée 30mn av. fermeture). Fermé 1ᵉʳ janv., 1ᵉʳ mai, 25 déc. 3€ ; gratuit 1ᵉʳ jeu. du mois, 18 mai, 11 et 17 sept.* ☎ *93 319 57 28/ 50 23.*

Section du musée national d'Art de Catalogne *(voir p. 143)*, il présente une intéressante collection d'œuvres de la fin du 19ᵉ s. et du début du 20ᵉ s. dont ressortent les peintures de Fortuny (salle 1), artiste fortement influencé par Delacroix en ce qui concerne la couleur et le traitement des sujets, les exemples de mobilier moderniste (salon de la maison Lleó i Morera, salle 10 ; *voir p. 115*), et les grandes toiles d'Isidro Nonell, où le temps qui passe est traité au moyen de couleurs foncées et d'atmosphères dramatiques.

Parc Zoològic★ – Mai-août : 9h30-19h30 ; avr. et sept. : 10h-19h ; mars et oct. : 10h-18h ; janv.-fév. et nov.-déc. : 10h-17h. Fermé 25 déc. 11,50€ ; enf. : 7,50€. ☎ 93 225 67 80.
L'intérieur du « zoo » est présidé par la célèbre *Dama del paraguas (La Femme au parapluie)*, sculpture qui montre une jeune dame habillée à la mode de 1888.
Parmi les diverses espèces d'animaux qui peuplent ce parc, il faut souligner les dauphins dressés et surtout le populaire **Floquet de Neu** (Flocon de neige), unique exemplaire au monde de gorille albinos en captivité.

Museu d'Història de Catalunya

Tlj sf lun. 10h-19h, dim. et j. fériés 10h-14h30. Fermé 1er et 6 janv., 25 et 26 déc. 3€.
☎ 93 225 47 00.

Installée dans une partie du Palau del Mar, une exposition permanente propose un parcours du passé de la Catalogne allant de la préhistoire à l'époque contemporaine. D'intéressantes expositions temporaires mettant en scène divers thèmes historiques y sont présentées. Les locaux accueillent aussi le **Centre de documentation historique de Catalogne**, qui possède un riche patrimoine bibliographique et audiovisuel.

DANS LE QUARTIER DE LA RIBERA

Rue Montcada

Museu Picasso★

Tlj sf lun. 10h-20h, dim. 10h-15h. Fermé 1er janv., Ven. saint, 1er mai, 24 juin, 25 et 26 déc. 4,80€ ; gratuit 1er dim. du mois. ☎ 93 319 63 10.

Témoignage de la relation entre l'artiste et Barcelone, ce musée est l'hommage de Picasso à la ville de ses premiers pas dans l'univers de l'art.
La section consacrée à la jeunesse de l'artiste est des plus remarquables. On y trouve des dessins de son enfance, des exercices libres et des œuvres d'inspiration académique : *La Première Communion* (1896) et *Science et Charité* (1897).
De la « période bleue », première manifestation du style personnel de Picasso, on retiendra quelques pièces intéressantes : *Los Desamparados* (1903) et *El Loco* (1904).
La série de **Las Meninas**★ comprend 58 huiles, dont 44 inspirées de l'œuvre de Velázquez. Modifiant les couleurs de l'œuvre originale, Picasso utilise les gris et le noir pour symboliser le deuil ; les jaunes et les bleus lumineux ne se retrouvent qu'autour des personnages innocents, le reste baignant dans une atmosphère sombre et dramatique.
L'ensemble est complété par différentes toiles consacrées au thème des *Colombes* – symbole de paix et de liberté –, quelques paysages et d'autres pièces importantes : *Portrait de Jacqueline, Piano, et L'Arlequin.*

Museu Tèxtil i de la Indumentària

Tlj sf lun. 10h-18h, dim. et j. fériés 10h-15h. Fermé 1er janv., Ven. saint, 1er mai, 24 juin, 25 et 26 déc. 3,50€ (billet incluant la visite du Museu de les Arts Decoratives et du Museu de la Ceràmica). ☎ 93 310 45 16.

On y trouve de remarquables exemples de tissus coptes et hispano-musulmans. Le fonds du musée est constitué essentiellement par sa magnifique collection de vêtements qui témoigne de l'évolution de l'habillement féminin du 18e s. à nos jours.

Museu Barbier-Mueller d'Art precolombi

Tlj sf lun. 10h-18h, dim. et j. fériés 10h-15h. Fermé 1er janv., 1er mai, 24 juin, 25 et 26 déc. 3€ ; gratuit 1er dim. du mois. ☎ 93 310 45 16.

L'élégant palais Nadal présente une collection d'art précolombien, avec de curieuses pièces de grande qualité (sculptures, pièces d'orfèvrerie, céramiques et quelques tissus). La quasi-totalité des civilisations antérieures à la Découverte y sont représentées.

Au Nord-Ouest de la Ribera

Palau de la Música Catalana★★

Visite guidée (50mn) 10h-15h30. Visites en catalan, espagnol et anglais. Fermé 1er janv., 25 déc. 7€. ☎ 93 295 72 00.

Ce singulier monument aux fortes connotations politiques se trouve dans l'étroite rue de Sant Pere més Alt. C'est sans aucun doute le symbole le plus marquant de la bourgeoisie catalane du début du 20e s. et l'un des chefs-d'œuvre du modernisme. Élevé par Domènech i Montaner *(voir p. 101)* entre 1905 et 1908, il conjugue le fort sentiment nationaliste de l'époque avec une volonté culturelle nettement internationale. Siège de l'**Orfeó Català**, organisme créé en 1891 par Lluís Millet (1867-1914) pour diffuser et encourager la musique populaire catalane, c'est la plus importante salle de concerts de Barcelone.
Le bâtiment, édifié dans un secteur aux ruelles étroites, a été agrandi et transformé en 1989, et, récemment, on a réhabilité les immeubles voisins afin d'offrir une belle vision d'ensemble sur le spectaculaire **extérieur**★. Sa décoration faite de mosaïques colorées et le groupe sculpté représentant la chanson populaire – situé à l'angle supérieur de l'entrée principale – ont été réalisés par Miquel Blay.

La spectaculaire coupole du palais de la Musique catalane.

À l'intérieur de la salle de concerts, on peut admirer les baies vitrées et l'imposante **coupole inversée★★**, en verre polychrome, véritable merveille ornementale qui apporte une certaine délicatesse à cet ensemble grandiloquent.

À gauche de la scène, un buste de **Josep Anselm Clavé** (1824-1874), musicien fondateur de nombreuses chorales populaires, symbolise la musique catalane. À droite, rappelant le fort impact de la musique de Wagner sur les cercles musicaux de Barcelone, se dresse l'extraordinaire *Chevauchée des Walkyries* à côté d'un buste de Beethoven, allusion à la musique internationale. Ces dynamiques sculptures de Gargallo sont les compléments des curieuses **silhouettes de mosaïque** et du **buste en relief**, étalage d'imagination créatrice qu'Eusebi Arnau a placé au fond de la scène. Un luxe de détails insolites parsème cet espace surprenant dont la pompeuse atmosphère est adoucie par les fauteuils travaillés, les mosaïques à peine visibles et les jeux de couleurs des vitraux.

MONTJUÏC★

Une journée avec les visites – Plan p. 116

La « montagne des Juifs » culmine à 173 m entre les embouchures des fleuves Besòs et Llobregat. En raison de sa position stratégique, en surplomb du port, elle a été utilisée dès le Moyen Âge à des fins militaires.

Vers la fin du 18e s., les bizarres profils rocheux de Montjuïc – il ne faut pas oublier que beaucoup de bâtiments barcelonais furent construits avec la pierre provenant des carrières du mont – ont servi de source d'inspiration aux artistes et graveurs. C'est l'Exposition universelle de 1929 qui amena la transformation de cette montagne, dont les flancs devinrent des jardins – selon le projet du prestigieux jardinier français Forestier, assisté par Nicolau Rubió i Tuduri – et où l'on construisit d'importants édifices qui furent réhabilités pour les Jeux olympiques de 1992.

Au pied du Montjuïc, entre la plaça d'Espanya et la mer, s'étend l'ancien quartier industriel du **Poble Sec**, au milieu duquel se dressent les cheminées de la centrale thermique de la FECSA. Ce quartier est délimité par la grande **avinguda del Paral.lel**, ainsi appelée car elle passe exactement sur le parallèle 41° 44' de latitude Nord. Au début du 20e s., l'avenue était un secteur de théâtres, cabarets et spectacles frivoles que l'on appelait le **Montmartre de Barcelone**.

La plaça d'Espanya et le champ de foire

Depuis la **plaça d'Espanya**, dominée par une fontaine monumentale ornée de sculptures de **Miquel Blay** (1866-1936), on accède à l'enceinte où, chaque année, a lieu la foire-exposition. Deux **tours** inspirées du campanile de Venise lui servent d'entrée. De là s'ouvre une **perspective★** spectaculaire sur l'avenue de María Cristina, aux gigantesques **fontaines lumineuses** et changeantes de Gaietà Buïgas, et sur l'escalier qui conduit au Palais national, siège du musée national d'Art de Catalogne.

Parmi les nombreux bâtiments construits à l'occasion de l'Exposition universelle, on distingue le **Pavelló Mies van der Rohe★★**, conçu pour représenter l'Allemagne par l'architecte très connu du même nom. Considéré comme l'un des modèles de l'architecture rationaliste, on peut voir dans ses installations modernes la chaise dite de Barcelone, œuvre du même Mies van der Rohe. *10h-20h. Fermé 1er janv., 25 déc. 3€.* ☎ 93 423 40 16.

Museu Nacional d'Art de Catalunya★★★

Tlj sf lun. 10h-19h, dim. et j. fériés 10h-14h30. Fermé 1er janv., 1er mai, 25 déc. 4,80€. ☎ *93 622 03 75/ 76. L'« Articket », valable trois mois, permet de visiter six des lieux suivants : MNAC, Fundació Antoni Tàpies, Fundació Joan Miró, MACBA, Centre de Cultura de la Caixa, CCCB et l'Espai Gaudí. 15€.*

Le MNAC comprend le musée d'Art de Catalogne, le cabinet de Dessins et Gravures, le musée d'Art moderne *(voir p. 140)*, le Cabinet numismatique de Catalogne et la Bibliothèque générale d'histoire de l'art. Le musée d'Art est installé au Palais national de Montjuïc, édifice monumental construit à l'occasion de l'Exposition universelle de 1929. De l'esplanade du palais, on domine la plaça d'Espanya, le champ de foire et une grande partie de la ville.

On y expose de splendides **collections romanes et gothiques★★★** provenant de nombreuses églises de Catalogne et d'Aragon, et une partie de la collection Francesc Cambó, avec des œuvres du 16e au 18e s. Prochainement, les sections d'art Renaissance, baroque et une partie du fonds du musée d'Art moderne seront à nouveau présentées.

Section d'art roman★★★ – Aux 12e et 13e s., les vallées pyrénéennes virent l'essor d'un art populaire très expressif et d'une grande maturité.

La collection est spectaculaire, surtout en ce qui concerne la peinture murale, magnifiquement mise en valeur. Les fresques sont exposées dans des chapelles et de grandes salles recréant le cadre des églises de l'époque. On y remarque l'influence des mosaïques byzantines : le dessin surligné de noir, la composition en frises superposées, l'absence de perspective et les attitudes rigides. Néanmoins, les détails réalistes et expressifs font de cet art solennel une création réellement autochtone.

Les œuvres les plus remarquables sont les peintures (12e s.) provenant de l'église Sant Joan de Boí (salle II) représentant la lapidation de saint Étienne, le fauconnier, le Paradis et l'Enfer, les absides latérales de l'église Sant Quirce de Pedret (fin du 11e s., salle III. *Voir aussi Solsona*), l'ensemble de Santa Maria de Taüll (12e s., salle VII), qui présente une profusion d'images présidée par une belle Épiphanie, et, pour terminer, Sant Climent de Taüll (salle V), dont l'abside, ornée d'un extraordinaire **Pantocrátor**, constitue l'un des chefs-d'œuvre de la peinture romane. Remarquer la volonté anti-naturaliste et la subtile géométrisation des formes.

Les beaux **parements** sont divisés en deux catégories : ceux qui sont simplement formés d'une plaque peinte, tels ceux de Sant Martí d'Ix et de la Seu d'Urgell ou celui des Apôtres, et ceux en relief, comme celui de l'église Santa Maria de Taüll. Dans les salles consacrées à la sculpture, également magnifiques, on s'attardera sur le *Pantocrátor de Battló*, un Christ en croix polychrome du 12e s.

Le musée possède également une magnifique **collection★** de chapiteaux (salle VI), d'orfèvrerie et d'émaux (salle XV).

La section se termine par les peintures de la salle capitulaire de **Sigena** (1200) (salle XXI), qui développent un programme iconographique complet et témoignent d'un grand changement de style avec des figures beaucoup plus naturalistes et beaucoup plus en mouvement.

Section d'art gothique★★ – L'itinéraire à travers le monde gothique catalan du 13e au 15e s. prouve l'importance de la peinture sur panneau. On remarquera les retables en pierre attribués à **Jaume Cascalls** (salles IV et V), une importante collection gothique internationale (salle IX) regroupant les plus importants peintres de Barcelone (**Guerau Gener**, **Joan Mates**, **Ramón de Mur**, **Joan Antigó**, **Bernardo Despuig** et **Jaume Cirera**). La salle XI, consacrée à **Bernardo Martorell**, met en évidence les particularités de l'artiste, qui donne une grande importance au détail et aux nuances picturales ; la fameuse *Vierge des « Conseliers »* de **Luis Dalmau** se trouve également dans la salle XI. La salle XII est, elle, dédiée au grand **Jaume Huguet**. Ne pas manquer les œuvres du **maître de La Seu d'Urgell**, groupées en salle XV, ni, en fin de section, l'espace consacré à la sculpture funéraire des 14e et 15e s. (salle XVIII).

Œuvres du 16ᵉ au 18ᵉ s. – Seul se visite actuellement le legs Cambó, collection de peinture européenne, petite mais de grande qualité. On y trouvera des œuvres d'artistes de l'école de Zurbarán (magnifique nature morte), du Tintoret, de Sebastian del Piombo, Quentin de la Tour (splendides portraits), du Gréco, de Rubens, Cranach le Vieux, Goya, etc.

Fundació Joan Miró★★★

Juil.-sept. : tlj sf lun. 10h-20h ; le reste de l'année : tlj sf lun. 10h-19h, jeu. 10h-21h30, dim. et j. fériés 10h-14h30 (dernière entrée 30mn av. fermeture). Fermé 1ᵉʳ et 6 janv., 25 déc. 7,20€. ☎ 93 443 94 70.

Joan Miró (1893-1983) est sans conteste l'une des figures de proue de l'avant-gardisme européen du 20ᵉ s. Son œuvre intègre certains des aspects de ce mouvement tout en créant un langage nouveau, très personnel, fondé sur la spontanéité et la force expressive.

Né à Barcelone, il fit des études commerciales puis entra aux Beaux-Arts. Une grave maladie, pendant sa jeunesse, le contraignit à faire un long séjour dans une ferme de la campagne tarragonaise. Installé à Paris entre 1921 et 1922, il y peint **La Masía**, tableau marquant l'abandon de la peinture figurative pour le symbolisme qui caractérise son œuvre. Le début de la guerre civile espagnole coïncide ensuite avec un retour de Miró au langage figuratif, au travers duquel il montre son rejet total des faits qui l'entouraient.

Entre 1939 et 1941, il réalise la série des vingt-trois **Constellations**, dans lesquelles il exprime son horreur de la Seconde Guerre mondiale, d'un point de vue très poétique. Les différents éléments qui font partie de ces compositions (la femme, la nuit ou le Soleil) deviendront dès lors des éléments constants de son œuvre. Dans sa maturité, on observe une prédominance pour les grands formats – logotype de la Caixa de Pensions de Catalunya – et, réalisés avec une simplicité et une élégance sans précédent, ses dessins acquièrent une grande importance.

Le langage de Miró est une recherche sur les couleurs et les symboles. Sa peinture mêle la gaieté et le tragique dans le dessein de décrire l'homme prisonnier de ses instincts. Ceci se révèle par l'utilisation systématique d'objets pointus et de symboles sexuels au milieu d'une atmosphère magique de grande poésie.

Joan Miró – Personnages, oiseaux, étoile, Fondation Joan Miró.

Fundació Joan Miró /© Adagp Paris 2003

Les oiseaux, les étoiles – logotype de la Caixa de Pensions de Barcelone –, la femme et la Lune sont des symboles récurrents dans l'œuvre de l'artiste catalan car, à travers leur caractère ambivalent et mystérieux, ils renforcent la tension poétique. En raison de la profonde affection qui se dégage de ses tableaux, où l'usage de couleurs, de plans et de figures primaires évoque un état de grande pureté intérieure, on a parfois associé le nom de Joan Miró au monde des enfants.

Le **bâtiment**★★ qui abrite la fondation a été construit par **Josep Lluís Sert** (1902-1983), ami personnel du peintre. C'est l'une des plus belles œuvres du rationalisme méditerranéen, dont l'architecture se caractérise par la mise en relation de l'espace intérieur et extérieur, à la recherche d'un équilibre entre paysage et bâtiment. Le traitement de la lumière, qui s'infiltre verticalement dans les salles par de larges lucarnes, est très significatif de cette attitude. En 1988, Jaume Freixa agrandit l'édifice en respectant la conception originale de Sert.

Le fonds constitué par le peintre lui-même, réunissant plus de 10 000 œuvres, tant peintures, sculptures et dessins que collages et œuvres graphiques, et dont on détachera la Série Barcelone, constituée de cinquante lithographies en noir et blanc retraçant la guerre civile espagnole, représente la majeure partie des collections exposées. Une petite collection d'art contemporain créée un an après la mort du peintre représente l'hommage à Miró d'artistes tels que Chillida, Saura, Duchamp, Max Ernst ou Rauschenberg.

Depuis 1990 est exposée à la Fondation la **Fuente de Mercurio**★ de Alexander Calder, créée en 1937 pour le Pavillon espagnol de l'Exposition universelle de Paris et évoquant Almadén, ville où l'on trouve les mines de mercure les plus importantes du monde et qui fut l'une des plus touchées par la guerre civile.

En dernier lieu, il convient de signaler le **jardin des Sculptures**, un très agréable coin en plein air où sont exposées différentes œuvres de jeunes artistes catalans.

Outre la diffusion de l'œuvre de Joan Miró, la Fondation organise des expositions temporaires afin de diffuser l'art du 20ᵉ s. et les créations de nouveaux artistes.

Anella Olímpica★

Construit pour être le cadre des principales épreuves sportives des JO de 1992, l'**Anneau olympique** occupe une immense esplanade sur la partie haute de la montagne. Le stade olympique et le Palau Sant Jordi forment le cœur de cette zone totalement vouée au sport. Le **stade olympique**★ conserve la façade de 1929 et fut totalement remanié à l'intérieur. *Visite guidée (1h) sur demande, à condition qu'il n'y ait pas de manifestation sportive. Fermé août.* ☎ 93 426 20 89.

Le **Palau Sant Jordi**★★ est un singulier palais des sports couvert par une grande structure métallique, œuvre du grand architecte japonais Arata Isozaki. *Fév. et juin : 10h-13h ; mars-mai : 9h-13h, 15h30-17h30 ; le reste de l'année sur demande. Fermé août.* ☎ 93 426 20 89.

Les autres ouvrages intéressants sont le Pavillon de l'INEFC, l'université du sport, réalisée par l'Atelier de Ricardo Bofill, et la grande **tour de télécommunications** (illustration p. 80), œuvre de Santiago Calatrava qui conjugue beauté et modernisme.

Galerie olympique

Juil.-sept. : tlj sf w.-end 10h-20h ; oct.-mars : tlj sf w.-end 10h-13h, 16h-18h ; avr.-juin : tlj sf w.-end 10h-14h, 16h-19h. Fermé j. fériés. 2,40€. ☎ 93 426 06 60.

Elle permet de rappeler l'esprit des Jeux olympiques. Les médailles gagnées par les sportifs espagnols, les photos détaillées des épreuves les plus émouvantes..., tous les objets relatifs à l'olympisme ont leur place dans cette galerie qui ressuscite les meilleurs moments de Barcelone-92.

Poble espanyol★

Accès par l'avenue. Marqués de Comillas. Lun. 9h-20h, mar.-jeu. 9h-2h, ven.-sam. 9h-4h, dim. 9h-0h (dernière entrée 1h av. fermeture). Fermé 1ᵉʳ janv., 25 déc. 7€. ☎ 93 508 63 00.

Cette suggestive reproduction de bâtiments caractéristiques des différentes régions espagnoles fut construite par Miquel Utrillo et Xavier Noguès pour l'Exposition de 1929.

La Plaza Mayor, place aux larges arcades, où sont célébrées kermesses et fêtes folkloriques, est le noyau de ce site. Marchés majorquins, façades baroques de Valence, maisons galiciennes ou places castillanes se côtoient dans ce parcours qui reconstitue l'histoire architecturale de l'Espagne. Le remarquable **Barrio Andaluz** (Quartier andalou), où la blancheur des façades n'est altérée que par les couleurs des géraniums et des œillets, transporte le visiteur au cœur même de l'Andalousie. Il renferme des boutiques artisanales, des ateliers, ainsi que divers bars et restaurants. Ces derniers temps, le village s'est transformé en véritable centre de loisirs.

Collection d'Art contemporain★ – Est exposée l'intéressante collection particulière du collectionneur Fran Daurel, qui regroupe peintures, sculptures, gravures, dessins et céramiques. Y sont représentés nombre de grands artistes espagnols des années 1950 à nos jours (Tàpies, Saura, Equipo Crónica, Chillida, Rafols Casamada, Mompó, Broto, Barceló et bien d'autres encore), qui viennent s'ajouter aux noms de l'avant-garde historique tels que Picasso, Dalí et Miró.

En suivant l'avenue Marqués de Comillas, sur la gauche, on voit la **plaça de Sant Jordi**, magnifique **mirador** sur l'embouchure du Llobregat et la mer. Au centre de cette place se dresse la **statue équestre de saint Georges**★, imposante sculpture de bronze dans laquelle Josep Llimona se détache de la traditionnelle image triomphaliste donnée à ce saint, lui conférant une grande expressivité.

Teatre Grec★

Ce théâtre en plein air, entouré de beaux jardins et construit en 1929 sur le modèle de celui d'Épidaure, a comme arrière-scène le mur rocheux d'une carrière abandonnée.

En été, il devient une scène exceptionnelle pour les manifestations du **Festival del Grec** (*voir p. 110*).

> ### LA DANSE CATALANE
>
> La Catalogne est devenue dernièrement le siège de spectacles de danse contemporaine très prisés. Cesc Gelabert, Laura Azzopardi, Angels Margarit, Sol Picó et Danat Dansa sont quelques-unes des grandes figures qui ont contribué à rapprocher du public cette forme d'expression artistique jusque-là méconnue.

Museu d'Arqueològia de Catalunya★

Tlj sf lun. 9h30-19h, dim. et j. fériés 10h-14h30. Fermé 1ᵉʳ janv., 24 et 25 déc. 2,40€ ; gratuit dim. et j. fériés. ☎ *93 423 21 49.*

Créé en 1935 à l'initiative de l'illustre archéologue **Pere Bosch Gimpera** (1891-1974), il fait partie d'un ensemble comprenant les musées homologues d'Empúries, Girona, Olèrdola et Ullastret.

L'archéologie catalane possède une grande tradition, que l'on constate avec les nombreuses fouilles effectuées sur tout le territoire catalan. On peut suivre les différentes étapes de l'histoire de l'homme à travers les pièces exposées : paléolithique, néolithique, âges du bronze et du fer, monde ibérique, colonisations grecque et phénicienne, culture romaine et époque wisigothique. Les différents objets présentés (outils, amphores, mosaïques ou sculptures votives) sont caractéristiques de chacune de ces périodes. La bibliothèque spécialisée (40 000 volumes), qui offre déjà une base solide pour la recherche, est complétée par d'autres services comme **l'atelier expérimental pour aveugles**, qui apprend la reconnaissance tactile du matériau archéologique.

Museu Etnològic

Tlj sf lun. 10h-14h, mar. et jeu. 10h-19h. Fermé 1ᵉʳ janv., Ven. saint, 1ᵉʳ mai, 25 et 26 déc. 3€ ; gratuit 1ᵉʳ dim. du mois. ☎ *93 424 68 07.*

Construit à l'emplacement d'un petit pavillon de l'Exposition universelle, il comporte trois niveaux, deux destinés à l'exposition des collections et le troisième, en sous-sol, où se trouvent les ateliers de restauration et l'entrepôt.

La plupart des expositions sont temporaires, bien que de longue durée. Le fonds ethnologique provient de peuples indigènes d'Afrique, d'Australie, d'Amérique centrale et de certaines régions d'Asie. Malgré quelques collections précolombiennes et japonaises, la plupart des pièces appartiennent aux cultures contemporaines.

Avinguda de Miramar

Cette esplanade située au Nord de la montagne offre – surtout la nuit – une belle **vue panoramique★** de la ville et du port avec ses bateaux éclairés. Des terrasses permettent de profiter agréablement du climat méditerranéen sans être incommodé par la chaleur. Un **téléphérique** relie ce mirador à la tour Saint-Sébastien, située sur le port. *De mi-juin à fin oct. : tlj sf lun. 11h-20h ; nov.-fév. : tlj sf lun. 10h30-17h45 ; de déb. mars à mi-juin : tlj sf lun. 10h45-19h. 8,41€ AR ; 7,21€ aller simple.* ☎ *93 441 48 20.*

Château de Montjuïc

C'est en 1640 que fut bâti le premier château, au pied duquel les troupes catalanes gagnèrent la bataille du 26 janvier 1714 contre Philippe V. Détruit pendant la guerre de Succession, il fut reconstruit au 18ᵉ s. tel qu'on peut le voir aujourd'hui : une forteresse en étoile avec de larges remparts et fortins.

Le château, qui, comme la citadelle, était jusqu'au milieu du 19ᵉ s. l'un des points stratégiques du système défensif de Barcelone, pouvait aussi servir de base pour attaquer la ville, ce que fit Espartero qui, en 1842, pointa les canons vers Barcelone. Pendant longtemps, il servit également de prison militaire et c'est là qu'en 1909 on fusilla le pédagogue anarchiste **Ferrer i Guardi** puis en 1940 le président de la Généralité, Luis Companys.

C'est maintenant un lieu de promenade aux vues exceptionnelles sur le port et la ville abritant le **musée de l'Armée** (Museu militar), où sont exposés, autour de l'ancienne place d'armes, diverses collections d'armes, drapeaux historiques et uniformes. *Tlj sf lun. 9h30-20h (de mi-nov. à mi-mars 17h). Fermé 1ᵉʳ janv., Ven. saint, 1ᵉʳ mai, 24 juin, 25 et 26 déc. 2,50€.* ☎ *93 329 86 13.*

À PEDRALBES

L'ancien village de Pedralbes – qui doit son nom à la profusion de pierres blanches (*pedres albes*) de la montagne – est aujourd'hui un prestigieux quartier résidentiel de Barcelone.

Monastère Santa Maria de Pedralbes★★

Tlj sf lun. 10h-14h (dernière entrée à 13h30). Fermé 1ᵉʳ janv., Ven. saint, 1ᵉʳ mai, 24 juin, 25 et 26 déc. 3,50€ ; gratuit 1ᵉʳ dim. du mois. ☎ *93 315 11 11.*

Fondé en 1326 par la reine Elisenda de Montcada, quatrième et dernière épouse de Jacques II, il accueille depuis le 14ᵉ s. une communauté de clarisses.

La place del Monestir s'ouvre devant l'entrée de l'**église**★, spacieuse construction à nef unique et chapelles latérales, abritant le mausolée de la reine Elisenda. L'intérieur est divisé dans le sens de la longueur en deux parties dont l'une seulement se visite, l'autre, séparée par un mur et une grille, étant réservée à la communauté religieuse. Sur la façade latérale du monastère, on peut observer les contreforts de l'église et le **clocher** en forme de prisme qui a tant impressionné Le Corbusier. À droite, un escalier raide monte jusqu'à la porte fortifiée dont la tour abritait la prison du couvent.

Cloître★ – Magnifique exemple du gothique catalan du 14ᵉ s., il comporte trois niveaux. Les deux du bas, aux arcs en lancette reposant sur des colonnes cannelées, entourent un merveilleux jardin d'orangers et de palmiers. Dans la galerie du cloître sont ouvertes au public quelques cellules et dépendances.

À droite de l'entrée se trouve la **chapelle Saint-Michel**, petite pièce aux parois recouvertes de **peintures murales**★★★ (1346) de **Ferrer Bassa**. Cet artiste, formé à l'école italienne du « Trecento », réussit à harmoniser la méticulosité de l'école de Sienne et les volumes des maîtres toscans. Dans la partie supérieure, des scènes de la Passion du Christ entourent une composition qui a pour thème le Calvaire ; les délicates peintures de la Vierge dans la partie inférieure sont des plus belles.

J. Malburet/MICHELIN

Peintures de Ferrer Bassa, chapelle Saint-Michel.

Collection Thyssen-Bornemisza – *Tlj sf lun. 10h-14h (dernière entrée 30mn av. fermeture). 3€. ☎ 93 280 14 34.*
C'est une partie du musée Thyssen de Madrid exposée dans l'ancien dortoir des religieuses et dans le salon principal du palais.
Elle est composée de 72 tableaux et de huit sculptures (du Moyen Âge au 18ᵉ s.) à thème essentiellement religieux dont on retiendra diverses représentations de la *Vierge à l'Enfant* – B. Caddi (14ᵉ s.), L. Monaco (15ᵉ s.) –, ***La Vierge d'Humilité***★, chef-d'œuvre de Fra Angelico dont les douces tonalités sont mises en valeur par une extraordinaire ornementation dorée, et ***Sainte Marine*** de Zurbarán. On verra aussi de très intéressants **portraits**, avec de beaux exemples de différentes écoles du 15ᵉ au 18ᵉ s.

Pavillons Güell★

Tlj sf dim. 9h-13h, sam. sur demande. Fermé j. fériés. ☎ 93 204 52 50.
On admirera dans ces anciennes écuries réaménagées par Gaudí la remarquable **grille** en fer forgé décorée d'un dragon.

Palau de Pedralbes

Accès par l'avenue Diagonal. Tlj sf lun. 10h-18h, dim. et j. fériés 10h-15h. Fermé 1ᵉʳ janv., Ven. saint, 25 déc. 3,50€ (billet incluant la visite du Museu Tèxtil i de la Indumentària). ☎ 93 280 16 21.
Le palais inspiré des palais italiens de la Renaissance, et ceint de beaux et luxuriants **jardins**, fut construit entre 1919 et 1929 pour servir de demeure au roi Alphonse XIII. Aujourd'hui, il est le cadre élégant et fastueux des musées des Arts décoratifs et de la Céramique.

Museu de les Artes Decoratives★ – Il nous guide sur un intéressant parcours le long de l'histoire des objets ménagers du Moyen Âge jusqu'à l'ère industrielle. Des coffres, des secrétaires, des chaises, des lampes, des bahuts, des flacons, permettent de se faire une idée de l'évolution des mœurs et des habitudes des hommes, ainsi que des percées technologiques.

Museu de la Ceràmica – Le musée de la Céramique réunit des pièces espagnoles qui présentent l'évolution de cet art du 13ᵉ s. à nos jours. Remarquer les collections de céramiques catalanes et valenciennes, et notamment, celles d'Alcora (18ᵉ et 19ᵉ s.). Dans la partie contemporaine, on s'attardera sur les œuvres du célèbre céramiste Llorens Artigas, à côté de celles de Picasso et de Miró.

AUTRES ZONES

Museu de la Ciència

Au pied du Tibidabo. ⊙ *Tlj sf lun. 9h30-20h, sam. 10h30-19h30, dim. et j. fériés 10h30-14h30. Fermé 1ᵉʳ et 6 janv., 25 déc. 2€.* ☎ *93 212 60 50.*
Idéal à visiter avec les plus jeunes, ce musée moderne, logé dans un bâtiment du début du 20ᵉ s., conjugue l'intérêt scientifique et les loisirs. Les principaux attraits sont un pendule de Foucault, qui démontre la rotation de la terre, le planétarium et les salles consacrées à l'optique, la perception et la météorologie, où l'on peut tenter des expériences. Étonnant, l'**atelier de la haute tension** permet de voir une allumette s'enflammer seule ou les cheveux réagir sous l'effet d'une décharge électrique inoffensive.

Teatre Nacional de Catalunya

Au Sud de la plaça de les Glòries Catalanes. Le bâtiment qui abrite ce théâtre moderne, construit par Ricardo Bofill, est une synthèse de modernité et de classicisme architectural. On y accède par un vestibule en verre conçu comme une serre, qui enferme des palmiers et d'autres espèces de plantes. La grande salle, où sont données les représentations les plus importantes, adopte la forme des amphithéâtres classiques ; on y remarquera l'élégance de l'ornementation. La petite salle, également remarquable, est destinée à accueillir d'autres spectacles et manifestations (danse, musique, etc.).

Auditori

Il fait partie, avec le Théâtre national de Catalogne *(en face)*, d'un des ensembles culturels les plus importants de Barcelone. Création de Rafael Moneo, l'Auditorium est un bâtiment aux lignes architecturales dépouillées. Son équipement moderne lui permet d'accueillir des manifestations musicales de haut niveau.

alentours

Monastère de Sant Cugat del Vallès★★

20 km à l'Ouest par la BP 1417. Juin-sept. : tlj sf lun. 10h-13h30, 15h-18h30 ; oct.-mai : tlj sf lun. 10h-13h30, 15h-17h30. Fermé 1ᵉʳ janv., 25 déc. 2,40€ ; gratuit mar. ☎ *93 590 29 74.*
L'**ancienne abbaye bénédictine** se trouve au cœur de la petite ville à laquelle elle a donné son nom. Cet ancien camp romain devint célèbre parce que saint Cucufat (Cugat) et ses compagnons y subirent le martyre. Ils furent égorgés, victimes de la dernière persécution de Dioclétien. Sur la tombe du martyr, on construisit, entre le 12ᵉ et le 14ᵉ s., les bâtiments monastiques qui étaient fortifiés au départ.
De l'ancienne enceinte abbatiale demeurent encore l'église (aujourd'hui église paroissiale), le cloître et la salle capitulaire, transformée en chapelle (chapelle du Saint-Sacrement, ou del Santíssim). L'ancien palais abbatial est un édifice gothique remanié au 18ᵉ s., et fait office de rectorat.

Église★ – Édifié au 12ᵉ s., ce sanctuaire à trois vaisseaux et trois absides semi-circulaires est un magnifique exemple de transition entre le roman et le gothique. La partie la plus ancienne est la tour (11ᵉ s.), décorée de bandes lombardes. La tour-lanterne érigée à la croisée et la coupole octogonale qui la couvre témoignent d'une évolution du style d'origine. D'autres modifications furent également réalisées, notamment l'adjonction de trois chapelles latérales. La façade, unie, couronnée de créneaux et consolidée de contreforts, fut achevée peu avant 1350. Une grande rosace ajourée contraste avec les archivoltes de la porte.
On peut admirer, à l'intérieur, le beau **retable de Tous les Saints★ (1)**, du 14ᵉ s., où, sur un thème marial, l'auteur, Pere Serra, parvient à donner dynamisme et expressivité aux personnages.

Cloître★ – Il est l'un des plus grands cloîtres romans (11ᵉ-12ᵉ s.), avec ses 144 colonnes qui encerclent le jardin. On remarquera tout particulièrement les magnifiques **chapiteaux★** du maître Arnau Cadell, reliés deux à deux par un même abaque. Plusieurs styles ornementaux y sont développés : le corinthien (à feuilles d'acanthe et figures géométriques), le figuratif (oiseaux, sirènes et animaux fantastiques) ou le tableau historié (scènes bibliques et scènes de la vie quotidienne). Le chapiteau le plus intéressant est celui du pilier d'angle Nord-Est, où le sculpteur s'est représenté lui-même au travail et a gravé son nom.

SANT CUGAT DEL VALLÈS

Étapes de construction
- 10e - 11e s.
- 12e - 13e s.
- 13e - 14e s.
- 14e - 15e s.
- 17e - 18e s.

Dans la seconde moitié du 16e s., on ajouta une galerie supérieure, avec de belles colonnes toscanes soutenant des arcs en plein cintre.

Barberà del Vallès

À 16 km de Barcelone par la A 18 (sortie Sabadell Sud) et à 5 km de Sant Cugat del Vallès.
Barberà del Vallès est uni au Sud à **Sabadell**, ville la plus peuplée du Vallès occidental, dont le passé industriel lui valut le nom de « Manchester catalane ».

Église Santa Maria de Barberà – *Pour visiter, demander la clé au gardien.* ☎ 93 711 21 01.
Elle se trouve au bout de la Ronda de Santa Maria, sur la plaça del Milenario. Bâtie au 11e s. selon un plan à nef unique et trois absides distinctes, sur le bras droit du transept s'élève une tour-clocher rectangulaire à toiture pyramidale. L'ornementation des murs – arcs et bandes lombardes – ajoute une touche d'aisance architecturale à l'effet coloriste du bossage.
Les peintures de l'abside (12e et 13e s.), d'une grande perfection et en parfait état de conservation, développent des thèmes propres au style roman.

Berga

Berga, capitale de la « comarca » du Berguedà, se trouve au pied de la chaîne du Queralt★. Dans le centre historique, de tortueuses rues escarpées évoquent le passé médiéval de la ville tandis que, vers le Sud, s'étire la ville moderne aux larges promenades et avenues. Ville de longue tradition commerciale, elle vit depuis longtemps de son importante industrie textile. En 1770, les frères Farguell inventèrent la « Berguedana », une machine qui révolutionna l'industrie du coton d'antan.

Situation

14 324 habitants. Carte Michelin n° 574 F 35 ou Atlas p. 18 – Berguedà – Barcelona. Cette localité prépyrénéenne de la vallée du Llobregat est proche du lac de la Baélls et de la E 9 qui la relie aux Pyrénées, au Nord, et à Barcelone, au Sud.
🛈 *Àngels, 7, 08600 Berga,* ☎ *93 821 13 84. www.ajberga.es*
À voir dans les environs : CARDONA (30 km au SO), RIPOLL (43 km au NE), SOLSONA (51 km au SO) et VIC (57 km au SE).

visiter

La **carrer Major** est à la fois l'artère principale de la vieille ville et une rue commerçante animée. Les rues et constructions avoisinantes sont d'origine médiévale. Se dressent également quelques édifices modernistes.

Sant Quirze de Pedret★, à Cercs

2 km environ au Nord-Ouest de Berga. Quitter la ville par le chemin du Pedret puis garer la voiture sur le pont de pierre. Juil.-sept. : w.-end et j. fériés 11h-14h, 17h-19h ; oct.-juin : w.-end et j. fériés 11h-14h. En semaine, sur demande. ☎ *608 22 86 37 ou 608 22 25 25. Fermé 1ᵉʳ et 6 janv., 15 et 16 déc. 2€.*
Sant Quirze est l'un des principaux exemples de l'art préroman catalan. À noter, les deux ensembles picturaux, auxquels l'église doit sa renommée, conservés par le Musée diocésain de Solsona et le musée d'Art catalan de Barcelone. La dernière restauration a rendu à l'église son aspect du 10ᵉ s., son portail (13ᵉ s.) a également été restauré et les peintures murales, qui recouvraient l'abside centrale (orant du 10ᵉ s. conservé à Solsona), ainsi que les absidioles Nord et Sud, ont été reproduites. Dans l'absidiole Sud, la scène illustre une Vierge à l'Enfant, avec à sa droite les vierges prudentes et à sa gauche les vierges sottes.

Santa Maria de Queralt★

4 km à l'Ouest. Prendre la route de Sant Llorenç de Morunys puis la BV 4242 vers Rasos de Peguera. Accès par le funiculaire ou l'escalier. 10h30-14h, 16h-19h30. ☎ *93 822 23 80 ou 93 821 06 05.*
La **route** traverse une pinède touffue et monte jusqu'au sanctuaire, juché à 1 024 m d'altitude. Le **panorama★★** y est sublime. Vers le Nord apparaît la chaîne du Cadí, avec les massifs de Puigllançada, le Comabona et le Pedraforca, cernés d'un écran de montagnes majestueuses. Au Sud s'étend la plaine ondulée du bas Berguedan, où voisinent les terres cultivées et les usines de textile, aux silhouettes imposantes. Au fond, recouvertes d'un fin brouillard, se profilent les montagnes de Montserrat.

Le dernier dimanche du mois de juin a lieu l'*aplec de Sant Pere de Madrona* (rassemblement de Saint-Pierre de Madrona), où les participants reçoivent des bouquets de fleurs sauvages et la clé du saint.

carnet pratique

alentours

Parc naturel Cadí-Moixeró★

Avant d'entreprendre la visite, il convient de passer par le Centre d'information de Bagà, 20 km au Nord de Berga. Vous y trouverez tous les renseignements sur les parcours de randonnée, leur degré de difficulté, les refuges et les guides de haute montagne. 🔲 *9h-13h30, 16h-19h, sam. 10h-14h, 16h30-19h, dim. et j. fériés 10h-14h.* ☎ *93 824 41 51.*

Les 41 342 ha du parc naturel sont situés entre 900 et 2 648 m d'altitude. C'est un important ensemble orographique prépyrénéen formé par les chaînes du Cadí et du Moixeró et les massifs du **Pedraforca**, du Tosa d'Alp et du Puigllançada, au relief escarpé très caractéristique. Les paysages et écosystèmes sont de type alpin et les bois touffus alternent avec les grandes roches calcaires.

Les deux grandes cordillères du Cadí et du Moixeró, qui s'unissent au col de Tancalaporta, forment une imposante barrière montagneuse de 30 km orientée Est-Ouest. Leurs flancs, notamment ceux du versant Nord, forment des falaises dépassant parfois les 500 m dont les parois presque verticales enferment des vallées profondes et encaissées.

La végétation y est exceptionnelle, car les basses températures et la grande humidité qui règnent favorisent l'apparition d'espèces inhabituelles pour la zone méditerranéenne.

Le **site naturel d'intérêt national du Pedraforca★** est un bel espace du parc en raison de ses paysages. Il comprend la vallée de Gresolet et l'abrupt massif du Pedraforca, l'une des montagnes emblématiques de la Catalogne, de tradition alpiniste. Sur le versant Nord du Pedraforca, à la Jaça dels Prats, se trouve le refuge Lluís Estasen, étape habituelle des randonneurs de haute montagne.

J. Malburet/MICHELIN

Parc naturel Cadí-Moixeró.

Cadaqués★★

Ce beau village marin, dissimulé entre mer et montagne, est l'un des plus charmants de toute la Catalogne. Il est situé sur un magnifique emplacement★ sur la côte Sud du cap Creus, cette singulière péninsule qui marque le point de rencontre entre les Pyrénées et la Méditerranée. Sa silhouette immaculée que survole l'église Ste-Marie, les montagnes rocheuses et les bleus de la mer et du ciel composent une image teintée d'irréalité. Ses pittoresques rues et l'ambiance bohème, qui fascinèrent tant de célèbres artistes dans la première moitié du 20e s., figurent toujours au nombre de ses principaux attraits.

Situation

1 814 habitants. Carte Michelin n° 574 F 39 ou Atlas p. 19 – Schéma : COSTA BRAVA – Alt Empordà – Girona. Cadaqués est niché dans une petite baie du cap Creus. C'est dans cette zone abrupte

CARNET PRATIQUE

Vous êtes à la recherche d'un hôtel ou d'un restaurant, consultez le carnet pratique de la Costa Brava.

et presque inhabitée que se dresse le majestueux pic du Pení (613 m), montagne la plus haute de tout le littoral catalan.

🄑 *Cotxe, 2 - A, 17488 Cadaqués,* ☎ *972 25 83 15. otcadaq@ddgi.es*

À voir dans les environs : COSTA BRAVA et FIGUERES (24 km à l'O).

comprendre

Jusqu'au 19ᵉ s., Cadaqués était un village complètement isolé, qui ne fut relié à Roses que tardivement avec la construction de la **route de la Perafita★★**. Cette route d'une grande beauté offre un panorama exceptionnel sur l'Ampurdan, le golfe de Roses, la côte française et le versant de Cadaqués. Le paysage qui entoure le village est tout simplement magnifique. Des tons gris prédominent, atténués par le vert des oliviers. Les restanques, terrasses soutenues par des murs d'ardoise, ont transformé les montagnes environnantes en un immense et admirable jardin. La lumière, qui n'occulte pas les formes mais semble au contraire les souligner – Dalí ne disait-il pas que les montagnes semblaient avoir été peintes par Léonard de Vinci ?–, les vents, les maisons au lait de chaux, le goût et la beauté des produits de la mer, et bien d'autres aspects de la vie et de l'histoire de Cadaqués font que ce village soulève l'enthousiasme de ses visiteurs.

se promener

2h environ – Garer la voiture et se promener à pied.

Ce qui surprend le plus à Cadaqués, c'est l'impression qu'il donne d'être dans un endroit très reculé. Encerclé par les montagnes, la seule issue du village est la mer. C'est justement cet isolement qui a forgé sa personnalité et celle de ses habitants, lesquels ont entretenu, jusqu'à une période récente, certains particularismes de leurs coutumes et de leur façon de parler.

Pour visiter Cadaqués, il est recommandé de flâner selon son humeur dans les ruelles pavées, étroites et pentues. Leur beauté singulière fait le charme du village. Des recoins d'un calme impressionnant contrastent avec le dynamisme des façades s'ouvrant sur la baie. La blancheur des maisons concentrées autour de l'église Santa María et le gris foncé de l'ardoise confèrent au village une extraordinaire élégance.

Les plages, toujours peuplées de petites barques, s'insèrent au fond d'anses rocheuses. La vision nocturne de la baie, avec les barques amarrées au rivage et, au sommet du village, l'église illuminée, est charmante.

Santa Maria

Juin-sept. : 10h30-13h, 16h-20h ; oct.-mai sur demande. ☎ *972 25 80 84.*

L'église se trouve au point culminant du centre historique, comme suspendue, flottant dans l'air. Sa silhouette, immortalisée par d'innombrables peintres, est emblématique de Cadaqués.

De style gothique tardif, sa construction fut entreprise au milieu du 16ᵉ s., bien que certaines parties aient été réalisées ultérieurement. L'austérité extérieure du bâtiment contraste avec l'intérieur, abritant un **retable★★** baroque de Pau Costa. Cette œuvre, l'une des plus remarquables du genre de toute la Catalogne, fut achevée par Joan Torras. Il s'agit d'une pièce spectaculaire, en bois doré et à l'iconographie énergique. Les éléments ornementaux – atlantes, motifs végétaux et gracieux angelots – sont admirables par la minutie avec laquelle ils ont été réalisés.

Chaque année, l'église accueille le **Festival international de musique**, manifestation très fréquentée.

Museu de Geològia

Juil.-sept. : 19h-22h ; oct.-juin sur demande. Gratuit. ☎ *972 25 88 00.*

Il occupe un casino du 19ᵉ s. et présente différentes collections de matériaux géologiques provenant de la *comarca* d'Alt Empordà.

CADAQUÉS ET LES ARTISTES

Dès la fin du 19ᵉ s., Cadaqués devint l'un des endroits les plus fréquentés par les artistes et les intellectuels. Les Pitxot – famille de peintres et de musiciens très connus en Catalogne – furent les premiers à revendiquer la beauté du site, mais celui qui a le plus contribué à la renommée universelle de Cadaqués est sans aucun doute Salvador Dalí.

Picasso fut le premier à séjourner (1910) à Cadaqués, où il peignit *Le guitariste*, l'un de ses tableaux cubistes les plus connus. Il fut suivi vers la fin des années 1920 par quelques-uns des plus illustres membres du mouvement surréaliste : Paul Éluard et son épouse, Gala – qui devint par la suite celle de Dalí –, André Breton, René Magritte et René Crevel. Federico Garcia Lorca et Luis Buñuel résidèrent quelque temps chez Dalí, et c'est dans les années 1930 que Man Ray et Marcel Duchamp commencèrent à fréquenter assidûment la ville dont la personnalité fut profondément marquée par la présence de ces célébrités et qui fut dès lors consacrée entièrement au monde des arts.

alentours

Portlligat★

2 km au Nord. Cette petite baie, refuge de pêcheurs par le passé, avec ses jolies criques et un adorable port où dansent les barques, doit sa célébrité à Salvador Dalí, qui y fit construire sa maison.

Casa-Museu Salvador Dalí★ – *Visite guidée (45mn) sur demande. De mi-juin à mi-sept. : 10h30-21h ; le reste de l'année : tlj sf lun. 10h30-18h. Fermé de déb. janv. à mi-mars, 2 déc. Prendre son billet d'entrée au moins 30mn à l'avance. 8€. ☎ 972 25 10 15.*

Elle est composée par un labyrinthe de maisons de pêcheurs, que Dalí et son épouse, Gala, aménagèrent durant plus de quarante ans. On peut voir l'atelier du peintre, la bibliothèque, les chambres du couple, l'extraordinaire jardin, orné de sculptures surréalistes, et la piscine.

Parc naturel du cap Creus★★

4 km au Nord. Il s'agit du premier parc maritime-terrestre de Catalogne. Des routes escarpées permettent de pénétrer dans la presqu'île du cap Creus et d'apprécier les contrastes du paysage. La zone terrestre est d'un abord brutal à cause des profils rocheux très abrupts, qui sont néanmoins accessibles grâce à des routes et des sentiers bien entretenus. De petites embarcations partent d'El Port de La Selva et de Cadaquès pour des promenades en mer, découvrant au passage criques et recoins d'une très grande beauté. Le phare, au point le plus élevé du parc, permet d'embrasser d'exceptionnels **panoramas★★★**.

Cambrils de Mar★

Ce village de pêcheurs très dynamique est devenu, à l'instar de tant d'autres villages du littoral catalan, un important centre touristique. Il n'en conserve pas moins le charme d'une localité maritime aux loisirs multiples qui se concentrent surtout autour du port. Le centre-ville est la zone la moins touchée par l'urbanisation galopante et se compose de rues étroites et pittoresques où se pressent boutiques et restaurants. La plage et le port sont bordés par une longue et plaisante promenade.

Situation

14 903 habitants. Carte Michelin n° 574 I 33 ou Atlas p. 45 – Schéma : COSTA DAURADA – Baix Camp – Tarragona. Cambrils, l'un des grands centres touristiques de la Costa Daurada, se trouve à l'Ouest du cap de Salou, à 7 km de la station balnéaire du même nom, la plus active de ce littoral.

🛈 *Passeig de les Palmeres, 1, 43850 Cambrils, ☎ 977 79 23 07. www.cambrils.org*
À voir dans les environs : COSTA DAURADA, REUS (10 km au N), PORT AVENTURA (10 km au NE) et Tarragone (TARRAGONA, 18 km au NE).

CARNET PRATIQUE

En quête d'un hôtel ou d'un restaurant, consultez le carnet pratique de la Costa Daurada.

Il serait impardonnable de ne pas goûter à la riche gastronomie locale, notamment aux hors-d'œuvre et au *menjar de tresmall* (le *tresmall* est un ensemble de trois filets de pêche), plat cuit au four, composé d'une grande variété de poissons et de fruits de mer, accompagné du traditionnel aïoli.

visiter

Museu Agrícola de Cambrils

Juil.-août : tlj sf lun. 10h-13h30, 17h-20h30, dim. et j. fériés 11h-14h ; sept.-juin : w.-end et j. fériés. Fermé 1er et 6 janv., 1er mai, 25 et 26 déc. Gratuit. ☎ 977 36 07 19.
Installé dans l'ancienne cave moderniste construite par **Bernardí Martorell** en 1921, le Musée agricole présente différents outils utilisés pour l'élaboration du vin, notamment un petit moulin.

Museu Molí de Tres Eres

Juil.-août : tlj sf lun. 11h-14h, 18h-21h, dim. et j. fériés 11h-14h ; sept.-juin : sam. 11h-14h, 17h-20h, dim. et j. fériés 11h-14h. Fermé 1er et 6 janv., 1er mai, 25 et 26 déc. 1,20€. ☎ 977 79 45 28.
Cet ancien moulin a été réhabilité pour accueillir une petite exposition retraçant l'histoire de la région de Cambrils. Au nombre des objets romains, on remarquera un joli lampadaire en bronze.

Parc Samà★

8 km au Nord. Prendre la route comarcale T312 en direction de Montbrió del Camp. Juil.-août : 10h-21h ; nov.-déc. : 10h-17h30 ; janv., oct. et fév. : 10h-18h ; mars : 10h-19h ; avr. : 10h-20h ; mai : 10h-20h30. 2,50€. ☎ *977 82 65 14.*
Josep Fontseré, qui réalisa des ouvrages aussi importants que le parc de la Ciutadella et le marché du Born *(voir Barcelone)*, a construit en 1882 ce surprenant ensemble architectural pour Salvador Samà, marquis de Marianao.
C'est un endroit sans aucun rapport avec l'environnement rural où il se situe. Le visiteur sera surpris par l'existence, en plein milieu de la campagne tarragonaise, d'un magnifique lac artificiel entouré de beaux jardins plantés d' espèces tropicales et méditerranéennes les plus diverses. Une **demeure** d'aspect colonial témoigne du passé de la famille Samà à Cuba, où elle réalisa le chemin de fer reliant Marianao à La Havane.

Parc Samà.

Mont-roig del Camp

11 km au Sud-Ouest. Emprunter la route N 340 en direction de Valencia, puis, à droite, la T323. L'une des communes les plus étendues de la *comarca* du Baix Camp, Mont-roig dispose d'un littoral moderne avec des quartiers urbanisés longeant la plage. Le village, situé dans l'arrière-pays, est flanqué des montagnes de Colldejou et de Llaberia, qui offrent un paysage exceptionnel. C'est une contrée peu peuplée mais riche de couleurs d'une grande pureté, aussi n'est-il pas surprenant que **Joan Miró** y ait longuement séjourné, laissant en témoignage de la beauté des lieux quelques tableaux aussi importants que *Mont-roig, l'église et le village* (1919) et *La Masía* (1921-1922).

Mola de Colldejou★

23 km au Sud-Ouest. À partir de Mont-roig del Camp, prendre la T⁰²³ en direction de Colldejou. Dans un virage, avant d'arriver à La Torre de Fontaubelle, quitter la voiture et continuer à pied, pendant 45mn environ, par un sentier balisé.
Du point haut (914 m) du massif, à proximité de la mer, on peut par ciel dégagé contempler un magnifique **panorama**★★ sur la Costa Daurada. Du sommet, où subsistent les vestiges d'une construction arabe, on embrasse un vaste paysage. Les chaînes du Priorat d'un côté et de la Llaberia de l'autre se fondent avec le bleu de la Méditerranée. Ceux qui aiment la marche ne seront pas déçus de la promenade, la Costa Daurada offrant dès ce point un de ses visages les plus passionnants et les plus méconnus.

Château-monastère d'Escornalbou★★, à Riudecanyes

26 km au Nord-Ouest. Prendre la T312 jusqu'à Montbrió puis la T⁰¹³ jusqu'à Riudecanyes. Puis, une route signalisée (5 km) mène au monastère. Juin-sept. : tlj sf lun. 10h-13h30, 16h-19h30 ; oct.-mai : tlj sf lun. 10h-13h30, 15h-17h30. Fermé 1ᵉʳ janv., 25 déc. 2,40€ ; gratuit mar. ☎ *977 83 40 07.*
Sur le territoire communal de Riudecanyes, sur un superbe **site**★★ sur la colline Santa Bárbara, se trouve l'ancien monastère Sant Miquel de Escornalbou, fondé

au 12ᵉ s. par le roi Alphonse Iᵉʳ. En 1910, après les vicissitudes les plus diverses – il subit l'abandon, la spoliation et même un tremblement de terre –, **Eduardo Todà i Güell** mena à terme un important travail de restauration des ruines du monastère afin d'y aménager son logement, lui donnant son aspect actuel.

De l'ensemble se détache l'**église**★, édifice illustrant la transition entre l'art roman et le gothique (13ᵉ et 14ᵉ s.), qui rappelle par sa sobriété et son harmonie celles de Santes Creus et de Poblet *(voir ces noms)*. Une des galeries de l'ancien **cloître** a été transformée en mirador et dispense une **vue**★★ étendue sur la Costa Daurada. À l'intérieur de la résidence d'Eduardo Todà i Güell sont conservés les meubles d'origine, d'intéressants panneaux d'*azulejos* d'époques diverses (cuisine), de même qu'une partie de la riche **bibliothèque** de Todà.

Cent mètres plus haut se trouve la chapelle Santa Bárbara, qui offre de magnifiques **perspectives**★ sur cette région accidentée.

Le moment idéal pour visiter cet édifice est le printemps, lorsque la végétation environnante s'épaissit. Le paysage prend alors des tons très vifs et la couleur rougeoyante caractéristique d'Escornalbou retrouve une texture spéciale.

Camprodon★

Cette importante localité pyrénéenne très touristique, berceau du grand compositeur Isaac Albéniz, offre un bel aspect avec des demeures luxueuses, des villas modernes et de larges avenues dans la partie la plus récente. Une intense vie commerciale s'y développe autour du centre névralgique de la rue de València. Voie très fréquentée, on peut y acheter les principaux produits locaux : charcuterie, pâtés et plus spécialement les fameuses galettes de Camprodon.

La situation

2 188 habitants. Carte Michelin n° 574 F 37 ou Atlas p. 19 – Schéma : PYRÉNÉES CATALANES – Ripollès – Girona. La localité se situe au confluent du Ter et du Ritort, au centre de la vallée de Camprodon, avec en toile de fond d'impressionnantes silhouettes montagneuses.

🛈 *Plaça d'Espanya, 1, 17867 Camprodon, ☎ 972 74 00 10. Ctra. Comarcal 151, km 23,5, 17867 Camprodon, ☎ 972 74 09 36.*

À voir dans les environs : RIPOLL (24 km au SO), OLOT (30 km au SE) et les PYRÉNÉES CATALANES.

carnet pratique

visiter

Sant Pere

Sur demande. ☎ 972 74 01 24 ou 972 74 01 36.

De l'ancien monastère bénédictin Sant Pere, il ne reste que l'**église**★ romane (12ᵉ s.), qui domine un square au centre de l'agglomération. C'est un édifice sobre, en forme de croix, avec cinq absides carrées et un élégant clocher situé sur la coupole octogonale de la croisée. À l'intérieur, la nudité des murs et les épais pilastres de la nef accentuent son austérité architecturale.

Pont Nou★ (Pont Neuf)

Photographié des centaines de fois, ce magnifique pont en dos d'âne illustre l'image emblématique de Camprodon. Construit en 1196, il subit d'importantes modifications au 14ᵉ s. Sous sa grande arche courbée coule le fleuve Ter. Les arches latérales s'étendent jusqu'aux maisons riveraines.

Passeig de Maristany

En sortant du noyau urbain en direction de Setcases, on peut voir sur la gauche cette élégante promenade plantée d'arbres où les fermes d'aspect médiéval jouxtent des bâtiments modernistes de toute beauté.

Cardona★

Cardona, petit village à l'allure médiévale et aux étroites rues à arcades, se situe au pied de la colline qui couronne l'impressionnant ensemble formé par le château et la collégiale Sant Vicenç.

Dans les environs, à droite du Cardener qui traverse la ville, les sédiments salins forment l'étonnante « montagne de Sel », tandis qu'à gauche se trouvent la grande plaine cultivée de Cardona et quelques oliveraies.

La situation

6 402 habitants. Carte Michelin nº 574 G 35 ou Atlas p. 32 – Bages – Barcelone. Cardona se situe dans la vallée du Cardener, une zone de terres calcaires, où les cultures méditerranéennes font place à un paysage pré-pyrénéen empli de forêts de hêtres et de conifères.

🖪 *Avenida del Rastrillo, 08261 Cardona,* ☎ *93 869 27 98.*

À voir dans les environs : SOLSONA (20 km au NO), BERGA (30 km au NE) et MANRESA (30 km au SE).

carnet pratique

Parador.

Paradores

découvrir

Sant Vicenç de Cardona

La collégiale et le château forment, malgré leurs traits distinctifs, une masse confuse : c'est à peine si l'on distingue où commence et où s'achève chaque construction. Du village, l'ensemble est impressionnant.

Château★

Véritable citadelle se dressant sur une butte (589 m), la silhouette dorée du château domine le village et offre de merveilleuses **vues★** sur la montagne de Sel. Reconstruit au 18ᵉ s., il héberge aujourd'hui le parador de Cardona mais garde quelques éléments du 11ᵉ s. : la collégiale et la fameuse **Torre de la Minyona** (tour de la Demoiselle). Selon la tradition, cette tour ronde démantelée au 18ᵉ s. servit de prison à Adélaïde, fille d'un vicomte de Cardona.

Sant Vicenç★★

Juin-sept. : tlj sf lun. 10h-13h30, 15h-18h30 ; oct.-mai : tlj sf lun. 10h-13h30, 15h-17h30 (dernière entrée 30mn av. fermeture). Fermé 1er janv., 25 déc. 2,40€ ; gratuit mar. ☎ 93 868 41 69.

C'est l'un des joyaux de l'art roman lombard de Catalogne. Édifiée en 1040, la collégiale est suspendue sur un petit promontoire de couleur ocre et l'effet que produit son **exceptionnel emplacement**★ est surprenant. La façade principale, à l'Ouest, est très austère et ne présente qu'une simple rosace et un porche à trois arcs. Les peintures murales des 12e et 13e s. qui décoraient ce narthex sont actuellement exposées au musée d'Art de Catalogne à Barcelone *(voir p. 143)*. À l'**intérieur**★, la beauté règne : les collatéraux, recouverts de voûtes d'arêtes, servent de contreforts à la nef centrale, voûtée en berceau. La magnifique abside est décorée de bandes lombardes, tandis que dans le transept s'élève une lanterne octogonale sur pendentifs.

La **crypte**★, sous le *presbyterium*, constitue à elle seule une petite église composée de trois vaisseaux, aux voûtes d'arêtes, reposant sur six gracieuses colonnes, aux chapiteaux tronconiques. Orson Welles y tourna quelques scènes du film *Vérités et Mensonges*.

On remarquera le mausolée de style Renaissance du comte Juan Ramón Folc, de Fernando Folc, duc de Cardona, et de sa femme, Francisca Manrique de Lara. Devant la collégiale se trouve un charmant cloître gothique du 16e s.

visiter

Museu de la Sal Josep Arnau

10h-19h. Fermé Pâques, Noël. 1,80€. ☎ 93 869 23 47/ 10 49.

Situé dans la rue Serra i Vilaró, on y trouve une très intéressante collection de cristallisations salines et plusieurs objets en sel.

Montaña de la Sal★★

3 km au Sud-Ouest par la route de la Mine qui débute près des piscines municipales. Sept.-juil. : visite guidée (1h30) tlj sf lun. 10h-15h (w.-end et j. fériés 18h) ; août : tlj sf lun. 10h-15h, 16h-20h. Fermé de mi-déc. à mi-janv., 11 sept., 4, 25 et 26 déc. 7,21€. ☎ 93 869 24 75/ 20 51.

Exploitée depuis l'époque romaine, la mine de sel de Cardona est une montagne haute de 170 m, comptant de nombreux gisements. Il s'agit d'un phénomène géologique unique. Quand le sel se cristallise dans ses interminables galeries (certaines atteignent 1 000 m de profondeur), il se forme d'importantes stalactites et stalagmites transparentes. La visite de l'une des galeries vous transportera dans un monde magique.

La montagne de Sel.

R. Manent/MICHELIN

Castelló d'Empúries★

Cette petite ville historique, qui se dresse sur un petit promontoire tout proche de la mer, conserve tout un réseau de ruelles anciennes ainsi qu'un riche patrimoine monumental hérité de son passé médiéval comme capitale du comté d'Ampurias du 11e au 14e s. Elle vit retirée de l'agitation qui s'est emparée des localités voisines de la Costa Brava.

La situation

3 645 habitants – Carte Michelin n° 574 F 39 ou Atlas p. 19 – Schéma : COSTA BRAVA – Alt Empordà – Girona. Cette localité de l'intérieur de l'Ampurdan se dresse sur la rive droite du Muga, avant qu'il ne se jette dans les eaux du golfe de Roses. Sur la commune, à 7 km de

CARNET PRATIQUE

Si vous recherchez un hôtel ou un endroit pour sortir le soir, consultez le carnet pratique de la Costa Brava.

Castelló, se trouve Empuriabrava *(voir p. 177)*, aménagement luxueux pour les loisirs et les distractions estivales.

🛈 *Plaça dels Homes, 1, 17486 Castelló d'Empúries,* ☎ *972 15 62 33. www.empuriabrava .com*

À voir dans les environs : la COSTA BRAVA, FIGUERES (8 km à l'O) et Gérone (GIRONA, 47 km au SE).

visiter

Santa Maria★

Été : 9h-13h, 15h-20h ; le reste de l'année : 9h-13h, 15h-19h. 1,80€ (musée). ☎ *972 25 05 19 ou 972 15 80 19.*

La volonté des comtes de faire de Castelló un siège épiscopal explique la monumentalité de cette église appelée « la cathédrale de l'Ampurdan ». Commencée durant les premières années du 14e s., ce magnifique édifice était encore en construction au début du siècle suivant.

Le plus important des éléments anciens qui la composent est le **clocher** de plan carré à cinq étages séparés de corniches en dents d'engrenage. La solide structure romane est ornée de grandes fenêtres de style gothique donnant un très joli effet visuel.

L'église Ste-Marie.

R. Manent/MICHELIN

Portail★★ – C'est un ouvrage unique de l'art gothique catalan. Réalisé par Antonio Antigó (début du 14ᵉ s.), il est composé de six grandes archivoltes. Sur les jambages se trouvent les statues des douze apôtres, grandeur nature, dont certaines sont très bien conservées. Toute l'œuvre sculptée, et surtout la partie qui représente l'Adoration des Rois mages – située sur le tympan –, est d'une grande sensibilité et d'une extrême beauté.

Intérieur – La structure de la basilique, avec son chevet et ses trois vaisseaux, a été modifiée au 19ᵉ s. dans le style néogothique. La nef centrale, plus élevée que les bas-côtés dont elle est séparée par des piliers cylindriques, présente une voûte sur croisée d'ogives.

Sur le maître-autel trône un magnifique **retable★** d'albâtre, couronné de pinacles coniques. Bien qu'il s'agisse d'une œuvre inachevée, il faut s'attarder sur les scènes de la Passion, traitées avec beaucoup de délicatesse.

Ajuntament

L'hôtel de ville – situé sur la plaça dels Homes – était la Bourse de Mer au Moyen Âge. Récemment restauré, c'est une construction aux murs massifs en pierre de taille avec une porte en arc d'ogive. Les arcatures romanes alternent avec des éléments gothiques.

Casa Gran

Cette ancienne ferme située dans le quartier de Puig Salner est un bel exemple d'art gothique civil (15ᵉ s.). Observer les détails décoratifs des fenêtres.

Pont Vell (Vieux Pont)

Sur l'ancien chemin de Figueres, à l'Ouest de la ville, se trouve ce pont du 14ᵉ s. Malgré son état de dégradation, sa présence nous ramène à une époque où les étangs et les fleuves étaient d'importantes sources de richesses pour le comté d'Ampurias.

Cervera★

Depuis l'Est, la capitale de la Segarra et ses remparts se profilent sur un monticule tout en longueur, avec la tour Santa Maria dominant un paysage de terres calcaires. Les ruines des anciennes murailles de cette ville médiévale dissimulent le vieux quartier aux élégantes maisons seigneuriales présentes surtout dans la carrer Major, longue rue au tracé curviligne. Cervera possède une tradition universitaire et historique de premier plan, dont l'épisode le plus marquant est la signature dans la ville du contrat de mariage des Rois Catholiques.

Situation

6 944 habitants. Carte Michelin n° 574 G 33 ou Atlas p. 31 – Segarra – Lleida. Cervera se dresse à 548 m au-dessus de l'Ondara, à 3 km de la N II qui relie Lérida à Barcelone.

🛈 *Passeig Balmes, 12 baixos, 25200 Cervera, ☎ 973 53 13 03.*

À voir dans les environs : TÀRREGA (13 km à l'O) et VALLBONA DE LES MONGES (42 km au SO).

> ### LA PASSIÓ
> Cervera développe une activité culturelle et artistique intense, comme le prouvent les très célèbres Concours internationaux de musique et de chant et, plus encore, la fameuse Passió, où sont mis en scène des épisodes de la vie du Christ. C'est l'une des plus anciennes représentations théâtrales de Catalogne, célébrée jusqu'au concile de Trente à l'intérieur de l'église Santa Maria, plus tard dans la rue, et depuis la fin du 19ᵉ s. dans le théâtre. Des milliers de visiteurs affluent en ville les dimanches, de mars à avril, pour assister à cet intéressant spectacle auquel participent près de 500 personnes.

se promener

Cette promenade, qui s'articule autour de la carrer Major dans le sens Nord-Sud, vous permettra de découvrir les principaux attraits de la ville.

Sant Antoni

L'église est agrémentée d'une élégante façade Renaissance qu'encadrent deux colonnes diminuées soutenant des personnages féminins. À l'intérieur, la sculpture en bois du Christ de Sant Antoni (14ᵉ s.) mérite d'être mentionnée.

Université★★

Visite guidée sur demande. ☎ 973 53 13 03 ou 973 53 14 28.

En 1716, Philippe V supprima les six universités catalanes (décret du Nouveau Plan), créant comme unique centre d'études supérieures l'université de Cervera.

L'ensemble fut conçu par les ingénieurs militaires François Montaigu et Alexandre de Rez en 1717, avec la participation de Francisco Soriano et Pedro Martín Cermeño. De nombreuses personnalités y ont étudié : Jaime Balmes, Manuel de Cabanyes, Milà i Fontanals, etc.

L'université.

Il s'agit d'une des œuvres les plus monumentales de l'architecture civile catalane du 18ᵉ s., qui frappe par la stricte répartition des volumes. La façade extérieure (1726-1740), de style baroque, et la façade intérieure (vers 1751), avec de jolis détails ornementaux, retiennent également l'attention. L'ensemble s'ordonne autour de deux patios séparés par une magnifique **chapelle**, ou amphithéâtre, joliment décorée par le grand **retable** d'albâtre (1780-1787) de Jaime Pedró, brillante œuvre baroque.

Prendre la carrer Major.

T. Vidal/G.C. (DICT)

Museu Comarcal de Cervera

Juil.-mai : visite guidée (35mn) sam. 11h-11h30 (et janv.-mai 17h30-20h), dim. et j. fériés 11h-14h ; juin : tlj sf lun. 11h-11h30, dim. et j. fériés 11h-14h. Fermé 1ᵉʳ janv., 25 et 26 déc. 3€. ☎ 973 53 39 17.

Créé en 1914, il occupe l'ancien bâtiment (12ᵉ s.) de l'hôpital des Chevaliers de l'ordre de Saint-Jean-de-Jérusalem.

À côté des riches collections d'archéologie préhistorique, ibérique et romane, dont la pièce maîtresse est la stèle de Preixana, de l'âge du bronze, sont également exposés des peintures du 14ᵉ au 19ᵉ s. et des objets ou documents provenant de l'université de Cervera, concernant le vêtement et l'histoire.

En poursuivant la carrer Major, on dépasse le pittoresque **carreró de les Bruixes**★★ (ruelle des Sorcières), avec ses nombreux arcs qui longent la muraille intérieure, et qui inspira la **fête del Aquelarre**.

Plaça Major

La Grand-Place doit également son autre nom de plaça del Blat ou del Mercadal aux céréales qui y étaient déchargées puis vendues au 14ᵉ s.

Ajuntament – Construit entre 1679 et 1688 par Francisco Puig puis agrandi en 1786, l'**hôtel de ville** constitue un exemple original d'architecture civile baroque. Sur sa splendide façade se détachent les **figures humaines**★ qui, tels des atlantes, soutiennent le double balcon. Ces gracieuses sculptures constituent une représentation très riche et originale des cinq sens, de personnages du marché et de divers métiers (artisans, paysans, soldats, etc.).

> ### LE SABBAT
>
> Cette curieuse fête, qui rassemble nombre de visiteurs, fut créée en 1978 par un groupe de jeunes de Cervera. Bien que la ville n'ait aucune tradition en matière de sorcellerie, les instigateurs du premier sabbat *(aquelarre)* souhaitèrent organiser une fête païenne afin de récupérer l'obscure ruelle des Sorcières. Au fil des ans, cette initiative des jeunes ne cessa de grandir jusqu'à devenir aujourd'hui une fête majeure.
>
> Le dernier week-end d'août, durant trois jours, la ville se transforme littéralement en un centre ésotérique où défilent des diables (qui donnent des spectacles pyrotechniques), des passacailles, des géants, etc.

Santa Maria★

Fermé pour restauration. ☎ 973 53 13 03 ou 973 53 14 28.

Cette majestueuse basilique de style gothique catalan, qui présente trois vaisseaux voûtés sur croisées d'ogives, une abside polygonale aux chapelles rayonnantes et un fin clocher de plan octogonal, fut entreprise au 14ᵉ s. Au début du siècle suivant, le maître Colí de Maraya réalisa les beaux **vitraux** du chevet, dont la plus grande partie est conservée. Dans les chapelles radiales se trouvent les sarcophages de deux marchands, Ramón Serra et Berenguer de Castelltort. L'église recèle d'intéressantes pièces sculptées des 16ᵉ et 17ᵉ s., dont on retiendra les fonts baptismaux du maître Jacques (1568), le retable de saint André (1648) par Francisco Puig et Jacinto Reguer, et le somptueux **autel du Très Saint Mystère** (Santíssim Misteri) (1788-1810), réalisé en marbre par Jaime Padró.

Plaça del Fossar

Située derrière la basilique Ste-Marie, cette charmante place est occupée par l'église de los Dolores, l'abside de la chapelle Sant Nicolau et la galerie couverte Sant Martí.

Sant Pere el Gros

Depuis l'ancien chemin de ronde, on domine d'un côté le magnifique paysage aride qui entoure Cervera, et de l'autre la silhouette de Sant Pere el Gros, église romane (11ᵉ s.) de plan circulaire.

Costa Brava★★★

La force du paysage, la douceur du climat, la limpidité des eaux, la luminosité du ciel dégagé par la tramontane et le charme des agglomérations maritimes, qui vivaient traditionnellement de la pêche et de l'exploitation du corail, sont au nombre des attraits de cette côte, la plus célèbre de tout le littoral catalan.

La situation

Carte Michelin nᵒ 574 E 38-39, F 38-39, G 38-39 ou Atlas p. 9 et 33 – La Selva, Gironès, Pla de l´Estany, Baix Empordà, Alt Empordà – Girona. La Costa Brava est la dénomination que reçoit le secteur littoral le plus septentrional de la Catalogne. Elle s'étend depuis la frontière franco-espagnole jusqu'à l'embouchure du fleuve Tordera, c'est-à-dire de la localité de Portbou à celle de Blanes. Elle correspond à la façade maritime de la province de Gérone.

🛈 *Patronato de Turismo Costa Brava-Girona : Emili Grahit, 13-15 9ºB, 17000 Girona,* ☎ *972 20 84 01.*

À voir dans les environs : GÉRONE (GIRONA), FIGUERES, les PYRÉNÉES CATALANES et la COSTA DEL MARESME.

comprendre

La Costa Brava ?

Elle doit son nom de « Côte sauvage » – inventé par le journaliste Ferran Agulló au début du 20ᵉ s. – à son tracé irrégulier et accidenté où les roches anciennes de la chaîne côtière, plongeant abruptement dans la mer, forment des falaises d'aspect aride et sauvage. Les multiples criques, cachées entre les caps saillants, abritent des pinèdes qui s'étendent jusqu'au bord de mer. Cependant, les longues plages du golfe de Roses ou les bancs de sable de Pals diversifient les paysages.

Cadaqués.

Le refuge des artistes

Il n'est pas étonnant que la beauté de ces terres ait suscité l'admiration d'importants écrivains, musiciens, peintres et photographes de la première moitié du 20ᵉ s. Et la liste des visiteurs illustres est interminable : Picasso réalisa des œuvres cubistes à Cadaqués (1910) ; Salvador Dalí transforma cette même localité en un centre artistique de grande renommée ; Marc Chagall fit de longs séjours à Tossa de Mar durant les années 1930 et l'écrivain Josep Pla fut un talentueux chroniqueur de ces beaux paysages. La fascination de tous a contribué sans nul doute à la renommée internationale de la Costa Brava.

découvrir

Les plages

Dans le secteur de la région de la Selva, comprenant **Blanes**, **Lloret de Mar** et **Tossa**, le paysage présente un aspect sauvage. En effet, les falaises, qui atteignent par endroits une centaine de mètres de haut, plongent verticalement dans la mer, formant de petites criques qui, par leurs dimensions assez réduites, sont idéales pour profiter des vacances en famille.

La côte du Baix Empordà, qui comprend la grande baie de Palamós, révèle une beauté étonnante. Les pinèdes s'étendent partout et les eaux transparentes prennent des tonalités bleues et vertes. À **Begur**, **Palafrugell**, **Platja d'Aro** – l'un des endroits les plus fréquentés de la Costa Brava – et **Sant Feliu de Guíxols**, on peut, outre les activités de bord de mer, effectuer d'agréables excursions dans l'arrière-pays.

On trouve les paysages les plus spectaculaires de la zone à **Roses** – dont le golfe décrit une grande et lumineuse courbe de 15 km de plages de sable –, **Cadaqués** et **El Port de la Selva**. Les plages, profondes et fraîches, invitent à la location d'embarcations pour faire de petites croisières et découvrir la beauté de l'environnement.

Les ports

L'image de bateaux amarrés au bord de la mer est indissociable de celle de la Costa Brava. Les ports de plaisance, cadres de compétitions sportives et centres de nombreux loisirs, alternent avec les ports de pêche où ont lieu les criées, l'un des spectacles les plus amusants et animés qui soient.

Les ports les plus renommés se trouvent à **Empuriabrava** (4 000 points d'amarrage), **Roses** (1 100 points d'amarrage), **Palamós** et **Platja d'Aro** (près de 900 points d'amarrage) et encore **l'Estartit** (738 points d'amarrage). D'autres villages, tels l'Escala, Blanes, Llancà et El Port de la Selva, possèdent également de bonnes installations portuaires.

Villages pittoresques

Les villages de la Costa Brava sont très variés et chacun offre un intérêt différent. Parmi eux, nous signalerons **Cadaqués**, hanté par les artistes et les bohèmes, dont la diversité de paysage et l'extraordinaire personnalité se prêtent à la flânerie dans une ambiance cosmopolite et détendue.

Peratallada, posé sur la roche vive, est également un village très pittoresque, comme Begur, le village aux maisonnettes toutes blanches et aux merveilleuses calanques, et Pals, où l'ensemble médiéval de El Pedró domine la mer et offre des vues sensationnelles sur la côte. Et que dire de **Tossa de Mar** dont le singulier profil des remparts captive des milliers de visiteurs ?

L'ambiance

Son animation constitue l'un des attraits de la Costa Brava, et si les possibilités de loisirs sont innombrables – des *carpas*, discothèques en plein air, et autres grandes discothèques bondées certains soirs en passant par les terrasses sur les plages – on peut cependant y trouver l'endroit tranquille que l'on recherche ou le petit coin où siroter un verre dans l'intimité.

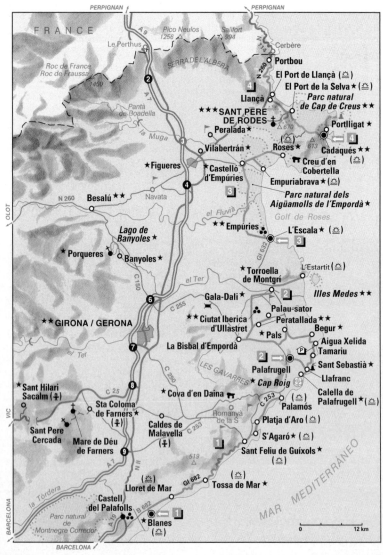

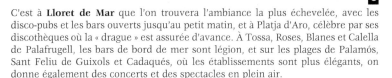

C'est à **Lloret de Mar** que l'on trouvera l'ambiance la plus échevelée, avec les disco-pubs et les bars ouverts jusqu'au petit matin, et à Platja d'Aro, célèbre par ses discothèques où la « drague » est assurée d'avance. À Tossa, Roses, Blanes et Calella de Palafrugell, les bars de bord de mer sont légion, et sur les plages de Palamós, Sant Feliu de Guíxols et Cadaqués, où les établissements sont plus élégants, on donne également des concerts et des spectacles en plein air.

Comment planifier des vacances

Le meilleur moyen de profiter de la Costa Brava est de prendre une voiture et de parcourir ses différents villages. Le touriste trouvera à son passage des lieux très variés ayant chacun son caractère et ses coutumes. Dans les agglomérations moins touristiques, il convient de parcourir les ruelles à la recherche d'un établissement traditionnel ou de demander directement à un passant, car les particuliers offrent souvent des facilités de logement. Pour déguster la riche gastronomie marinière et les délicieux plats de l'arrière-pays, il est préférable d'aller dans les petites gargotes où l'on mange de succulents plats d'une authentique cuisine familiale. Dans tous les cas, la diversité des paysages et l'animation, quel que soit l'endroit où l'on se trouve, invitent à parcourir cette bande maritime, dotée, par ailleurs, d'un excellent réseau routier.

carnet pratique

TRANSPORTS

Le moyen de locomotion idéal pour visiter la Costa Brava est la voiture. Les moyens de transport public fonctionnent bien mais selon des horaires restreints.

En automobile – L'autoroute à péage A 7, reliant Barcelone à Perpignan, traverse la Costa Brava du Nord au Sud. En quittant Gérone, les voies rapides C 250 et C 255 aboutissent à Sant Feliu et Palafrugell, respectivement.

En autocar – La principale ligne d'autocars se nomme SARFA ; elle relie Barcelone à Gérone et dessert, au départ des deux villes, les principales localités de la Costa Brava (Cadaqués, Figueres, Palamós, Platja d'Aro, Sant Feliu...). Horaires et billets : ☎ 972 30 02 62 ; www.sarfa.com

En train – Pour se rendre sur la Costa Brava, les deux gares désignées sont celles de Gérone et de Figueres, situées sur la ligne reliant Barcelone à Portbou, à la frontière française.

Renfe : ☎ 902 24 02 02

Gérone : *Plaza de España* - ☎ *972 20 23 53/70 93.*

Figueres : *Plaça de la Estació -*☎ *972 50 46 61.*

Llança : *Plaça de la Estació -*☎ *972 38 02 55.*

VISITE

OFFICES DE TOURISME

Begur – *Av. Onze de Setembre, 5 -* ☎ *972 62 45 20 - www.begur.org*

Blanes – *Pl. Catalunya, 21 -* ☎ *972 33 03 48 - www.blanes.net*

Calella de Palafrugell – *Les Voltes, 4 -* ☎ *972 61 44 75 - www.palafrugell.net*

L'Escala – *Pl. de les Escoles, 1 -* ☎ *972 77 06 03 - www.lescala.org*

Llafranc – *Roger de Llúria, s/n -* ☎ *972 30 50 08*

Llançà – *Av. d'Europa, 37 -* ☎ *972 38 08 55*

Lloret de Mar – *Pl. de la Vila, 1 -* ☎ *972 36 47 35. Av. Vila de Blanes, 37 -* ☎ *972 36 57 88 - www.lloret.org/turisme*

Palafrugell – *Carrilet, s/n -* ☎ *972 30 02 28 - www.palafrugell.net*

Palamós – *Pg del Mar, 22 -* ☎ *972 60 05 50 - www.palamos.org*

Platja d'Aro – *M. Cinto Verdaguer, 4 -* ☎ *972 81 71 79 - www.platjadaro.com*

Roses – *Av. Rhode, 101 -* ☎ *972 25 73 31 - www.roses-costa-brava.com*

Sant Feliu de Guíxols – *Pl. del Monestir, s/n -* ☎ *972 82 00 51 - www.guixols.net*

Tossa de Mar – *Av. del Pelegrí, 25 -* ☎ *972 34 01 08 - www.infotossa.com*

H. Le Gac/MICHELIN

Fonds marins.

LA COSTA BRAVA SUR INTERNET

www.costabrava.org : site Internet de renseignements pratiques sur la Costa Brava.

www.costabrava.org/rural : site Internet de l'association Turisme Rural Girona *(calle Balmes, 6,* ☎ *972 22 60 15).*

www.cbi.es : informations touristiques (moyens de transport).

www.guiafacil.cd-sistemes.com/indexcas.htm : service de renseignement très complet (hébergement, tourisme, etc. sur la Costa Brava.

CIRCUIT ① : DE BLANES À PALAMÓS

RESTAURATION

☺☺ **Mas Pou** – *Pl. de la Mota, 4 - Palau-Sator - ☎ 972 63 41 25 - info@maspou.com - fermé dim. soir en hiver, lun. le reste de l'année, de mi-déc. à fin janv. - ⌘ - 17,60/23,80€.* Maison de village, de type mas, agrémentée d'un petit jardin à l'entrée. Salles à manger contiguës et sobres où règne la cuisine ampurdanaise. Petit musée rural installé dans un bâtiment annexe.

☺☺ **Can Pou** – *Pau Casals, 15 - Vidreres - 17 km au NO de Lloret de Mar par la C 63 - ☎ 972 85 00 14 - canpou@ctv.es - fermé dim. soir en hiver, lun. - ⌘ - 18,48/24,95€.* Table centenaire disposant également de chambres. Deux salles à manger aux belles poutres de bois. Ameublement régional. Spécialités de poissons grillés, de fruits de mer et de plats de riz.

☺☺ **S'Auguer** – *S'Auguer, 2 - Blanes - ☎ 972 35 14 05 - fermé mer. sf août, janv. - ⌘ - 20,60/27€.* Emplacement idéal sur une place centrale avec possibilité de stationnement face à la plage. Dans ses quatre salles aux planchers et plafonds de bois, est servie toute une gamme complète de recettes traditionnelles de la mer. Ses plats de riz régalent plus d'un touriste.

☺☺ **El Dorado Mar** – *President Irla, 15 - Sant Feliu de Guíxols - ☎ 972 32 62 86 - correo@doradomar.com - fermé de mi-oct. à fin mai - 20/35€.* Ce restaurant situé dans la partie haute du village fait honneur à son nom puisque ses spécialités sont les poissons et fruits de mer. De la salle à manger, de style dépouillé, s'offre une belle vue sur la mer au travers des grandes baies.

☺☺ **Carles Camós-Big Rock** – *Barri de Fanals, 5 - Platja d'Aro - rte de Mas Nou - ☎ 972 81 80 12 - bigrock@navegalia.com - fermé lun., déc. - ⌘ - 27/32€.* Ancien mas seigneurial qui conserve entre ses murs de pierre plusieurs salles à manger rustiques, chaleureuses et confortables. Décoration à base de tapis et de nombreux détails. Cuisine régionale et plats très créatifs.

☺☺ **Can Bolet** – *Sant Mateu, 6 - Lloret de Mar - ☎ 972 37 12 37 - fermé dim. soir, lun. en nov.-avr., de déb. janv. à mi-fév. - ⌘ - 18,61/37,26€.* Sobre restaurant familial et classique de vieille tradition. Bar populaire dans la partie basse. À l'étage, les deux salles proposent un bon niveau de confort et de service.

☺☺☺ **Les Panolles** – *Santa Cristina d'Aro - 5 km au NO de Sant Feliu de Guíxols par la C 65, après Santa Cristina d'Aro - ☎ 972 83 70 11 - lespanolles@ lespanolles.com - fermé mer. en hiver - ⌘ - 28,50/36,50€.* Ravissant mas en pierre (17ᵉ s.), décoré d'arcs en brique apparente. Les vieilles poutres de bois recréent un cadre rustique absolument convivial. La salle à manger privative des anciennes cuisines mérite le coup d'œil : ses murs semblent imprégnés de l'arôme des marmites d'antan.

☺☺☺ **Santa Marta** – *Francesc Aromir, 2 - Tossa de Mar - ☎ 972 34 04 72 - fermé mer. (sf juin et août) - 25/38€.* Agréable restaurant situé dans les murs de la vieille ville. Salle à manger conviviale et romantique. Intéressante carte offrant tout un choix de poissons et de plats de la mer. Terrasse accueillante.

☺☺☺ **Els Tinars** – *Llagostera - 10 km au NO de Sant Feliu de Guíxols par la C 65 - ☎ 972 83 06 26 - tinars@lix.intercom.es - fermé lun. soir et mar. de déb. oct. à mi-juin, de mi-janv. à déb. fév. - ⌘ - 26,20/39,90€.* Ferme catalane proche de la route où vous pourrez déguster une cuisine traditionnelle. Hall d'entrée soigné et salle à manger de style régional sobrement meublée. Bon taux de fréquentation et repas d'affaires.

☺☺☺ **Refugi de Pescadors** – *Passeig Josep Mundet, 55 - Sant Antoni de Calonge - à la sortie de Palamós par la C 253 - ☎ 972 65 06 64 - fermé dim. soir, lun. sf en été, de déb. déc. à déb. janv. - ⌘ - 24,03/42,66€.* Établissement très populaire et bien situé en front de mer. Salle à manger spacieuse sur deux niveaux. Décoration marine à base de vieux filets. Exposition de poissons et de fruits de mer.

☺☺☺ **La Gamba** – *Pl. Sant Pere, 1 - Palamós - ☎ 972 31 46 33 - restaurant@lagambapalamos.com - fermé dim. soir, mer., nov. - ⌘ - 28,71/49,35€.* Sa situation dans la vieille ville et la qualité de ses produits lui ont valu la faveur du public amoureux de la cuisine de la mer. Agréable véranda, salle à manger soignée et cave aménagée dans l'ancienne citerne.

☺☺☺ **Les Petxines** – *Passeig Mossèn J. Verdaguer, 16 (Hotel Excelsior) - Lloret de Mar - ☎ 972 36 41 37 - exc@mx2.redestb.es - de mi-mars à mi-nov. (seulement le soir en juil. et août) - fermé dim. soir sf juil.-août, lun. - ⌘ - 40/47€.* Restaurant intime aménagé sur la promenade du bord de mer, très touristique. La salle dispense une décoration actuelle et un bon service de table. Cuisine régionale et plats créatifs.

☺☺☺ **La Cuina de Can Simon** – *Portal, 24 - Tossa de Mar - ☎ 972 34 12 69 - fermé dim. soir, lun., mar. et j. fériés sf en été, de mi-janv. à fin janv., de mi-nov. à fin nov. - ⌘ - 38,75/52,50€.* Table familiale où vous découvrirez saveurs et arômes de la cuisine méditerranéenne. Décoration rustique et élégante de la salle à manger, où abondent les détails. Bonne option pour prendre son repas dans la vieille ville.

HÉBERGEMENT

☺☺ **Hotel Áncora** – *Josep Plà (en La Fosca) - Palamós - ☎ 972 31 48 58 - hancora@teleline.es - 🅿 ⛱ ⌘ - 46 ch. : 54,17/76,12€ - ⌑ 5,90€ - rest. 17,65€.* Cet hôtel de bord de plage a amélioré ses prestations au fil des ans. Niveau de confort correct dans les chambres avec salle de bains moderne. Bons équipements sportifs pour les vacanciers. Agréable terrasse en été, à l'ombre des pins.

Hotel Mas Torrellas – *Santa Cristina d'Aro - 3 km au SO de Platja d'Aro par la C 31 - ☎ 972 83 75 26 - de mi-mars à mi-oct. -* 🅿 🔨 🖾 *- 17 ch. : 55/78€* 🖵 *- rest. 15€.* Séduisante *masia* en pierre couronnée d'une solide tour aérienne qui ouvre sur la montagne luxuriante. Véritable havre de paix. Chambres confortables et ambiance chaleureuse dans les pièces à vivre décorées dans un style rustique.

Hotel Diana – *Pl. de España, 6 - Tossa de Mar - ☎ 972 34 18 86 - info@diana-hotel.com - 21 ch. : 65/111€* 🖵. Splendide édifice moderniste proche de la mer. À l'intérieur, tout est exquis : belle hauteur de plafond, peintures à fresque et patio agrémenté d'une fontaine de marbre. Chambres confortables et mobilier de style.

Hotel Plaça – *Pl. Mercat, 22 - Sant Feliu de Guixols - ☎ 972 32 51 55 - info@hotelplaza.org -* 🖾 *- 19 ch. : 90,15€ -* 🖵. Hôtel tout à fait recommandable sur les plans du site ou de son caractère moderne et fonctionnel. Chambres agréables et claires avec vue sur la place du marché, pour certaines. Jacuzzi en plein air et solarium au dernier étage.

Hotel Vila de Tossa – *Av. Costa Brava, 25 - Tossa de Mar - ☎ 972 34 22 22 - hotelholidaypark@ctv.es - fermé janv. - 43 ch. : 120/160€ -* 🖵 *12€ - rest. 24/30€.* Bon hôtel où se conjuguent la fonctionnalité des hôtels de plage avec le confort et le style décoratif le plus sélect. Les chambres un peu petites sont décorées de meubles variés.

UNE PETITE PAUSE

La Vienesa – *Rbla. A. Vidal, 33 - Sant Feliu de Guixols - ☎ 972 32 01 81 - tlj sf dim. 9h30-13h, 16h-21h.* Pâtisserie et salon de thé haut de gamme où vous pourrez déguster les typiques beignets de Sant Feliu ou encore goûter à ses délicieux chocolats et glaces. Agréable terrasse sur la voie piétonnière.

Orench – *Ample - Blanes - 10h-13h, 16h-21h, dim. 10h-13h.* La meilleure pâtisserie de la ville. Bon choix de chocolats, petits fours et bonbons. La succulente spécialité de la maison est le « Xoco-ter », à base d'amandes, de noix et de noisettes, le tout nappé de miel, de chocolat ou de crème pralinée.

Terrasans – *Ample, 1 - Blanes - ☎ 972 33 00 91 - 9h-13h, 16h-2h.* Taverne prestigieuse où l'on vient autant prendre son petit-déjeuner que des tapas à midi. Terrasse ombragée dans un patio paisible.

Vila Vella – *Vila Vella - Tossa de Mar - mai-sept. : 10h-2h.* Bar situé dans la partie haute de la ville, en remontant vers le phare. Sur sa terrasse conviviale agrémentée de treilles, vous pourrez savourer son délicieux vin aromatique. Agréable pour y prendre un verre à midi.

SORTIE

El Castellet – *Avinguda 11 Septembre, 81 - Palamós - ☎ 972 31 69 08 - 18h-3h.* Curieux établissement installé dans un immeuble de 1350. Les murs de brique apparente et la cheminée au fond de la salle campent le décor. Véritable institution locale. Mariage de musiques espagnole et catalane.

Café Latino – *Rbla. Roma Barnès - Lloret de Mar - ☎ 972 36 10 16 - 20h-3h30.* Bar séduisant et très animé. La musique latine et les cocktails faits maison sont rois. L'endroit où l'on va aussi danser au rythme de la musique caribéenne.

Cala Banys – *Cami a Cala Banys - Lloret de Mar - avr.-sept. : 10h-2h.* L'un des bars les plus romantiques de la Costa Brava. Assez éloigné de Lloret, ce petit paradis est aussi magique la nuit qu'enchanteur le jour avec sa terrasse ombragée donnant sur une crique.

Mojito Bar – *Codolar, 2 - Tossa de Mar - 18h-2h.* Petit bar situé dans la zone piétonne. Ambiance de quartier pour cet établissement où il fait bon écouter salsa, flamenco et sévillanes.

Paradise Club – *Passeig de Mar - Tossa de Mar - juin-sept. : tlj ; oct.-mai : w.-end 23h-5h.* Discothèque rétro située en front de mer. On remarquera la ravissante façade ornée d'*azulejos*. On vient y chanter et y danser au rythme de la musique des années 1930. Entrée gratuite et boissons à prix raisonnables.

Tahiti – *San Jose, 28 - Tossa de Mar - juin-sept. : 23h-5h.* Dans ce bar-discothèque situé dans la vieille ville, vous assisterez à des spectacles de flamenco et pourrez aussi danser au rythme de la rumba. Sont servis cocktails, *mojitos* et *sangrías*.

SPECTACLES

Gran Palace – *Rte Blanes-Lloret, km 10,4 - Lloret de Mar - ☎ 972 36 57 74 - mai-sept. : à partir de 21h - entrée :15€ (bouteille de cava offerte).* Grande salle des fêtes ultramoderne produisant de bons spectacles de flamenco et autres danses internationales.

CIRCUIT ② : DE PALAFRUGELL AUX ÎLES MEDES

RESTAURATION

La Riera – *Pl. les Voltes, 3 - Peratallada - ☎ 972 63 41 42 - fermé mar., janv. - 21,05/28,60€.* Établissement familial et convivial. Salle à manger rustique et bon service de table. Cuisine élaborée avec le plus grand soin. La grande terrasse extérieure est l'endroit idéal pour discuter entre amis avec un bon verre de vermouth.

El Taller – *La Bisbal d'Empordà - 1 km au NO par la C 66 - ☎ 972 64 31 92 - fermé dim. soir, lun., nov. -* 🖾 *- 22,20/29,70€.* Coquet restaurant familial installé dans une ancienne fabrique de farine. La salle principale est sobre et fonctionnelle, et les recoins vous séduiront pour un repas en toute intimité. Décoration typique chaleureuse.

El Far de Sant Sebastià – *Llafranc - près du phare de San Sebastián - ☎ 972 30 16 39 - hotelfss@intercom.es - fermé mar. en hiver, déc.-janv. -* 🖾 *- 26,50/38,20€.* Restaurant de charme ouvrant sur de magnifiques vues sur la mer.

Installé dans une ancienne auberge et un ermitage du 18ᵉ s., il bénéficie d'un cadre exceptionnel. Dans la salle très claire, sont servis des plats méditerranéens additionnés d'une pointe innovante.

⊜⊜ **La Xicra** – Estret, 17 - Palafrugell - ☎ 972 30 56 30 - fermé mar. soir, mer., nov. - 🖸 - 28,90/32,05€. Coquet établissement décoré avec goût et force détails dans les styles classique et rustique. La salle se divise en deux espaces. Cuisine traditionnelle à base de produits frais. Les clients sont des habitués.

⊜⊜ **Can Bech** – Major, 12 - Fontanilles - au S de Torroella de Montgrí par la C 31 - ☎ 972 75 93 17 - fermé de mi-déc. à mi-janv. - 🖸 - environ 29€. Ce restaurant aménagé dans une ancienne ferme catalane est tenu par un couple fort sympathique. Vaste salle divisée en deux espaces. L'autre salle à l'entresol présente une décoration soignée de style classique. Les plats sont cuisinés avec amour.

⊜⊜⊜ **Castell de Peratallada** – Pl. del Castell, 1 - Peratallada - ☎ 972 63 40 21 - casteperat@aplitec.com - fermé lun., janv. - 🖸 - 36,66/50,99€. De la grande gastronomie est servie dans un cadre d'une incroyable beauté : salons et salles à manger privés se répartissent dans les différentes pièces d'un château bien entretenu. Excellent service de table. Les murs en pierre apparente donnent le ton à la décoration qui se distingue par sa sobriété.

⊜⊜⊜ **Sa Punta** – (Hotel Sa Punta) - Pals - 6 km à l'E de Pals, sur la plage - ☎ 972 66 73 76 - sapunta@grn.es - 🖸 - 38/50,50€. Venez savourer un déjeuner des plus exquis à cette table ! La salle accueillante se caractérise par une distribution originale de l'espace utilisant de grands arcs : la chaleur augmente avec les murs aux tons pastel et l'éclairage indirect... Excellent service de table.

⊜⊜⊜ **La Cuina de Can Pipes** – Barri Canyelles - Mont-Ras - 1,5 km au S de Palafrugell par la C 31 puis prendre à gauche (2 km) - ☎ 972 30 66 77 - cuina@canpipes.com - fermé lun. et mar. sf été (seulement le soir sf w.-end), de déb. janv. à mi-fév. - 🖸 - 53,19/63,11€. Excellente ferme catalane située dans une zone de vignes. Ravissant jardin arboré à l'entrée et terrasse. La salle principale est impeccable. Une autre salle est réservée aux fumeurs. La carte est assez limitée mais s'agissant d'une cuisine d'auteur, son menu gastronomique est des plus intéressants.

TAPAS

El Corsaire – Colon, 1 - Sant Feliu de Guíxols - ☎ 972 32 10 71 - 18h-2h. Bar à tapas creusé dans la roche et consacré à l'univers des corsaires. La décoration est un pêle-mêle de cartes, cordes, fusils marins et tabourets en agneau. En bord de route, la terrasse ouvre sur la mer.

HÉBERGEMENT

⊜ **Hotel Rosa** – Pi i Rallo, 19 - Begur - ☎ 972 62 30 15 - info@hotel-rosa.com - mars-nov. - 🖸 - 23 ch. : 44,45/77,30€ -

🖸 - rest. 23/30€. Tout proche de la place de l'église, ce petit hôtel occupe une vieille maison en pierre réhabilitée avec beaucoup de goût. Il attire une clientèle jeune pour la plupart, qui apprécie sa décoration moderne, ses meubles fonctionnels et son éclairage recherché.

Crique Sa Tuna.

⊜ **Casa rural Can Massa** – Vell - La Pera - 11 km au NO de La Pera de L'Empordà par la C 66 - ☎ 972 48 83 26 - jmassa@teleline.es - 🖸- 4 ch. : 50€ - 🖸 5€. Gîte rural installé dans une ancienne maison de paysans avec ses granges et un agréable patio recouvert d'une pelouse. Chambres personnalisées, mobilier restauré et salles de bains modernisées, sans oublier le coquet salon commun avec cheminée.

⊜ **Casa rural Ca l'Aliu** – Roca, 6 - Peratallada - ☎ 972 63 40 61 - 7 ch. : 45/52€ 🖸. Maison située à côté des remparts de cette ravissante localité dont on distingue encore le riche patrimoine médiéval. Les chambres, mansardées pour certaines, sont décorées de meubles anciens restaurés et affichent un bon niveau de confort dans leur catégorie.

⊜ **Casa rural Casa Massanes** – Pl. de la Vila, 1 (en Fontclara) - Palau-Sator - ☎ 972 63 42 35 - 🖸- 4 ch. : 55€ - 🖸 5€ - rest. 12€. Jolie maison de village située au cœur de la localité et qui présente la particularité de servir également de logement aux propriétaires. Pour plus d'intimité, demandez l'un des deux appartements en duplex, très lumineux, qui sont équipés chacun d'une cuisine.

⊜⊜ **Hotel La Masía** – L'Estartit - 4 km à l'E de Torroella de Montgrí par la GI 641 - ☎ 972 75 10 00 - la@masia.com - mars-oct. - 🖸 🖸 - 77 ch. : 34,15/59,15€ - 🖸 4,65€ - rest. 9,40€. Situé en dehors de la localité, cet hôtel se trouve au pied de la montagne, au beau milieu de pins verts. Aménagements corrects et spacieux, prévus pour la détente et les distractions estivales. Clientèle de particuliers de préférence, car l'hôte des lieux refuse les groupes.

⊜⊜ **Hotel Coll** – Rte d'Estartit - Torroella de Montgrí - ☎ 972 75 81 99 - hotelcoll@jazzfree.com - fermé de mi-déc.

à fin janv. - 🅿 🏊 - 24 ch. : 55,40/70€ ⬛.
Établissement tenu de longue date par une
famille, aux chambres spacieuses proposant
un niveau de confort correct. Salles de bains
complètes et bien rénovées. Une tête dans
la piscine est la bienvenue pour se remettre
d'une journée de voyage.

🍽 **Hotel Casamar** – *Nero, 3 - Llafranc*
🕾 *972 30 01 04 - casamar@intercom.es -
fermé de mi-janv. à fin fév. -
20 ch. : 69/73,50€* - ⬛ *5,25€ -
rest. 11,50€*. La solution d'hébergement
idéale pour le week-end ou des vacances
courtes. De sa terrasse s'offre une
merveilleuse vue sur la mer. Chambres
et pièces à vivre lumineuses, aux meubles
en osier, et proposant un niveau de confort
correct.

🍽 **Hotel Es Furió** – *Foraió, 7 - Tamariu -
🕾 972 62 00 36 - acomas@intercom.es -
mars-oct. -* 🔲 *- 8 ch. : 53/88€* ⬛ *-
rest. 11€*. Ce sobre hôtel de taille réduite
est doté de confortables chambres gaiement
décorées, toutes avec terrasse. Son principal
atout : la proximité d'une délicieuse crique
aux eaux cristallines et la végétation de pins
verts.

🍽 **Hotel Sant Roc** – *Pl. Atlántic, 2
(Barri Sant Roc) - Calella de Palafrugell -
🕾 972 61 42 50 - santroc@grn.es -
de mi-mars à déb. nov. -* 🅿 *- 48 ch. :
90/112,80€* - ⬛ *9€ - rest. 21€*.
Au beau milieu des pins, faisant face à la mer,
cet élégant édifice surmonté d'une tourelle
est une invitation au repos. Belles chambres
spacieuses. La terrasse du restaurant
domine les criques aux eaux émeraude.
La demi-pension est de rigueur l'été.

🍽 **Hotel Sa Punta** –
*Pals - 6 km à l'E de Pals, sur la plage -
🕾 972 66 73 76 -sapunta@grn.es -* 🅿
🔲 *- 30 ch. : 118/130€* - ⬛ *10€*. Cadre
d'une singulière beauté où se marient
confort, élégance et bon goût. Chambres
riches en détails. Les jardins extérieurs
sont apaisants et ajoutent à l'élégance
de l'ensemble.

🍽 **Hotel Palau Lo Mirador** –
*Passeig de l'Església - Torroella de Montgrí -
🕾 972 75 80 63 - palaulomirador@teleline.es -
fermé fév. -* 🅿 🏊 🔲 *- 10 ch. : 135/185€*
⬛ *- rest. 39€*. Palais historique qui servit
de résidence royale à Jacques Ier et à Jean II.
À l'intérieur se mêlent les styles gothique
et Renaissance ; le magnifique patio du 14e s.
est à voir absolument. Les chambres
spacieuses présentent un mobilier d'époque
et des salles de bains réactualisées au goût
du jour.

🍽 **Hotel Mas de Torrent** –
*Torrent -3,5 km au SO de Pals par la GI 652 -
🕾 972 30 32 92 - infohotel@mastorrent.com -*
🅿 🏊 🔲 ♿ *- 32 ch. : 272/340€* ⬛ *-
rest. 49,90/90,50€*. Belle ferme catalane
(18e s.) qui, à l'issue d'une sage réhabilitation,
est devenue un excellent hôtel entre verts
pâturages et bois. La communion de
l'élégance, des meubles anciens et
du confort le plus moderne. Ses bungalows
sont agrémentés d'un petit jardin privatif.

ACHATS

Carrer de l'Aigüeta – *La Bisbal
d'Empordà*. La faïence connaît une
renommée de cinq siècles dans ce village.
La plus remarquable est sans nul doute
la « faïence noire » des 18e et 19e s. La carrer
de l'Aigüeta recense la plupart des boutiques
spécialisées qui proposent nombre d'objets
pour la maison et le jardin. À noter, El Risser,
l'une des boutiques offrant le plus grand
choix.

J. Malburet/MICHELIN

L'Empordanet – *Torres Jonama, 88 -
Palafrugell - 🕾 972 30 58 39 - tlj sf lun.
8h30-13h15, 16h30-20h30, dim. 8h30-
13h30*. Dans cette petite boutique,
vous trouverez d'étranges objets fabriqués
avec du liège. Large choix de souvenirs et
autres articles artisanaux, les plus originaux
étant les différents parapluies également
à base de liège.

CIRCUIT ③ : DE L'ESCALA
À ROSES

RESTAURATION

🍽 **La Gua-gua** – *Platja Canyelles
Petites -Roses - 2,5 km au SE de Roses -
🕾 972 25 77 82 - fermé de déb. oct.
à la Sem. sainte - réservation conseillée -
18,63/29,75€*. Typique restaurant de plage
servant une authentique cuisine de la mer
(le *suquet de peix* – bouillabaisse –
est à goûter absolument) sur la terrasse qui
se déroule même sur le sable et qui ouvre
sur la mer. La forte affluence des estivants
reflète son attirance.

TAPAS

Casa Rosendo – *Sant Mori, 11 -
Empuriabrava - 🕾 972 45 08 37 - fermé
dim. en hiver -* 🔲 *- 2,40/5,20€*. Bar
à tapas spécialisé dans les ingrédients
ibériques et les fromages. Dans un contexte
de très faible concurrence, il semble fort
apprécié de la clientèle de touristes
étrangers, pour la plupart. Ambiance joyeuse
et détendue malgré le bruit qui règne.

HÉBERGEMENT

🏨 **Hotel El Roser** – *Iglesia, 7 - L'Escala -
🕾 972 77 02 19 - reseescala@teleline.es -
25 ch. : 28,25/43,27€* - ⬛ *4,36€ -
rest. 12€*. Petit hôtel de famille situé

au cœur du village. Les chambres, correctes, ont la climatisation et la télévision. Cadre agréable dans l'ensemble. Une bonne alternative pour le visiteur de passage dans la région.

⊖⊜ **Hotel Mont-Mar** – *Dr. Ferran, 7 - Roses* - ☎ 972 45 97 00 - hotelmontmar@hotmail.com - 🔲 - *30 ch. : 61,74€ ⊑ - rest. 7€*. Petit hôtel accueillant installé dans un bâtiment moderne. Les chambres, très bien équipées, présentent un mobilier et des salles de bains modernes. Les pêcheurs créent l'ambiance, ou encore, profitez donc des nuits d'été très prisées de Roses.

⊖⊜⊜ **Hotel Port Salins** – *Av. Fages de Climent, 10-15 - Empuriabrava* - ☎ 902 45 47 00 - info@hotelportsalins.com - 🅿 ⟍ 🔲 ♿ - *42 ch. : 70/150€ ⊑ - rest. 22/27€*. Profitez de sa proximité du canal, si attirant avec ses barques amarrées. Le hall d'entrée lumineux présente un décor design, les chambres sont confortables et un ascenseur panoramique conduit au grenier qui abrite le solarium.

⊖⊜⊜ **Almadraba Park H.** – *Roses - 4 km au SE de Roses* - ☎ 972 25 65 50 - almadrabapark@almadrabapark.com - *de mi-avr. à mi-oct.* - 🅿 ⟍ 🔲 ♿ - *60 ch. : 110/160€ ⊑ - rest. 35€*. Cet hôtel s'intègre parfaitement dans le cadre d'une beauté naturelle. L'édifice de construction moderne et orienté plein Sud domine de ravissants jardins qui descendent en terrasses jusqu'à la mer. Service impeccable et chambres dispensant de splendides vues.

SORTIES

Moxo – *Empuriabrava - 20h-3h*. Le Moxo est l'épicentre de la vie nocturne de cette localité côtière, moderne et touristique. Il compte une vingtaine d'établissements en matière de bars, discothèques et restaurants. Le Saloon est spécialisé dans la musique country, tandis que le Glass fait dans la musique techno.

Passarel-la – *Passeig maritim, 16 - Empuriabrava - juil.-août*. Grande discothèque en bordure de plage où vous pourrez danser au clair de lune et au rythme du ressac. L'une des boîtes branchées de la Costa Brava.

Rachdingue – *1 km en direction de Pau par la GI 610 - Vilajuïga - de mi-juin à mi-sept. : ven.-sam*. Cette boîte de nuit, inaugurée dans les années 1970 par Dalí en personne, est perchée sur un promontoire qui domine la campagne. Installée dans une jolie ferme en pierre, elle possède une piscine et un bar dans le jardin.

ACHATS

Casa Bordas – *Rte L'Escala-Orriols - L'Escala* - ☎ 972 77 00 85 - *tlj sf w.-end. 9h-13h, 14h30-19h*. Fabrique d'anchois installée dans un édifice moderne de la proche banlieue. Entreprise familiale où on trouve les fameux *boquerones*, ou anchois frais, qui sont la spécialité de la maison. À noter également ses délicieux pâtés.

CIRCUIT ④ : DE CADAQUÉS À PORTBOU

RESTAURATION

⊖⊜ **Ca l'Herminda** – *L'Illa, 7 - El Port de la Selva* - ☎ 972 38 70 75 - herminda@teleline.es - *fermé lun. soir et mar. en avr.-juin* - 🔲 - *18,80/30€*. Le restaurant idéal pour manger un bon poisson à un prix raisonnable. La petite entrée est ornée d'un vivier puis la salle à manger se répartit sur plusieurs niveaux. Sa décoration de style rustique laisse apparaître les pierres aux murs.

⊖⊜ **La Brasa** – *Pl. Catalunya, 6 - El Port de Llançà* - ☎ 972 38 02 02 - *fermé mar. sf en été, de mi-déc. à fin fév.* - 🔲 - *23/33€*. Les rideaux des fenêtres lui confèrent une allure estivale. La tranquillité qui y règne invite à se régaler sans hâte d'un poisson ou d'une viande grillée (sa spécialité). Agréable terrasse à l'abri du soleil.

⊖⊜ **La Galiota** – *Narcís Monturiol, 9 - Cadaqués* - ☎ 972 25 81 87 - *de mi-juin à fin sept. : tlj sf mer.* - 🔲 - *26/32,50€*. Cette maison villageoise typique vous réservera le meilleur accueil. La salle est au premier étage. Sa carte assez simple propose néanmoins un choix assez varié de plats parmi les plus représentatifs de la cuisine catalane.

⊖⊜⊜ **Can Rafa** – *Passeig, 7 - Cadaqués - Sortie 4-A7 direction Cadaqués* - ☎ 972 15 94 01 - canrafadecadaques@hotmail.com - *fermé mer. en hiver, 2 sem. nov. - réservation conseillée - 21/60€*. Une bonne adresse pour savourer la cuisine locale dans une ambiance nostalgique où les murs de la salle sont recouverts de peintures et de photos du début du 20ᵉ s. De sa terrasse, vous pourrez embrasser de splendides vues sur la baie.

⊖⊜⊜ **Garbet** – *Colera - Au N de Llançà par la N 260* - ☎ 972 38 90 02 - *de mi-mars à mi-oct.* - *43€*. Établissement familial où le savoir-faire et la modestie ont gagné la confiance de la clientèle. Sa situation en bordure de plage lui vaut l'affluence d'un public d'estivants et de touristes du week-end qui choisissent de se contenter d'un verre à son vaste bar ou de se restaurer dans la salle.

HÉBERGEMENT

⊖⊜ **Hotel Ubaldo** – *Unió, 13 - Cadaqués* - ☎ 972 25 81 25 - *26 ch. : 49/61€*. Derrière sa sobre façade, cet hôtel dissimule une élégante décoration faite de murs blancs, de meubles qui ondulent et d'un éclairage indirect. À défaut de donner sur la mer, les chambres, qui disposent de tout le confort souhaité, ouvrent sur les ruelles du vieux Cadaqués.

⊖⊜ **Hotel La Goleta** – *Pintor Terruella, 22 - El Port de Llançà* - ☎ 972 38 01 25 - goleta@xecweb.com - 🅿 - *30 ch. : 55/65,26€ - ⊑ 4,50€ - rest. 15€*. Si votre choix se porte sur cet hôtel, vous aurez la chance de dormir près du port, dans une chambre confortable et bien décorée.

Toute la maison regorge d'objets et de tableaux qui lui confèrent son caractère très particulier. Ambiance familiale et bon rapport qualité/prix.

⊖⊜ **Hotel Port Lligat** –
Av. Salvador Dalí, 1 - Port LLigat -
☎ *972 25 81 62 - portlligat@intercom.es -*
⎓ *- 30 ch. : 86/115€ - ⊡ 8€.* Proche de la maison de Dalí, dans une crique pleine de barques de pêcheurs, ce bel édifice blanc et bleu est particulièrement confortable. Ici, les chambres sont toutes différentes.

Si votre bourse vous le permet, demandez à avoir vue sur la mer.

SORTIE

La Habana – *Doctor Bartomeus - Cadaqués -* ☎ *972 25 86 89 - 21h-3h.* À l'image de Cadaqués. Le bar des romantiques : c'est l'endroit idéal pour clore la soirée en savourant un cocktail au son des mélopées d'un chanteur local. Les prix un peu élevés sont en rapport avec l'établissement qui le mérite.

circuits

De Blanes à Palamós ⬚

51 km. Le circuit emprunte deux étroites routes côtières qui dispensent de magnifiques panoramas du littoral : la GI 682 (de Blanes à Sant Feliu) et la C 253 (de Sant Feliu à Palamós). Armez-vous de patience car leur tracé est souvent très sinueux, en particulier sur le tronçon Lloret-Sant Feliu.

Blanes★

Blanes, appelée « Blanda » à l'époque romaine, prit naissance près de l'embouchure du fleuve Tordera, entre la mer et la montagne Sant Joan. Important centre touristique, la ville s'organise autour de la rue Anselm Clavé. Entre la pointe de Santa Anna et le *tombolo* (cordon littoral) de Sa Palomera s'étend le magnifique **passeig Marítim★**, promenade qui offre une belle vue panoramique de Blanes et de sa plage, couronnée par le port de plaisance.

> **JOAQUIM RUYRA (1858-1939)**
>
> Cet écrivain, originaire de Blanes, donne une vision émue de l'univers marin de sa ville. Dans son œuvre principale, *Pinya de rosa* (1920), il restitue avec réalisme l'humeur des pêcheurs, allant jusqu'à reproduire intégralement les conversations en « dialecte salat », langage drôle et très particulier qui lui était familier.

Sur la colline qui protège la ville à l'Est se dressent les restes du château Sant Joan, auquel on peut accéder en voiture par la rue Vidal i Barraquer. Sur la partie basse de cette même colline s'élève l'église Santa Maria, édifice gothique du 14e s. contenant un beau retable baroque.

Jardin botanique Marimurtra★

Sur le versant Sud-Est du mont Sant Joan, en montant par la rue Vidal i Barraquer. Avr.-oct. : 9h-18h ; nov.-mars : 10h-17h, w.-end et j. fériés 10h-14h (dernière entrée 1h av. fermeture). Fermé 1er et 6 janv., 24-26 déc. 2,50€. ☎ *972 33 08 26.*

Créé en 1921 par l'Allemand Karl Faust en collaboration avec le botaniste Pius Font i Quer, il renferme plus de 5 000 espèces de plantes exotiques les plus diverses provenant du monde entier. Le parcours passe par des sentiers sinueux offrant de belles **vues★** de la côte et de la Cala Forcadera. Doté d'un laboratoire bien équipé, ce jardin est devenu un prestigieux centre de diffusion scientifique.

Lloret de Mar

Ville côtière très fréquentée, Lloret a substitué à son activité maritime d'origine une énorme infrastructure hôtelière, devenant ainsi le premier centre

Jardin botanique Marimurtra.

Ch. Bastin & J. Evrard/MICHELIN

touristique de la Costa Brava. Lieu idéal pour profiter de vacances animées, les possibilités de divertissement qu'elle offre en été sont pratiquement inépuisables. Une foule de toutes nationalités va dans les *carpas*, gigantesques discothèques de plein air, danser et se divertir au rythme des musiques à la mode. Les bars ferment leurs portes aux petites heures du jour, au moment même où s'ouvrent celles des *after hours*, qui prolongent la fête jusqu'à midi.

De sa physionomie bigarrée se détache la promenade en forme de demi-lune qui longe la plage. La fête la plus prisée est, le 24 juillet, la procession maritime de Sa Reliquia, au cours de laquelle on promène en mer, sur des barques décorées de guirlandes, l'image et les reliques de sainte Christine.

Tossa de Mar★

Ce pittoresque village s'inscrit dans un environnement naturel d'une grande beauté, entre les falaises abruptes, couvertes de pins et de chênes-lièges, les belles calanques et la plage.

Au sommet du cap de Tossa, au Nord de l'accueillante baie, s'étend la **vieille ville★** (12ᵉ-14ᵉ s.). La remarquable enceinte fortifiée a gardé son périmètre d'origine, de sobres murs crénelés, et sept grosses tours à mâchicoulis, dont trois rondes.

> ### LES PLAGES DE TOSSA
>
> Le grand atout de cette ville réside dans ses extraordinaires plages de sable fin, idéales pour la baignade car peu profondes. La Platja Gran, située en face de Vilanova, est la plus vaste et la plus fréquentée. Derrière la vieille ville se trouve la petite plage Cala Codolar, véritable havre de paix. Plus près de la ville se situent les calanques Bona, Pola, Givarola et Llevado, à partir desquelles on peut visiter le phare, niché à 60 m de haut sur une falaise.

La ville nouvelle, complexe moderne d'hôtels, d'appartements et de restaurants, s'étend parallèlement à la plage.

Musée municipal – *De mi-juin à mi-sept. : 10h-20h, dim. et j. fériés 11h-17h ; le reste de l'année : tlj sf lun. 11h-13h, 15h-18h, dim. et j. fériés 11h-17h. Fermé 25 déc. 3€.* ☎ *972 34 07 09.*

Fondé en 1935, il occupe l'ancienne maison du gouverneur, ou « batlle ». De nombreux objets trouvés lors des fouilles archéologiques effectuées sur le site de la proche villa romaine de Els Ametllers (1ᵉʳ-4ᵉ s.) y sont exposés. Une importante **collection d'art contemporain★** rassemble des œuvres d'artistes nationaux et étrangers (Chagall, André Masson, Rafael Benet, etc.) ayant séjourné à Tossa dans les années 1930.

Sant Feliu de Guíxols★

Cette ville côtière est située sur une petite baie, à l'abri des derniers contreforts de la sierra de Les Gavarres. Le **passeig de la Mar**, promenade arborée parallèle à la plage, est l'artère la plus animée de la ville. Pendant les mois d'été, ses nombreuses terrasses et ses cafés d'aspect moderniste **(Casino dels Nois)** ne désemplissent pas.

Les boutiques d'artisanat du liège proposent tous les articles possibles, du simple bouchon aux objets décoratifs d'un certain intérêt artistique.

Église-monastère Sant Feliu★ – *Tlj sf lun. 8h-11h, 22h30, dim. et j. fériés seulement pendant le culte. Fermé 1ᵉʳ janv., 25 déc.* ☎ *972 82 15 75.* Les vestiges de cet ancien monastère bénédictin du 10ᵉ s. se trouvent sur la plaça del Monestir. Fortifié à l'origine, c'est une authentique mosaïque de styles architecturaux. Les tours del Fum et del Corn, ainsi que la **Porta Ferrada★★**, étrange portail de style préroman aux arcs outrepassés, en sont les restes les plus anciens. L'église

Tossa de Mar.

J. Malburet/MICHELIN

gothique présente trois absides polygonales et une seule nef voûtée sur croisée d'ogives. Les dépendances monastiques, remodelées au 18ᵉ s., accueillent le **Museu d'Història de la Ciutat**. *Sam. 11h-14h, 16h-19h (été 17h-20h), dim. et j. fériés 11h-14h, en semaine sur demande. Fermé 1ᵉʳ janv., 25 déc. Gratuit.* ☎ *972 82 15 75.*

Chapelle Sant Elm – *Sur demande.* ☎ *972 82 15 75.* On prétend que c'est en contemplant le bord de mer de ce splendide mirador que le journaliste **Ferran Agulló** appela la côte « Costa Brava ». Les **vues★★** que l'on a de la corniche littorale sont impressionnantes.

Pedralta★

Situé à la limite de la commune de Castell d'Aro, ce rocher en porte-à-faux, l'un des plus grands d'Europe, est un singulier mirador sur la baie.

S'Agaró★

La construction de cet ensemble immobilier aux belles et luxueuses villas débuta dans les années 1920, selon une tendance Art nouveau adoptée par l'architecte Rafael Masó. On ajouta plus tard des constructions modernes. Depuis le camino de Ronda, on a de charmantes **perspectives★** sur les falaises.

Platja d'Aro

Cet ensemble urbain, aménagé au seul usage des vacanciers, trouve toute son animation en été, quand ceux-ci déambulent dans ses rues, y apportant une ambiance cosmopolite et bruyante.

Palamós

Petit village ayant un dynamique port de plaisance et de pêche, Palamós, avec son choix de loisirs et de services, est l'un des endroits les plus fréquentés de la Costa Brava.

Cova d'en Daina★ – *4 km à l'Ouest de Palamós.* Une **route** calme et sinueuse pénètre dans la sierra de Les Gavarres et conduit jusqu'à **Romanya de la Selva**. Après le village, au milieu d'un paisible bosquet, se trouve cet intéressant tombeau mégalithique.

De Palafrugell aux îles Medes ②

59 km jusqu'à L'Estartit. Cet itinéraire longe une portion du littoral avant de découvrir un certain nombre de villages et paysages de l'arrière-pays ampurdanais.

Palafrugell

Située à quelques kilomètres de la côte, Palafrugell est une ville d'une intense activité culturelle. Au début du 20ᵉ s., le travail du liège, aujourd'hui disparu, fit sa splendeur.
Berceau du prolifique écrivain **Josep Pla** (1897-1981), Palafrugell est très apprécié des visiteurs, nombreux en été, pour son atmosphère festive et son *suquet de peix*, un plat savoureux à base de poisson.

Museu del Suro – *De mi-juin à mi-sept. : 10h-14h, 16h-21h ; le reste de l'année : tlj sf lun. 17h-20h, dim. et j. fériés 10h30-13h30. Fermé 1ᵉʳ et 6 janv., 1ᵉʳ mai, 25 et 31 déc. 2,50€.* ☎ *972 30 78 25.*
On y montre le procédé de fabrication des bouchons de liège et il est très intéressant de voir les ustensiles très rudimentaires qui servaient à laver, couper et marquer les plaques de liège.
Prendre la quatre voies en direction de la côte et en suivant les panneaux « Calella ».

Calella de Palafrugell★

Comme Llafranc, cette ancienne bourgade de pêcheurs est devenue un centre touristique raffiné. Face à la mer se trouve la très populaire **carrer de les Voltes**. Dans cet espace aux arcades blanches a lieu chaque année, le premier samedi du mois de juillet, le très couru **Festival de habaneras**, où l'on boit le *cremat* (café flambé au rhum) en écoutant les mélodieuses chansons de marins.

Jardín Botànic★ del cap Roig – *Avr.-sept. : 9h-20h ; oct.-mars : 9h-18h. 3€.* ☎ *972 61 45 82.*
De ce jardin, situé en dehors de la ville, on a des **vues★★** spectaculaires de la côte. La visite s'effectue parmi plus de 1 200 espèces végétales réparties sur plusieurs terrasses en front de mer. Arbrisseaux et plantes, provenant de toutes les latitudes, emplissent de senteurs exotiques et de couleurs éclatantes ce lieu paradisiaque où des allées sont couvertes de treillis floraux, où jardins à l'aspect romantique et miradors offrent des vues impressionnantes sur les falaises. À l'intérieur, caché par une allée de peupliers, se trouve le château du cap Roig, bâtiment néogothique construit en 1924 par Nicolas Woevalsky, ancien colonel de l'armée tsariste, et sa femme Dorothy. L'aspect fantastique de cette construction de pierre oxydée couronnée d'aiguilles apporte une touche mystérieuse à l'ensemble.

Prendre la petite route côtière.

Llafranc.

Llafranc

Les maisons de pêcheurs ont été remplacées par des résidences secondaires. Le **port de plaisance**, qui compte 140 amarres, est la principale attraction de Llafranc avec la petite plage, cadre de nombreuses activités estivales (concerts en plein air, compétitions sportives, etc.).

Phare de Sant Sebastià★

Le phare (1857), l'un des plus puissants d'Espagne, est situé sur un cap minuscule environné de falaises sauvages. L'ermitage Saint-Sébastien, tout près, s'ouvre sur une belle **vue★** sur la mer.

Tamariu

Les criques Gelida, Llarga et Marquesa, d'une grande beauté, sont pratiquement vierges, grâce au tourisme sélectif qui est pratiqué dans cette zone.

Begur★

Située à 200 m au-dessus du niveau de la mer, la ville surplombe un bel ensemble de criques. Une promenade dans ses ruelles étroites permet la découverte de maisons du 18ᵉ s., généralement bien conservées, des tours de défense et de typiques maisons de pêcheurs. Sur la partie haute du village se dressent les ruines du château (16ᵉ-17ᵉ s.), d'où l'on peut contempler le pittoresque enchevêtrement des ruelles de la ville.

El Pedró, à Pals.

Les criques – *Pour y accéder, suivre les indications.* Les anciens quartiers de pêcheurs sont devenus des zones touristiques et résidentielles de grand standing parmi lesquelles il faut signaler **Aigua Xelida**, **Sa Tuna**, **Sa Riera** et **Aigüafreda**. Le paysage entourant ces lieux est spectaculaire : des montagnes abruptes couvertes de pinèdes tombant à pic dans la mer, des petites plages parsemées d'embarcations et, surtout, une vision privilégiée de la Méditerranée.

Quitter la route côtière et prendre la direction de Pals.

Pals★

Le village domine l'embouchure du Ter et possède un intéressant quartier ancien, El Pedró, bien restauré. Dans les environs s'élèvent d'intéressantes fermes, dont plusieurs sont fortifiées. Ces édifices typiquement ruraux contrastent avec les réalisations plus modernes : nombreux lotissements à l'usage des estivants et terrain de golf.

El Pedró★ – Cet ensemble monumental ceint d'une muraille restitue à la perfection l'atmosphère médiévale et conserve de beaux édifices parmi lesquels se détachent l'église gothique Sant Pere et la **tour des Heures**, d'où l'on découvre un magnifique **panorama**. Ses ruelles aux maisons roses sont un véritable enchantement.

Emprunter la GI 652, puis prendre à droite la C 66.

La Bisbal d'Empordà

Chef-lieu du Baix Empordà, c'est une localité dynamique et commerçante, que la poterie traditionnelle et les incomparables terres argileuses ont convertie en prestigieux centre d'artisanat. Sous les populaires voûtes de ses grandes arcades s'étalent de nombreux commerces et boutiques spécialisés dans la vente d'objets de céramique.

Château-palais★ – *De mi-juin à mi-sept. : tlj sf lun. 10h-13h, 17h30-20h30, dim. 11h-14h ; le reste de l'année : tlj sf lun. 17h-20h, sam. 11h-14h, 17h-20h, dim. et j. fériés 11h-14h. 1,80€. ☎ 972 64 51 66.*

L'ancienne résidence des évêques de Gérone est le bâtiment le plus notoire de La Bisbal. C'est un sobre exemple d'architecture civile, où se mêlent éléments romans et gothiques, dont la récente restauration permet de faire ressortir l'extrême beauté. Une partie de l'édifice abrite les **archives historiques du pays**.

Santa Maria – *19h30-20h30, dim. 8h30-10h, 11h30-13h, 19h-21h. ☎ 972 64 00 96.*

Bâtie au 18ᵉ s., l'église accueille l'Aigle et le Dragon, figures mythiques du bestiaire médiéval. La façade monumentale présente certains détails décoratifs (oculi, archivoltes, colonnes galbées et gargouilles) d'une grande beauté.

Prendre la GI 651.

Peratallada★

Assis sur des roches ravinées – d'où son nom, qui signifie « pierre taillée » –, ce village peut être considéré comme l'un des meilleurs ensembles d'architecture médiévale de l'Ampurdan.

Laisser la voiture sur le parking municipal.

Ce **village** fortifié, dont les vieilles ruelles débouchent sur la plaça Major, s'articule autour de la grande tour du château-forteresse, devenu hôtel de luxe. La **plaça de les Voltes**, dotée d'un petit portique et bordée de maisons anciennes, est l'une des images les plus caractéristiques de la localité. Pendant la période estivale, la légendaire tranquillité de Peratallada est partagée par les nombreux visiteurs.

Sant Esteve – Cet austère bâtiment du 13ᵉ s. en dehors du village possède un campanile ajouré, d'un modèle très répandu dans la région.

Continuer par la GI 651.

Palau-sator

Ce petit village paisible, au plan médiéval bien conservé, se transforme, le week-end et durant les vacances, en haut lieu gastronomique.

Sant Julià de Boada

Sur le territoire communal de Palau-sator s'élève ce curieux exemple d'architecture préromane (10ᵉ s.), où l'on a effectué une remarquable restauration.

Retourner à Peratallada. Après avoir dépassé le village, prendre à droite la GI 644.

Ullastret★

Un des villages les plus pittoresques de l'arrière-pays de l'Ampurdan. Ses vieilles ruelles médiévales exhalent l'odeur caractéristique de la campagne. Dans les environs, on peut acheter les produits typiques de la région.

Sant Pere – Située au centre du village, cette église est un bel exemple du style roman de l'Ampurdan, avec son plan basilical et sa décoration lombarde. Remarquer un curieux ossuaire gothique ainsi que la représentation sur les imposes de personnages et d'animaux fantastiques.

Ciutat Ibérica★★ – *1 km à l'Est. Juin-sept. : tlj sf lun. 10h-20h ; oct.-mai : tlj sf lun. 10h-18h. Fermé 1ᵉʳ janv., 1ᵉʳ mai, 25-26 déc. 1,80€. ☎ 972 17 90 58.*

L'ancienne lagune d'Ullastret, asséchée vers la fin du 19ᵉ s., a fait place à une plaine, fertile et agréable, où croissent les cyprès et les oliviers. On y trouve également les vestiges d'un *oppidum* ibérique, rappelant l'occupation de la région par les Grecs phocéens *(voir Empúries)*.

Les ruines de cette ancienne place forte forment un précieux témoignage archéologique, car elles permettent de reconstituer la vie de ses habitants aux 4e et 3e s. avant J.-C.

L'ancienne chapelle Sant Andreu héberge le **Museu Arqueològic d'Ullastret**, section du musée d'Archéologie de Catalogne. Y sont exposées les principales découvertes faites au cours des fouilles (monnaies, récipients et ustensiles divers). *Juin-sept. : tlj sf lun. 10h-20h ; oct.-mai : tlj sf lun. 10h-14h, 15h-18h. Fermé 1er janv., 25 déc. 1,80€.* ☎ *93 424 65 77.*

Poursuivre par la GI 644 puis prendre à droite la GI 643.

Torroella de Montgrí★

La ville s'élève au bord du Ter, au pied de la montagne du Montgrí.

Son quartier ancien garde la disposition d'un camp romain, avec deux rues principales qui se croisent sur une place bordée d'arcades.

Sant Genís – *19h-21h, dim. et j. fériés 9h-12h, 19h-21h.* ☎ *972 75 82 93.*

C'est un bel exemple de gothique catalan (14e s.), qui présente une monumentale façade baroque. À l'intérieur, aux lignes très sobres, on trouve une seule nef, une abside polygonale et des chapelles latérales. Chaque été, l'église accueille le **Festival international de musique**, l'un des événements musicaux les plus prestigieux de Catalogne.

Château du Montgrí – *La montée à pied par un itinéraire balisé commence au bout de la carrer Fátima. Compter 1h.*

Cette imposante forteresse se dresse au sommet de la montagne du Montgrí. La solidité et l'uniformité de ses murs extérieurs font oublier qu'il s'agit d'une œuvre inachevée. Grâce à sa situation privilégiée, ce château forme un extraordinaire **belvédère★★** face au massif montagneux des Gavarres et à la mer. À quelques mètres de là se trouve le gisement archéologique du **Cau del Duc** (le repaire du duc), grotte que l'homme occupa il y a 300 000 ans. La visite au sommet du Montgrí se termine à l'**ermitage Santa Caterina**, lieu de vénération populaire situé dans la proche vallée du même nom.

La GI 641 conduit à L'Estartit, point de départ des croisières pour les îles Medes.

Îles Medes★★

Le petit archipel des îles Medes (21,5 ha de superficie), formé de sept îlots et de quelques récifs, se trouve à 1 km de la côte de l'Ampurdan ; le paysage y est de toute beauté. Prolongement en mer du massif calcaire du Montgrí, il constitue un site d'une grande richesse écologique par sa variété d'espèces et d'écosystèmes.

Du fait de sa formation karstique, il en résulte des cavités et des tunnels favorisant la végétation et la faune marines. On y dénombre plus de 1 300 espèces différentes. Cette richesse de ressources a été longtemps exploitée par les pêcheurs et, notamment, par les coralleurs qui ont, depuis le 18e s., étendu leur activité à toute la côte.

carnet pratique

Au port de L'Estartit, plusieurs compagnies de navigation proposent des croisières en direction de l'archipel.

Office de tourisme de L'Estartit – *Passeig Marítim* - ☎ *972 75 19 10.*

Subaquatic Visión S.A. – *Passeig Marítim, 23* - ☎ *972 75 14 89.* Deux types de bateau sont proposés. Le *Nautilus* est à fond transparent. L'excursion dure environ 1h30 *(15 € ; enf. : 11€).*

Aquarium L'Estartit S.L. – *Guillén de Montgrí, 38* - ☎ *972 75 08 80.* La croisière se fait à bord de catamarans, à fond transparent. Durée : 1h15 *(15€).*

Meda Gran – L'île accuse une forte dissymétrie : tandis que son littoral oriental est découpé de hautes falaises, composées de strates calcaires, sa face Ouest présente des pentes douces formées par la présence des matières molles (argiles, gypses et marnes). Près de la petite baie de l'embarcadère se dressent les deux phares, construits l'un en 1866, l'autre, fonctionnant à l'énergie solaire, en 1930.

Meda Petita – Elle est séparée de Meda Gran par El Freuetó. Du côté du levant existent de nombreuses cavernes et grottes entre les falaises.

Golfe de Roses : de l'Escala à Roses ③

36 km. La grande majorité de ce tronçon de frange côtière fait partie du Parc naturel Aigüamolls de l'Empordà.

L'Escala★

Cette ville touristique traditionnellement vouée à la pêche est située à l'extrême Sud du golfe de Roses.

Aux environs sont édifiés de nombreux ensembles groupant villas et complexes hôteliers. Le **port** comprend un bassin de plaisance de 435 postes d'amarrage.

La ville est le lieu de naissance de l'écrivain Caterina Albert (1869-1966), qui a publié ses œuvres (*Solitud* et *Drames rurals*) sous le pseudonyme de **Victor Català**.

Empúries★★ *(voir ce nom)*

Parc naturel Aigüamolls de l'Empordà★

Les marais (« aigüamolls ») de l'Ampurdan constituent la deuxième zone marécageuse de la Catalogne, après le delta de l'Èbre. Leur importance biologique et la beauté de leurs paysages incitèrent à la création en 1983 du parc naturel, qui s'étend sur un peu plus de 4 800 ha. Les oiseaux aquatiques (sarcelle d'été, martin-pêcheur, héron, flamant, cigogne et guêpier) y côtoient un grand nombre d'amphibiens (grenouilles et crapauds). Saules, peupliers noirs et blancs se dressent au bord des rivières et sur les lacs flottent de véritables tapis fleuris, des plantes et des renoncules aux couleurs vives.

Visite du parc – Centre d'information **El Cortalet** *(4 km au N de l'étang d'En Túries, sur la route de Sant Pere Pescador). Avr.-sept. : 9h-14h, 16h30-19h ; oct.-mars : 9h-14h, 15h30-18h. Fermé 1ᵉʳ et 6 janv., 25-26 déc. Gratuit. ☎ 972 45 42 22.*

Le centre propose divers itinéraires (magnétophones et casques disponibles pour les visites individuelles). La visite pourra également être préparée au Centre d'accueil et de récupération de la faune autochtone (Centro de Acogida y Recuperación de Fauna Autóctona).

La visite peut se faire en voiture par des sentiers balisés et des pistes non goudronnées. Le rio Muga divise le parc en deux zones. Dans la zone Nord, ou Polygone 1, se trouvent les lagunes les plus importantes (Aigua Clara, Palau, Albert y Mornau) et d'abondantes rizières, tandis qu'au Sud, Polygone 2, on rencontre davantage de champs cultivés et des bois sur les berges des rivières. Répartis sur l'ensemble du parc, des **observatoires ornithologiques** en constituent le principal attrait.

Castelló d'Empúries *(voir ce nom)*

Quitter Castelló d'Empúries en direction de la côte, puis suivre les panneaux « Empuriabrava ».

Empuriabrava★

Ce luxueux ensemble immobilier construit sur d'anciens marécages présente une **trame urbaine** très particulière, qui voit alterner routes goudronnées et canaux navigables, offrant une vision hors du commun : les embarcations amarrées aux portes des maisons. La marina dispose d'un port de plaisance et d'un petit aérodrome pour avions de tourisme et hélicoptères.

Reprendre la C 260 vers l'Est.

Roses★

Au Sud-Est de l'abrupte péninsule du cap Creus, régnant sur le golfe du même nom, se trouve cette petite ville touristique par excellence. Située sur un magnifique port naturel, elle possède la plus importante flotte de pêche du Nord de la Catalogne. Néanmoins, cette ville conserve aussi quelques beaux vestiges et propose une large gamme hôtelière, de restauration et d'équipements de loisirs. En outre, son port de plaisance accueille de nombreuses compétitions.

Citadelle★ – *De la Sem. sainte à fin sept. : 9h-20h ; le reste de l'année : 9h-18h. Gratuit. ☎ 972 15 14 66.*

De style Renaissance, elle fut construite au 16ᵉ s. par ordre de Charles Quint, qui craignait quelque invasion turque. Elle se développe selon un plan pentagonal, avec de solides murs et de nombreux bastions. En dépit des destructions, l'ensemble demeure dans un bon état de conservation. La monumentale **Porta de Mar**, de style Renaissance, avec ses pilastres ornementaux adossés et sa frise à décoration végétale, est la porte d'entrée de l'enceinte fortifiée.

À l'intérieur se trouvent les ruines du monastère bénédictin Santa Maria de Roses, détruit par les Français pendant la guerre d'indépendance (1808-1814), et, en sous-sol, les vestiges de l'ancienne ville de Rhode.

L'ANCIENNE VILLE DE RHODE

Rhode fut fondé au 8ᵉ s. avant J.-C. par des navigateurs originaires de l'île de Rhodes, mais fut occupé plus tard par les Phocéens, qui s'étaient installés à Empúries. Quoique l'on ait depuis toujours identifié Roses avec l'ancienne Rhode, la confirmation archéologique ne fut obtenue que vers 1960. Les fouilles récentes – inachevées – ont établi que Roses était une active colonie grecque, dont la propre monnaie (des drachmes frappées au revers de la rose des Rhodiens) eut cours de la fin du 4ᵉ s. jusqu'au 3ᵉ s. avant J.-C. La découverte d'un atelier de céramique utilisant le vernis noir a révélé que la ville vécut, pendant un certain temps, de l'exportation de ses produits dans la Méditerranée occidentale. Une inscription, trouvée à Carthage, cite le *municipium* de Rhode comme important centre de salaison de poissons.

Santa Maria – *9h-13h, 16h-21h.* *972 25 63 91.*

Les restes de cette église du 11ᵉ s. se trouvent à l'intérieur de la citadelle. La partie la mieux conservée est le très beau chevet, de type lombard. Dans l'une des absidioles, on a trouvé des traces d'une église paléochrétienne.

Dolmen de la Creu d'en Cobertella

5 km par la route qui mène à l'anse Montjoi.

C'est le plus grand monument mégalithique de Catalogne, dont la datation approximative est fixée aux débuts du troisième millénaire avant J.-C.

De Cadaqués à Portbou 4

52 km. Ce dernier circuit, qui parcourt la zone la plus septentrionale du littoral catalan, part de la belle péninsule du cap Creus pour aboutir à Portbou, non loin de la frontière française.

Cadaqués★★ *(voir ce nom)*

Portlligat★ *(voir Cadaqués)*

Roses.

L. Campion/MICHELIN

Parc naturel du cap Creus★★ (Cabo de Creus) *(voir Cadaqués)*
Retourner à Cadaqués puis prendre les petites routes en direction de l'arrière-pays (la GI 614 et la GI 613).

El Port de la Selva★

Cette commune touristique se trouve au Nord de la péninsule du cap Creus. Le centre de la ville est composé d'un évocateur ensemble d'architecture populaire constitué de maisons blanches qui furent autrefois des maisons de pêcheurs. Actuellement, El Port de la Selva est une station estivale où foisonnent les nouvelles constructions, les hôtels et les campings.

La pêche est une des principales activités de ce port naturel, dont le profil est l'un des plus spectaculaires de toute la Costa Brava. La largeur de sa plage, lieu de maintes compétitions sportives, les lueurs argentées de la mer et, surtout, la proximité du merveilleux monastère Sant Pere de Rodes font de El Port de la Selva une étape à ne pas manquer.

Quitter la côte en direction de l'Ouest.

Monastère Sant Pere de Rodes★★★

Laisser la voiture au parking et gagner le monastère à pied (10mn). Il est conseillé de démarrer la visite par la présentation audiovisuelle. Juin-sept. : tlj sf lun. 10h-20h ; oct.-mai : tlj sf lun. 10h-17h30 (dernière entrée 20mn av. fermeture). Fermé 1ᵉʳ janv., 25 déc. 3,60€ ; gratuit mar. 972 28 75 59.

Sur le flanc abrupt du mont Sant Salvador de Verdera, dans un **site★★** merveilleux ayant en toile de fond le golfe du Lion et la péninsule du cap Creus, se dressent les ruines impressionnantes de ce monastère bénédictin. Sa construction remonte au 10ᵉ s. et son histoire est un véritable roman-feuilleton de cape et d'épée, lourd de vols, d'incendies, d'épidémies et de saccages.

Le monastère est enclavé sur une petite esplanade irrégulière, aussi les différents édifices (église, cloître et dépendances monastiques) sont-ils situés à des niveaux différents. Sur la hauteur s'élèvent les ruines du **château de Sant Salvador de Verdera**. L'ensemble est complété par les vestiges de l'ancienne localité de Santes Creus, que domine l'**église Santa Helena**.

Église★★★ – C'est une œuvre exceptionnelle, unique dans l'architecture médiévale espagnole. Elle présente une unité de construction atypique, aux influences préromanes très marquées, malgré sa construction au 11ᵉ s.

Située au Nord du site, plus bas que le reste des bâtiments, elle comporte trois vaisseaux.

La nef centrale présente une voûte en berceau très haute, alors que les collatéraux, très étroits, ont des voûtes surbaissées. Les vaisseaux sont séparés par des piliers massifs, renforcés de colonnes adossées reposant sur de hauts soubassements. Les superbes **chapiteaux★** qui décorent ces colonnes ont des entrelacs et des feuilles d'acanthe délicatement sculptés, dans la lignée de quelques monuments cordouans et byzantins. Le transept a deux chapelles absidiales et une abside centrale dotée d'une crypte et d'un étroit déambulatoire auquel on accède par le bras droit du transept et d'où l'on apprécie le mieux la profondeur et l'ampleur de la nef centrale.

Clocher★★ – Magnifique exemple du roman lombard du 12ᵉ s., c'est un grande tour de plan carré (27 m de hauteur) à trois étages avec de grandes ouvertures.

Reprendre la GI 612 et continuer vers le Nord-Ouest.

Llançà★

Au Nord de la péninsule du cap Creus, entre des criques de gros sable aux eaux cristallines, se trouve Llançà. Tandis que le noyau urbain, à 1 km de la côte, est un endroit tranquille environné de vergers et de vignes, **El Port de Llançà**, au bord de la mer, est devenu un centre touristique important de la Costa Brava.

La Festa d'Hivern (Fête d'hiver), célébrée le 22 janvier, complète l'intérêt de cette ville qui produit les populaires « **llances** », bonbons typiques en forme de lance, fabriqués à base d'amandes, de farine, de beurre et de cacao.

Plaça Major – En son centre s'élève l'**arbre de la Liberté**, gigantesque platane. On peut aussi voir sur cette place animée les **ruines du clocher** de l'église romane primitive (13ᵉ s.) et le **donjon** (Torre del Homenatge), grande construction de base rectangulaire, faisant partie de l'ancien château-palais (13ᵉ et 14ᵉ s.) des abbés de Sant Pere de Rodes *(voir ce nom).*

Sant Vicenç – *Aux heures des offices.* ☎ *972 38 01 37.*

Édifiée au 18ᵉ s. et située au centre de Llançà, l'église à nef unique est précédée par un perron de pierre. La façade monumentale présente un portail néoclassique.

El Port de Llançà★

Le quartier maritime de Llançà est situé autour d'une petite baie ouverte sur la mer et légèrement protégée de la tramontane et des tempêtes. Le quartier, auparavant occupé par des baraques de pêcheurs, est aujourd'hui un centre bigarré de résidence et de villégiature, pratiquement aggloméré à la ville. Il compte également un important port de plaisance et, tous les jours, on peut voir les produits frais de la pêche sur les étals du marché aux poissons.

Prendre la N 260 ou la GI 612.

Port-Bou

Aux confins du Roussillon français, cet important centre touristique est aussi l'un des principaux postes frontaliers d'Espagne, notamment pour le trafic ferroviaire. Port-Bou, dont la surface bâtie est égale à celle des installations ferroviaires, n'a longtemps vécu que par la gare. Néanmoins, cette commune moderne a d'autres atouts, et son rivage offre de surprenants paysages. D'où que l'on vienne, par la N 260 ou par la magnifique **route★★** de Colera, la GI 612, on pourra admirer les profils rocheux les plus escarpés du littoral catalan. Hautes falaises, petites calanques vierges ou autres capricieuses formes de relief sont quelques-uns des principaux attraits de la zone la plus accidentée de la Costa Brava.

Costa Daurada★★

C'est sous cette belle appellation que le littoral de la province de Tarragone voit se succéder de splendides plages aux eaux calmes et peu profondes. Hiver comme été, la Costa Daurada jouit d'un climat méditerranéen doux, qui a favorisé le développement de nombreux centres touristiques. Ce « boom touristique » a d'ailleurs malheureusement altéré en certains endroits le magnifique cadre naturel. Malgré tout, les tons dorés du sable fin, dont la côte tire son nom, resplendissent sous un ciel d'un bleu si soutenu qu'il semble avoir été peint, et l'atmosphère est toujours si pure qu'elle procure une agréable sensation de paix.

La situation

Carte Michelin n° 574 I-K 31-34 ou Atlas p. 32 et 45 – Baix Penedés, Tarragonés, Baix Camp, Baix Ebre, Montsià – Tarragona. Le littoral le plus méridional de la Catalogne est orienté Nord-Est/Sud-Ouest, et s'étire entre Cunit et la province de Castellón. L'autoroute A 7-E 15 et la N 340 longent la côte.

🅱 *Patronato de Turismo : Major, 39, 43003 Tarragona,* ☎ *977 25 07 95. www.costadaurada. .org*

À voir dans les environs : VILANOVA I LA GELTRÚ (au NE), le monastère de SANTES CREUS, MONTBLANC, le monastère de POBLET, VALLS, et HORTA DE SANT JOAN.

comprendre

Des terres pleines d'attraits naturels et artistiques

Interrompue par les embouchures des fleuves Gaià, Francolí et Èbre, cette frange maritime présente un profil aux contours arrondis, peu escarpés. Bien que l'ensemble présente une réelle unité géographique, des sites tels que le delta de l'Èbre, le cap de Salou et les contours rocheux et accidentés de la région d'Altafulla se distinguent par leur grande beauté. Les principales stations balnéaires sont Calafell, Torredembarra, Altafulla et, plus particulièrement, Cambrils et Salou – avec le parc à thème de Port Aventura sur son territoire communal. L'intérêt de la Costa Daurada ne se limite donc pas à l'aspect attractif de ses plages, et l'on peut visiter les principaux villages côtiers et centres touristiques, ou effectuer des excursions à l'intérieur du pays. Le visiteur restera agréablement surpris de trouver, à quelques kilomètres de la côte, d'importants centres urbains (Tortosa, Reus et Valls), de remarquables ensembles monumentaux (monastères de Poblet et Santes Creus) et des espaces naturels d'une grande richesse (marais, beaux sites montagneux et épaisses forêts). Enfin, il faut souligner l'importance du chef-lieu de la province, Tarragone, une ville historique où abondent monuments et lieux de passage obligé.

circuits

D'El Vendrell à Cambrils ①

70 km – prévoir une journée sans la visite de Reus et Tarragone

Cet itinéraire part du pays du Baix Penedès et parcourt le Camp de Tarragona, vaste plaine côtière ceinturée par la cordillère prélittorale. L'altitude de l'ensemble montagneux s'amenuise à mesure que l'on approche de la mer pour céder la place aux grandes plages. À l'intérieur des terres, tout promontoire permet d'apprécier en de vastes panoramas les aspects contrastés de la région.

El Vendrell★

El Vendrell est une ville de l'intérieur, qui, néanmoins, comprend trois importants quartiers situés en bordure de mer : Sant Salvador, Coma-ruga et El Francàs *(voir plus loin).*

Museu Deu★ – *Tlj sf lun. 10h-13h, 17h-20h (juil.-août 18h-21h), sam. 11h-14h, 17h-20h (juil.-août 18h-21h), dim. et j. fériés 11h-14h. Fermé 1er et 6 janv., 25-26 déc. 2€.* ☎ *977 66 63 08.*

Le musée se trouve sur la plaça Nova, où trône une fontaine ornée d'une sculpture à l'effigie du génial violoncelliste Pau Casals.

CARNET PRATIQUE

Visite – Possibilité d'une visite culturelle regroupant plusieurs curiosités : le Museu Deu, Villa Casals (à Sant Salvador), la maison natale de Pau Casals, la Casa Museu Ángel Guimerà : 8€ (11,50€ visite incluant celle de l'Auditori Pau Casals).

Spécialités – À El Vendrell, on peut déguster le *xató*, plat composé de scarole, de morue émiettée, de thon, d'anchois frais et d'olives, le tout assaisonné d'une sauce aux piments forts et fruits secs grillés, proche du *romesco*. Ce plat peut être accompagné de n'importe quel vin blanc de la région du Penedès.

carnet pratique

TRANSPORTS

En automobile – La Costa Daurada est desservie par un bon réseau routier. L'autoroute **A 7**, dite de la Méditerranée, ainsi que la **N 340** longent le littoral du delta de l'Èbre à Barcelone. À l'intérieur des terres, à Lérida, la meilleure voie de communication est l'autoroute **A 2**.

En autocar – Plusieurs compagnies relient les différentes localités (Cambrils, Salou, Torredembarra), et desservent également Reus, Tarragone ainsi que l'intérieur de la province de Tarragone (Falset). On mentionnera les deux principales : HISPANIA (☎ 977 75 41 47) et PLANA (☎ 977 21 10 30).

En train – La liaison Barcelone-Tortosa (*Catalunya Expres*) est assurée par trois trains quotidiens, desservant Reus, Torredembarra, Altafulla, Port Aventura, Salou et Cambrils. Les trains assurant la liaison Barcelone-Valence (*García Lorca*) s'arrêtent dans les gares de Tarragone, Salou et Amposta. Le Talgo *Mare Nostrum* est également une autre bonne alternative pour relier Tarragone, Salou et Cambrils.

Renfe : ☎ 902 24 02 02.

Cambrils : *Verge de Monserrat* - ☎ 977 79 10 68.

Reus : *Plaça de la Estació* - ☎ 977 31 11 34.

Salou : *Carles Roig* - ☎ 977 38 19 37.

VISITE

OFFICES DE TOURISME

Altafulla – *Pl. dels Vents, s/n, 43893 Altafulla* - ☎ 977 65 00 08 ou 977 65 07 52 (hôtel de ville).

Calafell – *Sant Pere, 29-31, 43820 Calafell* - ☎ 977 69 29 81 - tur.calafell@altanet.org

Cambrils – *Pg de les Palmeres, 1, 43850 Cambrils* - ☎ 977 79 23 07 - ptur.cambrils@altanet.org - www.cambrils.org

Deltebre – *Ulldecona, 22* - ☎ 977 48 96 79 - www.dsi/deltebre

Salou – *Pg Jaume I, 4 (xalet Torremar), 43840 Salou* - ☎ 977 35 01 02 - pmtsalou@salou.org - www.salou.org

Torredembarra – *Av. Montserrat, 28 bajos, 43830 Torredembarra* - ☎ 977 64 45 80 - turisme@torredembarra.org - www.torredembarra.publiweb.es

CIRCUIT ① : D'EL VENDRELL À CAMBRILS

RESTAURATION

⊖⊖ **Pí** – *Rambla, 2 - El Vendrell* - ☎ 977 66 00 02 - fermé dim. soir sf en été, de mi-oct. à déb. nov. - 🖆 - 20,73/24,65€. Restaurant le plus ancien d'El Vendrell, il y jouit également d'une grande popularité. Sa coquette salle à manger a su combiner son élégant style du début du 20ᵉ s. avec un service de table correct. Sa carte décline les spécialités catalanes.

⊖⊖ **Joila** – *Av. Generalitat, 24 - Coma-Ruga* - ☎ 977 68 08 27 – fermé dim. soir, lun., de fin déc. à fin janv. - 🖆 - 21,06/30,30€. Restaurant central tenu par une famille. Doté d'une agréable terrasse et d'une cafétéria à l'entrée, il compte plusieurs salles bien meublées. Service correct. Son offre gastronomique s'articule autour de la cuisine méditerranéenne.

⊖⊖ **La Masia de l'Era** – *Sant Joan, 64 - La Riera de Gaià - 18 km au SO d'El Vendrell par l'A 7* - ☎ 977 65 54 02 – fermé lun. (dim.-jeu. en hiver seulement midi), de mi-oct. à déb. nov. - 21,50/29€. Séduisante ferme catalane restaurée. Les salles sont divisées en de nombreuses petites salles décorées dans le style catalan à base d'objets anciens et d'instruments de labour. Le troisième étage, mansardé, a encore plus de charme. Service soigné et simple.

⊖⊖ **Macarrilla** – *Barques, 14 - Cambrils* - ☎ 977 36 08 14 - fermé mar., de mi-fév. à fin fév., de mi-nov. à fin nov. - 🖆 - 22,50/30,50€. Restaurant central tenu en toute simplicité par une famille. Sa salle qui jouit d'une entrée indépendante est bien aménagée et séparée du bar. Une bonne adresse pour goûter un bon repas en se détendant.

⊖⊖ **El Celler de l'Arbocet** – *Baix, 11 - L'Arbocet - 8 km au NO de Cambrils par la T312 puis prendre à gauche (6 km)* - ☎ 977 83 75 91 - 🖆 - 24/29€. Établissement familial et convivial installé dans une demeure vieille de plus de quatre siècles. La beauté de ce pittoresque village se reflète dans les salles qui se parent de murs en pierre rustiques et de poutres en bois. Le premier étage est préféré pour sa cheminée.

⊖⊖ **Rincón de Diego** – *Drassanes, 7 - Cambrils* - ☎ 977 36 13 07 - fermé dim. soir, lun., de mi-déc. à mi-janv. - 🖆 - 24,19/36,36€. Les maîtres des lieux sont en salle et aux fourneaux, ce qui explique le sérieux de l'établissement qui s'articule autour de sa nouvelle salle à manger, de son salon privé, et d'un espace aménagé en cave. Le savoir-faire des cuisiniers et leur souci du détail les précèdent !

⊖⊖ **José Luis Arceiz** – *Llevant, 7 - Salou* - ☎ 977 35 07 07 - rjoseluisarceiz@terra.es - fermé dim. soir, lun. en hiver, janv. - 🖆 - 24,54/34,26€. Ce restaurant fait partie de l'hôtel Regente : les deux établissements partagent la cuisine, tout en conservant leur propre accès. La salle à manger bénéficie d'un service soigné. La carte est longue et comprend quelques plats dignes d'intérêt.

⊖⊖ **Morros** – *Rafel de Campalans, 42 - Torredembarra* - ☎ 977 64 00 61 - restmorros@hotmail.com - fermé dim. soir, lun. sf en été, janv. - 🖆 - 26,40/35,60€. Restaurant d'allure moderne très bien situé en front de mer. Il attire en particulier une clientèle de touristes l'été. Le bar vous invite à patienter avant de prendre place dans l'une des deux salles bien aménagées. Cuisine catalane et internationale. Grand professionnalisme.

⊜⊜ **Quim Font** – *Colom, 17 - Salou -*
☎ *977 38 04 35 - quimfont@quimfont.com -*
fermé dim. soir (oct.-juin), lun., Noël - 🖬 *-*
27/37€. Restaurant familial situé près
de la zone animée de la plage. Son agréable
salle vous invite à déjeuner dans une
ambiance détendue et vivante, à l'abri
du soleil si présent sur cette côte. Cuisine
catalane à la carte et formules intéressantes.

⊜⊜ **L'Avi Pau** – *Av. Barcelona, 160 -*
Cunit - 10 km au SE d'El Vendrell par la C 31 -
☎ *977 67 48 61 - avipau@avipau.com -*
fermé mar. sf nov.-avr. - 🖬 *- 27,96/37,81€.*
Doté d'un hall d'entrée, ce restaurant
possède une salle sur la gauche pour
les menus du jour et une autre plus grande
à droite pour les repas de groupes et
le week-end. La qualité du service souligne
encore plus le soin apporté à sa cuisine
du marché.

⊜⊜ **Albatros** – *Brusel.les, 60 - Salou -*
☎ *977 38 50 70 – fermé 2-20 janv., dim.*
soir et lun. sf j. fériés. - 🖬 *- 29,70/39,20€.*
Le propriétaire est aux fourneaux ! La salle
du restaurant ne cesse de gagner en confort
comme la cuisine qui ne cesse de s'améliorer
et dont vous savourerez les recettes
élaborées. Terrasse animée les nuits d'été.

⊜⊜⊜ **La Barca de Ca l'Ardet** – *Marinada,*
1 (urb. Mas Mel) - Calafell - 2 km au SE -
☎ *977 69 15 59 - calardet@terra.es - fermé*
lun. soir, mar., 1 sem. avr., nov. - 🖬 *-36/42€.*
Villa séduisante entourée d'un espace
paysager. À l'entrée, un petit hall vous reçoit
avec son vivier, il dessert une
salle à manger lumineuse. Une autre salle
destinée aux repas de groupes se trouve
à l'étage. Sa carte très variée comprend
aussi bien la cuisine du marché que
les plats traditionnels de la mer ou
les plats de riz.

⊜⊜⊜ **Can Bosch** – *Rambla Jaume I, 19 -*
Cambrils - ☎ *977 36 00 19 - fermé dim. soir,*
lun., de mi-déc. à mi-janv., 1 sem. juin -
🖬 *- 32,45/50,15€.* C'est le mariage ici
de la cuisine traditionnelle avec une bonne
dose de créativité actuelle. Sont servis
des plats méditerranéens et des recettes
de la mer où le riz, les poissons et les fruits
de mer comblent les palais de sa fidèle
clientèle. Salle à manger moderne décorée
avec des détails avant-gardistes.

HÉBERGEMENT

⊜ **Hotel Morros** – *Pérez Galdós, 15 -*
Torredembarra - ☎ *977 64 02 25 -*
hotel@morros.es - 🖬 *- 76 ch. : 33/70€ -*
⊡ *6€.* La proximité de la plage, à quelques
mètres de distance, est son premier atout.
Chambres fonctionnelles et salles de bains
modernes. Son agréable terrasse face à la mer
ouvre sur de spectaculaires couchers de soleil.

⊜ **Hotel Can Solé** – *Ramón Llull, 19 -*
Cambrils - ☎ *977 36 02 36 -*
cansole@wanadoo.es - fermé vac. de Noël -
🖬 *- 26 ch. : 36,50/54€ -* ⊡ *5€. -*
rest. 14€. Situé au centre du village, ce petit
hôtel convivial, aux chambres correctes
et nettes, possède un agréable restaurant
au rez-de-chaussée. L'été, sa terrasse coiffée
dè parasols permet de goûter à une cuisine
simple.

⊜⊜ **Hotel Victoria** – *Carret.*
Barcelona, 98 - Segur de Calafell -
☎ *977 16 20 02 -*
fermé de mi-déc. à déb. janv. - 🏊 *- 32 ch. :*
59,80/93,89€ ⊡ *- rest. 15,03€.* Malgré
sa situation côtière, cet hôtel ouvre
quasiment toute l'année. Les chambres
sont très spacieuses malgré une certaine
simplicité. Le sauna, le jacuzzi, la salle
de gymnastique et la piscine chauffée
sont les plus de sa prestation.

⊜⊜ **Mónica H.** – *Galcerán Marquet, 3 -*
Cambrils - ☎ *977 79 10 00 - fermé*
de mi-déc. à mi-janv. - 🖬 ♿ *- 100 ch. :*
60/115€ - ⊡ *9€.* Sa proximité de la plage
lui vaut son emplacement privilégié.
Ses chambres, totalement rénovées,
sont décorées de meubles classiques
aux tons clairs. Salles de bains modernes.
La jolie piscine, au milieu de la pelouse
et des palmiers, vous invite à un plongeon.

⊜⊜ **Hotel Caspel** –
Alfons V, 9 - Salou - ☎ *977 38 02 07 -*
caspel@costa-dourada.com - 🏊 🖬 *-*
95 ch. : 77,23/96,16€ - ⊡ *6€ - rest. 12€.*
Hôtel de plage doté de chambres
fonctionnelles, affichant un ameublement
et une décoration du meilleur goût.
Les espaces communs et récréatifs ne
manquent pas avec notamment ses deux
piscines. Un bon choix pour celui qui
recherche à la fois repos, soleil et distraction.

⊜⊜⊜ **Hotel Termes Montbrió** – *Nou,*
38 - Montbrió del Camp - 8 km au NO
de Cambrils par la T312 - ☎ *977 81 40 00 -*
hoteltermes@gruprocblanc.com - ▣ 🏊 🖬
♿ *- 206 ch. : 139,20/180,40€* ⊡ *-*
rest. 34,87/37,06€. L'endroit parfait
pour fuir le stress. Cet hôtel se compose
de plusieurs bâtiments du début du 20ᵉ s.
qui rappellent le style de Gaudí. Entouré
de jardins et d'un bois superbes, il est
également doté de piscines où sont
dispensés des soins thermaux. Le mariage
du luxe et du confort !

CIRCUIT ② : DE CAMBRILS À SANT CARLES DE LA RÀPITA

RESTAURATION

⊜⊜ **Miami** – *Av. Constitució, 37*
(Hotel Miami Park) - Sant Carles
de la Ràpita - ☎ *977 74 05 51 -*
miami@miamicanpons.com - hiver : dim.-jeu.
seulement à midi ; fermé 2ᵉ quinzaine
de janv. - 🖬 *- 21,64/29,45€.* Ce restaurant
est sans nul doute l'endroit pour savourer
la cuisine typique de la mer sur ce littoral.
La salle à manger, bien aménagée, possède
son entrée privative et est également gérée
indépendamment de l'hôtel. Ses paellas
rencontrent un franc succès auprès
de la clientèle touristique.

⊜⊜ **Mar Blava** – *Port Esportiu -*
L'Hospitalet de l'Infant - ☎ *977 82 02 06 -*
fermé dim. soir, lun., de fin déc. à fin janv. -
🖬 *- 24/30€.* Petit restaurant convivial situé
sur le port de plaisance, dans un secteur
touristique entre bars et glaciers. Sobre mais
coquette, la salle affiche un niveau de service
correct et une carte typique du marché.

HÉBERGEMENT

Hotel Can Quimet – *Av. Catalunya, 328 - L'Aldea - 11 km à l'O de Deltebre par la T340 -* ☎ *977 45 00 03 - quimet@dsi.es - fermé vac. de Noël -* 📷 *25 ch. : 24/48€ -* ⌸ *4,50€ - rest. 10,80€.* Hôtel intime aux chambres classiques et fonctionnelles soigneusement entretenues. Il complète son offre par un bar très couru et un restaurant doté d'une salle à manger correcte et d'un vaste salon réservé aux repas de groupes.

Hotel Miami Park – *Av. Constitució, 33 - Sant Carles de la Ràpita -* ☎ *977 74 03 51 - miami@miamicanpons.com - de la Sem. sainte à mi-oct. - 62 ch. : 36/61€* ⌸. Un grand classique de la région qui se modernise peu à peu. Aménagement correct et fonctionnel. Malgré une décoration quelque peu désuète, l'hôtel jouit d'un niveau de confort suffisant pour un établissement saisonnier.

Delta H. – *Av. del Canal - Deltebre -* ☎ *977 48 00 46 - delta-hotel@dsi.es -* 🅿 📷 ♿ *- 24 ch. : 43,40/74€ -* ⌸ *4,94€ -rest. 10,30€.* Sa situation en plein cœur du delta de l'Èbre lui vaut son cadre unique, dans une ravissante lagune naturelle que vous pourrez arpenter en barque. Les espaces à vivre se fondent avec la salle à manger en un vaste vaisseau et les chambres proposent un niveau de confort moderne mais sans grand luxe.

Hotel Pino Alto – *Urb. Pino Alto - L'Hospitalet de l'Infant - 1 km au NO -* ☎ *977 81 10 00 - info@hotel-pinoalto.com - de mi-avr. à mi-oct. -* 🏊 📷 *- 137 ch. : 80/126€ -* ⌸ *6€ - rest. 15€.* Confortable hôtel dont la conception semi-circulaire permet à la majorité de ses lumineuses chambres d'ouvrir sur le ravissante terrasse intérieure avec jardin, pelouse et vastes piscines. Mobilier fonctionnel aux tons clairs, salles de bains modernes.

R. Manent/MICHELIN

Sant Carles de la Ràpita.

Ce singulier musée, né de la donation de M. Deu Font, nous retrace la personnalité de ce collectionneur qui nourrit des intérêts très éclectiques. On peut encore voir son bureau et sa chambre.

Les différentes collections, fort bien présentées, rassemblent des pièces d'un indéniable intérêt : des peintures figuratives de la fin du 19ᵉ et du 20ᵉ s., des sculptures religieuses des 16ᵉ et 17ᵉ s. essentiellement (beau christ du 12ᵉ s.), des pièces de cristal Art nouveau, d'ivoire ainsi que nombre de tapis.

À un jet de pierre, dans la rue de Santa Anna se dressent la **maison natale de Pau Casals** *(au nᵒ 2)* et la **Casa Museu de Ángel Guimerà** *(au nᵒ 8)*, poète-dramaturge (1845-1924), qui nous permettent d'aller à la rencontre de ces deux grands artistes, les voisins les plus illustres d'El Vendrell. *De déb. juil. à mi-sept. : visite guidée (15mn) tlj sf lun. 10h-14h, 18h-20h ; de mi-sept. à fin juin : tlj sf lun. 10h-14h, 17h-19h, sam. 11h-14h, 17h-20h, dim. et j. fériés 11h-14h. Fermé 1ᵉʳ et 6 janv., 25-26 déc. 1€ ; gratuit : 18 mai.* ☎ *977 66 56 84.*

Prendre la rue Alt pour se rendre sur la plaça Vella.

Sur cette place se trouve, outre l'hôtel de ville, l'**église Sant Salvador** (18ᵉ s.), bâtiment néoclassique au clocher octogonal. À l'intérieur se trouve le précieux orgue baroque sur lequel **Pau Casals** s'initia à la musique. *7h-20h. S'abstenir de visiter pendant les offices.* ☎ *977 66 01 48.*

Prendre la C 51, puis tourner à gauche en direction d'Albinyana.

Aqualeón Parc, à Albinyana

📷 *De mi-mai à mi-sept. : 10h-19h ; de mi-avr. à fin oct. : w.-end et j. fériés 10h-18h (dernière entrée 1h av. fermeture). 13,50€ (enf. : 7€).* ☎ *977 68 76 56.*

Dans cette réserve d'animaux en liberté, les enfants observeront avec intérêt les mouvements lents des girafes, les lions, les tigres et d'autres espèces exotiques. Pour éviter les risques inutiles, il est interdit de descendre de voiture.

Retourner à El Vendrell puis prendre la C 31 en direction du littoral.

Calafell★

Cette ville est perchée sur les derniers contreforts de la chaîne littorale, non loin de la côte. Le château partiellement entouré de murailles auquel on accède par des ruelles étroites est son principal attrait. À côté se trouvent deux bâtiments emblématiques de la cité : l'ancienne **église romane** de type lombard (11ᵉ s.), avec une crypte et des vestiges de fresques, et le **comunidor**, curieuse construction destinée à conjurer les sorcières, les démons et les tempêtes.

Prendre la petite route côtière.

Sant Salvador★

Le quartier côtier le plus ancien et le plus important d'El Vendrell borde sa longue plage de sable fin. De Sant Salvador ont été exportées, au 18e s., de grandes quantités d'eau-de-vie. Hors saison, comme c'est le cas dans d'autres stations balnéaires, la plupart des appartements et des villas clos lui valent cet air déserté. **Pau Casals** avait élu cet endroit pour y passer ses vacances d'été.

Villa Casals (Museu Pau Casals)★ – *De mi-juin à mi-sept. : tlj sf lun. 10h-14h, 17h-21h, dim. et j. fériés 10h-14h ; le reste de l'année : tlj sf lun. 10h-14h, 16h-18h, dim. et j. fériés 10h-14h. Fermé 1er et 6 janv., 25-26 déc. 2€.* ☏ *977 68 42 76.*

Cette villa, commandée en 1909 par Pau Casals (1876-1973), et actuellement transformée en musée, est consacrée à cette grande figure de la musique qui fut sans nul doute l'un des violoncellistes les plus admirés du 20e s.

La visite, avec un bel accompagnement musical, se décline par une projection de films audiovisuels *(en catalan, espagnol et anglais)* nous retraçant la vie, l'œuvre et la personnalité de ce Catalan universel. Le magnifique salon de musique, décoré de beaux tableaux de l'époque (Casas, Martí Alsina, Mir, etc.) abrite des violoncelles et des partitions ayant appartenu à l'artiste ; on assistera même à l'une de ses interprétations musicales exécutée en 1950. Tout au long de sa vie, Pau Casals est demeuré fidèle à son engagement inébranlable en faveur de la liberté, qui le contraignit à l'exil après la guerre civile. Malgré tout, il conserva jusqu'à sa mort son amour profond pour sa terre natale.

Coma-ruga

Dans le prolongement de Sant Salvador, la plage de ce quartier est l'une des plus fréquentées de la Costa Daurada. C'était autrefois une zone marécageuse riche en sources minérales. Au début du siècle, la fréquentation des bains de Coma-ruga a marqué le début du tourisme à El Vendrell.

El Francàs

C'est une grande plage, peu profonde, bordée d'hôtels et de logements formant un ensemble bigarré.

Prendre la N 340 qui longe le littoral et qui passe par l'arc de Berà.

Arc romain de Berà★

La via Augusta, axe principal de liaison entre Rome et Cadix, franchissait l'arc de Berà (1er s.) qui a subi plusieurs transformations. Cette porte monumentale possède une arche unique ; ses proportions et son agencement sont remarquables. Bâti avec des pierres de taille du pays, l'arc répond aux caractéristiques des édifices de ce genre érigés pour commémorer une victoire ou délimiter un point précis. Huit pilastres striés, surmontés de chapiteaux corinthiens, soutiennent l'entablement, dont la frise portait une inscription dédiée au consul Lucius Licinius Saura, qui avait financé les réformes faites au 2e s.

Torredembarra

Située sur la rive gauche du Gaià, sur un espace plat mais légèrement incliné vers la mer, cette ville touristique connut une grande prospérité au 18e s. grâce au commerce vinicole avec l'Amérique.

Le principal attrait de Torredembarra est sa longue plage de sable fin, l'une des plus fréquentées de la Costa Daurada, dont la présence a suscité l'apparition de nombreux hôtels, blocs d'appartements, restaurants et campings.

Le village proprement dit se trouve à l'écart de la plage, à l'intérieur des terres. Il est couronné par la plaça del Castell, où se dresse l'église, une grosse tour robuste et l'ancien **château** (16e s.) remanié, qui accueille aujourd'hui l'hôtel de ville. Le grand hall d'entrée, qui conserve de solides piliers et des arcs en plein cintre de style Renaissance, mérite le coup d'œil.

Altafulla

Le paysage plat et sablonneux de la Costa Daurada change quand on arrive à Altafulla. Cette bourgade côtière est protégée au Nord par le promontoire de Els Munts, constitué de sédiments marins et de matériaux apportés par le Gaià.

La silhouette du village, dominé par son château et son église, est très caractéristique. Les grandes maisons anciennes se concentrent dans le vieux quartier, au labyrinthe de ruelles étroites d'aspect médiéval.

Sa longue plage s'étire entre le promontoire de Els Munts et un escarpement sur le flanc duquel s'accroche le château des marquis de Tamarit. La promenade du bord de mer conserve le charme des anciennes bourgades côtières où s'alignent en front de mer des maisons basses, dont certaines servaient d'entrepôts aux pêcheurs.

Villa romaine de Els Munts★ – *Sur la N 340, suivre les indications « platjes » et « Vila romana de Els Munts ». Juin-sept. : tlj sf lun. 10h-13h30, 16h-19h30, dim. et j. fériés 10h-14h ; oct.-mai : tlj sf lun. 10h-13h30, 15h-17h30, dim. et j. fériés 10h-14h (dernière entrée 20mn av. fermeture). Fermé 1er janv., 25 déc. 1,80€ ; gratuit mar.* ☏ *977 23 62 09.*

La villa bénéficie d'un **site★★** privilégié, sur une colline doucement inclinée vers la mer, les champs cultivés couvrant le versant opposé. Construite au 1er s., elle connut sa période faste au 2e s. lorsqu'elle fut occupée par un haut dignitaire de

Altafulla.

Tarraco qui mena à bien d'importants travaux d'agrandissement et d'embellissement. À l'époque, cette résidence, alternative à la maison urbaine, possédait une vaste demeure, plusieurs jardins et deux centres thermaux, l'un près de l'habitation et l'autre sur la plage, en sus des dépendances agricoles.

Aujourd'hui, on peut voir des vestiges des chambres de la maison et du long portique en forme de L qui longe un jardin. Au Nord de ce site, dans la zone rustique, se trouvaient le dépôt d'eau et la citerne, tandis qu'au Sud se trouvent les anciens **thermes★**, de structure très complexe avec hypocaustes, tepidariums, frigidariums et piscines. On peut imaginer sans difficulté dans quelle opulence vivaient les propriétaires de la villa.

La plupart des pièces de Els Munts étaient pavées de mosaïques polychromes et les murs étaient revêtus de peintures murales, en partie encore conservées.

Tour des Scipions★ *(voir Tarragona, « alentours »)*

Tarragona★★★ *(voir ce nom)*

Reus★ *(voir ce nom)*

Salou★
À l'Ouest de Tarragone se trouve la ville côtière de Salou, centre touristique le plus actif de la Costa Daurada, dont la situation géographique à l'abri du **cap de Salou** – magnifique site à la végétation dense – est exceptionnelle. Protégée des

Mosaïque des thermes.

tempêtes de l'Est, elle est ouverte aux courants du Sud-Ouest qui ont déposé sur ses plages un sable fin et doré. Le village de pêcheurs a développé ses commerces autour de la rue de Barcelone puis s'est étendu vers l'Ouest jusqu'à Cambrils et vers le Nord-Est, par le passeig de Jaume 1er, jusqu'à la limite de Tarragone. Cette croissance parallèle à la côte a donné à la ville son aspect de large avenue de bord de mer.

Le principal attrait touristique de Salou réside en ses plages, tantôt vastes étendues de sable, tantôt petites criques cachées derrière le cap de Salou.

L'endroit le plus fréquenté est le **passeig de Jaume 1er★**, qui court parallèlement à l'immense plage du Levant. Cette promenade, très belle les soirs d'été, garde le souvenir des premiers touristes de Salou, qui, attirés de Reus et de Barcelone au début du siècle par un paysage et un climat exceptionnels, ont transformé l'ancien village en un centre résidentiel de grand prestige. La **Casa Bonet**, de courant moderniste, est le témoignage de cette première époque touristique.

À l'époque médiévale, la situation privilégiée de Salou avait déjà été reconnue. C'est en effet de là que Jacques Ier partit à la conquête de Majorque, événement commémoré par le **monument** élevé au roi sur la promenade qui porte son nom.

Le voyageur qui, après une journée de plage, voudra en savoir un peu plus sur cette belle ville devra y pénétrer et visiter la **Torre Vella**, vieille tour du 16e s. qui défendait la ville des attaques des pirates turcs et algériens, et qui abrite maintenant un centre culturel.

Le soir, d'une terrasse face à la mer, on pourra observer la vie nocturne de Salou, connue pour être l'une des plus vivantes et cosmopolites de toute la Costa Daurada, pendant la période estivale en particulier.

Port Aventura★★★ *(voir ce nom)*

Cambrils★ *(voir ce nom)*

De Cambrils à Sant Carles de la Ràpita ②

75 km – prévoir une journée. Reprendre la N 340.

La route file à mi-chemin entre la mer, toute proche, et la cordillère littorale omniprésente sur tout le trajet. Se succèdent d'innombrables plages aux eaux limpides et transparentes. On traverse certains centres touristiques comme **Miami Platja**, ensemble bigarré de campings et d'appartements, et **L'Hospitalet de l'Infant** et sa magnifique plage. En

arrivant à **L'Almadrava**, le paysage change et les longues plages se muent en petites criques, entourées de villas. Les amateurs de motocyclisme ne manqueront pas de visiter le **circuit de Calafat**, théâtre d'importantes compétitions dans cette discipline.

L'Ametlla de Mar

Centre touristique offrant une gamme complète de services, L'Ametlla est aussi un village qui vit de la mer et conserve le charme d'une bourgade côtière. La pêche rythme la vie du village. L'après-midi, quand les petits bateaux de pêche amènent le poisson à la Bourse où se déroulent les ventes à la criée, le village prend un air de fête.

Une agréable promenade en corniche, protégée par une balustrade, longe une grande partie de la façade maritime de la localité.

Sur la commune, se succèdent les plages de gros sable et de galets, et dans les criques, les pinèdes, la garrigue méditerranéenne et, parfois, les oliviers descendent jusqu'au rivage, comme sur la plage du **Torrent del Pi**.

Peu après avoir traversé **El Perelló**, la route offre, si l'on regarde bien, une première vue de la plaine du delta de l'Èbre.

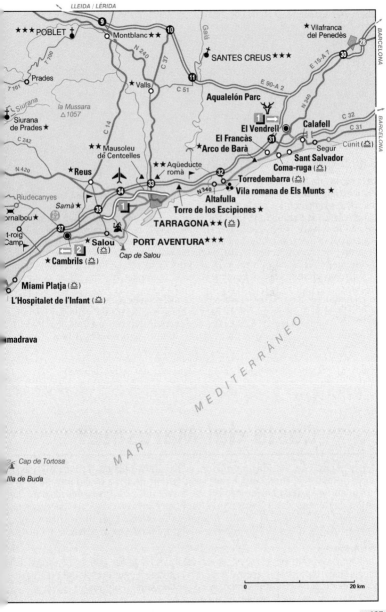

Windsurf en face de la plage de Llevant, à Salou.

L'Ampolla

Du village touristique et côtier, situé au Sud du **cap Roig**, et antichambre du delta de l'Èbre, on distingue le tracé si fin que les terres planes qui forment l'embouchure du fleuve dessinent sur la mer. La plage de l'Ampolla, près du cap, abrite des coins de grande beauté. Les ports de plaisance et de pêche se trouvent au centre de la localité.

Continuer puis, sur la droite, prendre la C 42.

Tortosa★★ *(voir ce nom)*

Retourner à la N 340.

Delta de l'Èbre★★ *(voir ce nom)*

Sant Carles de la Ràpita★

De cette importante ville touristique et côtière, on retiendra le passé historique et la curieuse géographie.

Dans la seconde moitié du 18ᵉ s., Charles III envisagea la construction d'un grand port sur le delta de l'Èbre et décida d'élever une ville appelée en son honneur Sant Carles de la Ràpita, sur l'emplacement de la Ràpita, ancien village de pêcheurs. On entreprit la construction d'**édifices néoclassiques** comme l'Esglesia Nova, ou la Glorieta, mais la mort du roi et le désordre économique et administratif de la fin du règne mirent un terme aux travaux et la grande ville portuaire demeura inachevée.

La commune de Sant Carles se découpe en deux zones bien distinctes : la partie continentale et la péninsule de la Banya, reliée aux terres du delta par l'isthme d'El Trabucador. Au Sud de Sant Carles se dissimule derrière la forme courbe de la péninsule de la Banya – corne en catalan –, le **port naturel des Alfacs**, l'un des plus sûrs du littoral catalan.

Sant Carles enfin est renommé pour sa cuisine, qui fait entrer le *llagostí* (crevette) dans la préparation de délicieux apéritifs et de recettes sophistiquées.

Costa del Maresme★

Mer et montagne, stations balnéaires et paisibles villages de l'arrière-pays, vignes, pinèdes et forêts de chênes sont autant de caractéristiques de cette frange côtière catalane qui s'étend de Barcelone à la Costa Brava, dans la région de Gérone, et qui jouit d'un climat agréable, avec des ciels dégagés et lumineux. Abritée par la chaîne littorale, elle offre un profil rectiligne, aux longues plages, que seuls viennent troubler quelques escarpements rocheux.

La situation

Carte Michelin nº 574 H 37-38, G 38 ou Atlas p. 33 – El Maresme – Barcelona. La proximité de Barcelone et d'excellents moyens de communication ont favorisé le développement du Maresme comme zone résidentielle. L'autoroute C 32 et la N II, qui longent la côte, facilitent les déplacements.

Arenys de Mar : Riera Pare Fita, 31 (Ed. Calisay), 08350 Arenys de Mar, ☎ 93 795 77 50. Calella : Sant Jaume, 231, 08370 Calella, ☎ 93 769 05 59. www.publintur.es/calella. Canet de Mar : Ctra. N-II, s/n, 08360 Canet de Mar, ☎ 93 794 08 98. Mataró : Sant Josep, 9, 08302 Mataró, ☎ 93 758 23 61. www.laguiademataro.com

À voir dans les environs : BARCELONE et la COSTA BRAVA.

comprendre

Sur ces terres, traversées par la via Augusta, la marche des siècles a laissé d'intéressantes empreintes : les nombreux châteaux qui remémorent l'époque médiévale, les tours de défense (16ᵉ et 17ᵉ s.) attestant de l'infatigable harcèlement des pirates, les belles églises baroques et les demeures modernistes.

Le commerce maritime fut l'une des principales bases du développement de la zone. L'ouverture en 1848 de la **première ligne de chemin de fer** d'Espagne (Barcelone-Mataró) amena un progrès considérable dans la région.

Les attraits touristiques, sportifs ou gastronomiques – les **fraises** du Maresme sont excellentes – sont répartis entre les villages côtiers, dits « de Mar », et ceux de l'arrière-pays, dits « de Munt » ou « de Dalt ».

carnet pratique

TRANSPORTS

En voiture – Il est facile de rallier en voiture le Maresme depuis Barcelone. Les deux routes principales sont la **N II** et l'autoroute **A 19** qui relient Barcelone à Palafolls.

En train – Au départ de Barcelone, trois trains de banlieue desservent chaque jour les principales localités de la côte.
Renfe : ☎ 902 24 02 02.

En autocar – Les deux compagnies qui relient Barcelone à Mataró sont ASSER (☎ 93 593 11 12) et CASAS (☎ 93 798 11 00). Préférer ASSER pour se rendre dans les localités du Maresme.

CIRCUIT ① : D'ALELLA À MATARÓ

RESTAURATION

⊖⊜ **Hostal de la Plaça** –
Pl. de l'Església, 11 - Cabrils - 12 km au SO de Mataró par la C 31 - ☎ 93 753 19 02 - info@hoteldelaplaza.com - fermé dim. soir, lun. sf j. fériés, de déb. sept. à déb. oct. - 🖻 - 22,82/30€. La restauration est l'activité principale de cet établissement qui propose également des chambres personnalisées d'un niveau de confort correct. Deux salles à manger au rez-de-chaussée et plusieurs salles privées au premier étage. Cuisine classique catalane.

⊖⊜ **El Niu** – *Rambla Ángel Guimerà, 16 - Alella - ☎ 93 555 17 00 - fermé dim. soir, lun. - 🖻 - 26,62/35,72€.* Nouvelle salle à manger moderne et fonctionnelle dotée d'une grande baie vitrée. La partie ancienne de la maison conserve son allure classique pour les repas privés et le salon rustique est réservé au menu du jour. Plats de saison à base de produits choisis.

⊖⊜ **El Nou Cents** –
El Torrent, 21 - Mataró - ☎ 93 799 37 51 - restaurant@elnou-cents.com - fermé dim., Sem. sainte, août - 🖻 - 27,01/35€. À la suite d'une réhabilitation complète de ses locaux, ce restaurant a acquis élégance et un haut niveau de confort. Il dispose d'un hall d'entrée, de plusieurs

salles et d'une cuisine ample et moderne où sont préparés des produits de saison.

⊖⊜ **El Celler d'Argentona** –
Bernat de Riudemeya, 6 - Argentona - ☎ 93 797 02 69 - cellerargentona@eresmas.com - fermé dim. soir, lun. - 🖻 - 28/35€. Cette cave rustique et intime conserve deux presses du 18ᵉ s. et d'anciennes fresques de faïence aux murs. Le cadre idéal pour jouir d'une cuisine qui s'inspire du livre de recettes traditionnel. Spécialités catalanes et plats de gibier.

⊖⊜⊜ **L'Esguard** – *Passatge de les Alzines, 16 - Sant Andreu de Llavaneres - 5 km au NE de Mataró - ☎ 93 792 77 67 - esguard@correo.olmus.com - fermé dim. soir, lun., mar., Sem. sainte, 2 sem. sept., Noël - 🖻 - 47,50/93,50€.* Une bouffée d'air frais et un trait de génie gastronomique ! Découvrez dans ce ravissant *masia* du 17ᵉ s. la signification réelle de la cuisine d'auteur où se conjuguent saveurs, arômes et couleurs pour créer un chef-d'œuvre capable de stimuler tous les sens.

HÉBERGEMENT

⊖ **Hotel Cabrils** – *Emilia Carles, 31 - Cabrils - 12 km au SO de Mataró par la C 31 - ☎ 93 753 24 56 - fermé de fin déc. à fin janv. - 🅿 - 19 ch. : 25/40€ - ⊑ 2,50€ - rest. 9,70€.* Petit hôtel modeste et simple. Bon rapport qualité/prix malgré la présentation et le confort quelque peu dépassés des chambres. Mobilier espagnol. Service prévenant.

⊖ **Hotel Torino** – *Pere Grau, 21 - El Masnou - ☎ 93 555 23 13 - hoteltorino@ssisoft.com - fermé Noël - 13 ch. : 46/63€ - ⊑ 5,60€ - rest. 16/21€.* Hôtel central et familial, à la fois moderne et simple. Son petit nombre de chambres confortables et fonctionnelles fait de lui un bon choix pour profiter d'un endroit tranquille et personnel. Coquette salle à manger.

⊖⊜ **Hotel Colón** – *Colón, 6 - Mataró - ☎ 93 790 58 04 - 🖻 - 52 ch. : 54/80€ - ⊑ 7,60€.* Sa localisation centrale près de la plage et du port parle d'elle-même.

Les chambres au mobilier et à la décoration désuets sont tout de même assez confortables. Certaines sont dotées d'une terrasse. Service agréable et prévenant.

⊜⊜ Hotel NH Ciutat de Mataró –
Camí Ral, 648 - Mataró - ☎ *93 757 55 22 -*
nhc-mataro@nh-hoteles.es - 🖸 ⬥ *-*
101 ch. : 123€ - ⊑ *10€ - rest. 22,50/28€.*
Édifice à la façade moderne situé dans une artère importante desservant la localité. Les chambres impeccables sont en rapport avec le style actuel de la chaîne hôtelière. Des appartements en duplex sont également proposés. Le restaurant, bien connu pour sa cuisine du marché, mérite une attention toute particulière.

SORTIES

Marina du port de plaisance –
Mataró. C'est la zone à la mode de Mataró : vous y trouverez divers restaurants, bars à tapas, cafés et nombre d'endroits pour danser ou prendre un verre. Deux des établissements les plus populaires sont le pub **On-off** et le **Café de la Habana** ; ce dernier est l'endroit rêvé pour les amateurs de danse caribéenne comme la *salsa*, le *merengue* ou la *bachata*.

ACHATS

Miracle – *Riera, 35 - Mataró -*
7h30-13h30, 17h-20h30, dim. et j. fériés 7h30-15h. Située en plein centre historique, cette entreprise familiale, fondée en 1885, est célèbre pour ses pâtisseries, ses confiseries et ses cafés très recherchés. Une des spécialités originales de la maison : ses *Carrils de Mataró*, biscuits secs en forme de train qui rendent un bel hommage à la première ligne de chemin de fer espagnol, qui reliait Mataró et Barcelone à l'époque.

CIRCUIT ② : DE CALDES D'ESTRAC À PALAFOLLS

RESTAURATION

⊜⊜ El Hogar Gallego – *Ànimes, 73 - Calella -* ☎ *93 766 20 27 - fermé lun. -* 🖸 *- 30,50/44€.* Le vivier à l'entrée et l'exposition de produits de la mer reflètent le type de cuisine de l'établissement. Spécialités de poissons et de fruits de mer composent le gros de la carte traditionnelle. Les salles du restaurant se distribuent sur plusieurs niveaux que dessert un ascenseur panoramique.

⊜⊜⊜ Hispania – *Real, 54 - Arenys de Mar -* ☎ *93 791 04 57 - fermé dim. soir, mar., Sem. sainte, oct. -* 🖸 *- 46/57€.* Tout proche de la route, vous pourrez vous garer sur le vaste parking extérieur. Le classicisme ponctué de détails modernes de la salle principale contraste avec la grande simplicité des deux autres. La fidélité de sa clientèle s'explique par l'excellente qualité de ses produits.

⊜⊜⊜ Sant Pau – *Nou, 10 - Sant Pol de Mar -* ☎ *93 760 06 62 - santpaurest@eresmas.com - fermé dim. soir, lun., jeu. midi, mai, nov. -* 🖸 *- 78/87€.* Venez donc savourer des plats créatifs cuisinés avec douceur et délicatesse. On est d'emblée séduit par le hall d'entrée orné d'un billard, puis on accède à une salle à manger classique et à une autre dominée par sa baie ouvrant sur le jardin et la mer. Décoration soignée et grand professionnalisme.

HÉBERGEMENT

⊜⊜ Hotel Vila – *Sant Josep, 66 - Calella -* ☎ *93 769 02 08 - hvila@hotelvila.com -* 🏊 🖸 *- 169 ch. : 46/78,50€* ⊑ *- rest. 13€.* Hôtel intime doté d'un vaste hall, au plafond en bois et aux séduisantes colonnes en pierre. Ses salons méritent une mention particulière pour leur style médiéval. Certaines chambres sont plus modernes que d'autres. Très bonne cuisine.

circuits

D'Alella à Mataró ①

20 km – compter environ 2h

Alella

Sous l'intense luminosité de ce village estival et résidentiel poussent ses précieux vignobles, protégés par l'appellation d'origine. Alella est connu grâce à ses excellents vins : rouges, rosés et surtout blancs.

Coopérative vinicole★ – *Visite guidée (1h) 9h-14h, 16h-20h, dim. et j. fériés 9h-14h sur demande.* ☎ *93 540 12 75.*
Œuvre de l'architecte moderniste Jeroni Martorell, ses grandes voûtes abritent les témoins de l'expansion de l'industrie vinicole. Le contraste entre les anciens fûts et les cuves métalliques modernes est frappant.

El Masnou

Ville traditionnellement vouée à la marine à voile, elle a connu un remarquable développement avec l'extension du port de plaisance qui a provoqué du même coup davantage d'intérêt pour sa plage, déjà l'une des plus fréquentées des Barcelonais. Localité toute en longueur s'étirant au pied de l'église Sant Pere, un réseau de communications diversifié en a fait une ville résidentielle dont la population gonfle l'été du fait de ses établissements de loisirs.

Vilassar de Mar

Pionnière dans la floriculture (ses plantations d'œillets datent de 1923), elle est aujourd'hui l'une des premières localités d'Espagne pour la production de fleurs et de plantes ornementales. Elle disposait par le passé d'importants arsenaux et son collège de la Marine marchande vit passer de futurs capitaines, pilotes et marins de prestige. Le **passeig Marítim**, classique et noble, avec ses palmiers et ses jardins, adopte un tracé rectiligne face à la plage de sable grossier.

Argentona
Célèbre pour ses fontaines, cette localité de l'arrière-pays est environnée d'agréables bois de chênes verts et de pins. Le centre urbain présente un aspect raffiné et élégant. Au **Museu del Càntir** se trouve une importante collection de cruches, dont l'utilisation demeure vivace dans toute la région. *Tlj sf lun. 10h-13h, 17h-20h, sam. 11h-14h, 17h-20h, dim. et j. fériés 11h-14h. Fermé 1ᵉʳ janv., 25 déc. 2€ ; gratuit 4ᵉ dim. du mois.* ☎ *93 797 21 52.*

Mataró★
Chef-lieu de la *comarca*, c'est un centre industriel actif dont le développement constant s'est effectué autour d'un nœud de communications. L'ample **passeig Marítim** constitue une agréable promenade le long de la mer. La plage, avec ses équipements de loisirs, accueille quelques organisations sportives.

À l'Ouest, le **port de plaisance**, le plus important de la côte du Maresme avec sa capacité de 1 100 postes d'amarrage, voit son animation accrue par la présence d'un bassin pour bateaux de pêche, d'une cale aux grues puissantes et d'une vaste zone commerciale groupant commerces et restaurants modernes.

En centre-ville, on verra avec intérêt de nombreuses constructions modernistes, réalisées pour la plupart par Puig i Cadafalch.

L. Campion/MICHELIN

Port de plaisance, à Mataró.

Museu de Mataró – *De mi-juin à mi-sept. : tlj sf lun. 18h-21h ; de mi-sept. à mi-juin : tlj sf lun. 18h-21h, w.-end et j. fériés 11h-14h, 18h-21h. Fermé 1ᵉʳ et 6 janv., Ven. saint, lun. de Pâques, 1ᵉʳ mai, 27 juil., 25-26 déc.* ☎ *93 758 24 01.*
Situé en plein centre, dans un curieux édifice du 16ᵉ s., le musée expose différentes découvertes archéologiques ainsi que des objets liés à l'histoire de Mataró et de la *comarca* du Maresme.

Santa Maria – L'église baroque se dresse sur le site de l'ancien forum romain. En pénétrant à l'intérieur, on est d'emblée frappé par ses dimensions. Dans la chapelle située dans le bras gauche du transept, on signalera le retable baroque de El Roser.

Ensemble archéologique Torre Llauder – *De mi-juin à mi-sept. : tlj sf lun. 17h-20h ; de mi-sept. à mi-juin : w.-end et j. fériés 11h-14h. Par temps pluvieux, les visites sont suspendues. Fermé 1ᵉʳ et 6 janv., Ven. saint, lun. de Pâques, 1ᵉʳ mai, 27 juil., 25-26 déc.* ☎ *93 758 24 01.*
Situé à l'extrémité Sud de la ville, ce gisement a permis de mettre au jour une ville seigneuriale du 1ᵉʳ s. avant J.-C. On identifiera sans peine les bains, les chambres ainsi que les porches.

De Caldes d'Estrac à Palafolls ②
30 km – environ 2h30

Caldes d'Estrac ou Caldetes
Ce beau village près de la mer fut à l'origine du tourisme en Catalogne à la fin du 19ᵉ s. en raison de la qualité de ses sources thermales. Les eaux chlorées de Caldes, par leur composition et leur température (39 °C), favorisent le traitement de nombreuses maladies.

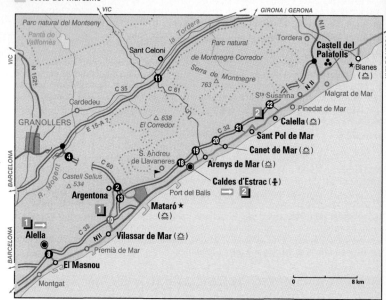

Arenys de Mar

L'histoire d'Arenys de Mar a toujours été centrée sur la mer. La ville, qui jouit jadis d'un grand prestige commercial, est devenue une station estivale dynamique, dont les plages de gros sable, bien entretenues, attirent un grand nombre de vacanciers. La plage la plus remarquable est celle de Cabaye qui se déploie sur plus de 500 m. Isolée par un massif montagneux de l'influence climatologique continentale, Arenys dispose d'un microclimat printanier, même en hiver.

Les immeubles résidentiels et les maisons de pêcheurs alternent avec de modernes édifices, constituant ainsi un véritable puzzle architectural. Des discothèques, des pubs et tout un ensemble de commerces consacrés aux loisirs complètent la gamme de ses équipements touristiques, auxquels il faut ajouter les fêtes de plein air qui se déroulent dans la station. Le port de plaisance, l'un des mieux équipés et l'un des meilleurs de toute la Catalogne, est le théâtre d'importantes compétitions nautiques. Il occupe la majeure partie du port mixte, fermé par le môle d'accostage des navires de pêche dont le retour donne lieu à une vente de poissons à la criée.

Santa Maria – *11h-13h, 17h-19h, sam. 11h-13h. S'abstenir de visiter pendant les offices.* ☎ *93 792 00 96.*
Cette église du 16e s., à la façade baroque (18e s.), abrite le merveilleux **retable**★★ de Pau Costa, œuvre de grandes dimensions où le plus petit détail fut traité avec la méticulosité propre au style baroque.

Musée Marès de la Punta – *Tlj sf lun. 11h-13h, 18h-20h, dim. et j. fériés 11h-13h. Fermé 1er janv., Ven. saint, 25-26 déc. 2,50€.* ☎ *93 792 17 84.* La dentelle aux fuseaux est, avec les *ametlles* (amandes), l'un des symboles d'Arenys. À l'hôpital Xifré, actuellement siège du musée, on peut apprécier la virtuosité et la finesse de cette activité.

La maison attenante héberge le **musée Mollfulleda de Minéralogie**, qui renferme une riche collection de minéraux. *Tlj sf lun. 11h-13h, 18h-20h, dim. et j. fériés 11h-13h30. Fermé 1er janv., Ven. saint, 25-26 déc. 2,50€.* ☎ *93 792 17 84.*

Cimetière municipal – *Mai-oct. : tlj sf lun. 9h-13h, 17h-19h, dim. et j. fériés 9h-14h ; nov.-avr. : tlj sf lun. 9h-13h, 16h-18h, dim. et j. fériés 9h-14h.* ☎ *93 795 99 00.*
Situé en haut du chemin de La Pietat, il a été chanté par le poète **Salvador Espriu** (1913-1985) dans son livre *Cementeri de Sinera (Les Cimetières de Sinera).* Ses allées silencieuses accueillent des **monuments funéraires** réalisés par des sculpteurs modernistes très connus.

Canet de Mar

Entouré de collines boisées, Canet dispose d'une vaste plage ensoleillée qui s'étire le long de la promenade maritime, et s'enorgueillit d'un intéressant ensemble d'édifices modernistes parmi lesquels il convient de citer la **Casa-Museu de Domènech i Montaner**. Dans la partie la plus haute de la ville se trouve le sanctuaire de la Miséricorde, lieu très fréquenté où se vénère la Vierge du même nom. *Juil.-sept. : tlj sf lun. 17h-22h, sam. 10h-14h, 17h-22h, dim. et j. fériés 9h-14h. ; oct.-juin : tlj sf lun. 10h-14h, ven.-sam. 10h-14h, 17h-20h, dim. et j. fériés 10h-14h. Fermé 1er janv., 25-26 déc. 2€.* ☎ *93 795 46 15.*

Sant Pol de Mar

Dans cette merveilleuse localité côtière pleine de lumière, on peut respirer les parfums de la Méditerranée. Depuis les années 1960, sa vocation résidentielle n'a fait que s'accroître bien qu'elle ait un long passé de station balnéaire. De tous les points de la localité, on peut voir la silhouette de Sant Pau, ermitage qui la domine et offre de très belles **vues** sur la mer.

Calella

Localité cosmopolite, extrêmement fébrile en été, c'est la véritable capitale touristique du Maresme. Les innombrables terrasses, restaurants, tavernes typiques, discothèques et night-clubs sont avec sa plage de gros sable pur ses principaux attraits pour les touristes qui, chaque été, prennent d'assaut ses rues.

Palafolls

Sur les collines qui encadrent le village, à 150 m d'altitude, s'élèvent les ruines du **château**, qui dominent la partie basse du cours du Tordera et la plaine fertile qu'il arrose. Construit entre les 12e et 15e s., il présente trois belles enceintes restaurées et une chapelle aux murs ornés de motifs décoratifs.

Parc naturel du
Delta de l'Èbre★★

À son embouchure, l'Èbre forme un large delta qui constitue la zone humide la plus étendue de la Catalogne. Ses caractéristiques particulières favorisent la présence d'une flore et d'une faune uniques en Catalogne.

Le delta se compose d'une énorme quantité d'alluvions, que le fleuve arrache aux monts Cantabriques, aux Pyrénées et aux plateaux aragonais, et qu'il dépose avant de se jeter dans la mer. Sa force érosive est spectaculaire et l'aval de son cours est coloré par la vase jaunâtre et épaisse qu'il semble entraîner avec difficulté.

La situation

Carte Michelin n° 574 J/K 32 ou Atlas p. 45 – Schéma : COSTA DAURADA – Baix Ebre, Montsià – Tarragona. Le delta, qui se trouve au Sud de la province de Tarragone, pénètre la mer tout en formant un vaste cap triangulaire. L'autoroute A 7-E 15 et la N 340 longent les limites du parc à l'intérieur des terres.

🚏 *Deltebre : Ulldecona, 22,* ☎ *977 48 96 79. www.dsi/deltebre*

À voir dans les environs : TORTOSA et la COSTA DAURADA.

> **CARNET PRATIQUE**
> En quête d'un hôtel ou d'un restaurant, consultez le carnet pratique de la Costa Daurada.

découvrir

Un parc singulier

Couvrant une superficie de 7 736 ha de terres planes, le parc fut créé en 1983 afin de protéger la flore et la faune et favoriser le développement agricole de la zone. En effet, les trois quarts du delta sont désormais occupés par les rizières, les exploitations maraîchères et les vergers. Plus de 300 espèces d'oiseaux ont sur ces terres leurs propres colonies en permanence et de nombreux oiseaux migrateurs y font étape lors de leurs déplacements. La richesse piscicole est aussi exceptionnelle (loups, langoustes, daurades et anguilles).

Quand s'y rendre ?

Début mai, à l'époque de la plantation du riz, on assiste dans le delta à une explosion de fertilité.

Centres d'information et croisières

Avant d'entreprendre la visite, il convient de se rendre dans un des bureaux d'accueil qui vous fournira un plan détaillé des principales curiosités (lagunes, points d'observation, etc.),

> **LA TOMBÉE DU JOUR SUR LE DELTA DE L'ÈBRE**
> La proximité de cette masse d'eau, presque immobile, se sent constamment. Du paysage émane une extrême tranquillité. Le ciel acquiert des dimensions extraordinaires. Les montagnes semblent s'éloigner à mesure que les mouvements du fleuve plongent l'atmosphère dans un état de somnolence. C'est un spectacle unique : l'Èbre coule péniblement, dessinant de légers tourbillons, comme s'il voulait retarder, sous le soleil, son avancée vers la mer. La lumière, d'une douce ardeur, apporte à l'ensemble une étrange sensualité.

ainsi que des sentiers et des routes. Elle peut se faire en voiture sans aucun problème. Vous pouvez également louer une bicyclette, si vous préférez un moyen de locomotion plus écologique et plus tranquille.

Bureau d'accueil - Écomusée du parc naturel – *10h-14h, 15h-18h, sam. 10h-13h, 15h30-18h, dim. et j. fériés 10h-13h. Fermé 1ᵉʳ janv., 25 déc. 1,50€. Bureau d'accueil : c/ Doctor Martí Buera, 22, Deltebre. ☎ 977 48 96 79.*

Installé dans une maison traditionnelle, le musée est une invitation à découvrir l'habitat naturel du delta ainsi que les modes de vie traditionnels de la région (pêche, rizières et cultures maraîchères).

La Casa de Fusta – *Tlj sf lun. 10h-14h, 15h-18h, sam. 10h-13h, 15h30-18h, dim. et j. fériés 10h-13h. Fermé 1ᵉʳ et 6 janv., 25-26 déc. 1,50€. ☎ 977 26 10 22.*

Installé dans un relais de chasse en bois des années 1960, le centre d'information abrite une exposition permanente sur les lagunes.

Croisières sur l'Èbre – Il est conseillé de prendre l'une des embarcations qui relient Amposta et Deltebre à l'embouchure du fleuve. Cette promenade réserve de magnifiques vues de l'Èbre. Sur le trajet, on longera l'**île de Gràcia**, imposante langue de terre qui précède l'**île de Buda**, devenue actuellement une péninsule. Renseignements ☎ 977 48 01 28.

Accès et curiosités

Le parc naturel est coupé en deux par l'Èbre. Dans la partie Sud, en quittant San Carles de la Rápita, le mieux est de se diriger vers le bureau d'accueil de Casa de Fusta. À partir de là, les principaux centres d'intérêt seront les lagunes *(bassas)* de l'**Encanyissada**, de la **Tancada** et de la **pointe de la Banya**, où abondent les salines.

L'autre partie du parc est plus facilement accessible depuis Amposta et Deltebre. On ne manquera pas de visiter l'embouchure de l'Èbre, ainsi que l'**île de Sant Antoni** et l'**île de Buda**, sans oublier la spectaculaire **pointe del Fangar**, zone désertique d'une incroyable beauté, qui se prête à l'observation des mirages.

O. Alamany/GC (DICT)

Salines de la Trinité, à la pointe de la Banya.

Empúries★★

L'histoire de la Méditerranée est présente dans les ruines de ce site archéologique qui, depuis son très bel emplacement★★, continue à scruter les eaux bleues d'où émergèrent ses fondateurs. La colonie grecque d'Emporion (« marché ») et la ville romaine d'Emporiae furent la passerelle que les cultures classiques empruntèrent pour pénétrer l'Espagne.

La situation

Carte Michelin n° 574 F 39 ou Atlas p. 19 – Schéma : COSTA BRAVA – Alt Empordà – Girona. Empúries se trouve dans un bel environnement, sur la côte Sud du golfe de Roses, dans la *comarca* de l'Empordà, qui lui vaut son nom.

À voir dans les environs : la COSTA BRAVA, FIGUERES (24 km au NO) et Gérone (GIRONA, 39 km au SO).

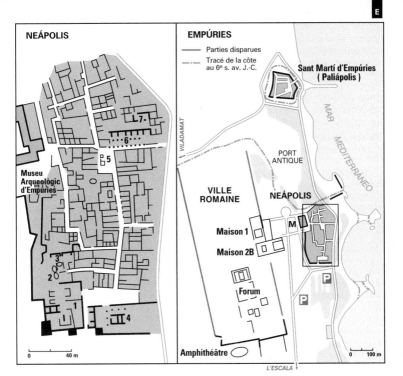

comprendre

De la ville grecque à la ville romaine

Empúries se compose de trois centres : la ville ancienne, **Paliápolis**, la ville nouvelle, **Neápolis**, et la ville romaine.

Vers 600 avant J.-C., les Phocéens, déjà établis à Marseille, créèrent, sur une petite île aujourd'hui reliée à la côte et occupée par Sant Martí d'Empúries, un port appelé Paliápolis. Peu après (550 avant J.-C.), ils prirent pied sur le rivage et fondèrent ce que l'archéologue Puig i Cadafalch nomma Neápolis.

La ville fut l'alliée de Rome durant la seconde guerre punique (218-201 avant J.-C.), et les troupes de Publius Cornelius Scipion, plus connu sous le nom de Scipion l'Africain, y débarquèrent en 218. Vers 100 avant J.-C., tirant profit du tracé de l'ancien camp militaire, les Romains fondèrent une nouvelle ville à l'Ouest de Neápolis. Pendant la période républicaine, les deux villes coexistèrent indépendamment jusqu'à ce que, à l'époque d'Auguste, fût concédée aux Grecs la citoyenneté romaine.

Bien que continu, le développement d'Emporiae fut ralenti dès la fin du 1er s. avant J.-C. par la croissance d'autres villes comme Barcino, Gerunda et Tarraco. Rasée lors des invasions des Alains et des Francs, la ville déclina. Elle devint cependant siège épiscopal – on conserve les restes d'une basilique paléochrétienne (4e s.) – et capitale du comté médiéval d'Ampurias, statut qu'elle perdit au profit de Castelló d'Empúries *(voir ce nom)*. L'invasion arabe (8e s.) acheva sa décadence.

visiter

Site archéologique

Juin-sept. : 10h-20h ; oct.-mai : 10h-18h. Fermé 1er janv., 25 déc. 2,40€ ; gratuit : 23 avr., 18 mai, 2 et 11 sept. ☎ 972 77 02 08.

Neápolis

Contrairement à Paliápolis, la nouvelle ville a été totalement fouillée, mais la superposition des différentes constructions, réalisées sur une période de plus de 1 000 ans, complique la tâche des archéologues et l'interprétation des ruines. Son plan en damier, avec des rues se coupant à angle droit, occupait une superficie de 26 ha. Elle était fortifiée sur trois côtés (au Sud-Ouest, un large pan de muraille est conservé) et possédait une seule porte d'entrée protégée de tours.

Sur une partie haute, près du **temple d'Asclépios**, dieu de la médecine, se trouvait l'**enceinte sacrée (1)**, contenant des autels et d'importantes statues de divinités. À droite se trouvaient les **citernes (2)** d'eau potable, actuellement reconstruites, ainsi qu'une **tour de guet (3)**. En contrebas se trouvait le **temple de Zeus Sérapis (4)**, dont subsistent des vestiges de colonnes et l'autel central.

Sur l'**agora (5)**, située au croisement des rues principales, on voit encore trois socles de statues. De là, une rue descend vers la mer, bordée à gauche par les ruines de la **stoa (6)**, marché couvert qui comprenait deux allées à arcades et plusieurs boutiques. Derrière la stoa, on distingue le plan d'une **basilique paléochrétienne (7)** avec son abside semi-circulaire.

De vieux pavés, de vastes mosaïques et une petite partie du mur qui protégeait le port complètent cet ensemble archéologique bigarré.

Museu Arqueològic

Y sont exposés des maquettes de temples et des objets provenant des fouilles. Dans la salle I se trouvent les pièces les plus intéressantes, parmi lesquelles on remarque la mosaïque représentant *Le Sacrifice d'Iphigénie* (vitrine 40), œuvre hellénistique réalisée à Athènes ou à Antioche au 2e s. avant J.-C. avec des tesselles de marbre oriental, la mosaïque dite de *La Perdrix* (vitrine 41) et un petit masque d'acteur tragique (vitrine 39) réalisé avec des tesselles aux couleurs rougeâtres et violacées.

Ville romaine

De l'autre côté de la route, sur la colline qui domine la ville grecque, se trouve la ville romaine. Son plan rectangulaire occupe une superficie approximative de 20 ha. Les murailles qui l'entouraient ont été partiellement restaurées, mais la ville n'est pas complètement fouillée.

La **maison nº 1** (accès par l'arrière en se situant face à la mer) construite à la fin du 2e s. avant J.-C. possède un atrium à six colonnes, auquel on accède de la rue par un corridor. Au 1er s. furent ajoutés un péristyle et d'autres dépendances décorées de mosaïques aux motifs noirs sur fond blanc et des peintures murales assez mal conservées.

À côté, dans la même rue, se trouve la **maison nº 2 B**. De l'entrée, on accède à l'atrium entouré de pièces qui ont conservé leur pavement d'origine en mosaïque.

Il est intéressant d'observer la technique de construction des murs édifiés sur une assise de pierre et couverts de chaux peinte à fresque. Depuis l'atrium, on gagne un péristyle à colonnes polychromes abritant un jardin central.

Le **forum**, centre de la vie civique, était constitué d'une grande place carrée entourée de portiques, d'édifices religieux (au Nord) et de boutiques (au Sud). Une rue également bordée de portiques mène à la porte de la ville. Derrière les murailles se trouvent les restes de l'**amphithéâtre**, modeste édifice elliptique avec un soubassement de pierre qui soutenait les gradins en bois.

Mosaïques de la ville romaine.

D. Leraut/PHOTONONSTOP

Figueres ★

Les noms de Figueres et de son enfant le plus illustre, Salvador Dalí, sont à jamais liés. Le génie et la personnalité de ce singulier artiste, qui habitent encore aujourd'hui les rues de cette ville de l'arrière-pays ampurdanais, en ont fait l'un des centres touristiques les plus dynamiques de la Catalogne.

La situation

35 301 habitants. Carte Michelin nº 574 F 38 ou Atlas p. 19 – Schéma : COSTA BRAVA – Alt Empordà – Girona. Figueres est parfaitement desservi par de grands axes routiers qui se croisent à proximité de la ville : l'autoroute A 7–E 15 et la N II relient la France à Gérone et Barcelone, et la N 260 se dirige à la fois vers la côte et l'arrière-pays.

🛈 *Pl. del Sol, s/n, 17600 Figueres, ☎ 972 50 31 55. figueres.org*

À voir dans les environs : la COSTA BRAVA, Gérone (GIRONA, (42 km au S) et OLOT (45 km au SO).

Les activités commerciales et ludiques y sont intenses. Les jours de marché, les places se remplissent d'étals proposant des produits artisanaux et les visiteurs déambulent sur les larges avenues. Sur la **Rambla**, agréable promenade traversant le centre ancien, se trouvent les restaurants, les salles de spectacles et les cafés les plus importants de la ville.

Le **Parc Bosc municipal** accueille durant le mois de juillet le **Festival international de musique**, manifestation très réputée.

découvrir

L'univers de Dalí

Salvador Dalí, né à Figueres (1904), au sein d'une famille aisée, est devenu l'un des plus célèbres peintres surréalistes. Sa méthode « critique-paranoïaque », basée sur une vision ironique de la réalité, a été la cause de son expulsion de ce mouvement par son fondateur, André Breton. Dans ses tableaux les plus célèbres, *Le Grand Branleur*, *La Persistance de la mémoire*, *Leda atomique* et *Prémonition de la guerre civile*, Dalí exprime à travers des formes lénifiantes et sensuelles son univers personnel, où les connotations sexuelles, les traumatismes de son enfance et son amour pour Gala, sa femme, ont une singulière importance. Comédien-né et provocateur imprévisible, c'est à New York que s'est produit l'épisode le plus délirant de sa carrière, passablement controversée : il s'est promené dans la rue coiffé d'une miche de pain campagnard.

Dans ses commentaires politiques très connus, il réalisa une apologie humoristique du fascisme, centrée sur les figures d'Hitler et de Franco. Dans la dernière partie de sa vie, il avait pratiquement abandonné la peinture pour se consacrer au rôle de personnage public dont les apparitions médiatiques (revues, quotidiens et télévision) étaient, presque toujours, prétexte à bouffonnerie.

Teatre-Museu Dalí★★

Juil.-sept. : 9h-19h45 ; oct.-juin : 10h30-17h45 (dernière entrée 30mn av. fermeture). Fermé 1ᵉʳ janv., 25 déc. 9€. ☎ 972 67 75 00.

L'ancien théâtre municipal, réalisé par l'architecte néoclassique José Roca i Bros en 1850, possède une élégante architecture avec deux façades de trois corps. Jusqu'à sa destruction en 1939, il fonctionna comme un théâtre à l'italienne, avec une grande salle et un parterre en forme de fer à cheval. En 1968, on l'aménagea pour recevoir le musée Dalí, en simplifiant les espaces intérieurs et en couvrant la scène d'une immense coupole géodésique en verre, œuvre d'Emilio Pérez Piñero. Dalí décora l'ensemble d'œufs gigantesques, de choux posés sur la façade pour imiter les coquilles de la *Casa de las Conchas* à Salamanque, de lavabos et de mannequins dorés.

Patio intérieur, au Teatre-Museu Dalí.

Visite – Le musée est à l'image de celui qui l'a créé et disait à son propos : « Ce musée ne peut être considéré comme un musée, c'est un gigantesque objet surréaliste, où tout est cohérent et rien n'échappe à mon entendement. » Dans ce monde de la déraison, de l'extravagance et de l'excentricité, Dalí donna libre cours à son imagination tant dans l'aménagement des places extérieures au musée (statues de personnages masqués, juchées sur des colonnes de pneus) qu'à l'intérieur. Le spectaculaire salon qui représente Mae West est orné d'un sofa central en forme de lèvres, d'une cheminée en forme de nez, et de cadres en forme d'yeux ; dans le grand patio, une voiture emporte des pantins qui se protègent de la pluie. À côté des toiles de Dalí, dont la série *Dalí*

J. Malbure/MICHELIN

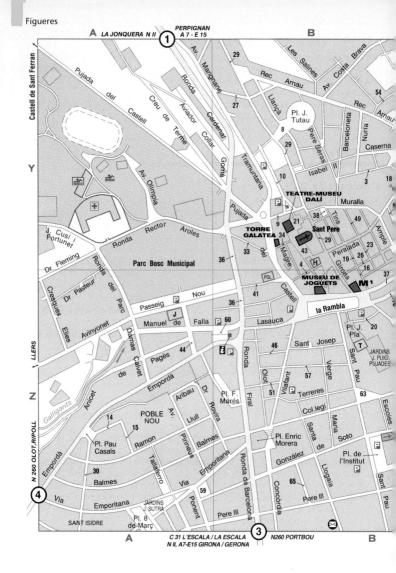

en train de peindre Gala, sont exposées des œuvres de Pitxot, Duchamp, Fortuny... ainsi qu'un ensemble des « académies » de Bouguereau, l'un des plus grands représentants du style pompier.

Torre Galatea★

Adossé à l'ancienne tour Gorgot, cet édifice néoclassique fut décoré par Dalí. Le célèbre peintre y apporta beaucoup d'extravagance, introduisant dans l'ossature ancienne des motifs ornementaux propres à son style (couleurs criardes et objets oniriques).

visiter

Museu de Joguets★

◻ *10h-13h, 16h-19h, dim. et j. fériés 11h-13h30, 17h-19h30. Fermé lun. oct.-juin (sf j. fériés), 1er janv., 25 déc. 4,70€. ☎ 972 50 45 85.*
Le musée renferme des jouets du monde entier et de différentes époques. La collection d'automates est admirable – remarquer l'amusant orchestre – ; on s'attardera également sur les collections de marionnettes et de voitures.

Sant Pere

8h15-12h45, 15h30-21h. ☎ 972 50 31 55.
Cette église fut construite à la fin du 14e s. et son unique vaisseau, simple mais d'une grande beauté, est un bon exemple de gothique catalan. L'abside polygonale,

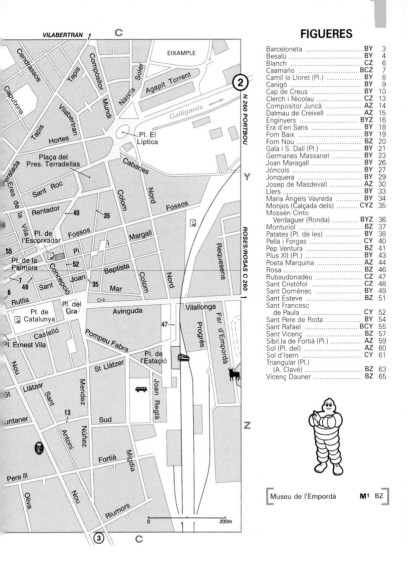

le transept et le clocher, de construction récente (1941), respectent le style de la nef et sont adaptés aux restes anciens. L'ensemble présente une intéressante unité de style malgré les différentes époques.

Museu de l'Empordà

10h-20h. ☎ *973 69 40 00.*
Installé dans un édifice fonctionnel et moderne (1971), il présente diverses collections d'archéologie (art ibérique), d'art (chapiteaux romains de Sant Pere de Rodes) et d'histoire locale, ainsi qu'un important ensemble de peintures des 19ᵉ et 20ᵉ s. (Vayreda, Nonell, Sorolla, Dalí, Tàpies et Juan Ponç).

Château Sant Ferran★

Au NO par la Pujada del Castell. De déb. juil. à mi-sept. et Sem. sainte : visite guidée (2h) 10h30-20h ; nov.-fév. : 10h30-14h ; le reste de l'année : 10h30-14h, 16h-18h. Fermé 1ᵉʳ janv., 25 déc. 2,10€ ; gratuit : 3 mai. ☎ *972 50 60 94.*
Située sur un petit monticule, cette grande forteresse en forme de pentagone a été construite entre 1753 et 1766 par Juan Martín de Cermeño, avant de devenir une base militaire jusqu'en 1966, ce qui explique en partie son bon état de conservation. En se promenant entre les dépendances, on comprend mieux la complexité de ce type de fortifications. Contrastant avec ses dimensions impressionnantes, la place d'armes se contente, elle, d'une superficie de 12 000 m². À noter dans les **écuries★**, les abreuvoirs d'origine. Depuis son double mur d'enceinte, un fantastique **panorama★★** balaie la plaine de l'Ampurdan, avec ses champs protégés du vent par des rangées de cyprès majestueux.

carnet pratique

TRANSPORTS

Gare ferroviaire – Plaça de la Estació - ☎ 972 50 46 61. Figueres est relié tous les jours à Gérone *(30mn)* et Barcelone *(1h45)*, au Sud, ainsi qu'à Portbou *(25mn)* et la frontière française, au Nord. Le *Catalunya Expres* et le *Catalan Talgo* *(ap.-midi)* sont vivement recommandés. **Renfe :** ☎ 902 24 02 02.

Gare routière – Plaça de la Estació, 17 - ☎ 972 67 33 54. Au départ de Figueres, la compagnie SARFA (☎ 972 25 87 13) dessert la plupart des localités de la Costa Brava, tandis qu'ASSER assure les destinations de Gérone et Barcelone (☎ 93 593 11 12).

RESTAURATION

➾🍴 **El Molí** – Pont de Molins - 6 km au NO de Figueres par la N 11 et 2 km à l'O de Pont de Molins - ☎ 972 52 92 71 - molipark@intercom.es - fermé mar. soir, mer., de mi-déc. à mi-janv. - 17,10/31,95€. Accueillant restaurant aménagé dans un vieux moulin. Décoration rustique jusque dans le détail. Vous pourrez y déguster les plats les plus typiques de l'Ampurdan. L'établissement propose également quelques chambres confortables.

➾🍴🍴 **Mas Pau** – Avinyonet de Puigventós - 5 km au SO de Figueres par la N 260 - ☎ 972 54 61 54 - maspau@grn.es - fermé dim. soir, lun. et mar. midi (sf en été), de déb. janv. à mi-mars - 🖲 - 30,65/45,37€. Installé dans un mas du 16ᵉ s. restauré avec infiniment de goût et décoré d'antiquités. C'est dans ce très beau cadre

que vous pourrez découvrir une version plus actuelle de la cuisine catalane. Les terrasses proches du jardin sont accueillantes et les chambres sont également d'un grand confort.

HÉBERGEMENT

➾ **Hotel Travé** – Rte d'Olot - ☎ 972 50 05 91 - hoteltrave@infonegocio.com - 🄿 🔳 🖲 - 72 ch. : 42/65€ - 🖵 7€ - rest. 16€. Ce discret hôtel familial met à votre disposition ses chambres de style classique et confortables malgré une décoration quelque peu désuète. Restaurant soigné également.

➾🍴 **Duràn Hotel** – Lasauca, 5 - ☎ 972 50 12 50 - duran@hotelduran.com - 🖲 - 65 ch. : 50,40/74€ - 🖵 6,60€. En plein cœur de la ville, près du théâtre-musée Dalí, cet hôtel convivial est décoré d'une multitude de miroirs, tapis et tableaux. Chambres spacieuses et confortables. L'adresse est aussi celle d'un restaurant de renom spécialisé dans la cuisine traditionnelle catalane.

➾🍴🍴 **Hotel Rural Mas Falgarona** – Avinyonet de Puigventós - 4,5 km au SO de Figueres par la N 260 - ☎ 972 54 66 28 - email@masfalgarona.com - fermé janv. - 🄿 🔳 - 8 ch. : 135/165€ 🖵 - rest. 44€. Luxueux hôtel de campagne installé dans un ancien mas accueillant. La beauté de la pierre, de la terre cuite et du bois est rehaussée par la décoration minimaliste ponctuée d'œuvres d'art moderne. Magnifique jardin avec piscine.

alentours

Vilabertran★

5 km au NE par la N 260. Ce petit village singulier, formé autour d'un monastère, présente un pittoresque tracé urbain, aux ruelles étroites et rectilignes, bordées de maisons anciennes, dont certaines conservent des baies gothiques d'une beauté incomparable.

Monastère Santa Maria★★

Juin-sept. : tlj sf lun. 10h-13h30, 15h-19h30 ; oct.-mai : tlj sf lun. 10h-13h30, 15h-17h30. Fermé 1ᵉʳ janv., 25 déc. 2,40€. ☎ 972 50 87 87.

Cet ancien monastère de chanoines augustins forme, pour sa plus grande partie et en dépit de nombreux remaniements, un remarquable et monumental ensemble roman. Il fut le théâtre du mariage de Jacques II et de Blanche d'Anjou, en 1295. Chaque année en septembre, Santa Maria perd son calme habituel pour accueillir le **Festival de musique**, manifestation culturelle de grand prestige.

Église★ – Bâtie aux 11ᵉ et 12ᵉ s., elle présente un plan basilical à trois vaisseaux. C'est un édifice simple mais d'une grande beauté, avec ses piliers et leurs pilastres qui lui confèrent une impression de légèreté contrastant avec la solidité des murs extérieurs. Trois absides s'ouvrent sur le transept. La nef centrale est voûtée en berceau, tandis que les collatéraux sont coiffés d'une voûte surbaissée et l'abside d'une voûte en cul-de-four. À droite se dresse le **clocher**, tour élancée à trois étages, percée de fenêtres géminées et décorée de bandes lombardes.

Cloître★ – Le cloître roman (12ᵉ s.), de plan trapézoïdal, est entouré des dépendances monastiques (12ᵉ-14ᵉ s.). C'est un endroit calme, propice à la méditation. Construit selon les normes architectoniques de Cîteaux, il revêt un caractère austère. Les galeries, aux voûtes surbaissées, s'ouvrent sur des arcs en plein cintre surmontant des chapiteaux dépouillés.

Palais abbatial★ – Ce magnifique bâtiment a été érigé par l'abbé Antonio Girgós (1410-1424). Remarquable exemple de style gothique, son aspect sobre, en parfaite harmonie avec les autres bâtiments religieux, accentue la solennité du monastère. La **façade** est percée d'un portail et de délicates baies vitrées gothiques.

Girona★★

Gérone

La ville historique et monumentale de Gérone fut le siège épiscopal et l'ancienne capitale du comté médiéval du même nom. Elle bénéficie d'un site privilégié, au confluent du Ter et de l'Onyar. Ce dernier constitue l'axe de la ville, qu'il traverse entièrement. Le vieux quartier qui se dresse sur la rive droite de la rivière, sur le flanc d'une colline autrefois entourée de murailles, présente tout un réseau de charmantes rues et places et de nombreux édifices nobles. La ville moderne s'étend dans la plaine, entre la rive gauche de l'Onyar et le parc de La Devesa.

La situation

70 409 habitants. Carte Michelin n° 574 G 38 ou Atlas p. 33 – Schéma : COSTA BRAVA – Gironès – Girona. Située à un carrefour routier, la ville est très bien desservie : l'A 7-E 15, en provenance de la France, passe par Figueres, puis la relie à Barcelone (97 km au SO), la C 66 va à Besalú, et la C 25 assure la liaison avec Vic (79 km au SE). Pour gagner le littoral, vous avez le choix entre la C 66 (Palafrugell) et la C 65 (Sant Feliu de Guixols).
🚩 *Rambla de la Llibertat, 1, 17004 Girona, ☎ 972 22 65 75. www.costabrava.org*
À voir dans les environs : la COSTA BRAVA, FIGUERES (42 km au N) et OLOT (57 km au NO).

comprendre

La ville au passé et au présent

Des Romains à Charlemagne

L'origine de Gérone, que l'on pense dater du 8ᵉ s. avant J.-C., est mal connue. Ce que l'on sait avec certitude cependant, c'est que les Romains s'y installèrent et lui attribuèrent le nom de **Gerunda**. Sa position stratégique sur le tracé de la via Augusta nécessita d'en faire une place forte et la partie la plus élevée – zone entourant la cathédrale – fut fortifiée d'une enceinte triangulaire. De ces remparts, qui avaient pourtant résisté aux multiples assauts tout au long de l'histoire et étaient restés presque intacts jusqu'en 1895, il ne reste aujourd'hui que quelques fragments.
Avec la création d'un évêché au 5ᵉ s., la ville acquit de l'importance et, la population augmentant considérablement, des foyers d'habitation s'établirent autour d'édifices religieux hors des murs, foyers qui seront à l'origine des futurs quartiers.
La domination musulmane, dès 716, ne dura que soixante-dix ans, ce qui explique le peu de vestiges témoignant de cette présence.
Libérée par Charlemagne, la ville fit partie de la Marche d'Espagne, ligne défensive de l'Empire franc, et fut la capitale d'un comté qui, en 793 puis en 827, subit les assauts des troupes musulmanes avant de se fondre quelques années plus tard dans celui de Barcelone.

La période de splendeur

Du 9ᵉ au 11ᵉ s., la riche et puissante Église de Gérone, profitant des pouvoirs conférés par les comtes, exerça une influence grandissante sur la vie politique catalane. En même temps, le quartier juif voyait ses activités se développer.
Aux 11ᵉ et 12ᵉ s., l'essor de la ville se poursuivit, marqué par la construction des quartiers bourgeois de Santa Maria, Sant Pere, Sant Feliu et du Mercadal.
En 1285, le roi de France Philippe III le Hardi, qui soutenait les prétentions de son fils Charles de Valois au trône de Sicile, engagea la « croisade d'Aragon » contre Pierre III. Il s'empara de Gérone, mais une épidémie de peste obligea les Français à se retirer.
Au 14ᵉ s., Gérone était la ville la plus peuplée de Catalogne après Barcelone, mais des événements malheureux – mauvaises récoltes, épidémies et luttes internes – ruinèrent cette prospérité économique.
La ville se releva pourtant au 16ᵉ s. mais fut à nouveau en partie détruite durant le siècle suivant. Elle fut en effet l'objet de nombreux sièges, d'abord pendant la guerre des Moissonneurs (1640-1652), puis au cours des incessants conflits avec la France.
Le redressement catalan au 18ᵉ s. permit à Gérone de retrouver la prospérité antérieure à la crise du 14ᵉ s.
Au début du 19ᵉ s., la guerre d'indépendance contre l'envahisseur napoléonien la ruina à nouveau, entraînant un retard démographique et économique auquel la répartition des terres décidée par Mendizábal mit un terme en assurant l'installation de manufactures sur les terres récupérées. De grandes usines furent alors créées et la ville assuma les idées progressistes et libérales les plus avancées.

Gérone et le judaïsme

Après Barcelone, Gérone est la ville catalane où la présence juive est la plus importante. Le prestige de son école cabalistique et le rôle des hommes qu'elle a formés se confondent avec les nombreux souvenirs qui subsistent encore.

L'ancien quartier juif, très visité, se situe dans une zone qui va du dernier tronçon de l'actuelle **carrer de la Força** jusqu'à la cathédrale. Lors de sa formation, vers le milieu du 13e s., il prit le même nom que celui de Barcelone : Call. Ce phénomène s'est reproduit dans d'autres agglomérations catalanes où les juifs se regroupèrent dans un seul et unique quartier.

La plupart des édifices de ce secteur conservent une grande partie de leur saveur ancienne, constituant un magnifique cadre où l'on peut imaginer comment se déroulait la vie d'une communauté aussi prospère que celle de Gérone. Bien que le tracé actuel des rues et ruelles ne corresponde pas à celui de l'époque médiévale et que les édifices aient subi diverses transformations lors des cinq derniers siècles, le pouvoir évocateur de l'ensemble est si fort que l'atmosphère y est chargée d'intensité et de mystère.

On pourra s'arrêter au **Centre Bonastruc ça Porta**, siège du musée d'Histoire des Juifs catalans et de l'Institut d'Études juives Nahmanides, situé à l'emplacement de l'ancienne synagogue du 15e s. *Mai-oct. : 10h-20h, dim. et j. fériés 10h-15h ; nov.-avr. : 10h-18h. Fermé 1er et 6 janv., 25-26 déc. 2€ ; gratuit : 18 mai.* ☎ 972 21 67 61.

On peut aussi voir au **musée d'Archéologie**, situé dans l'ancien monastère Sant Pere de Galligants *(voir plus loin)*, une collection de 21 pierres tombales (13e et 14e s.) trouvées dans le cimetière juif aujourd'hui disparu.

La Gérone moderne

Après la destruction des remparts en 1895, fut approuvé un projet d'extension, moins ambitieux que celui de Barcelone, qui contribua cependant à améliorer l'image de Gérone.

Les rénovations urbaines se succédèrent tout au long des vingt premières

Reflets sur l'Onyar.

J. Malbure/MICHELIN

GIRONA/GERONA

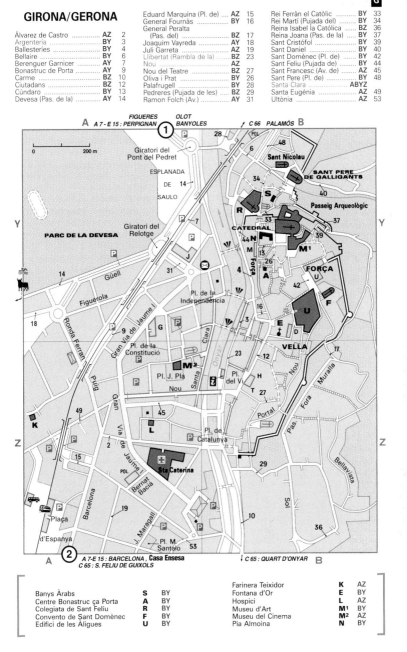

années du 20ᵉ s., menées par l'architecte Rafael Masó, qui réalisa de nombreux édifices pour la haute société dans la zone d'expansion de la ville.

Après la guerre civile, vers 1950, la ville retrouva progressivement l'expansion économique qui devait se consolider dix ans plus tard. Cet essor, rendu possible en grande partie par le tourisme, s'accompagna de l'arrivée de nombreux immigrants et de la reprise des mouvements culturels et politiques.

visiter

La vieille ville** (Força vella)

Une journée.

Les édifices de grande allure et les différents éléments architecturaux des rues et des places personnalisent fortement ce quartier de l'ancienne Gérone. Les bâtiments de pierre grise et les recoins surprenants associés à des espaces caractéristiques confèrent à ce secteur un attrait singulier. On ne peut parler de cette

carnet pratique

TRANSPORTS

Aéroport – *Vidobi d'Onyar* - ☎ *972 18 66 00.*

Gare ferroviaire – *Plaça de Espanya* -
☎ *972 20 23 53.* Chaque jour, plusieurs
trains relient Gérone et Barcelone.
La meilleure solution est de prendre le
Catalan Talgo (30mn) et le *Catalunya Expres
(1h15)*, qui desservent également Figueres.
Renfe : ☎ *902 24 02 02.*

Gare routière – *Près de la gare ferroviaire* -
☎ *972 21 23 19.* La compagnie SARFA
(☎ *972 20 17 96*) dessert toutes les localités
de la Costa Brava, tandis qu'ASSER est
la meilleure solution pour rallier Barcelone
(☎ *93 593 11 12*). TEISA gère les lignes
intérieures pour rejoindre, par exemple,
Olot ou Banyoles (☎ *972 20 02 75*).

VISITE

Pour comprendre les vifs contrastes
de Gérone, il faut visiter le vieux quartier
avec ses belles constructions romanes
et gothiques, puis se diriger vers la ville
nouvelle, où les grandes pierres de taille
de la cathédrale et des églises s'effacent
au profit des édifices modernistes et
des blocs de bureaux. Gérone est connu
pour ses ponts et ses vastes avenues qui
invitent à la promenade. Ces derniers temps,
les rues commerçantes se sont développées
à un tel point que le lèche-vitrine est devenu
l'un des passe-temps favoris des Géronais.

RESTAURATION

☺ **Can Roca** – *Av. Carlos de Fortuny, 1 -
Esponellà - 10 km au N de Banyoles
par la GI 554 -* ☎ *972 59 70 12 -
canrocarestaurant@yahoo.es - fermé dim.
soir (sf été), mar., de déb. mars à mi-mars,
de mi-sept. à fin sept.* - ⬚ *- 15,20/26,40€.*
Restaurant convivial situé à l'entrée de
la ville. Sa carte, intéressante, propose
des plats régionaux, en particulier
des viandes. Excellent rapport qualité/prix.

☺⬚ **Boira** – *Pl. Independència, 17 -*
☎ *972 20 30 96 -* ⬚ *- 21/33€.* Sous
les arcades de la place, c'est l'endroit à la
mode où se retrouve la jeunesse de Gérone.
Parfait pour manger des tapas dans un cadre
moderne qui offre, à l'arrière, une vue
inoubliable sur les maisons qui se reflètent
dans les eaux de l'Onyar.

☺⬚ **Can Xapes** –
*Mossèn Jacint Verdaguer, 5 - Cornellà del
Terri - 15 km au NO de Gérone par la C 66 -*
☎ *972 59 40 22 - fermé dim., lun., août,
Noël -* ⬚ *- 19,85/32,35€.* Petit restaurant
central et convivial largement reconnu pour
la qualité des produits qu'il cuisine. Locaux
parfaitement entretenus. Cuisine catalane.

☺⬚ **Can Kiku** – *Pl. Major, 1 - Lladó -
11 km à l'E de Besalú par la N 260
puis prendre à gauche sur 3 km -*
☎ *972 56 51 04 - fermé lun. en été,
mer. en hiver, de déb. janv. à mi-janv.* - ⬚ *-
21/33€.* Grand classique de Gérone.
Sous des arcades avec balustrade en pierre,
ce restaurant central propose des plats
maison inspirés de la gastronomie catalane,

dans un cadre à la fois chaleureux
et simple, décoré avec des détails
rustiques.

☺⬚ **Quatre Estacions** – *Passeig
de la Farga, 5 - Banyoles -* ☎ *972 57 33 00 -
fermé dim. soir, lun.* - ⬚ *- 22,50/26€.*
Restaurant d'allure classique bien meublé
et bien tenu. Vous pourrez y déguster
une cuisine catalane simple, mais bien
présentée et réalisée comme il se doit.

☺⬚ **Els Fogons de Can Llaudes** –
Prat de Sant Pere, 6 - Besalú -
☎ *972 59 08 58 - fermé mar. (sf j. férié),
nov.* - ⬚ *- 33/42€.* Ce restaurant est
une des surprises gastronomiques que
réserve la Catalogne à son visiteur. Installé
dans une ancienne chapelle romane,
il sert une cuisine innovante en utilisant
des produits de la région. Bonne carte
des vins. Vivement recommandé.

☺⬚ **Mar Plaça** – *Pl. Independència, 3 -*
☎ *972 20 59 62 - fermé lun., 1 sem. janv.* -
⬚ *- 38/54€.* Dans ses deux salles
à manger sobrement décorées et meublées
dans un style classique est servie une cuisine
de la mer, à base de produits choisis. Service
soigné.

☺⬚⬚ **El Celler de Can Roca** –
Rte Taialà, 40 - ☎ *972 22 21 57 -
fermé dim., lun., de fin déc. à mi-janv.,
de déb. juil. à mi-juil.* - ⬚ *- 38/54,20€.*
Cuisine hautement créative et personnelle.
Un pur régal, à goûter absolument, si vous
en avez la possibilité. Trois frères dirigent
de main de maître cet élégant établissement.

HÉBERGEMENT

☺ **Hotel Condal** – *Joan Maragall, 10 -*
☎ *972 20 44 62 - 38 ch. : 24/44€.*
Une adresse tout à fait conseillée pour
son bon emplacement dans une rue très
commerçante du centre-ville. Installé dans
un bâtiment bourgeois, l'hôtel possède des
chambres dont il faut souligner la propreté
et la clarté, malgré des salles de bains
un peu désuètes.

☺ **Hotel L'Ast** – *Passeig Dalmau, 63 -
Banyoles -* ☎ *972 57 04 14 -* ⌁ *- 27 ch. :
45/75€* ⌣. Grâce à sa proximité du lac, cet
hôtel intime permet de jouir de la tranquillité
et de la beauté du site. Malgré leur sobriété,
les chambres n'en demeurent pas moins
confortables. Bon rapport qualité/prix.
Service agréable.

☺⬚ **Hotel Costabella** –
Av. de Francia, 61 - ☎ *972 20 25 24 -
reservas@hotelcostabella.com -* ⬚ ⌁ ⬚ *-
45 ch. : 75,86/103€ -* ⌣ *9€ - rest. 12€.*
Malgré une certaine distance qui le sépare
du centre historique, cet hôtel d'allure
moderne propose un niveau d'équipement
complet et actuel. Sols en marbre et mobilier
classique. Professionnalisme et amabilité
du personnel.

☺⬚ **Hotel Carlemany** –
Pl. Miquel Santaló, 1 - ☎ *972 21 12 12 -
carlemany@grn.es -* ⬚ ♿ *- 90 ch. :
95/105€ -* ⌣ *9€ - rest. 29,50/34,50€.*
Cet énorme cube en verre qui s'élève

au cœur de Gérone abrite un grand hôtel parfaitement équipé et doté de chambres spacieuses et lumineuses, meublées dans un style moderne. Salles de bains très bien équipées.

⌒⌒ Casa rural Mas Salvanera – *Maià de Montcal - 6 km au NE de Besalú -* ☎ *972 59 09 75 - salvanera@salvanera.com -* 🅿 🍴 *- 8 ch. : 90,40/113€* ⌷. Accueillant petit hôtel de campagne installé dans une *masía* (17ᵉ s.) totalement réhabilitée. Décoré de meubles anciens, il conserve la chaleur d'antan. La bibliothèque ou le salon avec cheminée invitent à la détente.

UNE PETITE PAUSE

Gluki – *Argenteria, 26 -* ☎ *972 20 19 89 - tlj sf dim. 10h-14h, 15h-20h.* Chocolatier et confiseur depuis 1880 ; la famille Gluki utilise les meilleures matières premières pour l'élaboration artisanale de tous ses produits. Olot se réserve la fabrication du chocolat. C'est l'occasion d'acheter un cadeau original puisque les boîtes de chocolats, décorées dans des thèmes différents, sont à elles seules de véritables œuvres d'art.

La Terra – *Ballesteries, 23 -* ☎ *972 21 92 54 - 17h-2h.* Tranquille établissement situé dans le centre historique de Gérone et ouvrant sur l'Onyar. À l'intérieur, décoration à base d'*azulejos* ; de curieuses tables en marbre reposent sur d'anciennes machines à coudre en guise de pieds. Ambiance bohème.

Victoriano Candela – *Argenteria, 8 -* ☎ *972 22 09 38 - 10h-22h, dim. 14h-22h.* L'endroit idéal pour acheter le fameux *turrón* de Jijona, de délicieux bonbons et glaces, tous de fabrication artisanale. Agréable terrasse dans la rue.

SORTIE

Sunset Jazz Club – *Jaume Pons I Marti, 12 -*☎ *827 08 01 42 - dès 19h (dim. 18h) ; fermé lun.* Le rendez-vous des amoureux de jazz dans la région. Les murs en pierre apparente, les nombreux fauteuils, banquettes et tables basses contribuent à l'élégance du lieu. Organisation de concerts le week-end.

« Carpas » – *Parc de la Devesa - juin-sept. : 21h-4h.* À proximité des jardins du parc de La Devesa se concentrent trois grands bars où l'on peut prendre un verre en plein air. Le Glop's est doté d'une immense terrasse et d'un espace réservé aux orchestres ; le Barenustrum possède un vaste comptoir et un coin où sont installés nombre de tables de billard américain et de baby-foot ; enfin, le Nunrmu Nit présente un mobilier original, des fauteuils design et une immense fresque représentant les maisons bordant l'Onyar.

ACHATS

Les principales rues commerçantes sont la **carrer de Santa Clara**, qui est piétonne, la **carrer Nou** et la **carrer Argenteria**. La **carrer de la Força** héberge quelques magasins d'antiquités et de design (mobilier et joaillerie). Dans la **carrer Ballesteries** se trouvent un certain nombre de petits commerces typiques.

Victoriano Candela – *Argenteria, 8.* Vous pourrez vous y procurer *turrón*, friandises et glaces fabriqués de façon artisanale.

Geli – *Argenteria, 18.* Librairie spécialisée dans les thèmes locaux.

La Canonja Vella – *Força, 29.* Prestigieux antiquaire à Gérone.

---

ville sans évoquer la rue de la Força, les abords de la cathédrale, et des rues aussi symboliques que les carrers dels Ciutadans, de Sant Domènec ou **Ballesteries**. Le conglomérat de façades et de galeries se reflétant dans les eaux de l'Onyar offre l'une des images les plus pittoresques de Gérone.

Museu d'Art★★

Mars-sept. : tlj sf lun. 10h-19h, dim. et j. fériés 10h-14h ; oct.-fév. : tlj sf lun. 10h-18h, dim. et j. fériés 10h-14h. Fermé 1ᵉʳ et 6 janv., dim. de Pâques, 25-26 déc. 2€. ☎ *972 20 38 34.* Installé dans le Palais épiscopal, il présente un panorama complet de l'art à Gérone, du préroman au 20ᵉ s. Dans ses diverses salles, on trouve des expositions monographiques, entre autres sur la céramique, le verre, l'orfèvrerie et l'art liturgique, et des zones réservées aux expositions temporaires.

Section d'art roman (salles 1 à 4) – Le musée possède un intéressant ensemble de pièces datant de cette période. On remarquera l'**autel d'argent** provenant de Sant Pere de Rodes (10ᵉ s.) et la **poutre de Cruïlles★** (12ᵉ et 13ᵉ s.), en bois polychrome, qui était certainement la poutre principale d'un baldaquin. On y voit une procession de moines bénédictins peinte avec un souci du détail propre à la miniature.

Section d'art gothique (salles 5 à 8) – La richesse économique de Gérone détermina l'enracinement de l'art gothique dans la région plus qu'ailleurs en Catalogne. Un exemple de l'essor de ce style est donné par le martyrologe (14ᵉ s.) provenant du monastère de Poblet et ainsi nommé parce que ses miniatures soignées sur fond d'or décrivent les souffrances des martyrs. La **Vierge de Palera**, du début du 15ᵉ s., retient par l'originalité de son visage. La sérénité habituelle des figures gothiques est remplacée ici par un léger sourire qui n'est pas sans rappeler celui de *La Joconde* de Léonard de Vinci. Dans la salle du trône se détache l'un magnifique ensemble le **retable de Sant Miquel de Cruïlles★★** (15ᵉ s.), d'une très grande richesse chromatique. Il fut réalisé par **Lluís Borrassà**, principal représentant du gothique international en Catalogne, dont le style se caractérise par l'utilisation de tons orangés. Dans cette même salle se trouve le **retable de Púbol★** (1437), réalisé

R. Manent/MICHELIN

« La Tapisserie de la Création » : trésor de la cathédrale.

par Bernat Martorell dans le même style gothique international. Il s'agit d'une pièce de grande dimension à l'iconographie luxueuse et aux coloris très riches.

Section d'art Renaissance (salles 9 à 12) – Au 16e s., la faible activité artistique catalane a mis en valeur l'œuvre de deux peintres bien représentés dans ce musée : **Jean de Bourgogne** et Pedro Mates.

Le premier, probablement d'origine française et plus connu sous le nom de Juan de Borgoña pour avoir travaillé en Espagne, où la décoration de la cathédrale de Tolède demeure son œuvre majeure, est l'auteur du magnifique **retable de Sant Feliu**, provenant de l'ancienne collégiale du même nom. Dans cette œuvre importante imprégnée d'influence italienne apparaissent déjà les caractéristiques fondamentales de la Renaissance (formes dynamiques, couleurs lumineuses, compositions en perspective). Jean de Bourgogne commence avec ce retable un mouvement que suivra son disciple Pedro Matas, peintre prolifique qui assimila totalement les nouveaux courants de la Renaissance. Dans le **retable de Segueró**, une de ses œuvres les plus significatives, l'artiste aborde des scènes de l'Ancien et du Nouveau Testament avec une brillante maîtrise.

Section d'art baroque (salles 14 et 15) – Parmi le peu d'œuvres baroques se détache une statue polychrome (17e s.) représentant saint Roch en pèlerin. Le costume est enrichi d'une ornementation florale très voyante et colorée.

Section d'art des 19e et 20e s. (salles 16 à 18) – Les courants paysagistes du 19e s. sont bien représentés avec diverses œuvres de Ramon Martí i Alsina (1826-1894) et Joaquim Vayreda (1843-1894), tous deux dans une tradition réaliste très enracinée en Catalogne. Parmi les tableaux du 20e s., on retiendra ceux de Santiago Rusiñol (1861-1931), peintre symboliste qui a très bien su capter la beauté de Gérone.

Cathédrale★

Juil.-sept. : tlj sf lun. 10h-20h, dim. et j. fériés 8h-14h ; mars-juin : tlj sf lun. 10h-14h, 16h-19h, dim. et j. fériés 8h-14h ; oct.-fév. : 10h-14h, 16h-18h, dim. et j. fériés 8h-14h. 3€ (trésor). ☎ 972 21 44 26.

La cathédrale gothique dédiée à sainte Marie se dresse au sommet de la vieille ville. Sa masse monumentale, visible comme la flèche de l'église Sant Feliu de n'importe quel point de la ville, caractérise la vision de Gérone.

Construite entre les 14e et 18e s., elle a remplacé une cathédrale romane plus ancienne dont on a conservé le clocher et le cloître. La **façade** baroque, conçue comme un énorme retable de pierre percé d'un grand oculus, est précédée d'un monumental perron qui exalte davantage, si l'on peut dire, la majesté de l'édifice.

L'intérieur★★ – Son style est puissant et sobre, et seuls s'inscrivent en creux les arcs des chapelles, ceux du triforium et les grandes fenêtres. On remarque le chœur, entouré d'un déambulatoire et de chapelles absidiales, et surtout la **nef★★**, spectaculaire par son ampleur ; c'est la plus large de l'architecture gothique européenne (22,9 m).

Le **retable★** du maître-autel (14ᵉ s.), en argent doré et bosselé, rehaussé d'émaux, retrace des scènes de la vie du Christ ; le baldaquin qui le couvre représente le ciel. Tous deux forment un des ensembles les plus raffinés de toute l'orfèvrerie catalane médiévale. Les chapelles latérales renferment de nombreuses œuvres d'art. Celle de Sant Honorat (1ʳᵉ à gauche en entrant par l'Ouest) abrite le tombeau gothique de l'évêque Bernat de Pau (mort en 1457), constitué de trois registres superposés.

Trésor★★ – Riche en œuvres d'art de grande valeur, il recèle notamment un très bel exemplaire daté de 975 du **Beatus★★**, commentaire de l'*Apocalypse de saint Jean*, où le moine Beatus de Liébana combat la théorie de l'adoptionnisme selon laquelle le Christ était le fils adoptif de Dieu. Les enluminures frappent par leurs coloris et l'expressionnisme des illustrations, surtout celles où apparaissent des animaux fantastiques. On y reconnaît l'influence de l'art islamique ainsi que quelques vestiges de décoration wisigothique. Dans la même salle se trouvent la *Vierge de la Seu* (12ᵉ s.) et le **coffret d'Hixem II** (10ᵉ s.), bel exemple d'art califal en argent bosselé.

Les pièces les plus remarquables des salles 2 et 3 sont la statue en albâtre polychrome, œuvre de Jaume Cascalls (14ᵉ s.) et dite de Charlemagne bien que représentant Pierre le Cérémonieux, de splendides **pièces d'orfèvrerie** des 14ᵉ et 15ᵉ s., des coffres mozarabes et une bible gothique du roi de France Charles V.

La quatrième salle est occupée par la célèbre *Tapisserie de la Création★★★*, réalisée vers 1100. Œuvre unique en son genre, cette pièce brodée à la main présente des détails iconographiques d'origine juive adaptés à la religion chrétienne. Les tons rougeâtres et verdoyants prédominent, ainsi que les motifs décoratifs à base de délicates lisières géométriques. Le thème central s'inscrit dans deux cercles concentriques dont le plus petit entoure un Christ en majesté (Pantocrator) curieusement représenté sans barbe, car identifié à la Seconde Personne de la Trinité.

Autour, entre les deux cercles, s'ordonnent huit secteurs représentant les étapes de la création du monde. Les angles sont occupés par les quatre vents cardinaux.

Cloître★ – De forme trapézoïdale, il fut construit au 12ᵉ s. La tour de Charlemagne (11ᵉ s.), magnifique clocher de cinq étages aux décorations lombardes, domine sa double rangée de colonnes. Aux angles et au milieu de chaque galerie, de belles frises représentent des scènes de la Genèse. Remarquer la sérénité des visages et le détail des draperies.

Sant Feliu★

10h-13h, 16h-18h, dim. et j. fériés 16h-18h. S'abstenir de visiter pendant les offices. ☎ *972 20 14 07.*
La collégiale était à l'origine un martyrium dédié à saint Félix. L'église actuelle fut construite sur des bases romanes en plusieurs étapes. La magnifique abside et ses fenêtres sont gothiques, comme le clocher tronqué – une des images les plus caractéristiques de la vieille ville – et les voûtes intérieures. La façade principale, orientée vers l'Ouest, est de style baroque. On y remarquera le **Christ gisant**, grandeur nature, œuvre du maître Aloi (14ᵉ s.), l'ensemble de **sarcophages paléochrétiens★** (3ᵉ et 4ᵉ s.) encastrés dans les murs de l'abside et, entre la chapelle Sant Narcís et le maître-autel, la remarquable peinture baroque, anonyme, ayant pour thème le « miracle des mouches ».

Banys Àrabs★

Avr.-sept. : 10h-19h (dim. et j. fériés 14h) ; oct.-mars : tlj sf lun. 10h-14h. Fermé 6 janv., dim. de Pâques, 25-26 déc. 1,50€. ☎ *972 21 32 62.*
L'édifice fut construit à la fin du 12ᵉ s. sur le modèle des bains musulmans médiévaux. Disposées en ligne, cinq salles étaient destinées à des fonctions différentes : l'**apoditerium**, salle de repos spacieuse qui faisait office de vestiaire, renferme un bassin octogonal entouré de huit colonnes soutenant la lan-

Bains arabes – L'apoditerium.

terne ; le **frigidarium**, ou salle de bains froids ; le **tepidarium**, ou salle tiède, où il était possible de se reposer de la chaleur ou du froid intenses ; le **caldarium**, ou salle chaude, destiné aux bains chauds. À l'extérieur de l'édifice et creusée dans le sous-sol se trouve la chaudière.

Monastère Sant Pere de Galligants★

Juin-sept. : tlj sf lun. 10h30-13h30, 16h-19h, dim. et j. fériés 10h-14h ; oct.-mai : tlj sf lun. 10h-14h, 16h-19h, dim. et j. fériés 10h-14h. Fermé 1er janv., dim. de Pâques, 25-26 déc. 1,20€ ; gratuit dim. ☎ 972 20 46 37.

Cet ancien monastère bénédictin est l'un des exemples les plus remarquables de l'architecture romane catalane. Il se trouvait à l'origine en dehors de la ville, mais y fut inclus après l'extension des murailles au 14e s.

Église★ – L'édifice présente un plan basilical à trois vaisseaux et un transept. Les vaisseaux sont séparés par des pilastres soutenant des arcs semi-circulaires. La nef centrale comporte une voûte en berceau alors que les bas-côtés sont voûtés en quart de berceau. Les quatre absides du transept donnent à l'aspect extérieur de cette église celui d'une forteresse, impression que renforce la présence du clocher quadrangulaire à deux étages de fenêtres d'arcatures lombardes, qui servait autre-fois de tour de guet et de défense.

La **façade** principale, orientée vers l'Ouest et terminée par une grande rosace à huit arcs et de 3,5 m de diamètre, possède un très beau portail comprenant cinq archivoltes et soutenu par des colonnes striées. Les chapiteaux qui le décorent représentent des animaux mythologiques et de belles stylisations végétales.

Adossé au mur Sud, le **cloître** rectangulaire, également de style roman, est formé d'un petit patio encadré par une double colonnade. Les **chapiteaux** sont ornés tantôt d'animaux mythologiques ou de motifs végétaux, tantôt de scènes du Nouveau Testament comme la Fuite en Égypte ou l'Adoration, tantôt de scènes de la vie quotidienne. Il est curieux de ne pas trouver d'allusions à l'Ancien Testament.

Museu Arqueològic – L'église, le cloître, la galerie sur cloître et l'ancienne sacristie de Sant Pere de Galligants abritent ce remarquable musée. Les fouilles effectuées dans la province ont notamment produit une très belle collection de stèles et de pierres tombales hébraïques (13e et 14e s.), trouvées dans l'ancien cimetière de la communauté juive de Gérone, et le magnifique **tombeau des saisons★** (sepulcre de les saisons, 4e s.) provenant d'Empúries *(voir ce nom)*, exposé dans la sacristie.

Sant Nicolau

Cette chapelle funéraire du 12e s. fait face à Sant Pere de Galligants. Malgré sa petite taille, elle est d'une grande beauté plastique. Le chevet, formé de trois absides disposées en forme de trèfle et d'une lanterne octogonale, est totalement inhabituel en Catalogne.

Passeig Arqueològic

Face aux Bains arabes, des escaliers mènent aux jardins aménagés au pied des remparts. Là s'ouvre une promenade tranquille en contre-haut de la vallée du Ter. Nombreux sont les visiteurs qui transitent par cet agréable endroit où l'on peut, assis sur un banc, profiter de la vue qu'offrent les alentours de Gérone.

Pia Almoina

L'édifice qui abritait cette institution de bienfaisance (Pia Almoina signifie « Pieuse aumône ») est un magnifique exemple d'art gothique civil. Sa façade principale, très haute et ferme, donne un aperçu de la monumentalité de cette construction très sobre. C'est actuellement le siège de l'École d'architecture.

Fontana d'Or

Cet édifice est connu sous ce nom depuis le 18e s. Construction romane ayant eu différentes fonctions à travers le temps, il accueille maintenant de nombreuses expositions d'art.

Université

Le rectorat d'université, la faculté de lettres et la bibliothèque universitaire ont été récemment établis dans un magnifique ensemble joliment réhabilité et adossé aux murailles. Celui-ci est formé par l'ancien **couvent Sant Domènec**, édifice gothique à nef unique avec six travées de voûtes ogivales, dont l'intérieur possède une décoration baroque, et par l'ancien Estudi General de Girona ou **Edifici de les Àligues** (maison des Aigles), de style Renaissance.

Dans la ville moderne

Dans la partie la plus moderne de la ville, on trouve des édifices d'un remarquable intérêt architectural. Les plus significatifs, la **Farinera** (minoterie) **Teixidor** et la **Casa Ensesa** *(sortir par ② du plan)*, furent conçus par **Rafael Masó** (1880-1935), architecte influencé par la Sécession de Vienne qui évolua vers une esthétique de style 1900.

Parc de La Devesa★

Situé entre le Güell, l'Onyar et le Ter, il s'étend sur près de 40 ha et constitue la plantation de platanes la plus importante de Catalogne. C'est de ce parc que proviennent les platanes qui ombragent aujourd'hui la Rambla de Barcelone. Il a été l'objet de magnifiques descriptions et chants de la part des poètes les plus fameux. Espace d'agrément citadin, La Devesa a eu, tout au long de son histoire, diverses fonctions : terrain militaire, lieu de célébrations sportives et populaires et, actuellement, zone de loisirs pour les Géronais.

Museu del Cinema

Mai-sept. : tlj sf lun. 10h-20h, sam. 10h-20h, dim. et j. fériés 11h-15h ; oct.-avr. : tlj sf lun. 10h-18h, sam. 10h-20h, dim. et j. fériés 11h-15h. Fermé 1ᵉʳ janv., 25-26 déc. 3€. ☎ 972 41 27 77.

Constitué à partir de la collection de Tomás Mallol, ce musée original fait revivre les débuts du cinéma grâce à des inventions, des projections et des mises en scène variées. Des premières silhouettes mobiles jusqu'aux charmantes lanternes magiques, le visiteur découvrira les merveilles et la nostalgie d'une époque où l'absence de moyens techniques était compensée par une imagination exubérante.

Hospice

C'est l'architecte castillan Ventura Rodríguez qui a conçu cet édifice sévère de plan quadrangulaire (17ᵉ s.). Il abrite actuellement les services culturels les plus importants de la ville : la bibliothèque publique et la maison de la culture.

Hôpital Santa Caterina

Sur demande. ☎ 972 20 38 34.

Cet édifice baroque présente une façade néoclassique très élégante et austère. L'ancienne pharmacie (17ᵉ et 18ᵉ s.) a été transformée en **musée**.

alentours

Casa-Museu Castell Gala Dalí★, à Púbol

16 km à l'Est. Quitter Gérone par la C 66 en direction de La Bisbal d'Empordà puis tourner à droite vers Púbol. Dans le village, laisser la voiture au parking municipal (gratuit) et prendre l'une des ruelles montant au château. De mi-juin à mi-sept. : 10h30-19h30 ; de mi-mars à fin oct. : tlj sf lun. 10h30-18h (dernière entrée 45mn av. fermeture). 5,50€. ☎ 972 48 86 55 ou 972 67 75 00.

En 1970, **Salvador Dalí** offrit à son épouse **Elena Diakanoff**, connue sous le nom de Gala, le château (14ᵉ s.) des barons de Púbol. L'artiste s'impliqua totalement dans la décoration comme l'atteste la grande quantité d'ornements liés à son monde intérieur (peintures, sculptures et autres objets). Après la mort de Gala, Dalí demeura pendant deux ans au château où il fut gravement blessé lors de l'incendie de la chambre qu'il occupait.

La visite est pleine de surprises. Dans une ambiance surréaliste, on découvre les objets les plus insolites, tous marqués par la dévotion que le peintre portait à son épouse. Au premier étage, le plafond de la **salle des Blasons** (Escudos) est décoré d'une immense fresque où apparaissent des visages d'anges, un cheval blanc et la Lune. La salle 3 fut la chambre de Gala. Dans la salle 5, des doigts constituent les pièces d'un étonnant jeu d'échecs. Au deuxième étage, dans l'ancienne réserve (salle 7), les robes de Gala voisinent avec des dessins réalisés par Coco Chanel, Pierre Cardin, Christian Dior et Dalí lui-même. Au sous-sol (salle 11), dans une atmosphère solennelle, repose Gala auprès de diverses sculptures et d'une girafe desséchée.

Un agréable jardin est orné de sculptures d'éléphants tout à fait dans l'esprit des œuvres de Dalí et d'un bassin où se multiplie un buste de Wagner.

circuits

Route de Gérone à Olot

60 km. Quitter Gérone par ① sur le plan puis prendre la C 66 vers le Nord.

Banyoles★

Sise sur la rive droite du lac de Banyoles, dans un beau cadre naturel, la ville du même nom remonte à la fondation (9ᵉ s.) de l'ancien **monastère bénédictin Sant Esteve**. Aux 13ᵉ et 15ᵉ s., elle devint une importante cité médiévale comme l'attestent les nombreuses œuvres d'art de l'époque, encore conservées. Le 19ᵉ s. verra l'émergence des premiers touristes attirés par les eaux médicinales de la **Font Pudosa**.

Santa Maria dels Turers – *9h30-13h, 17h-20h30. S'abstenir de visiter pendant les offices. ☎ 972 57 04 95.*

Cette élégante construction gothique (14ᵉ s.) présente des détails décoratifs d'une grande finesse. On s'attardera sur les beaux **vitraux** et les archivoltes du portail principal. À l'intérieur, on remarquera l'ampleur de la nef unique, agrémentée d'une belle abside gothique.

Museu Arqueològic Comarcal★ – *Juil.-août : tlj sf lun. 11h-13h30, 16h-20h, dim. et j. fériés 10h30-14h ; sept.-juin : tlj sf lun. 10h30-13h30, 16h-18h30, dim. et j. fériés 10h30-14h. Fermé 1er et 6 janv., 24 et 31 déc. 1,80€.* ☎ *972 57 23 61.*

Installé dans le bâtiment de la **Pia Almoina**★ (14e s.), qui recèle une salle gothique et la Sala Mayor, aux peintures murales, le musée expose d'importants restes archéologiques retrouvés dans la *comarca*. Parmi eux, on remarquera la réplique de la très célèbre **mâchoire de Banyoles**, vestige humain du paléolithique inférieur, mis au jour en 1887 par un ouvrier. À noter également les objets du paléolithique supérieur, extraits des grottes de Serinyà.

Museu Municipal Darder d'Història Natural – *Juil.-août : tlj sf lun. 11h-13h30, 16h-20h, dim. 10h30-14h ; sept.-juin : tlj sf lun. 10h30-13h30, 16h-18h30, dim. 10h30-14h. Fermé vac. de Noël. 1,80€.* ☎ *972 57 44 67.*

C'est le zoologiste Francesc Darder, initiateur du zoo de Barcelone, qui fonda en 1916 ce curieux musée où l'on peut voir diverses collections de crânes humains, d'oiseaux empaillés et d'insectes exotiques.

Plaça Major – Sur cette belle place à arcades (13e s.) se tient un important marché tous les mercredis.

Monastère Sant Esteve – *Sur demande.* ☎ *972 57 02 24.*

Cet édifice néoclassique recèle encore la porte gothique de l'église et le retable, également gothique, de la **Mare de Déu de l'Escala**, œuvre de Joan Antigó, mieux connu sous le nom de Maître de Banyoles.

Une route goudronnée en direction du Sud-Ouest conduit au lac.

Lac de Banyoles★

Le lac de Banyoles, flanqué à l'Ouest par les contreforts de la sierra de Rocacorba, domine une large plaine où cohabitent les bois de chênes verts et de chênes roux avec de grands champs cultivés. Il s'étale sur plus de 2 000 m de long et 235 m de large. Outre la beauté de son paysage, il présente un grand intérêt écologique car c'est le lieu de rendez-vous de nombreuses espèces protégées. La pêche sportive, l'aviron et le triathlon disposent à Banyoles, qui fut site olympique pendant les Jeux de Barcelone en 1992, d'un cadre magnifique et important.

Par une route de 8 km qui longe le lac, on atteint la commune de Porqueres, sur la rive Ouest.

Santa Maria, à Porqueres★

10h-20h. ☎ *972 57 32 17.*

Située dans une agréable zone jardinée, l'église est un exceptionnel exemple de l'art roman. Son portail, orné de beaux chapiteaux, dissimule sa nef unique, séparée de l'abside par un grand arc, où sont sculptés de curieux personnages. *Reprendre la C 66.*

Serinyà

Ce village rural se trouve au Nord du Pla de Banyoles. L'**église Sant Andreu** est un remarquable exemple d'architecture romane (13e s.) avec une porte ornée d'archivoltes. *Pour visiter, demander les clés au bureau de tabac sur la place.* ☎ *972 59 31 28.*

Les très importants **gisements archéologiques**★ situés dans la périphérie comprennent notamment un splendide ensemble du paléolithique moyen et supérieur

Église de Porqueres.

J. Malbure/MICHELIN

avec de remarquables grottes (Cova dels Encantats, Cova del Mollet). *Juil.-sept. : 10h (w.-end et j. fériés 11h)-19h) ; janv.-fév. et oct.-déc. : tlj sf lun. 10h-16h, w.-end et j. fériés 11h-17h ; mars-juin : tlj sf lun. 10h-17h, w.-end et j. fériés 11h-18h. Fermé 1er et 6 janv., 25-26 déc. 3€. ☎ 972 57 35 50.*

Besalú★

Situé dans une large vallée traversée par le río Fluvià, ce village fut du 10e au 12e s. la capitale du comté de Besalú. Son **centre historique★★** est l'un des plus riches ensembles romans de Catalogne. On y voit des restes de murailles, plusieurs constructions médiévales ornées de belles fenêtres géminées et un beau **pont fortifié★** d'origine romane, commencé au 12e s. et restauré à plusieurs reprises.

Sant Pere★ – *Visite guidée sur demande. 2€ (incluant la visite de l'église Sant Vicenç). ☎ 972 59 12 40 (Office de tourisme).*
Cette église romane (11e s.) faisait partie d'un monastère bénédictin. Construite selon un plan à trois vaisseaux, elle présente un curieux **déambulatoire**, formé de cinq arcs soutenus par quatre paires de colonnes. Les chapiteaux, minutieusement travaillés, dénotent l'influence de l'Italie du Nord.

Admirer sur la façade la belle ouverture centrale entourée de reliefs sculptés, entre autres de lions et de motifs floraux.

Casa Llaudes – Située à l'extrémité de la place Sant Pere, elle possède un beau patio, sur le modèle des cloîtres romans.

« **Mikwa** » – *Sur demande auprès de l'Office municipal de tourisme. 1€. ☎ 972 59 12 40.*
La maison médiévale des ablutions et des bains (12e s.) est située dans l'ancien quartier juif, aux rues étroites et tortueuses.

Sant Vicenç – *Visite guidée sur demande. 2€ (incluant la visite de l'église Sant Pere). ☎ 972 59 12 40 (Office de tourisme).*
Ce bâtiment (12e et 13e s.) fait la transition entre le style roman et le style gothique. Outre une élégante abside et deux absidioles, l'église présente sur ses portails de remarquables éléments décoratifs (colonnes, chapiteaux, reliefs et archivoltes).
Se diriger vers le Nord en direction de Beuda.

Beuda

Ce petit village recèle d'intéressants exemples d'art roman dont on retiendra plus particulièrement la très belle église du prieuré de **Sant Sepulcre de Palera** (11e s.), située au bord de la route avant d'accéder au village.
Retourner à Besalú et prendre la N 260 en direction d'Olot.

Castellfollit de la Roca★

La route ménage une vue spectaculaire du village, situé à l'intérieur du **Parc naturel de la zone volcanique de la Garrotxa** *(voir ce nom)* et qui se dresse sur une coulée basaltique de 60 m de hauteur. Au centre de la **vieille ville**, noyau d'origine médiévale anciennement fortifié, s'élève l'**église Sant Salvador**. *Sur demande. ☎ 972 29 41 03.*

Olot★ *(voir ce nom)*

Dans la région des sources

86 km. Quitter Gérone par ② sur le plan, puis prendre la N 11 en direction du Sud ; au bout de 12 km, bifurquer à gauche.
Au Sud de Gérone s'étend une zone où abondent les sources d'eaux minérales.

Caldes de Malavella

Cette ville doit sa célébrité aux abondantes sources d'eaux minérales médicinales (58 et 60 °C). Bien que connues dès l'époque romaine, leur exploitation systématique ne date que du 19e s., à l'instar des grandes stations thermales européennes. Les eaux bicarbonatées de Caldes, vendues dans toute l'Espagne, sont commercialisées sous les noms de Vichy Catalán, Imperial et Sant Narcís.
Actuellement, les seuls établissements de cure encore en exercice sont les thermes Prats et les thermes Vichy Catalán. Ceux-ci furent conçus (1898) dans le style néo-islamique par l'architecte moderniste **Gaietà Buïgas**.
Reprendre la N 11, revenir 5 km en arrière puis emprunter à gauche la C 25.

Santa Coloma de Farners★

Le berceau du grand poète **Salvador Espriu** (1913-1985) se trouve au pied de la sierra de Les Guilleries. Au beau milieu de la trame urbaine apparaît le parc Sant Salvador et sa célèbre fontaine. Sa spécialité est la *teula*, variété de gaufre.

Sanctuaire de la Mare de Déu de Farners – *À 4 km du parc Sant Salvador, par une piste accidentée et non revêtue. Pour visiter, demander les clés au recteur de l'église de Santa Coloma de Farners. ☎ 972 84 02 41.*
Au milieu d'une agréable esplanade boisée de pins et de chênes verts se trouve cet ermitage roman, remarquable par son abside, de dimensions réduites, et son parvis au toit en bois. À quelques mètres, sur une petite butte, se dressent les ruines du **château de Farners**, édifié au 11e s.

Sant Pere Cercada – *À 10 km du parc Sant Salvador, par la même piste d'accès que pour le sanctuaire. Pour visiter, demander les clés au recteur de l'église de Santa Coloma de Farners.* ☎ *972 84 02 41.*

Cette intéressante construction romane à abside trilobée est érigée dans une magnifique **enclave★** au milieu d'un bois aussi paisible que touffu. L'intérieur, bien préservé, se caractérise par la sobriété de ses lignes.

Retourner à Santa Coloma de Farners et reprendre la C 25. Au bout de 15 km, tourner à droite.

Sant Hilari Sacalm★

Dissimulée dans la sierra de Les Guilleries, Sant Hilari jouit d'un agréable climat estival. Sur son territoire, extrêmement boisé, jaillissent de nombreuses sources (Font Picant et Font Vella). À l'automne, le village accueille un grand nombre de chasseurs et d'amateurs de champignons.

Horta de Sant Joan★★

Horta de Sant Joan est une commune de montagne qui s'échelonne sur une petite croupe, occupant un site★ magnifique à l'abri des derniers contreforts des Ports de Beseit.

Depuis les vignobles étendus à ses pieds, on observe les plus beaux paysages. Là, la pureté de l'air et le relief capricieux des montagnes entourant Horta éveillent une sensation particulière, la même que transmet le fameux tableau *Horta d'Ebre ou de Sant Joan*, peint par Picasso en 1909.

La situation

1 314 habitants. Carte Michelin nº 574 J 30 ou Atlas p. 44 – Terra Alta – Tarragona. Horta, l'un des villages les plus occidentaux de la province de Tarragone, est tout proche des frontières de la province de Teruel. Éloigné des grands axes de communication, il se dresse dans une zone paisible.

🛈 *Pl. Catalunya, s/n, 43596 Horta de Sant Joan,* ☎ *977 43 56 00.*

À voir dans les environs : GANDESA (32 km au NE), MIRAVET (35 km au NE) et TORTOSA (36 km au SE).

> **PICASSO ET HORTA**
>
> Le remarquable peintre natif de Malaga séjourna deux fois à Horta : la première, en 1898, avec son ami **Manuel Pallarés**, et la seconde, en 1909, avec Fernande Olivier, sa femme. Il reste en témoignage de son passage sur ces terres quelques tableaux cubistes de grande importance, où Picasso, outre les innovations de son langage artistique, sut restituer la rigoureuse beauté du site.

se promener

La partie haute du village est un sinueux ensemble de magnifiques rues médiévales, à arcades parfois, et de places isolées comme les places de Sant Salvador ou de l'Église. Sur la plaça de la Iglesia se dressent l'édifice Renaissance de l'hôtel de ville et l'**église** gothique **Sant Joan Baptista** (14ᵉ s.). En parcourant le quartier, on découvrira le **centre Picasso★**. Installé dans un ancien hôpital Renaissance, il recèle d'intéressantes œuvres du maître, qui, répondant à l'invitation de son ami Manuel Pallarés, séjourna à Horta à deux reprises. *Juil.-août : tlj sf lun. 11h-13h30, 18h-20h ; sept.-juin : tlj sf lun. 11h-13h30. 2,50€.* ☎ *977 43 53 30.*

La montagne Santa Bárbara, aux pittoresques grottes et chapelles érémitiques,

> **HÉBERGEMENT**
>
> **Hotel Miralles** – *Av. de la Generalitat, 19 - Horta de San Joan -* ☎ *977 43 51 14 - info@hotelmiralles.com - fermé Noël -* 🅿 ♿ *- 48 ch. : 20/38€ -* ⊑ *3€ - rest. 8,50€.* Hôtel familial situé au centre de cette petite agglomération pleine de charme. Chambres sobres et fonctionnelles. Une bon choix néanmoins pour celui qui aspire au repos dans une région de beaux paysages naturels. Vaste restaurant.

est digne d'intérêt. Une simple promenade suffit à gagner le sommet (795 m), où s'offre une très belle **vue**. Mais on peut se contenter de visiter le **couvent de la Máre de Déu dels Ángels**, ancien monastère franciscain du 16ᵉ s., dont l'église fut construite par les templiers au 13ᵉ s. Il subsiste une partie du cloître, de forme carrée avec cinq arcs de chaque côté. *Sur demande.* ☎ *977 43 56 00.*

On peut enfin aller au **Berenador** (buvette), aire de pique-nique reliée au village par une piste forestière en bon état.

J. Balanya/MICHELIN

Horta de Sant Joan.

alentours

Roques d'en Benet★★

3 km au Sud-Est par un chemin forestier. Ces blocs monolithiques de forme arrondie, visibles depuis une grande partie de la Terra Alta, sont le point de départ d'une excursion, possible aussi en voiture, aux Ports de Beseit.

Ports de Beseit★

8 km au Sud. À partir des Roques d'en Benet, prendre un chemin de terre. Ce massif de roche calcaire relie la cordillère prélittorale aux chaînes ibériques. Il s'étend à travers toute la *comarca*, à la confluence de l'Aragon, de Valence et de la Catalogne. Entre ces montagnes abruptes, coupées de défilés et de ravins, s'enfoncent des chemins étroits, parfois impraticables. Le paysage est exceptionnel. Les vents violents qui soufflent à cette altitude supérieure à 1 000 m ont ciselé les blocs granitiques, leur donnant des formes capricieuses. À part quelques buissons résistants et le pin rouge, très commun dans ces régions montagneuses, toute présence végétale a disparu. Les seuls occupants de la zone sont la chèvre hispanique, les sangliers (la Réserve nationale de chasse des cols de Tortosa-Beseit protège les deux espèces) et les vautours. Quand la nuit tombe, il devient difficile de s'orienter et il est préférable de quitter ces lieux qui prennent un aspect inquiétant.

Lleida★

Lérida

Lérida s'étend pour la plus grande partie sur la rive gauche du Segre. Sa silhouette est dominée par la petite colline où s'élève, comme une apparition, la Seu Vella.
Terre de passage, la ville a subi au cours des siècles invasions, guerres et occupations diverses, notamment celle des Arabes entre les 8ᵉ et 12ᵉ s. Ceux-ci y ont laissé d'importants témoignages de la civilisation musulmane, ont perfectionné les canaux d'irrigation romains et introduit l'importante tradition horticole qui se maintient encore. La Suda, ancienne forteresse arabe où les comtes de Barcelone s'établirent au 13ᵉ s, fut détruite par les explosions de 1812 et 1936. Au pied des remparts qui ont subsisté se trouvent aujourd'hui de très beaux jardins, d'où l'on domine la ville, la plaine fertile du Segre et les contreforts de la chaîne de la Llena.

La situation

119 380 habitants. Carte Michelin n° 574 H 31 ou Atlas p. 31 – Segrià – Lleida. Lérida, situé dans une plaine fertile consacrée aux arbres fruitiers, est le chef-lieu de l'unique province catalane dénuée de mer. Important nœud de communication, il est relié à Barcelone par l'autoroute A 2-E 90 et la N II, tandis que la C 13 dessert La Seu d'Urgell et Andorre, la N 230 Vielha et la N 240 Huesca.

carnet pratique

TRANSPORTS

Gare ferroviaire – *Plaça Ramón Berenguer IV* - ☎ *973 22 02 02.* Plusieurs trains relient quotidiennement Lérida à Barcelone *(2h environ).* Des lignes desservent également tous les jours Tremp *(2h).*
Renfe : ☎ *902 24 02 02.*
Gare routière – *Avenida de Madrid* - ☎ *973 26 85 00.* La principale ligne desservant Barcelone est ALSINA GRAELLS (☎ *973 27 14 70/ 93 488 26 31),* tandis que VIBASA (☎ *902 10 13 63 ; www.vibasa.es)* relie Lérida à Tarragone, et ALSINA GRAELLS se dirige vers les Pyrénées (Molina, Puigcerdà, La Seu d'Urgell).

RESTAURATION

☺☺ **Tapas Bus** – *Enric Farreny, 36 - 2 km au NO de Lérida par la N 240 -* ☎ *973 23 85 60 - fermé dim. soir, lun., de déb. août à mi-août-* 🖃 *- 19,05/25,90€.* Original établissement dont la façade reproduit un autobus anglais à grande échelle, décoré avec beaucoup de goût. Les deux niveaux sur rue font office de bar à tapas, tandis que le restaurant se trouve au sous-sol. Carte informelle à prix très étudiés.

☺☺ **La Huerta** – *Av. Tortosa, 9 -* ☎ *973 24 24 13 - restlahuerta@wanadoo.es - 🖃 - 20,50/30€.* Un classique à Lérida qui soigne et perpétue la tradition gastronomique de la région en servant des plats typiques et ses viandes cuites à la braise. Sa salle à manger toute simple est présidée par un grill ouvert à la vue de tous.

☺☺ **Xalet Suís** – *Av. Alcalde Rovira Roure, 9 -* ☎ *973 23 55 67 - fermé de mi-janv. à fin janv., de mi-août à fin août -* 🖃 *- 21,43/33,30€.* Ce restaurant à l'allure extérieure d'une maisonnette suisse aux fenêtres en bois. Salle coquette et très bien aménagée avec de la vaisselle décorée et de beaux détails ornementaux. Il doit son succès au service personnalisé.

☺☺ **El Cuiner Català** – *Alfred Perenya, 64 -* ☎ *973 24 52 83 - cuinercatala@teleline.es - fermé dim. soir, lun., de déb. janv. à mi-janv., de déb. août à mi-août -* 🖃 *- 22,13/29,94€.* Le propriétaire des lieux est aux fourneaux. Sa carte s'articule autour de savantes recettes de morue et de plats innovants inspirés de la cuisine traditionnelle. Intéressant menu gastronomique.

☺☺☺ **Carballeira** – *Butsenit - 3,5 km au SO de Lérida par la rte de Saragosse -* ☎ *973 27 27 28 - fermé dim. soir, lun., 1 sem. janv., Sem. sainte, de fin juil. à mi-août -* 🖃 *- 42,06/59,50€.* Le meilleur de la mer dans une terre de vergers. Ce restaurant sert une excellente cuisine galicienne dont les fruits de mer sont le point d'orgue. Il doit son succès à la qualité de ses produits, à ses plats copieux et à ses recettes très réussies.

HÉBERGEMENT

☺ **Hotel Goya** – *Alcalde Costa, 9 -* ☎ *973 26 67 88 - ☇ - 18 ch. : 20/33€.* Ce petit hôtel très accueillant se trouve dans un quartier central très animé, proche de la zone commerçante. Il n'est pas luxueux mais ses chambres sont très fonctionnelles, claires et impeccables. Excellent rapport qualité/prix.

☺ **Hotel Real** – *Av. de Blondel, 22 -* ☎ *973 23 94 05 -hotreal.lleida@eizana.com - 🖃 - 41 ch. : 40/57€.* Sa situation centrale au pied de la zone monumentale de La Seu Vella est son meilleur atout. Pour leur catégorie, les chambres sont correctes et confortables. Les salles à vivre sont réduites et la prestation est un peu juste. Prix en rapport.

☺☺ **Hotel Catalonia Transit** – *Pl. de Ramón Berenguer IV (gare ferroviaire) -* ☎ *973 23 00 08 - transit@hoteles-catalonia.es - 🖃 🔾 - 51 ch. : 60/78€ - ☕ 4€.* Installé dans une des ailes du bel édifice qui abrite la gare, cet hôtel propose des chambres spacieuses et fonctionnelles, avec salles de bains en marbre. Clientèle de voyageurs. La cafétéria sert de halte au public qui attend sur le quai.

☺☺ **Hotel NH Pirineos** – *Gran Passeig de Ronda, 63 -* ☎ *973 27 31 99 - nhpirineos@nh-hoteles.es - 🖃 🔾 - 92 ch. : 110€ - ☕ 10,50€ - rest. 20€.* Tranquille établissement à la façade moderne et actuelle. Ses chambres lumineuses et très confortables sont en ligne avec le niveau de prestation de la chaîne NH : parquets, linge soigné et nombreux accessoires dans les salles de bains. Service prévenant.

UNE PETITE PAUSE

Tugues – *Av. Rovira Roure, 5 -* ☎ *973 24 87 66 - 8h30-14h30, 17h-21h, dim. 8h-14h30.* Maison très connue à Lérida pour la qualité de ses gâteaux, de ses chocolats et de sa charcuterie. Pour déguster ses spécialités en les accompagnant d'un verre de vin de la région, il est conseillé de réserver. Ses délicieux escargots sont le plat le plus demandé.

TAPAS

Mini Tanger – *Ramón Soldevila, 4 -* ☎ *973 26 60 13 - fermé sam. soir (de déb. août à mi-sept.), dim. et j. fériés le reste de l'année -* 🖃 *- 4,93/9,86€.* Impeccable établissement très couru, consacré presque exclusivement aux tapas. Plusieurs tables sont à votre disposition pour savourer ses préparations.

SORTIES

Zeke – *Prat de la Riba, 42 -* ☎ *973 22 55 51 - tlj sf lun. 12h-15h et à partir de 17h.* Ce magnifique bar vous invite à déguster des vins catalans et des crus d'autres régions espagnoles en les accompagnant d'une assiette de fromage ou de charcuterie. Un grand comptoir en acajou expose une jolie collection de bouteilles. Les clients peuvent discuter à bâtons rompus dans une ambiance très plaisante. La seule ombre au tableau : la tombée de la nuit attire les foules et la place se rait rare.

Alt Berlin – *Bonaire, 14 -* ☎ *973 23 10 00 - à partir de 11h.* Ce bar sort des sentiers battus à Lérida. Tout dans sa décoration évoque le chemin de fer : ses nombreuses photos anciennes, le circuit d'un petit train électrique qui évolue au-dessus des têtes des clients. Atmosphère agréable, l'endroit idéal pour prendre une bière.

ACHATS ET FOIRES

Les magasins sont concentrés dans les rues **Major** et Sant Antoni. Au **parc dels Camps Elisis** et sur les places de Sant Joan, de la Paeria et de la Catedral ont lieu des foires et de nombreuses manifestations folkloriques.

Bodegas Raïmat – *14 km au NO de Lérida par la N 240 - Raïmat -* ☎ *973 72 40 00 - visite guidée ; j. fériés 10h30, 11h30, 12h30 (sur demande lun.-ven.).*
Une excellente adresse pour celui qui désire connaître le processus d'élaboration des vins d'appellation contrôlée Costers del Segre, dans une propriété de plus de 1 500 ha de vignobles qui fabrique le fameux *cava* « Raïmat Brut ».
Les visiteurs sont reçus dans un cadre très moderne totalement vitré, agrémenté d'un joli étang

🖪 *Av. de Madrid, 36, 25002 Lleida,* ☎ *902 25 00 50 ou 973 27 09 97. www.gencat.es/turisme. C/ Major, 31 bis, 25007 Lleida,* ☎ *973 70 03 19. www.paeria.es/turisme*
À voir dans les environs : BALAGUER (27 km au NE) et TÀRREGA (44 km à l'E).

découvrir

La Seu★★

Pour grimper à La Seu, prendre l'ascenseur sur la place de Sant Joan.

La vieille cathédrale et la forteresse militaire de Philippe V forment l'un des ensembles monumentaux les plus importants de Catalogne. Il doit à son **site★** privilégié, au-dessus du Segre, son rôle stratégique que les différents habitants de Lérida lui conférèrent. Son histoire, néanmoins, fut assez chaotique. Lors de la guerre des Moissonneurs (1640), les troupes françaises rasèrent la ville médiévale qui s'étendait sur la colline.

R. Marient/MICHELIN

La Seu Vella, de nuit.

La Seu Vella★★★

Juin-sept. : tlj sf lun. 10h-13h30, 16h-19h30 ; oct.-mai : tlj sf lun. 10h-13h30, 15h-17h30 (dernière entrée 20mn av. fermeture). Fermé 1ᵉʳ janv., 25 déc. 2,40€ ; gratuit mar. ☎ *973 23 06 53.*

Selon la tradition, elle fut érigée sur le point culminant de la ville, la Roca Mitjana, sur l'emplacement de l'ancienne mosquée. Les travaux commencèrent en 1203 et elle fut consacrée en 1278. Le campanile octogonal, dans l'angle Sud-Ouest du cloître, fut

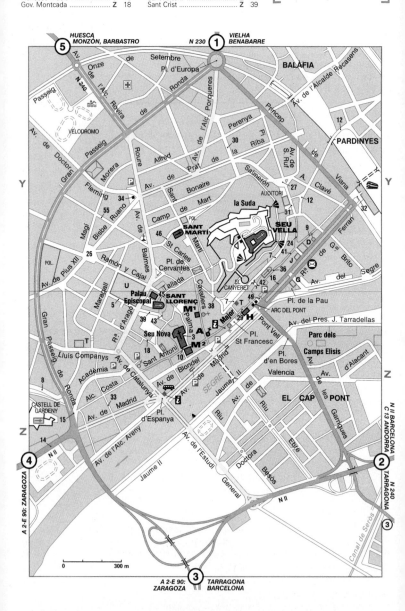

ajouté à la fin du 14ᵉ s. En 1707, quand les troupes de Philippe V occupèrent Lérida, la cathédrale fut transformée en forteresse et servit de caserne jusqu'en 1949.

Église★★ – Chef-d'œuvre de l'école romane de Lérida, c'est un bâtiment essentiellement roman, même s'il présente de nombreuses caractéristiques d'époque gothique. L'union des deux styles est très réussie avec la lanterne octogonale à grandes baies gothiques. Son plan est celui d'une basilique à trois vaisseaux avec un large transept et cinq absides, dont deux seulement sont d'origine.

À la différence des édifices romans, l'intérieur de la Seu Vella est magnifiquement éclairé, ce qui met en valeur sa belle décoration sculptée. Les **chapiteaux**★ historiés sont remarquables par leur variété : dans le transept et les absides, ils sont décorés de motifs appartenant à l'Ancien Testament alors que le Nouveau Testament inspire l'ornementation de la nef principale et des collatéraux. À l'extérieur, l'influence mauresque et celle de l'école de Toulouse (seconde moitié du 10ᵉ s.) sont sensibles dans la décoration des portes de Els Fillols (les Filleuls, bas-côté Sud) et de la Anunciata (transept Sud), au-dessus de laquelle s'ouvre une délicate rosace. Les chapiteaux des deux portes, très fins, évoquent les stucs arabes.

Cloître★★ – Ce sont probablement des raisons topographiques qui expliquent l'étrange situation de ce cloître en contrebas de l'église. Initié en 1278, il ne fut achevé qu'au 14ᵉ s. On est d'emblée frappé par sa taille puis par la beauté des remplages des fenêtres, tous différents. La galerie Sud, splendide mirador sur la ville et ses environs, s'ouvre sur la façade principale, rappelant la disposition des mosquées précédées d'un patio ou le narthex des églises romanes. Alors que l'ensemble est gothique (14ᵉ s.), on retrouve des influences islamiques dans la décoration à thème végétal des **chapiteaux★** et des frises.

À l'angle Sud-Ouest se trouve le **clocher★★**, une tour de 60 m de hauteur qui constitue l'un des meilleurs exemples gothiques de Catalogne.

visiter

Sant Martí★

Tlj sf lun. 10h-13h30, 18h-20h, dim. et j. fériés 10h-13h30. Fermé 1ᵉʳ et 6 janv., Ven. saint, 1ᵉʳ mai, 25-26 déc. 1,80€ ; gratuit mar. ☎ 973 28 30 75.
L'église est l'une des plus anciennes de Lérida ; élevée au 12ᵉ s., c'est au 15ᵉ s. qu'elle connut sa période de splendeur et d'importants remaniements, avant d'amorcer une période de déclin au 17ᵉ s., en devenant une caserne puis une prison au 19ᵉ s. À l'intérieur, son unique nef recèle une magnifique **collection★** d'art sacré, propriété du Musée diocésain.

Palau de la Paeria

Ce remarquable édifice du 13ᵉ s. abrite l'hôtel de ville. Sur la **façade principale★** s'ouvrent cinq triplets gothiques aux arcs en plein cintre. Vers 1868 une façade néoclassique fut construite à l'arrière.

Dans les sous-sols, qui durant des siècles ont servi de prison municipale, se trouve le **Museu de la Paeria**, consacré à l'archéologie et à l'histoire locales. *11h-14h, 17h-20h, dim. et j. fériés 11h-14h. ☎ 973 70 03 94.*

Chapelle Sant Jaume

Au croisement des carrers Major et Cavallers se dresse cet oratoire gothique du 15ᵉ s.

Hôpital Santa Maria

Juin-sept. : tlj sf lun. 12h-14h, 18h-21h, sam. et j. fériés 11h-14h, 19h-21h, dim. 11h-14h ; oct.-mai : tlj sf lun. 9h30-14h, 17h30-20h30, sam. et j. fériés 12h-14h, 17h30-20h30, dim. 12h-14h. Fermé 1ᵉʳ et 6 janv., 1ᵉʳ mai, 24-25 déc. Gratuit. ☎ 973 27 15 00.
Bâti au 15ᵉ s., il possède un lumineux **patio★** intérieur, d'influence Renaissance. Depuis 1942, c'est le siège de l'**Institut d'Estudis Llerdencs**, qui renferme une bibliothèque complète. Au rez-de-chaussée, la **salle d'Archéologie** expose d'intéressants vestiges de l'âge du bronze, de l'époque romaine, ainsi que du gisement wisigoth de Bobalá. À ne pas manquer, le retable de la chapelle de l'ancien hôpital Santa Maria, chef-d'œuvre baroque.

La Seu Nova

9h-12h30, 18h-19h. ☎ 973 26 94 70.
La Nouvelle cathédrale est un sobre édifice néoclassique (18ᵉ s.), dont les trois vaisseaux égaux, séparés par des piliers striés à chapiteaux corinthiens, présentent des culs-de-four. Elle possède un simple atrium bordé de trois arcades sur lequel s'ouvrent les deux clochers. Les murs extérieurs, très austères, sont décorés de pilastres adossés.

Sant Llorenç★

8h30-13h, 17h-20h30 (dim. et j. fériés 19h). ☎ 973 26 79 94.
Commencée dans un style roman tardif au 13ᵉ s., cette église possède néanmoins de nombreux éléments gothiques, comme son clocher élancé et ses parfaites ogives qui séparent la nef centrale des collatéraux. Elle renferme les imposants retables gothiques de sainte Lucie, saint Pierre et saint Laurent, auquel on a attribué un grand blason représentant quelques scènes de sa vie.

Palacio Episcopal : Museo Diocesano

Tlj sf lun. 10h-13h30, 18h-20h, dim. et j. fériés 10h-13h30. Fermé 1ᵉʳ et 6 janv., Ven. saint, 1ᵉʳ mai, 25-26 déc. 1,80€. ☎ 973 25 57 03.
Le musée se divise en deux sections. À noter tout particulièrement, à l'intérieur du palais épiscopal, la collection de tapisseries.

Museo de Arte Jaume Morera

Été : tlj sf lun. 10h-13h, 18h-21h, dim. et j. fériés 11h-13h ; le reste de l'année : tlj sf lun. 11h-14h, 17h-20h, dim. et j. fériés 11h-14h. Fermé 1ᵉʳ et 6 janv., 25-26 déc. Gratuit. ☎ *973 70 04 19.*

Installé dans l'ancien couvent dominicain du Roser, le musée expose des œuvres de Jaume Morera et d'artistes locaux du 19ᵉ s.

Manresa ★

Manresa est un grand centre industriel et une ville pleine de vie et de mouvement.

Dans le centre-ville, dominé par l'imposante silhouette de la cathédrale, les usines semblent se confondre avec les couvents. Ce curieux mélange résume très bien l'esprit de la ville, où des traditions ancestrales cohabitent avec une vie commerciale extrêmement riche. Elle conserve de remarquables édifices modernistes, tels ceux situés dans la rue del Arquitecte Oms, le casino ou encore la Casa Jorba, un grand magasin.

La situation

66 879 habitants. Carte Michelin nᵒ 574 G 35 ou Atlas p. 32 – Bages – Barcelona. Capitale de la *comarca* du Bages et de la Catalogne centrale, la « Minorisa » romaine se dresse sur la rive gauche du Cardener et sur différentes collines, ou *puigs* (Puigcardener, Puig Mercadal, Puig de Sant Bartomeu, etc.).

🛈 *Pl. Major, 1, 08240 Manresa, ☎ 93 878 23 01. www.ajmanresa.org. Via Sant Ignasi, 40, 08240 Manresa, ☎ 93 878 40 90.*

À voir dans les environs : le monastère de MONTSERRAT (22 km au S), TERRASSA (32 km au SE), CARDONA (32 km au NO), VIC (52 km au NE) et BARCELONE (59 km au SE).

comprendre

Saint Ignace de Loyola (1491-1556)

L'histoire de Manresa est associée à la vie du saint qui y vécut quelques mois. Page et officier des Rois Catholiques, Ignace de Loyola, après avoir reçu une blessure au cours du siège de Pampelune, connut huit mois de convalescence, durant lesquels, par ses lectures, il se rapprocha de la religion. En 1522, après avoir séjourné à Arantzazu et à Montserrat, il se retira huit mois dans une grotte de Manresa pour faire pénitence et rédiger ses fameux ***Exercices spirituels***. En 1528, il se rendit à Paris, où il décida de se consacrer à l'évangélisation. Il fut ordonné prêtre en 1537 et fonda en 1540, à Rome, la **Compagnie de Jésus** dont le pape Paul II approuva les statuts. Il fut canonisé en 1622.

Les « Bases » de Manresa

Les 25, 26 et 27 mars 1892 se tint à Manresa la première assemblée de l'Union catalane, présidée par l'architecte Lluís Domènech i Montaner *(voir p. 101)*. On y approuva 17 articles qui jetaient les bases d'une éventuelle constitution régionale catalane.

carnet pratique

RESTAURATION

😊😊 **Aligué** – *Barriada El Guix 8 - sur la rte de Vic - ☎ 93 873 25 62 - aligue@restaurantaligue.es - fermé dim. soir, lun. soir, de mi-août à fin août - 🅿 - 35/40€.* Restaurant convivial qui voit ses efforts récompensés grâce à la bonne fréquentation du public. Il compte deux salles, l'une classique et l'autre plus fonctionnelle. Formule et menu gastronomique suggestif.

HÉBERGEMENT

😊 **Hotel Els Noguers** – *Rte C 55, km 29 - ☎ 93 874 32 58 - 🅿 🅿 ♿ - 30 ch. : 53,45/62,10€ ⭐- rest. 12€.* Édifice moderne aux chambres fonctionnelles et modernes, équipées de salles de bains au goût du jour. Bar-cafétéria lumineux. Idéal pour un moment de détente en voyage.

SPÉCIALITÉS

Manresa a deux spécialités gastronomiques : le *bacalao a la manresana* (ragoût de morue avec des épinards, des raisins secs, des pignons, des prunes et des œufs durs) et le *conejo a la manresana* (lapin avec des champignons, de l'eau-de-vie et de la cannelle).

Les nombreuses compétences exécutives, législatives et judiciaires réclamées par le projet prévoyaient notamment que le catalan soit la seule langue officielle en Catalogne, même dans les relations avec l'État espagnol, et que seuls les Catalans aient accès aux charges publiques exercées sur le territoire.

visiter

Basilique-Collégiale Santa Maria★★

11h-13h, 16h-19h30, w.-end et j. fériés 11h-14h, 17h-20h. Musée : dim. 12h15-14h. ☎ *93 872 15 12.*

Celle que les Manresanais appellent « La Seu » domine la ville depuis la plate-forme stratégique de Puigcardener, révélant la pureté de ses lignes architecturales.

La construction de cet édifice, l'un des plus représentatifs de l'art gothique catalan, commença en 1322 sous la maîtrise de Berenguer de Montagut. Les travaux se prolongèrent jusqu'à la fin du 16e s. mais la façade principale, néogothique, ne fut réalisée qu'en 1915.

J. Balanya/MICHELIN

Basilique Santa Maria.

L'**intérieur**★★, sans transept et présentant un déambulatoire dans l'enceinte polygonale de l'abside, est exceptionnel. La disposition originale des contreforts met en valeur la grandeur de la nef centrale (18,5 m de large), l'une des plus vastes d'Europe. Deux rosaces circulaires et une trentaine de grandes baies à vitraux polychromes historiés, aux dimensions surprenantes pour la Catalogne, donnent à la Seu une solennité et une luminosité exceptionnelles. À l'extérieur s'élancent les 18 arc-boutants doubles.

Autour du cloître de style Renaissance subsistent quelques arcs romans (11e s.) avec des colonnes et des chapiteaux très primitifs qui faisaient partie du portique.

Dans la **crypte**, sous le maître-autel, se trouvent les reliques de saint Maurice, de saint Fructuoso et de sainte Inés, patrons de la ville. La décoration en marbre, œuvre de Jaime Padró, constitue l'un des meilleurs ensembles de l'art baroque académique.

La collégiale recèle des pièces aussi remarquables que le monumental **polyptique du Saint Esprit**★, plus grand retable gothique de Catalogne. Réalisé en 1394 par Pere Serra sur commande de la corporation des tanneurs, il porte sur la **prédelle** un magnifique tableau représentant le Saint Enterrement, de Luis Borrassà. On remarquera aussi le **retable de saint Marc**★, d'Arnau Bassa (1346), l'une des œuvres les plus représentatives du courant italianisant dans la peinture gothique catalane (observer la scène des trois cordonniers à l'ouvrage).

Museu Històric – Outre une importante collection d'objets liturgiques du 10e au 20e s., on expose au trésor un splendide **parement d'autel**★ brodé à Florence par Geri Lapi (14e s.).

MANRESA

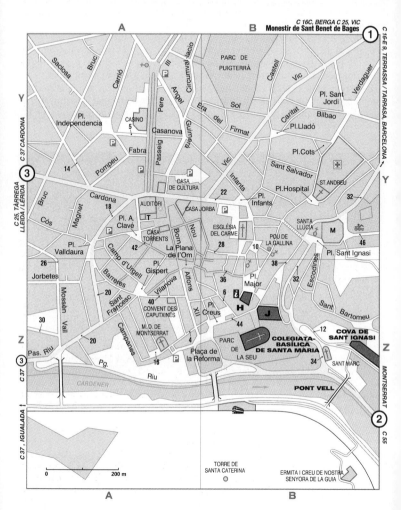

Santa Cova★★ ou Cova de Sant Ignaci

Mars-oct. : 10h-13h, 16h-19h ; nov.-fév. : 10h-13h, 16h-18h. ☎ *93 875 15 79.*

De la Sainte Grotte, dite aussi grotte de saint Ignace, partent les **routes Ignaciennes**, parcours touristiques qui remémorent le séjour du saint à Manresa.

Après la canonisation de saint Ignace, cette cavité formée par l'érosion du Cardener fut décorée de fastueuses sculptures de Juan et Francisco Grau (retable d'albâtre du maître-autel), José Sunyer (médaillons d'albâtre) et du jésuite aragonais Miguel Sesé, auteur de stucs très originaux.

À côté fut construite une **église★** (18ᵉ s.), typique de l'architecture jésuite. L'exubérante façade baroque contraste avec la simplicité décorative et l'équilibre des lignes de l'intérieur. De part et d'autre du maître-autel, adossées aux pilastres entre les chapelles, on voit les statues de saint Ignace et d'autres saints qui furent membres de la Compagnie de Jésus (François-Xavier, François de Borgia, Louis de Gonzague, etc.).

Une **galerie★** relie l'église à la Sainte Grotte. Sa pompeuse décoration composée d'abondants marbres, stucs, mosaïques, vitraux et métaux, fut réalisée dans un style d'inspiration Renaissance entre 1915 et 1918. La structure et plusieurs détails sont l'œuvre du jésuite Martín Coronas. On remarque quelques sculptures de bronze de José Llimona et certains hauts-reliefs de Juan Flotats, représentant des scènes de la vie de saint Ignace relatives aux *Exercices spirituels*.

Sur le côté gauche de l'église se dresse un grand **édifice néoclassique moderne** (19ᵉ s.) qui abrite le couvent jésuite.

Pont Vell★

Malgré toutes ses restaurations, ce pont est l'un des symboles les plus typiques de Manresa. Il possède la silhouette classique en dos d'âne des ponts médiévaux de tradition romaine, avec l'arc central plus élancé et les sept autres en dégradé symétrique.

Casa de la Ciutat

Édifice de deux étages construit au 18ᵉ s., sa façade principale présente un grand blason de la ville. À l'intérieur se trouve la **salle du Conseil municipal**, où furent rédigées les fameuses « Bases » de Manresa. *Sur demande.* ☎ 93 878 23 13.

Palau de Justícia

Remarquable exemple d'architecture civile baroque, il fut restauré à plusieurs reprises.

alentours

Monastère Sant Benet de Bages★★, à Sant Fruitós de Bages

8 km au Nord par la N 141. Fermé temporairement. 10h-14h, 16h-19h. 1,80€. ☎ *93 831 00 06.*

Cette ancienne abbaye bénédictine date des 10ᵉ et 18ᵉ s. L'ensemble est extraordinaire. Les vieilles pierres forment un contraste délicat avec la frondaison du paysage et l'ensemble prend tout son éclat en automne.

Église – Bel exemple roman du 12ᵉ s., avec une abside libre et deux autres construites en saillie sur les murs du transept. Le clocher de base pré-romane est une tour massive.

Cloître★ – C'est l'un des plus caractéristiques de l'art roman catalan (13ᵉ s.). Ses arcs sont soutenus par une double rangée de colonnes aux chapiteaux soigneusement sculptés (motifs végétaux et scènes bibliques, mythologiques et allégoriques).

Igualada

28 km au Sud-Ouest par la C 37. Située sur la rive droite du fleuve Anoia, Igualada est une active ville commerçante, qui doit sa renommée à l'industrie textile et à sa maroquinerie. Au centre de la ville, la Rambla de Sant Isidre regroupe de nombreux commerces.

Igualada compte de remarquables édifices modernistes disséminés par toute la ville. Le plus intéressant est l'**Asilo del Santo Crist**, réalisé par Rubió i Bellver en 1931.

Santa Maria – *11h-13h, 16h-19h30, w.-end et j. fériés 11h-14h, 17h-20h.* ☎ *93 803 18 15.* Édifiée au 17ᵉ s., l'église ne comporte qu'un vaisseau à chapelles latérales et abrite un somptueux **retable** baroque (1718) réalisé par José Sunyer et Jacinto Moretó. En partie détruite en 1936, sa restauration fut dirigée par l'architecte César Martinell. La plupart des statues, les panneaux aux bas-reliefs, les colonnes de pierre et la base en marbre sont d'origine mais l'ossature en bois a été reconstruite.

Couvent Sant Agustí – Son harmonieux **cloître** Renaissance (15ᵉ s.), aux arcs en plein cintre et colonnes d'ordre toscan, est remarquable.

Museu comarcal d'Anoia – *Tlj sf lun. 11h-13h, 16h-18h30, w.-end et j. fériés 11h-14h. Fermé 1ᵉʳ janv., 25 déc. 3,04€.* ☎ *93 804 67 52.*

Il est installé dans l'ancienne usine textile Cal Boyer, rue Sant Nicolau. La section la plus remarquable est consacrée à l'artisanat du cuir. Y sont exposés différents outils traditionnels et d'autres objets ayant trait à ce travail. Une collection de maroquins du 15ᵉ au 19ᵉ s., des besaces du 16ᵉ s. et quelques selles sont particulièrement intéressantes.

Capellades

À 12 km de Manresa par la C 244 en direction de Vilafranca del Penedés. Dans cet important centre de papeterie, le **Museu-Molí Paperer** (musée-moulin papetier) permet de voir fabriquer du papier selon les anciennes techniques.

Château de **Miravet**★

Imposant et hautain, le château de Miravet★, meilleur exemple d'architecture militaire laissé par les templiers en Catalogne, se dresse sur une butte de 220 m dominant le petit village et les eaux calmes de l'Èbre. Son emplacement stratégique lui valut le rôle majeur qu'il joua à l'époque médiévale.

La situation

785 habitants. Carte Michelin n° 443 I 31 ou Atlas p. 45 – Ribera d'Ébre – Tarragona. Cette petite localité se trouve dans l'arrière-pays de la Costa Daurada, l'Èbre (qui se traverse en barque) la sépare de la C 12 qui prend la direction de Tortosa et du delta de l'Èbre.

🛈 *Pl. Major, 1, 43747 Castillo de Miravet,* ☎ *977 40 71 34.*

À voir dans les environs : HORTA DE SANT JOAN (35 km au SO), TORTOSA (38 km au S) et la COSTA DAURADA.

Vue du château.

visiter

Château★

Juin-sept. : tlj sf lun. 10h-13h30, 16h-19h30 ; oct.-mai : tlj sf lun. 10h-13h30, 15h-17h30. Fermé 1ᵉʳ janv., 25 déc. 2,40€ ; gratuit mar. ☎ *977 40 73 68.*

Cette singulière forteresse d'origine arabe fut rénovée par les templiers, auxquels elle fut cédée en 1153. Quand, au début du 14ᵉ s., le pape Clément V décida d'abolir cet ordre, à la demande de Philippe IV le Bel, les templiers catalans se réfugièrent à Miravet. Le roi catalan Jacques II assiégea le château durant plus de dix mois jusqu'à la capitulation des chevaliers du Temple, en décembre 1308.

Sa **visite** est un voyage dans le temps jusqu'à l'époque des templiers. Par des passages cachés à l'intérieur des murs,

> **CARNET PRATIQUE**
> À partir du village sont organisées des promenades en barque sur le fleuve, que l'on peut aussi traverser (« pas de barca ») sur une grosse embarcation jusqu'à la route C 12.

on accède aussi bien à la salle d'armes qu'à n'importe quelle tour de guet. Ces belvédères offrent un magnifique **panorama** sur l'Èbre qui se resserre au passage de la sierra du Cardó.

Le village

Miravet conserve une certaine saveur médiévale, que l'on goûte pleinement en flânant dans ses ruelles tortueuses. En quittant la ville médiévale, on atteindra le **quartier des potiers**, où se fabriquent des objets en terre argileuse de la région, comme les typiques cruches de Miravet.

À la belle saison, il faut savourer les fruits délicieux que donnent les champs de cette rive de l'Èbre.

Móra d'Ebre

11 km au Nord par la T324. Cette ville, située sur la rive droite de l'Èbre et capitale de la Ribera d'Ebre, est un important noyau commerçant, dont le marché, chaque vendredi, est le plus fréquenté de la région. Son pittoresque vieux quartier est un labyrinthe de ruelles étroites.

El Pinell de Brai

12 km au Sud-Ouest par la T234. Dans ce village se trouve une **cave coopérative★** *(celler cooperatiu)* qui passe pour être la « cathédrale du vin ». Réalisée en 1918 par Cèsar Martinell, comme celle de Gandesa, cette cave moderniste possède de larges nefs qui s'appuient sur des arcs elliptiques. Sur la façade, une belle et divertissante frise en céramique est l'œuvre du peintre novecentiste **Xavier Nogués** (1873-1941). *De déb. mars à mi-nov. : visite guidée (45mn) 11h-13h, 16h-19h ; de mi-nov. à fin fév. : 11h-14h. Réservation conseillée. Fermé 1ᵉʳ janv., 10 août, 25 déc. 3€.* ☎ *977 42 62 34.*

Gandesa

22,5 km à l'Ouest. Après avoir dépassé El Pinell de Brai, prendre à droite la C 43. Ce village conserve un ancien centre de grand intérêt architectural, avec des maisons des 18ᵉ et 19ᵉ s. Il ne faut surtout pas manquer de se procurer du vin dans l'une de ses nombreuses caves *(cellers).*

Cave moderniste★ – *9h-13h, 15h-19h, dim. et j. fériés 10h-14h. Fermé 1ᵉʳ janv., 1ᵉʳ dim. sept., 25 déc. Gratuit.* ☎ *977 42 00 17.*
Réalisée en 1919 par **Cèsar Martinell** (1888-1973), ses voûtes plates et ses arcs paraboliques sont remarquables.

L'Assumpció – L'église actuelle, construite aux 17ᵉ et 18ᵉ s., correspond à une extension d'un temple roman. Il reste de l'ancien édifice le magnifique **portail★** avec cinq archivoltes soutenues par des colonnes à chapiteaux. Le mélange d'éléments romans et d'ornements d'inspiration mauresque donne à l'ensemble une splendeur particulière. Devant ce portail se seraient mariés le prince Jacques, héritier de la couronne catalano-aragonaise, et Eléonore, fille de Ferdinand IV de Castille. Cette union paraît d'autant plus douteuse que le prince – on ne sait pour quelles raisons – renonça au trône en 1319, entra dans un ordre monastique, et qu'Eléonore épousa son frère cadet, le roi Alphonse IV.

La Fontcalda

Prendre la C 34, parcourir 1,5 km puis bifurquer à droite (7 km). Juil.-août ; le reste de l'année demander la clé au curé de Gandesa. ☎ *977 42 01 34.*
Les amoureux de tranquillité et de paysages spectaculaires seront séduits par ce sanctuaire. Situé dans une petite gorge du fleuve Canaletes, il possède aussi une source thermale.

Montblanc★★

Cette ravissante ville fortifiée domine, depuis cet emplacement★★ privilégié, un paysage de terres fertiles (vignobles et amandiers), et de collines tapissées de pinèdes, avec en toile de fond les montagnes. Les fermes environnantes apportent une touche humaine à cette contrée dépeuplée, où il n'est pas rare de trouver un vieux moulin sur le passage du Francoli.
Le charme secret de Montblanc réside à l'intérieur de ses murailles. Il semblerait que le temps se soit figé dans ses rues tortueuses. À chaque détour de rue, le visiteur découvre monuments et coins pittoresques. Chaque pierre évoque une page de son histoire et chaque édifice montre la grandeur artistique de la ville.

La situation

5 612 habitants. Carte Michelin nᵒ 574 H 33 ou Atlas p. 31 – Conca de Barberà – Tarragona. Située sur une petite colline (350 m) près de la confluence des rivières Francoli et Anguera, la ville de Montblanc est bien desservie : l'autoroute A 2-E 90 et la N 240 la relient à Lérida et plusieurs routes départementales se rendent dans les localités situées au Nord et au Sud.
🛈 *Pl. Sant Francesc, s/n, 43400 Montblanc,* ☎ *977 86 17 33. www.montblancmedieval.org*
À voir dans les environs : le monastère de POBLET (10 km à l'O), VALLS (15 km au SE), le monastère de VALLBONA DE LES MONGES (21 km au NO), REUS (29 km au S), le monastère de SANTES CREUS (31 km à l'E) et TARRAGONE (36 km au SE).

MONTBLANC

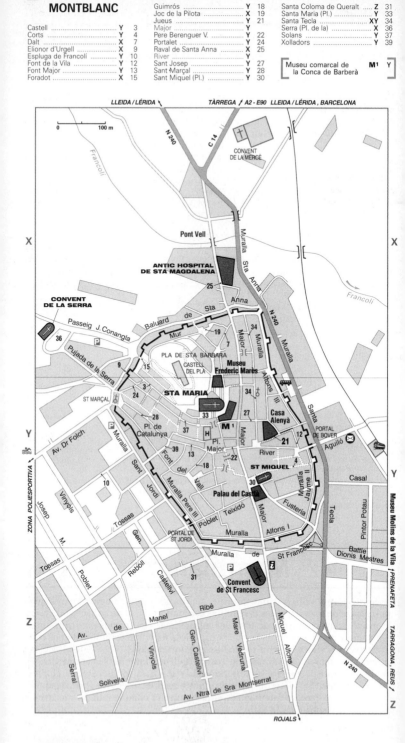

comprendre

La ville de Montblanc s'édifiait à l'origine entre les fleuves Anguera et Francolí sur un site appelé d'abord Duesaigües, puis Vila-Salva. En 1163, le roi Alphonse Iᵉʳ ordonna son transfert vers le monticule de Santa Barbara, de l'autre côté de la rivière, afin de créer une cité forte et dynamique en mesure de s'opposer aux seigneurs féodaux. En peu de temps, la ville s'agrandit, et on y construisit des églises, des couvents, de belles maisons, des bains publics et un château.

La communauté juive y était florissante et, jusqu'au 14ᵉ s., obtint de nombreux privilèges, telle l'autorisation de s'habiller à leur manière et de créer leur cimetière. En 1489, lorsque l'Inquisition entra dans la ville, les Juifs partirent vers Minorque.

Le 14ᵉ s. vit la période la plus faste de la ville, qui tenait ses propres foires tout en étant le centre de grands événements politiques. En effet, les rois Jacques II en 1307, Alphonse III en 1333 et Pierre III en 1370 y réunirent les Corts *(voir Index)*.

En 1387, le roi Jean Iᵉʳ créa, en faveur de son frère Martin, le **duché de Montblanc**. Le titre de duc de Montblanc devint l'apanage des héritiers de la couronne catalano-aragonaise et passa ensuite aux mains de la maison d'Autriche, qui le conserva jusqu'en 1700.

Les épidémies de la fin du 15ᵉ s. anéantirent la population et la ville entra dans une période de décadence qui dura jusqu'au 18ᵉ s. Au 19ᵉ s., une fois surmontés les dommages de la guerre de Succession (1714), la ville retrouva son dynamisme.

découvrir

L'enceinte fortifiée** *une journée*

L'ensemble, composé de rues sinueuses, d'escaliers abrupts et d'arcades qui relient les maisons les unes aux autres, est surprenant. On peut difficilement oublier la silhouette de la ville fortifiée et ses puissants créneaux. Les plus belles pages de l'histoire médiévale de la Catalogne ont été écrites dans ces rudes paysages de pierres.

Les murailles

Leur érection fut ordonnée par Pierre le Cérémonieux au 14ᵉ s. et le chantier, où travaillèrent les habitants de Montblanc et d'autres villages voisins, fut confié au frère Guillermo de Guimerá.

Jusqu'au 15ᵉ s., l'enceinte demeura en bon état, mais les guerres contre Jean II et celle des Moissonneurs causèrent les premiers dommages, que la guerre de Succession aggrava. Actuellement, seuls les deux tiers de l'enceinte d'origine sont en parfait état.

Il s'agit d'une construction de 1 500 m de long dont les 32 tours carrées à créneaux renforcent l'aspect défensif. Des quatre portes que comptait l'enceinte, il n'en reste que deux : celle de Sant Jordi au Sud, et celle de Bover au Nord-Est.

Plaça Major

Cette place est le centre névralgique de la ville. Ses **arcades** recèlent nombre de boutiques et de cafés qui installent leur terrasse les soirées d'été. Parmi les édifices qui encerclent la place, on remarquera l'hôtel de ville et la maison gothique des Desclergue.

Santa Maria**

11h-13h, 16h30-18h, dim. et j. fériés 11h-13h. ☎ *977 86 17 33 (Office de tourisme).*

Juchée sur une butte (100 m) d'où l'on domine toute la ville, Santa Maria est le symbole du grand prestige atteint autrefois par Montblanc. L'intérieur – un seul vaisseau avec onze chapelles latérales entre les contreforts – semble être conçu pour une cathédrale. L'abside, ample et solennelle, a une belle ligne. La façade primitive, considérée comme la partie la plus réussie du bâtiment, fut détruite en 1651. La façade actuelle, inachevée, de style baroque, est composée de trois corps avec les images des apôtres et du Père Éternel. On y conserve d'intéressantes œuvres d'art, tels le somptueux **orgue**** de 1607, l'un des plus importants de Catalogne, le retable gothique de saint Bernard et saint Barnabé, en pierre polychrome (14ᵉ s.), un élégant ostensoir en argent, et de nombreuses enluminures du 15ᵉ s.

Portail de l'église Ste-Marie.

L. Campion/MICHELIN

carnet pratique

RESTAURATION

⊜⊜ **Les Espelmes** – *Fontscaldes - 5 km au SE de Montblanc par la N 240 -* ☎ 977 60 10 42 - *espelmes@cconline.es - fermé mer., juil. -* ☒ *- 18/27€.* Séduisant établissement qui sait conjuguer la beauté de son cadre avec la qualité de la cuisine traditionnelle catalane. Il compte trois salles à manger parfaitement aménagées et une terrasse ouvrant sur un merveilleux panorama.

⊜⊜ **El Molí del Mallol** – *Muralla Santa Anna, 2 -* ☎ 977 86 05 91 - *mallolrestauracio@molimallol.com - fermé dim. soir, lun. soir -* ☒ *- environ 29,47€.* Le restaurant est installé dans un ancien moulin. La salle spacieuse est coiffée de grands arcs en plein cintre en brique apparente. Vous pourrez y déguster une cuisine typiquement catalane. Salons réservés aux banquets et nouvelle cave.

HÉBERGEMENT

⊜⊜ **Fonda dels Àngels** – *Pl. Els Àngels, 1 -* ☎ 977 86 01 73 - *fermé de déb. sept. à mi-sept., vac. de Noël -* ☒ *- 12 ch. : 13,22/33,06€ -* ☒ *3,61€ - rest. 9,62/15,03€.* Cette petite pension de famille est installée au cœur du quartier juif dans une maison gothique qui a conservé une délicate fenêtre en ogive. Chambres simples et agréables. Son restaurant fréquenté par une clientèle locale sert des recettes maison.

SPÉCIALITÉS

Les vins blancs de la région (appellation d'origine Conca del Barberá) sont très appréciés, et, surtout, il faut goûter les *merlets* et *montblanquins*, délicieuses friandises à base d'amandes et de sucre.

FÊTES

Les rues de la ville sont le cadre magnifique de la **Semaine médiévale**, où l'on représente la légende de saint Georges *(23 avril)*.

Museu d'Art Frederic Marès

Visite guidée sur demande. ☎ *977 86 03 49.*
Installé récemment dans l'édifice dit de la Presó Nova (prison) (1890), le musée expose des pièces de la magnifique collection Marès *(voir p. 138 et p. 192)*. Les peintures et sculptures religieuses du 16e au 19e s. y sont remarquables, tout comme les splendides sculptures en bois du 14e s.
L'installation d'un musée d'Histoire naturelle est prévue à l'intérieur de l'édifice.

Museu comarcal de la Conca de Barberà★

Juin-sept. : tlj sf lun. 10h-14h, 17h-20h, dim. et j. fériés 10h-14h ; oct.-mai : tlj sf lun. 10h-14h, 16h-19h, dim. et j. fériés 10h-14h. Fermé 1er janv., 25-26 déc. 2,40€. ☎ *977 86 03 49.*
Ce musée, installé dans une maison du 17e s. qui appartenait à la famille Josa, contient d'importants vestiges archéologiques et ethnographiques de la région. On remarque la singulière collection de flacons en céramique venant d'une pharmacie de Montblanc (18e s.).

Casa Alenyà

Cette demeure gothique (14e s.) est l'une des surprises que recèle le quartier ancien. Les lignes austères de l'enceinte fortifiée cèdent la place à une architecture élancée, très agréable à voir.

Carrer dels Jueus

Cette rue est l'un des rares témoignages de la prospérité du quartier juif d'antan.

Sant Miquel★

Visite guidée sur demande. ☎ *977 86 17 33 (Office de tourisme).*
Cette petite église, construite au 13e s., a été le témoin des événements les plus passionnants de l'histoire de Montblanc. Ses murs ont été le cadre de quatre états généraux (1307, 1333, 1370, 1414) et d'importants congrès ecclésiastiques.
Malgré cela, Sant Miquel conserve un air dépouillé et accueillant. La simplicité de sa façade romane se retrouve à l'intérieur, réalisé dans un style gothique aux lignes fines et équilibrées.

Palau del Castlà

Ce palais était la demeure du représentant du roi et, au 15e s., au rez-de-chaussée se trouvait la prison.

visiter

Hors-les-murs

Couvent de la Serra★

10h-19h. ☎ *977 86 17 33 (Office de tourisme).*
Cet ancien couvent de clarisses, fondé par la princesse byzantine Irène Lascaris, deuxième épouse du comte Arnaud Roger, se trouve à l'Ouest de Montblanc sur une petite colline depuis laquelle on contemple un splendide **panorama**. On ne compte pas les papes et les rois qui ont protégé ce sanctuaire abritant la *Mare de Déu de la Serra*, œuvre en albâtre du 15e s., l'une des images de la Vierge les plus populaires et les plus vénérées.

Hôpital Santa Magdalena★

Il se trouve près de l'ancienne route de Lérida et l'élément le plus remarquable en est le **cloître** (15ᵉ s.), de transition gothique-Renaissance. Malgré sa taille réduite, l'effet architectural est formidable et la verticalité du rez-de-chaussée, aux colonnes striées et arcs en ogive, s'interrompt subitement à l'étage.

Pont Vell

Le **Vieux Pont** relie le quartier de El Raval au couvent de la Mercè. Construit au 12ᵉ s., il compte quatre grands arcs et contreforts latéraux, ornés d'éléments sculptés.

Couvent Sant Francesc

Office de tourisme. ☎ 977 86 17 33. Visite guidée sur demande.
Cet ancien couvent servait, avant de disparaître, de fabrique d'alcool. Il ne reste plus que l'église, édifice de style gothique (14ᵉ s.), où l'on remarque encore quelques éléments romans, telle la porte en plein cintre. L'édifice, couvert d'une voûte à lancettes, est d'un plan très simple : une nef à abside hexagonale et quatre chapelles latérales.

Museu Molins de la Vila

À 1 km de la localité en direction de Prenafeta. Visite guidée (1h) sur demande. 2,25€. ☎ 977 86 03 49.
Le musée, avec ses deux moulins, permet d'appréhender le fonctionnement des moulins hydrauliques. Le plus grand se nomme le molí de la Volta (14ᵉ s.), tandis que le plus ancien est le molí Xiquet (13ᵉ s.).

Sierra de **Montserrat**★★

Ses énormes roches et solides conglomérats éocènes, sculptés par l'érosion du vent et de l'eau, font de cette montagne un site★★★ d'une beauté impressionnante. Ses abruptes roches ruiniformes rappellent des silhouettes humaines, des objets inanimés et des animaux de toute sorte. « El Centinela » (la Sentinelle), « Las Agujas » (les Aiguilles) et « El Loro » (le Perroquet) sont quelques-uns des noms dont la fantaisie populaire a baptisé les roches fantastiques de Montserrat. Source d'inspiration de musiciens (Wagner y situa l'action de son opéra « Parsifal »), de poètes (Verdaguer y écrivit le célèbre poème « Virolai »), de géographes et de voyageurs, le « Monte Serrado » (mont Fermé) est, en outre, le centre de dévotion marial le plus important de Catalogne.

La situation

Carte Michelin nº 574 H 35 ou Atlas p. 32 – Bages – Barcelona. Le massif de Montserrat se trouve entre les dépressions pré-littorale et centrale de la Catalogne, sur un axe perpendiculaire qui descend des Pyrénées jusqu'à la Méditerranée.
🖪 *www.abadiamontserrat.net*
À voir dans les environs : MANRESA (22 km au N), TERRASSA (19 km à l'E) et BARCELONE (49 km au SE).

visiter

Le monastère

Juil.-sept. : 7h-20h30 ; oct.-juin : 7h-19h30. ☎ 93 877 77 66.
Au 9ᵉ s., les moines bénédictins de Ripoll reçurent du comte Wilfred un des cinq ermitages existant sur la montagne de Montserrat. En 1025, l'**abbé Oliba** créa une petite communauté qui acquit bientôt une grande importance. Au 12ᵉ s., l'ancien édifice roman fut transformé et agrandi dans le style gothique, devenant une florissante abbaye qui s'émancipa de Ripoll en 1410.
Mais c'est au 15ᵉ s. que Montserrat connut son heure de gloire : l'érudition des moines, la richesse de la communauté, le nombre et la ferveur des pèlerins témoignent de l'importance acquise par le monastère. Quand Giuliano della Rovere, futur pape **Jules II**, savant et mécène de la Renaissance, en fut abbé, Montserrat s'enrichit de nombreuses œuvres d'art, pièces d'orfèvrerie et tapis. Mais en 1812 les Français pillèrent et détruisirent l'abbaye. C'est pourquoi les bâtiments actuels – réalisés aux 19ᵉ et 20ᵉ s. (la façade de l'église ne fut achevée qu'en 1968) – n'offrent que peu d'intérêt artistique. Au fond de l'**église** (15ᵉ s.), obscure mais fastueusement décorée, se trouve la Vierge noire.

carnet pratique

Voies d'accès

Pour aller à Montserrat, il est conseillé de passer par l'Ouest, la route (N II) offrant de belles **vues**★★ de la montagne où s'élancent des dents rocheuses, capricieusement alignées d'Est en Ouest. Depuis le Nord, on obtient aussi une belle et captivante image. Pour accéder directement au téléphérique de Montserrat, il faut emprunter la route C 55 et le prendre près de Monistrol de Montserrat.

Restauration

El Cingle – *Pl. Major - Vacarisses - au NE de Montserrat - ☎ 93 835 91 25 - elcingle@elcingle.com - dim.-mer. seulement déj. - 37,26/50,75€.* Ses deux salles accueillantes sont ornées de tableaux modernes. La salle extérieure, surmontée d'un auvent en bois, donne sur la sierra. La propriétaire des lieux est aux fourneaux, et c'est avec la plus grande maîtrise et son savoir-faire qu'elle nous présente sa carte actuelle et créative.

Hébergement

Hotel Abat Cisneros – *Pl. Monestir - Montserrat - ☎ 93 877 77 01 - reserves@larsa-montserrat.com - ♿ - 56 ch. : 45,95/80,11€ - rest. 21,50€.* Installé dans le monastère, à l'intérieur d'un édifice historique qui servit de gîte aux pèlerins depuis le Moyen Âge, cet hôtel invite à la détente et à la paix intérieure. Chambres réactualisées. Une salle à manger chaleureuse a été aménagée dans les anciennes écuries.

Hotel Can Missé – *Amadeu Vives, 9 - Collbató - 3,5 km au S de Montserrat par la B 112 - ☎ 93 777 90 61 - canmisse@infodisc.es - fermé vac. de Noël - P - 11 ch. : 45,15/72,25€ - rest. 12,60€.* Ample demeure située dans un village très proche du Parc naturel de Montserrat. Les locaux conservent leur style rustique d'origine malgré une restauration complète. Chambres confortables, chaleureuses salles à vivre et parties communes où le bois domine.

La Moreneta★★ – Cette statue repose sur le maître-autel de l'église et, pour la voir de près, il faut accéder à une niche par la chapelle du collatéral droit. Il s'agit d'un très bel exemple de sculpture romano-catalane (fin du 12e s.), qui, selon la légende, fut trouvée par des bergers dans une des grottes de la montagne. Sa couleur noire, qui est à l'origine de son nom, est attribuée à diverses causes : la fumée des cierges, la réaction chimique du vernis ou l'oxydation du bois.

Sainte patronne de la Catalogne et symbole du catalanisme, la Moreneta est vénérée par les nombreux pèlerins qui, après l'avoir priée, allument un cierge en son honneur.

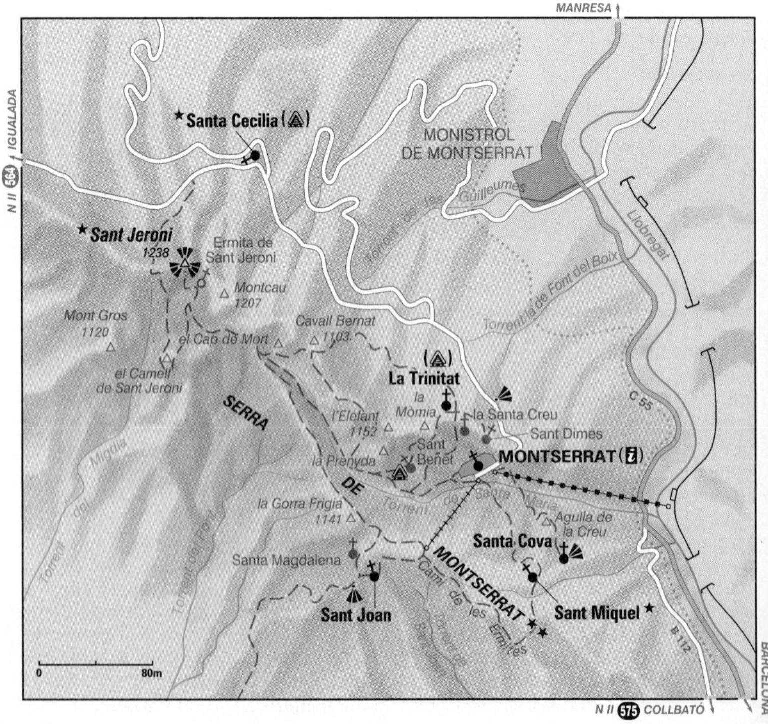

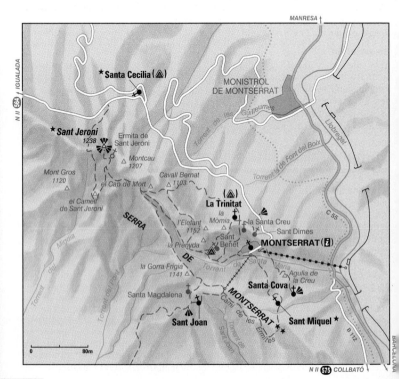

La sierra de Montserrat.

Les différents offices religieux célébrés dans la basilique sont accompagnés de beaux chants grégoriens et les cérémonies de Pâques et Noël revêtent une grande solennité. Créée au 12ᵉ s., l'**Escolania** est l'une des plus anciennes chorales d'enfants au monde. Les cinquante enfants qui la composent chantent tous les jours le Virelai à 13h et le Salve Regina à 19h10.

Ermitages et belvédères

Au centre d'information, on fournit des renseignements sur l'état des chemins de montagne et les horaires des téléphériques et funiculaires. Funiculaire de Sant Joan : juil.-août : 10h-19h ; avr.-juin et sept.-oct. : 10h-17h40 ; janv.-mars et nov.-déc. : 11h-16h, w.-end et j. fériés 10h-16h. Fermé 1 sem. fév. 5,86€ AR (dép. toutes les 20mn). ☎ 93 205 15 15. Funiculaire de Santa Cova : mars-oct. : 10h10-13h10, 14h10-17h ; nov.-fév. : 10h10-13h10, 14h10-18h. 2,40€ (dép. toutes les 20mn).

Dès la fin du 9ᵉ s., il existait à Montserrat treize ermitages situés aux endroits les plus élevés de la montagne. Ces ermitages, organisés en trois groupes distincts portant des noms bibliques et de pénitents du désert – Tabor, Thèbes et Thébaïde –, subsistèrent jusqu'à l'occupation de l'armée napoléonienne (début du 19ᵉ s.). Bien qu'ils soient désormais à l'abandon, ils constituent un but d'agréables promenades en raison de la beauté des sites.

Ermitage de La Trinitat – *45mn à pied*. Cet ermitage se trouve au milieu d'une plaine bucolique à l'abri des montagnes de « El Elefante » (l'Éléphant), « La Preñada » (la Femme enceinte) et « La Momia » (la Momie).

Sant Jeroni★ – *On y accède par une piste forestière (1h30)*. Depuis le mirador, situé sur le point le plus élevé du massif (1 236 m), s'offrent de magnifiques vues **panoramiques★★** des Pyrénées et de la côte catalane.

Ermitage Santa Cecilia – Jusqu'au 16ᵉ s., ce fut un monastère bénédictin sans atteindre, cependant, l'importance de celui de Santa Maria. La belle **église★** romane comporte trois vaisseaux, trois absides ornées de bandes lombardes et un simple clocher asymétrique.

Santa Cova – *1h à pied*. C'est dans la **sainte Grotte** que l'on situe l'apparition de l'image de la Vierge. C'est l'un des sites les plus fréquentés du sanctuaire et l'on observe de belles **vues★** sur la vallée du Llobregat.

Sant Miquel★ – *30mn depuis le monastère, ou 1h depuis la gare du funiculaire de Sant Joan*. De cet endroit, on aperçoit la silhouette du monastère, tapie dans un impressionnant amphithéâtre rocheux.

Sant Joan – *30mn depuis la gare du funiculaire de Sant Joan*. Beau panorama de l'ermitage Sant Onofre suspendu à une roche.

Olot★

Chef-lieu de la comarca et ville de grande tradition agricole et artisanale, Olot est niché dans un cadre d'une singulière beauté, au milieu de volcans en sommeil, d'épais bois et de vallées cultivées. La zone urbaine, que protège le cratère du Montsacopa, conserve un petit noyau ancien (15ᵉ s.) non loin de la plaça Major.

La situation

26 613 habitants. Carte Michelin nᵒ 574 F 37 ou Atlas p. 19 – Garrotxa – Girona. Olot est situé dans le **Parc naturel de la zone volcanique de la Garrotxa★** *(voir « alentours »)*, à l'intersection de trois petites vallées formées par le rio Fluvià.

carnet pratique

RESTAURATION

😊😊 **Cal Sastre** – *Placeta dels Balls, 6 - Santa Pau - 9,5 km au SE d'Olot par la GI 524 -* ☎ *972 68 04 21 - sastre@calsastre.com - été : seulement le soir sf j. fériés - 25,24/33,96€.* En plein cœur du vieux quartier, ce restaurant convivial est aménagé dans une maison à arcades du 16e s. Ses deux petites salles de style rustique servent des plats traditionnels. Complète carte des vins et des cigares. Essayez donc les *fesols* !

😊😊 **Les Cols** – *Mas Les Cols - sur la rte de La Canya -* ☎ *972 26 92 09 - lescols@interbook.net - fermé dim., lun. soir, mar. soir et j. fériés, de fin juil. à mi-août -* 🅿 *- 27,65/33,65€.* Une vieille maison en pierre héberge plusieurs salles à manger bien meublées. Ce restaurant sert une cuisine dont il faut souligner la qualité des produits choisis. Service correct. Autre salle réservée aux banquets.

😊😊 **Ca l'Enric** – *Rte de Camprodón, s/n - La Vall de Bianya - 14 km au NO d'Olot par la C 153 -* ☎ *972 29 00 15 - fermé dim. soir, lun., de fin déc. à mi-janv. -* 🅿 *- 30/45€.* Le savoir-faire de la maison la précède. Ses salles chaleureuses décorées dans un style catalan élégant sont dotées d'un mobilier en osier. Service prévenant. Vous serez tenté par l'auvent situé à l'arrière.

HÉBERGEMENT

😊 **Hotel Perla d'Olot** – *Av. Santa Coloma, 97 -* ☎ *972 26 23 26 - hperla@agtat.es -* 🅿 ♿ *- 36 appt : 30/51€ -* 🍽 *5,90€ - rest. 8,70€.* À l'entrée d'Olot, hôtel d'aspect classique proche du musée Casal dels Volcans. Parties communes assez limitées. Appartements fonctionnels et confortables.

😊😊 **Hotel Riu Olot** – *Rte de Santa Pau -* ☎ *972 26 94 44 - hotel.olot@riu.com -* 🅿 🔟 ♿ *- 28 ch. : 54,10/72,20€* 🍽. L'hôtel dispense de magnifiques vues sur les montagnes. L'endroit idéal pour les amateurs d'espaces verts et paisibles tout en étant à proximité de la ville. Parties communes et chambres lumineuses bien meublées.

😊😊 **Hotel Cal Sastre** – *Cases Noves, 1 - Santa Pau - 9,5 km au SE d'Olot par la GI 524 -* ☎ *972 68 00 49 - reserves@calsastre.com - fermé fév. - 10 ch. : 73/100€* 🍽. Quel bon accueil ! La petite maison de pierre est quelque peu éloignée du centre. Jardin soigné. Toutes les chambres sont décorées avec soin : meubles anciens et poutres en bois aux plafonds. Les salles de bains sont ravissantes. Linge et serviettes de toilette très agréables.

SPÉCIALITÉS

Sur le plan de la gastronomie, on attribue à la Garrotxa la paternité de quelques-uns des mets catalans les plus typiques, tels l'**escudella i carn d'olla** et la **botifarra amb mongetes** (voir *Invitation au voyage : Gastronomie*). Sont également réputés les saucisses, saucissons et boudins et quelques desserts, tels les *cocas de chicharrones* et les *biscotes*, à base d'œuf et de citron.

ACHATS

Olot est réputé pour sa production d'images religieuses et de santons, essentiellement vendus dans les boutiques de la **carrer Major**.

🖪 *Bisbe Lorenzana, 15, 17800 Olot,* ☎ *972 26 01 41. Mulleras, 33 (Ed. Pl. del Mercat), 17800 Olot,* ☎ *972 27 02 42. Av. Santa Coloma, s/n, 17800 Olot,* ☎ *972 26 60 12. À voir dans les environs : CAMPRODON (28 km au NO), RIPOLL (32 km à l'O), FIGUERES (45 km au NE) et GÉRONE (GIRONA, 57 km au SE).*

visiter

Sant Esteve★

8h-11h, sam. 8h-11h, 18h-21h, dim. et j. fériés 10h-13h, 18h-21h. ☎ *972 26 04 74.*
L'église fut construite entre 1750 et 1763 d'après les plans de l'ingénieur militaire Blas de la Trinxeira. C'est une ample bâtisse néoclassique dont la façade et le perron d'accès sont de style baroque. À l'intérieur, on peut admirer le beau baldaquin du maître-autel et les chapelles des Douleurs et du Rosaire, **El Roser**, qui abrite un retable baroque (17e s.), l'un des plus anciens dans son genre, œuvre de Pau Costa, et la monumentale et étonnante toile du Greco, *Le Christ portant la croix* (1605).

Casa Solà-Morales★

L'architecte moderniste Domènech i Montaner reconstruisit ce singulier édifice entre 1915 et 1916 et conserva les somptueux intérieurs du 18e s. La **façade★** moderniste, avec ses balustrades au rez-de-chaussée, ses jardinières et sa belle loggia à l'étage supérieur, est décorée de fresques et de sculptures réalisées par Eusebio Arnau. Admirer les fines silhouettes féminines qui soutiennent les grilles de l'entrée principale.

Museu comarcal de la Garrotxa★

Tlj sf mar. 11h-14h, 16h-19h, dim. et j. fériés 11h-14h. Fermé 1er janv., 25 déc. 1,80€ ; gratuit 1er dim. du mois. ☎ *972 27 91 30.*
Ce musée comprend deux sections : celle de sciences naturelles, la Casal dels Volcans, est installée dans la Torre d'en Castanys (*voir plus loin*), tandis que

OLOT

L'ÉCOLE D'OLOT

Le **paysage**★★ qui entoure la ville est exceptionnel. Le relief accidenté, couvert de bois touffus, contraste avec les vallées soigneusement labourées. Occultées par les brumes, de façon imperceptible, les roches volcaniques virent du noir au gris, puis au bleu, et deviennent enfin rougeâtres, au fur et à mesure qu'avance la journée. La beauté si singulière de cet environnement naturel fit naître, à la fin du 19e s., l'importante école paysagiste d'Olot. Elle débuta avec **Joaquín Vayreda** (1843-1894), adepte du paysagisme réaliste de l'école de Barbizon et admirateur de Constable, et connut un remarquable élan avec la création en 1883 de l'**École publique de dessin**, qui réunit des artistes de toute la Catalogne (Modesto Urgell, Josep Armet, Josep Lluis Pellicer, etc.). C'est ainsi que, même au 20e s., plusieurs peintres et écrivains, adeptes du mouvement Art nouveau, ont continué à exalter ce merveilleux pays.

l'autre se trouve dans l'ancien hospice, construction néoclassique du 18ᵉ s. due à Ventura Rodriguez. Celle-ci présente notamment une **collection de peintures et dessins★★** d'artistes catalans (19ᵉ et 20ᵉ s.), ainsi qu'un échantillon des arts décoratifs et populaires.

On remarquera les nombreuses productions de l'école d'Olot (les frères Vayreda, José Berga, Modesto Urgell et Juan Llimona), les diverses sculptures de Miquel Blay et José Clarà – enfants de la ville – et le célèbre tableau *La Càrrega (La Charge)*, de Ramon Casas.

Santa Maria del Tura
Tlj sf w.-end 10h-12h, 14h-18h. Fermé j. fériés.
Cet ancien sanctuaire reconstruit par l'architecte barcelonais Francesc Mas en 1763 ne conserve, de son ancienne décoration, que les fresques de la coupole.

Couvent de la Mare de Déu del Carme
Fondé à la fin du 16ᵉ s., ce couvent possède une belle église, réalisée en partie par le maître Enrique Julià. L'élément le plus important est le **cloître★** Renaissance (1603) de deux niveaux, œuvre de Lázaro Cisterna.

Casal dels Volcans
Il est conseillé de passer par le bureau d'information du parc naturel ; av. Santa Coloma, s/n. ☎ 972 26 62 02. Juil.-sept. : tlj sf mar. 10h-14h, 17h-19h, dim. et j. fériés 10h-14h ; oct.-juin : tlj sf mar. 9h-14h, 16h-18h, dim. et j. fériés 10h-14h. Fermé 1ᵉʳ janv., 25-26 déc. 1,80€ ; gratuit 1ᵉʳ dim. du mois (musée). ☎ 972 26 67 62.
Ce musée, qui est en même temps le centre d'information du **Parc naturel de la zone volcanique de la Garrotxa** *(voir p. 84, 233)*, se trouve dans la **Torre d'en Castanys**, édifice néo-palladien réalisé par Josep Fontseré (1854). On y trouve une collection géologique très complète de la région.

alentours

Parc naturel de la zone Volcanique de la Garrotxa★
C'est le meilleur exemple de paysage volcanique de Catalogne. Il s'étend à travers la haute vallée du Fluvià jusqu'à Castellfollit de la Roca *(voir à Besalú dans « alentours »)*, couvrant une superficie de 11 300 ha. Trente cônes volcaniques de type strombolien, quelques cratères d'explosion et plus de vingt coulées de lave basaltique lui confèrent un aspect très singulier. Outre l'intérêt géologique, on y trouve une végétation riche et variée – plus spécialement dans la **Réserve naturelle de la Fageda d'en Jordà** –, ainsi qu'un paysage d'une grande beauté qui inspira l'importante école de peinture d'Olot.

Santa Pau★
9,5 km au Sud-Est par la GI 524. De la route, on peut voir sur la droite ce charmant village juché sur une petite colline, au beau milieu du **parc naturel★**. De sa silhouette de pierres se détache le **château**, dont la façade principale s'ouvre sur la **place à arcades** du village, connue sous le nom de Firal dels Bous (bœufs),

Terres volcaniques dans le Parc naturel de la Garrotxa.

et bordée également de l'église paroissiale Santa Maria (15e-16e s.). Santa Pau est une invitation à la promenade dans ses rues évocatrices. Laissons le mystère agir...

Volcan Santa Margarida

4 km au Sud de Santa Pau par une piste non goudronnée. Ce volcan présente un magnifique état de conservation. Un cône de 110 m de haut et 1 200 m de diamètre en fait le plus grand de la Garrotxa. Le cratère, encore visible aujourd'hui, est couvert sur tout son pourtour d'une végétation abondante.

Volcan El Croscat★

2,5 km à l'Ouest de Santa Pau par la GI 524. Ce volcan fut le dernier de toute la zone à se manifester il y a environ 11 500 ans. Il est recouvert d'une spectaculaire surface rugueuse, composée de blocs de lave et d'importantes protubérances qui sont en réalité de gigantesques bulles de gaz solidifiées.

Rupit★

33 km au Sud. Ce pittoresque village s'inscrit dans un cadre de grandes chênaies alternant avec des prés. On y voit la spectaculaire cascade du **Salt de Sallent**. Dans la rue del Fossar, se trouve la forge *(ferreria)*, maison typique reproduite au Poble Espanyol de Barcelone.

BUREAUX D'INFORMATION

À **Olot**, porte d'accès du parc, se trouve la **Maison des volcans** (Casal dels Volcans), qui donne aux visiteurs toutes sortes d'informations pratiques (état des routes, prévisions météorologiques, services divers, etc., ☎ 972 26 62 02).

Fageda d'en Jordà : sur la route d'Olot-Santa Pau se trouve le centre de **Can Serra** (☎ 972 19 50 74).

Sur le **volcan del Croscat** : le **Can Passavent** (☎ 972 19 50 94).

Patronato de Turisme de Santa Pau – Plaça Major (☎ 972 68 03 49).

Peralada★

Au Nord de Figueres, le charmant village de Peralada est situé au milieu d'un extraordinaire paysage de vignes qui fait oublier la mer toute proche. Entouré de murailles médiévales, il possède un intéressant noyau ancien, fait de petites places au plan irrégulier et de ruelles étroites, où abondent les magasins d'antiquités. Chaque été, son château sert de cadre à un prestigieux festival international de musique.

La situation

1 118 habitants. Carte Michelin n° 574 F 39 – Schéma : COSTA BRAVA – Alt Empordà – Girona. Cette belle localité de l'arrière-pays ampurdanais est sise sur une petite colline, à l'Ouest du cap Creus. Les localités côtières les plus proches (à une vingtaine de km) sont : Roses, au SE, et Port de Llança, au NE.

🛈 *Pl. Peixateria, 6, 17491 Peralada,* ☎ *972 53 88 40. www.peralada.org*

À voir dans les environs : FIGUERES (7 km au SO), Gérone (GIRONA, 47 km au SO) et la COSTA BRAVA (à l'E).

visiter

Château★

Cette ancienne demeure des vicomtes de Rocabertí est une véritable mosaïque de styles architecturaux. Les transformations successives, dues aux utilisations diverses du château, ont fait que les éléments décoratifs de styles Renaissance et gothique se dissimulent parmi les détails néo-médiévaux réalisés au 19e s.

Les jardins et le lac, qui s'ouvre devant la belle façade Renaissance orientée à l'Ouest, lui confèrent un air de château français.

Convento del Carme★

C'est en face du château des vicomtes, sur des terrains légués par eux, à l'intérieur des remparts que fut érigé le **carmel** (16e s.), bel exemple de gothique catalan. Il possède une belle église polygonale et des chapelles entre les contreforts (1 400). Le cloître (14e s.) est d'une grâce incomparable.

Museu del Castell de Peralada★ – *De déb. juil. à mi-sept. : visite guidée (1h) tlj sf lun. 10h-12h, 16h-20h ; de mi-sept. à fin juin : 10h-12h, 16h30-18h30, dim. et j. fériés 10h-12h. 3,30€.* ☎ *972 53 81 25.*

Les dépendances du couvent accueillent, depuis 1923, différentes collections de sculptures gothiques et de chapiteaux romans. À l'intérieur de l'église, on s'attardera sur un **chapiteau★** du portail du monastère Sant Pere de Rodes, attribué

carnet pratique

RESTAURATION

Cal Sagristà – *Rodona, 2 -*
☎ *972 53 83 01 - fermé lun. soir et mar.*
(sf juil.-août et j. fériés), 2 sem. fév., 2 sem.
nov. - 📷 - environ 27,26€. Installé dans
une maison ancienne au centre de Peralada.
La décoration de style rustique, le service
de table soigné et l'éclairage indirect
accompagnent la cuisine traditionnelle,
à base de produits de choix.

Ca la Maria – *Mollet de Peralada -*
4 km au N de Peralada - ☎ *972 56 33 82 -*
📷 *- réservation conseillée - 20/32€.*
Dans un village en rase campagne,
ce spacieux restaurant attire une clientèle
de week-end. Un endroit authentique, sans
prétentions, et idéal pour découvrir les plats
les plus typiques de la cuisine catalane.

HÉBERGEMENT

Hostal de la Font – *De la Font, 15-19 -*
Peralada - ☎ *972 53 85 07 -*
info@hostaldelafont.com - 📷 *-*
12 ch. : 75/95€ - 🍽 *7,20€.*
Petit hôtel aux murs de pierre.
Chambres accueillantes, aux planchers
de bois, meublées dans un style rustique
et dotées d'une salle de bains au goût
du jour. Le salon très agréable ouvre sur
un ravissant patio intérieur où les plantes
abondent.

FESTIVAL

Aujourd'hui, le nom de Peralada est associé
à ses excellents vins et *cavas* ainsi
qu'au prestigieux **Festival international
de musique du château de Peralada**,
qui se tient (juil.-août) dans ses jardins
et dans l'église del Carme. Depuis
sa première édition en 1987, la manifestation
accueille opéras, récitals lyriques,
orchestres symphoniques ou
de chambre, spectacles de danse
et pièces de théâtre.
Un célèbre **casino** loge
également au château.

au maître Cavestany. Parmi les collections du couvent, on mentionnera les
2 500 pièces de la **collection de verre★★**, depuis l'ancienne Égypte jusqu'au 19ᵉ s.
Le couvent héberge aussi la **bibliothèque du château**, qui compte plus de
80 000 volumes, dont nombre d'incunables et de précieuses éditions de *Don
Quichotte*, et, dans les caves, un **musée du Vin**.

Centro de Sant Domènec

*Été : tlj sf lun. 10h-14h, 16h-21h ; le reste de l'année : tlj sf lun. 10h-14h, 16h-19h, dim.
10h-14h, 16h-21h. 2,50€.* ☎ *972 53 88 40.*
Outre l'Office de tourisme, ce centre abrite une exposition sur la *comarca* de l'Ampurdan (culture, nature, gastronomie, etc.), et une autre consacrée à la Peralada
médiévale, qui retrace, avec l'aide de
Ramón Muntaner et par la projection
d'un documentaire, l'incendie qui fit
rage dans la ville au 13ᵉ s. Le cloître
roman est également digne d'intérêt.

Cloître Sant Domènec★ – Ce cloître
est tout ce qui reste du couvent fondé
par les augustins au 11ᵉ s. Il s'agit du
plus important monument roman
(12ᵉ s.) de la ville dont la structure

Au 13ᵉ s.

Natif de Peralada, le grand chroniqueur catalan
Ramón Muntaner (1265-1336) décrit dans sa
célèbre *Crónica* l'incendie provoqué en 1285 par
les Almogávares *(voir p. 58)*, l'un des épisodes les
plus marquants de l'histoire locale.

architecturale est très rudimentaire. L'iconographie des chapiteaux – scènes de la
Bible, bestiaire, animaux fantastiques et motifs végétaux – a un caractère populaire
très poussé.

Monastère de **Poblet**★★★

Ce monastère, protégé derrière les montagnes de Prades, dans un beau site boisé où l'on entend les échos des nombreuses sources, est l'ensemble architectural le plus important et le mieux conservé de l'art cistercien.

La situation

Carte Michelin n° 574 H 33 – Conca de Barberà – Tarragona. Le **paysage**★ environnant est une vraie merveille. Le **bois de Poblet**, au Sud-Ouest, théâtre d'importantes chasses royales, est un massif forestier à la végétation épaisse. Aux alentours de l'abbaye, près d'un petit ruisseau, se dressent, blancs et élancés, les célèbres peupliers de Poblet, qui donnent leur nom au monastère – Poblet, *populetum* en latin, veut dire peupleraie. La sensation de calme et de spiritualité rend plus compréhensibles les idéaux cisterciens.

🛈 *Pg. Abat Conill, 9B, 43430 Vimbodí,* ☎ *977 87 12 47. www.conca.altanet.org*

À voir dans les environs : MONTBLANC (10 km à l'E), VALLS (25 km au SE), le monastère de VALLBONA DE LES MONGES (31 km au NO), le monastère de SANTES CREUS (41 km au SE).

comprendre

Le lieu de retraite spirituelle des rois

L'histoire de Poblet remonte à l'an 1151. En effet, après la reconquête de la Catalogne, le comte Raymond Bérenger IV céda à l'**abbaye** française **de Fontfroide**, près de Narbonne, une terre sur la Conca de Barberà pour y établir un monastère cistercien. La première communauté à s'y installer, en 1153, était composée de douze moines. Le système économique, établi sur l'exploitation fermière, s'appuyait sur l'acquisition de droits seigneuriaux portant sur différents villages.

Grâce aux donations des rois et de la noblesse, le monastère, au moment de sa plus grande splendeur (14ᵉ s.), outre le droit de nommer les maires d'une dizaine de bourgades, avait juridiction sur sept baronnies et soixante-dix villages.

Les premiers protecteurs du monastère furent les rois de la couronne catalano-aragonaise. Lorsque la cour se déplaçait de Saragosse à Barcelone, Poblet était, avec **Santes Creus** *(voir ce nom)*, une de ses étapes préférées. Les monarques firent de cette abbaye leur lieu de retraite spirituelle et, plus tard, avec Pierre III le Cérémonieux, Poblet devint le panthéon de la dynastie.

Il perdit de son importance à partir du 16ᵉ s. et une série d'événements acheva de le ruiner : la guerre d'indépendance, la suppression des ordres religieux pendant la période constitutionnelle (1820-1823), et, enfin, la loi de 1835, qui décréta la vente des biens ecclésiastiques. La restauration de Poblet fut réalisée à l'initiative du diplomate et grand argentier **Eduardo Todà i Güell** (1855-1941), qui créa en 1930 le Patronato de Poblet. Peu après la guerre civile, en 1940, l'abbé général de l'ordre de Cîteaux rétablit la vie monastique. Actuellement, une trentaine de moines maintiennent les idéaux cisterciens et font de Poblet un important centre spirituel.

carnet pratique

RESTAURATION

🍴🍴 **Fonoll** – *Pl. Ramón Berenguer IV, 2 -* ☎ *977 87 03 33 - miforo@hotmail.com - fermé jeu., de fin déc. à fin janv. - 20,65/23,94€.* Établissement familial situé en face du monastère. Malgré de sobres équipements et une décoration discrète, il n'en demeure pas moins accueillant. Cuisine catalane traditionnelle qui pourra être également savourée sur la terrasse.

HÉBERGEMENT

🛏 **Hotel L'Ocell Francolí** – *Passeig Cañellas, 2-3 - L'Espluga de Francolí - 4,5 km au NE de Poblet - ☎ 977 87 12 16 - info@ocellfrancoli.com - fermé de déb. janv. à mi-janv. - 12 ch. : 23/37€ - ⊇ 4,50€ -*

rest. 15€. Petit hôtel central et familial installé dans une ancienne auberge très connue de Poblet. Chambres confortables malgré la taille assez réduite des salles de bains. Sobre restaurant servant des plats catalans.

🛏 **Hostal del Senglar** – *Pl. Montserrat Canals, 1 - L'Espluga de Francolí - 4,5 km au NE de Poblet - ☎ 977 87 01 21 - recepcio@hostaldelsenglar.com - 🅿 🏊 - 40 ch. : 35/54€ - ⊇ 3€ - rest. 15,03€.* Hôtel accueillant qu'entoure un jardin soigné. Son restaurant jouit d'une grande popularité dans la région. Chambres classiques et très confortables malgré une décoration un tant soit peu désuète. Salles de bains modernes.

Le monastère et la tour-lanterne octogonale de l'église.

visiter

Mars-oct. : visite guidée (45mn) tlj sf lun. 10h30-13h30, 16h30-18h45 ; nov.-fév. : tlj sf lun. 10h30-13h30, 16h30-17h30. Fermé 1ᵉʳ janv., 25 déc. 2,50€ ; 6€ (billet combiné pour la visite des monastères de Poblet et Santes Creus). ☎ 973 33 02 66.

L'ensemble, érigé entre les 12ᵉ et 18ᵉ s., constitue un véritable musée architectural. Réalisés selon plusieurs styles, les bâtiments de Poblet sont un modèle d'une pure et grande simplicité.

L'idéal de tout monastère cistercien était de créer un petit univers, un milieu où la discipline, l'ordre et la sécurité étaient au service de Dieu et de ses serviteurs, les moines. Poblet obéit à cet archétype, raison pour laquelle il possède trois parties bien différenciées.

La première enceinte, fortifiée, était consacrée aux activités du monastère (jardins, terrains cultivés, dépôts, ateliers, logements pour les paysans et ouvriers, etc.). Dans la deuxième se trouvaient les dépendances nécessaires aux relations entre le monastère et le monde extérieur, et la troisième enceinte, enserrée dans une muraille défensive, était le lieu de clôture monastique abritant les éléments de grande valeur artistique.

Première enceinte

Porte de Prades

On accédait à la première enceinte, protégée par une muraille de 5 m de haut et 2 km de long, par cette porte en forme d'arc en plein cintre uniquement décorée d'une image de la Vierge, patronne du monastère.

Une fois passé la porte, à gauche se trouve la maison (1531) destinée au moine-portier, avec un petit patio où l'on peut voir le blason de l'abbé Lerín et de belles décorations de chapiteaux.

Chapelle Sant Jordi★★

La merveilleuse chapelle Saint-Georges, bâtie par ordre d'Alphonse V le Magnifique après la conquête de Naples en 1443, se trouve à droite des dépendances agricoles (forge, écuries et logements des ouvriers).

Malgré sa taille réduite – 9 mètres de long par 5 de large –, c'est l'un des bâtiments les plus remarquables de Poblet. La voûte intérieure en berceau brisé témoigne du degré de perfection atteint par l'architecture gothique tardive. À l'extérieur, les éléments décoratifs, fins et délicats, produisent un bel effet (admirer l'écu du roi couronné par le dragon, détail qui se répète dans tout le monastère).

Deuxième enceinte

Porte dorée

En face de la chapelle Saint-Georges se trouve la porte où le cortège royal descendait de cheval pour, sous un dais, être conduit jusqu'à la grande église. Cette porte doit son nom à Philippe II, qui, à l'occasion de sa visite en 1564, fit dorer les plaques de bronze couvrant les vantaux.

Bien qu'entreprise au milieu du 15ᵉ s., la construction ne s'acheva probablement qu'à la fin du siècle, comme l'atteste la présence des armoiries d'Aragon et de Catalogne, de Sicile et de Castille en usage durant les règnes de Jean II et de

Ferdinand le Catholique. Ce dernier fit une dernière visite à Poblet, accompagné de toute sa famille, après la conquête de Grenade et la découverte du Nouveau Monde (1492).

La porte, avec ses créneaux et ses mâchicoulis, est un bel exemple d'architecture militaire. L'intérieur est une agréable pièce aux sièges de pierre, au-dessus desquels il y eut deux fresques représentant des épisodes de la création du monastère.

Plaça Major★

Après la Porte dorée, on parvient à cette place irrégulière bordée de très intéressants bâtiments, telle, à gauche, la **chapelle Santa Caterina** (12ᵉ s.), œuvre d'une grande simplicité architecturale à laquelle sont accolés les bâtiments destinés à la menuiserie, l'hospice pour les pèlerins et les magasins. À droite apparaissent les vestiges du Palais abbatial (16ᵉ s.) et la grande **croix en pierre** de l'abbé Guimerà, de même époque. À l'extérieur de cette deuxième enceinte, dans la zone des jardins, se trouve le Nouveau Palais de l'abbé (16ᵉ et 17ᵉ s.), relié à la troisième enceinte par un passage couvert.

C'est de la plaça Major que l'on a la meilleure vision de l'aspect monumental de Poblet. Là, au milieu de cet immense espace, le visiteur peut regarder à loisir, face à lui, la grande muraille qui entoure le monastère, et les deux constructions les plus emblématiques de Poblet : la façade baroque de l'église et la Porte royale.

Troisième enceinte

Pierre IV le Cérémonieux fit construire, à partir de 1336, la muraille qui enserre le monastère proprement dit. Cette imposante fortification, aux dimensions extraordinaires (608 m de long, 11 m de haut et 2 m de large), est dotée de créneaux, d'un chemin de ronde et de treize tours.

Façade baroque de l'église

Il était rare qu'une église cistercienne possédât une façade vers l'extérieur. Poblet n'échappait pas à la règle, mais le duc de Cardona, au 17ᵉ s., en fit construire une donnant accès au narthex de la grande église.

Sur le corps central apparaissent, entre les colonnes, les statues de saint Benoît et de saint Bernard. Au-dessus de la porte architravée, dans une niche, se trouve une statue de la Vierge. Cinquante ans après sa construction, en 1720, on perça des deux côtés deux oculi encadrés de doubles colonnes torsadées à cannelures, d'architraves et de hauts pinacles. Quoique bien structuré, cet ensemble détonne avec l'aspect austère de Poblet.

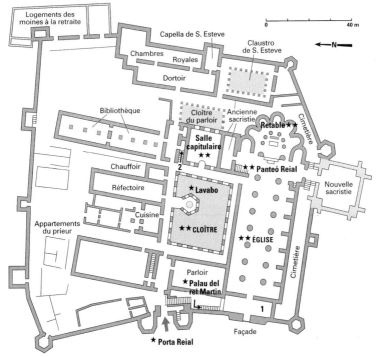

SANTA MARIA DE POBLET: TROISIÈME ENCEINTE

Étapes de construction　　12ᵉ -13ᵉ s.　　14ᵉ s.　　16ᵉ s.　　17ᵉ -18ᵉ s.

Porte royale

C'est par là que l'on franchit la troisième enceinte, à l'intérieur de laquelle se trouvent les dépendances monastiques. Celles-ci ne sont pas situées au Sud, selon la coutume appliquée dans tous les monastères, mais au Nord, en raison, paraît-il, de la proximité des montagnes.

Le monument, de grandes dimensions, est en parfait état de conservation. Son aspect austère et seigneurial est renforcé par le peu d'ornements qu'il présente : les armoiries de Pierre IV, les « quatre barres » (aujourd'hui il n'y en a plus que trois), et une inscription latine qui dit : « Cette construction fut entreprise au temps de Pierre, roi d'Aragon ».

Les deux magnifiques tours qui l'encadrent, les mâchicoulis et les meurtrières lui donnent un aspect plus proche de la porte d'un château que de celle d'un monastère.

Palais du roi Martin★

Après la Porte royale apparaissent à droite les escaliers qui conduisent à ce beau palais de style gothique flamand. Martin l'Humain le fit construire en 1392, sur l'aile Ouest du cloître, mais sa mort le laissa inachevé. Il faut remarquer l'élégance des grandes fenêtres à ogives, apportées de Gérone. La partie extérieure est décorée d'arcs fins trilobés qui brisent la monotonie du mur et contrastent avec les ajours des fenêtres.

Parloir

Cet ancien dortoir des convers (14ᵉ s.), puis pressoir, se trouve dans la partie inférieure du Palais du roi Martin.

C'est une vaste pièce où les voûtes se fondent sans supports dans les murs.

Cellier★

Au sous-sol du dortoir des vieux moines se trouve le magnifique cellier gothique (13ᵉ s.), voûté sur croisée d'ogives retombant sur des piliers octogonaux. Sa simplicité est sa principale réussite artistique. Il a été aménagé en salle de concert.

Cloître★★

On parvient au cloître par un hall rectangulaire, dont les arcs de la voûte sur croisée d'ogives reposent sur des consoles ornées de l'écusson de l'abbé Ponce de Copons. Grand bâtisseur, il voulut en laisser un témoignage et fit sculpter, sur toutes les œuvres qu'il fit exécuter, un écusson avec une coupe, symbole de son nom.

Le cloître est un superbe exemple de transition du roman au gothique : la galerie romane adossée à l'église est voûtée dans le style ogival gothique, qui domine dans les trois autres galeries.

En le parcourant dans toute son ampleur (40 m x 35 m), on peut admirer la belle simplicité de l'architecture cistercienne. Les arcs trilobés et polylobés, dans les galeries gothiques, créent un beau contraste avec l'austérité de l'aile romane. Les beaux **chapiteaux★** ornés de motifs végétaux et géométriques sont dignes d'intérêt.

Le **lavabo★**, fondamental pour les ablutions quotidiennes des moines, est de style roman. À l'intérieur, une fontaine en marbre à trente jets laisse couler de fins filets d'eau qui résonnent dans le silence.

Cuisine

Située au Nord du cloître, c'est un espace monumental voûté sur croisée d'ogives. On y voit les fourneaux pour les grandes marmites en cuivre, une cheminée latérale, des moulins en pierre et le tour qui servait pour passer les plats dans le réfectoire attenant.

Le lavabo du cloître.

J. Malburet/MICHELIN

Réfectoire et chauffoir

Bâti au 12ᵉ s., le réfectoire, face au lavabo du cloître, est toujours utilisé. C'est une salle rectangulaire (33,5 m x 8,25 m), dont la grande voûte à ogives s'appuie sur trois arcs de décharge. Éclairé par douze fenêtres, l'intérieur est austère et bien proportionné. Pendant que les moines mangent en silence, depuis la chaire du lecteur, accessible par un escalier encastré dans le mur, on lit des psaumes et des passages de la Bible.

La fontaine octogonale, au centre de la salle, permet le rituel lavement des mains. À côté du réfectoire se trouve le chauffoir (13ᵉ s.), pièce de taille plus réduite qui servait aux moines les plus âgés et à ceux qui revenaient du travail à l'extérieur pour se chauffer à la cheminée et sécher leurs vêtements.

Bibliothèque

C'est une salle longue et étroite en forme de vestibule, à laquelle on accède par l'ancien parloir des jeunes moines. Construite au 13ᵉ s., l'actuelle bibliothèque était, jusqu'au 17ᵉ s., le « scriptorium », où les copistes reproduisaient des manuscrits anciens. C'est une salle très agréable, divisée en deux parties, dont les voûtes en ogive reposent sur une rangée centrale de colonnes cylindriques.

Des 40 000 volumes qu'elle contenait, seuls sont conservés quelques incunables, le reste étant éparpillé dans des musées, monastères et collections particulières.

Salle capitulaire★★

On y accède depuis le cloître par une porte romane, décorée d'archivoltes et de chapiteaux à ornements végétaux.

Cette salle (13ᵉ s.) est l'un des joyaux du monastère, tant sa simplicité et son harmonie sont fascinantes. Quatre colonnes octogonales, très élancées, soutiennent les neuf voûtes en palmiers, fréquentes dans l'architecture cistercienne. Au fond, les grandes fenêtres tamisent la lumière projetée vers le dallage, où sont encastrées onze pierres tombales d'abbés de Poblet. Les chapiteaux, très bien conservés, confèrent à l'ensemble une remarquable touche d'élégance.

Église★★

L'art cistercien atteint une grande perfection avec l'église Santa Maria. La sévérité des murs, l'équilibre des dimensions, et le mariage du roman et du gothique font de cette église un lieu où le visiteur ressentira une inoubliable impression de paix et d'équilibre.

Le plan est basilical, avec trois vaisseaux séparés par des piliers cruciformes aux colonnes adossées. Initiée au temps d'Alphonse Iᵉʳ (1162-1196), la nef de l'Épître fut reconstruite par l'abbé Copons (1316-1348) qui bâtit également la **tour-lanterne** octogonale visible de l'extérieur. L'importance de la communauté nécessitant un plus grand nombre d'autels, on construisit un chevet à deux absides et un élégant déambulatoire à cinq absidioles, fait inhabituel dans les églises cisterciennes.

À l'entrée, on ajouta le narthex (1275), contre le mur duquel on bâtit plus tard la façade baroque. C'est par là que les fidèles accédaient à l'église. Le seul décor conservé est celui de l'**autel du Saint Sépulcre (1)**, œuvre de style Renaissance, en marbre.

Intérieur – Une grande pureté habite cet espace grave et solennel, d'où tout indice d'ostentation a été banni. Les chapiteaux sont dépourvus de toute décoration, même végétale, et la nudité des éléments architecturaux est saisissante.

La nef centrale, voûtée en berceau, s'appuie sur de simples arcs de décharge, et les bas-côtés sont voûtés sur croisées d'ogives. Entre les contreforts du bas-côté droit, sept chapelles furent ouvertes au 14ᵉ s. Un escalier relie le bras gauche du transept au dortoir des moines.

Grand retable★★ – Dans l'austérité de Poblet, ce grand retable de style Renaissance, d'inspiration italienne, produit un effet déconcertant. Sculpté en 1527 par Damián Forment dans un marbre très blanc, il se compose de quatre registres horizontaux : le premier et le troisième présentent des scènes de la vie de Jésus, le deuxième est consacré à sainte Marie qu'encadrent d'autres saints et saintes, et le quatrième représente les douze apôtres autour du Christ. Une crucifixion couronne cette magnifique pièce, où moulures, frises et corniches reprennent parfois les mêmes motifs décoratifs.

Panthéon royal★★ – Sa situation est surprenante : deux immenses arcs surbaissés (14ᵉ s.) construits entre les piliers de la croisée supportent les tombeaux d'albâtre. Les effigies royales se situent sur la partie supérieure des tombeaux, dont les parties latérales représentent de hauts faits. Les sépultures ont beaucoup souffert du vandalisme en 1835, et c'est le sculpteur **Frederic Marès** *(voir Index)* qui restaura l'ensemble, lui rendant son aspect magnifique.

Du côté de la chapelle de l'Épître, dans le premier tombeau repose Jacques Iᵉʳ le Conquérant, représenté vêtu en roi et en moine ; au centre, Pierre IV le Cérémonieux et ses trois épouses : Marie de Navarre, Eléonore de Portugal et Eléonore de Sicile ; le troisième tombeau, qui était destiné en principe à Martin l'Humain, contenait les restes de Ferdinand Iᵉʳ et de son épouse Eléonore de Castille, mais ces derniers se trouvent actuellement à Médina del Campo.

Dans le sarcophage le plus proche de l'autel fut enterré Alphonse II le Chaste. Dans le suivant reposent Jean Iᵉʳ et ses deux épouses, Marthe d'Armagnac et Yolande de Bar, et dans le troisième, les parents de Ferdinand le Catholique, Jean II et Jeanne

Enriquez. Alphonse V le Magnanime et Martin Ier l'Humain sont inhumés dans d'autres endroits de l'église.

Dortoir (2) – Cette immense salle de 87 m de long et 10 m de large se trouve au-dessus de la salle capitulaire, du parloir et de la bibliothèque. Dix-neuf grands arcs diaphragmes soutiennent la couverture en bois à double pente. Une partie du dortoir est occupée aujourd'hui par les cellules des moines.

UN RETABLE PROBLÉMATIQUE

C'est l'abbé Caixal qui passa commande du grand retable en marbre à **Damián Forment**. Cet artiste, originaire de Valence, était le plus célèbre sculpteur du royaume catalano-aragonais et avait de nombreuses commandes. Néanmoins, Forment s'engagea auprès de l'abbé, confiant en la collaboration de ses nombreux ouvriers.

Le contrat stipulait que le retable devait être réalisé « à la romaine », c'est-à-dire tout en marbre de la meilleure qualité et selon l'iconographie retenue par les moines eux-mêmes.

En 1529, une fois l'œuvre terminée, l'abbé de Poblet accusa le sculpteur de ne pas avoir utilisé du bon marbre, de présenter quelques répétitions et déficiences dans la taille et d'avoir confié le travail à ses collaborateurs. Une poursuite fut engagée, et Martín Díaz de Liatzasolo, sculpteur rival de Forment, se prononça également sur la mauvaise qualité du retable.

Le dénouement ne pouvait être que défavorable pour l'artiste valencien : Forment ne perçut ni la mule ni une partie de la somme qui avaient été prévues.

---

alentours

L'Espluga de Francolí

4 km au Nord par la T700.

Le tracé sinueux de la route de Les Masies traverse de beaux paysages où les suaves volumes des montagnes alternent avec les vastes plaines à l'épaisse végétation.

La ville offre des pâtisseries exceptionnelles : les *carquinyolis* et les *gaufres de l'Espluga* sont connus dans toute la Catalogne.

Ancienne église Sant Miquel – *9h-14h, 16h-19h, dim. et j. fériés 9h-14h. 1€.* ☎ *977 87 12 20.*

C'est un sobre bâtiment de transition du roman au gothique (13e s.). La frise du portail est ornée de reliefs avec des créatures fantastiques.

Ancien hôpital – Cet échantillon du gothique civil conserve un magnifique patio (14e s.). Il héberge l'Office de tourisme et la bibliothèque municipale.

Musée de la Vie rurale★ – *Mars-oct. : tlj sf lun. 10h30-14h, 16h-18h30 ; nov.-fév. : tlj sf lun. 10h30-14h, 16h-18h, dim. et j. fériés 10h30-14h. 3€ (7,65€ incluant la visite de la grotte Font Major et du musée du Vin).* ☎ *977 87 05 76.*

Le musée sur trois niveaux est consacré au monde rural. Il nous explique la nature des différents travaux des champs, la vie et les coutumes familiales, les travaux domestiques et les métiers traditionnels. À noter la remarquable collection de **sculptures de Josep Traitéa**, qui représente une intéressante page d'ethnographie rurale, et la non moins étonnante collection de crèches.

Cova-Museu de la Font Major – *Tlj sf lun. 10h30-13h30, 16h30-19h30, dim. et j. fériés 10h30-12h, 16h30-18h.* ☎ *977 87 12 20.*

La découverte de la grotte Font-Major, explorée sur près de 3 600 m, remonte à 1853. Redécouverte en 1953, elle est l'une des plus grandes du monde et fit l'objet depuis 1990 de fouilles systématiques qui mirent au jour des restes néolithiques témoignant de son éventuelle occupation vers 4660 avant J.-C.

Cellier – *8h-12h30, 15h30-18h, w.-end et j. fériés 10h-13h30. 2,25€. Fermé 1er janv., 25 déc.* ☎ *977 87 04 56.*

Ses dimensions expliquent que le dramaturge Ángel Guimerà l'ait surnommé « cathédrale du vin ». L'édifice aux trois vaisseaux fut dessiné par Domènech i Muntaner puis construit en 1913 par son fils, Pere Domènech i Roura.

Prades★

20 km au Sud par la T700. On arrive à Prades par une **route★★** sinueuse et pentue, qui offre de spectaculaires **panoramas★** sur la *comarca* de la Conca de Barberà et le ravin de Castellfollit. Le chemin serpente entre les forêts de pins noirs et les châtaigniers, s'enfonçant dans les montagnes qui cernent le village.

Le bourg, ancienne capitale du comté de Prades, est à 950 m d'altitude. Il présente un important ensemble monumental bâti avec la belle et caractéristique pierre rougeâtre qui a valu à la ville le nom de « Vila vermella », la Ville rouge.

Actuellement, Prades est un important centre résidentiel, apprécié pour son climat et son paysage. Elle accueille, en automne, un grand nombre d'amateurs de champignons, qui trouvent dans ces montagnes un véritable et singulier « paradis ».

On peut voir les **portes** de la ville et la place aux Arcades, dont la célèbre **fontaine** sphérique de style Renaissance est reproduite au Poble Espanyol de Barcelone.

Ermitage de L'Abellera – *2 km à l'Ouest. Pour visiter l'ermitage, demander les clés au Bar Tomaset.* ☎ *977 86 80 18.*

Construit au 16ᵉ s. sous une grotte, c'est un pittoresque **mirador**★★ sur ce paisible paysage. D'ici, Prades offre une image exceptionnelle. Le village, caché au cœur des montagnes, n'est plus qu'une tache de couleur rouge. Les nombreux précipices, aux profils verticaux, se dressent en murailles inexpugnables. Les cours d'eau semblent se rétrécir jusqu'à leur disparition dans des gorges insondables.

Port Aventura★★★

Le Resort Universal Mediterranea englobe le parc à thèmes Port Aventura, les hôtels Port Aventura et El Paso, ainsi que le parc aquatique Costa Caribe. Port Aventura est un lieu d'évasion qui permet un amusant voyage dans un monde aventurier.

Le visiteur n'aura pas le temps de franchir le portail qu'il sera déjà émerveillé par les incessantes allées et venues des touristes, les attractions fonctionnant à plein régime et toute une infrastructure ludique à son service. Des cow-boys déchargent leurs pistolets, un bateau pirate sillonne une petite mer, des canoës semblent se fracasser contre des rochers... le bruit et la joie deviennent contagieux et il sera difficile de s'ennuyer.

La situation

Carte Michelin nᵒ 574 I 33 ou Atlas p. 45 – Schéma : COSTA DAURADA – Tarragonès – Tarragona. Les 115 ha du parc s'étendent sur les communes de Salou et de Vilaseca, en plein cœur de la Costa Daurada. Situé à 10 km de Tarragone et à 113 km de Barcelone, Port Aventura est accessible, en voiture, par l'autoroute A 7 (sortie 35) et par la route N 340. Par le train, les gares les plus proches sont celles du parc même et celles de Salou, Reus et Tarragone, spécialement reliées à Port Aventura. Les aéroports les plus proches sont Reus (15 km) et Barcelone (120 km).

À voir dans les environs : la COSTA DAURADA, TARRAGONE (au NE), REUS (au N) et VALLS (au N).

carnet pratique

Information et réservation –
☎ 902 20 22 20 (de l'étranger 00 34 977 77 91 10)
Horaires d'ouverture – De mi-mars à fin juin et de mi-sept. à déb. janv. : 10h-20h (w.-end 22h) ; de fin juin à mi-sept. : 10h-0h.
Billets d'entrée – Ils peuvent être achetés par l'intermédiaire de Servi-Caixa (la veille) et aux guichets du parc :

adultes (12-60 ans) : 31€/j (2j consécutifs : 46,50€) ; enf. (5-12 ans) et adultes (+ 60 ans) : 23€/j (2j consécutifs : 35€) ; enf. (- 5 ans) : gratuit. Possibilité de billet combiné incluant l'accès à Costa Caribe (valable 1j) : adultes : 46,50€ ; enf. (5-12 ans) et adultes (+ 60 ans) : 35€ ; enf. (- 5 ans) : gratuit.
Parking – Tarifs : voitures : 4,75€ ; motos : 2€ ; caravanes : 5,80€.

visiter

Depuis le parking réservé aux visiteurs, vous vous dirigerez vers les guichets où vous seront distribués des guides du parc.

Le parc comprend cinq « pays » qui sont autant de thèmes : Mediterrània (Méditerranée), Polynesia (Polynésie), China (Chine), México (Mexique) et Far West. Les spectacles se succèdent, dans les rues et dans les locaux, avec une petite prédominance pour les danses typiques, mais n'oublions pas que les différents groupes d'animateurs, avec la collaboration du public, interprètent des numéros musicaux et des saynètes.

La gastronomie n'est pas en reste, et constitue au contraire un autre atout du parc. Ce plat exotique que vous avez toujours voulu goûter, vous le trouverez dans les restaurants et gargotes de chaque pays. Haricots rouges pimentés et succulents repas des empereurs d'Orient peuvent cependant être remplacés par les typiques sandwiches des gens pressés.

Ne partez pas sans faire un détour par les boutiques de souvenirs, vous y trouverez un peu de tout, et surtout les tee-shirts et les casquettes marqués du sympathique logo de Port Aventura.

Le parc compte de nombreuses attractions dont nous ne citerons que les plus intéressantes.

Mediterrània

C'est la porte d'entrée du parc et l'endroit où se trouvent les services proposés à la clientèle (change, location de fauteuils roulants et caméras vidéo, boutiques de souvenirs, etc.). Vous y trouverez aussi l'hôtel Port Aventura, le seul qui soit dans les limites du parc.

Toute la culture et les saveurs de la Méditerranée sont concentrées dans un petit village côtier. Des rues blanches, des maisons éclairées... et l'agitation des barques qui imprègne l'air d'une irrésistible odeur de poisson fraîchement pêché. On découvre ici de fascinants secrets : comment faire un nœud marin, quand se produit la marée haute, et beaucoup d'autres choses.

Sur le port de cette petite baie, les boutiques proposent plus de quarante produits différents aux motifs de Port Aventura.

Polynesia★

Depuis la gare du Nord (Estació del Nord), un sentier s'enfonce entre les plantes exubérantes, les oiseaux aux mille couleurs et les petites îles de rêve. Musiciens et danseurs, légèrement vêtus, animent ce chaleureux voyage de leurs mélodies exotiques. Sur une scène en plein air, on donne le singulier spectacle du **Makamanu Bird Show**, où loris, perroquets et cacatoès réalisent des acrobaties invraisemblables en criant de sympathiques phrases.

Tutuki Splash★★ – La barcasse polynésienne pénètre dans les entrailles d'un volcan, puis... se précipite dans une cataracte impressionnante à plus de 55 km à l'heure... Le « splashhhh... » final éclabousse les intrépides marins, qui après de violentes émotions vont se rafraîchir avec les agréables saveurs de jus tropicaux.

China★★

Cœur du parc thématique, on découvre ici toute la magie, le mystère et la fantaisie d'une culture millénaire. Dans le village chinois de **Ximpang** se trouve le temple de **Jing Chou**, où a lieu le spectacle de la **Fantaisie magique de la Chine**. Les apparitions se succèdent : papillons, poissons aux couleurs chatoyantes, ombres se transformant en objets les plus divers... Le **Cobra impérial**, un dragon-tourbillon qui fait la joie des plus petits, et le **carrousel des tasses à thé** (Tea Cups) comptent parmi les autres attractions du secteur que la grande muraille isole de la plus impressionnante des attractions de Port Aventura.

Dragon Khan★★★ – C'est la star du parc. Sa silhouette dessine un crochet de fantaisie dans l'air. Il n'y a que les plus audacieux pour oser se lancer sur les montagnes russes les plus spectaculaires du monde, avec leurs huit loopings. Grimper à l'endroit, descendre à l'envers, aller en avant ou en arrière à 110 km/h... est une expérience inoubliable, mais seulement à la portée des plus intrépides.

México★★

Des mythiques ruines mayas au Mexique colonial, du rythme entraînant des mariachis au goût relevé de la cuisine mexicaine... un voyage à travers le temps. La spectaculaire reproduction de la **pyramide de Chichen-Itzá** cache le **Grand Théâtre maya**, où l'on peut apprécier les danses précolombiennes.

Le train du diable★ – Les rires se mêlent aux grincements des wagonnets qui passent entre des précipices, et par ponts et tunnels.

Far West★★

À **Penitence**, un vieux village décoloré, les plus incroyables fantaisies de l'Ouest américain deviennent réalité. Tourner dans un western, devenir un cow-boy accompli, et, entouré de jolies filles et de durs à cuire, danser dans un saloon... tout cela est possible dans cette aventure, où l'on peut aussi se laisser emporter par la vieille **locomotive de l'Union Pacific**, qui emmène les visiteurs dans le parc jusqu'à Mediterrània.

Grand Canyon Rapids★★ – Des bacs, ronds comme des autocuiseurs, participent à un rafting d'enfer, mais les rapides du Colorado font tanguer les petites embarcations. Il ne faut pas avoir peur de l'eau et bien s'accrocher pour goûter pleinement ces intenses émotions.

Stampida★ – Deux wagonnets en compétition le long d'un parcours de montagnes russes en bois. La sensation de vitesse est extraordinaire et le croisement frontal est tout simplement incroyable.

Sea Odyssey – Spectaculaire simulateur sous-marin.

Costa Caribe

10h-19h (hiver : uniquement la zone Gran Caribe). Adultes (13-59 ans) : 14€ ; enf. (5-12 ans) et plus de 60 ans : 10,50€.
☏ *902 20 22 20.*

Tout proche de Port Aventura, ce magnifique parc aquatique nous transpose dans une île des Caraïbes avec son atmosphère, son architecture et sa végétation. Ses nombreuses attractions vous

> ### SPECTACLES
>
> « La plus grande scène de Port Aventura est la rue » : des groupes d'acteurs mettent en scène de courtes pièces, dans les rues du parc. Chaque zone offre également, dans des théâtres et locaux *ad-hoc*, des spectacles d'une durée maximale de vingt minutes. Au total ce sont plus de soixante-dix représentations par jour.

permettront de passer une journée dans l'eau, pleine de divertissements : piscine à vagues, toboggans, tunnels, rivière animée de courants, aire de jeux, etc. Le parc est également doté d'un espace intérieur climatisé qui est ouvert en hiver.

Pyrénées catalanes★★★

Les grands sommets, les glaciers, les lacs et étangs, les grandes forêts de sapins, pins, bouleaux, frênes et chênes rouvres, et les prés de type alpin composent les principaux attraits naturels de cette impressionnante chaîne montagneuse. À la beauté de son cadre naturel s'ajoutent l'indéniable charme des villages montagnards, le riche patrimoine artistique, roman pour la plupart, sans oublier une grande offre gastronomique et d'activités de loisirs de premier plan (ski, escalade, chasse, pêche, sports d'aventure, etc.). En réalité, un séjour dans les Pyrénées catalanes, c'est l'assurance de vivre une expérience inoubliable.

La situation

Carte Michelin n° 574 D/F 32-37 ou Atlas p. 17 à 19 – Ripollès, Cerdanya, Alt Urgell, Pallars Subirà, Pallars Jussà, Alta Ribagorça, Val d'Arán – Girona, Lleida. Les Pyrénées catalanes constituent une large barrière de 230 km de long, qui se prolonge, presque sans interruption, depuis le val d'Arán – tout proche du massif de la Maladeta – jusqu'à la Méditerranée, avec des altitudes supérieures à 2 500 m (Pica d'Estats,

> ### LES VALLÉES PYRÉNÉENNES
> La cordillère est coupée par de profondes vallées transversales – Arán, Ribagorça, Pallars, Alt Urgell, Cerdanya, Ripollès, Garrotxa et Empordà –, constituant des régions naturelles ayant leurs propres caractère et histoire.
> Malgré de nombreux éléments communs à toutes les régions, le paysage pyrénéen est passablement varié.

3 145 m ; Puigmal, 2 910 m). Les monts Albères, derniers chaînons du massif, atteignent le cap Creus, plongeant dans la mer du haut de leurs 700 m. Au Sud de cette zone axiale et granitique se dressent les sierras del Cadí, de Boumort et de Montsec, qui forment les Prépyrénées calcaires.

🚩 Patronato *Comarcal de Turismo de Cerdanya : pl. Espanya, 40, 17520 Puigcerdà,* ☎ *972 88 21 61. Patronato Comarcal de Turismo de l'Alta Ribagorça : av. Victoriano Muñoz, 48, 25520 Pont de Suert,* ☎ *973 69 03 53. Turisme Val d'Aran : ctra. de Gausach, 1, 25530 Vielha,* ☎ *973 64 06 88. www.aran.org*

À voir dans les environs : VIC (36 km au S de Ripoll), SOLSONA (43 km au SE de Coll de Nargó), BERGA (49 km au S de Puigcerdà) et la COSTA BRAVA (au SE).

circuits

Les sept circuits suivants sont orientés d'Est en Ouest.

La haute vallée du Ter★ ①

Du col d'Ares au val de Núria 106 km. Une journée

À mesure que l'on s'éloigne de la côte, les sommets pyrénéens deviennent de plus en plus escarpés. Dans le pays du Ripollès se dresse un important ensemble, dominé par le Puigmal, qui frise les 3 000 m d'altitude. C'est là, abrité par cet amphithéâtre montagneux, que s'étend le Haut Ter, divisé en deux grandes vallées, Camprodon et Ribes.

Beget et son église romane.

Dans la **haute vallée du Ter**, aux environs du col d'Ares (1 513 m), à la frontière franco-espagnole, les montagnes présentent des pentes douces et d'abondants pâturages.

Vall de Camprodon

Molló

L'église romane (12ᵉ s.) au joli clocher catalan est située au sommet du village (1 150 m), d'où l'on a une vue magnifique. Les montagnes sont couvertes de chênes verts aux couleurs ternes et le ciel est toujours menaçant.

Prendre une route étroite et sinueuse qui passe par Rocabruna et va jusqu'à Beget.

Rocabruna

Magnifique petit village de montagne coupé par la route, c'est un endroit idéal pour goûter la succulente cuisine de la région et découvrir, depuis l'église, un merveilleux **panorama** de cette vallée solitaire.

Beget★★

Le village se trouve dans un **site**★ singulier, au fond d'un vallon silencieux où se précipitent les eaux du Trull. Dans ses tortueuses ruelles pavées se dressent de pittoresques maisonnettes de pierre aux balcons en bois (remarquer les sympathiques petits animaux en plâtre qui décorent les façades : chats, colombes, hiboux, etc.).

L'**église**★★ de style roman (10ᵉ et 12ᵉ s.) est un vrai bijou architectural : une abside semi-circulaire, ornée d'arcatures lombardes, et un élégant clocher à quatre étages. À l'intérieur est exposé un magnifique ***Christ en majesté***★ (12ᵉ s.), sculpture toute en longueur et de style réaliste. *9h-19h. Demander les clés à Mme María Vila, en face de l'église.* ☎ *972 74 12 72.*

Revenir à la C 151 et prendre la direction de Camprodon.

Camprodon★ *(voir ce nom)*
Prendre une route locale qui remonte le cours du Ter.

Setcases

Ce petit village touristique est la porte d'entrée d'une zone d'une exceptionnelle beauté. C'est ici, entre les pics de Bastiments (2 874 m) et de Costabona, sur le cirque glaciaire d'Ulldeter, que naît le fleuve Ter.

Sur le territoire communal se trouve la station de ski **Vallter 2 000**, entre 2 000 et 2 500 m d'altitude, d'où, lorsque le temps le permet, on peut voir le cap Creus et le golfe de Roses.

Revenir à la C 151 et prendre la direction de Sant Joan de les Abadesses.

Monastère Sant Joan de les Abadesses★★ *(voir ce nom)*

Vall de Ribes

Ripoll★ *(voir ce nom)*
Prendre la N 152 vers le Nord.

Ribes de Freser

Ce village animé, qui possède des endroits très typiques, est réputé pour ses abondantes eaux médicinales provenant des trois rivières – Freser, Rigard et Segadell – qui y confluent et pour ses nombreuses sources.

Une piste forestière, au Sud du village, grimpe vers la montagne de Taga (2 000 m), d'où l'on peut contempler un beau **panorama**.

Au dépar de Ribes, le train à crémaillère rallie le val de Núria *(voir Transports dans « carnet pratique »).*

Quitter Ribes par la G IV-5217 vers le Nord.

Queralbs

En amont de la rivière Freser, qui coule paisiblement entre les montagnes boisées et d'interminables prés, se trouve Queralbs, village montagnard typique, très résidentiel. De la plaça de la Vila, beau **mirador** sur la vallée, on embrasse le parcours du train à crémaillère qui fait une halte à Queralbs avant de gagner le val de Núria.

Vall de Núria★

Le val de Núria est entouré par une imposante barrière montagneuse qui s'étend depuis le Puigmal jusqu'à la cordillère de Torreneules. Cuvettes et torrents (Finestrelles, Eina, Noufonts et Noucreus), formés par les chaînons de ces massifs, descendent en éventail sur la plaine de Núria, où la rivière du même nom se fraye un chemin à travers une gorge flanquée des précipices de Totlomón et du Roc del Rui. Les vallées glaciaires de Fontnegra et Fontcalda, de chaque côté du précipice, complètent le cadre des « sept vallées » de Núria.

La vallée compte d'importantes infrastructures hôtelières, dont la **station de ski Vall de Núria** (altitudes comprises entre 1 963 et 2 268 m et comportant des pistes

> **ACCÈS AU VALL DE NÚRIA :**
> **LE TRAIN À CRÉMAILLÈRE**
> Consulter les horaires. Hors service
> *4-28 nov. 14€ AR.* ☎ *972 73 20 20.*
> Dit encore « carrilet », c'est le seul moyen d'accès à la vallée. Partant de Ribes de Freser et s'arrêtant à Queralbs, ce train, en service depuis 1931, franchit sur 12,5 km un dénivelé de plus de 1 000 m, offrant d'admirables **vues★★** sur l'ensemble de montagnes, torrents et autres précipices. Pendant le trajet de 45mn, une bande enregistrée en plusieurs langues commente le spectaculaire parcours et permet d'identifier les différents sites naturels.

Le val de Boí.

carnet pratique

TRANSPORTS

En autocar – La ligne ALSINA GRAELLS (☎ 93 265 68 66) relie les principales localités et assure la liaison avec Barcelone et Lérida.

Les lignes TEISA (☎ 972 20 02 75) et des transports MIR (☎ 972 70 30 12) couvrent également la région.

En train – La ligne Barcelone-Vic-Puigcerdà prévoit des arrêts à Ripoll et Ribes de Freser. Ribes de Freser est la gare de départ du train à crémaillère qui prend la direction du Vall de Núria (☎ 93 301 97 77). **Renfe** : ☎ 902 24 02 02.

VISITE

OFFICES DE TOURISME

Bellver de Cerdanya –
Pl. de Sant Roc, 9 - ☎ 972 14 06 65.

Bossòst – Pg. Eduard Aunòs, 14 -
☎ 973 64 72 78.

Camprodon – Pl. d'Espanya, 1,
17867 Camprodon - ☎ 972 74 00 10 ;
ctra. Comarcal 151, km 23,5, 17867
Camprodon - ☎ 972 74 09 36.

Patronato Comarcal de Turismo de la Cerdanya – Espanya, 40 - ☎ 972 88 21 61.

Oficina Comarcal de Turisme de la Cerdanya – Ctra. N-I52 - ☎ 972 14 06 65.

Puigcerdà – Patronato Municipal de Turismo – Querol, 1 - ☎ 972 88 05 42.

Ribes de Freser – Pl. del Ayuntamiento, 3,
17534 Ribes de Freser - ☎ 972 72 77 28.

Ripoll – Pl. de l'Abat Oliba, s/n -
☎ 972 70 23 51- www.elripolles.com

Salardú – Balmes, 2 - ☎ 973 64 57 26.

Sant Joan de les Abadasses – Rambla
Compte Guifré, 5 - ☎ 972 72 05 99.

Sort – Av. Comtes del Pallars, 21 -
☎ 973 62 10 02.

Tremp – Pl. de la Creu, 1 - ☎ 973 65 00 09.

Vielha – Sarriulera, 10 - ☎ 973 64 01 10.

Beget.

CIRCUIT ① :
LA HAUTE VALLÉE DU TER

RESTAURATION

◖◗ **Can Jan Restaurant** – Sant Roc, 10 -
Camprodon - ☎ 972 13 04 07 -
canjan@campodron.net - fermé de déb. nov.
à mi-nov. - 10/34€. L'atmosphère joyeuse

et conviviale caractérise d'emblée ce restaurant central, à la décoration en bois peint de différentes couleurs, où sont exposées les œuvres d'artistes locaux. Plats typiques de la vallée et autres recettes maison.

◖◗ **La Fonda Xesc** – Pl. Roser, 1 -
Gombrèn - 4 km au N de Ripoll par la N 152
puis prendre à gauche la GI 401 (6,5 km) -
☎ 972 73 04 04 - xesc@cconline.es -
fermé dim. soir, lun., mar. soir, mer. soir,
janv., de fin juin à mi-juil. - 📷 - environ
30€. Restaurant classique central. Sa salle spacieuse invite à déguster une cuisine catalane créative, élaborée avec des produits de qualité. Chambres assez confortables également.

HÉBERGEMENT

◗ **Hotel Calitxó** – Passatge El Serrat - Molló -
☎ 972 74 03 86 - hotelcalitxo@terra.es - 🅿 -
26 ch. : 27/38€ - 🍽 8€ - rest. 21€. Élégant édifice de style catalan entouré de jardins et prairies très soignés. Chambres sobres et confort en rapport. L'endroit idéal pour les amateurs de montagne et les sportifs.

◗ **Catalunya Park H.** – Passeig Mauri, 9 -
Ribes de Freser - ☎ 972 72 71 98 -
Sem. sainte, juin-sept. - 🍽 - 55 ch. : 36/51€ -
🍽 4,50€ - rest. 14€. Hôtel de montagne confortable sans être luxueux. La piscine est son premier atout. Un bon point de départ pour partir à la découverte des beaux sites avoisinants et du val de Núria.

◖◗ **Hotel Solana del Ter** – Ripoll -
2 km au S par la C 17 - ☎ 972 70 10 62 -
hotel@solanadelter.com - 🅿 🏊 👤 -
43 ch. : 52/72€ - 🍽 7€ - rest. 17€. Hôtel accueillant, décoré avec goût. Piscine et espace réservé aux campeurs. Chambres fonctionnelles parfaitement entretenues offrant un bon niveau de confort. Service agréable.

◖◗ **Hotel La Coma** – Setcases -
☎ 972 13 60 74 - 🅿 🏊 - 20 ch. : 52/74€
🍽 - rest. 15€. Sobre hôtel de montagne installé dans un édifice à la façade en pierre et bois. Locaux soignés et accueillants comprenant un restaurant de style rustique. Clientèle de skieurs.

◖◗ **Hotel Vall de Núria** –
Station de ski de Vall de Núria -
Queralbs -☎ 972 73 20 20 -
valldenuria@valldenuria.com - fermé nov. -
65 ch. : (prix pour 2 nuits en demi-pension :
95,60/140,50€). Établissement dans le sanctuaire de Núria, jouissant d'un cadre naturel privilégié. Service soigné et restaurant intéressant pour ses plats locaux. Séjour minimum de deux nuits.

CIRCUIT ② : LA CERDAGNE

RESTAURATION

◖◗ **Alás** – Zulueta, 10 - Alàs i Cerc - 7 km
à l'E de La Seu d'Urgell - ☎ 973 35 41 92 -
fermé lun., de déb. juin à mi-juin -
20,10/29,60€. Au centre de la localité, restaurant familial doté d'un bar à l'entrée et d'une petite salle. Malgré sa relative

J. Malburet/MICHELIN

simplicité, son succès se fonde
sur des recettes maison bien cuisinées
et présentées.

⊖⊜ **Cal Teo** – *Av. Pau Claris, 38 -
La Seu d'Urgell - ☎ 973 35 10 29 -
mesonteo@hotmail.com - fermé dim. soir,
lun. -* ⌧ *- 22/30€.* Petit restaurant
au cœur de La Seu, qui vous réservera
un accueil personnalisé. Décoration rustique
et spécialités de viandes à la braise. L'endroit
pour marquer une pause après la visite
de la cathédrale.

⊖⊜ **Can Borrell** – *Retorn, 3 - Meranges -
9 km à l'E de Bellver de Cerdanya puis
bifurquer à gauche (9 km) - ☎ 972 88 00 33 -
info@canborrell.com - fermé lun. soir, mar.,
2 sem. nov. - 22,20/34,10€.* Restaurant
convivial dans un beau et paisible petit
village de montagne. Décoration de style
rustique, murs en pierre et poutres de bois
au plafond. Chambres confortables avec vue
sur la vallée.

⊖⊜ **La Taverna dels Noguers** –
*El Pont de Bar - 15 km à l'E de La Seu
d'Urgell par la N 260 - ☎ 973 38 40 20 -
fermé jeu., déjeuner seulement sf sam., janv.,
juil. (sf j. fériés) -* ⌧ *- environ 24€.*
Table conviviale. Dans la salle, la cheminée
domine, les plafonds de bois et les nappes
à carreaux lui confèrent un style régional
accueillant. La cuisine maison affiche un
bon rapport qualité/prix.

⊖⊜ **Grau de l'Ós** – *Jaume II de Mallorca, 5 -
Bellver de Cerdanya - ☎ 973 51 00 46 -
fermé lun., mar. - 20/50€.* Restaurant
installé dans une ancienne maison
de paysans qui a su conserver son style
rustique malgré les réhabilitations. Cuisine
d'inspiration traditionnelle proposant
des plats intéressants comme le poulet
aux champignons et la salade de fromages
au vinaigre de pomme.

HÉBERGEMENT

⊖ **Hotel Fonda Biayna** – *Sant Roc, 11 -
Bellver de Cerdanya - ☎ 973 51 04 75 -
fondabiayna@ctv.es - fermé 25 déc. -
17 ch. : 30,05/45,08€ - ☲ 2,70€ -
rest. 14/30€.* Séduisant édifice noble
enclavé dans un petit village aux nombreuses
maisons de pierre. Les chambres simples
et confortables conservent les vieux meubles
d'origine. Malgré la toute petite taille
des salles de bains, l'ensemble n'en demeure
pas moins accueillant.

⊖⊜ **Hotel Cal Teixido** – *Sol de Vila, 33 -
Estamariu - 4 km à l'E de La Seu d'Urgell
par la N 260 puis bifurquer à gauche -
☎ 973 36 01 21 - cal.teixido@terra.es -
fermé janv., nov. (dernières semaines) -* ⌧ *-
11 ch. : 36,36/75,12€ - ☲ 7,21€ -
rest. 21/30€.* Chambres lumineuses
et confortables, décorées à base de pierre
et de bois, dans cette grande villa
récemment restaurée. Havre de paix garanti
dans cet établissement niché dans un village
accroché au flanc d'une colline, dans un site
totalement isolé.

⊖⊜ **Hotel Adserá** – *La Molina -
☎ 972 89 20 01 - hotel@hoteladsera.com -
déc.-avr., de déb. juil. à mi-sept. -* ◨ ⊐ *-*
*41 ch. : 52/85€ - ☲ 6,60€ -
rest. 17,40€.* Sa proximité des pistes
en fait l'hôtel idéal pour les skieurs
de La Molina pendant la saison hivernale.
Locaux spacieux et excellent service.

⊖⊜ **Hotel Del Lago** –
*Av. Dr. Piguillem, 7 - Puigcerdà -
☎ 972 88 10 00 -hlago@minorisa.es -
◨ - 13 ch. : 60,10/75,10€ - ☲ 5,41€.*
Petit hôtel familial proche du lac et entouré
d'un vaste espace paysager avec piscine.
Chambres de style classique, fonctionnelles,
avec salles de bains bien équipées ; à noter
un plus grand niveau de confort dans
les chambres avec salon.

⊖⊜⊜ **Hotel El Castell de Ciutat** –
*Castellciutat - 1 km au SO de La Seu d'Urgell
par la N 260 - ☎ 973 35 00 00 -
elcastell@relaischateaux.com -* ◨ ⌧ *-
34 ch. : 125/160€ ☲ - rest. 46/54,25€.*
L'hôtel se dresse au pied d'un château,
dans un site d'une indéniable beauté.
Le classicisme, les magnifiques vues
et la décoration exquise en sont les points
d'orgue. Restaurant de haute catégorie
proposant une cuisine raffinée et une cave
de choix.

CIRCUIT ③ : VALL DEL SEGRE

HÉBERGEMENT

⊖⊜ **Hotel Can Boix** – *Peramola
(aux abords de la localité) - 17 km
au SO de Coll de Nargó - ☎ 973 47 02 66 -
hotel@canboix.com - fermé de mi-janv.
à mi-fév., 2 sem. nov. -* ◨ ⊐ ⌧ ⚹ *-
41 ch. : 85,60/107€ - ☲ 8,50€ -
rest. 28,86/48,98€.* Niché dans un cadre
naturel d'exception, le goût du détail
transparaît dans chaque recoin. Les chambres
conjuguent la chaleur du bois et les tons
doux avec un équipement plus actuel,
notamment les salles de bains. Cuisine
personnalisée de bon niveau.

CIRCUIT ④ : VALL DEL NOGUERA PALLARESA

HÉBERGEMENT

⊖ **Hotel Vall d'Assua** – *Altron - 4 km au
NO de Sort par la C 13 et bifurquer à gauche
par la rte de Llessui - ☎ 973 62 17 38 -
fermé nov. -* ✄ ◨ *- 11 ch. : 16/31,55€ -
☲ 4,10€ - rest. 15€.* Modeste petit hôtel
tenu par une famille. Chambres confortables
mais sans ostentation dotées d'une salle
de bains, à deux exceptions près. La spécialité
de son petit restaurant est la viande
à la braise.

⊖ **Hotel Siglo XX** –
*Pl. de la Creu, 8 - Tremp - ☎ 973 65 00 00 -
hotelseglexx@catalunya.com -* ⊐ ⌧ *-
49 ch. : 37,95/51,70€ ☲ - rest. 8,40€.*
Hôtel central d'allure classique fondé
en 1880. Son long parcours est le gage
du savoir-faire des propriétaires. Chambres
accueillantes et confortables, malgré le style
quelque peu désuet de certaines salles
de bains.

⊖⊜ **Hotel Pessets** – *Rte de La Seu
d'Urgell - Sort - ☎ 973 62 00 00 -
info@hotelpessets.com - fermé nov. -* ⊐ *-
80 ch. : 56/70€ - ☲ 6€ - rest. 14€.*
Établissement tenu par une famille, très

couru des amateurs de sports de haute montagne. Chambres confortables bien meublées, salles de bains rénovées. Son restaurant lumineux est un atout supplémentaire.

⊜⊜🍴 **Fogony** – *Av. Generalitat, 45 - Sort - ☎ 973 62 12 25 - fogony@fogony.com - fermé dim. soir, lun., 2 sem. janv. - 🗑 - 33,60/56,19€.* Ses recettes catalanes innovantes et osées sont là pour nous surprendre. Le petit volume de la salle contraste avec le mobilier classique très soigné et l'impeccable service de table avec vaisselle de marque. Personnel très prévenant.

CIRCUIT ⑤: LA HAUTE VALLÉE DU NOGUERA PALLARESA

RESTAURATION

⊜🍴 **Els Puis** – *Av. Dr. Morelló, 13 - Esterri d'Àneu - ☎ 973 62 61 60 - els-puis@mixmail.com - fermé lun. en hiver, mai - 🗑 - 19/30,50€.* Situé à la sortie du village, ce restaurant convivial est aussi bien fréquenté par les touristes que par les autochtones. Service excellent. Cuisine locale de choix et cave bien fournie. Chambres à prix raisonnable.

HÉBERGEMENT

⊜ **Hotel Sol i Neu** – *Llimera, 1 - Ribera de Cardós - ☎ 973 62 31 37 - de mi-mars à mi-déc. - 🅿 🍴 - 27 ch. : 31/52€ - 🍽 4,25€ - rest. 11,40€.* Discret établissement familial, rénové peu à peu afin d'accroître son niveau de confort. Certaines chambres présentent encore un aspect quelque peu désuet. Sobre restaurant servant des plats faits maison.

⊜ **Hotel Roya** – *Mayor, s/n - Espot - ☎ 973 62 40 40 - fermé nov. - 34 ch. : 24/57,10€ - 🍽 5€ - rest. 12/21,04€.* Hôtel très bien situé au milieu des pistes de ski, des sentiers de randonnée et bon nombre de boutiques. Chambres très confortables, claires et coquettes, à un prix correct. Certaines donnent sur la belle église du village.

⊜🍴 **Hotel Vall Ferrera** – *Martí, 1 - Areu - ☎ 973 62 43 43 - hotelvallferrera@retemail.es - vac. de Noël, de mi- av. à fin oct., de déb. déc. à mi-déc. - 17 ch. : 32,94/41,17€ - 🍽 6,91€ - rest. 21,20/25,40€.* Situé dans un petit village quasiment inhabité, ce typique hôtel de montagne met à votre disposition son élégant salon et des chambres soignées de styles différents. Sa cuisine suggère un retour aux saveurs éternelles.

CIRCUIT ⑥ : VALL D'ARAN

RESTAURATION

⊜🍴 **Casa Perú** – *Sant Antoni, 6 - Bagergue - 2 km au N de Salardú - ☎ 973 64 54 37 - casaperu@aranweb.com - fermé mer., de déb. juil. à mi-juil. - 18,50/22,65€.* Sa localisation dans un petit village aux maisons de pierre pourrait lui valoir sa qualification de restaurant idéal de montagne. La salle de style rustique,

et au plafond bas, est très accueillante. Ne manquez pas de goûter à la *olla aranesa* et aux plats de gibier.

⊜🍴 **Era Lucana** – *Av. Alcalde Calbetó - Vielha - ☎ 973 64 17 98 - fermé lun., mar. midi en hiver et de mi-mai à fin mai - 🗑 - 20/27€.* En déménageant, le restaurant a augmenté sa capacité d'accueil de façon significative. Cafétéria à la réception, suivie d'une salle correcte puis de plusieurs autres salles à manger privées.

⊜🍴 **Cal Manel** – *Pont d'Arrós - 6 km au NO de Vielha par la N 230 - ☎ 973 64 11 68 - fermé lun. sf j. fériés, de mi-juin à déb. juil., nov. - 🗑 - environ 23€.* Sobre restaurant aménagé dans une typique maison pyrénéenne en bord de route. Plats catalans à base de produits minutieusement choisis. Excellent rapport qualité/prix. Agréable terrasse extérieure l'été.

⊜🍴 **Ticolet** – *Immeuble Biciberri - Baqueira - ☎ 973 64 54 77 - déc.-mai, de mi-juil. à mi-sept. - 28,55/30,55€.* Restaurant au cœur de Baqueira. Si vous désirez déguster une cuisine de qualité, innovante, à un prix raisonnable, vous êtes à la bonne adresse. Le service aimable et l'atmosphère détendue sont les maîtres mots de ce restaurant.

⊜⊜🍴 **La Sal Gorda** – *Rte de Baqueira, 5 - Arties - ☎ 973 64 45 31 - fermé mer., de mi-nov. à fin nov. - réservation conseillée - 29,50/41€.* Coquet restaurant en bord de route doté de plusieurs salles décorées dans un style catalan soigné, avec une mention particulière pour la salle au plancher et aux poutres de bois. Sa carte choisie est destinée à une clientèle élégante.

⊜🍴 **Casa Irene** – *Mayor, 3 (Hôtel Valartiés) - Arties - ☎ 973 64 43 64 - casairene@aranweb.com - fermé lun., mar. midi, nov. - 🗑 - 33,40/44,80€.* Les propriétaires de l'hôtel dirigent également ici un des restaurants les plus prestigieux de la vallée. Dans la salle séduisante due à la profusion du bois, vous sera servie une cuisine internationale à base de produits de très grande qualité. La carte des vins est en rapport.

HÉBERGEMENT

⊜🍴 **Hotel Els Avets** – *Sorpe - 20 km au SE de Salardú par la rte du col de la Bonaigua - ☎ 973 62 63 55 - hotel@elsavets.com - déc.-avr., de mi-juin à fin sept. - 28 ch. : 45,80/91,60€ - 🍽 6€ - rest. 18€.* Un havre de paix au beau milieu des vertes prairies et des épaisses forêts de sapins. Ses chambres spacieuses et confortables, avec terrasse pour la plupart, sont parfaitement équipées et meublées au goût du jour. Service agréable et convivial.

⊜🍴 **Hotel Valartiés** – *Mayor, 3 - Arties - ☎ 973 64 43 64 - valarties@aranweb.com - déc.-mars - 🅿 🗑 ♿ - 26 ch. : 59,16/104,17€ - rest. 33,40/44,80€.* Le meilleur choix dans le val d'Arán. Les chambres sont très accueillantes, en particulier les chambres mansardées du dernier étage. Ce petit hôtel possède tout ce qu'il faut pour un séjour inoubliable.

Hotel De Tredós – *Salardú - (en Tredós) - 1,4 km à l' E par la rte du col de la Bonaigua - ☎ 973 64 40 14 - déc.-avr., juil.-sept. -* 🖬 🍴 ♿ *- 43 ch. : 62,81/89,25€* ⊒ *- rest. 18€.* Accueillant hôtel bénéficiant d'un beau site qui préserve la tradition architecturale de la région. Ses locaux spacieux et confortables sont décorés avec un goût exquis dans un style classique combiné avec des détails catalans.

Parador de Arties – *Rte de Baqueira - Arties - ☎ 973 64 08 01 - arties@parador.es -* 🖬 🍴 ♿ *- 54 ch. : 87,96/109,96€ -* ⊒ *8,93€ - rest. 23,41€.* Élégant édifice qui insère dans ses murs les vestiges architecturaux de la famille Portalà, comme la tour fortifiée du 16ᵉ s. ou la chapelle. À l'extérieur, c'est le mariage de la pierre, du bois et de l'ardoise, recréant l'harmonie avec le paysage pyrénéen.

Parador de Vielha – *Vielha - 2,5 km au S par la N 230 - ☎ 973 64 01 00 - viella@parador.es -* 🖬 🍴 *- 118 ch. : 93/116,24€ -* ⊒ *8,93€ - rest. 23,41€.* Le parador offre un cadre unique pour profiter de la montagne, en bénéficiant de splendides vues sur le val d'Arán. Une rénovation récente a doté ses spacieuses chambres d'un niveau de confort remarquable. La vue panoramique que dispense le salon circulaire avec cheminée est spectaculaire.

J. Malburet/MICHELIN

Parador de Vielha.

Hotel Chalet Bassibe – *Urb. Nin de Beret (Baqueira-Beret) - Salardú - 2,5 km au N par la rte de Beret - ☎ 973 64 51 52 - bassibe@teleline.es - déc.-avr., de déb. juil.*

à mi-sept. - 🍴 *- 34 ch. : 149,60/221,18€* ⊒ *- rest. 29,45€.* Sa proximité des pistes de ski et ses vues imprenables en font l'endroit idéal pour un séjour tranquille. Chambres spacieuses et confortables, mansardées pour la plupart, et décorées avec beaucoup de goût. Clientèle familiale et d'habitués.

CIRCUIT ⑦ : VALL DEL NOGUERA RIBAGORÇANA

RESTAURATION

La Cabana – *Rte de Tahüll - Boí - ☎ 973 69 62 13 - fermé lun. sf en été, de mi-avr. à fin juin, de mi-oct. à déb. déc. -* 🅿 *- 16,12/26,80€.* Niché dans un cadre très plaisant et décoré avec goût, cet établissement sert une cuisine dans la plus pure tradition catalane avec un grand choix de viandes. De la salle à manger, on distingue de belles vues du village et de la vallée.

Villa María – *Rte de Caldes de Boí - Llesp - 2 km au N de Pont de Suert par la N 230, puis prendre à droite la L 500 sur 5 km - ☎ 973 69 10 29 - henares@eresmas.com - fermé lun. sf juil.-août et j. fériés, 1 sem. juin, 2 sem. sept. - 20/23€.* Installé dans un bâtiment de style rustique au bord de la route, ce modeste restaurant affiche une décoration sobre à base de meubles de style cafétéria. Cuisine correcte à des prix très raisonnables. Personnel aimable.

El Calíu – *Taüll sur la rte des pistes - ☎ 973 69 62 12 - fermé mar. en hiver, j. fériés printemps et automne - environ 20,44€.* Restaurant convivial aménagé dans un bâtiment de style pyrénéen, au sol en ardoise et au plafond de bois, contrastant avec le stuc qui décore le mur de ses tonalités douces. Spécialités de viandes à la braise.

HÉBERGEMENT

Hotel Casa Peyró – *Coll - 13 km au S de Caldes de Boí par la L 500 - ☎ 973 29 70 02 -* 🅿 *- 8 ch. : 30/60€ -* ⊒ *6€ - rest. 12,70/30€.* Grande maison en pierre dont les chambres sont peintes dans des tons pastel. À noter un détail d'importance : la qualité du linge et des serviettes de bain. Au premier étage, sauna en service l'hiver uniquement. La nuit, rien ne vient perturber la paix régnant dans ce village niché au cœur d'une vallée.

---

spéciales pour débutants). Depuis le sanctuaire, une télécabine moderne dessert l'auberge Pic de l'Aliga, d'où l'on découvre un merveilleux **panorama★** sur toute la vallée.

Sanctuaire de Núria – Le sanctuaire actuel, construit à partir de 1883 sur un ancien ermitage, est situé dans une vaste plaine de la haute vallée de la Núria. C'est un important centre de pèlerinage, où l'on vénère la Vierge de Núria, patronne des bergers pyrénéens, sculptée, selon la tradition, par saint Gilles. On y voit aussi la croix, la marmite et la cloche du saint, trouvées par un pèlerin.

Au centre de cette plaine se trouve un grand lac artificiel, où l'on peut louer de petites barques.

La Cerdagne★★ ②

Du Vall de Núria à La Seu d'Urgell : 72 km. Environ 2h30

Dans cette région, les Pyrénées forment un paysage aux couleurs vives, où l'on respire une agréable sensation de liberté. Cette immense et haute plaine, d'origine tectonique et sur laquelle s'écoule le Segre, est située entre le massif d'Andorre et la sierra del Cadí. Son climat sec et ensoleillé n'est pas étranger à sa longue tradition de station de vacances et de résidences secondaires.

La Cerdagne fut un important comté médiéval que le traité des Pyrénées (1659) coupa, la partie Nord, la haute Cerdagne, passant sous administration française.

L'accès, depuis Manresa, a été facilité par l'ouverture, en 1984, du **tunnel du Cadí**, qui traverse la barrière montagneuse formée par les sierras del Cadí et de Moixeró.

De Ribes de Freser à Puigcerdà, la route, presque toujours en haute corniche, s'enfonce dans le col de Tosses, réservant des **vues★** spectaculaires au-dessus des versants boisés de la vallée du Segre.

La Molina

C'est l'un des plus importants complexes de sports d'hiver de Catalogne : trampoline, pistes de compétition, neige artificielle, circuit de ski nordique, etc. Depuis 1967, les installations ont été augmentées de la **station de Masella**, au Nord-Ouest, dont les pistes se faufilent entre les pinèdes.

> ### SKI
> Pour de plus amples renseignements sur la station de ski de La Molina, consulter le site Internet www.lamolina.com ou téléphoner à la Centrale de réservations de Vielha, ☎ 972 20 31.

La petite localité d'**Alp** est un important centre résidentiel, été comme hiver.

Après avoir traversé La Molina, la N 152 rejoint la E 09, qui, en grimpant, donne une vue panoramique de l'immense plaine de Cerdagne.

Puigcerdà

Située sur une terrasse dominant le Segre, la capitale de la Cerdagne est l'un des principaux centres touristiques des Pyrénées.

Dans ses rues, bordées de vieux édifices et de boutiques traditionnelles, on remarquera tout particulièrement le **clocher★**, symbole de la ville et seul vestige de l'église gothique Santa Maria, détruite en 1936, ainsi que l'église gothique **Sant Domènec**, qui abrite de belles peintures murales (14ᵉ s.) représentant un enterrement. *9h-13h, 17h-20h30.* ☎ *972 88 04 62.*

> ### CARNET PRATIQUE
> En été, on y célèbre à grand renfort de cavalcades et de feux d'artifice la Festa de l'Estany.
> Le dimanche, sur la plaça Cabrinety, se tient un marché où se donnent rendez-vous tous les gens de la ville pour acheter leurs légumes, notamment choux, chicorées et scaroles.
> Les plats typiques sont le *tiró amb naps* (oie aux navets) et le lapin accompagné des célèbres **poires de Puigcerdà**.

Au bout de l'avinguda Pons i Guasch se trouve le **lac artificiel**, qu'entourent de beaux jardins où abondent les saules, les conifères et autres essences.

Llívia

À 6 km de Puigcerdà, cette enclave espagnole (12 km²) en territoire français résulte d'un caprice administratif. En effet, le traité des Pyrénées stipulait la cession à la France du Roussillon et de 33 villages de Cerdagne ; comme Llívia possédait le titre de ville, elle ne fut pas comprise dans la cession.

Elle possède de pittoresques ruelles, les restes d'un château médiéval – sur une colline qui surplombe la ville – et quelques tours anciennes. Le **Musée municipal** abrite, parmi d'autres pièces intéressantes, la célèbre **pharmacie de Llivia★** ; l'une des plus anciennes qui soient conservées en Europe. Les pots en céramique et tout le matériel d'apothicaire (flacons, récipients et balances des 17ᵉ et 18ᵉ s.) méritent un intérêt spécial. *Avr.-sept. : 10h-13h, 15h-19h ; oct.-mars : 10h-13h, 15h-18h, dim. et j. fériés 10h-14h. Fermé lun. (sf juil.-août). 0,90€.* ☎ *972 89 63 13.*

Revenir à Puigcerdà et prendre la N 260 en direction de La Seu d'Urgell.

Bellver de Cerdanya★

Après Puigcerdà, la route traverse la verte plaine de Cerdagne. Bellver, bourg accroché à un rocher surplombe de formidables **vues** sur la vallée du Segre, est la porte d'entrée du **Parc del Cadí-Moixeró** *(voir Berga)*.

Sur la plaça Major, on trouve de beaux édifices en pierre, ornés de balcons et de porches en bois.

En sortant de Martinet en direction de La Seu d'Urgell, prendre, à droite, la LV 4036, route forestière très sinueuse.

Lacs de la Pera

Cet ensemble lacustre, situé à 2 330 m d'altitude, authentique paradis pour pêcheurs de truites, se trouve en amont de la rivière Arànser, abrité par les montagnes du Monturull (2 761 m) et du Perafita (2 752 m).

> ### FERIA DE SANT LLORENÇ
> Elle se tient chaque année le 10 août sous la forme d'un grand marché de produits des Pyrénées, qui offre l'occasion unique de déguster les excellentes charcuteries, confitures et marmelades de la région, au rythme des groupes de danse folklorique de la région.

La Seu d'Urgell★ *(voir ce nom)*

Vall del Segre★ ③

De La Seu d'Urgell à Tremp :
73 km. Environ 3h

Au confluent du Segre et du Valira s'est formée une vaste dépression encadrée de montagnes. Au Nord, les pics de Salòria et de Monturull, avec leurs contreforts, font partie de l'axe central des Pyrénées, tandis que les montagnes du Sud, qui offrent le paysage le plus caractéristique, appartiennent aux cordillères intérieures prépyrénéennes. De nombreuses vallées latérales, bien différentes les unes des autres, se trouvent au cœur de ces systèmes montagneux.

Prendre la N 260 en direction d'Organyà.

Congost de Tresponts★★

Dans les **gorges de Tresponts**, le Segre s'écoule entre des roches de couleur foncée (pouzzolane) et des prés verts. En aval, le paysage change : la rivière s'encaisse entre les roches calcaires d'Ares et de

J. Malburet/MICHELIN

Gorges de Tresponts.

Montsec de Tost et l'on découvre une vue typiquement pyrénéenne, qui s'étend jusqu'à un petit bassin vert et bien cultivé où la rivière disparaît.

Organyà

Ce village pittoresque possède un intéressant noyau médiéval, aux ruelles anciennes bordées d'arcades, de porches gothiques et de grandes bâtisses ornées de fleurs. Organyà est connu par les *Homilies*, le plus ancien texte répertorié en langue catalane (fin du 12ᵉ s.).

Pantà d'Oliana★

Ce **lac de barrage** ressemble plutôt à une large rivière, encaissée entre des roches grises d'où descendent au printemps un grand nombre de cascades. Depuis la route, la vue de cet attrayant site naturel est surprenante.

Coll de Nargó

Ce petit village pyrénéen typique possède l'une des plus belles églises romanes de Catalogne, **Sant Climent★★** (11ᵉ s.). Cet édifice à nef unique, à l'abside ornée de bandes lombardes, est surmonté d'un sobre **clocher★** préroman de plan rectangulaire. *9h-13h.* ☎ *973 38 30 48.*

Route du collado de Bòixols★★

Entre Coll de Nargó et Tremp, la route L 511 s'enfonce d'abord dans une série de canyons que domine, pendant tout le parcours, tantôt un versant couvert de pins et de chênes verts, tantôt un versant dénudé. Elle court à mi-pente entre la rivière et les crêtes jaunes ou roses, ménageant des vues sur un **paysage** fantastique, notamment à partir du col de Bòixols (1 380 m).

On débouche ensuite sur une large vallée en auge, dont le fond, aménagé en terrasses cultivées, s'étale au pied de Bòixols, où quelques maisons groupées autour de l'église s'accrochent à une moraine glaciaire. La route descend, la vallée s'élargit et se noie dans la Conca de Tremp.

Vall del Noguera Pallaresa ④

De Tremp à Llavorsí : 143 km. Une journée

Le Pallars, région géographique et historique d'une grande originalité, s'étend sur la partie la plus élevée des Pyrénées catalanes, dont le sommet le plus haut, le Pica d'Estats, culmine à 3 145 m. Il comprend le cours du rio Noguera Pallaresa, et ses limites coïncident avec celles du comté médiéval de Pallars. Le pays se subdivise en deux *comarcas* bien distinctes : le Pallars Sobirà, ou Pallars supérieur au Nord, en plein secteur pyrénéen, et le Pallars Jussà, ou Pallars inférieur, au Sud, qui inclut l'immense secteur prépyrénéen de la Conca de Tremp.

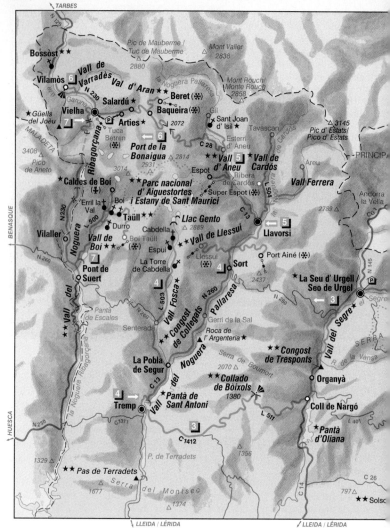

Tremp★ *(voir ce nom)*

La C 147 suit le cours de la rivière et traverse le marais de Sant Antoni.

La Pobla de Segur

La Pobla est appelée « la porte des Pyrénées », car c'est le point de passage obligé vers le val d'Arán, la Haute Ribagorça et le Pallars supérieur. Cette ville touristique est réputée pour sa pittoresque **Festa dels Raiers** (le premier dimanche du mois de juillet), commémorative du flottage jusqu'à la mer des troncs d'arbre *(rais)* qui étaient utilisés dans les anciens chantiers navals.

À La Pobla, prendre d'abord la N 260 vers Senterada, puis la L 503 vers Cabdella.

Vall Fosca★

Cette vallée située sur la partie haute du cours du rio Flamicell est entourée de hauts sommets (Subenuix, Montsent de Pallars). Elle abrite des bourgs charmants ayant chacun leur petite église romane, telles celles de **La Torre de Cabdella**, d'**Espui** et de **Cabdella**. Tout en haut de la vallée, cerné par un beau paysage typiquement pyrénéen, se trouve l'un des ensembles lacustres les plus importants de la région, dont l'attrait principal est le **lac Gento**, accessible par téléphérique.

Revenir à La Pobla de Segur et monter vers le Nord par la N 260.

La route remonte le Noguera Pallaresa, traversant un paysage calcaire uniforme.

Congost de Collegats★★

Dans le **défilé de Collegats**, les roches calcaires des sierras de Peracalç et de Cuberes ont été érodées par les eaux de la rivière, formant de spectaculaires falaises aux tons rouges, ocre et grisâtres, telle la **Roca de l'Argenteria★** à proximité de Gerri de la Sal.

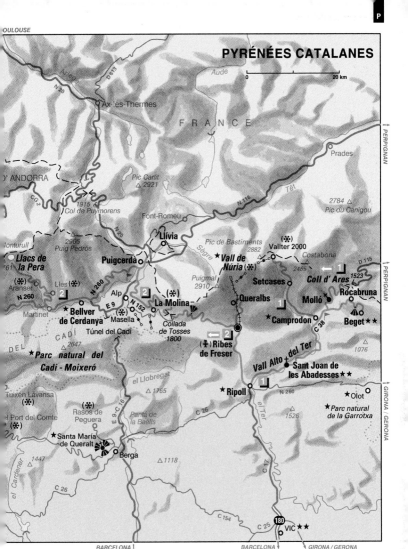

PYRÉNÉES CATALANES

Sort

Devenues l'un des événements les plus courus d'Europe, les courses de canoë sur cette section du Noguera Pallaresa ont fait connaître le nom de Sort. On peut également pratiquer d'autres sports d'aventure : rafting, VTT, parapente, randonnées à cheval et saut à l'élastique.

Chaque mardi, le marché est l'endroit rêvé pour se procurer les superbes fromages et charcuteries de la région.

À Rialp, tourner à gauche vers Llessui.

Vall de Llessui★★

La route, traversant un paysage abrupt où les précipices granitiques sont légion, remonte vers le Nord-Est. Sur la commune de Rialp, la station de ski alpin de **Port Ainé**, sous le pic d'Orri, offre des pistes entre 1 650 et 2 240 m.

La haute vallée du Noguera Pallaresa★ [5]

De Llavorsí au col de la Bonaigua : 105 km. Une demi-journée

Les sommets dominent un paysage sauvage et solitaire.

Llavorsí

Ce petit village est situé sur un éperon rocheux au confluent des trois grandes vallées du Haut Noguera Pallaresa : Àneu, Cardós et Ferrera.

Prendre la L 510 vers le Nord-Est.

Vall Ferrera

C'est la plus orientale et la plus étroite des trois vallées. Elle est encaissée entre de hautes montagnes, tel le **Pica d'Estats** (3 145 m), sommet le plus élevé de Catalogne, traditionnellement connu pour ses randonnées. Le poète **Jacinto**

Verdaguer escalada ce sommet en 1883, laissant pour témoignage ces quelques lignes : « *Le sapin est le cèdre de nos montagnes. Au sommet des sierras de Sant Joan de l'Erm, Salòria et Cardós, ils ressemblent à des flèches difformes lancées au ciel par ces colosses de Catalogne. Les clochers de nos villages semblent adopter, aussi, la forme des sapins qui les entourent* ». Depuis le Vall Ferrera, de très belles randonnées peuvent se faire jusqu'en Andorre.

Revenir à Llavorsí et prendre la L 504 vers le Nord.

Vall de Cardós★

L'axe de cette vallée centrale, dominée par de hauts sommets (Mont-roig et Sotllo), est le rio Noguera de Cardós. Dans la localité principale, **Ribera de Cardós**, on peut visiter une église romane (12ᵉ s.), dont le clocher rappelle ceux de la vallée de Boí.

Revenir à Llavorsí et prendre la C 147 en direction de Baqueira.

Vall d'Àneu★★

Le Noguera Pallaresa traverse la vallée, sur laquelle se greffe à gauche la vallée secondaire d'**Espot**. Assis sur les rives d'un torrent, le pittoresque village du même nom présente ses maisons aux toits d'ardoise. **Super Espot** est une station de ski alpin dont la piste la plus élevée culmine à 2 320 m.

Espot est aussi l'entrée du secteur pallarais du **Parc national d'Aigüestortes i Estany de Sant Maurici★★** *(voir ce nom).*

Après Esterri d'Àneu, la route s'élève en corniche dans un imposant paysage où, cachées entre les hauts sommets, on découvre quelques églises romanes intéressantes, telle celle de **Sant Joan d'Isil★**, et de beaux échantillons d'architecture civile – maisons en pierre aux balcons et galeries en bois et toits d'ardoise. On atteint enfin le **col de la Bonaigua** (2 072 m), entouré de nombreux pics. À gauche, on distingue une dépression glaciaire.

VALL D'ARÁN★★ ⑥

Du col de la Bonaigua à Bòssost 45 km. Une demi-journée

Le val d'Arán, à l'extrémité Nord-Est des Pyrénées, se trouve sur la partie haute de la Garonne. Il s'agit d'une vallée atlantique au climat humide et moins ensoleillé que celui des vallées pyrénéennes, orientées vers le Midi.

Bien que sous administration espagnole depuis le 13ᵉ s., son

J. Malburet/MICHELIN

Église de Sant Joan d'Isil.

isolement a permis de conserver intactes la langue (l'aranais, variante de l'occitan) et les coutumes. Cerné de sommets de près de 3 000 m, il n'a eu de rapports avec les pays voisins que par de difficiles passages de montagne, tels le col de la Bonaigua ou le portillon de Bòssost. L'ouverture du tunnel de Vielha mit fin, en 1948, à cette situation d'isolement.

Aujourd'hui, les cultures ont remplacé les pâturages et l'on prête un grand intérêt à l'exploitation du bois, des mines et aux ressources hydrauliques. Mais rien n'altère la beauté naturelle du paysage, dont le vert des prés paraît moucheté par le gris des toits en ardoise des 39 villages de la vallée, souvent groupés autour d'une église romane. Ces dernières années, on a créé plusieurs stations de ski qui, grâce aux excellentes conditions climatiques de la vallée, attirent nombre de touristes.

Baqueira Beret

Située près de la source de la Garonne, dans un **paysage** de hauts sommets, cette station de ski alpin offre une excellente infrastructure, aussi bien en pistes – 1 010 m de dénivelé – qu'en hôtellerie et autres services.

POUR MIEUX COMPRENDRE...

On peut visiter à Esterri d'Àneu l'**Ecomuseu de les Valls d'Àneu**, à l'intérieur d'une ancienne demeure du 18ᵉ s. La visite guidée explique les modes de vie traditionnels de la région. Renseignements ☎ 973 62 64 36.

Baqueira Beret.

Salardú★

Sa position stratégique à l'entrée de la vallée en venant du col de la Bonaigua en fit, au Moyen Âge, une ville fortifiée. Actuellement, Salardú est un beau petit village aux maisons en granit et schiste, qui s'étend autour de l'**église Sant Andreu★**. Cet édifice roman (12e et 13e s.) à trois vaisseaux et trois absides possède à l'intérieur d'intéressantes **peintures gothiques★★** (16e s.), récemment restaurées, ainsi qu'une remarquable sculpture du Christ, la **Majestat de Salardú★★** (12e s.), haute de 65 cm,

> **SKI**
>
> Pour plus de renseignements sur la station de ski de Baqueira-Beret, consulter le site Internet www.baqueira.es ou contacter la **Centrale de réservations**,
> ☎ 973 89 20 31.

très stylisée mais d'un grand réalisme anatomique. On remarquera le svelte clocher de base octogonale (15e s.), séparé de l'ensemble. *Tlj ☎ 629 79 10 95.*

Unha

Située à 1,5 km au Nord de Salardú, cette petite localité héberge l'**église** romane **Santa Eulalia** (12e s.) : à l'extérieur, on remarquera les modillons qui soutiennent le toit. À l'intérieur, on a retrouvé des restes de peintures romanes (12e s.).

Arties★

Situé au confluent de la Garonne et du río Valarties, ce village possède un parador *(voir Informations pratiques : Hébergement)* et offre un important choix touristique. L'abside de l'église romane Santa Maria est décorée de peintures représentant le Jugement dernier, le Ciel et l'Enfer.

Fresques de l'église Sant Andreu, à Salardú.

L'ART ROMAN ARANAIS

Le val d'Arán se caractérise par son art roman plus tardif que celui des autres régions catalanes. En effet, la plupart des églises remontent aux 11e, 12e et 13e s. De plan basilical, elles présentent trois vaisseaux voûtés en berceau qui se prolongent en absidioles. Les matériaux de construction employés sont la pierre, l'ardoise (utilisée surtout pour la couverture des toits) et le bois. Les portails en sont l'élément le plus remarquable : habituellement orientés au Sud, ils se composent de plusieurs archivoltes reposant sur des chapiteaux ouvragés surmontant des colonnes de pierre. Alors que certains présentent des tympans travaillés, d'autres en sont totalement dépourvus. Les décors sculptés se distinguent par leur simplicité et leur aspect très primitif, tandis que le chrisme, monogramme du Christ, constitue l'élément le plus abondant.

Ce pittoresque village propose un intéressant éventail de recettes à base de gibier (perdrix, sangliers, isards), et l'*aigua de nodes*, une liqueur de noix.

Escunhau

Le village recèle l'un des meilleurs exemples de l'architecture aranaise, l'**église Sant Pedro★**, dont le vaisseau étroit est d'origine romane (11e s.). L'élément le plus remarquable est son **portail★★** (12e s.) : à noter sur le tympan la grande expressivité du Christ (les pieds cloués sont une caractéristique de l'art roman) ainsi que d'étranges chapiteaux où sont représentés des visages humains.

Betrén

Importante cité médiévale, Betrén se distingue aujourd'hui par son attrait touristique. Le visiteur ne manquera pas de découvrir l'**église Sant Esteve★**, dont le style transitoire du roman au gothique est illustré par les absides, les baies vitrées ou encore le **portail★★**. Les quatre archivoltes de ce dernier hébergent soixante représentations humaines d'un grand réalisme qui illustrent le Jugement dernier et la Résurrection. Au-dessus de l'arc de la porte, la Vierge Marie porte d'une main son enfant et de l'autre une fleur.

Vielha *(voir ce nom)*

Quitter Vielha par la N 230 vers la frontière et, 7 km plus loin, prendre à droite une route sinueuse de 6 km qui grimpe en forte pente.

Vilamòs

Cet ancien village agricole et forestier, suspendu sur une plate-forme à 400 m au-dessus de la vallée, a conservé son architecture traditionnelle (solides maisons de pierre aux toits d'ardoise). Depuis Vilamòs s'ouvre une magnifique **vue★★** sur la vallée de la Garonne, obstruée, au fond, par les sommets de la Maladeta.

Revenir sur la N 230 et se diriger vers Bòssost.

Bòssost

L'**église de la Purification de Marie★★** est le plus remarquable exemple d'église romane (12e s.) du val d'Arán. L'édifice possède trois vaisseaux, séparés par de gros piliers ronds soutenant une voûte en berceau. Les trois absides sont décorées de bandes lombardes et le très beau **portail** Nord est orné d'un tympan aux sculptures archaïques représentant le Créateur entouré du Soleil, de la Lune et des symboles des évangélistes. *10h-20h30.* ☎ *973 64 82 53.*

Vall del Noguera Ribagorçana★★ 7

De Vielha à Caldes de Boí : 54 km. Environ 3h

La *comarca* de l'Alta Ribagorça occupe le territoire de l'ancien comté médiéval de Ripagorce, sur la rive gauche du Noguera Ribagorçana. On y trouve un relief abrupt aux sommets supérieurs à 3 000 m, de grandes dépressions glaciaires, de belles zones lacustres et des vallées encaissées, au fond desquelles s'élèvent de petits villages.

Église d'Erill la Vall.

J. Balanya/MICHELIN

Vilaller

Juché sur un éperon rocheux, ce village conserve les raides et étroites ruelles de son quartier ancien. L'église baroque (18ᵉ s.) Sant Climent possède un intéressant **clocher** octogonal.

El Pont de Suert

Chef-lieu de la *comarca* et important centre de services, on y trouve de beaux exemples d'architecture populaire mêlés aux constructions modernes, fruit du développement de l'industrie hydro-électrique.

Sur le territoire communal sont disséminés de petits villages pleins de charme : **Castelló de Tort**, **Casòs**, **Malpàs**, qui, environnés d'un paysage solitaire et boisé, conservent leur aspect rural.

Prendre la route qui monte vers Caldes de Boí.

Vall de Boí★★

Drainée par les rivières Noguera de Tor et Sant Nicolau, cette vallée est célèbre pour receler le plus bel ensemble d'**églises romanes** (11ᵉ et 12ᵉ s.) des Pyrénées. Construites en petit appareil irrégulier, elles se signalent par la pureté de leurs lignes, leur unité de style et les fresques qui décoraient les murs et les absides.

Ces fresques sont pour la plupart des reproductions, les originales ayant été transférées au musée d'Art de Catalogne (*voir p. 143*), où elle sont conservées. La silhouette de leurs clochers, adossés à la nef mais néanmoins indépendants, est unique. Presque toujours de plan carré, ils sont ornés de bandes lombardes et d'arcatures doubles ou triples.

Il ne faut pas manquer d'admirer les églises **Santa Eulàlia** à **Erill la Vall**, de la **Nativité** à **Durro** et **Sant Joan** à **Boí**.

Après Erill la Vall, tourner à droite sur une route étroite vers Boí.

Taüll★

Ce typique village montagnard est célèbre pour les fresques de ses deux églises, véritables joyaux romans, exposées au musée d'Art de Catalogne, à Barcelone. L'**église Sant Climent★★**, à la sortie du village, fut consacrée le 10 décembre 1123, précédant d'un jour la consécration de Santa Maria. À l'angle Sud-Est du bâtiment se dresse la svelte tour à six corps, de style roman lombard, dont l'intérieur est décoré de fresques de la même époque. Une copie du célèbre Pantocrator de Taüll est placée dans l'abside. *Juin-sept. : 10h30-14h, 16h-20h ; oct.-mai : 10h30-14h, 16h-19h. 1€.* ☎ *973 69 40 00.*

Le dédale des ruelles et les maisons de pierre aux balcons en bois sont concentrés autour de l'**église Santa Maria★**, édifice roman restauré, à trois vaisseaux séparés par des piliers cylindriques. *10h-20h.* ☎ *973 69 40 00.*

Revenir sur la route de Caldes de Boí.

Parc national d'Aigüestortes i Estany de Sant Maurici★★ *(voir ce nom)*

Caldes de Boí★

À 1 550 m d'altitude se trouve cette station thermale connue pour ses 37 sources où l'eau jaillit à de hautes températures (entre 24 et 56 °C).

À proximité, la station de ski de **Boí-Taüll** déroule ses pistes entre 2 457 et 2 038 m.

Reus★

Enclavé dans la plaine du Camp, proche des premiers chaînons des montagnes de Prades, Reus se distingue par son intense activité commerciale et par un réel essor culturel qu'incarne le Centre de Lectura, institution libérale fondée en 1859, qui recèle une précieuse bibliothèque et d'intéressantes œuvres d'art.

Malgré la proximité de la mer, la ville réussit à se préserver de l'agitation qui s'est emparée des localités touristiques de la Costa Daurada.

La situation

88 595 habitants. Carte Michelin nº 574 I 33 ou Atlas p. 18 – Baix Camp – Tarragona. Reus se signale par son intense activité commerciale due à sa situation au carrefour de toutes les routes allant de l'arrière-pays vers la Méditerranée.

🚹 *Pl. Llibertat, s/n, 43201 Reus,* ☎ *977 77 81 49. www.reus.net ; Dr. Ferran, 8, 43202 Reus,* ☎ *977 32 21 55.*

À voir dans les environs : la COSTA DAURADA, CAMBRILS (9 km au S), TARRAGONE (14 km à l'E), PORT AVENTURA (10 km au S), VALLS (21 km au NE), MONTBLANC (29 km au N), le monastère de SANTES CREUS (37 km au NE) et le monastère de POBLET (39 km au NO).

REUS

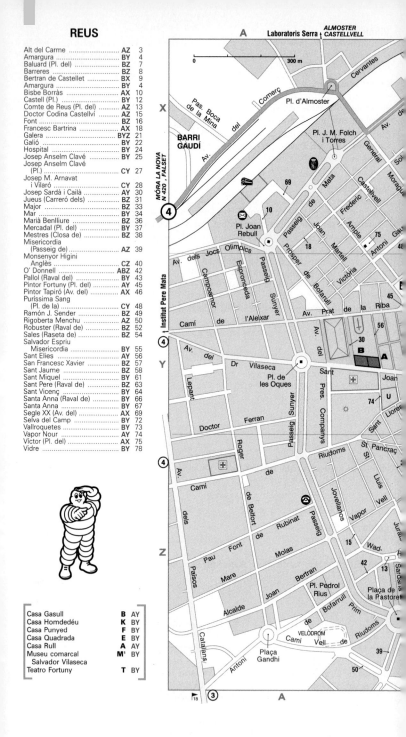

UNE VIEILLE TRADITION COMMERCIALE ET CULTURELLE

Son envolée économique s'est produite vers la fin du 18 s., lorsque Charles III abolit les privilèges qui limitaient le commerce. Les gains extraordinaires obtenus grâce aux exportations – Reus, avec Londres et Paris, fixait le cours mondial de l'eau-de-vie, d'où la phrase populaire : « Reus, Paris et Londres » – en ont fait la deuxième ville de Catalogne.

Reus est le berceau, notamment, de l'architecte **Antoni Gaudí** (1852-1926) *(voir p. 101, 226)*, du peintre **Mariá Fortuny** (1838-1874), du célèbre général **Joan Prim** (1814-1870), du poète **Gabriel Ferrater** (1922-1972) et du metteur en scène **Lluís Pasqual** (1951).

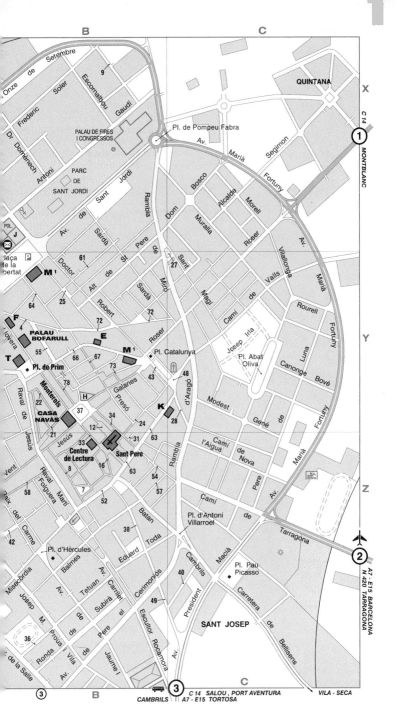

découvrir

La ville moderniste★ *environ 2h30*

L'importante croissance économique de Reus, à la fin du 19ᵉ s. et au début du 20ᵉ s., a favorisé la construction d'un important ensemble de bâtiments modernistes, réalisés, pour la plupart, par l'architecte Domènech i Montaner.

Au centre du noyau urbain se trouve la **Casa Navàs★★**, construite en 1901 et évoquant les palais gothiques vénitiens, dont les éléments les plus intéressants sont le porche, la façade ornée de sculptures de Gaudí (cousin du célèbre architecte), et l'intérieur qui conserve le mobilier d'époque et la riche décoration de mosaïques et de verrières.

Pour la visite, s'adresser à l'Office de tourisme. Fermé dim., 1ᵉʳ et 6 janv., Ven. saint, 1ᵉʳ mai, 25-26 déc. ☎ *977 77 81 49.*

Les autres réalisations de **Domènech i Montaner** sont la **Casa Rull** (1900) et sa façade ornée de lions ailés, et la **Casa Gasull** (1911), que l'on reconnaît aux mosaïques des fenêtres et à ses sgraffites.

Dans le même goût moderniste, Juan Rubió i Bellver construisit en 1911 les **laboratoires Serra** et, en 1924, la **Casa Quadrada**, et Pere Caselles réalisa en 1892 la Casa Punyed et la Casa Homdedèu en 1893.

Hors de la ville *(sortir de Reus par le camí de l'Aleixar)* se trouve l'**Institut Pere Mata★★** (1897-1912), sanatorium psychiatrique où Domènech i Montaner éprouva le système de pavillons indépendants qu'il appliqua plus tard à l'hôpital Sant Pau de Barcelone *(voir p. 120)*. De style islamique, ils sont décorés de superbes mosaïques florales.

visiter

Quartier ancien

Les restes du quartier ancien ne sont pas nombreux. Subsistent quelques vestiges de l'ancien quartier juif dans le carreró dels Jueus, et, sur la plaça del Castell, se dresse le seul témoignage du Reus médiéval : une construction fortifiée qui abrite les Archives historiques.

L'**église Sant Pere**, du 16ᵉ s., présente une svelte nef gothique ; du haut du **clocher** hexagonal (63 m de haut), on voit la Costa Daurada.

Palau Bofarull★

Construit en 1760, il présente une superbe façade dont la porte est entourée d'éléments baroques et rococo (remarquer les atlantes qui soutiennent le blason).

À l'intérieur, la salle néoclassique présente une riche décoration de peintures à fresque, en hommage à Charles III et à Charles IV. Signalons également, pour leur mérite artistique, les plafonds, attribués à Flaugier.

carnet pratique

RESTAURATION

☺☻ **El Pa Torrat** – *Av. de Reus, 24 - Castellvell - 2 km au N de Reus par la rte d'Almoster -* ☎ *977 85 52 12 - fermé mar., j. fériés soir, Noël, de mi-août à fin août -* 🍴 *- 23,14/29,16€.* Établissement familial spécialisé dans les arômes et les saveurs les plus ancrés dans la cuisine catalane. La salle revêt ses murs de détails rustiques sauvés de l'oubli et, par sa fidélité, la nombreuse clientèle prouve son goût pour les recettes maison.

HÉBERGEMENT

☺☻ **Hotel Simonet** – *Raval Santa Anna, 18 -* ☎ *977 34 59 74 - hsimonet@hostalsimonet.com - fermé vac. de Noël -* 🍴 *- 39 ch. : 36,06/67,32€ -* 🍽 *4,36€ - rest. 15,03€.* Un classique de Reus dont tradition et convivialité sont les références. À l'intérieur, ses hauteurs de plafond et son mobilier d'époque témoignent de son passé séculaire. Néanmoins, les chambres rénovées proposent un confort plus actuel.

☺☻ **Hotel Gaudí** – *Arrabal Robuster, 49 -* ☎ *977 34 55 45 - reserve@gargallo-hotels.com -* 🍴 *- 87 ch. : 63,24/81,60€ -* 🍽 *10,20€ - rest. 15€.* Confortable hôtel au centre de la localité, dans la zone I a plus commerçante. Les nombreuses restaurations lui ont finalement conféré son côté pratique et actuel. Les chambres lumineuses ont tout pour vous garantir le repos.

☺☻ **Hotel Sport** – *Miguel Barceló, 6 - Falset - 29 km à l' O par la N 420 -* ☎ *977 83 00 78 - info@hostalsport.com -* 🍴 *- 32 ch. : 59/66€ -* 🍽 *6€ - rest. environ 27€.* Ancienne hôtellerie totalement rénovée. Chambres exquises. Dans les parties communes très plaisantes, les détails rustiques ponctuent la décoration, conférant à l'ensemble chaleur et intimité.

SPÉCIALITÉS

Il faut ajouter à cela sa variété gastronomique. Les fruits secs de Reus sont réputés, spécialement les noisettes, protégées par un label d'appellation d'origine. Les plus gourmands goûteront les *panellets*, friandises typiques faites pour la Toussaint, et le célèbre *menjar blanc*, dessert aux origines médiévales qui mélange amandes crues, amidon, sucre, farine de riz, lait, cannelle et vanille.

ACHATS

Pour ceux qui voudraient faire des achats, Reus est l'endroit idéal : authentique ville-vitrine, ses nombreux commerces vont de la petite boutique aux établissements de grand renom (**carrer Monterols** et **carrer Llovera**). En octobre se déroule **Expo-Reus**, l'une des plus prestigieuses foires commerciales de Catalogne.

Plaça de Prim

Dominée par la **statue équestre** (1887) **du général Prim** (1814-1870), enfant illustre de la ville, c'est autour d'elle qu'est organisée l'activité nocturne et culturelle de Reus. Espace dynamique résumant bien le caractère de la ville, c'est ici qu'a lieu tout ce qui se passe d'important à Reus. Les jours de spectacle au **Teatre Fortuny★**, les terrasses se parent de leurs plus beaux habits.

JOAN PRIM I PRATS (1814-1870)

Après s'être illustré très jeune lors de la première guerre carliste (1833-1839) et avoir contribué au renverse-ment du régent Espartero en 1843 (ce qui lui valut de recevoir le gouvernement militaire de Madrid et le titre de comte de Reus), sa soif de pouvoir l'amena tantôt à se ranger du côté de la reine Isabelle II (il participe alors aux expéditions du Maroc en 1859 et du Mexique en 1862), tantôt à s'opposer aux ministères en place et à soulever la Catalogne, tentatives qui l'amenèrent à fuir sa patrie à diverses reprises (il passa même un temps au service de l'Empire ottoman). Choisi comme ministre de la Guerre par le régent Serrano après la révolution de 1868, c'est lui qui suggère alors de remplacer les Bourbons par une dynastie étrangère, lançant notamment la candidature Hohenzollern qui fut à l'origine de la guerre franco-prussienne de 1870, avant de prendre parti pour le duc d'Aoste, Amédée de Savoie.
Il meurt à Madrid, tué lors d'un attentat.

Museu comarcal Salvador Vilaseca

Tlj sf lun. 10h-14h, 17h-20h, dim. et j. fériés 11h-14h. Fermé 1er janv., 1er mai, 11 sept., 24 et 26 déc. 2€. ☎ 977 34 48 33 ou 977 34 54 18.
Il comporte deux sections, installées dans deux bâtiments différents.
La section d'Art et Industries populaires, implantée plaça de La Llibertat, expose entre autres les œuvres de peintres natifs de Reus. Influencée par les romantiques français (Delacroix et Géricault), **Marià Fortuny** (1838-1874) manifeste dans ses tableaux et dessins un vif intérêt pour les thèmes exotiques. Les collections de céramique (16e et 17e s.), œuvres des célèbres potiers de Reus, et celles d'art populaire ne manquent pas d'intérêt.
La section d'archéologie, située raval de Santa Anna, présente les collections léguées par le prestigieux archéologue Salvador Vilaseca (1896-1975), parmi lesquelles se détachent les statues romaines de Bacchus et Cybèle.

Barri Gaudí

En quittant Reus par la N 430, on aperçoit sur la droite le quartier Gaudí, intéres-sant ensemble urbain sujet à polémique réalisé par l'architecte Ricardo Bofill.

alentours

Falset★★

30 km à l'Ouest par ④ et N 420. Le chemin est fascinant. Les paysages se succèdent, sans cesse changeants à mesure que la **route★** s'approche de Falset. Une fois passé le col de la Teixeta, les vastes plaines du Baix Camp laissent la place aux terres rouges du Priorat.

Falset, capitale du pays, est une petite ville calme et agréable qui conserve un noyau ancien, composé de quelques intéressants édifices, tels le **château**, fortifié au 18e s., et le **palais des ducs de Medinaceli** (1630), de style Renais-sance, qui héberge aujourd'hui la mairie. Se promener dans ces ruelles silen-cieuses, s'arrêter devant chaque maison ancienne, modestement blanchie à la chaux, représentent quelques-uns des at-traits de ce village dont le vrai charme est son excellente cuisine.

> **Aguilo Vinateria** – *Miguel Barceló, 11 - Falset - 29 km à l'O par la N 420 - ☎ 977 830 776 - aguiladis@bsab.com - 9h-13h30, 15h-21h, dim. 11h-15h.* Boutique consacrée corps et âme au monde du vin, avec une attention particulière aux crus catalans et espagnols. L'appellation contrôlée Priorat y joue un rôle déterminant avec une forte représentation des petits viticulteurs et de leurs caves. Les robustes vignes de raisin noir Mazuela sont la clé de ces vins de haute tradition.

UNE GASTRONOMIE HAUTEMENT SUGGESTIVE...

Parmi les plats les plus appréciés, on peut citer le *llebre amb xocolata* (lièvre au chocolat), mélange de saveurs disparates. Le chocolat entre aussi dans la composition des *cargols dolços i coents* (escargots sucrés et piquants), qui, sans doute, feront le délice des gourmets les plus exigeants. Comme dessert typique, ne pas oublier le *mostillo*, sorte de sirop obtenu après la cuisson de noix dans du moût de raisin, ainsi que le pain de figues.
Pour terminer, signalons les excellents vins de table, rouges, clairets et rosés, sans oublier les vins vieux, accompagnement idéal pour n'importe quel dessert.

La Cartoixa d'Escaladei★

34 km. Sortir de Reus par ④. Après avoir parcouru 18 km, prendre à droite la TP 7403
vers La Morera de Montsant. Juin-sept. : tlj sf lun. 10h-13h30, 16h-19h30 ; oct.-mai : tlj
sf lun. 10h-13h30, 15h-17h30. Fermé 1ᵉʳ janv., 25 déc. ☎ 977 82 70 06.

Au pied de la sierra del Montsant, à 2 km, par une route non revêtue, de Conreria
d'Escaladei, hameau faisant partie de la commune de **La Morera de Montsant**, se
trouvent les ruines de la **chartreuse Santa Maria d'Escaladei**, centre spirituel du
Priorat.

Selon une légende, le monastère tirerait son nom d'une vision : sur le lieu même
où se trouve Escaladei, un berger aurait vu, une nuit, un escalier emprunté par les
anges pour monter au ciel, d'où le nom « escalier de Dieu ».

Il s'agit de la plus ancienne chartreuse de toute la péninsule, fondée en 1167.
Malgré la dégradation des ruines, on distingue le portail classiciste desservant la
seconde enceinte et l'église Santa Maria. On s'intéressera en particulier à la minu-
tieuse reconstitution d'une **cellule★**, élément clé de toutes les chartreuses puisque
les moines effectuaient la plupart de leurs tâches dans les murs du monastère.
Chacune est dotée d'un potager individuel cultivé par les chartreux.

La **sierra del Montsant★★** permet de nombreuses excursions, depuis l'Escaladei ou
la commune de La Morera del Montsant. Le nom de cette montagne – le mont
Saint – lui vient de son importante tradition érémitique. Lorsqu'on monte par les
chemins qui la parcourent, on observe les grottes qu'occupèrent pendant des
siècles les ermites qui, par leur pré-
sence, permirent l'établissement de la
chartreuse.

Vu de loin, le **Montsant** forme un massif dénudé, couleur carmin. Sa présence
non seulement apporte une grande
solennité au paysage, mais contribue
également à maintenir la qualité des
vins en protégeant les vignobles des
vents du Nord et du froid.

LES VINS DU PRIORAT

Parler du pays du Priorat, c'est parler de ses vins.
La chartreuse d'Escaladei encouragea très tôt la
culture de la vigne. La composition des sols et la
climatologie confèrent au vin des qualités particulières et très caractéristiques. L'ardoise du Priorat,
appelée *llicorella*, réduit considérablement la
quantité produite, mais les raisins sont plus gros,
ont plus d'arôme et une teneur en alcool plus élevée, allant parfois jusqu'à 22 degrés.

Siurana de Prades★

36 km. Sortir de Reus par ④ en direction
de Falset. Au bout de 8 km, prendre à
droite la C 242 jusqu'à Cornudella de Montsant.

Pour arriver jusqu'à Siurana, le visiteur bénéficiera d'un **itinéraire★★** très attrayant.
Après avoir emprunté à Cornudella la route de Prades, vous prendrez, à moins d'1 km
à droite, la route *(7,3 km)* qui va vers le ravin de l'Estopinyà, avant de grimper vers le
sommet de l'éperon rocheux où se trouve le pittoresque village de Siurana.

Le village – Siurana est situé sur un **emplacement★★★** surprenant. Juché à 737 m
d'altitude, sur une falaise de roche calcaire, ce village est un extraordinaire mirador
sur les terres du Priorat et le lac de retenue du même nom. Ses maisons en pierre
sont disposées sur un petit plateau, groupées en pittoresques rues irrégulières
autour du vieux clocher rougeâtre de l'église romane. Cette étonnante situation a
donné naissance à bien des légendes, dont l'histoire du village est riche.

Les **panoramas★★** que l'on découvre sont impressionnants. Le río Siurana se faufile
dans de profonds défilés et la présence humaine semble pratiquement bannie. On
a l'impression d'être loin de tout, témoin privilégié du silence saisissant et de la
beauté captivante de l'endroit.

Siurana de Prades.

Outre le fascinant ensemble formé par le village et son environnement immédiat, le secteur offre quelques beaux sites naturels, tels le refuge du Centre Excursionista de Catalunya et le **Salt de la Reina Mora**, un précipice où, selon la légende, une reine arabe préféra se jeter plutôt que de tomber aux mains des chrétiens, laissant marquées sur les pierres les dernières empreintes de son cheval. À mi-hauteur de ce précipice de 100 m, un étroit sentier signalisé conduit à la Trona, un beau rocher suspendu qui dispense, sous un autre angle, des **vues** également merveilleuses.

Pantà de Siurana – Au pied du village se trouve le barrage dont le lac de 86 ha offre aux amateurs d'excursions des coins secrets d'une grande beauté.

Ripoll*

Ripoll tire sa célébrité de son grand monastère bénédictin Santa Maria, fondé au 9ᵉ s. par le comte de Barcelone Wilfred le Poilu. Jusqu'au 12ᵉ s., il servit de nécropole aux comtes de Barcelone, de Besalú et de Cerdagne. La capitale du Ripollès, qui recèle également quelques remarquables exemples d'architecture moderniste (Can Codina, Can Dou et Casa Bonada), est un marché et un centre de services actif dont les commerces traditionnels sont situés entre les places Anselm Clavé et Dama, dans une zone piétonne très fréquentée.

La situation

11 204 habitants. Carte Michelin nº 574 F 36 ou Atlas p. 18 – Schéma : PYRÉNÉES CATALANES – Ripollès – Girona. À l'abri des montagnes, Ripoll se niche dans une vallée, au confluent du Ter et du Freser.

🄳 *Pl. de l´Abat Oliba, s/n, 17500 Ripoll, ☎ 972 70 23 51.www.elripolles.com*

À voir dans les environs : les PYRÉNÉES CATALANES, OLOT (32 km à l'E) et BERGA (43 km au SO).

comprendre

Un important foyer culturel

La bibliothèque du monastère fut l'une des plus riches de la chrétienté. Outre les textes sacrés et les commentaires théologiques, elle possédait des œuvres d'auteurs païens (Plutarque et Virgile) et nombre de traités scientifiques.

Les Arabes, après avoir récupéré la culture classique perdue en Occident, la diffusèrent au sein de leur empire dont l'Espagne était le dernier maillon. Ripoll, à la frontière des deux civilisations, devint, sous la tutelle de l'abbé Oliba, un important foyer culturel. Érudits de toute l'Europe y vinrent continuer leurs études, tel **Gerbert**, moine d'Aurillac, qui y étudia la musique et les mathématiques avant d'occuper le siège papal (999) sous le nom de **Sylvestre II**.

L'abbé Oliba

Fils du comte de Cerdagne et de Besalú, très cultivé et possédant de sérieuses qualités de politicien, il fut abbé de Ripoll et de Saint-Michel-de-Cuxá *(voir Le Guide Vert Michelin Pyrénées Roussillon)*, entre 1008 et 1046. Devenu évêque de Vic dès 1018, c'est lui qui encouragea la construction d'églises à plan basilical, à croisée saillante et coupole *(voir collégiale Sant Vicenç, à Cardona)*.

> **CARNET PRATIQUE**
> Vous recherchez un hôtel ou un restaurant, consultez le carnet pratique des Pyrénées catalanes.

découvrir

Ancien monastère Santa Maria*

Tlj sf lun. (sf en été) 9h-13h, 15h-20h ; cloître : 10h-13h, 15h-19h. 1,20€. ☎ 972 70 02 43.
Il n'en subsiste plus aujourd'hui que le portail de l'église et le cloître.

Église*

En 977, l'abbé Oliba consacra ce majestueux édifice roman, élevé sur les ruines d'une église du 9ᵉ s. Ses cinq vaisseaux et le transept à sept absides signifièrent une grande innovation pour l'époque, mais le tremblement de terre de 1428, les différentes transformations subies tout au long des siècles et l'incendie de 1835 détruisirent cette splendide œuvre d'art. Aujourd'hui, elle est entièrement restaurée, et seul le portail occidental est d'origine.

Dans le bras droit du transept se trouve le tombeau de Bérenger III le Grand (12ᵉ s.) et, dans le bras gauche, le superbe **monument funéraire** de Wilfred le Poilu.

Portail★★★

Construit vers le milieu du 12ᵉ s., c'est l'une des plus importantes œuvres sculptées romanes de la Catalogne. Malgré la pente du toit qui la protégeait, la pierre a été considérablement érodée par les intempéries, aussi est-il difficile d'interpréter les reliefs. Actuellement, est accompli un remarquable travail de restauration.

Les registres horizontaux forment une sorte d'arc triomphal dont une grande frise en couronnement relie les deux côtés. La glorification de Dieu et de son peuple vainqueur de ses ennemis (passage de la mer Rouge) illustre l'esprit de la Reconquête.

Les reliefs débordent du portail proprement dit et couvrent la totalité du mur, formant une véritable lecture sculptée des passages les plus importants de la Bible.

Cloître★

Bien que sa construction ait duré plus de quatre siècles, l'unité de style y est remarquable. De plan trapézoïdal, il se compose de deux étages de galeries. La galerie inférieure adossée à l'église, ornée de beaux chapiteaux aux décors figuratifs et végétaux, date du 12ᵉ s., tandis que les trois autres furent construites au 14ᵉ s. Les galeries supérieures ne furent achevées qu'au début du 15ᵉ s. Dans les murs se trouvent aussi des sépulcres, des pierres tombales et des fragments d'une mosaïque ancienne.

A Vision de l'Apocalypse
1) L'Éternel sur son trône
2) Anges
3) Homme ailé, attribut de saint Matthieu
4) Aigle, attribut de saint Jean
5) Les 24 vieillards
6) Lion, attribut de saint Marc
7) Taureau, attribut de saint Luc
B Exode
1) Passage de la mer Rouge
2) La manne
3) Vol de cailles guidant le Peuple de Dieu
4) Moïse fait jaillir l'eau du rocher
5) Moïse doit garder les bras levés pour donner la victoire à son peuple
6) Combats de fantassins et cavaliers
C Livre des Rois
1) David et ses musiciens
2) Transfert de l'Arche d'Alliance
3) La peste de Sion
4) Gad (debout) parle à David (assis) devant la foule
5) David désigne Salomon comme son héritier
6) Salomon, sur la mule de David, acclamé par le peuple
7) Le jugement de Salomon
8) Le songe de Salomon

9) Élie monte au ciel dans un char de feu
D) David et ses musiciens
E) Combats de monstres
F) Saint Pierre
G) Saint Paul
H) Vie et martyre de saint Pierre (à gauche) et de saint Paul (à droite)
I) Histoire de Jonas (à gauche) ; histoire de Daniel (à droite)
J) (à l'intrados de l'arc ; se lit simultanément à droite et à gauche). Au centre : le Créateur, deux anges ; au-dessous : offrandes d'Abel et de Caïn ; en bas : meurtre d'Abel, Caïn l'ensevelit
K) (à l'intérieur des montants de la porte). Les mois de l'année

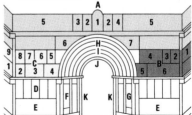

visiter

Museu Etnogràfic

De fin mars à fin sept. : tlj sf lun. 10h-13h30, 16h-19h, dim. 10h-13h30, 17h-20h ; de fin sept. à fin mars : tlj sf lun. 10h-13h, 16h-20h, dim. 10h-13h30. Fermé 1ᵉʳ et 6 janv., 25-26 déc. 1,50€. ☎ 972 70 31 44.

Situé en face du portail du couvent Ste-Marie, le Musée ethnographique retrace l'histoire du Ripollès. Inauguré en 1920, il recèle plus de 5 000 pièces : on remarquera les collections de paléontologie, de vêtements et de céramique mais, surtout, les salles consacrées à l'industrie du fer, qui présentent des forges anciennes et des armes à feu du 16ᵉ au 19ᵉ s.

alentours

Sant Joan de les Abadesses★

10 km au Nord-Est par la C 26. À l'entrée du village, on observe le beau **pont médiéval★** qui enjambe le Ter. Cette construction du 15ᵉ s. fut édifiée en remplacement d'un ancien pont romain. Son arc de 33 m en fait, de tous les ponts du Moyen Âge, le plus large de Catalogne par l'ouverture.

Monastère★★

Mars-avr. et oct. : 10h-14h, 16h-18h ; mai-sept. : 10h-14h, 16h-19h (w.-end et j. fériés 18h) ; juil.-août : 10h-19h, w.-end et j. fériés 10h-14h, 16h-19h ; nov.-fév. : 10h-14h, w.-end et j. fériés 10h-14h, 16h-18h. 1,80€. ☎ 972 72 23 53.

Ce monastère bénédictin, dont le village tire son nom, fut fondé au 9ᵉ s. par le comte Wilfred le Poilu, père d'Emma, la première abbesse. La communauté féminine, rapidement dissoute, fut remplacée par des ordres masculins. L'église actuelle, consacrée en 1150, est l'œuvre d'une congrégation de frères augustins. Au cours du 18ᵉ s., le monastère connut de nombreuses transformations, mais, entre 1948 et 1963, l'architecte Duran i Reynals accomplit une importante restauration.

Église★ – Le chevet, qui couronnait la nef et le transept, possédait un déambulatoire que surmontait un dôme portant le clocher. Un tremblement de terre détruisit cette construction en 1428, qui fut reconstruite sans le déambulatoire.

Les cinq absides sont décorées de chapiteaux dont les motifs s'inspirent des tissus d'Orient qui faisaient la richesse du monastère. Les murs, divisés en deux registres par des arcatures et des colonnettes, sont ornés de beaux vitraux garnis de lames d'albâtre.

L'abside centrale possède un extraordinaire groupe roman représentant *La Descente de croix*★★ (1251), où l'on retrouve sept personnages : le Christ, Joseph d'Arimathie et Nicodème – qui ôtent les clous –, saint Jean, la Vierge et un voleur à chaque extrémité. L'ensemble possède la rigidité caractéristique du roman ; néanmoins, le visage de Jésus annonce déjà, par une belle expression de douleur et de sérénité, les débuts de l'art gothique. Une hostie consacrée, qui avait été placée sur le front du Christ en 1251, a été conservée intacte jusqu'en 1936, ce qui en fit un objet de grande vénération populaire.

Parmi les autres chefs-d'œuvre de l'église, il faut signaler le **retable** gothique de sainte Marie la Blanche (14ᵉ s.), pièce délicate en albâtre d'influence italienne (remarquer l'élégance du traitement des scènes de l'enfance de Jésus). Très intéressants aussi, le tombeau du bienheureux Miró de Tagamanent (1345), au gisant monumental, le retable – gothique lui aussi – de saint Augustin, provenant d'un atelier fondé en ville, et la chapelle baroque des Douleurs, qui possède une très belle coupole du 17ᵉ s. et une belle pietà de facture récente, dont l'auteur est Josep Viladomat.

Cloître★ – De style gothique catalan, il remplaça, au 14ᵉ s., l'ancien cloître roman. Il fut réalisé selon le modèle adopté par les ordres mendiants : plafond de bois et arcatures élancées, soutenues par de fines colonnettes.

La Descente de croix.

J. Nicva/GC (DICT)

Musée du Monastère – On y accède depuis le cloître. D'intéressants fragments de retables, des pièces d'orfèvrerie, des sculptures et des croix anciennes y sont exposés. Il faut signaler la collection de **tissus brodés** (étoles extrêmement bien travaillées et somptueuses soies arabes).

Palais abbatial

Cet édifice du 14e s. se dresse sur la petite place devant l'église. Il possède un patio intérieur aux chapiteaux sculptés et amples arcades.

Sant Pol

Cette église située dans le noyau urbain présente un extraordinaire tympan sculpté, représentant le Christ, les apôtres Pierre et Paul, et deux anges.

Monastère de **Santes Creus**★★★

Au cœur d'une luxuriante et profonde vallée, le superbe ensemble cistercien de Santes Creus (Sainte-Croix) s'étale sur la rive gauche du fleuve Gaià. Les anciennes dépendances monastiques, réhabilitées et transformées en logements, forment le petit village du même nom. Ce beau site est planté en alternance de peupliers, de vignes, d'oliviers et d'épais bois.

La situation

Carte Michelin n° 574 H 34 ou Atlas p. 32 – Alt Camp – Tarragona. Les monastères de Santes Creus, Poblet et Vallbona de les Monges composent la route de l'Ordre de Cîteaux, qui parcourt la province de Tarragone. Santes Creus est à 7 km au Nord de l'autoroute A 2 – E 90.

🚩 *Pl. Sant Bernat, s/n - Oficina de turismo de Aiguamúrcia, 43815 Santes Creus,* ☎ *977 63 81 41.*

À voir dans les environs : VALLS (20 km au SO), MONTBLANC (31 km à l'O), TARRAGONE (32 km au S), le monastère de POBLET (41 km à l' O) et la COSTA DAURADA.

comprendre

Le pouvoir politique de Santes Creus

Le monastère fut fondé en l'an 1150 grâce à la donation par les Montcada *(voir p. 135)* de terres situées à Valldaura, dans le Vallès Occidental, près de Sant Cugat del Vallès. Mais la communauté cistercienne, qui fonctionnait dès 1152, rechercha un endroit plus écarté et s'installa à Santes Creus en 1158.

Dès sa fondation, le nouveau monastère manifesta un grand dynamisme, bien que l'élan définitif n'ait été impulsé qu'au 13e s. sous la direction de deux abbés : **saint Bernard Calbó**, conseiller du roi Jacques Ier, qu'il accompagna lors des conquêtes de Majorque et de Valence, et l'**abbé Gener** (1265-1293), qui obtint la protection de Pierre III.

Santes Creus joua un rôle prépondérant dans la fondation (1319) de l'ordre militaire de Montesa, ordre qui se substitua à celui des Templiers sur une partie du territoire catalano-aragonais. Ses abbés participèrent activement à la vie politique catalane : conseillers des souverains ou présidents de la Generalitat, ils furent souvent partie prenante lors de conflits armés. Dans le domaine culturel, le monastère fut au 16e s. un intense foyer d'études humanistes, disposant d'une très riche bibliothèque.

La décadence intervint au début du 19e s. et fut rapide. Fermé pendant le Triennat Constitutionnel (1820-1823), le monastère vit ses biens vendus aux enchères et fut définitivement sécularisé en 1835 avant d'être incendié et saccagé.

En fondant la paroisse de Santes Creus, l'ancien moine Miquel Mestre en engageait la réhabilitation. En 1931 fut constituée l'Association (Patronato) de Santes Creus, puis furent créées en 1947

> **RESTAURATION**
>
> **Grau** – *Pere El Gran, 3 - Santes Creus -* ☎ *977 63 83 11 - fermé dim. soir, lun., de mi-déc. à mi-janv. -* 🖻 *- environ 21,50€.*
> Restaurant familial avec bar à l'entrée. Salle très soignée où sont servis des plats typiquement catalans comme les *calçotades.* Chambres modestes et tranquilles également, à prix raisonnable.

les Archives bibliographiques (Arxiu Bibliogràfic), et, en 1975, l'Œuvre culturelle Santes Creus, qui lança les Cycles annuels de musique classique et sacrée, le cours international d'été de chant grégorien, des concerts d'orgue, et différentes activités culturelles.

Tlj sf lun. 10h-13h30, 15h-19h (de mi-janv. à mi-mars 18h ; de mi-sept. à mi-janv. 17h30).
Dernière entrée 20mn av. fermeture. Fermé 1ᵉʳ janv., 25 déc. 3,60€ ; gratuit mar.
☎ 977 63 83 29.
La visite (environ 2h) débute par la projection d'un spectaculaire documentaire sur l'histoire du monastère et la vie quotidienne en son sein, dans l'ancien réfectoire et le scriptorium.

Selon l'activité et les besoins du monastère, les différents bâtiments furent construits du 12ᵉ au 18ᵉ s., comme au monastère de Poblet *(voir ce nom)*, avec lequel celui de Santes Creus présente certaines analogies, tant du point de vue architectural que du point de vue historique. Comme le monastère de Poblet encore, il possède trois enceintes, autrefois fortifiées, mais il ne reste des murailles, dont la construction fut ordonnée par Pierre IV en 1376 et 1380, que les murs de l'église et la façade Est du cloître, surmontés d'une ligne de créneaux.

Par la porte de l'Assomption, œuvre baroque du 18ᵉ s. qui se trouve sur la plaça de Sant Bernat, on accède à la plaça Major. C'est là que s'élèvent les anciennes dépendances, aux murs décorés de fines **sgraffites**, occupées actuellement par des commerçants et des particuliers. À droite de la plaça Major se dresse l'ancien palais abbatial, et, au fond, le cloître et l'église (12ᵉ et 13ᵉ s.), dont l'austère façade n'est ornée que d'un portail en plein cintre et d'une immense baie gothique qui en occupe tout le fronton et accroche le regard.

Grand cloître★★★

Le majestueux cloître gothique est l'un des joyaux du monastère, combinant harmonieusement les idéaux cisterciens et la volupté de la nature.

Sa construction débuta en 1313, à l'emplacement d'un ancien cloître dont subsistent le **lavabo** et la salle capitulaire. Le maître anglais Reginald Fonoll, qui introduisit en Catalogne les formes flamandes, travailla les très délicates sculptures décoratives.

Différemment ornées sur chacun des quatre côtés du cloître, huit baies ogivales découpées à jour telle une dentelle et soutenues au centre par de fines colonnettes ouvrent les grandes galeries quand les petites n'en comptent que sept. Au Nord, la décoration adoptée reprend un motif très fréquent en Catalogne : la rose soutenue par des arcatures. Sur les côtés Est et Sud, on a utilisé des formes réticulées. Sur le côté Ouest, les ajours de ligne flamande montrent l'influence du maître Fonoll.

La décoration des chapiteaux et des impostes constitue un bel éventail de l'iconographie gothique : faune, flore, motifs bibliques, sujets satiriques, histoires mythologiques et scènes de mœurs. Les tableaux ont été traités avec une grâce et une imagination admirables, et la qualité du grès permit aux sculpteurs de fournir un authentique travail d'orfèvre. Le récit de la création d'Adam et Ève (à l'angle Sud-Ouest), celui des vices, représentés par des animaux monstrueux et fantastiques (côté Sud), et l'allusion au maître sculpteur avec le ciseau et la masse dans les mains (côté Est) et les chapiteaux aux décorations végétales du côté Nord, en face de l'escalier du dortoir, forment un ensemble particulièrement riche et représentatif.

Le cloître, en outre, est un véritable panthéon de la noblesse catalane. Dans ses murs s'alignent les tombeaux des Montcada, Cervelló, Cervera, Castellet et autres protecteurs du monastère.

Juste à côté de la porte d'entrée de l'église, on peut voir une statue polychrome de la Vierge (14ᵉ s.), une autre représentant Jésus, trois anges portant les instruments de la Passion et un moine agenouillé.

Salle capitulaire★★

S'ouvrant sur le cloître par un superbe portail et deux baies romanes, c'est l'une des pièces les mieux conservées. Elle servait aux réunions des moines qui, assis sur les bancs adossés aux murs, révisaient les règles de conduite.

Le grand cloître.

D. Lerault/PHOTONONSTOP

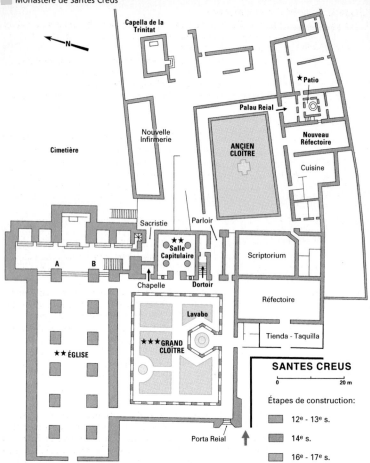

C'est une salle carrée avec des voûtes divisées en neuf tronçons, s'appuyant sur quatre colonnes centrales. Les chapiteaux, tous différents, portent une décoration végétale très simple, en accord avec l'esprit profond de Cîteaux.

L'harmonie entre les murs, les voûtes et les arcs donne à la pièce sa grande pureté architecturale, les différents éléments ayant été travaillés avec un sens aigu des proportions.

Les pierres tombales des abbés de Santes Creus sont insérées dans le pavement.

Dortoir
À côté de la salle capitulaire, un escalier monte au dortoir (12e s.). Cette vaste salle rectangulaire est couverte d'une charpente soutenue par onze arcs diaphragmes, appuyés à leur tour sur des consoles encastrées dans le mur. Le dortoir était relié à l'église par la partie supérieure du cloître, de façon à se rendre directement aux prières de minuit.

Actuellement, il est utilisé comme salle de concert.

Cloître ancien
Il porte ce nom parce qu'il occupe la place du premier cloître (12e s.). Construit au 17e s., il est d'une grande sobriété, formé d'arcs diaphragmes partant très près du sol. La simplicité de l'architecture, la petite fontaine et les huit cyprès caractérisent la sérénité de ce havre de paix.

Cellier
Construit au 17e s., il est éclairé par des baies étroites et élevées. Un soubassement d'*azulejos* (carreaux de faïence émaillée) décore les murs où s'adossaient les convives habillés de blanc.

Palais royal
À Santes Creus comme à Poblet, le monastère incluait un logis royal.

Le palais conserve son magnifique **patio★** (14e s.) dont il faut signaler la rampe, avec ses deux très beaux groupes sculptés – bien remarquer le lion tenant dans ses griffes une gazelle et un sanglier –, et la galerie supérieure, où onze colonnes, formées de colonnettes adossées, soutiennent des arcs brisés.

Chapelle de la Trinité et cimetière

Cette petite église romane (12ᵉ s.) est l'un des plus anciens bâtiments de Santes Creus. Les voûtes unies reposent sur une moulure de pierre très simple. À l'intérieur se trouve une statue en bois du 16ᵉ s.

Depuis le cimetière, présidé par une croix en pierre, on observe la **rosace**★ de l'abside centrale de l'église, une des images les plus singulières du monastère. Son remplage de pierre est formé d'arcs en plein cintre et d'un délicat vitrail du 13ᵉ s. Sa taille (6,30 m de diamètre) et sa situation inhabituelle en font une œuvre exceptionnelle.

Église★★

Sa construction débuta en 1174 selon le schéma cistercien classique : plan en croix latine, trois vaisseaux et cinq chapelles absidiales de plan rectangulaire. La nef centrale présente une voûte sur croisée d'ogives, et les arcs qui la supportent reposent sur d'élégants modillons cannelés. L'austérité est le mot d'ordre de cet ensemble. La tour-lanterne du 14ᵉ s., visible de l'extérieur, les verrières du bas, avec la rosace de l'abside cachée derrière le retable du maître-autel, constituent les seuls écarts ornementaux.

Mausolée de Pierre III le Grand★★ (A) – Situé dans la partie dite de l'Évangile, le tombeau de Pierre III le Grand est le seul qui n'ait pas été pillé. Il est constitué par un petit temple gothique de plan rectangulaire dont la voûte repose sur quatre colonnes composites. La décoration est somptueuse. À travers le remplage des arcs reposant sur des meneaux, on voit la voûte peinte en bleu et constellée d'étoiles de couleur or.

Dans les angles apparaissent les symboles des quatre évangélistes et, sur chacun d'eux, se dresse un svelte pinacle. Ce merveilleux ensemble est complété par dix chapiteaux, délicatement décorés de motifs végétaux et d'êtres fantastiques.

Le petit temple couvre la grande urne, en porphyre rouge, qui contient les restes royaux. Avec les deux lions en pierre blanche qui la soutiennent, elle aurait été rapportée d'Égypte par **Roger de Lauria**. Une lourde dalle en jaspe, ornée de sculptures inspirées de la vie des saints – bien remarquer les expressions des visages et les mouvements des vêtements –, couvre cette pièce singulière.

À côté du tombeau du roi, encastré dans le pavement, se trouve celui du grand amiral Roger de Lauria. Une dalle funéraire signale sa sépulture.

Mausolée de Jacques II et de Blanche d'Anjou (B) – La richesse ornementale est moins opulente que celle du tombeau de Pierre III. Un pavillon d'arcs en ogive couvre l'urne de marbre blanc, où les gisants des monarques sont vêtus de robes cisterciennes. Aux pieds du roi se tient un lion, et à ceux de la reine un chien, symboles respectifs de la force et de la fidélité. On dit qu'il existe une remarquable ressemblance entre ces sculptures et les personnages réels.

La Seu d'Urgell★

Capitale de la « comarca », La Seu se trouve au confluent du Segre et de la rivière Valira, entourée d'un agréable et radieux paysage. De beaux pâturages, des sources qui jaillissent de toutes parts et de hauts sommets sont ses principaux attraits naturels.

Le centre historique, où s'élève la magnifique cathédrale, conserve une indéniable allure médiévale, avec ses étroites rues à arcades et ses édifices remarquables. Comme pour mieux créer le contraste avec le quartier ancien, des parcs modernes ont été dessinés, qui portent les noms des cours d'eau de la ville.

La situation

11 195 habitants. Carte Michelin nᵒ 574 E 34 ou Atlas p. 18 – Schéma : PYRÉNÉES CATALANES – Alt Urgell – Lleida. Neuf petits kilomètres séparent la Principauté d'Andorre de la capitale pyrénéenne, qui se trouve à proximité d'un carrefour où se croisent la N 260 (direction E), la N 145 (direction N) et la C 14 (direction S) qui la relie à Lérida. À moins de 30 km de la ville se trouvent des stations de ski de fond (Sant Joan de l'Erm).

🖪 *Av. Valls d'Andorra, 33, 25700 La Seu d'Urgell, ☎ 973 35 15 11. Pg. Joan Brudieu, 15, 25700 La Seu d'Urgell, ☎ 973 35 31 12. À voir dans les environs : les PYRÉNÉES CATALANES.*

> **CARNET PRATIQUE**
>
> Vous recherchez un hôtel ou un restaurant, consultez le carnet pratique des Pyrénées catalanes.

comprendre

La Seu d'Urgell au passé et au présent

La ville primitive, citée par Pline et Strabon, s'élevait jusqu'au 9ᵉ s. sur la colline de Castellciutat, mais elle fut déplacée dans la plaine du Segre lorsque les évêques d'Urgel fixèrent leur résidence à La Seu. Elle devint la capitale de l'important comté d'Urgel et ainsi naquit le nom de La Seu d'Urgell. Pour de curieuses raisons historiques, jusqu'en 1993, l'évêque de La Seu partageait avec le président de la République française la charge honorifique de souverain de la principauté d'Andorre.

Aujourd'hui, la ville est devenue la capitale des Pyrénées, suite à un important processus de modernisation. Le commerce, l'agriculture, l'élevage et le tourisme font bon ménage avec un important secteur industriel, spécialisé dans l'élaboration de produits laitiers, protégés par un label d'appellation d'origine.

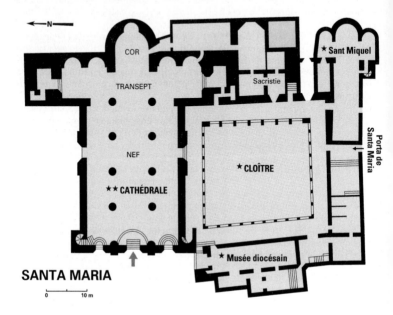

SANTA MARIA

visiter

Cathédrale Santa Maria★★

Juin-sept. : 10h-13h, 16h-19h, w.-end et j. fériés 10h-13h ; oct.-mai : 12h-13h, w.-end et j. fériés 11h-13h. 2,10€. ☎ 973 35 32 42.

Située au cœur du quartier ancien, la cathédrale, ou *seu*, est le meilleur exemple du roman lombard de la Catalogne.

Sa construction fut commencée par le chef de chantier, d'origine italienne, Ramón Llombard, en 1175 ; elle fut restaurée par Puig i Cadalfach en 1918. La façade Ouest, en pierre bicolore, possède trois parties correspondant aux trois nefs. La partie centrale, décorée d'arcatures, de lisières et d'un petit campanile, est typiquement italienne.

La cathédrale présente un plan basilical à trois vaisseaux et un long transept où s'ouvrent cinq absides. La svelte nef centrale est délimitée par des piliers cruciformes aux colonnes adossées décorées de boules. Les murs orientaux du transept, dont la croisée est couverte d'une tour-lanterne, sont animés par une élégante **galerie** aux ouvertures géminées, qui entoure l'abside centrale en laissant passer la lumière.

Cloître★ – À l'exception de la travée orientale, refaite en 1603, le cloître date du 13ᵉ s. Les chapiteaux ont été sculptés par des artistes venus du Roussillon et les thèmes traités (visages humains et animaux fantastiques) font preuve d'une grande imagination. C'est par la **porte Santa Maria**, à l'angle Sud-Est, que l'on accède à l'église auxiliaire **Sant Miquel★** (11ᵉ s.), seul vestige de l'ensemble ecclésiastique, construit par l'évêque saint Ermengol. Sant Miquel est un bâtiment très simple : une nef unique, un transept et trois absides aux décorations lombardes. Il était décoré de fresques romanes, exposées actuellement au musée d'Art de Catalogne à Barcelone.

Musée diocésain★

Juin-sept. : 10h-13h, 16h-19h, w.-end et j. fériés 10h-13h ; oct.-mai : 12h-13h, dim. et j. fériés 11h-13h. 2,50€. ☎ 973 35 32 42.

Il se trouve dans l'ancienne église de la Pietat (14ᵉ s.) et abrite une magnifique collection d'objets d'art du 10ᵉ au 17ᵉ s., provenant de divers villages du diocèse. On remarquera entre autres un intéressant **papyrus★** du pape **Sylvestre II**, grand savant ayant fait ses études à Ripoll et à Vic qui introduisit les chiffres arabes en Europe, un somptueux **crucifix roman** en émail (12ᵉ s.), provenant du monastère de Silos, le beau **retable d'Abella de la Conca★**, œuvre du 14ᵉ s. réalisée par Pedro Serra, influencé par l'école de Sienne et l'iconographie byzantine, le retable en pierre polychrome de Sant Bartomeu (11ᵉ s.), dont les scènes ont été traitées avec un grand réalisme.

Néanmoins, la pièce la plus importante est le **Beatus★★** du 11ᵉ s., l'une des rares copies qui soient conservées du célèbre commentaire de l'Apocalypse rédigé au 8ᵉ s. par Beatus de Liébana. À la différence de celui de Gérone *(voir p. 207)*, le caractère narratif y est plus développé : les personnages ont des attitudes plus dynamiques, les scènes présentent de remarquables détails et les expressions des visages et des mains ont une grande originalité.

Sont exposés également différents objets d'orfèvrerie et l'urne de saint Ermengol, œuvre baroque (1755) de Pedro Llopart, faite en argent repoussé.

Parc del Segre

Dans ce grand parc furent réalisés des torrents artificiels pour les Jeux olympiques de 1992. Des espaces sont réservés aux compétitions.

Parc del Valira

Un cloître moderne, réalisé par Luis Racionero, y est édifié. Ses chapiteaux représentent différentes personnalités contemporaines : Marx, Staline, Franco, Marilyn Monroe, Picasso, etc.

T. Vidal/GC (DICT)

« Le Beatus », Musée diocésain.

Sitges★★

Sitges, l'un des centres touristiques les plus fréquentés de la Catalogne, est une belle ville aux contrastes très marqués. Progressiste, joyeuse et impudente, elle a su résister à plus de 80 ans de fréquentation et ne rien perdre de son charme. Ses larges plages – Sant Sebastià et La Ribera – sont les lieux de rendez-vous des touristes de toutes nationalités. De luxueuses villas coexistent avec des demeures modernistes, un air de fête semble animer les rues ; les gens y sont tolérants et chaleureux. La ville, stimulée par un esprit de progrès, offre une grande diversité de loisirs.

La situation

13 096 habitants. Carte Michelin n° 574 I 35 ou Atlas p. 32 – Garraf – Barcelona. Sitges se trouve sur la zone côtière du **Parc naturel du Garraf**, d'origine karstique, à mi-chemin entre Barcelone *(45 km au NE)* et Tarragone *(53 km au SO)*, auxquelles elle est reliée par l'autoroute ou la route côtière.

ℹ *Sinia Morera, 1, 08870 Sitges,* ☎ *93 894 50 04/42 51. www.sitgestur.com*

À voir dans les environs : VILANOVA I LA GELTRÚ *(9 km au SO),* VILAFRANCA DEL PENEDÉS *(24 km au NO),* BARCELONE *(45 km au NE) et la* COSTA DAURADA.

> **ROMAINS ET MODERNISTES**
> Selon la tradition, cette ville occupe l'emplacement de l'ancienne cité romaine de Súbur, mentionnée par Strabon et Pline. Vers la fin du 19ᵉ s., elle fut découverte par les modernistes (Santiago Rusiñol, Ramón Casas et Miguel Utrillo), qui la choisirent pour accueillir d'importantes manifestations artistiques.

visiter

La vieille ville★★ *Une demi-journée*

Massée sur le cap rocheux appelé La Punta, la vieille ville est une véritable mosaïque de bâtiments pittoresques. L'église Sant Bartomeu et Santa Tecla, face au passeig de la Ribera, domine ce magnifique ensemble, où les bâtiments modernistes côtoient de petites maisons blanches, témoignages du passé maritime de la ville.

Poètes et peintres découvrirent dans ces étroites ruelles pavées l'authentique esprit de Sitges et son inépuisable vitalité.

Museu del Cau Ferrat★★

De mi-juin à mi-oct. : tlj sf lun. 10h-14h, 17h-21h, dim. et j. fériés 10h-15h ; de mi-oct. à mi-juin : tlj sf lun. 10h-13h30, 15h-18h30, sam. 10h-19h, dim. et j. fériés 10h-15h. Fermé 1ᵉʳ janv., 25 août, 25-26 déc. 3€, gratuit 1ᵉʳ mer. du mois. Billet combiné avec le Museu Maricel de Mar et la Casa Llopis : 5,40€. ☎ 93 894 03 64.

Le **musée du Fer forgé** occupe la maison qui, à partir de 1891, fut la résidence principale du peintre et écrivain **Santiago Rusiñol** (1861-1931). Ce dernier encouragea la pratique d'activités artistiques et culturelles, comme les Fêtes modernistes de Sitges (1892-1899), proposant de nombreux spectacles de théâtre, des expositions, des concerts, etc.

La plage et l'église, à la tombée de la nuit.

carnet pratique

TRANSPORTS

Gare ferroviaire – *Plaça d'Eduard Maristany* - ☎ *93 894 98 89.*
Sitges est parfaitement reliée à Barcelone par des trains de banlieue toutes les 30mn, de 5h à 22h30. Durée du trajet : 30mn.

En autocar – La liaison Sitges-Barcelone est assurée quotidiennement par la compagnie MOHN (☎ *93 658 01 41* ou *93 89 37 60*). Service réduit pendant le week-end. La gare routière se situe passeig de Vilafranca.

Taxi – Pour gagner l'aéroport, on peut prendre un taxi depuis la place de la gare. Coût : environ 30€.

VISITE

Nombreuses possibilités de billets combinés offrant l'accès à des musées ou des expositions. Disponibles dans n'importe quel musée. Renseignements ☎ *93 894 03 64.*

RESTAURATION

La Oca – *Parellades, 41* - ☎ *93 894 79 36 - fermé nov. -* 🍽 - *10/21€.* Sobre restaurant de style moderne, bénéficiant d'un bon emplacement dans une rue centrale commerçante. Il doit son succès à ses formules rapides et à son menu à prix réduit à midi. Goûtez donc ses spécialités : les viandes à la braise et les poulets *a l'ast.*

Els 4 Gats – *Sant Pau, 13* - ☎ *93 894 19 15 - de mi-avr. à mi-oct. - tlj sf mer. -* 🍽 - *23,01/30,30€.* À proximité de la maison Llopis, ce petit restaurant convivial présente un beau plafond à caissons et des murs recouverts de tableaux et de céramiques. Cuisine traditionnelle.

Oliver's – *Isla de Cuba, 39* - ☎ *93 894 35 16 - fermé lun., de mi-déc. à mi-janv. (seulement le soir sf w.-end et j. fériés) -* 🍽 - *24/31,80€.* Petit établissement familial doté d'une salle soignée et d'un bar avec comptoir. Le mobilier et le plafond en bois créent une ambiance chaleureuse et accueillante. Cuisine internationale et service aimable.

La Nansa – *Carreta, 24* - ☎ *93 894 19 27 - fermé mar. et mer., janv., 1 sem. mai -* 🍽 - *25,88/31,56€.* Le grand classique à Sitges. Établissement familial orné de motifs marins où vous redécouvrirez la cuisine catalane de toujours. Produits frais, bonne cave et excellents desserts. Bon rapport qualité/prix.

El Velero – *Passeig de la Ribera, 38* - ☎ *93 894 20 51 - elvelero@restaurantevelero.com - fermé dim. soir (sf été), lun., vac. de Noël -* 🍽 - *34/41€.* Restaurant accueillant avec poutres en bois au plafond et tables bien disposées. Décoration à base de diplômes et de motifs marins. Une cuisine catalane et une carte des vins très variée vous seront proposés dans son agréable véranda.

Maricel – *Passeig de la Ribera, 6* - ☎ *93 894 20 54 - restaurante@maricel.es - fermé mar. soir, mer., de mi-nov. à fin nov. -* 🍽 - *38/46€.* Restaurant classique situé sur la promenade de front de mer. Plats méditerranéens et créatifs cuisinés avec soin. De sa carte très variée, on retiendra plus particulièrement les poissons et les fruits de mer, toujours accompagnés des excellents crus de la cave.

HÉBERGEMENT

Sitges est une ville particulièrement coûteuse. Malgré une abondante offre hôtelière, notre conseil est de réserver, surtout pour la période estivale.

Hotel Galeón – *Sant Francesc, 46* - ☎ *93 894 06 12 - avr.-oct. -* 🏊 🍽 - *47 ch. : 54,09/78,13€ -* 🚗 *5,41€ - rest. 10,82€.* Hôtel central installé dans deux bâtiments. Chambres sobres mais très agréables, dotées de salles de bains complètes. Pendant les chauds après-midi d'été, vous serez tenté par un plongeon dans la piscine.

Hotel Platjador – *Passeig de la Ribera, 35* - ☎ *93 894 50 54 - avr.-oct. -* 🏊 🍽 - *59 ch. : 57,70/81,74€* 🚗 *- rest. 10,82€.* Situé en front de mer, cet hôtel est le lieu idéal pour profiter de la plage. Chambres confortables malgré une décoration quelque peu désuète. Salle à manger sobre proposant un menu. Plaisant bar agrémenté d'une jolie terrasse au cinquième étage.

Hotel Romàntic y La Renaixença – *Sant Isidre, 33* - ☎ *93 894 83 75 - romantic@hotelromantic.com - de mi-mars à fin oct. - 69 ch. : 64,11/95,49€* 🚗. L'hôtel occupe deux édifices du 19e s. qui conservent la décoration de l'époque et un certain charme désuet. Les chambres sobres mais accueillantes sont équipées de salles de bains quelque peu vieillottes. Son atout majeur : le ravissant patio arboré.

Hotel Subur Marítim – *Passeig Maritim -* ☎ *93 894 15 50 - info@hotelsuburmaritim.com -* 📶 🍽 - *46 ch. : 138/171€* 🚗 *- rest. 21/27,50€.* Situé en front de mer, l'hôtel occupe un édifice moderne et une ancienne villa d'été. Les chambres, toutes avec terrasse et salle de bains rénovée, sont très confortables. Demandez la suite dans l'ancienne maison du garde.

Hotel Estela Barcelona – *Av. port d'Aiguadolç -* ☎ *93 811 45 45 - info@hotelestela.com -* 🏊 🍽 ♿ *- 48 ch. : 150/168€* 🚗 *- rest. 24€.* Situé en face du port de plaisance, cet hôtel moderne est dans son ensemble une véritable œuvre d'art. Les chambres sont meublées au goût du jour et dispensent de merveilleuses vues sur la mer. Les plus belles sont décorées par des artistes catalans de renom.

FÊTES ET FESTIVALS

Les fêtes de Sitges commencent au mois de février par le **Carnaval**. Pendant sept jours, Sitges devient la capitale gay de l'Europe et ses rues s'emplissent de personnages masqués, bouffons, lutins, formant des cortèges très osés et bruyants. En même temps a lieu, depuis 1958, le **Rallye**

international de voitures anciennes Barcelone-Sitges, auquel participent de très belles voitures du début du 20e s., dont les conducteurs sont en costume d'époque.

Tapis de fleurs

J. Malburet/MICHELIN

Pendant la **Fête-Dieu**, la ville vit littéralement une explosion de joie et de couleurs. À cette date a lieu la célèbre Exposition nationale des œillets et les rues sont tapissées de fleurs.

La **Festa de Sant Bartomeu**, le 24 août, possède un caractère populaire très marqué. Les gens envahissent les rues en dansant la *moixiganga* d'origine baroque. Des géants à grosse tête courent parmi la foule dans les ruelles du quartier ancien et un grand feu d'artifice clôt la fête.

Parmi les activités culturelles, il faut signaler le Festival international de théâtre, au mois de juin et, tout spécialement, le prestigieux **Festival international de cinéma de Catalogne** au mois d'octobre.

Cette ancienne maison de pêcheurs, du 16e s., fut remodelée par Francesc Rogent, architecte néo-médiéviste, qui y ajouta quelques éléments gothiques, comme le toit en bois polychrome. Devenue musée en 1933, cette maison expose différentes collections de peinture, d'objets en fer forgé, de sculptures et de céramiques, léguées à la ville par l'artiste barcelonais. Les salles du rez-de-chaussée sont l'image emblématique du musée. Les murs d'un bleu indigo contrastent avec le soubassement et la multitude d'objets en céramique.

Peinture – Parmi les nombreux tableaux, signalons deux œuvres du Greco (*La Madeleine pénitente* et *Le Repentir de saint Pierre*), que Rusiñol avait achetées à très bas prix à Paris et qu'il avait ramenées à Sitges, accompagné d'une nombreuse suite d'artistes.

Des tableaux de Picasso, Casas, Llimona, Nonell, Zuloaga et de Rusiñol lui-même *(La Poésie, la Musique et la Peinture)* complètent ce précieux ensemble.

Fer forgé – *Étage supérieur.* Cette collection, formée d'objets d'époques et de styles différents, a donné son nom au musée. Le visiteur sera surpris par la profusion de heurtoirs, serrures, clés et autres candélabres. Parmi les pièces les plus intéressantes figurent un ensemble de poignées de porte du 16e s., dont quelques-unes sont fort curieuses, ainsi qu'un buste reliquaire polychrome de sainte Marthe (17e s.).

Museu Maricel de Mar★

De mi-juin à mi-oct. : tlj sf lun. 10h-14h, 17h-21h, dim. et j. fériés 10h-15h ; de mi-oct. à mi-juin : tlj sf lun. 10h-13h30, 15h-18h30, sam. 10h-19h, dim. et j. fériés 10h-15h. Fermé 1er janv., 25 août, 25-26 déc. 3€, gratuit 1er mer. du mois. Billet combiné avec le Museu del Cau Ferrat et la Casa Llopis : 5,40€. ☎ 93 894 03 64.

Cet ancien hôpital gothique (14e s.) a été transformé au début du 20e s. par Miguel Utrillo. D'abord destiné à accueillir la collection du milliardaire américain Charles Deering, qui finança sa restauration, il abrite depuis 1970 des pièces léguées par le docteur Jesús Pérez Rosales.

Le **bâtiment**, relié par une passerelle au musée Maricel de Terra, s'est enrichi de mosaïques gothiques authentiques, comme celle de San Miguel de la Torre, ramenée de Castille. D'autres éléments modernes furent ajoutés : chapiteaux, collages aux thèmes humoristiques, reproductions de sculptures Renaissance et peintures murales se rapportant à la Première Guerre mondiale, réalisées par José María Sert.

Dans ce musée sont également exposées des pièces très variées : retables gothiques, sculptures baroques, meubles Renaissance et instruments de musique de différentes époques.

Située dans une petite pièce aux chapiteaux romans, la collection de sculptures de style Art nouveau montre des œuvres aussi importantes que le *Repos* et la *Gitane adolescente* de Rebull.

Casa Llopis★

De mi-juin à mi-oct. : tlj sf lun. 10h-14h, 17h-21h, dim. et j. fériés 10h-15h ; de mi-oct. à mi-juin : tlj sf lun. 10h-13h30, 15h-18h30, sam. 10h-19h, dim. et j. fériés 10h-15h. Fermé 1er janv., 25 août, 25-26 déc. 3 €, gratuit 1er mer. du mois. Billet combiné avec le Museu del Cau Ferrat et le Museu Maricel de Mar : 5,40€. ☎ 93 894 03 64.

SITGES

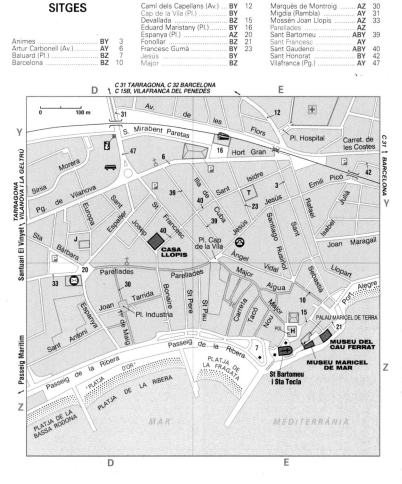

Avec la Casa Papiol de Vilanova i la Geltrú *(voir p. 314)*, elle constitue le **Musée romantique**.

Cette demeure seigneuriale, bâtie en 1793, est un témoignage de la prospérité de Sitges au 19ᵉ s. Les différentes salles, décorées de meubles anglais et de somptueux rideaux, évoquent la vie de cette époque. Dans cette atmosphère de rêve sont exposés des automates, des boîtes à musique et des dioramas qui instruisent sur le développement de la mode.

Au deuxième étage est exposée la **collection Lola Anglada**, intéressant ensemble de poupées des 17ᵉ, 18ᵉ et 19ᵉ s., provenant de toute l'Europe et réalisées en papier mâché, bois et porcelaine.

Passeig Marítim

Sortir par le passeig de la Ribera. Cette promenade longe la plage de La Ribera. Longue de trois kilomètres, bordée de villas, de piscines, d'hôtels et d'autres établissements, elle forme l'une des plus importantes promenades de front de mer bordant la côte catalane. Au début se trouve une statue du Greco, érigée grâce à une souscription populaire.

Hors du centre

Sanctuaire du Vinyet

Sortir par le passeig de Vilanova. 11h-13h, 16h-19h. ☎ *93 894 01 23.* Ce sanctuaire néoclassique (18ᵉ s.) se trouve à l'Ouest, près de la route de Vilanova i la Geltrú. Il abrite Notre-Dame du Vinyet, délicate sculpture du 12ᵉ s., vénérée dans toute la région.

Solsona★★

Chef-lieu de la *comarca* et siège épiscopal depuis 1593, Solsona est une ville aux traditions très enracinées. Dans le vieux quartier, entouré des vestiges des remparts, on découvre la quiétude de la ville. Le silence emplit ses rues solitaires bordées de magnifiques demeures médiévales. Les places Sant Joan et de La Ribera, où se tiennent des marchés, baignent dans une atmosphère indéniablement désuète.

La situation

6 601 habitants. Carte Michelin n° 574 G 34 ou Atlas p. 32 – Solsonès – Lleida.
Solsona se trouve au centre de la *comarca* du Solsonès, très riche en forêts, et à 23 km de la route qui relie Lérida, chef-lieu de la province, à La Seu d'Urgell (Pyrénées).
🚩 *Ctra. de Bassella, 1, 25280 Solsona,* ☎ *973 48 23 10. www.elsolsonesinvita.com*
À voir dans les environs : CARDONA (20 km au SE), MANRESA (50 km au SE) et BERGA (51 km au NE).

carnet pratique

RESTAURATION

🍴🍴 **Vilaseca Gran Sol** – *1 km au SE de Solsona par la C 55 -* ☎ *973 48 10 00 - fermé lun., janv. -* 💳 *- environ 23,40€.* En bord de route, ce spacieux restaurant de style classique divise en deux sa salle par un rideau afin de délimiter la zone réservée aux banquets et la salle de restauration pure. Sa table vous réservera des plats variés.

HÉBERGEMENT

🛏 **Hotel Crisami** – *Rte de Manresa, 52 -* ☎ *973 48 04 13 -* 🅿 *- 21 ch. : 30/48€ -* 🍽 *4,50€ - rest. 9€.* Petit hôtel situé à la sortie de l'agglomération. Deux catégories de chambres : chambres désuètes et modestes, et catégorie plus moderne et confortable. Le sobre restaurant sert une cuisine catalane.

FÊTES

Pendant la **Fête-Dieu**, les jeunes de Solsona, portant des vêtements typiques, dansent au milieu du vacarme produit par les coups de tromblon ; géants et grosses têtes défilent pendant que les enfants dansent dans les rues le *ball de Bastons*.

visiter

Musée diocésain et comarcal★★

Mai-sept. : tlj sf lun. 10h-13h, 16h30-19h, dim. et j. fériés 10h-14h ; oct.-avr. : 10h-13h, 16h-18h, dim. et j. fériés 10h-14h. Fermé 1er janv., 25 déc. 2€. ☎ *973 48 21 01.*
Installé dans le palais épiscopal, édifice baroque du 18e s., ce musée possède, outre une importante section ethnographique, l'une des **collections de peinture romane et gothique★★** les plus représentatives de l'art catalan. Le palais abrite également le **musée du Sel** *(situé au premier étage du cloître)*, réunissant de curieux mets faits à base de sel gemme de Cardona.

Peintures murales de Sant Quirze★★★ de Pedret – Cet ensemble préroman (10e s.) provenant de l'église Sant Quirze de Pedret, proche de Berga, est une œuvre anonyme et singulière, découverte en 1939 sous les fresques romanes du 12e s. Elle consiste en deux cercles, qui vraisemblablement flanquaient une fenêtre. Dans celui de droite, surmonté d'un phénix, symbole d'immortalité, apparaît Dieu bénissant, et, dans celui de gauche, figure une scène à thème paléochrétien : le paon mangeant une grappe de raisins.

On voit également des fresques du 12e s., où le maître de Pedret a illustré des thèmes religieux dans un style où transparaît l'influence byzantine (sacrifice d'Abraham, Abel offrant un présent à Dieu et le Jugement de saint Cyr et de sainte Julitte). Sur le côté droit de la voûte, il faut remarquer la frise des quatre cavaliers de l'Apocalypse. La couleur des chevaux permet d'identifier les personnages (celui de la guerre en rouge, celui de la victoire en blanc, celui de la mort en gris et celui de la faim en noir). L'ange qui protège le village de ces sinistres cavaliers mérite d'être observé par ses ailes constellées d'yeux.

Peintures murales de Sant Pau★ de Caserres – Ces fresques (13e s.) possèdent des caractéristiques très particulières : les silhouettes arborent une languide souplesse, l'expression des visages est douce, et le trait est élégant et léger. La scène la mieux conservée est celle du Jugement dernier avec ses deux couples de merveilleux **séraphins★★**.

Frises de la collégiale de Cardona – Elles appartiennent déjà au style gothique linéaire (14ᵉ s.). La frise supérieure est d'une grande qualité artistique. Une crucifixion sépare le royaume de la lumière, à gauche, de celui des ténèbres, à droite. Dans la frise inférieure, on voit des épisodes de la vie de saint Étienne.

Sont également exposés de magnifiques **parements d'autel**, parmi lesquels celui de Sagàs (12ᵉ s.), réalisé dans un style austère, où les scènes sont très expressives. Une autre pièce intéressante est la *Cène de sainte Constance*★, œuvre de Jaime Ferrer, provenant de Castelló de Farfanya. Influencé par le style de Borrassà, l'artiste a placé sur un fond doré somptueux des personnages aux expressions et attitudes réalistes.

Cathédrale

Juil.-août : 9h-13h, 17h-21h ; sept.-juin : 9h-13h, 16h-20h. Dim. et j. fériés : s'abstenir de visiter pendant les offices. ☎ *973 48 06 19.*

Elle fut construite entre les 12ᵉ et 18ᵉ s. ; du bâtiment d'origine subsistent les trois absides romanes (12ᵉ s.), le clocher aux ouvertures finement travaillées ainsi que quelques voûtes du cloître. La monumentale **porte Sant Agustí** (1780) de la façade principale, de style baroque, est dominée par un relief représentant l'extase du saint. L'intérieur, dont l'unique nef est prolongée par une abside polygonale, est de style gothique. Dans le bras gauche du transept se trouve la **chapelle de la Mercè**, ornée d'un bel autel baroque réalisé par Carlos Moretó.

Chapelle de la Mare de Déu del Claustre *(bras droit du transept)* – La plus belle chapelle de cette cathédrale a été construite au 18ᵉ s. en style néoclassique ; elle a une forme de croix latine et est décorée d'un baldaquin et d'un *camarín*. Sur un fond doré figurent différentes représentations d'anges et des motifs ornementaux. Elle abrite la célèbre sculpture de la *Vierge du Cloître*★, œuvre romane (12ᵉ s.) réalisée par le maître Gilabertus, de l'école de Toulouse. Selon la tradition, elle fut retrouvée dans le puits du cloître, où elle avait été cachée par un moine.

Museu del Ganivet

Tlj sf lun. 10h-14h, 16h-19h ; dim. 10h-14h. Fermé j. fériés. ☎ *973 48 23 10.*

Ce musée est consacré à la coutellerie, de longue tradition à Solsona. En sus des couteaux et autres rasoirs, il expose divers instruments et ustensiles de tout genre, comme par exemple du matériel de dentiste ou des outils agricoles.

Ajuntament

Ce bâtiment a été construit au 16ᵉ s. par Pedro Puigdepons, pour répondre aux exigences d'une maison de commerçants tout en conservant le goût décoratif de la Renaissance. Sur la façade principale figure le blason des Puigdepons (remarquer les rats qui grimpent sur l'olivier).

alentours

Sant Llorenç de Morunys

34 km au Nord. Sortir de Solsona en direction de Lladurs. Après le village et avant d'arriver au Coll de Jou, prendre à droite.

Sant Llorenç se trouve tout au Nord du **Vall de Lord**, vallée qui s'étend en amont des rivières Cardener et Aïgua de Llinars. Dans ce fantastique paysage, d'épaisses forêts de chênes et de pins sylvestres côtoient d'abrupts pics rocheux. La beauté naturelle de ces lieux attire les randonneurs.

Sant Llorenç★ – *9h-20h30 ; dim. et j. fériés 10h-12h, 13h-21h30. S'abstenir de visiter pendant les offices.* ☎ *973 49 23 80.* L'église faisait partie d'un ancien monastère bénédictin. Bâtie au 11ᵉ s., elle constitue un magnifique exemple du roman lombard. Elle possède trois vaisseaux et abrite deux merveilleuses œuvres baroques : le retable du maître-autel et la chapelle de la Mare de Déu dels Colls.

Les personnages du monumental **retable du maître-autel**, réalisé (1711-1713) par Juan Francisco Moretó, ont été travaillés avec un grand souci des proportions et du détail. Les éléments décoratifs (niches, colonnes et chapiteaux) sont d'une grande beauté.

La **chapelle de la Mare de Déu dels Colls**★, œuvre de Josep Pujol (1733-1784), est décorée de façon exceptionnelle. Les reliefs qui couvrent les murs et la voûte représentent différentes scènes bibliques. C'est une œuvre complexe et exubérante qui retient l'attention du visiteur.

Sant Esteve d'Olius★

6 km au Nord-Est par la C 26. La petite église romane (11ᵉ s.) présente une nef unique coiffée d'une voûte en berceau, elle-même soutenue par des formerets appuyés sur des pilastres. Dans le presbyterium s'ouvre une simple **crypte**★ dont les trois vaisseaux voûtés sur croisée d'ogives reposent sur un groupe formé de six colonnes et de six pilastres.

Cimetière moderniste – *En face de l'église.* Réalisé par Bernardí Martorell en 1916, ce petit cimetière est un singulier jeu de formes et de volumes en parfaite communion avec la nature.

Tarragona★★★

Ville ouverte sur la mer, radieuse et toujours accueillante – selon la légende, Jupiter quitta sa femme, Tiria, une mortelle, car il tomba fou amoureux de Tarragone –, l'ancienne Tarraco, qui devint l'une des cités majeures de l'Empire romain, est actuellement la capitale de la Costa Daurada. Tarragone jouit d'un agréable climat tempéré et ses plages de sable fin sont fréquentées une grande partie de l'année. La richesse de son patrimoine artistique et architectural, dont on remarquera plus particulièrement les vestiges classiques et médiévaux, fait de Tarragone l'un des hauts lieux du tourisme en Catalogne.

La situation

112 801 habitants. Carte Michelin nᵒ 574 I 33 ou Atlas p. 45 - Schéma : COSTA DAURADA - Tarragonès - Tarragona. Tout un réseau d'autoroutes et de routes font de Tarragone l'une des villes les mieux desservies de la Catalogne ainsi que le point de départ privilégié d'excursions sur le littoral de la Costa Daurada ou dans l'arrière-pays, encore inconnu pour beaucoup, qui recèle de magnifiques sites et d'étonnants ensembles monumentaux.

🚩 *Fortuny, 4, 43001 Tarragona, ☎ 977 23 34 15. Major, 39, 43003 Tarragona, ☎ 977 24 52 64.*

À voir dans les environs : PORT AVENTURA (10 km au SO), REUS (14 km à l'E), CAMBRILS (18 km au SO), VALLS (19 km au N), le monastère de SANTES CREUS (34 km au NE), MONTBLANC (36 km au NO), le monastère de POBLET (46 km au NO) et la COSTA DAURADA.

comprendre

La cité romaine de Tarraco

L'antique Cesse, précédant la ville romaine de **Tarraco**, était située sur un emplacement caractéristique des villages côtiers ibériques : sur le bord d'une élévation naturelle du terrain, dominant une plate-forme côtière et l'embouchure d'une voie fluviale.

En l'an 218 avant J.-C., les troupes de Publius et Cnæus **Scipion** débarquèrent à Tarraco, fondant un *praesidium* ou base militaire de grande importance. En raison d'une très favorable situation stratégique et d'excellentes conditions climatiques, Tarraco prit de l'ampleur au cours de la deuxième guerre punique et, plus tard, au cours des opérations d'occupation du territoire hispanique (2ᵉ et 1ᵉʳ s. avant J.-C.).

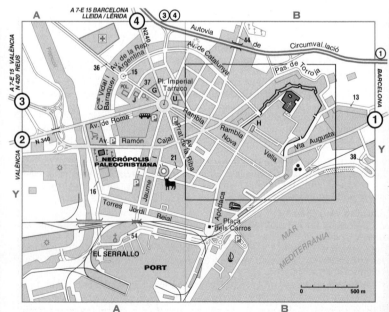

carnet pratique

TRANSPORTS

Aéroport – Une quatre voies assure la liaison Reus-Tarragone. ☎ 977 77 98 47.

Gare ferroviaire – *Plaça de la Estació* - ☎ 977 24 02 02. Chaque jour, plusieurs trains relient Tarragona et Barcelona. La meilleure solution pour rejoindre la Costa Daurada (Cambrils, Salou) est de prendre le talgo *Mare Nostrum*. Si l'on veut se diriger vers l'intérieur des terres (Reus, Falset), il est conseillé de prendre le *Catalunya Exprés*.
Renfe : ☎ 902 24 02 02.

Gare routière – *Plaça Imperial Tàrraco* - ☎ 977 22 91 26. Les principales compagnies desservant les localités de la Costa Daurada sont La PLANA (☎ 977 21 44 75) et HISPANIA (☎ 977 75 41 47) ; VIBASA (☎ 902 10 13 63) permet de rallier Lérida et BACOMA (☎ 902 42 22 42) Barcelona. La société AUTOCARES PLANA (☎ 977 21 44 75) assure la liaison entre Tarragone et Port Aventura.

VISITE

S'orienter dans Tarragone – Pour bien s'imprégner de l'atmosphère de la vieille ville, il faut monter jusqu'au quartier de la cathédrale où s'entremêlent vestiges romains et médiévaux. Ensuite, il faut se rendre à la Rambla Nova, symbole de la Tarragone moderne, et pousser la promenade jusqu'à l'agréable passeig de les Palmeras, connu sous le nom de **« balcon de la Méditerranée »**. Là, dominant l'immense étendue bleu azur, on a la sensation de flotter sur l'eau. Ne pas oublier de respecter la pittoresque tradition de « toucher le fer » *(tocar ferro)*, qui veut que toucher la longue rampe métallique du « balcon de la Méditerranée » porte chance !

RESTAURATION

⊖⊖ **Sol Ric** – *Via Augusta, 227* - 1,9 km à l'E par la rte de Barcelone - ☎ 977 23 20 32 - fermé dim. soir, lun., de fin déc. à fin janv. - 🖾 - 14,58/24,65€. Restaurant familial aux salles spacieuses décorées dans un style rustique. L'agréable terrasse arborée est l'endroit idéal pour savourer ses plats par une chaude journée d'été. Bon niveau de service.

⊖⊖ **Can Llesques** – *Nazaret, 6* - ☎ 977 22 29 06 - fermé mar., lun. midi en été - 🖾 - 15/20€. Sur une jolie place proche des remparts, ce restaurant accueillant est très prisé des jeunes. Petite salle à la décoration rustique. Son agréable terrasse aux meubles en bois vous invite à la dégustation de ses savoureuses *llesques*.

⊖⊖ **Barhaus** – *Sant Llorenç, 22* - ☎ 977 24 47 70 - fermé dim., de mi-août à fin août - 🖾 - environ 23€. Ce restaurant bénéficie d'un très bel emplacement à l'intérieur du collège des Architectes, à un jet de pierre de la cathédrale. La salle affiche néanmoins une décoration curieusement moderne où quelques détails en pierre apparente affleurent. Carte en rapport avec le site.

⊖⊖ **Estació Marítima** – *Moll de Costa Tinglado, 4 (au port)* - ☎ 977 22 74 18 - fermé dim. soir, lun. - 🖾 - 31/46€. Restaurant en face du port, installé dans un spacieux pavillon de l'ancienne gare maritime. Spécialités de poissons et de fruits de mer de bonne qualité sans être trop cuisinées.

⊖⊖⊖ **Merlot** – *Cavallers, 6* - ☎ 977 22 06 52 - merlot@retemail.es - fermé dim., lun. midi, de déb. fév. à mi-fév. - 🖾 - 32,70/37,50€. Le plafond voûté, l'éclairage indirect et le mobilier rustique de goût se conjuguent pour créer intimité et raffinement. La carte explore toutes les possibilités de la cuisine méditerranéenne, très imaginative et présentée de façon originale.

⊖⊖⊖ **Les Coques** – *Baixada Nova del Patriarca, 2 bis* - ☎ 977 22 83 00 - fermé dim., 2 sem. fév., de fin juil. à mi-août - 🖾 - 33,65/52,05€. À son cadre accueillant, bien meublé et décoré d'objets anciens, s'ajoute un emplacement privilégié à côté de la cathédrale. Sa table propose des plats méditerranéens préparés avec le plus grand soin et additionnés d'une pointe d'imagination.

HÉBERGEMENT

⊖⊖ **Hotel Sant Jordi** – *2 km à l'E par la rte de Barcelone* - ☎ 977 20 75 15 - fermé de mi-déc. à mi-janv. - 🅿 🖾 - 39 ch. : 45/63€ - ☲ 4,21€. Établissement familial en front de mer. Le personnel vous réservera un accueil convivial. Ses prestations ne sont pas luxueuses mais largement suffisantes pour vous assurer un séjour des plus agréables et paisibles.

⊖⊖ **Urbis** – *Reding, 20 bis* - ☎ 977 24 01 16 - urbis@tinet.fut.es - 🖾 - 44 ch. : 45/84€ ☲. Situé aux abords du palais des Congrès, ce sobre établissement familial vous propose des chambres confortables malgré leur petite taille et équipées de salles de bains au goût du jour.

⊖⊖ **Hotel Astari** – *Via Augusta, 95* - ☎ 977 23 69 00 - astari@tinet.fut.es - 🏊 🖾 - 80 ch. : 67,29/81,31€ - ☲ 6,10€. Situé à l'entrée de Tarragone, cet hôtel moderne est décoré avec soin jusque dans le détail. Les chambres spacieuses et confortables présentent un ameublement et des salles de bains modernes. Personnel aimable et jeune.

⊖⊖⊖ **Hotel Imperial Tarraco** – *Passeig de les Palmeres* - ☎ 977 23 30 40 - imperial@tinet.fut.es - 🅿 🏊 🖾 - 155 ch. : 107/130€ - ☲ 10€ - rest. 16,70€. Hôtel de luxe relativement accessible. L'édifice moderne en demi-lune qui l'accueille se dresse à côté des ruines romaines et domine l'amphithéâtre. Des chambres décorées avec le plus grand goût, vous bénéficierez d'un splendide panorama sur la mer.

UNE PETITE PAUSE

Café Cantonada – *Fortuny - dès 11h.* Beau café de type bistro où le bois domine. Tables en marbre et murs tapissés de tableaux anciens. Il ne désemplit pas le week-end et lors des spectacles théâtraux voisins. L'endroit idéal pour une pinte de bière.

Pla de la Seu – *Pla de la Seu, 5-7.* De l'établissement, on retiendra en priorité la terrasse qui fait face à la cathédrale. Le parfait endroit pour marquer une pause et prendre un rafraîchissement avant ou après la visite du monument.

Sumpta – *Av. Prat de la Riba, 34 -* ☎ *977 22 61 58.* Prestigieuse vinacothèque et restaurant proposant un très grand choix de vins champagnisés et autres alcools.

Plaça de la Font – Sans aucun doute, le point de rencontre habituel au cœur de la ville. Cette place piétonne, où abondent terrasses, bars à tapas, cafétérias, glaciers et restaurants, vibre à toute heure de la journée, dès que les habitants ne travaillent plus et aspirent à un moment de détente.

Terrasse sur la plaça de la Font.

SORTIES

Marina du port de plaisance – *Port Esportiu.* Voici le quartier nocturne en vogue. La tournée des « grands ducs » est à vous jusqu'au petit matin, vous pourrez écumer endroits et ambiances variés. Les établissements les plus connus pour danser ou prendre un verre sont entre autres Cayo Largo, Dual et La Playa Azul.

ACHATS

Entre la Rambla Nova et la Rambla Vella s'étend une vaste zone piétonne, où se côtoient commerces traditionnels, boutiques modernes et grands magasins. Les amateurs d'antiquités trouveront leur bonheur dans la carrer Major.

Xarcuteria Cuardras – *Rbla Nova, 65 -* ☎ *977 24 28 22 - tlj sf dim. 9h-14h, 17h-21h.* Cette charcuterie est l'une des plus célèbres de Tarragone pour la qualité de ses produits et la vente d'autres spécialités catalanes, comme les fruits secs, les olives, les vins, les liqueurs, les huiles d'olive et le fameux riz du delta. Passage obligé pour les gourmets.

Mosaic – *Major, 19 -* ☎ *977 23 42 46 - tlj sf lun. 10h-13h30, 16h30-20h30, dim. 10h-13h30.* Petite boutique située dans la rue la plus commerçante de la ville. Vous y trouverez des céramiques et des biscuits fabriqués par des artisans locaux qui puisent leur inspiration dans l'épique passé romain de Tarragone. Une bonne adresse pour l'achat d'un cadeau original.

SPÉCIALITÉS

Tarragone propose une cuisine populaire accommodant des produits de la mer d'excellente qualité. On ne peut pas quitter la ville sans avoir goûté au *romesco*, sauce typique à base d'amandes, de noisettes, de piments et d'huile d'olive. D'autres plats comme le *rossejat*, composé de riz ou de vermicelle, cuisinés dans un fumet de poisson, le riz noir et la *zarzuela*, sorte de bouillabaisse catalane, méritent aussi le détour. Signalons également les *coques de recapte*, à base de pâte à pain farcie de légumes, de saucisses et de sardines, cuite au four.

Les vins du Tarragonais, appréciés déjà au temps des Romains, ont une flatteuse réputation. En plus des vins de table de qualité, Tarragone produit une grande variété de vins vieux et des mistelles à déguster avec les meilleurs desserts.

FÊTES

Les fêtes de Tarragone débutent en janvier avec les « Tres Tombs », où défilent des chevaux et des voitures. Après le Carnaval commence la Semaine sainte, manifestation religieuse de grande tradition dans la ville. C'est le **Vendredi saint** qu'a lieu l'une des plus célèbres processions de Catalogne : de nombreux chars portant des statues représentant des scènes de la Passion défilent ainsi qu'une cohorte romaine reconstituée de façon très convaincante.

Le 24 juin, on célèbre la kermesse de la **Saint-Jean**, et le 29, à la **Saint-Pierre**, ont lieu les fêtes du quartier maritime de El Serrallo. C'est alors que commencent les Festivals d'été qui se tiennent dans l'Auditori Municipal (DZ).

Le 23 septembre, Tarragone célèbre sa grande fête : **Santa-Tecla**. Pendant les dix jours que durent les festivités, la ville se transforme en une scène débordant de musique et de couleurs. Les habitants se pressent dans les rues pour voir les différents personnages du bestiaire médiéval, les brigands de Serralonga avec leurs espingoles, les « diables », les « turcs et chevaliers » en train de danser... Les spectacles et les concours de *castells*, acrobatiques tours humaines, se succèdent, car Tarragone possède quatre groupes de *castellers* très importants. Tous les deux ans est organisé dans les arènes un concours unique au monde, où sont échafaudés les « châteaux » humains les plus risqués.

J. Balanya/MICHELIN

Du camp militaire à la grande ville – Dans la deuxième moitié du 1er s. avant J.-C. se sont produits deux faits clés permettant d'appréhender l'importance de Tarraco la Romaine : la concession du statut de colonie de droit romain à la ville, puis, en l'an 27 avant J.-C., son élévation au rang de capitale de la province d'Hispanie citérieure, également appelée Tarraconaise.

Ces nouvelles circonstances amenèrent la ville à abandonner progressivement sa fonction militaire pour des opérations plus ambitieuses et complexes, et son plan se trouva modifié. La partie en amont hérita de l'infrastructure militaire qui était la sienne aux 2e et 1er s. avant J.-C. Les **bâtiments** de cette zone élevée furent construits, dans une optique de gigantisme, sur trois grandes terrasses, ayant chacune une fonction déterminée : la première, où se dressait le temple, formait un périmètre réservé au culte impérial, la deuxième, sur laquelle s'élevait le bâtiment du prétoire, formait le siège des conciles provinciaux, la troisième était occupée par le cirque. Ce dernier marquait la limite entre la ville « officielle » et sa partie basse, vouée aux logements et aux services.

Au cours des quatre siècles de colonisation romaine, Tarraco, qui atteignit 30 000 habitants, devint l'une des villes les plus importantes de tout l'Empire, où séjournèrent fréquemment Jules César et l'empereur Auguste.

La Tarragone médiévale et l'époque moderne

Christianisée par saint Paul, selon la tradition, Tarraco entra dans une période de profonde décadence lors de la chute de l'Empire romain. Au 3e s. de notre ère, les invasions des Francs et des Germains la dévastèrent, et, en l'an 476, l'armée wisigothe d'Euric la rasa complètement. Les Arabes la conquirent en l'an 714, et ce n'est qu'au 12e s., lorsque Tarragone fut repeuplée sous l'impulsion des comtes de Barcelone, que fut restauré l'ancien et important archevêché.

Entre les périodes médiévale et moderne ont alterné de graves crises économiques et sociales, mais au 18e s. Tarragone connut une forte croissance économique, consolidée dans la deuxième moitié du 19e s. par une intense activité industrielle et la reconstruction du port.

Tarragone aujourd'hui

Tarragone a grandi d'une façon vertigineuse au cours de ces dernières décennies. Les vestiges romains et médiévaux coexistent avec de nombreux aménagements, qui assurent au visiteur un séjour calme et confortable.

Dynamique comme elle ne l'a jamais été, Tarragone doit une grande partie de son potentiel économique au développement de l'industrie pétrochimique et aux activités liées au port, l'un des plus importants du bassin méditerranéen. Les équipements culturels de la ville sont nombreux et offrent un choix de premier ordre : musées, salles de concert, bars, discothèques et salles de cinéma.

À l'instar d'autres villes catalanes, Tarragone s'est beaucoup développée, aussi, grâce à son université. De nombreux bâtiments anciens (« Escorxador » – abattoirs –, l'ancienne Cour de Justice, etc.) ont fait l'objet d'importants aménagements pour accueillir les différentes facultés. En leur attribuant une nouvelle vocation, la ville s'est dotée d'un important centre universitaire.

Ses 15 km de côtes arborent souvent le label « Drapeau Bleu », concédé chaque année par l'Union européenne, car Tarragone possède quelques-unes des plus belles plages de sable fin de tout le littoral catalan. Il existe également de petites calanques, telles Tamarit, La Mora ou Els Capellans, sises dans un environnement rocheux d'une grande beauté.

découvrir

La Tarragone romaine★★ *Une demi-journée*

Les monuments romains de Tarragone sont mêlés aux constructions ultérieures, formant une véritable mosaïque.

Passeig Arqueològic★★

Avr.-sept. : tlj sf lun. 9h-21h, dim. 10h-15h ; oct.-mars : tlj sf lun. 9h-17h, dim. et j. fériés 10h-14h. Fermé 1er et 6 janv., 1er mai, 25-26 déc. 1,87€. ☎ 977 24 22 20.

L'histoire de Tarragone est liée à ses remparts, qui ont tenu leur fonction défensive jusqu'au début du 19e s.

Ils furent construits à la fin du 3e s. avant J.-C., pendant les premières années de l'occupation romaine. Longs de 4 km à l'origine, ils mesurent un peu plus de 1 km actuellement. Les pierres de taille se dressent sur une base cyclopéenne de grands blocs irréguliers, couchés les uns sur les autres sans mortier. C'est au Moyen Âge et au 18e s. qu'ils furent prolongés.

Au pied de ces murs historiques, le passeig Arqueològic est une promenade qui traverse d'agréables jardins. Ici, on côtoie des vestiges du passé et on jouit de perspectives sur la Tarragone moderne. Le soir, lorsque les jardins et les vieilles pierres s'illuminent, cela vaut la peine d'effectuer une petite promenade nocturne.

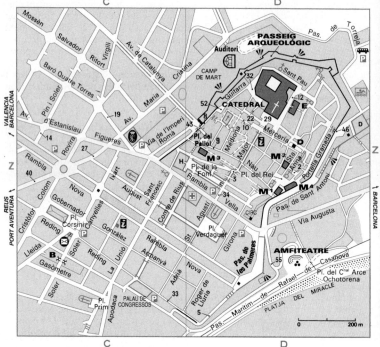

Forum provincial

L'étude des épigraphes trouvées dans ce secteur a permis de définir les dimensions et l'importance de ce grand forum (1ᵉʳ s.), à partir duquel était administrée la province d'Hispanie citérieure. Cependant, la trame urbaine ayant entièrement recouvert les vestiges archéologiques, on ne sait presque rien des caractéristiques de ce centre important dont il ne subsiste qu'un pan de mur sur la plaça del Forum.

Museu Nacional Arqueològic★

Juin-sept. : 10h-20h, dim. et j. fériés 10h-14h ; oct.-mai : 10h-13h30, 16h-19h, dim. et j. fériés 10h-14h. 2,40€ (incluant la visite du Musée et nécropole paléochrétienne). ☎ 977 23 62 09.

Le bâtiment qui abrite ce musée a été élevé en 1960 sur un pan de muraille, visible depuis le sous-sol. Il accueille une importante collection d'objets trouvés dans la ville et ses environs : des vestiges de statues qui ornaient les monuments et les places publiques, des frises, des corniches et des médaillons sculptés provenant des temples, de très belles mosaïques, des pièces de monnaie et différents objets qui témoignent de l'enracinement de la civilisation romaine dans la région.

Architecture romaine – Dans la salle II *(au rez-de-chaussée)*, on peut admirer quelques vestiges des bâtiments les plus colossaux de Tarraco : le forum provincial, le théâtre, les temples disséminés dans la ville, etc. Ces éléments nous aident à comprendre comment étaient décorés les différents bâtiments, ceux consacrés au culte comme ceux consacrés aux loisirs.

Mosaïques romaines★★ – Le musée possède les plus belles collections de mosaïques romaines de Catalogne. Les salles III *(1ᵉʳ étage)* et VIII *(2ᵉ étage)* montrent à quel point les Romains avaient développé cette technique ornementale. Il y en a de toutes sortes et de toutes dimensions : décorées de motifs végétaux ou géométriques, sous forme de grands pans aux couleurs éclatantes ou présentant des détails pratiquement monochromes... Quelques-unes de ces pièces sont d'une extraordinaire beauté, telle la **mosaïque de la Méduse★★**, salle III. Réalisée vers la fin du 2ᵉ s. dans un atelier situé hors de la ville et achevée sur place par des artisans qualifiés, cette tête de Méduse est une œuvre magnifique, où la recherche du détail n'amoindrit pas l'expressivité de l'œuvre.

Dans la salle VIII est exposée une série de mosaïques de dallage, aux motifs géométriques ; dans l'une d'elles figure le motif de la croix gammée.

Sculpture romaine★ – Dans les salles VI à X *(2ᵉ étage)*, on peut admirer différents types de sculptures trouvées à Tarraco et dans ses environs immédiats. Signalons tout spécialement la salle IX où se trouve la **sculpture funéraire**, présentant des pièces d'une qualité artistique étonnante. L'ensemble est magnifique et dans un excellent état de conservation.

Bien que toutes les sculptures soient intéressantes, les plus significatives sont : le **buste de Lucius Verus★** *(salle VI)*, belle œuvre réalisée au 2ᵉ s. de notre ère et formant l'un des exemples les plus aboutis de la sculpture romaine, la petite sculpture votive de **Vénus★** *(salle VI)*, trouvée dans le théâtre de Tarraco, dont les petites dimensions ne nuisent en rien à l'harmonie des formes, enfin la **tête de Minerve** *(salle VII)*, de l'époque d'Hadrien, illustrant la sérénité de la déesse de la guerre.

Ensemble monumental du Pretori et cirque Romà★

Avr.-sept. : tlj sf lun. 9h-21h, dim. 10h-15h ; oct.-mars : tlj sf lun. 9h-17h, dim. et j. fériés 10h-14h. Fermé 1ᵉʳ et 6 janv., 1ᵉʳ mai, 25-26 déc. 1,87€. ☎ *977 24 22 20.*

Il est situé dans le bâtiment du Pretori, ou château du roi, appelé encore Castillo de Pilatos. Cet édifice, qui occupait l'une des extrémités du forum provincial romain, a connu tout au long de sa longue histoire des affectations très diverses : siège administratif au 1ᵉʳ s. avant J.-C., demeure royale au Moyen Âge, caserne après la guerre de Succession et bagne au 19ᵉ s. Finalement, il est devenu musée en 1968.

Le prétoire était relié au cirque par des **tunnels voûtés★**, que l'on peut visiter actuellement. Emprunter ces longs tunnels reliant la ville haute et la ville basse, et chargés d'histoires macabres et inquiétantes, produit un effet saisissant.

Outre la visite des sous-sols de la ville, le musée offre la possibilité d'aller au sommet du prétoire, d'où s'offre une **vue★** excellente. On peut observer les ruines de l'amphithéâtre, le port et, à droite, le profil de Salou, ainsi que la silhouette particulière des montagnes russes du parc d'attractions de Port Aventura.

Sarcophage d'Hippolyte★★ – C'est la plus importante des œuvres exposées dans ce musée. Récupéré au fond de la mer sur la côte tarraconaise en 1948, il présente quatre faces illustrant la légende de Phèdre et d'Hippolyte. On pense qu'il fut réalisé au début du 3ᵉ s. après J.-C. dans un atelier grec. Le dynamisme et la variété dans le rendu des personnages, la vraisemblance des scènes et le bon état de conservation font de ce sarcophage l'une des plus belles pièces de cette époque trouvées en Catalogne.

Cirque romain – Le cirque de Tarraco fut bâti à l'époque de Domitien, de 81 à 96, et servait aux courses de chevaux. Sa situation insolite, à l'intérieur des remparts, marquait la partition de la ville : le secteur public et officiel dans la partie élevée, le secteur résidentiel dans la partie basse. À partir du 14ᵉ s., le cirque subit d'importantes dégradations car on s'en servit pour y aménager des logements. Plus récemment, il fut sérieusement détérioré au cours des attaques françaises (août 1813).

Actuellement, il est difficile de se faire une idée de ses proportions, car de nombreuses constructions modernes le dissimulent presque entièrement. Les dimensions de cet édifice rectangulaire arrondi aux extrémités étaient impressionnantes : l'arène mesurait 325 m de long sur 115 m de large. On a conservé quelques gradins et une grande partie des voûtes qui les soutenaient, de même que certaines parties de la façade extérieure (trois arcs sur les soixante d'origine), du podium et quelques monumentales portes d'accès. À l'une de ses extrémités fut élevée la **tour de los Monges** (14ᵉ s.).

Amphithéâtre★★

Avr.-sept. : tlj sf lun. 9h-21h, dim. 10h-15h ; oct.-mars : tlj sf lun. 9h-17h, dim. et j. fériés 10h-14h. Fermé 1ᵉʳ et 6 janv., 1ᵉʳ mai, 25-26 déc. 1,87€. ☎ *977 24 22 20.*

Tarraco a été l'une des rares villes d'Hispanie où l'on a construit un amphithéâtre (première moitié du 2ᵉ s.), ce qui confirme l'importance politique et sociale de cette colonie durant les premières années de notre ère.

Il est situé à l'Est de la ville, en dehors de l'enceinte, sur le versant de la colline du *praesidium*, qui était la base militaire des Scipions. On accède à ces ruines par le **passeig de les Palmeras**, beau jardin reliant la Rambla Nova à la Rambla Vella.

L'amphithéâtre présente un plan elliptique caractéristique de ce type d'édifice, avec, au centre, une arène, où étaient donnés tous les spectacles, entourée de gradins où s'asseyait le public. Il se trouve dans une **enclave★** magnifique, sur le flanc d'une petite colline qui descend vers la mer. La pente naturelle du terrain fut utilisée pour aménager une partie des gradins. On dressa des voûtes et des arcs monumentaux, encore visibles. Sous l'arène furent creusées de nombreuses fosses, consacrées aux dépendances des gladiateurs, dépôts, cages, etc. Là furent brûlés vifs, en 259, saint Fructueux, premier évêque de Tarragone, et les diacres Augure et Euloge. Une basilique wisigothique à trois vaisseaux et abside en fer à cheval fut

L'amphithéâtre romain.

élevée (6ᵉ-7ᵉ s.) à l'endroit même de leur supplice. Au 12ᵉ s., au-dessus de cette première construction, on bâtit l'**église** romane **Santa Maria del Miracle**, au plan en croix latine, dont les vestiges sont actuellement visibles dans l'arène et sur une partie des gradins.

Forum Romà

L'entrée principale se trouve dans la carrer de Lleida. Avr.-sept. : tlj sf lun. 9h-21h, dim. et j. fériés 9h-15h ; oct.-mars : tlj sf lun. 9h-17h, dim. et j. fériés 10h-15h. Fermé 1ᵉʳ et 6 janv., 1ᵉʳ mai, 11 sept., 25-26 et 31 déc. 1,87€. ☎ 977 23 34 15.

Le forum formait l'ensemble architectural le plus caractéristique des villes romaines. Il consistait, habituellement, en une large place entourée d'un portique, autour de laquelle se dressaient toutes sortes de bâtiments (temples, curie, tavernes, etc.), où se déroulait la vie politique, juridique, religieuse et commerciale. Tarraco, en tant que capitale de l'Hispanie citérieure, possédait deux forums : l'un situé dans la ville haute, l'autre, consacré aux affaires locales de la colonie, érigé dans la partie basse.

Au nombre des rares vestiges du forum, on remarquera quelques bas-reliefs historiés, des morceaux de frises, des tronçons de voie publique... Quoique l'ensemble offre un aspect fragmentaire, il est facile d'imaginer le temps où marchands, prêtres et orateurs circulaient parmi ces vieilles ruelles.

Musée et nécropole paléochrétienne

Fermée pour cause de travaux, la nécropole est actuellement transformée en musée. Pour le moment, seul un petit musée est ouvert à la visite. Juin-sept. : tlj sf lun. 10h-13h, 16h30-20h, dim. et j. fériés 10h-14h ; oct.-mai : tlj sf lun. 10h-13h30, 15h-17h30, dim. et j. fériés 10h-14h. Fermé 1ᵉʳ et 6 janv., 25-26 déc. 2,40€. ☎ 977 23 62 09 ou 977 25 15 15.

Les vestiges ont été mis au jour en 1923, lors de la construction du bâtiment qui abrite la Régie des tabacs.

Le type de sépulture le plus fréquent est la *tegula*, petit espace protégé par une simple structure de tuiles, sous laquelle étaient déposés le défunt et les amphores.

> **ET HORS LA VILLE**
>
> Les amateurs de vestiges romains ne doivent pas manquer de visiter les différents monuments de l'époque qui se trouvent aux abords de la ville (*voir dans « alentours » et dans Costa Daurada*) : **Aqueduc romain**★★, **Mausolée de Centcelles**★★, **Tour des Scipions**★, **Villa romaine de Els Munts**★, **Arc de Berà**★ et **Carrière de El Mèdol**.

visiter

La cité médiévale *Une demi-journée*

Au Moyen Âge, Tarragone avait une population très hétérogène : nobles, chevaliers, bourgeois, Juifs, ecclésiastiques, artisans et pêcheurs. La très forte empreinte laissée par la civilisation romaine conditionna l'aspect de la ville, les vestiges romains s'intégrant – surtout dans la « Part Alta » – aux éléments propres à une communauté médiévale (château, cathédrale, marché, etc.).

Cathédrale★★

De déb. juin à mi-oct. : tlj sf dim. 10h-19h ; de mi-oct. à mi-nov. : tlj sf dim. 10h-17h ; de mi-nov. à mi-mars : tlj sf dim. 10h-14h ; de mi-mars à fin mai : tlj sf dim. 10h-13h, 16h-19h. Fermé j. fériés. 2,40€. ☎ 977 23 86 85.

Dédiée à la Vierge, c'est le monument médiéval le plus important de Tarragone. À sa mort, l'archevêque Hug de Cervelló légua des biens importants pour faire construire l'édifice, dont le chantier fut ouvert en 1174. Elle fut élevée sur l'emplacement d'un ancien temple de Jupiter, dont des restes sont encore visibles dans les galeries Nord et Ouest du cloître. L'archevêque Jean d'Aragon, fils du roi Jacques II, la consacra en 1331.

Bien qu'elle possède des chapelles latérales de style plateresque et baroque, elle appartient au style de transition romano-gothique, et c'est cette diversité architecturale qui la rend intéressante, surtout à l'intérieur, où les styles se superposent les uns aux autres, créant une impression d'opulence.

Façade★ – Bien qu'inachevée, la façade principale – à laquelle on accède par un perron monumental – est une œuvre de grandes dimensions et d'une grande valeur artistique. Elle possède trois corps de styles différents : les deux corps latéraux aux murs massifs s'inscrivent dans la tradition romane, tandis que le corps central est entièrement gothique.

Le portail, pourvu d'arcs ogivaux concentriques, est flanqué de deux piliers carrés, surmontés de belles pyramides gothiques bien travaillées.

Sur le **tympan★** du **portail principal★** est représenté le thème du Jugement dernier. Le Christ est entouré de deux anges portant les symboles de la Passion. À ses pieds, les douze bienheureux sortent de leurs sépulcres après avoir été appelés par sept anges. En dessous, les démons traînent les condamnés vers la gueule du monstre Léviathan, qui symbolise l'entrée de l'enfer. Cet ensemble de bas-reliefs est d'une singulière audace et atteint un tel degré d'expressivité que les personnages semblent sortir du cadre purement architectonique. Sur le trumeau figure la Vierge accueillant les fidèles. Cette belle œuvre en marbre fut réalisée (13ᵉ s.) par le maître Bartomeu. Elle domine cinq scènes d'Adam et Ève (l'une d'entre elles les représente vêtus au moment de leur expulsion du paradis).

Portail de la cathédrale.

Les ébrasements portent de grandes représentations des apôtres et des prophètes. Toutes ces sculptures sont dues au maître Jaime Cascalls, auteur des sépulcres royaux de Poblet *(voir ce nom)* et l'un des grands artistes de l'art gothique catalan.

Au-dessus d'une importante **rosace gothique** percée au milieu du frontispice devait s'ouvrir une baie, qui ne fut jamais réalisée.

Intérieur★★ – Les nombreuses œuvres qui y sont rassemblées forment un véritable musée d'art sacré. Retables baroques et plateresques, chapelles peintes à fresque, grandes tapisseries suspendues à la voûte... tout un spectacle à demi éclairé par les rais de lumière filtrant à travers les vitraux et la rosace.

En forme de croix latine, la cathédrale comporte trois vaisseaux et un transept. La nef centrale est imposante (17 m de largeur pour 26 m de hauteur). L'abside, pourvue d'arcs en plein cintre, est de tradition romane alors que le vaisseau est gothique. Sur la croisée se dresse une tour-lanterne octogonale sur pendentifs. À l'extrémité des croisillons s'ouvrent deux rosaces encore parées de leurs vitraux du 14ᵉ s.

Dans la chapelle de la Vierge-de-Montserrat *(deuxième chapelle à gauche)*, un beau **retable★** (15ᵉ s.) retient l'attention. Réalisé par Lluis Borrassà *(voir Index)*, il est caractéristique du style de son auteur : une préciosité formelle apportant une grande élégance et un dynamisme aux images, des couleurs orangées qui se mêlent aux dorés, etc. L'élégante chapelle du Saint-Sépulcre *(bas-côté gauche au niveau du cor)*, où fut réemployé un sarcophage, mérite aussi le détour.

La **chapelle de los Sastres★★** (des tailleurs) est l'une des plus flamboyantes de toute la cathédrale. Ayant appartenu, pendant un certain temps, à la corporation des tailleurs, elle en a pris le nom. Elle présente une voûte nervurée très complexe et spectaculaire. Cette chapelle forme un ensemble homogène, dominé par le retable du maître Aloi et décoré dans la partie supérieure de peintures et de sculptures.

Néanmoins, le vrai joyau de la cathédrale est le **grand retable de sainte Thècle★★★** (1430), patronne de la ville. La légende veut qu'elle se convertit au christianisme en entendant la prédication de saint Paul. Maintes fois persécutée, même par sa propre mère, elle échappa miraculeusement au supplice grâce à une intervention divine.

Détail du retable de sainte Thècle.

Le retable occupe totalement l'abside centrale ; seules deux portes gothiques crénelées, flanquant cet important ouvrage, permettent le passage. L'auteur de cette œuvre magnifique est le grand sculpteur Pere Joan, qui montre la finesse de son art dans la prédelle, où il décrit la vie de sainte Thècle en six scènes. Le goût du détail, de l'ornementation et du pittoresque caractérise puissamment cette œuvre, aussi finement ciselée qu'une pièce d'orfèvrerie. En observant la prédelle de plus près, on découvre les détails : les expressions des visages, les coiffures, les regards, les sourires et, le plus surprenant de tout, les mouches sur la plaie du bœuf.

En dépassant l'abside, sur la droite, une porte conduit à la sacristie et à la salle du trésor, coiffée d'un élégant **plafond artesonado★** mudéjar (14ᵉ s.).

À droite de l'autel se trouve le **tombeau★★** de l'archevêque Jean d'Aragon, l'une des grandes œuvres catalanes du 14ᵉ s., vraisemblablement réalisée par un maître italien. À noter aussi dans les chapelles Ste-Lucie et Ste-Hélène *(à l'arrière du cor)* les peintures murales du 14ᵉ s.

La chapelle consacrée à sainte Thècle *(troisième chapelle à droite)* recèle différents **reliefs★** narrant la vie de la sainte. On appréciera la délicatesse et le caractère somptueux de ces ouvrages en marbre (1760-1775) qui relèvent davantage d'un courant romantique que de celui du temps de leur création.

Les tapisseries qui pendent de la voûte accentuent le caractère somptueux de l'intérieur. La plupart d'entre elles ont un caractère allégorique ; en les observant, on peut essayer de deviner le principe moral traité.

Cloître★★ – La **porte romane★** qui relie le cloître à l'intérieur de la cathédrale, réalisée dans un marbre particulièrement blanc, présente au tympan le Christ en majesté ; remarquer aussi le souci du détail dans les sculptures des chapiteaux. Le cloître surprend par ses grandes dimensions (45 m de côté) et par son originalité, empreinte d'harmonie. La construction, commencée vers la fin du 12ᵉ s., s'est achevée au 13ᵉ s. Voûté sur croisée d'ogives, selon le premier style gothique, il a conservé la tradition romane pour les ornements sculptés bien que l'influence arabe soit sensible dans la décoration des arcs polylobés. De plan quadrangulaire, il compte quatre galeries comportant six arcs en lancette ; dans chaque arc s'inscrivent trois arcs en plein cintre soutenus par des colonnes géminées en marbre. Les deux oculi ajourés ouverts dans chaque lancette témoignent également de l'influence arabe, comme la bande d'arcatures polylobées qui borde le toit et la tour, visible depuis l'angle Nord-Est.

Les chapiteaux décorés de scènes bibliques, de légendes mythologiques et de motifs floraux sont très intéressants, mais, par sa singularité, le chapiteau situé à l'angle Nord-Est et représentant la « procession des rats » ressort de l'ensemble.

Clocher – Il s'élève dans l'angle formé par le transept et l'aile Est de l'édifice. Le premier corps fut réalisé en l'an 1200, le deuxième, en pierre blanche à bossages, fut construit entre 1321 et 1327. En 1330, on ajouta un troisième corps.

Haut de 70 m, il est visible depuis de nombreux points de la ville, et le poids de la cloche principale, appelée « Capona », est de 5 188 kg.

Musée diocésain★ – Les œuvres de ce musée sont réparties dans les différentes dépendances capitulaires. L'ensemble est extraordinaire, par la qualité et l'abondance des pièces exposées. Dans les salles, le visiteur pourra contempler des objets liturgiques très variés, des peintures, des retables et d'innombrables bas-reliefs, le tout d'une grande valeur artistique.

L'ancien **dortoir des chanoines** montre un pan de mur romain percé d'une grande fenêtre. Au fond de la salle, une tapisserie relate l'histoire de Samson ébranlant les colonnes du temple des Philistins. Il est amusant d'observer l'expression des personnages, qui, loin d'être apeurés, ont des visages joyeux. Sont également exposés divers objets (poteries, piédestaux et monnaies) datant de l'époque romaine.

La **chapelle du Corpus-Christi** abrite nombre d'objets religieux, notamment la pièce n° 105, un **ostensoir★** d'une grande richesse ornementale, réalisé à partir de pièces d'or. On trouve également le **relief de saint Jérôme**, œuvre du 16ᵉ s. en albâtre polychrome, pièce d'une grande finesse où l'auteur a parfaitement su exprimer la souffrance du saint.

L'ancienne **salle capitulaire** est ornée de la tapisserie *La Bonne Vie★* (15ᵉ s.), probablement réalisée à Arras, capitale de l'Artois, autrefois réputée pour ses tapisseries.

Ancien hôpital

L'ancien hôpital Ste-Thècle (12ᵉ-14ᵉ s.) est actuellement le siège du conseil comarcal. Le bâtiment surprend par la juxtaposition d'éléments modernes et anciens, comme la façade et le portail roman.

Museu-Casa Castellarnau

Avr.-sept. : tlj sf lun. 9h-21h, dim. 9h-15h ; oct.-mars : tlj sf lun. 9h-17h, dim. et j. fériés 10h-14h. Fermé 1ᵉʳ et 6 janv., 1ᵉʳ mai, 25-26 déc. 1,87€. ☎ 977 24 22 20.

Construit entre les 14ᵉ et 15ᵉ s., cet édifice a toutes les caractéristiques des demeures nobles de l'époque. L'empereur Charles Quint y résida pendant son séjour à Tarragone en 1542. Vers la fin du 18ᵉ s., la famille Castellarnau acheta la maison et fit procéder à des travaux sur la façade et à l'intérieur, décoré de peintures de Flaugier.

Outre quelques expositions temporaires, le musée présente une collection très variée de mobilier d'époque. Grâce aux différents dons, on a réussi à recréer l'atmosphère d'une maison baroque cossue. On y voit un beau patio gothique et quelques détails décoratifs surprenants, comme les objets en marbre de la salle de bains.

Carrer dels Cavallers

Comme la rue Montcada à Barcelone, la **rue des Chevaliers**, ruelle pavée, était l'artère principale de la Tarragone médiévale. Elle est encore bordée de quelques maisons seigneuriales ayant appartenu aux familles les plus aisées de la ville (Casa Castellarnau, Casa Montoliu et ancien palais de la Généralité).

Plaça del Pallol

Cette place est l'un des endroits les plus calmes et les plus agréables de la partie haute de la ville. Des vestiges romains sont dissimulés sous les constructions médiévales. À côté du bâtiment de l'**Antiga Audiència★** (ancien prétoire) subsistent des porches et de grandes fenêtres gothiques ainsi que des vestiges de la porte romaine du forum provincial.

Arcades de la carrer Merceria

Ce sont les seuls vestiges de l'ancien marché médiéval. Ayant fait l'objet d'importants travaux de réhabilitation, elles sont actuellement dans un excellent état de conservation. L'été, elles sont l'endroit idéal pour se protéger de la chaleur.

Quartier juif

Du quartier juif ne subsistent que les arcades gothiques de la **plaça dels Ángels** et quelques rues au tracé labyrinthique, comme celle de Santa Anna.

Autres curiosités

El Serrallo★

C'est le lieu par excellence où sont regroupés les meilleurs restaurants de poissons et fruits de mer de la ville. Dans ce quartier de bord de mer, créé au milieu du 19ᵉ s., se tient, tous les jours, une criée aux poissons renommée. La nuit tombée, El Serrallo devient un quartier récréatif animé, qui attire beaucoup de visiteurs.

Musée d'Art moderne

Tlj sf lun. 10h-20h, sam. 10h-15h, 17h-20h, dim. et j. fériés 11h-14h. Fermé 1ᵉʳ et 6 janv., 1ᵉʳ mai, 24 juin, 11 sept., 25-26 déc. Gratuit. ☎ 977 23 50 32.

Ce musée a été inauguré en 1991 à la suite d'une remarquable réhabilitation du bâtiment qui l'abrite. On y trouve une harmonieuse collection d'objets de style Art nouveau. Le sculpteur tarragonais **Julio Antonio** (1889-1919), qui a réalisé le monument aux héros de 1811, sur la Rambla, y est bien représenté.

Il existe à Tarragone bon nombre d'œuvres modernistes (Marché central, 1905, Abattoirs, 1902, maisons résidentielles de la Rambla Nova, etc.), les plus représentatives ayant été réalisées par **Josep M. Pujol** (1897-1939), qui dessina le plan d'agrandissement de la ville en 1922.

alentours

Aqueduc romain★★

Sortir par ④ et la N 240 en direction de Lérida.

L'aqueduc romain (1ᵉʳ s.), plus connu sous le nom de pont du Diable ou « Acueducto de les Ferreres » (aqueduc des Forgerons), se trouve à 4 km de Tarragone. Situé dans une épaisse forêt de pins, une agréable promenade *(30mn)* permet d'y accéder. De dimensions considérables – deux niveaux d'arcades, culminant à 27 m et s'étirant sur 217 m –, il est dans un parfait état de conservation. L'utilisation de pierres sans mortier laisse à penser qu'il fut l'un des premiers aqueducs construits par Auguste en Espagne.

Mausolée de Centcelles★

5 km au Nord par ③. Après avoir franchi le rio Francolí, tourner à droite. À Constantí, prendre, à droite, la route de Centcelles, puis un chemin (500 m environ). Juste avant d'arriver à Centcelles, tourner à gauche. La visite prévoit la projection d'un film audiovisuel sur le thème de la coupole. Juin-sept. : tlj sf lun. 10h-13h30, 16h-19h30, dim. 10h-14h ; oct.-mai : tlj sf lun. 10h-13h30, 15h-17h30, dim. 10h-14h. Fermé j. fériés. 2,40€. ☎ 977 52 33 74.

Les conditions climatiques, la situation géographique de la campagne tarragonaise et l'importance de Tarraco favorisèrent la construction de nombreuses villas rurales à caractère résidentiel. L'ensemble archéologique de Centcelles constituait l'une de ces implantations, prospères jusqu'au 4ᵉ s. de notre ère., époque à laquelle on construisit le grand mausolée.

Mosaïques de la coupole, mausolée de Centcelles.

On suppose que cette construction monumentale était la tombe de l'empereur Constant, fils de Constantin le Grand, qui mourut en Gaule en l'an 350. Sa fonction de mausolée impérial explique ses dimensions importantes et la qualité des mosaïques, qui constituent les plus anciens exemples d'art funéraire chrétien.

C'est un bâtiment de plan carré aux volumes très marqués. À l'intérieur se trouve une vaste pièce circulaire, surmontée d'une grande coupole de 11 m de diamètre. À la base s'ouvrent quatre niches en demi-cercle et une crypte. Cette construction est reliée à une salle quadrilobée.

L. Campion/MICHELIN

La coupole de mosaïques★★ – Découvertes tout à fait par hasard en 1877, les mosaïques polychromes de Centcelles constituent un fantastique témoignage de l'enracinement du christianisme à la fin de l'Empire romain. Malgré la perte d'une grande partie de l'ensemble, ce qu'il en reste est d'une extraordinaire beauté.

Sur la partie basse apparaît le cycle de la chasse aux cerfs. Outre la beauté des chevaux et des cavaliers, il faut remarquer la forme des tuniques et la grâce des animaux en mouvement. L'expression du personnage (probablement le défunt) qui regarde vers le ciel, l'air absent, est surprenante.

Différentes bordures géométriques séparent la partie de chasse des scènes de l'Ancien et du Nouveau Testament. Les seize panneaux formant cette belle frise sont d'une qualité nettement supérieure à celle du cycle de la chasse. La technique est beaucoup plus soignée, le dessin est mieux exécuté et les tesselles dorées, symboles d'opulence, sont nombreuses. Admirer le plafond représentant Daniel dans la fosse aux lions : on ne voit qu'une partie du visage du prophète et la tête du lion au regard surpris.

Dans la partie supérieure, huit panneaux représentent les quatre saisons sous la forme de petits amours portant les objets symboliques des activités agricoles.

Tour des Scipions★

Sortir par ① et la N 340 en direction de Barcelone, et, après 5 km, tourner à gauche.

Chez les Romains, il était habituel d'enterrer les morts près des voies ou des chemins d'une certaine importance. En Hispanie, le monument mortuaire le plus usuel était la tour funéraire.

La tour des Scipions (1ᵉʳ s.), aux sobres proportions et construite sur plan carré, possède trois corps superposés en ordre décroissant. Le corps supérieur présente un bas-relief représentant deux personnages ; à l'intérieur se trouvait la chambre funéraire contenant les cendres des défunts. Le deuxième corps montre deux personnages symétriques représentant Attis, divinité d'origine phrygienne associée au culte funéraire. Pendant longtemps, on a pensé, de façon erronée, que ces deux bas-reliefs représentaient les frères Scipion, qui avaient participé aux premières campagnes militaires romaines en Hispanie, d'où le nom donné au monument.

Carrière de El Mèdol

7 km au Nord. Sortir par ① et la N 340. Avr.-sept. : tlj sf lun. 9h-20h, dim. et j. fériés 10h-15h ; oct.-mars : tlj sf lun. 10h-17h, dim. et j. fériés 10h-15h. Fermé 1ᵉʳ et 6 janv., 1ᵉʳ mai, 11 sept., 25-26 et 31 déc. ☎ 977 24 22 20.

Aux alentours de Tarraco, il y avait de nombreuses carrières qui approvisionnaient les chantiers de la ville. L'une des plus actives était celle de El Mèdol, située près de la via Augusta. Juste au centre de cette ancienne carrière se dresse une impressionnante aiguille de 16 m de haut, indiquant le niveau initial de la roche avant les opérations d'extraction. On remarque également les nombreuses marques sur les parois, témoignant des manœuvres employées pour déplacer les énormes blocs de pierre. La tour des Scipions, l'aqueduc, la villa de Els Munts et d'autres monuments, non moins importants, furent construits avec des pierres de taille provenant de la carrière de El Mèdol.

Villa romaine de Els Munts★ *(voir Costa Daurada)*

Arc de Berà★ *(voir Costa Daurada)*

Tàrrega

La capitale de l'Urgel, qui domine l'Ondara, conserve dans son quartier ancien quelques rues et places à arcades. Ville dynamique et industrielle, Tàrrega est connue pour sa Foire du théâtre de rue qui attire nombre de visiteurs.

La situation

11 344 habitants. Carte Michelin nº 574 H 33 ou Atlas p. 31 – Urgell – Lleida. Tàrrega est situé sur l'axe reliant Lérida à Barcelone, et constitue un bon point de départ pour la visite de la région.

🚩 *Agoders, 16, 25300 Tàrrega, ☎ 973 50 08 83.*

À voir dans les environs : CERVERA (12 km à l'E) et VALLBONA DE LES MONGES (25 km au SO).

carnet pratique

visiter

Santa Maria de Alba
9h-11h, dim. et j. fériés 11h-12h. ☎ *973 31 03 77.*
Œuvre classique (17e-18e s.) à trois vaisseaux et coupole couvrant la croisée, sa silhouette domine la plaça Major où ont lieu de nombreuses manifestations culturelles : danses populaires, concerts et représentations théâtrales. En son centre se dresse une magnifique **croix**★ gothique (15e s.).

Plaça de Sant Antoni
En été, cette belle place bordée d'arcades est l'un des endroits les plus animés de la ville.

Sanctuaire Sant Eloi
Il est situé sur un petit promontoire au Nord de la ville. Bâti au 13e s., il fut transformé en fortin au 18e s. pendant la troisième guerre carliste. Au mois de septembre a lieu un *aplec* (rassemblement), où, au milieu des nombreuses compétitions, l'on déguste la pêche au coca et l'on danse la sardane.

alentours

Agramunt
15 km au Nord par la C 14. Agramunt est situé sur la rive droite du Sió.
Santa Maria★ – *9h-21h, w.-end et j. fériés 10h-19h.* ☎ *973 39 02 39.*
Cette église des 12e et 13e s., à trois vaisseaux et trois absides, est dotée d'un beau clocher (14e s.) rappelant les tours-lanternes de Poblet et de Vallbona de les Monges *(voir ces noms)*
On remarque l'exceptionnel **portail**★★ Ouest (début du 13e s.), dont la décoration géométrique appartient à l'école de Lérida. Les **chapiteaux** et la dernière archivolte – bien regarder la file de saints et de Vierges – sont d'une excellente facture. L'élément central de l'ensemble, constitué par

un groupe sculpté représentant la Vierge du Secours et des scènes de l'Annonciation et de l'Épiphanie, fut, selon une inscription, donné à la ville par la corporation des tisserands (1283). À l'intérieur, les vaisseaux étroits présentent de grands arcs reposant sur des chapiteaux ouvragés ; le retable polychrome du 17e s., dédié à la **Mare del Deu del Roser**, mérite d'être mentionné.

Ajuntament – À proximité de l'église, au milieu de vieilles rues à arcades, se dresse la mairie, remarquable construction baroque (18e s.) dont le porche d'entrée est surmonté de l'écusson de la ville.

Détail des archivoltes du portail de l'église Ste-Marie.

Espace Guinovart★ – *De fin juin à fin sept. : tlj sf lun. 10h-13h, 17h-20h, sam. 11h-14h, 17h-20h, dim. et j. fériés 11h-14h ; de fin sept. à fin juin : tlj sf lun. 10h-13h, 16h-19h, sam. 11h-14h, 16h-19h, dim. et j. fériés 11h-14h. Fermé 1ᵉʳ janv., 1ᵉʳ mai, 25-26 déc. 1,50€.* ☎ *973 39 09 04.*

José Guinovart (1927), peintre avant-gardiste dont les œuvres sont exposées dans l'ancien marché municipal, surprend par la technique qu'il emploie dans ses tableaux et par la façon originale qu'il a de traiter les traditions locales.

Château de Montclar

25 km au Nord par la C 14. Visite guidée (1h15) : dim. 11h et 12h30. Autres jours sur demande. Fermé août. 4€. ☎ *973 40 20 45.*

Cette fortification datant du 11ᵉ s., reconstruite au 17ᵉ s., conserve de bien curieux échantillons du mobilier et de la décoration de l'époque.

Verdú

3,5 km au Sud par la C 14. Ce charmant village est surtout connu pour ses céramiques noires utilisées pour la fabrication des cruches qui conservent si bien l'eau fraîche. Jusqu'à l'expropriation de 1835, son histoire fut associée à celle du monastère de Poblet dont il dépendait depuis 1227. On ne manquera pas de visiter l'**église paroissiale Santa Maria**, agrémentée d'un élégant portail roman. À l'intérieur, on remarquera le **retable de la Purísima★** (1619), représentant un arbre de Jessé et les douze tribus d'Israël, que couronne la Vierge enceinte. À proximité

> **ACHATS**
>
> **Ceràmicas Auró** – *Carretera, 21 - Verdú - ☎ 973 34 80 44 - 9h-14h, 16h-20h.* Établissement familial avec boutique-exposition annexe à la fabrique. Grand nombre de céramiques dont on appréciera un certain style catalan, avec une ligne innovante et des coloris très séduisants. La céramique décorative d'intérieur trouve dans l'art de la table sa meilleure expression. Nombre de détails ornementaux pour jardins et terrasses sont également proposés.

s'élève le **château gothique★** (12ᵉ-14ᵉ s.) ; en haut de ses murs se détache la silhouette du donjon cylindrique (25 m) classé dans le style des tours dites de Manresa. Signalons, à l'intérieur, les curieuses inscriptions datées du 15ᵉ s. *Sur demande.* ☎ *973 34 70 07.*

Guimerà★

15 km au Sud. Prendre la C 14 en direction de Montblanc. Avant d'arriver à Ciutadilla, tourner à gauche dans la L 241. L'admirable vieux quartier médiéval, aux ruelles étroites et aux maisons en pierre, est bâti en terrasses sur le versant d'une montagne. Remarquer les ruines du château, les murailles et, avant tout, l'élégante **façade gothique** (14ᵉ s.) de l'église paroissiale.

Bellpuig

10 km par la N II, en direction de Lérida. Cette importante cité qui domine le plateau irrigué par le canal d'Urgell était le centre de l'ancienne baronnie de Bellpuig appartenant à la lignée des Cardona.

Sant Nicolau – *Sur demande.* ☎ *973 32 03 68 ou 973 29 60 60.*

Cet édifice du 16ᵉ s. recèle le magnifique **tombeau Renaissance★★★** de Ramón Folc de Cardona, vice-roi de Sicile et de Naples. C'est l'un des plus beaux chefs-d'œuvre de la sculpture catalane du 16ᵉ s. Réalisé vers 1525 en marbre de Carrare par Giovanni Merliano de Nola, il représente des épisodes héroïques de la vie du vice-roi.

Couvent Sant Bartomeu★ – *Situé aux abords de la ville. Juin-sept. : tlj sf lun. 10h-13h30, 15h-18h30 ; oct.-mai : tlj sf lun. 10h-13h30, 15h-17h30. Fermé 1ᵉʳ janv., 25 déc. 2,40€ ; gratuit mar.* ☎ *973 32 02 92.*

Quoique l'ambitieux projet initial n'ait jamais vu le jour, il subsiste une grande partie de l'œuvre originale (16ᵉ s.). Signalons les deux cloîtres : le premier, le plus simple avec ses arcs en lancette, le second (16ᵉ-17ᵉ s.) doté de grands arcs tendus entre les contreforts et d'une galerie supérieure rythmée de colonnes richement décorées.

Terrassa

La ville de Terrassa, dont l'origine remonte au municipium romain d'Egara est cernée par le cirque de montagnes du Parc naturel de Sant Llorenç de Munt i Serra de l'Obac. Une promenade dans ses rues réserve d'intéressants exemples d'architecture industrielle, reflétant l'essor économique du début du 20ᵉ s., ainsi que divers immeubles modernistes, mais le joyau architectural de la ville est le singulier ensemble préroman des églises Sant Pere.

La situation

157 442 habitants. Carte Michelin nᵒ 574 H 36 ou Atlas p. 32 – Vallès Occidental – Barcelona. Cette ville de la grande ceinture industrielle de Barcelone, connue pour son industrie textile, se trouve dans la partie occidentale de sa *comarca*, à proximité de l'autoroute E 9 qui relie la capitale catalane avec le centre des Pyrénées.

🛈 *Raval de Montserrat, 14, 08221 Terrassa,* ☎ *93 739 70 19. www.ajterrassa.es*

À voir dans les environs : la sierra de MONTSERRAT (19 km au NO) et BARCELONE (31 km au SE).

visiter

Ensemble monumental des églises Sant Pere★★

Tlj sf lun. 10h-13h30, 16h-19h, dim. 11h-14h. Fermé j. fériés. ☎ *93 783 37 02.*

Le remarquable ensemble d'églises Sant Pere, Santa Maria et Sant Miquel, qui relevaient de l'ancien évêché d'Egara au 5ᵉ s., se trouve au centre d'un quartier assez hétérogène. Ces trois édifices (du 9ᵉ au 12ᵉ s.), d'influence pyrénéenne, présentent un intérêt artistique exceptionnel et abritent, en outre, d'importants vestiges romains et wisigothiques.

Sant Miquel★ – Cet ancien baptistère à plan carré et abside heptagonale, construit au 9ᵉ s., présente des éléments romans tardifs. La coupole est soutenue par huit colonnes surmontées, pour quatre d'entre elles, de chapiteaux romans et, pour les quatre autres, de chapiteaux wisigothiques. L'abside est décorée de peintures murales de l'époque préromane (9ᵉ-10ᵉ s.). La crypte possède trois absidioles dotées d'arcs en fer à cheval.

Santa Maria★ – Il s'agit d'un exceptionnel exemple du style roman lombard. À l'entrée, on peut admirer les vestiges d'un pavement en mosaïque provenant de l'ancienne basilique (5ᵉ s.). Cette construction présente un plan en croix latine, une tour-lanterne et une coupole octogonale surmontée d'un clocher à deux niveaux. L'intérieur illustre 500 ans de peinture religieuse. L'abside arbore des restes de peintures murales pré-romanes (9ᵉ-10ᵉ s.). Dans l'absidiole du transept, on peut contempler la représentation du **martyre de Thomas de Canterbury** (13ᵉ s.), où un Christ Pantocrator aux couleurs très vives préside différentes scènes de la vie du saint. Néanmoins, le chef-d'œuvre de Santa Maria se trouve dans le bras gauche du transept. Le **retable des saints Abdon et Sennen★★**, de Jaume Huguet, constitue, par sa variété chromatique et sa conception avancée, un magnifique exemple de peinture « moderne » du 15ᵉ s.

Sant Pere – La construction de cette église rustique au plan trapézoïdal, à la croisée romane, a commencé au 6ᵉ s. Elle conserve, encastré dans l'abside, un rare **retable de pierre★**.

L. Campion/MICHELIN

La curieuse Masía Freixa.

Masía Freixa★

Cette maison bourgeoise (1907), abritant aujourd'hui le Conservatoire de musique, est située dans le parc Sant Jordi. On peut déceler dans cette œuvre de **Lluís Muncunill** (1868-1931) les caractéristiques fondamentales de l'architecture moderniste : absence de lignes droites, profusion de détails décoratifs et étirement des formes. Il est très curieux de remarquer l'utilisation répétitive de l'arc parabolique, auquel Muncunill avait fréquemment recours.

Museu de la Ciència i de la Técnic★ de Catalunya

Juil.-août : tlj sf lun. 10h-14h30 ; sept.-juin : tlj sf lun. 10h-19h, w.-end et j. fériés 10h-14h30. Fermé 1ᵉʳ et 6 janv., 25-26 déc. 3,40€. ☎ 93 736 89 66.
Ce musée est installé dans l'ancienne usine Vapor Aymerich, Amat i Jover, construite en 1909 par Lluís Muncunill. Le **bâtiment** est un exemple très intéressant d'architecture industrielle moderniste. Dans la nef centrale, à côté des restes des chaudières et des énormes cheminées – symboles visuels de la ville de Terrassa –, sont exposées de remarquables machines, témoins des progrès scientifiques liés à l'industrialisation.

Museu

Tlj sf lun. 10h-13h30, 16h-19h, dim. 11h-14h. Fermé 1ᵉʳ et 6 janv., 1ᵉʳ mai, fêtes locales, 25-26 déc. Gratuit. ☎ 93 789 27 55.
Le château-chartreuse de Vallparadís (13ᵉ s.) abrite le musée, consacré à l'histoire de Terrassa et à ses monuments les plus importants.

Museu Têxtil

Tlj sf lun. 9h-18h (jeu. 21h), w.-end 10h-14h. Fermé j. fériés. 2,50€ ; gratuit 1ᵉʳ dim. du mois. ☎ 93 731 52 02/49 80.
Il présente un panorama exhaustif sur l'élaboration du textile et un parcours à travers la mode du 19ᵉ s. Remarquer les belles étoffes orientales, dont quelques-unes de style copte (4ᵉ s.).

Sant Esperit

8h-10h, 18h30-20h45, dim. et j. fériés 8h30-13h, 19h-21h. S'abstenir de visiter pendant les offices. ☎ 93 783 04 66.
Située à côté de l'emblématique **tour du château-palais** (12ᵉ s.), au beau milieu du quartier ancien, la basilique abrite un superbe **Christ gisant**, groupe sculpté de style Renaissance dû à Martí Diez de Liatzasolo.

alentours

Caldes de Montbuí

23 km au Nord-Est par la C 1415ᵃ et la C 1473. À l'abri de la montagne du Farella, Caldes était, à l'époque romaine, l'une des stations thermales les plus fréquentées de la péninsule, attirant les curistes en raison de la température des eaux (70 °C). La ville est également célèbre pour sa production de **carquinyolis** (croquignoles), petits gâteaux secs très durs aux amandes.

Thermes romains

Les ruines se trouvent à côté de la **Font del Lleó** (source du Lion), sur la place du même nom. L'ensemble est composé d'une piscine entourée de galeries voûtées en plein cintre.

Santa María – *8h30-13h, 19h-20h30.* ☎ *93 865 00 82.* Le beau **portail** baroque, aux six colonnes cannelées et torsadées ornées de grappes de raisins, en est l'élément le plus remarquable. À l'intérieur se trouve la ***Majestat de Caldes*★** (12ᵉ s.), crucifix de bois où le Christ porte tunique et couronne de roi. Brûlé pendant la guerre civile, on parvint à sauver la tête du Christ et la statue fut entièrement reconstituée par la suite.

Museu de Caldes de Montbuí (Thermalia) – *Tlj sf lun. 11h-14h, 17h-20h, dim. et j. fériés 11h-14h. Fermé 1ᵉʳ janv., 1ᵉʳ mai, 25-26 déc. 2,40€.* ☎ *93 865 41 40.*
C'est l'ancien hôpital Santa Susana, situé au cœur de la ville, qui accueille ce musée. On y expose différents objets relatant les origines du thermalisme. La vie quotidienne et l'œuvre du sculpteur **Manolo Hugué** (1872-1945), qui habita la ville, y sont également évoquées.

Tortosa★

Tortosa est une paisible petite ville traversée par l'Èbre, et qui n'a cessé, au fil des siècles, d'accumuler un riche patrimoine monumental.
En son point culminant, où très probablement était située l'acropole romaine, se trouve la Suda, ancien château arabe aujourd'hui aménagé en parador. Tous ses belvédères offrent une superbe vue panoramique sur la ville et le paysage environnant, avec ses oliviers en terrasses sur les zones les plus élevées, et, dans les secteurs les plus proches du fleuve, ses orangers, ses pêchers, son maïs et ses primeurs, protégés des vents marins par des rangées de cyprès.

La situation

29 717 habitants. Carte Michelin nº 574 J 31 ou Atlas p. 45 – Schéma : COSTA DAURADA – Baix Ebre – Tarragona. Au Sud de la Costa Daurada, non loin des limites de la province de Castellón, Tortosa domine une terre fertile où le gris des collines contraste avec les tons verdoyants de la vallée. Son emplacement sur les rives de l'Èbre, à proximité de son embouchure, en ont fait durant des siècles la dernière ville avant la mer, chargée de défendre le seul pont de la région.
🚩 *Av. Generalitat (ancienne gare du Carrilet), 43500 Tortosa,* ☎ *977 44 25 67.*
À voir dans les environs : la COSTA DAURADA, HORTA DE SANT JOAN (36 km au NO) et MIRAVET (38 km au N).

carnet pratique

RESTAURATION

☺☻ **Rosa Pinyol** – *Hernán Cortés, 17 -* ☎ *977 50 20 01 - fermé dim., lun. soir, 1 sem. juil., de mi-sept. à fin sept. -* 🖾 *- 20,30/30,50€.* Petit restaurant familial installé dans un bâtiment moderne. On y accède par un patio et son portail en fer. Établissement accueillant et tout à fait correct malgré la décoration de style classique assez simpliste. Cuisine traditionnelle.

HÉBERGEMENT

☺☻ **Parador de Tortosa** – *Castell de la Suda -* ☎ *977 44 44 50 - tortosa@parador.es -* 🅿 🏊 🖾 *- 72 ch. : 87,96/109,96€ -* 🍽 *8,93€ - rest. 23,41€.* Aménagé dans le château de la Suda, sa silhouette se découpe majestueusement sur la ville et la fertile vallée de l'Èbre. Grâce aux récents travaux de réhabilitation, ses dépendances royales de style classique jouissent d'un meilleur niveau de confort. Remarquer la beauté des baies gothiques du restaurant.

SPÉCIALITÉS

Tortosa s'enorgueillit de ses pâtisseries d'exception. Vous ne manquerez pas de goûter aux **pastissets** (friandises garnies de cheveux d'ange) ou aux **garrofetes del Papa**, délicieux biscuits qui doivent leur nom au pape Bénédicte XIII, qui résida non loin, à Peñíscola.

Carrer Sant Blai – Rue centrale qui recense les meilleures pâtisseries de la ville. L'une des plus traditionnelles est **La Inglesa** *(au nº 6)*, ouverte depuis 1870 ; **La Petja** *(au nº 37)* est également très prisée.

comprendre

Une cité très belliqueuse

Tortosa intéressa beaucoup les Romains : Jules César lui octroya le rang de munipice et Octave celui de colonie (Julia Augusta Dertosa). Les Arabes, l'ayant conquise en 714, construisirent la Suda. En 1148, Raymond Bérenger IV occupa la ville et y maintint un gros contingent de Juifs et de Maures, population qui dynamisa la ville dans le domaine culturel *(voir Colegio de Sant Lluís)*.

Le dernier siège subi par Tortosa, et le plus sanguinaire, s'acheva le 24 juillet 1938. Ce fut la bataille de l'Èbre, où tombèrent au moins 150 000 victimes.

visiter

La vieille ville *une journée*

Cathédrale★★

10h-13h, 16h-20h. S'abstenir de visiter pendant les offices. ☎ *977 44 17 52.*

Ce superbe monument, consacré à la Vierge, se dresse juste au-dessous de la Suda. Il a été construit à partir de 1347 dans le style gothique français sur l'emplacement du forum romain et d'un sanctuaire roman, dont il ne reste aucun vestige. Les travaux se prolongèrent jusqu'aux 16e et 17e s., adoptant alors le style propre au gothique catalan.

BENOÎT XIII ET LE SCHISME D'OCCIDENT

Depuis 1309, la papauté, contrainte et forcée, s'était installée en Avignon, et, en 1378, le peuple romain imposa l'élection du pape Urbain VI afin de ramener la papauté à Rome. Les cardinaux non italiens lui opposèrent un pape d'origine française, Clément VII, qui s'établit en Avignon. La chrétienté fut alors partagée, et le schisme d'Occident commençait. En 1394, à la mort de Clément VII, les cardinaux avignonnais choisirent pour lui succéder un Aragonais, **Pedro de Luna**, qui avait promis de mettre fin au schisme en déposant la tiare s'il était élu, engagement qui lui avait valu le soutien du roi de France Charles VI. Mais dès qu'il eut coiffé la tiare sous le nom de **Benoît XIII**, il s'empressa d'oublier sa promesse. Abandonné par Charles VI qui le fit assiéger dans Avignon, déchu en 1409 par le concile de Pise puis en 1414 par celui de Constance, il se retira en pays valencien, à Peñíscola, en compagnie des deux seuls cardinaux qui lui étaient fidèles. Refusant obstinément de se plier aux décisions des conciles, il fit nommer pape par ses deux compagnons, avant sa mort en 1423, un chanoine barcelonais, Gil Muñoz, qui prit le nom de Clément VIII.

Façade★ – La façade baroque (18e s.), divisée en cinq sections par d'énormes pilastres, présente une richesse décorative exceptionnelle : chapiteaux aux motifs végétaux, colonnes galbées et reliefs flamboyants.

Cet ensemble relève pleinement du style baroque, où les formes les plus fantaisistes côtoient des éléments architecturaux d'une grande simplicité.

Intérieur★★ – De lignes sobres, il est formé de trois vaisseaux séparés par des piliers à base polygonale. Les deux étages de la nef centrale sont soutenus par de très hautes arcades, et les collatéraux, très hauts également, se rejoignent autour de l'abside pour former un double déambulatoire. L'aspect du chevet n'est pas sans rappeler celui de la basilique Santa Maria de Manresa *(voir ce nom)*, où les contreforts intérieurs séparant les chapelles absidiales sont ajourés de remplages savamment ouvragés. Les plans prévoyaient cette superbe solution, mais le projet, trop onéreux, fut abandonné après la réalisation, sur le côté gauche, de deux de ces remplages seulement.

De nombreuses œuvres d'art ornent l'intérieur. La plus remarquable est le **grand retable de la Vierge★**, polyptyque en bois polychrome (1351) représentant des scènes de la vie du Christ et de la Vierge. Consacré à la Vierge des Étoiles, patronne de la cathédrale primitive, il comporte cinq panneaux : un au centre, deux sur les côtés et, aux extrémités, deux parties mobiles. Le revers est décoré de peintures polychromes d'influence italienne. Une autre œuvre importante, attribuée à Jaime Huguet, est le **retable de la Transfiguration★** (deuxième moitié du 15e s.), finement décoré.

Dans la nef centrale, deux **chaires★** de pierre du 15e s. sont décorées de magnifiques bas-reliefs, représentant, à gauche, les évangélistes et leurs symboles, et, à droite, les docteurs de l'Église latine : saint Grégoire, saint Jérôme, saint Ambroise et saint Augustin.

Chapelle Nostra Senyora de la Cinta★ – *Deuxième chapelle à droite, accessible depuis le cloître.* La chapelle Notre-Dame-du-Ruban est la plus somptueuse et la plus riche des chapelles de la cathédrale. Bâtie entre 1642 et 1725 dans un style baroque

TORTOSA

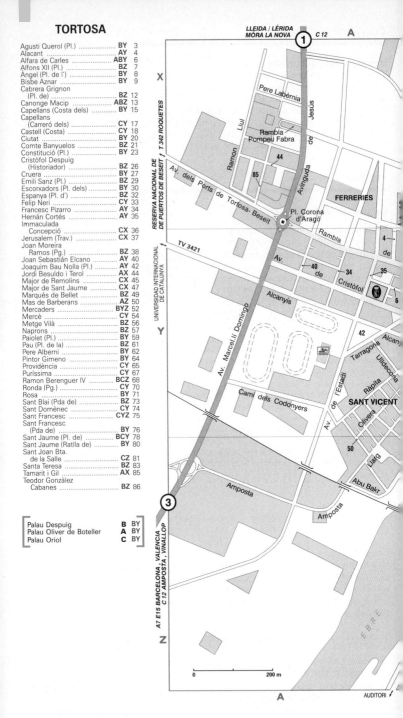

très exubérant, elle est décorée de jaspe, de marbre et de peintures, et abrite le cordon qui, selon la tradition, servit de ceinture à la Vierge. Pendant la première semaine de septembre, les habitants de Tortosa viennent en foule déposer fleurs et fruits devant la statue de la Vierge.

Fonts baptismaux – *Première chapelle à droite*. On dit que ce bassin magnifique provient des jardins du palais de Peñíscola, où vécut **Benoît XIII** jusqu'à la fin de ses jours en 1423. Il est décoré de scènes relatant le schisme d'Occident et porte les armoiries du pape.

Cloître – Ce cloître austère du 14ᵉ s. est adossé au collatéral droit de la cathédrale. De plan trapézoïdal et de dimensions réduites, il a toute la simplicité du gothique catalan, comme en témoignent les arcs en lancette de ses galeries sans décoration. Un grand nombre de stèles et de reliefs funéraires sont encastrés dans les murs

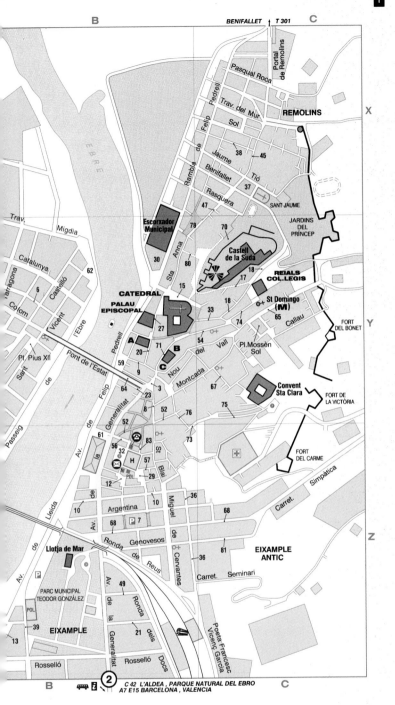

intérieurs, la pièce la plus ancienne étant la célèbre **pierre trilingue** (6ᵉ s.), gravée d'inscriptions en hébreu, latin et grec.

Palau Episcopal★

Tlj sf w.-end 10h-13h. Fermé j. fériés. ☎ *977 44 07 00.*

Ce magnifique édifice gothique fut construit entre les 13ᵉ et 14ᵉ s. La façade s'ouvre par une porte en plein cintre surhaussée et par deux niveaux de fenêtres. Après être passé sous les deux arcs en plein cintre, on accède au grand patio gothique catalan du 14ᵉ s. C'est par un escalier saillant, très caractéristique, que l'on accède au premier étage où se trouve une galerie d'arcades et de fines colonnes. À ce niveau, il faut signaler la **chapelle gothique★**, véritable petit chef-d'œuvre. Le passage du plan carré à la voûte étoilée octogonale est réalisé au moyen de trompes

T. Vidal/GC (DICT)

Tortosa vu de la Suda.

angulaires. À cette structure raffinée s'ajoutent des nervures, dont les supports sont ornés de personnages sculptés. Admirer les motifs ornementaux des fausses fenêtres.

Non loin de là se trouvent d'autres bâtiments gothiques dignes d'intérêt : le **palais Oliver de Boteller**, actuellement siège des services territoriaux de la Culture, dont la façade massive est surmontée de créneaux décoratifs, et le **palais Despuig**, admirable bâtiment qui présente les caractéristiques du gothique civil catalan au 15ᵉ s. Signalons, à l'intérieur, le vaste patio rectangulaire pourvu d'un escalier saillant et d'une galerie d'arcs en lancette reposant sur de sveltes colonnes. À côté du palais Despuig se trouve le **palais Oriol**, qui héberge le Conservatoire de musique. Les deux édifices auraient été reliés, semble-t-il, car, outre les analogies des façades, le mur gauche du palais Oriol comporte une série d'arcs aveugles qui pourraient correspondre à une ancienne galerie.

Collèges royaux★

De déb. juin à mi-sept. : tlj sf w.-end 8h-15h ; le reste de l'année : tlj sf w.-end 10h-13h, 16h-19h. Fermé j. fériés. Gratuit. ☎ 977 44 15 25.

L'empereur Charles Quint créa en 1564 ce bel ensemble de style Renaissance, qui abrite les établissements scolaires de Sant Lluís, Sant Jordi et Sant Domènec.

Ce faisant, le monarque prétendait ainsi encourager le développement culturel de la ville et, en même temps, former les « nouveaux chrétiens », essentiellement des musulmans convertis.

Colegio de Sant Lluís★ – Dans cet établissement, appelé auparavant Sant Jaume et Sant Maties, on formait de jeunes musulmans convertis. Sa construction débuta en 1564 mais on ignore qui, précisément, dirigea le chantier.

Le **portail** de la façade principale a un caractère nettement symbolique. Il est organisé en trois registres : le registre inférieur est l'entrée proprement dite, le registre central porte le blason impérial avec l'aigle bicéphale flanqué de deux sphinx symbolisant la connaissance, et le registre supérieur comporte deux niches abritant les statues de saint Jacques et de saint Mathias, patrons de l'institution. L'ensemble fut conçu comme un arc de triomphe, symbolisant l'alliance de la raison et de l'esprit avec les valeurs strictement militaires.

Le **patio★★**, de plan rectangulaire, est l'une des œuvres les plus attrayantes de la Renaissance catalane. Il comporte trois niveaux : aux deux premiers, les arcades sont en plein cintre ; au dernier, les arcs sont en anse de panier. En dépit de l'équilibre et de l'harmonie du bâtiment, c'est dans la décoration, à base de sculptures en relief, que son originalité est le plus évidente. Les personnages offrent une variété inépuisable d'attitudes et d'expressions. Du centre du patio, appuyé à la fontaine, le visiteur aura l'impression d'être observé par une multitude de personnages inconnus.

Col.legi Sant Jordi i Sant Domènec – La façade Renaissance est le seul vestige de l'ancien établissement dominicain. Elle présente deux parties dont la première est structurée comme un arc de triomphe aux colonnes doriques adossées. Une frise, portant l'inscription latine *Domus sapientiae* (Maison de la connaissance), indique le caractère de ce bâtiment.

Sant Domènec

De déb. juin à mi-sept. : tlj sf dim. 8h-15h ; le reste de l'année : tlj sf dim. 9h-13h30, 16h-19h, sam. 9h-14h. Fermé j. fériés. ☎ 977 44 15 25.

Cette église, bâtie au 16ᵉ s., faisait partie des Collèges royaux. La façade est de facture classique, les éléments décoratifs sont typiques de la Renaissance hispanique : bustes dans des médaillons, statues d'anges ornant les archivoltes et motifs héraldiques dans la partie supérieure du portail.

Museu municipal – Y sont exposées les nombreuses découvertes archéologiques faites dans la région. La collection de monnaies anciennes ne manque pas d'intérêt.

Couvent Santa Clara

11h-13h, 17h-18h. ☎ 977 44 16 22.

Édifice du 14ᵉ s., le couvent possède un beau **cloître gothique** présentant des analogies architecturales avec les autres monastères franciscains de Catalogne.

Llotja de Mar

Ayant été, pendant un certain temps, le lieu où l'on fixait le prix du blé pour l'ensemble du bassin méditerranéen occidental, la **Bourse de commerce maritime**, témoignage de la puissance commerciale de la ville, est également connue sous le nom de Porxo del Blat (porche du Blé).

C'est un bâtiment, typique du gothique catalan (14ᵉ s.), à deux nefs rectangulaires séparées par trois grandes arcatures en plein cintre qui lui donnent un aspect sobre.

Situé auparavant dans la rue de la Llotja, il a été transféré en 1933 à l'emplacement qu'il occupe actuellement.

Quartier de Remolins

Ses ruelles labyrinthiques portent des noms qui indiquent l'ancienneté de leurs origines. Les Travessera de Jerusalem, Travesia del Mur, etc., témoignent du passé juif de Tortosa, et, malgré le peu de vestiges, ces ruelles évoquent l'une des périodes historiques les plus importantes de la ville.

> **LE MODERNISME À TORTOSA**
>
> La ville conserve de remarquables exemples de ce style. Outre l'**Escorxador Municipal** (abattoirs), auquel l'alternance de la pierre, de la brique rouge et de la céramique polychrome donne un caractère bigarré, plusieurs résidences modernistes parsèment l'**Eixample**.
>
> En flânant parmi ces maisons, le visiteur pourra voyager dans le temps, passer de la période gothique et Renaissance au début du 20ᵉ s.

Tremp★

Chef-lieu de la « comarca » et station de montagne très prisée l'été, Tremp conserve un intéressant quartier ancien, aux maisons romanes ou gothiques. Fortifiée jusqu'au 19ᵉ s., elle compte encore trois des six tours défensives qui l'entouraient.

La situation

6 514 habitants. Carte Michelin nᵒ 574 F 32 ou Atlas p. 17 – Schéma : PYRÉNÉES CATALANES –Pallars Jussà – Lleida. La localité est située au milieu de la Conca de Tremp, vaste dépression prépyrénéenne traversée par le Noguera Pallaresa et couverte de cultures et de végétation méditerranéenne. Vers Tremp convergent toutes les voies reliant la plaine à la haute montagne du Pallars.

🛈 *Pl. de la Creu, 1, 25620 Tremp, ☎ 973 65 00 05/09. www.catalunya.net/ turistremp*

À voir dans les environs : les PYRÉNÉES CATALANES et BALAGUER (56 km au S).

> **CARNET PRATIQUE**
>
> Vous recherchez un hôtel, un restaurant, consultez le carnet pratique des Pyrénées catalanes.

visiter

Plaça de la Creu

Sur cette vaste place, constituant le cœur de la localité, se dressent l'hôtel de ville, de construction récente, ainsi que le svelte clocher de l'église Ste-Marie, élevé en 1638. De l'autre côté de la rue se trouve une croix dont la place tire son nom.

Santa Maria★

9h-13h, 17h30-19h30. ☎ 973 65 06 90.

Le bâtiment, d'origine gothique, a subi de nombreuses transformations tout au long des siècles. Sur le maître-autel trône l'impressionnante **statue★** gothique (2 m de haut) de **Santa Maria de Valldeflors** (14ᵉ s.), réalisée en bois polychrome.

Ancien hôpital

Situé dans la carrer del Forn, l'ancien hôpital des pauvres connut de multiples usages. Ce sobre édifice du 16ᵉ s. présente des réminiscences gothiques.

alentours

Marais de Sant Antoni★

Au Nord de Tremp, les eaux calmes et tempérées du marais se prêtent à la pratique de la pêche, du canoë-kayak, de la voile, du ski nautique et de la planche à voile.

Château de Mur★

21 km au Sud-Ouest. Prendre la C 13 en direction de Balaguer, puis tourner à droite vers Guardia de Noguera. À 4 km de là, tourner à droite et monter sur 6 km. Sur demande. ☎ *973 65 23 85 ou 609 72 15 63.*

Ce château conserve, presque intacte, son enceinte de plan triangulaire et l'une de ses tours rondes. Occupant une position stratégique à 880 m d'altitude, il offre des **vues panoramiques★★** exceptionnelles.

À côté se dressent les ruines de l'ancien **monastère** augustinien **Santa Maria**, dont le **cloître★** roman (12ᵉ s.), aux colonnes simples surmontées de chapiteaux grossièrement travaillés, a fait l'objet de nombreuses restaurations.

circuit

La Conca dellà

Cet itinéraire d'un peu plus de 30 km emprunte la route C 1412 qui longe le cours du rio Conques. Sur son parcours, le visiteur rencontrera des sites paléontologiques mettant au jour des restes de dinosaures ainsi que de belles églises romanes.

Figuerola d'Orcau

Ce petit village d'origine médiévale conserve un intéressant ensemble de rues dont certaines sont bordées de maisons et d'arcades.

Poursuivre par la C 1412.

Isona

Ancienne cité romaine fondée vers 100 avant J.-C., Isona héberge l'intéressant **musée de la Conca Dellà**, consacré essentiellement à l'époque romaine et aux gisements de restes de dinosaures *(le musée organise des visites)* mis au jour dans la région. Son église paroissiale fut restaurée après la guerre civile de 1936.

Prendre la L 511 puis bifurquer à gauche en direction d'Abella de Conca.

Abella de Conca

Village caméléon que l'on distingue à peine de la route, Abella se profile derrière le rocher de Sarsús. Visite obligée de l'**église romane Sant Esteve★** (11ᵉ s.).

Rejoindre à nouveau Isona, puis sur la C 1412, tourner à droite en direction de Covet.

L'église Santa Maria, à Covet.

Covet

L'**église Santa Maria**★ possède un bel intérieur. La nef centrale, voûtée en berceau, est renforcée par des arcs de soutien s'appuyant sur des colonnes surmontées de chapiteaux sculptés. Au niveau de la rosace s'ouvre une galerie ornée de quatre arcs en plein cintre.

Le **portail**★★ est l'élément le plus remarquable. Il comporte un beau tympan sculpté et des archivoltes reposant sur des colonnes aux chapiteaux habilement travaillés. Remarquer les sculptures représentant des anges, des musiciens, des monstres, des baladins, des scènes du livre de la Genèse et les personnages du groupe de la sainte Famille. *10h-20h. Accès par la porte latérale.* ☎ *973 66 50 62.*

Monastère de

Vallbona de Les Monges★★

Le ravissant monastère Santa Maria de Vallbona est le plus important monastère cistercien féminin en Catalogne. Avec les monastères de Poblet et de Santes Creus – ils faisaient partie tous trois de l'ancien archidiocèse de Tarragone –, il compose la route de l'Art cistercien. Son excellent état de conservation et sa beauté en font l'un des principaux monuments de la Catalogne méridionale.

La situation

Carte Michelin nº 574 H 33 ou Atlas p. 31 – Urgell – Lleida. Sur le versant Nord de la sierra de Tallat se dresse le petit village de Vallbona de les Monges, au milieu de bois et de cultures typiquement méditerranéens, dans une vallée recluse et paisible où abondent les sources.

🅑 *Pg Montesquiu, s/n, 25268 Vallbona de les Monges,* ☎ *973 33 05 67.*

À voir dans les environs : TÀRREGA (25 km au NE), CERVERA (37 km au NE), MONT-BLANC (21 km au SE), le monastère de POBLET (31 km au S) et le monastère de SANTES CREUS (50 km au SE).

comprendre

Le couvent

En 1157, l'ermite Ramón de Vallbona et une communauté d'anachorètes fondèrent Santa Maria. Berengère de Cervera, dame de Verdú, y implanta l'ordre de Cîteaux (1175), et la première abbesse, venue de Navarre, en fut Oria Ramírez.

Alphonse Ier le Chaste et Jacques Ier le Conquérant accordèrent leur protection au monastère, qui reçut en 1201, du pape Innocent III, le privilège pontifical de ne dépendre que du pape.

Les jeunes filles des principales familles nobles catalanes prononçaient leurs vœux à Vallbona, contribuant par leur dot à accroître les richesses du monastère.

La bibliothèque, le scriptorium, ainsi que l'école monacale, devenue un lieu d'études pour demoiselles nobles, acquirent de l'importance.

À partir de 1573 se constitua autour du monastère le village de Vallbona et, en dépit des changements et des vicissitudes survenus dans la première moitié du 19e s., notamment la perte des propriétés et la confiscation des droits seigneuriaux, la vie monacale s'y est maintenue.

visiter

Mars-oct. : visite guidée (45mn) tlj sf lun. 10h30-13h30, 16h30-18h45 (nov.-fév. 17h30). Fermé 1er janv., 25 déc. 2,50€ ; 6€ : incluant la visite des monastères de Poblet et de Santes Creus. ☎ *973 33 02 66.*

L'ensemble architectural est d'une somptuosité qui le différencie de la plupart des monastères cisterciens féminins. Le monastère fut construit selon le schéma général des monastères de l'ordre, mais les trois enceintes d'origine, entourées de grandes murailles dont il ne subsiste aucun vestige, ont été grandement altérées. En 1573, lorsque le concile de Trente prohiba l'établissement de couvents de femmes dans des endroits isolés, les gens du village voisin de Montesquiu vinrent vivre à Vallbona dans des dépendances cédées par les religieuses.

Église★★

Bâtie en grande partie aux 13e et 14e s., c'est un bel exemple de transition romano-gothique. Le plan en croix latine comporte une seule nef, très allongée, et trois absides rectangulaires ornées de sculptures grotesques (13e s.). Les voûtes sur croisée d'ogives ont été réalisées au 14e s. Le transept est coiffé d'une tour-lanterne octogonale sur

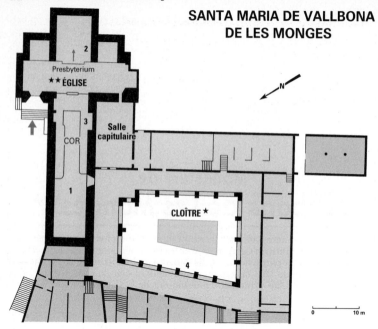

SANTA MARIA DE VALLBONA DE LES MONGES

trompes, voûtée d'ogives et percée de huit baies (13ᵉ s.). D'époque plus tardive (14ᵉ s.), le **clocher (1)**, avec sa lanterne et ses fenêtres moulurées, est situé au centre de la nef. À l'intérieur, on remarque les dalles funéraires des abbesses du couvent. Le presbyterium accueille le **sépulcre (2)** de la reine Yolande de Hongrie, femme de Jacques Iᵉʳ, et celui de sa fille. Remarquer également dans la chapelle gothique du Corpus-Christi **(4)**, une **statue de la Vierge (3)** en pierre polychrome (15ᵉ s.).

Cloître★

Des travaux de réfection sont en cours afin de lui rendre son aspect du 14ᵉ s. Chacune de ses galeries arbore un style différent. Celle de l'Est (13ᵉ s.) est percée d'oculi d'influence arabe, alors que la galerie méridionale est romane (12ᵉ-13ᵉ s.). La galerie Nord est gothique (14ᵉ s.) et les chapiteaux y sont ornés d'une fine décoration de motifs végétaux. Dans la galerie Ouest, bâtie au 15ᵉ s. selon le modèle roman, se trouve la **chapelle Nostra Senyora del Claustre** (N.-D.-du-Cloître – **5**), abritant une belle statue du 12ᵉ s., remaniée au 14ᵉ s.

Salle capitulaire

Cette magnifique salle gothique (14ᵉ s.) surprend par son austérité. Voûtée sur croisée d'ogives, elle conserve, encastrées au sol, d'intéressantes pierres tombales des abbesses du monastère. Remarquer également une **statue de Notre-Dame de la Miséricorde**, en terre cuite, attribuée à Pere Joan (15ᵉ s.).

Valls★

Ville ouverte et prospère, Valls est enclavée entre deux torrents affluents du rio Francolí, le Sant Francesc et la Farigola, dans un relief accidenté, où foisonnent chaînons montagneux et vallées, d'où son nom : Valls.
Ne possédant pas d'attrait particulier, Valls dispose néanmoins de trois atouts : son folklore, son commerce et ses nombreuses et exceptionnelles spécialités culinaires.

La situation

20 124 habitants. Carte Michelin nᵒ 574 I 33 ou Atlas p. 45 – Alt Camp – Tarragona. Valls est à une vingtaine de kilomètres du littoral, dans une région parfaitement desservie par le réseau routier, ce qui explique l'essor commercial de la ville et la fréquentation de ses marchés.
🛈 *Cort, 61, 43800 Valls,* ☎ *977 61 25 30. www.valls.altanet.org*
À voir dans les environs : le monastère de SANTES CREUS (15 km au NE), MONT-BLANC (17 km au NO), TARRAGONE (20 km au S), REUS (21 km au SO) et la COSTA DAURADA.

carnet pratique

comprendre

Valls, berceau des « castells »

On décerne à la ville ce titre honorifique. Pendant près de 200 ans, Valls a fait vivre
la tradition de ce folklore original et unique au monde. Actuellement, on élève des
castells aux quatre coins de la Catalogne *(voir Invitation au voyage : Un pays de fêtes
et de traditions profondes)*.

Le dimanche suivant le 21 octobre, on célèbre la Santa Úrsula, fête *castellera* par
excellence, au cours de laquelle s'opposent les deux principales équipes, ou *colles* :
la Colla Vella et la Colla Nova. L'énorme rivalité entre ces deux groupes les amène
à prendre des risques considérables, notamment à réaliser le « quatre de neuf »,
c'est-à-dire, neuf étages d'hommes avec quatre hommes par étage.

Ceux qui ne pourraient pas venir pour la Santa Úrsula peuvent être rassurés : Valls
organise de nombreuses fêtes et les *castellers* saisissent toutes les occasions pour
montrer leur savoir-faire. Le dimanche suivant la Saint-Antoine, a lieu la Fête des
Tres Tombs, l'une des plus populaires de toute la Catalogne.

La « calçotada de Valls »

Si les *castells* sont la fierté de la ville, il en est de même pour ses *calçots*. De
décembre à mars, dans la plupart des restaurants de Valls et de la région, a lieu le
célèbre rituel de la *calçotada*.

Le menu est délicieux et original. On commence par les *calçots a la brasa*, sorte d'oignons tendres et doux, grillés au feu de sarments et servis sur des tuiles, qu'on accompagne de *salvitxada*, sauce préparée à base d'amandes effilées, de tomates, d'ail, de
piments forts de Murcie et d'autres ingrédients. Mais attention ! Avant de goûter ce
mets succulent, observez la façon d'émonder les *calçots* : ce n'est pas si facile !

Ensuite viennent les côtes d'agneau, la *botifarra* et la *longaniza* de Valls (des saucisses à la viande de porc) avec le traditionnel aïoli et le pain paysan, le tout arrosé
d'un bon vin rouge du pays. Au dessert, on propose des oranges, des pâtisseries ou
de la crème catalane, ainsi que le *cava*, le café et les liqueurs.

Le secret de cette spécialité unique, qui attire des milliers de gourmets, est très
simple : une bonne *calçotada* doit se savourer à Valls, selon le rite et dans les règles.
Avec la sierra de Miramar en arrière-plan et devant le fin clocher de l'église Saint-
Jean-Baptiste, les *calçots* seront beaucoup plus appétissants.

se promener

Le quartier ancien*

Il garde son caractère médiéval, et si les murailles ont disparu, les rues tracées à
leur emplacement en rappellent les noms : Muralla del Castell, de Sant Francesc,
del Carme et de Sant Antoni. L'un des principaux axes du quartier ancien est la
carrer de la Cort, qui relie la petite plaça de l'Esglèsia à celle del Blat (blé), où ont
lieu les plus remarquables défis des *castellers*. Remarquer également les vestiges de
l'ancien quartier juif, visibles dans la carrer del Call.

Sant Joan Baptista

Tlj sf dim. 10h-13h. ☎ *977 60 02 67.*

Cette église de style gothique tardif à façade Renaissance fut reconstruite après 1936. Elle abrite un grand retable baroque et l'**autel de Sant Aleix** (1769), œuvre du sculpteur Lluis Bonifaç (1730-1786), enfant de la ville.

Capilla del Roser

W.-end et j. fériés 10h30-13h. En semaine, demander les clés à la maison Musolles, en face de la chapelle. ☎ *977 60 02 67.*

Située sur la carrer de la Cort, elle possède deux merveilleux **plafonds d'azulejos vernissés★** de 1605, où sont représentées des scènes de la bataille de Lépante. L'un montre le pape Pie V octroyant la bannière de la chrétienté à Don Juan d'Autriche ; l'autre relate une scène de la bataille navale (observer les voiles des bateaux et la couleur rougeâtre de la mer).

Teatre Principal★

Édifié dans la carrer Jaume Huguet en 1884 selon les plans d'Ignasi Jordà, il présente un grand intérêt artistique et compte au nombre des théâtres classiques les plus originaux de Catalogne.

Sur la plaça del Quarter se dresse le monument dédié à l'écrivain vallesain **Narcís Oller** (1846-1930), considéré comme le créateur du genre romanesque catalan et auteur de *Pilar Prim* et *La Fièvre d'or.*

Vic★★

À mi-chemin entre mer et Pyrénées, l'ancienne capitale de la tribu ibérique des Ausetanos est aujourd'hui une dynamique ville commerciale et industrielle, célèbre pour sa charcuterie. Elle dissimule un magnifique quartier où abondent les exemples d'architecture médiévale, les maisons seigneuriales, tout comme les meilleurs musées de peinture et de sculpture médiévales de la Catalogne.

carnet pratique

VISITE

Circuit touristique – L'Office de tourisme remet une carte du circuit touristique, indiquant tous les monuments et les maisons avec chacun un petit commentaire. Dans la ville, des panneaux indicatifs jalonnent le parcours.

RESTAURATION

☺☻ **Boccatti** – *Mossèn Josep Gudiol, 21 -* ☎ *93 889 56 44 - fermé dim. soir, mer. soir, jeu., de mi-avr. à fin avr., de mi-août à fin août -* 🖾 *- 26/35€.* Ce petit restaurant s'enorgueillit d'une excellente carte de poissons et de fruits de mer. La salle conserve le comptoir de l'ancien bar qui confère à l'ensemble un côté informel. Son seul inconvénient : ses prix plutôt élevés.

☺☻☻ **Can Jubany** – *Calldetenes -* *5,5 km à l'E de Vic -* ☎ *93 889 10 23 -* *canjubany@teleline.es - fermé dim., lun., de déb. janv. à mi-janv., de déb. sept. à mi-sept. -* 🖾 *- 37,23/48,08€.* Installé dans une ancienne ferme catalane, le chef cuisinier de cet excellent restaurant marie à merveille tradition, nouveauté et imagination. Un exemple de plus de la grande qualité de la cuisine catalane.

HÉBERGEMENT

☺☻ **Hotel NH Ciutat de** **Vic** – *Passatge Can Mastrot -* ☎ *93 889 25 51 - nhcvic@nhhoteles.es -* 🖾 *- 36 ch. : 83/103€ -* 🛏 *11€ - rest. 15€.* Proche de la grand-place, ce bâtiment à la façade discrète est le rendez-vous des habitants de Vic. Doté du niveau de confort que l'on retrouve dans les hôtels de la même chaîne, il offre à ses clients un service attentif et un équipement complet.

SPÉCIALITÉS

Vic propose également un grand choix de spécialités gastronomiques, surtout dans le domaine de la **charcuterie** artisanale. À Vic, on décerne le label « Denominación de Calidad Llonganissa » aux saucissons, aux diverses saucisses (crue, aux œufs, blanche ou noire), et aux *somalla, fuet* et *bulls*. Le *pa de pessic* est une sorte de pain d'épice très mou et rond. Dans toute la région, vous pourrez demander l'*aigua-naf*, sorte d'eau-de-vie.

La situation

29 113 habitants. Carte Michelin n° 574 G 36 ou Atlas p. 32 – Osona – Barcelona. Située au centre de la plaine de Vic, la ville est entourée de montagnes dans un beau site naturel. Elle est un excellent point de départ pour la découverte de la sierra del Montseny, au Sud-Est de la localité *(voir « circuit »).*

🚹 *Ciutat, 4, 08500 Vic,* ☎ 93 886 20 91.

À voir dans les environs : RIPOLL (36 km au N), MANRESA (52 km au SO) et BARCELONE (66 km au S).

découvrir

Le vieux quartiers

Le centre historique de Vic, composé de tout un réseau de rues étroites (piétonnes ou à la circulation réduite), conserve un charme indéniable, et recèle, en sus de sa magnifique plaça Major, les monuments les plus remarquables de la localité.

Plaça Major★

Cette belle place à arcades, dont l'ampleur attire l'attention, constitue le centre névralgique de la ville. Malgré la différence de toutes les maisons – on remarquera notamment les maisons modernistes ou celles ornées d'éléments gothiques et baroques – , l'ensemble présente clairement une unité de lieu. Sous ses arcades s'alignent terrasses et boutiques. Connue sous le nom de Mercadal, du fait de sa vocation commerciale de tout temps, chaque samedi s'y déroule un **marché** particulièrement fréquenté ; celui du samedi précédant le dimanche des Rameaux est le plus significatif.

Ajuntament★

Tlj sf dim. 8h-15h. S'abstenir lors de cérémonies officielles. Fermé j. fériés. ☎ 93 886 20 91.

Le noyau ancien de l'hôtel de ville se compose d'un bâtiment gothique (14ᵉ s.), entièrement remanié au 17ᵉ s. (Bourse de commerce dotée d'arcs en lancette au rez-de-chaussée et, à l'étage supérieur, salle connue sous le nom de « salle de la Colonne »). Actuellement, on remarquera le salon de Plenos (à l'étage) de style baroque, auquel on accède par un beau portail.

Museu Episcopal★★★

Avr.-sept. : tlj sf lun. 10h-19h ; oct.-mars : tlj sf lun. 10h-13h, 15h-19h, dim. et j. fériés 10h-14h (dernière entrée 30mn av. fermeture). Fermé 1ᵉʳ et 6 janv., dim. de Pâques, 25-26 déc. 4€ ; gratuit 1ᵉʳ jeu. du mois. ☎ 93 886 93 60.

Installé dans un édifice moderne inauguré en 2002, ce splendide musée, fondé en 1891, présente une très riche collection d'œuvres romanes et gothiques provenant du diocèse de Vic et Solsona, ainsi qu'un précieux ensemble d'étoffes et de vêtements. D'autres intéressantes sections consacrées à l'archéologie, au lapidaire, au verre, au cuir, à l'orfèvrerie, à la forge et à la céramique complètent les collections de l'un des musées majeurs de la Catalogne.

Section romane★★★ – Au nombre des splendides œuvres exposées, on s'attardera plus particulièrement sur la *Descente de croix d'Erill la Vall*, ensemble de sculptures représentant cinq personnages, le tableau du *Baldaquin de Ribes de Freser*, ainsi que sur un remarquable ensemble de **parements d'autel**. On appréciera l'évolution de ces derniers, depuis un grand hiératisme jusqu'au souci plus marqué des aspects narratifs ; l'*autel de Lluça* marque le début de la transition vers le gothique. On pourra également admirer les peintures murales de l'abside de l'église Ste-Marie d'El Brull et de l'église Sant Sadurní d'Osomort, sans oublier les sculptures à l'effigie de la Vierge et du Christ.

Sections gothiques★★★ – Le style gothique pénètre en Catalogne vers 1275 et y demeure jusqu'à la fin du 15ᵉ s. De la première période, on retiendra le magnifique retable d'albâtre que **Bernat Saulet** sculpta pour l'église de Sant Joan de les Abadesses et qui relate la Passion, la Résurrection et l'Ascension du Christ ; à noter également, l'ensemble de Vierges à l'Enfant, notamment la *Vierge de Boixadors*, l'élégant parement d'autel de Bellver de Cerdanya et certaines parties d'un retable de **Pere Serra**.

Le 15ᵉ s. entraîne l'introduction du gothique international en Espagne avec notamment deux grandes figures : **Lluis Borrassà** (dans la première période) et **Bernat Martorell** (dans la seconde). La collection de retables issue de ce courant est tout à fait impressionnante. On doit au génial Borrassà le retable de **saint Antoine et sainte Marguerite** et le monumental retable de **sainte Claire**. Le retable de Guimerà, réalisé par **Ramón de Mur**, et le retable de Verdú de Jaume Ferrer II sont également dignes d'intérêt.

Les peintures de **Jaume Huguet** signalent l'amorce de la transition vers la Renaissance.

Tissus et vêtements★★ – Magnifique exposition de tissus du 3ᵉ au 18ᵉ s. et de vêtements liturgiques (14ᵉ-19ᵉ s.). On s'attardera sur la belle étoffe hispano-arabe du parement d'autel du *Drap de les Bruixes* (12ᵉ s.).

Cathédrale★

Tlj sf lun. 10h-13h, 16h-19h. S'abstenir de visiter pendant les offices. 2€. ☎ 93 886 44 49.

L'actuelle cathédrale néoclassique fut construite entre 1781 et 1803 pour remplacer un bâtiment du 11ᵉ s. élevé par l'abbé Oliba *(voir Index)*, dont il ne subsiste que l'élégante tour-clocher – exemple typique du roman lombard – et la crypte.

Intérieur★ – Entièrement décoré par **Josep Maria Sert** (1874-1945) en 1930, il fut ravagé six ans plus tard, pendant la guerre civile, par un incendie qui détruisit tota-

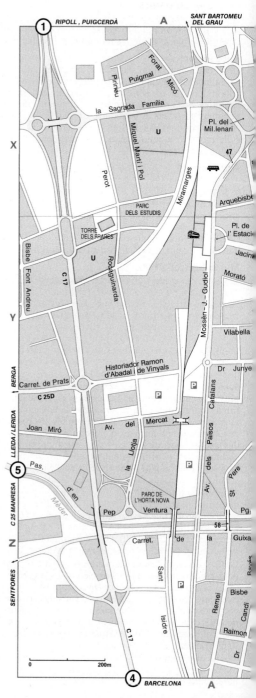

lement la décoration des murs. Plus tard, l'artiste reprit son œuvre de 1939 à 1945, et c'est cette décoration que l'on peut encore voir actuellement.

Ces impressionnantes **peintures**★★, caractérisées par une fougue et une impétuosité dignes de Michel-Ange, sont très symboliques. Les scènes gigantesques illustrent un programme iconographique complet, depuis le péché originel (transept) jusqu'à la Passion du Christ (abside) en passant par les évangélistes et le martyre des apôtres (nef). Au-dessus du portail d'entrée, trois scènes illustrent l'injustice humaine dans la vie de Jésus : l'expulsion des marchands du Temple (à droite), la condamnation du Christ à mourir sur la croix (au centre) et le Calvaire (à gauche). L'emploi appuyé du clair-obscur, du tracé sépia sur fond or, produit une singulière impression de relief et accroît la monumentalité de l'œuvre. L'ensemble s'harmonise bien avec les grandes dimensions de la nef et ses piliers cannelés. Remarquer

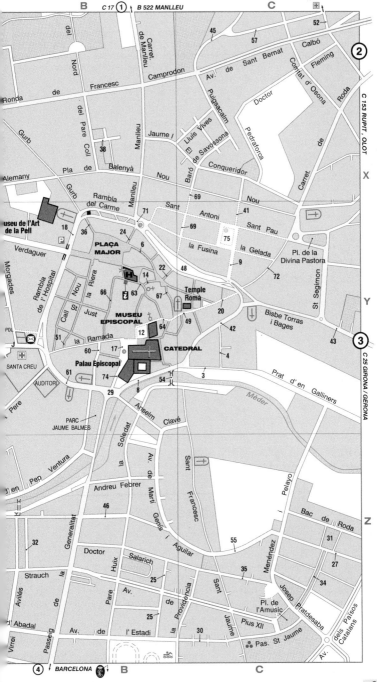

dans le déambulatoire l'ancien **retable★★** du maître-autel, en albâtre, sculpté au 15ᵉ s. Il est consacré à la Vierge et à saint Pierre, représentés au centre. En face, dans un tombeau gothique, repose le chanoine Bernat Despujol, qui ordonna la réalisation du retable.

Cloître★ – Les galeries s'ouvrent par de grands arcs du 14ᵉ s., garnis de beaux remplages gothiques, sur le patio où se dresse, surmonté de sa statue, le mausolée de Jaume Balmes, le brillant philosophe né à Vic. Remarquer, dans l'une des galeries, le sarcophage contenant les restes de J. M. Sert ainsi que sa dernière œuvre, une crucifixion qui devait remplacer celle se trouvant dans l'église.

Palau Episcopal

Il est constitué d'une série de bâtiments construits autour d'un patio. *Emprunter l'escalier extérieur et sonner à la porte.* La décoration murale de la remarquable **salle des Synodes** fut restaurée en 1845. Les portraits des évêques du diocèse de Vic, l'un des diocèses les plus anciens d'Espagne, y sont représentés.

Temple Romà

On ignore à quelle divinité ce temple romain était consacré. Bâti au 2ᵉ s., il se compose d'une petite *cella* de 10 m de long sur 12 m de haut et d'un atrium dont les colonnes lisses à base ionique sont surmontées de chapiteaux corinthiens. Une grande partie de l'ensemble a été restaurée. Autour, sont encore visibles quelques vestiges du palais des Montcada (11ᵉ s.) qui dissimula le temple durant des siècles.

visiter

Museu de l'Art de la Pell

Tlj sf lun. 11h-14h, 17h-20h, dim. et j. fériés 11h-14h. Fermé 1ᵉʳ et 6 janv., dim. de Pâques, 25-26 déc. Gratuit. ☎ 93 883 32 79.

La précieuse collection léguée par le tanneur Andreu Colomer Munmany servit à la création de ce singulier musée de la Tannerie. Sont exposés des objets de différents styles, époques et origines et sont commentées les différentes techniques du travail du cuir.

alentours

Monastère de Sant Pere de Casserres★

17 km au Nord-Est. Quitter Vic par ② et prendre la C 153 avant de tourner immédiatement à droite en suivant la direction « Tavernoles y Parador ». Au niveau du parador, prendre à gauche une petite route goudronnée (3,5 km). Tlj sf lun. 10h-13h30, 15h30-17h (juil.-août 19h ; mars-oct. 18h). Dernière entrée 30mn avant fermeture. Fermé 1ᵉʳ janv., de mi-janv. à mi-fév., 25-26 et 31 déc. ☎ 93 744 71 18.

Juste avant d'atteindre le parador, garez-vous donc sur la droite pour bénéficier d'une belle **vue★★** du lac de Sau qu'encadrent des escarpements élevés.

Le petit monastère roman de Sant Pere de Casserres jouit d'un **emplacement★★** privilégié à l'extrémité d'une longue et étroite péninsule qui plonge dans les eaux du lac de Sau. La visite de ses dépendances nous révèle la vie monastique d'une petite communauté au 11ᵉ s. Un documentaire donne des explications sur la légende et l'histoire du monastère.

circuits

Sierras du Sud-Ouest

76 km. Sortir par ⑤ puis prendre la C 25.

Après avoir quitté Vic, la C 25 traverse un beau paysage boisé au milieu des montagnes.

Au km 164, bifurquer en direction d'Oristà.

Oristà

La route d'Oristà descend le versant Nord de la montagne, offrant des panoramas de la plaine. Dans cette petite localité de la partie médiane de la vallée de la Riera Gavarresa, on remarquera l'**église Sant Andreu** (18ᵉ s.), au centre du village, qui possède une curieuse crypte préromane. *Dim. aux heures des offices ; autres jours sur demande. ☎ 93 812 80 30.*

Revenir sur ses pas jusqu'au croisement avec la C 25 et poursuivre jusqu'à L'Estany.

L'Estany★

C'est par une agréable route secondaire au milieu des bois que l'on accède à cette petite bourgade qui doit son nom à un étang asséché au 16ᵉ s.

Monastère Santa Maria★ – *10h-13h, 16h-19h (hiver 18h30). 1,20€.* ☎ *93 830 31 39.*
Ce monastère en plein centre du village fut l'un des hauts lieux de la réforme augustinienne du 11ᵉ s. Construit au 11ᵉ s. et converti en collégiale séculière au 18ᵉ s., il reste autour du cloître un remarquable ensemble de bâtiments des 14ᵉ et 17ᵉ s., anciennes dépendances canoniales.

L'**église** est une œuvre romane (12ᵉ s.) comprenant une seule nef et trois absides, qui présente au transept une jolie **tour** reconstruite au 15ᵉ s. Attenante à l'église, la chapelle du Saint-Sacrement est l'ancienne salle capitulaire.

Le **cloître★** est la partie la plus remarquable du monastère. Chaque galerie se compose de dix arcs reposant sur neuf paires de colonnes et portant 72 élégants **chapiteaux★★**. Ceux de la galerie Nord, de style roman, représentent Adam et Ève ainsi que des scènes de la vie du Christ, de l'Annonciation à la Crucifixion. Des motifs décoratifs (palmes, feuilles d'acanthe et griffons), taillés avec un grand souci des proportions, abondent sur ceux de l'aile occidentale. L'exécution parfaite des entrelacs et la géométrie du corridor Sud attestent d'une réalisation ultérieure. La partie orientale s'égaye de scènes profanes (mariages, musiciens, etc.) tirées du répertoire des céramiques de Paterna.

Au **musée du monastère** *(entrée par le cloître)* sont exposés de nombreux éléments architecturaux découverts durant sa restauration, quelques sculptures et pièces d'orfèvrerie ainsi qu'une collection de faïences et de céramiques.

Poursuivre par la C 59 vers le Sud.

Moià

La **route★★** serpente à travers un paysage boisé, avant d'amorcer sa descente sur Moià. Cette ville connaît une longue tradition de station d'été. En hiver a lieu la fête populaire du « **pollu** », curieux personnage masqué qui sème la panique dans la ville.

Moià est la patrie de **Rafael de Casanova**, héros du 11 septembre 1714 *(voir p. 88).*

Retourner à Vic par la N 141 et la C 17.

Sierra de Montseny★

170 km environ – 4h.
Ce grand massif granitique, appartenant à la chaîne pré-littorale catalane, couvert d'un épais tapis végétal où l'on trouve hêtres et chênes-lièges à profusion, est parcouru par de nombreuses sources. Au Sud-Ouest se trouve le **Parc natural del Montseny**, qui s'étend sur 17 372 ha, avec le Matagalls (1 695 m), les Agudes (1 644 m) et le Turó de l'Home (1 707 m) comme points culminants.

De Vic à Sant Celoni

60 km environ (1h30). Quitter Vic par le Sud et 6 km plus loin prendre à gauche la B 520.
Après la forêt de pins et de hêtres, la route traverse le charmant petit village de **Viladrau**, réputé pour ses eaux riches, puis redescend, laissant sur la droite un horizon montagneux. Plus loin, la descente par la corniche (GI 543) offre un large panorama des versants du Montseny. À partir d'**Arbúcies**, la route (GI 552) court parallèlement au lit rocailleux de la rivière et arrive à une bifurcation. En prenant la GI 553 sur la gauche, apparaît **Hostalric** au sommet d'une petite colline volcanique. Le village conserve une partie de ses monumentales **murailles★** médiévales (13ᵉ-15ᵉ s.) et un ancien château fort. En poursuivant votre chemin par la GI 552, vous passerez par **Breda**, important centre de poterie qui doit sa renommée au remarquable **monastère Sant Salvador★** dont subsiste l'église gothique, aux dimensions très équilibrées, le patio et le monumental **clocher★★** roman à cinq étages. *Sur demande.* ☎ *972 87 01 88.*

Sant Celoni

Sant Celoni se trouve dans la vallée du fleuve Tordera, dans une zone accidentée par les versants du massif du Montnegre. Le vieux quartier est axé sur la carrer Major où sont situés les commerces traditionnels. L'élément le plus remarquable de la localité est la magnifique **façade★** baroque (18ᵉ s.) de l'**église Sant Martí**, avec des sgraffites en forme de retable (allégories, les saints Celoni et Ermenter et une sorte de balustrade décorative). *8h-11h, 18h-20h, dim. et j. fériés 8h30-13h, 18h-21h.* ☎ *93 867 03 42.*

De Sant Celoni★★ à l'ermitage Sant Marçal

29 km au Nord, aller 45mn environ. La route grimpe en lacet à partir de Campins, offrant de belles **vues** sur la plaine côtière et la Méditerranée. Les deux kilomètres du **parcours** précédant le barrage de Santa Fé (1 130 m d'altitude) s'effectuent en corniche et, à 7 km, adossé aux escarpements du Matagalls, se trouve l'**ermitage Sant Marçal** (1 260 m). *Retourner à Sant Celoni.*

Église d'El Brull.

De Sant Celoni★ à Tona par Montseny

43 km, 1h environ. Cet **itinéraire** donne une idée d'ensemble de la cordillère. Après la riche plaine de Tordera et celle de Montseny, la route grimpe au milieu de paysages agrestes pour redescendre vers Tona, en passant devant l'église romane de **El Brull** et la **tour Santa Maria de Seva**.

Vielha/Viella

Capitale du Vall et important centre touristique de montagne, la ville possède un splendide secteur ancien, où il faut signaler le barri del Cap dera Vila (la Tête de ville), quartier rassemblant des demeures seigneuriales des 16ᵉ et 17ᵉ s.

Au-dessus de Vielha, le parador bénéficie d'une vue privilégiée : à l'arrière-plan se profile le cirque qui ferme la vallée au Sud, et, à droite, se dresse la redoutable barrière de la Maladeta.

La situation

3 200 habitants. Carte Michelin nᵒ 574 D 32 ou Atlas p. 17 – Schéma : PYRÉNÉES CATALANES – Val d'Arán – Lleida. Viella – Vielha en aranais – est situé au centre du val d'Arán, sur le cours de la Garonne. Le très vaste territoire de la commune, dénommé **Vielha e Mijaran**, est parsemé de petits villages au charme certain, où l'on remarque le caractère populaire de l'architecture ainsi que de belles églises romanes et gothiques (**Gausac**, **Arrós**, etc.).

🛈 *Sarriulera, 10, 25530 Vielha,* ☎ *973 64 01 10. torisme@aran.org*

À voir dans les environs : les PYRÉNÉES CATALANES.

visiter

Sant Miquèu

8h-20h30. S'abstenir de visiter pendant les offices. ☎ *973 64 00 21.*
Ce bel édifice de transition romano-gothique (12ᵉ-13ᵉ s.) comporte une seule nef voûtée en berceau et renforcée d'arcs doubleaux. Sur le portail, caractéristique du roman aranais, est représenté le thème du Jugement dernier à travers de subtiles allégories. Le clocher octogonal a été construit au 14ᵉ s.

Il abrite le remarquable **retable** gothique de Sant Miquèu (15ᵉ s.), attribué à Pere Despallargues, et le célèbre buste du ***Christ de Mijaran★***, en bois délicatement sculpté, qui devait certainement faire partie d'une Descente de croix du 12ᵉ s.

Musèu dera Val d'Aran

Juil.-sept. : tlj sf lun. 10h-13h, 17h-20h ; oct.-juin : tlj sf lun. 17h-20h, sam. 10h-13h, 17h-20h, dim. 10h-13h. 2€. ☎ *973 64 18 15.*
Installé dans une élégante maison seigneuriale du 16ᵉ s., appelée Tor deth Generau Martinhon (tour du général Martinhon), il initie le visiteur à la géologie, à la glaciologie, à l'histoire et à la langue aranaises.

alentours

Vall de la Artiga de Lin

19 km au Nord-Ouest. À Es Bòrdes (8 km au Nord-Ouest par la N 230), tourner à droite vers le sanctuaire de l'Artiga de Lin. Le rio Joèu traverse de magnifiques bois de sapins et de hêtres. Au bout de l'itinéraire apparaissent les **Uelhs deth Joèu★** (Güells del Joèu, ou Vagissements du Joèu), spectaculaires résurgences en provenance de la Maladeta, qui jaillissent après un long parcours souterrain.

Vall de Varradès

30 km au Nord. À Pont d'Arrós (6 km au Nord-Ouest par la N 230), tourner à droite et suivre le cours du Varradès. Dans l'une des gorges du rio dévale une célèbre cascade, le **Sauth deth Pish**.

Vilafranca del Penedès★

Le nom de Vilafranca del Penedès demeure à jamais associé au vin, auquel il doit sa renommée et son essor. Outre ses excellents vins protégés par un label d'appellation d'origine, ce chef-lieu de la « comarca » recèle également un intéressant patrimoine monumental.
Le samedi précédant Noël a lieu la Fira del Gall (Foire du coq), marché très fréquenté où l'on trouve toutes sortes de volailles et les fameux œufs blonds de Vilafranca.

La situation

28 018 habitants. Carte Michelin nº 574 H 35 ou Atlas p. 32 – Alt Penedès – Barcelona.
La ville est située dans la plaine du Penedès, au milieu d'un agréable paysage campagnard de vignes et de champs de céréales. Elle est desservie à proximité par l'autoroute E 15-A 7, reliant Barcelone et Tarragone, à l'intérieur des terres.
🚩 *Cort, 14, 08720 Vilafranca del Penedès,* ☎ *93 818 14 79. www.ajvilafranca.es*
À voir dans les environs : VILANOVA Y LA GELTRÚ (20 km au SE), SITGES (24 km au SE), le monastère de SANTES CREUS (38 km à l'O), BARCELONE (54 km au NE) et TARRAGONE (54 km au SO).

visiter

Couvent Sant Francesc★

Visite guidée (30mn) sur demande. ☎ *93 892 06 46.*
Cet ancien couvent franciscain, aujourd'hui siège de l'hôpital comarcal et du Musée lapidaire (fragments d'architecture et pierres tombales romaines), se dresse à l'Ouest de la **Rambla de Sant Francesc**.

L'église, qui conserve son portail roman, abrite le précieux **retable gothique de Sant Jordi★★** (14ᵉ s.), l'une des plus importantes œuvres de Lluís Borrassà *(voir Index)*. Son style très raffiné met en scène un saint Georges d'une grande élégance ; à ses côtés figure une curieuse représentation de la Vierge enfant.

carnet pratique

RESTAURATION

😊😊 **Cal Ton** – *Casal, 8 -* ☎ *93 890 37 41 - restaurant@cal-ton.com - fermé j. fériés le soir, lun., Sem. sainte, août -* 🖪 *- 25/38,17€*. Ce restaurant central puise dans le livre de recettes traditionnelles de la région. Une agréable véranda faisant office de terrasse l'hiver complète la capacité d'accueil des salles. Menu gastronomique digne d'intérêt.

😊😊😊 **Casa Joan** – *Pl. de l'Estació, 8 -* ☎ *93 890 31 71 - fermé dim., Sem. sainte, de mi-août à fin août, Noël -* 🖪 *- 29,80/42,65€*. Dans le petit bar à l'entrée, vous découvrirez une vieille cuisine décorative. Les salles affichent un confort sobre ; on retiendra surtout celle avec cheminée. Sa clientèle fidèle apprécie le soin apporté aux fourneaux.

HÉBERGEMENT

😊😊 **Hotel Sol i Vi** – *Can Bas - Lavern - 4 km au SO de Sant Sadurní d'Anoia par la C 243 A, puis bifurquer à gauche -* ☎ *93 899 32 04 - restaurant@solivi.com - fermé 2 sem. janv. -* 🅿 🏊 🖪 *- 25 ch. : 60/75€ -* � *4,81€ - rest. 20€*. Motel familial bien géré. La tranquillité du cadre et les rangs de vignes alignés qui l'entourent sont ses principaux attraits. Bon rapport qualité/prix, réservation conseillée pour un séjour en haute saison.

Signalons, dans le **cloître** gothique (14ᵉ s.), les deux fontaines de style rococo montrant le sermon de saint François aux oiseaux et celui de saint Antoine aux poissons ; la diversité des bateaux naviguant sur la mer ne manque pas d'étonner.

Santa Maria

8h-13h, 18h-19h. ☎ *93 892 06 46.*
La majestueuse silhouette de cette basilique domine le quartier ancien. De style gothique (14ᵉ s.), elle possède une seule nef aux proportions élégantes. La crypte (16ᵉ s.) est voûtée sur croisée d'ogives, très surbaissée. À l'intérieur, remarquer un groupe de sculptures de style moderniste représentant la Descente de croix et réalisé par Josep Llimona.

Palais royal

Juin-août : tlj sf lun. 9h-21h, dim. et j. fériés 10h-14h ; sept.-mai : tlj sf lun. 10h-14h, 16h-19h, sam. 10h-14h, 16h-20h, dim. et j. fériés 10h-14h (dernière entrée 1h av. fermeture). Fermé 1ᵉʳ janv., 5 mai, 25-26 déc. 3€. ☎ *93 890 05 82.*
C'est un bel exemple d'architecture militaire gothique édifié à la fin du 13ᵉ s. Il fut la demeure des rois de la couronne catalano-aragonaise ; c'est là, paraît-il, que mourut Pierre III le Grand (1285).

Musée★ – Créé en 1934, il comporte six sections. La collection Pladellorens *(premier étage)* est composée de vingt-cinq peintures à l'huile, formant un bel échantillon de la peinture catalane du 19ᵉ s., et de différents objets décoratifs. La collection Bonet *(deuxième étage)* réunit un millier de céramiques du 16ᵉ au 19ᵉ s. Le legs Manuel Trenchs *(troisième étage)* compte un important fonds pictural, essentiellement des peintures d'artistes catalans, une intéressante collection de sculptures illustrant des thèmes religieux et divers objets liturgiques.

Signalons également la collection ornithologique comarcale, présentation très exhaustive de la faune ornithologique autochtone et migratoire.

Musée du Vin★ – Situé au rez-de-chaussée et en sous-sol, il présente l'histoire du vin depuis l'Antiquité jusqu'au 19ᵉ s. On remarque la collection Toby-Jug, composée de verres anthropomorphes et de bouteilles reproduisant des bâtiments célèbres. Les dioramas, dont les scènes illustrent les vendanges, l'élaboration et la dégustation du vin, sont très curieux.

Sant Joan

Cette église, située sur la plaça de la Vila, est un bel exemple d'architecture romane de transition. L'abside est percée de grandes fenêtres de style gothique primitif et surprend par la pureté exceptionnelle de ses lignes.

alentours

Caves Torres, à Pacs

3 km à l'Ouest. Visite guidée (1h) 9h-17h (sam. 18h, dim. et j. fériés 13h) sur demande. Fermé 1ᵉʳ et 6 janv., 25-26 déc. Gratuit. ☎ *93 817 74 87.*
Au cours d'un parcours touristique est expliqué le processus de fabrication des célèbres vins et cognacs de Miguel Torres.

Sant Sadurní d'Anoia

12 km au Nord par la C 243.
Située au Nord du ravin de Lavernó, près du rio Anoia, Sant Sadurní d'Anoia est la ville du *cava* par excellence. Actuellement, plus de soixante entreprises, parmi

Intérieur des caves Codorniu.

lesquelles on trouve Codorniu et Freixenet, élaborent ce produit exporté aux quatre coins du monde.

Caves Codorniu★ – *9h-17h, w.-end et j. fériés 9h-13h. Gratuit lun.-ven. ; w.-end : 2€.* ☎ *93 818 32 32.*

La *masia* Codorniu appartenait à la famille Raventós, qui introduisit en Catalogne la technique champenoise d'élaboration des vins mousseux.

L'ancienne *masia* fut modernisée entre 1896 et 1906 par l'architecte Puig i Cadafalch *(voir p. 112)*, qui y adjoignit des bâtiments modernistes très intéressants, notamment un pavillon des Expéditions (aujourd'hui salle de réception) éclairé par des verrières en cristal coloré, dont la voûte typiquement catalane est cloisonnée de grands arcs paraboliques. Dans les complexes structures souterraines vieillissent les *cavas*.

Caves Freixenet – *Visite guidée (1h) 9h, 11h30, 15h30, 17h, ven. 9h, 11h30 (de mi-oct. à fin déc. également 15h30, 17h). Déc. : w.-end et j. fériés 10h-14h ; nov. : dim. seulement. Gratuit.* ☎ *93 891 70 00.*

Dans cet ensemble industriel de style Art nouveau, construit entre 1918 et 1929 par l'architecte noucentiste Josep Ros, on découvre les différents moments d'élaboration du prestigieux *cava*.

Capellades

22 km au Nord par la C 15. Dans cet important centre de papeterie, le **Museu-Moli Paperer** (musée-moulin papetier) permet de voir fabriquer du papier selon les anciennes techniques. *Visite guidée (1h) 10h-14h (août 12h-14h), w.-end et j. fériés 11h-14h (dernière entrée 1h av. fermeture). Fermé 1ᵉʳ et 6 janv., 25-26 déc. 5€.* ☎ *93 801 28 50.*

> **SANT SADURNÍ D'ANOIA,**
> **LE PAYS DU « CAVA »**
>
> Le vin champanisé catalan s'élabore à partir du vin du Penedès, idéal en raison de sa douceur et de son arôme. Le vin, auquel on ajoute un peu de sucre et de levure, est mis en bouteilles dans les classiques « ampoules » à *cava*, où se produit une deuxième fermentation. Les bouteilles sont rangées dans les caves, empilées d'abord, puis disposées dans les pupitres, où on les change fréquemment de place pour éviter que la lie ne s'accumule sur le bouchon. Après avoir extrait tous les résidus, on bouche définitivement les bouteilles avec les muselets, si caractéristiques. La préparation exige, néanmoins, quelques mois de vieillissement dans l'obscurité de la cave. C'est le Conseil régulateur de l'appellation cava qui garantit la qualité du produit.

Vilanova i la Geltrú★

Le chef-lieu de la région du Garraf, de longue tradition maritime, est établi dans une petite baie. Vilanova possède un important port de pêche et de plaisance. Ses plages de sable fin aux eaux peu profondes sont ses principaux atouts touristiques, sans compter son centre-ville qui recèle plusieurs musées. Prospère ville commerciale, elle devint célèbre au 18ᵉ s., grâce aux exportations et aux industries du coton. Sur la Rambla, longue artère qui traverse toute la ville, se trouvent les principaux commerces. Le passeig Marítim, bordé de villas de style Art nouveau, est une zone de distraction fréquentée.

Gastronomie

La réputation gastronomique de Vilanova n'est plus à faire. Le poisson, accommodé avec les excellents produits de l'intérieur du pays, donne des plats succulents, comme la **soupe blanche**, composée de daurade, de mie de pain et d'aïoli, ainsi que le *all cremat* (ail brûlé), ragoût incluant différentes sortes de poissons, une grande quantité d'ail, des tomates et des pommes de terre. Cependant, la grande spécialité culinaire de Vilanova est le *xató*, mets composé de scarole, de morue dessalée et émiettée, de thon, d'anchois frais, accompagné d'une délicieuse sauce à base de piment fort, d'amandes, de noisettes, d'ail et de vinaigre.

Pendant le Carnaval, on procède à la populaire *xatonada*, où le *xató* est servi avec plusieurs sortes d'omelettes (à la *botifarra*, aux artichauts et aux haricots secs) et l'on termine par le dessert traditionnel : la meringue.

La situation

45 883 habitants. Carte Michelin n° 574 I 35 ou Atlas p. 32 – Garraf – Barcelona. Cette ville côtière, toute proche de l'autoroute reliant Barcelone à Tarragone, tire son origine et son nom de deux localités réunies à la fin du 18ᵉ s. La rue La Unió (La Réunit, en français) parcourt les anciennes limites.

🛈 *Pg del Carmen, s/n, 08880 Vilanova i la Geltrú,* ☎ *93 815 45 17. www.vilanova.org*

À voir dans les environs : SITGES (9 km au NE), VILAFRANCA DEL PENEDÈS (20 km au NO), TARRAGONE (46 km au SO), BARCELONE (50 km au NE) et la COSTA DAURADA (au SE).

visiter

Casa Papiol★

De mi-juin à mi-oct. : tlj sf lun. 10h-14h, 17h-21h, dim. et j. fériés 10h-15h ; de mi-oct. à mi-juin : tlj sf lun. 10h-13h30, 15h-18h30, sam. 10h-19h, dim. et j. fériés 10h-15h. Fermé 1ᵉʳ janv., 25 août, 25-26 déc. 3€, gratuit 1ᵉʳ mer. du mois. Billet combiné avec la Casa Llopis de Sitges : 5,40€. ☎ *93 894 03 64.*

Cette élégante demeure forme, avec la Casa Llopis de Sitges *(voir p. 275)*, le **Musée romantique**. Construite entre 1790 et 1801 par la famille Papiol, elle reflète bien l'esprit de la bourgeoisie industrielle du 19ᵉ s., dévote et éprise de luxe.

L'austérité règne dans la bibliothèque, riche tout de même de plus de 5 000 volumes datant du 16ᵉ au 19ᵉ s., dans la chapelle privée, qui abrite les reliques de sainte Constance et dans la salle de réception, décorée de grisailles illustrant des thèmes religieux.

Dans les chambres, en revanche, on apprécie les très beaux meubles, choisis avec un extrême raffinement. Pendant la guerre d'indépendance, le **général Suchet** (1770-1826), commandant en chef de l'armée napoléonienne, auquel la victoire à Lérida puis la prise de Tortosa, de Tarragone et celle de Montserrat vaudront le bâton de maréchal de France, logea dans la chambre meublée en style Louis XVI

carnet pratique

Restauration

🍴🖫 **La Fitorra** – *Isaac Peral, 4 (Hotel César)* - ☎ *93 815 11 25 - vilanova@hotelcesar.net - fermé dim. soir, lun., de déb. janv.à mi-janv., 2 sem. nov. -* 🏠 *- 24,34/28,84€.* Table très prisée des touristes. Ce restaurant compte plusieurs salles très accueillantes grâce à leur taille réduite. On retrouve des éléments modernistes dans la décoration. Cuisine méditerranéenne.

Hébergement

🏠🖫 **Hotel Ribes Roges** – *Joan d'Austria, 7* - ☎ *93 815 03 61 -* 🏠 *- 12 ch. : 59€* 🍴. Coquet hôtel familial qui tire son nom de la grande plage de Vilanova, toute proche. Les chambres dotées d'un mobilier moderne sont confortables. L'agréable terrasse-patio offre un endroit calme, propice à la conversation.

Fêtes

Les fêtes de Vilanova sont nombreuses et pittoresques. Elles commencent au mois de janvier avec les **Tres Tombs**, l'une des fêtes les plus populaires de Catalogne. Le défilé de géants, de diables, de nains et de dragons est accompagné par une foule bruyante. Les rues s'emplissent de gens, qui dansent au rythme des trompettes et des tambours.

Le **Carnaval** est la fête la plus attendue. *Carnestoltes*, souverain de ces fêtes, règne sur la ville prise d'assaut par les gens masqués ou déguisés en bouffons ou en lutins. Le dimanche du Carnaval a lieu la fameuse « guerre des caramels », à laquelle participe toute la population.

Pendant la **Festa Major**, en août, ont lieu d'intéressantes manifestations folkloriques : danses traditionnelles, *castells* et théâtre en plein air.

qui présente des détails d'une grande élégance (remarquer la décoration du lit). La cuisine, ornée de carreaux de faïence du 19e s., est l'un des endroits les plus intéressants.

À l'entresol et au rez-de-chaussée se trouvent les différentes dépendances : four, économat, cuisine de service et écuries pour les chevaux de selle et de trait.

Bibliothèque-musée Balaguer★

Juin-sept. : tlj sf lun. 10h-13h30, 16h30-19h, jeu. 18h-20h30, dim. et j. fériés 10h-13h30 ; oct.-mai : tlj sf lun. 10h-13h30, 16h-18h30, jeu. 18h-20h30, dim. et j. fériés 10h-13h30. Fermé 1er janv., Sem. sainte, 1er mai, 5 août, 25-26 déc. 1,80€ ; gratuit jeu. ap.-midi et 1er dim. du mois. ☎ 93 815 42 02.

Ce musée, créé en 1884 à l'initiative du poète, historien et homme politique progressiste **Víctor Balaguer** (1824-1901), est installé dans un éclectique bâtiment d'inspiration gréco-égyptienne décoré de fresques en façade.

Au-dessus de la porte d'entrée apparaît l'inscription latine *Surge et ambula* (Lève-toi et marche), tandis qu'en pénétrant, sur la gauche se trouve la bibliothèque riche de 40 000 ouvrages.

La première salle à droite présente le noyau de la collection de Balaguer, composée essentiellement de peintures et de sculptures du 19e s. réalisées entre autres par Alsina, Rusinyol, Casas et Fortuny. Au même niveau sont exposés de curieux exemples d'**art philippin**, issus de l'Exposition universelle de 1888, quelques pièces archéologiques locales et la première collection d'**art égyptien** que la Catalogne reçut du diplomate Eduardo Toda y Güell (*voir p. 235*).

À l'étage, la **collection d'art contemporain** est constituée d'œuvres d'artistes catalans de renom des années 1950 et 1960 (Ràfols Casamada, Hernández Pijuan, Guinovart et Tharrats), et le **legs 56** réunit d'intéressants tableaux de petit format des 19e et 20e s. Est encore exposée une intéressante collection de peintures des 16e et 17e s. (le Greco, Murillo, Carducho, Maino, Carreño et Orente) provenant pour l'essentiel des monastères castillans supprimés par la loi d'expropriation.

Museu del Ferrocarril★

Installé dans un bâtiment proche de la gare. ◎ De mi-juil. à mi-sept. : tlj sf lun. 11h-14h, 17h-20h ; de mi-sept. à mi-juil. : tlj sf lun. 10h30-14h30, sam. 16h-18h, dim. et j. fériés 10h30-14h30. Fermé 1er et 6 janv., 25-26 déc. 4€. ☎ 93 815 84 91.

Le **musée du Chemin de fer** présente la collection de locomotives la plus complète d'Espagne. Locomotives à vapeur aussi illustres que la *Mikado 141-F-2348* et la *Santa Fe*, anciens équipements ferroviaires et une grande plaque tournante forment les principales curiosités. Le musée propose une visite culturelle de Vilanova à bord du **train touristique**, train d'époque effectuant un parcours amusant à travers la ville.

J. Malburet/MICHELIN

Le musée du Chemin de fer.

Château de la Geltrú

Restauré au début du siècle par Font i Gumà, cet édifice médiéval, qui abrite aujourd'hui les archives municipales, comporte des éléments datant du 12e au 15e s. Les parties les plus anciennes sont les murs extérieurs, le donjon et quelques curieuses baies décorées de céramique vernissée.

Museu de Curiositats Marineres Roig Toqués

12h-14h, 17h-20h. ☎ 93 815 42 63.

Créé en 1948 par Francesc Roig Toqués, on trouve ici les objets les plus insolites relatifs à la marine. Parmi les nombreuses pièces entassées dans les vitrines et sur les étagères, signalons les plus exotiques : la cloche du destroyer *Sánchez Barcáiztegui* (1926), une carte dessinée par Christophe Colomb, une barque sculptée dans un grain de blé de 2 mm et une magnifique figure de proue du 19e s.

Masia Can Cabanyes

Juil.-sept. : 10h-14h, 17h30-20h30 ; oct.-juin : 10h-14h. Fermé 1er et 6 janv., 25-26 déc. 2,25€. ☎ 93 810 04 00 ou 93 811 57 15.

Cette élégante maison seigneuriale du 18e s. de style néoclassique a été aménagée en centre culturel et musée. On y expose différents objets personnels du poète romantique **Manuel de Cabanyes**.

Index

Barcelona...Villes, curiosités et régions touristiques.
Dali, Salvador...................................Noms historiques ou célèbres, et termes
faisant l'objet d'une explication.
Les curiosités isolées (châteaux, étangs, monastères, etc.) sont répertoriées à leur
nom propre.

Éditions des Voyages

46, avenue de Breteuil – 75324 Paris Cedex 07
☎ 01 45 66 12 34
www.ViaMichelin.fr
LeGuideVert@fr.michelin.com

Manufacture française des pneumatiques Michelin
Société en commandite par actions au capital de 304 000 000 EUR
Place des Carmes-Déchaux – 63 Clermont-Ferrand (France)
R.C.S. Clermont-Fd B 855 200 507

Toute reproduction, même partielle et quel qu'en soit le support,
est interdite sans autorisation préalable de l'éditeur.

Ce guide a été réalisé avec la collaboration de la
Generalitatat de Catalunya
Departement d'indústria,
Comerç i Turisme

Compogravure : NORD COMPO, Villeneuve-d'Ascq
Impression : MAURY IMPRIMEUR, Malesherbes
Brochage : AUBIN, Ligugé

Conception graphique : Christiane Beylier à Paris 12ᵉ
Maquette de couverture extérieure : Agence Carré Noir à Paris 17ᵉ